CW01429906

Provence

hachette

evasion@hachette-livre.fr

Comment utiliser le guide ?

Le guide Évasion est divisé en plusieurs parties.

- **Avant-goût** est une synthèse des principaux points et atouts touristiques de la région. Pour vous faire une idée générale.

- **Si vous aimez** est une introduction aux principaux thèmes de découverte de la région. Les textes renvoient aux sites les plus emblématiques en lien avec le thème traité. Pour construire son séjour en fonction de ses centres d'intérêt.

- **Itinéraires** : région par région, des circuits cartographiés vous sont proposés, avec des visites mais aussi des balades, des pauses baignade, etc. En marge, retrouvez nos sélections de petites pauses ou d'adresses shopping (en encadré de couleur). Toutes les adresses (pauses, hébergement, restaurants et loisirs) sont indiquées sur les cartes. Pour une découverte-plaisir de la région.

- **Nos bonnes adresses** : les adresses d'hébergement, de restaurants et de loisirs sont répertoriées et commentées dans notre carnet (onglet rose) en fin de guide. Elles sont classées par itinéraire mais, si vous souhaitez trouver une adresse dans un lieu précis, consultez nos index thématiques. Pour rendre votre séjour agréable.

- **Carnet de randonnées** : les plus belles randonnées pour découvrir la région sont présentées en fin de guide (onglet vert). Labellisées FFRP et cartographiées, pour partir d'un bon pied.

- **Pour une vision d'ensemble de la région,** consultez les cartes :
  - des plus beaux sites (à l'intérieur du rabat de couverture à gauche) ;
  - des itinéraires (à l'intérieur du rabat de couverture à droite) ;
  - des plus belles randonnées (p. 364).

Le guide a été créé en 2008 par Jean-Pierre Cassely et Annie Crouzet.

La présente édition a été établie par Annie Crouzet. Historienne de formation, journaliste, elle est l'auteur de plusieurs guides aux éditions Hachette dans la collection Évasion (*Maurice et Rodrigues*, *Marrakech et le Grand Sud*...). Parce que sa famille est originaire du Midi, elle a sauté sur l'occasion de revenir aux sources. De faire une « pause » cigale...

Si la Provence était une image ? Ce serait celle de ces vagues de lavande frissonnant au pied du château de Grignan (p. 216).

Votre itinéraire préféré ? Les calanques, entre Marseille et La Ciotat (p. 72). Les falaises rousses du cap Canaille, un port de carte postale comme Cassis, ces criques perdues... C'est d'une beauté incroyable.

Votre balade préférée ? Les îles de la Quarantaine (p. 366), en rade de Marseille, où équipages et bateaux étaient « consignés », quand on les soupçonnait d'apporter « la mort noire » (la peste). Sur Pomègues et Ratonneau, on est si près de Marseille et si loin de tout.

Votre adresse préférée ? L'hôtel de la Cité Radieuse, conçue par Le Corbusier, à Marseille (p. 320). C'est pas tous les jours qu'on dort pour un prix raisonnable dans un monument historique !

Votre plus jolie rencontre ? Ce fut avec Lucien Clergue à Arles. Septuagénaire, le photographe garde un esprit pétillant, étincelant. L'entendre raconter « sa » Camargue et Picasso, avec qui il partageait « la passion des femmes et des taureaux ».

Une expérience à ne pas manquer dans la région ? « Caver », c'est-à-dire rechercher la truffe avec l'un de ces chiens truffiers, qui valent de l'or (p. 37 et p. 234). Cela relève de la chasse au trésor...

sommaire

Avant-goût

Si vous aimez

32 itinéraires

Marseille et les calanques

Cartes et plans détaillés des 32 itinéraires

Les cartes générales

Comment lire une carte ?

● L'itinéraire est tracé sur la carte, toutes les adresses sont indiquées : petites pauses données en marge au cours de l'itinéraire (encadré de couleur) et adresses décrites dans les Bonnes adresses placées en fin de guide.

● Les promenades du Carnet de randonnées (situé en fin de guide) sont également signalées sur la carte, accompagnées du symbole indiquant leur niveau de difficulté.

Symboles cartes et plans

★★★	Exceptionnel		🚶	Randonnée facile
★★	Remarquable		🚶🚶	Randonnée moyenne
★	Intéressant		🚶🚶🚶	Randonnée difficile
♥	Coup de cœur		▲	Hébergement
	Enfants		♦	Restaurant
☘	Bonne initiative pour l'environnement et la nature		●	Loisirs
♿	Handicapés			

avant-goût

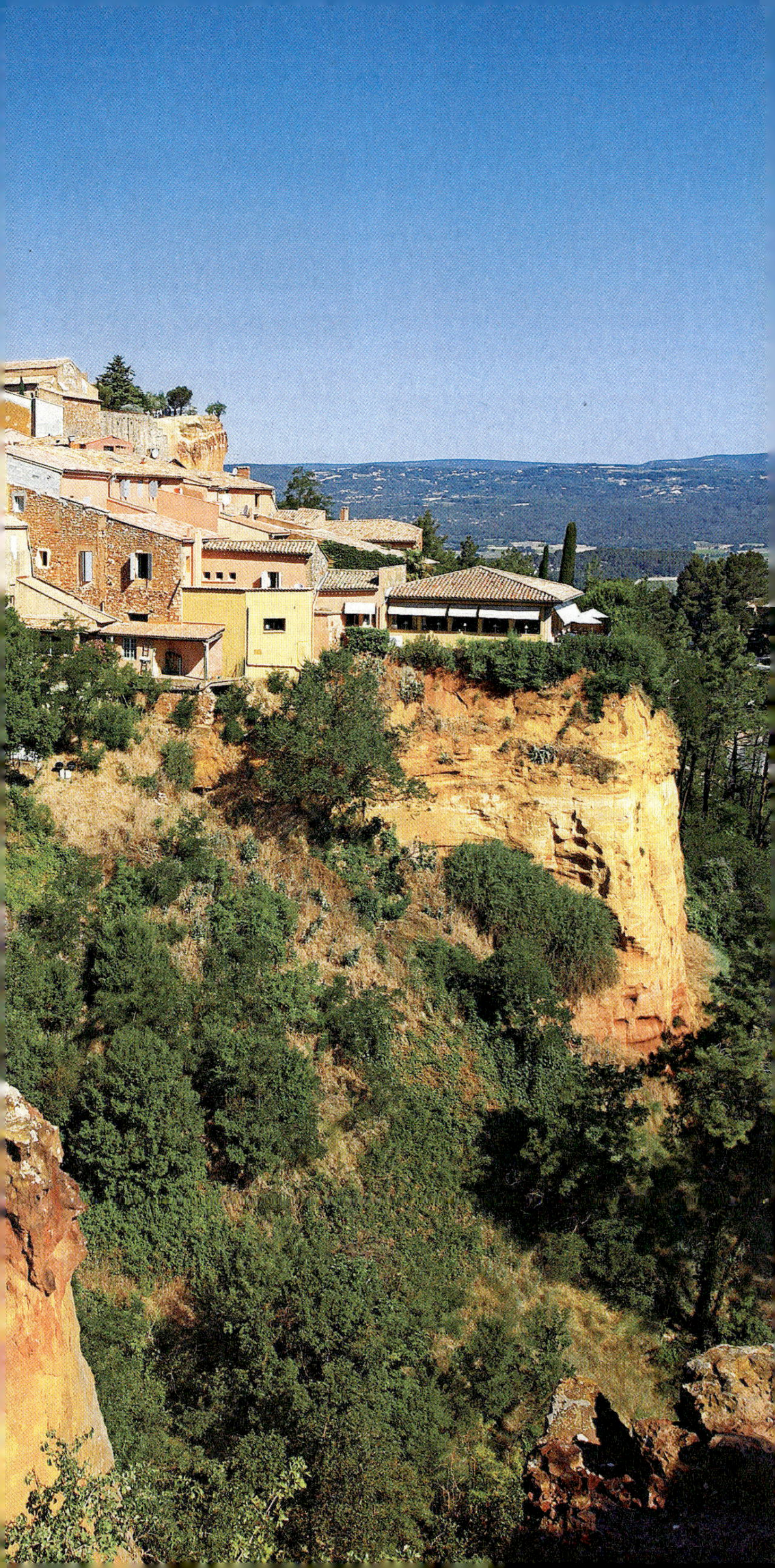

© Bruno MORANDI / hemis.fr

QUE VOIR ?

Marseille et les calanques

On ne galèje pas ! C'est beau ! Marseille, le **Vieux-Port** et **Notre-Dame-de-la-Garde**★★★ face à **l'archipel du Frioul**★★. Les superlatifs s'enchaînent dans les **calanques**★★★, au fil des criques et des promontoires. Dans ces paysages de rêve, **Cassis**★★★ et **Martigues**★★ tirent leur épingle du jeu (p. 61).

Aix-en-Provence et les montagnes sacrées

Vous aimerez certainement **Aix-en-Provence**★★★ et le nonchalant ♥ **cours Mirabeau**★★. Mais plus encore le **musée Granet**★★★, tout fier de ses Cézanne. Vous verrez alors d'un autre œil **Sainte-Victoire**★★★, peinte de façon obsessionnelle par l'artiste. Peut-être aurez-vous le courage de grimper jusqu'à la **Croix de Provence**, où vous attend un panorama inouï. Autre montagne « sacrée » : la **Sainte-Baume**★★, où Marie-Madeleine fit retraite (p. 93).

La Camargue et la Crau

Au départ : **Arles**★★★ la flamboyante, avec l'**amphithéâtre**★★★, **Saint-Trophime**★★, le **musée départemental Arles Antique**★★. À l'arrivée : **Saintes-Maries-de-la-Mer**★★ et ses maisons blanches. Entre les deux : un pays plat entre ciel et eau, où s'éparpillent manades et flamants roses. Que vous capterez dans vos jumelles au **parc ornithologique du Pont-de-Gau**★★. D'autres chemins de traverse vous emportent jusqu'aux **salins** de **Salin-de-Giraud**★ ou à **Salon-de-Provence**★★, la ville de Nostradamus (p. 115).

Les Alpilles

Le **moulin**★ de Fontvieille, l'**abbaye Saint-Michel-de-Frigolet**★… C'est la Provence, qui sent bon le thym et le romarin, échappée d'une *Lettre de mon moulin* ! Mais vous avez rendez-vous avec l'Histoire à ♥ **Glanum**★★★, qui a longtemps joué les cités disparues aux portes de **Saint-Rémy-de-Provence**★★. Le **château royal de Provence**★★★ à Tarascon, la **citadelle**★★★ des Baux-de-Provence ou l'ab-

© Romain CINTRACT / hemis.fr

baye de Montmajour★★★ sont aussi des lieux de mémoire (p. 141).

Avignon et le Gard provençal

Ici, deux stars se disputent le premier rôle : la cité des papes, **Avignon★★★**, avec son **palais des Papes★★★**, le **pont Saint-Bénezet★★**... Et le **pont du Gard★★★**, qui a résisté à toutes les déferlantes du Gardon. Mais les seconds rôles ne manquent pas de caractère et de charme : **Castillon-du-Gard★★**, lové sur une butte, **Châteauneuf-du-Pape★★**, au milieu des vignes, **Villeneuve lez Avignon★★** (p. 163).

Le comtat Venaissin

Nos ancêtres les Romains... Le **théâtre antique★★★** d'Orange, les ruines de **Vaison-la-Romaine★★** vous en apprennent beaucoup sur leur style de vie. Mais d'autres émotions vous attendent, dans la capitale du berlingot, **Carpentras★★**, à **L'Isle-sur-la-Sorgue★★★**, le long de ses canaux et dans sa baroquissime **Notre-Dame des Anges★★★**, ou bien encore dans les féeriques **dentelles de Montmirail★★** (p. 187).

La Drôme provençale

La Drôme méridionale a ses châteaux, **Grignan★★★**, au milieu des lavandes ou des roses anciennes, et **Suze-la-Rousse★★**, dans les vignes. Elle a ses villages perchés adorables comme ♥ **Le Poët-Laval★★**, une ancienne commanderie des hospitaliers, ♥ **La Garde-Adhémar★★** ou **Montbrun-les-Bains★★**, qui renaît comme station thermale. Ses villes, **Nyons★★** ou **Buis-les-Baronnies★**, qui cultivent l'olivier et le tilleul. Et ses paysages sauvages dans les **gorges de l'Eygues★★** (p. 213).

Autour du mont Ventoux

Le vent seul peut écourter votre balade sur le toit de la Provence : du **mont Ventoux★★★**, on bénéficie d'une vue fantastique. À ses pieds s'étire le pays bleu,

le pays de la lavande avec **Sault★** pour capitale. Osez vous aventurer au fond des **gorges de la Nesque★★** dans le canyon foré par la rivière (p. 241).

Le Luberon

Les plus beaux villages de France, comme **Gordes★★★**, sont ici en réserve. Autres merveilles : les abbayes cisterciennes de **Sénanque★★** et de **Silvacane★★**, l'inexpugnable ♥ **fort de Buoux★★**. Le Luberon est aussi le pays de l'or jaune, de l'ocre. Vous découvrirez toutes les facettes de cet univers flamboyant aux **mines de Bruoux★** de Gargas, à **Roussillon★★★** ou dans le ♥ **Colorado provençal★★★** de Rustrel. Enfin, il y a plein de découvertes gourmandes à faire : vins, truffes (p. 255).

© Bruno MORANDI / hemis.fr

La haute Provence

Paysages magiques et cités pittoresques comme **Manosque★★**, la ville de Giono, ou **Moustiers-Sainte-Marie★★★** et ses faïences. On croit toucher le ciel dans la **citadelle★★★** de Sisteron, qui couronne un éperon rocheux, ou sur la **route des crêtes★★★**, qui surplombe le Verdon et offre des points de vue à couper le souffle. Les fans de botanique ne manqueront pas les ♥ **jardins du musée de Salagon★★** à Mane ; les férus d'histoire iront au **musée de la Préhistoire★★★** à Quinson (p. 289).

PROGRAMME

Deux jours

Vous n'avez qu'un petit week-end ? Optez pour la découverte d'une ville. Certaines offrent dans ces circonstances deux nuits pour le prix d'une. **Marseille**✶✶ (p. 62 et p. 72), **Aix-en-Provence**✶✶✶ (p. 94), **Arles**✶✶✶ (p. 116) et **Avignon**✶✶✶ (p. 164) se prêtent bien à ce type d'escapades « express ».

Vous souhaitez partir en famille ? Ce n'est pas un problème. Nous avons sélectionné des hébergements qui offrent jardinet, patio ou terrain de jeux. Et signalé les possibilités de « pause verte » dans la cité : un parc, un jardin public…

● **Jour 1.** à chaque fois, nous vous proposons en premier choix : les « incontournables ». Impossible de venir à Marseille sans grimper à **Notre-Dame-de-la-Garde**✶✶✶ ou flâner sur le **Vieux-Port**. Arles ne se conçoit pas sans une visite des **arènes**✶✶✶ ou sans aller admirer le

© Camille MOIRENC / hemis.fr

portail de **Saint-Trophime**✶✶. Avignon est indissociable du **palais des Papes**✶✶✶ et Aix-en-Provence de la **cathédrale Saint-Sauveur**✶✶.

● **Jour 2.** Ensuite, libre à vous de vous lancer dans un itinéraire plus intime, qui donne un autre éclairage sur la personnalité ou l'histoire de la ville : le ♥ **Panier**✶ à Marseille, le **quartier de la Roquette**✶ à Arles. Cela peut être aussi un parcours ♥ **sur les pas de Paul Cézanne**✶✶ à Aix-en-Provence ou la ♥ **promenade des Teinturiers**✶ en Avignon.

© Bertrand GARDEL / hemis.fr

Un grand week-end

Au départ de Marseille, Aix, Arles ou Avignon

Vous disposez de davantage de temps. Un grand week-end, voire une petite semaine ? Nous vous conseillons de choisir une « base », qui peut être l'une de nos grandes villes. Faire et défaire ses valises peut se révéler fastidieux, surtout en compagnie d'enfants.

● **Jour 1.** Pour vous reposer du voyage, réservez votre premier jour à la découverte de la ville : reprenez le programme du Jour 1 (voir plus haut).

● **Jour 2.** De Marseille, on est en deux tours de roue à **Cassis**✶✶✶ (p. 81) ou à **Martigues**✶✶ (p. 92). Mais dans l'un ou l'autre cas, cela vous prendra bien la journée pour découvrir les paysages époustouflants des calanques (p. 78) ou de la Côte bleue (p. 87).

Si vous êtes à Aix-en-Provence, allez admirer **Sainte-Victoire**✶✶✶ (p. 102).

© John FRUMM / hemis.fr

Pour Arles, pas d'hésitation : direction la **Camargue** et **Saintes-Maries-de-la-Mer**★★ (p. 130) pour déguster des tellines. Ou **Salin-de-Giraud**★ (p. 136) pour voir de plus près les camelles de sel dans un étonnant paysage lunaire.

Aux portes d'Avignon, choisissez le **pont du Gard**★★★ (p. 182).

● **Jour 3.** En fonction de la météo et de la saison, on peut le réserver à un grand bol d'air. Une marche, battue par les embruns, au large de Marseille sur les îles **Pomègues et Ratonneau**★★ (p. 74). Une bonne grimpette sur le dos de **Sainte-Victoire**★★★ (p. 102). Une journée camarguaise dans une **manade** (p. 332). Ou la descente du Gardon en canoë (p. 380).

● **Jour 4.** Reprenez le programme du Jour 2 (Deux jours). Ce qui vous laisse du temps pour procéder à d'éventuels achats-cadeaux.

● **Par les chemins de traverse.** C'est la Provence qu'il vous faut ? Mais la Provence des collines, où le premier rayon de soleil exacerbe tous les parfums de la garrigue ? Affinez quand même votre recherche. Même le Luberon est une destination trop imprécise. En revanche, faire le **tour du Petit Luberon** (p. 265), en choisissant **Cavaillon**★ (p. 257), **Bonnieux**★★ (p. 270), **Buoux** (p. 272) comme « camp de base » ou rayonner autour d'**Apt**★ (p. 275 et p. 284) est tout à fait jouable dans ce laps de temps.

Même remarque pour la **Drôme provençale** : l'appellation couvre des pays très différents et les communications par des routes pittoresques

mais sinueuses restent difficiles. Optez pour les **Baronnies**, qui se partagent entre **Nyons**★★ (p. 222) et **Buis-les-Baronnies**★ (p. 228). Ou tenez-vous-en au pays de **Grignan**★★★ (p. 214) avec le **Tricastin** (p. 233) au dessert ou en entrée !

Si vous avez élu le **comtat Venaissin** ou la **haute Provence** comme but d'excursions, vous aurez aussi des choix à faire : il vous faudra rester dans l'ancienne principauté d'**Orange**★ (p. 188 et p. 205) ou adopter **Carpentras et le pays des Sorgues** (p. 195) ; écumer le **pays de Forcalquier** (p. 290) et la **vallée de la Durance** (p. 299) ou bien sillonner le **parc du Verdon**★★★ (p. 304).

© Camille MOIRENC / hemis.fr

Seuls les **Alpilles** (p 141) et le pays du **mont Ventoux**★★★ (p. 241) vous épargneront de tels cas de conscience !

Plus d'une semaine

C'est Byzance. Les jeux sont ouverts. Votre lieu de séjour est probablement à déterminer en fonction des activités souhaitées : marche, voile, plongée, etc.

QUE FAIRE AVEC LES ENFANTS ?

Apprendre en s'amusant

Le château des Baux-de-Provence
Pour sa chasse au trésor et ses tirs de catapulte (p. 150).
À partir de 7 ans.

Archélogue en herbe
Sur les ruines de Glanum (p. 155), ateliers et visite guidée en costumes. À Orange, les Fantômes du théâtre (p. 190).
À partir de 6 ans.

Le palais des Papes en Avignon
« Le Palais secret » : une visite captivante des coulisses du palais (p. 168).
À partir de 6 ans.

Les jardins du musée Salagon à Mane
Créer ses instruments de musique à partir de cannes de Provence ou de noyaux d'abricots (p. 295).
À partir de 6 ans.

Le musée Terre et Temps à Sisteron
Un musée sur la mesure du temps tellement bien fait que les enfants adhèrent et adorent (p. 301).
À partir de 6 ans.

Le musée de Préhistoire des gorges du Verdon à Quinson
Comment faire du feu sans une allumette ? Les coulisses de l'exploit ! (p. 306).
À partir de 5 ans.

Balades à dos d'âne

Sur les flancs de Sainte-Victoire
À la maison Sainte-Victoire à Saint-Antonin-sur-Bayon (p. 104). Réservez 10 jours à l'avance.
Pour tous.

Sur les flancs du mont Ventoux
À partir de Villes-sur-Auzon (p. 353). Le tour du Ventoux est possible.
Pour tous.

Balade en train

Le petit train camarguais
Départ des Saintes-Maries-de-la-Mer pour un voyage familial au pays des chevaux (p. 332).
Pour tous.

Découvrir les animaux

Les poissons au Parc marin régional de la Côte bleue
Snorkelling dans la Grande Bleue à la découverte de la faune sous-marine (p. 90).
À partir de 8 ans.

Le vautour fauve à Rémuzat
Un étonnant ballet à suivre (p. 226).
À partir de 6 ans.

Découvrir les secrets de fabrication de...

L'huile d'olive
Visiter des moulins à huile à Mouriès (p. 148), à Maussane-les-Alpilles (p. 149) et à Manosque (p. 292). Allez-y si possible en hiver, car à cette période de l'année, ils sont en plein fonctionnement. La visite des Vieux-Moulins à Nyons (p. 223) est particulièrement adaptée aux enfants.
À partir de 5-6 ans.

L'essence de lavande
Et ceci au moment de la distillation en été, à Nyons (p. 223) et à Coustellet (p. 267).
À partir de 5-6 ans.

Les santons
À Marseille (p. 68) et à Aubagne (p. 114).
À partir de 7 ans.

© Laurent GIRAUDOU / hemis.fr

Gourmandises

La Confiserie du Roy René aux Milles
Ah ! Le calisson… (p. 98).
Pour tous.

La Confiserie du Mont Ventoux à Carpentras
Quand le berlingot leur ferait perdre la boule (p. 197).
Pour tous.

La confiserie Kerry Aptunion à Apt
Fruits confits, pour les becs sucrés (p. 277).
Pour tous.

Les ateliers de cuisine de La Mirande en Avignon
Tartes en folie ! (p. 339).
À partir de 7 ans.

Parcs aventures

Pastré Aventure à Marseille
En plein centre-ville, 5 parcours adaptés selon l'âge, et en principe réservés aux enfants (p. 321).
À partir de 5 ans.

Parc Indian Forest à Martigues
Parcours dans les arbres… Ils s'éclatent (p. 325).
À partir de 4 ans.

Colorado Aventures à Rustrel
4 parcours dans les arbres (p. 359).
À partir de 1,50 m.

Parc Aventures Sisteron
4 parcours sur les flancs de la citadelle, dont l'un est réservé aux plus de 14 ans (p. 362).
À partir de 4-5 ans.

Les arts du cirque à Piolenc
Trapèze, jonglage… Pour une fois qu'ils peuvent faire les clowns ! (p. 192).
À partir de 3-4 ans.

Parcs de loisirs

Le parc balnéaire du Prado à Marseille
26 ha d'espaces verts et 10 ha de plages. Vélocross et skate-park de renommée internationale (p. 76).
Pour tous.

La station du mont Serein sur le Ventoux
Devalkart, tyrolienne, Accrobranche®, etc. (p. 248).
À partir de 3-4 ans.

S'initier aux sports

Les activités nautiques
À Marseille (p. 319), à Martigues (p. 325) et à Apt (p. 357).
À partir de 6 ans.

© Matthieu COLIN / hemis.fr

Le canoë-kayak
Kayak en mer depuis La Ciotat (p. 323), descente en canoë-kayak de la Sorgue de Fontaine-de-Vaucluse (p. 344) et descente en canoë-kayak du Gardon depuis Collias (p. 380).
À partir de 6 ans.

L'équitation
Aux Saintes-Maries-de-la-Mer (p. 331) et à Salin-de-Giraud (p. 333). Crin-Blanc exerce toujours et encore une fascination sur les enfants.
À partir de 8 ans.

L'escalade
Dans les falaises de Collias (p. 342), dans celles de Buoux (p. 356) et dans les calanques de La Ciotat (p. 323, il s'agit d'écogrimpe).
À partir de 6-7 ans.

La plongée
À Marseille (p. 321), à La Ciotat (p. 323) et au Rove (p. 325).
À partir de 6 ans.

La randonnée aquatique
Dans les gorges du Verdon (p. 363). À ne pas confondre avec le canyoning, plus engagé.
À partir de 10 ans.

CALENDRIER DES FESTIVITÉS

Janvier

Richerenches (p. 239)
La messe dite des truffes, le 3e dim. Une église pleine à craquer, une messe suivie d'enchères.
Office de tourisme,
☎ 04 90 28 05 34.

Février

Nyons (p. 224)
Fête de l'alicoque, le 1er dim. On déguste et on fête l'huile nouvelle.
Office de tourisme,
☎ 04 75 26 10 35.

Carry-le-Rouet (p. 90)
Mois de l'oursin et du coquillage. Sur trois dim.
Office de tourisme,
☎ 04 42 13 20 36.

Pâques

Arles (p. 122)
Féria, à Pâques. Toute une ville en folie. *Abrivado*, concerts et *peñas*…
Office de tourisme,
☎ 04 90 18 41 20.
Spectacles de rue gratuits.

Avril

Pays de Forcalquier (p. 290)
Fête de la randonnée, le dernier w.-e. Plus de 40 circuits accompagnés, à pied, à cheval ou en poney, à vélo, à VTT.
Office de tourisme,
☎ 04 92 75 10 02.

Mai

Avignon (p. 169)
Altera Rosa le w.-e. de l'Ascension. Les roses que vous n'avez jamais vues.
Office de tourisme,
☎ 04 32 74 32 74,
www.alterarosa.com.

Saintes-Maries-de-la-Mer (p. 131)
Pèlerinage des Gitans, le 24 mai. Ferveur et guitares.
Office de tourisme,
☎ 04 90 97 82 55.

Juin

Valréas (p. 238)
Nuit du Petit saint Jean, le 23 juin. Grande reconstitution historique. C'est un enfant qui est le roi de la fête.
Office de tourisme,
☎ 04 90 35 04 71.

Tarascon (p. 145)
Fêtes de la Tarasque, le dernier w.-e. Quatre jours fous. Une fête multiséculaire, tumultueuse. Point d'orgue le dim.
Office de tourisme,
☎ 04 90 91 03 52.

Juillet

Aix-en-Provence (p. 97)
Festival international d'art lyrique, pendant tout le mois. Sexagénaire et plus jeune que jamais. Un gros effort de séduction vis-à-vis du jeune public.
☎ 0 820 922 923,
www.festival-aix.com.

Avignon (p. 165)
Festival in et off, tout le mois. La ville devient une scène géante jour et nuit.
☎ 01 56 95 48 50 (Paris),
04 90 14 14 14 (Avignon),
www.festival-avignon.com.

Marseille (p. 77)
Mondial La Marseillaise à pétanque, déb. juil. Une grande fête sportive sur 5 jours.
☎ 04 91 57 75 00,
www.lamarseillaise.fr.

Grignan (p. 216)
Festival de la correspondance, déb. juil. Les lettres de Mme de Sévigné à sa fille ont fait des émules .
☎ 04 75 46 55 83,
www.grignan-festivalcorrespondance.com.

Cavaillon (p. 258)
Fête du melon, le w.-e. avant le 14 juil. Une fête provençale haute en couleurs.
Office de tourisme,
☎ 04 90 71 32 01.

© Camille MOIRENC / hemis.fr

Orange (p. 190)
Chorégies, de mi-juil. à début août. Une acoustique exceptionnelle…
☎ 04 90 34 24 24,
www.choregies.asso.fr.

Août

Châteauneuf-du-Pape (p. 178)
Véraison, le 1er w.-e. Une fête vino-médiévale.
Mairie ☎ 04 90 83 57 57.

Fontvieille (p. 146)
Journée Alphonse Daudet, le 2e dim. Au théâtre de verdure, son et lumière.
Office de tourisme,
☎ 04 90 54 67 49.
Gratuit.

L'Isle-sur-la-Sorgue (p. 344)
Foire internationale antiquités-brocante, le w.-e. du 15 août. C'est L'Isle… au trésor !
☎ 04 90 20 62 28.

Septembre

Monieux (p. 253)
Fête du petit épeautre, le 1er dim. Danseurs de rue, foire, etc.
Office de tourisme,
☎ 04 90 64 14 14.

Marseille (p. 76)
Fête du vent, mi-sept. Les cerfs-volants débarquent sur les plages du Prado.
Office de tourisme,
☎ 0 826 500 500.

Octobre

Marseille (p. 69)
Fiesta des Suds, 2e quinz. Hip-hop, slam, raï, ragga occitan, toutes les musiques du monde !
☎ 04 91 99 00 00,
www.dock-des-suds.org

Novembre

Autour de Nyons (p. 225)
De moulins en paroles, de mi-nov. à mi-déc. Au pays de l'olive, des soirées contes. Convivial.
☎ 09 66 84 35 56,
guy.castelly26@orange.fr.

Décembre

Aubagne (p. 113)
Biennale de l'art santonnier le 1er w.-e., années paires. Parade des santons vivants (quelque 200 personnages costumés) et flonflons en ville.
Office de tourisme,
☎ 04 42 03 49 98.

En Provence
Foires aux santons à Marseille, Aix-en-Provence, Salon-de-Provence…
Offices de tourisme ou, pour Marseille, Syndicat des santonniers,
☎ 04 42 03 81 03.

si vous aimez

VENCE
U
NE
3400

VAL
TAL

MIEL

AU
VERITABLE SAV
DE MARSEILLE

200 G
L'AN

AU

VERITA

© Philippe RENAUD

Les arènes antiques d'Arles.

La Provence antique

LES SITES À VOIR

• Le musée départemental
Arles Antique★★   p. 122

• ♥ Les ruines
de Glanum★★★   p. 155

• Le pont du Gard★★★   p. 182

• Le théâtre antique★★★
à Orange   p. 190

• Vaison-la-Romaine★★   p. 206

• Les Thermes Sextius
à Aix-en-Provence   p. 326

Jusqu'au IIᵉ s. av. J.-C., les Romains ont laissé leur alliée, Massalia (Marseille), régler, toute seule, ses problèmes avec ses turbulents voisins, des tribus celto-ligures. Ces dernières ont créé dans l'arrière-pays une véritable civilisation des *oppida*. Par *oppida* (singulier *oppidum*), il faut entendre des villes ou des postes fortifiés, à la pointe d'éperons rocheux, qui contrôlent voies de communication et territoires avoisinants. Les Cavares campent à Avignon sur le rocher des Doms *(p. 169)* et à Cavaillon *(p. 257)*. Les Voconces sont installés à Vaison-la-Romaine *(p. 206)* et à Sisteron *(p. 300)*. Et les Salyens se croient en sûreté à Entremont *(p. 101)*, au nord d'Aix-en-Provence. Fatale erreur. Vers 125 av. J.-C., à l'appel de Massalia, Rome envoie les légions. En 122 av. J.-C., le proconsul Caïus Sextius Calvinus écrase les Salyens et établit son camp près d'Entremont. Ce camp est l'ancêtre d'Aix-en-Provence. Malheur aux vaincus. Le rouleau compresseur romain est en marche. En 118 av. J.-C. est créée la *Provincia romana*. Ce qui deviendra notre Provence.

La ville romaine

Dans cette *Provincia*, Rome impose son modèle d'urbanisme

et de civilisation. Un modèle dis-
séqué via les maquettes au musée
départemental Arles Antique. Ce
musée nous raconte la fondation
en 46 av. J.-C. et la croissance
d'*Arelate* (la ville près des marais).
Arles (*p. 116*), comme Aix-en-
Provence (*p. 94*), Orange (*p. 189*)
ou Apt (*p. 276*), est conçue
autour de deux axes perpendicu-
laires : le cardo (nord-sud) et le
decumanus (est-ouest). La ville
possède un centre monumental : le **forum** (la grande place
publique) avec ses bâtiments
administratifs, les temples et le
théâtre, dont le plus bel exemple
est fourni par Orange, où ce
monument a conservé son mur
de scène. Grandiose, il pouvait
accueillir quelque 10 000 spectateurs, contre 5 000 pour le
théâtre plus modeste de Vaison-
la-Romaine (*p. 208*). La ville
romaine s'agrémente aussi de
thermes, publics ou privés.

Le réseau « routier »

Cela suppose des infrastructures
en matière d'adduction d'eau et
de voirie, dont les performances
nous étonnent encore. Entre tous
les aqueducs, le **pont du Gard**
(*p. 182*) est une vraie splendeur.
D'une longueur de 360 m à
l'origine, c'est une véritable
prouesse technique. Le réseau
routier force aussi l'admiration.
Reliant Rome à l'Espagne, la **via**
Domitia irrigue toute la Provence :
c'est la plus ancienne route
construite en France. Par endroits,
notamment en aval et en amont
du pont Julien (*p. 271*), l'un des
ponts romains routiers les mieux
conservés de Gaule, la chaussée
antique est encore aujourd'hui
bien visible. La **via Aurelia**, elle,
longeait le littoral, rejoignait
Arles, en traversant ce qui est
aujourd'hui la nécropole des
Alyscamps (*p. 125*). La via Agrippa
remontait la vallée du Rhône.

Au théâtre

En devenant acteur, un citoyen
romain perdait ses droits civiques.
L'Empire romain n'a connu que
mimes et pantomimes, ces spectacles tenant plus de la farce sca-
breuse – les actrices y dansant
nues – ou de la gesticulation sans
paroles. Le théâtre est alors un
outil politique d'intégration où le
culte impérial est poussé en avant.
D'où les statues d'empereurs ou de
dieux qui garnissent les « niches »
du mur de scène.

Des jeux… à l'œil

Les Romains voyaient les spectacles… à l'œil. Tout était financé
par des « sponsors ». Les places
étaient donc attribuées à vie, en
fonction du rang social, les VIP
devant, le menu peuple derrière.
À Orange, vous trouverez dans
les premiers gradins un siège
marqué EQ G III (*Equitum Gra-*
dus Tres), réservé à un chevalier.
Chevalier qui attendait comme
tout le monde le « baisser de
rideau » : quand le spectacle commençait, le rideau s'encastrait sous
la scène. À Arles, on peut encore
voir la rainure qui enfermait la
machinerie d'un tel dispositif.

À la manière de…

Osez vous détendre à la manière
des Romains aux Thermes Sextius
d'Aix-en-Provence. L'été, les festivals donnent l'occasion de
goûter au mode de vie romain, les
théâtres antiques reprenant du
service. Celui d'Orange accueille
les Chorégies.

Le château royal de Provence à Tarascon.

La Provence des comtes

Dans les ruines de l'empire de Charlemagne se crée au IXe s. un royaume de Bourgogne-Provence, où les Sarrasins multiplient les razzias. Dans le sud de ce royaume aux contours fluctuants, une première dynastie comtale émerge au Xe s. En 972, Guilhem II, comte d'Avignon, dit le Libérateur, débarrasse enfin la Provence de ses pillards et gagne dans l'affaire le titre de comte de Provence.

À coups de catapultes

Un siècle et des poussières plus tard, le comte de Toulouse et celui de Barcelone se disputent comme des chiffonniers ce **comté de Provence**. Si vous voulez avoir une petite idée des mœurs militaires de l'époque, rendez-vous au château des Baux-de-Provence, où l'on pratique régulièrement le tir à la catapulte !

En 1125, nos deux comtes finissent par signer la paix, qui ne sera qu'une trêve de plus, mais qui demeurera le traité de référence. Ils se partagent plus ou moins équitablement la Provence. Au comte de Toulouse tout ce qui est au nord

avait pour « base » Arles, où rien ne subsiste de son palais de la Trouille (Trullia). À Aix-en-Provence, on cherchera en vain aussi l'ancien palais comtal, qui a été complètement rasé en 1776. Ouf! Tarascon *(p. 143)* a conservé dans son jus le château, que Louis II d'Anjou (1400-1417) a fait reconstruire. Après 1471, René Ier d'Anjou et sa jeune épouse Jeanne de Laval partagent leur royale existence entre ce château, leur hôtel d'Avignon et les petites « folies campagnardes », qui ont été aménagées à grands frais près d'Aix-en-Provence ou encore de Marseille.

de la Durance, plus la rive droite du Rhône. Au comte de Barcelone, les territoires au sud de la Durance.

Le temps des troubadours

Mais cette époque troublée, pleine de bruits et de fureurs, est aussi celle des troubadours, qui chantent dans une langue chatoyante, la **langue d'oc**, l'amour courtois ou fin'amor. Aux XIIe et XIIIe s., il existe bel et bien une civilisation occitane originale. La visite « animée » de Mornas, propriété un temps du comte de Toulouse, permet d'en avoir un petit aperçu. Les croisades contre les albigeois et le **traité de Meaux** en 1229 sonnent le glas de cette Occitanie. Le Languedoc est livré au roi de France et le **comtat Venaissin** au pape. Au final, le comté de Provence, qui passe au milieu du XIIIe s. par mariage dans le giron de la maison d'Anjou, aura existé pendant cinq siècles, le roi de France Louis XI récupérant en 1481 cette belle province.

Une capitale baladeuse

Nous avons un comté. Mais pas encore de capitale fixe! Au début du XIIe s., la maison de Barcelone

© Philippe RENAUD

Armoiries de Paul V (Camille Borghèse, 1605-1621).

La Provence des papes

De 1316 à 1376, Avignon se hisse au rang de capitale de la Chrétienté. Sept papes, abandonnant Rome et l'Italie entrées dans le chaos, trouvent refuge dans leurs terres du comtat Venaissin, au nord de la Durance, terres qui leur furent attribuées par le traité de Meaux en 1229 *(p. 23)*.

Ils s'y font construire un palais, merveille de l'art gothique. Après leur départ, Avignon et le comtat Venaissin seront administrés par un légat.

Nomadisme

Élu pape en 1305, sous le nom de Clément V, Bertrand de Got, un Gascon, ne rejoignit jamais l'Italie. En Avignon, il établit ses quartiers dans le couvent des Prêcheurs. En 1314, il finit par mourir au château de Roquemaure *(p. 178)*. Son successeur, Jean XXII, Jacques Duèse, multiplie les allers-retours entre le palais épiscopal d'Avignon et sa nouvelle résidence d'été, entourée de vignes, à Châteauneuf-du-Pape. Benoît XII, lui, se lance dans la construction en 1334, en choisissant Pierre Poisson comme architecte. Son successeur, le fastueux Clément VI, fait appel à Jean de Louvres. En vingt ans, le **palais des Papes** *(p. 165)* tel que nous le connaissons voit le jour. Avec

À la table du pape
On en apprend de belles lors d'une visite des « coulisses » du palais des Papes. En 1342, pour le couronnement du pape Clément VI, 60 cochons, 1 000 poules et 3 500 chapons sont passés à la casserole. Mais on n'a pas fait rôtir ce jour-là de sanglier ou de flamant rose. N'en déduisez pas que la cour pontificale faisait bombance tous les jours. Dans l'année, le pape respectait 150 jours dits « maigres », où il mangeait poisson, œufs et légumes. À sa table, le vin était servi « jeune », additionné d'épices – cannelle, gingembre, poivre, miel… Cet « hypocras » a de quoi horrifier aujourd'hui un amateur de vin !

Clément VI. Si l'on a beaucoup « prêté » à Giovannetti, on peut lui attribuer sans se tromper dans le palais les fresques de la chapelle Saint-Martial *(p. 168)*, qui relatent en long et en large la vie de ce saint, originaire du Limousin… comme Clément VI. En cours de restauration, ces fresques, de toute beauté, illustrent ce qu'on a pu appeler l'École d'Avignon : des couleurs lumineuses, une maîtrise du trompe-l'œil, un décor exubérant d'inspiration naturaliste. Les personnages – Giovannetti a croqué sans vergogne gens de la cour pontificale et gens de la rue – semblent sortir du cadre. Le peintre a aussi réalisé les fresques de la chapelle Saint-Jean-Baptiste à la chartreuse du Val-de-Bénédiction, à Villeneuve lez Avignon, cette fois pour le compte du pape Innocent VI (1352-1362).

15 000 m^2 de plancher, il peut contenir quatre cathédrales ! Il devient l'un des plus beaux joyaux de l'art gothique au monde, un art qui était pratiquement absent jusque-là de la Provence. Aujourd'hui, le visiteur peut en découvrir les coulisses secrètes le temps d'une visite mémorable. En 1348, pour être maître chez lui, Clément VI (1342-1352) décide d'acheter la ville d'Avignon à la comtesse Jeanne de Provence pour la coquette somme de 80 000 florins !

L'École d'Avignon
En même temps que s'élève le palais, Avignon devient un laboratoire effervescent, où s'invente un nouvel humanisme. Nombre d'hommes de lettres et d'artistes accourent de tous les pays d'Europe : le poète Pétrarque, le peintre siennois Simone Martini, le musicien Guillaume de Machaut… Siennois lui aussi, **Matteo Giovannetti** devient le peintre officiel de

La mort noire
En Avignon, vous croiserez le souvenir de la belle Laure de Noves *(p. 171 et p. 204)*, dont Pétrarque fut l'amoureux transi. La jeune femme fut emportée par la peste, qui frappa Avignon en 1348. Entre 1346 et 1353, l'Europe perdit, semble-t-il du fait de cette « mort noire », 24 millions d'habitants.

Le bain du pape
Autre information recueillie lors de cette visite du « palais secret » : le pape avait au rez-de-chaussée du palais son « étuve », où il prenait un bain quotidien, sans se départir de sa chemise de lin. Pas question de fréquenter les bains publics de la ville, qui étaient plus ou moins des annexes de bordels.

architecture

© Philippe RENAUD

Le musée de Camargue, Mas du Pont de Rousty.

Bastides, cabanons et jardins

Hôtels baroques

Au XVIIIe s., Aix-en-Provence, qui héberge depuis 1501 le parlement de Provence, connaît une opération urbanistique de grande ampleur. Un nouveau quartier sort de terre : le quartier Mazarin, décrété par l'archevêque Michel de Mazarin. Aujourd'hui, dans ce quartier, le **cours Mirabeau** a conservé un ensemble exceptionnel d'hôtels particuliers, souvent emblématiques du baroque provençal. Marseille et sa fameuse **Canebière** *(p. 66)*, tracée en 1666, ont gardé aussi quelques beaux accents baroques.

Partie de campagne

Aux XVIIe et XVIIIe s., aristocrates et riches armateurs se font construire à la campagne des **bastides**, où ils se réfugient l'été pour fuir les touffeurs d'Aix ou de Marseille. Le plus souvent sur deux étages, précédée d'une allée cavalière, cette grande bâtisse reste un domaine agricole. Le **Jas de Bouffan**, aux portes d'Aix-en-Provence, relève de cette catégorie. Le mas, en revanche, est essentiellement une ferme, où habitation et dépendances se retrouvent sous le même toit ou se serrent autour d'une cour centrale.

Le cabanon des calanques

Né au XIXe s., quand Marseille prend ses aises, cet **abri de pêcheur** fait aujourd'hui partie du patrimoine phocéen. Au bord de la mer, grand « comme un mouchoir de poche », le cabanon est à l'origine une construction de bric et de broc, accrochée aux rochers et utilisée aux beaux jours. Le week-end, certains Marseillais, même et surtout argentés, se vantent « d'aller au cabanon », qui a tout alors d'une villa confortable ! Le village des **Goudes** *(p. 76)* compterait 500 cabanons. Le **sentier de Morgiou** donne aussi un aperçu de l'isolement splendide de certains cabanonniers.

Jardins d'aristocrates

À l'ombre des châteaux, le XVIIIe s. eut ses parcs à la française, privilégiant l'ordre et la symétrie, adoucis par quelques touches de fantaisie « à l'italienne », pergolas, bassins, labyrinthes. Le plus réputé fut sans doute celui de l'extravagant comte Omer de Valbelle à Tourves *(p. 109)*.

Hélas ! La Révolution a dévasté ses broderies végétales.

Jardins de ville et jardins exotiques

Au XIXe s., les thèses hygiénistes sont en vogue : il convient, pour contrer les épidémies, de « faire circuler l'air ». Le **jardin du rocher des Doms** *(p. 169)* qui surplombe Avignon est un parc à l'anglaise, imitant le désordonné de la nature, avec sa rocaille et son lac artificiel où cohabitent canards et carpes. Au XIXe s aussi, l'aventure coloniale suscite l'engouement pour tout ce qui est exotique. Les riches bourgeois veulent du mimosa d'Australie ou du palmier des Canaries sous leurs fenêtres. Surplombant la rade de Marseille, la **villa Valmer** *(p. 75)* fournit l'un des plus beaux exemples de jardins luxuriants.

Jardin de « simples »

Véritable encyclopédie végétale, les jardins ethnobotaniques de Salagon ont leur carré de « simples ». Le terme désigne la flore utile, la plante médicinale de base. « Plantes des fièvres et des refroidissements » comme le chardon bénit ou encore plantes des « purges » qui devaient nettoyer le corps au printemps. Vous retrouverez ces herbes médicinales au jardin des Herbes de La Garde-Adhémar *(p. 236)*.

traditions

© Patrick FRILET / hemis.fr

Les treize desserts de Noël.

Un Noël en Provence

À FAIRE À NOËL

• La messe de minuit à l'abbaye
Saint-Michel-de-Frigolet   p. 162

• Les marchés de Noël
d'Avignon et de Velleron   p. 201

Décembre ramène en Provence les marchés de Noël. Chacun a sa personnalité. Le plus théâtral est sans conteste celui d'Avignon, place de l'Horloge; tandis que la palme de l'authenticité revient au marché paysan de Velleron (*p. 201*), près de L'Isle-sur-la-Sorgue. Sur ces marchés, on trouvera tout pour étoffer la séquence desserts du fameux **gros souper**, pris avant la messe de minuit (il n'y a pas de réveillon en Provence). Selon la tradition, il faut aligner sur la table, recouverte de trois nappes blanches, **treize douceurs**, ce chiffre symbolisant le Christ et les douze apôtres réunis pour le repas de la Cène.

Les « quatre mendiants »

Dans la corbeille, on met des fruits frais : pommes, poires ou mandarines. À côté, on glisse des douceurs très sucrées comme des pâtes de fruits, des fruits confits d'Apt (*p. 277*) et des calissons d'Aix-en-Provence (*p. 98*). Le gros souper doit aussi offrir les « quatre mendiants », c'est-à-dire des fruits secs, amandes, figues sèches, raisins secs, noix ou noisettes. La couleur de ceux-ci évoque les habits des ordres dits mendiants, comme les franciscains par exemple.

traditions

La sélection comporte « obligatoirement » quelques barres de nougat blanc et de nougat noir. La Provence a encore ses « paysans nougatiers », qui ont leurs amandiers et leurs ruches. Ceux-là n'utilisent que le miel de lavande, « un gage certain de qualité », selon les frères Silvain qui confectionnent un savoureux nougat à Saint-Didier (p. 200).

Coup de pompe
Enfin, la « pompe » figure dans l'assortiment. Cette **galette**, réalisée à base de farine, d'huile d'olive et de fleur d'oranger, représente « un compromis entre une brioche et un sablé », selon Pierre et Sylvie Piantino, spécialistes de la question (Le Gibassié à Aix-en-Provence, p. 95). Ce n'est pas fini ! Vous oubliez le **vin cuit**, *lou vin kiue*, dans lequel on trempe la galette. Tombé un temps aux oubliettes, il a de nouveau le vent en poupe. Mais pour les puristes, il ne saurait y avoir de vin cuit que de **Palette**, près d'Aix-en-Provence (p. 105). Le compte est bon !

Le pastrage
Le temps est venu de se rendre à la **messe de minuit**. Parmi les plus émouvantes, qui attendriraient l'agnostique le plus endurci, il y a celle de l'abbaye Saint-Michel-de-Frigolet (p. 162) où l'on respecte encore la tradition du pastrage, un couple de bergers débarquant au son des fifres et tambourins avec un ou deux agneaux nouveau-nés. Autre grand moment de ferveur ce 24 décembre : l'office célébré dans la grotte de la Sainte-Baume. Les participants se glissent dans la nuit noire le long du chemin des Roys.

traditions

© Philippe RENAUD

Course camarguaise dans l'arène, domaine de Méjanes.

Sous le signe du taureau

Une civilisation du taureau

Dans une grande partie de la Provence, et en Camargue en particulier, le taureau est vénéré. Vous découvrirez les rites étranges et fascinants de ce « culte » qui peut apparaître d'un autre âge lors d'une « journée camarguaise », ou journée en immersion dans une **manade** (élevage) comme celle des Baumelles aux Saintes-Maries-de-la-Mer *(p. 332)*. Si le premier « lâcher de taureaux » connu daterait de 1289, sachez que ces bêtes ont longtemps été utilisées comme animaux de trait, jusqu'au milieu du XIXe s. Ce qui était jeux de paysans dans les prés est devenu spectacle dans une civilisation davantage tournée vers les loisirs.

Les cavaliers de l'Apocalypse

Qui dit taureau, dit **gardian**. C'est l'homme qui sait parler à l'oreille des taureaux et des chevaux. L'un de ces « cavaliers de l'Apocalypse » chers au marquis Folco de Baroncelli *(p. 130)*. Aujourd'hui, le mythe a ses lézardes. Lors de ces journées camarguaises, vous apprendrez avec stupeur que « gardian, c'est une passion », de plus en plus rarement une profession. Il y a des « gardians du dimanche », pharmaciens ou employés la semaine. Participant à tous les travaux de la manade, ils sont considérés comme les pratiquants d'un sport et licenciés à ce titre par la Fédération française de course camarguaise, qui comptait dans ses rangs 110 manades, 400 gardians « amateurs » pour 30 gardians salariés en 2011.

L'« abrivado »

En saison, on recense quelque 2 500 *abrivado*. Au sens strict du terme, l'*abrivado*, c'est l'arrivée des taureaux, emmenés des prés vers les arènes. Une arrivée encadrée par les gardians. Aujourd'hui, des manades se sont spécialisées dans ce type d'animations. Soyez prudents ! Tenez-vous à l'abri, derrière les barrières. Surtout si vous voyez les *atrapaïres* tenter de faire échapper l'un des taureaux du troupeau.

Le public ne retient que le côté festif du métier. Il en perçoit rarement les contraintes, les dangers et les fatigues. En semi-liberté, les bêtes doivent être « triées » pour être soignées, marquées, entraînées, menées au spectacle... D'harassantes cavalcades permettent d'« acamper » (rassembler) le troupeau.

Un ballet, une magie

Il y a plus de 800 courses camarguaises par an ! Elles sont annoncées par affiches. Les plus courues sont celles d'Arles. Impossible de confondre ce spectacle, bien codifié, avec un divertissement de vachettes landaises. Encore moins avec la corrida espagnole. Sans mise à mort, la **tauromachie** camarguaise est une tauromachie de mouvement. « Un ballet, une magie », disent les manadiers.

Muni d'un crochet, celui qu'on appelle le « raseteur » a 15 minutes, pas une de plus, pour « déshabiller » le taureau de ses attributs, cocarde, glands et ficelle. Apprenez que les taureaux sont loués. 50 € pour un débutant qui, maladroit, peut « plomber » la course. Jusqu'à 4 500 € pour une « star ». Les raseteurs reçoivent des primes, qui peuvent monter au fil des annonces durant le spectacle. Le petit monde des raseteurs a aussi ses vedettes, une poignée, qui peuvent empocher jusqu'à 150 000 € en une saison.

En grande tenue

En 1904, le coquet marquis Folco de Baroncelli a réussi à imposer « sa » tenue du gardian, portée lors des fêtes. Si la veste de velours noir doublée de soie cramoisie fait dans la sobriété, la chemise se doit d'être bariolée. Le feutre, brun, gris ou noir, fait partie de la panoplie au même titre que le pantalon dit en peau de taupe, au toucher très doux.

Une journée camarguaise

Vous voulez visiter une manade, le temps d'une journée camarguaise ? Seulement cinq manades bénéficient du label du parc naturel régional de Camargue. Rens. www.parc-camargue.fr (cliquez sur Le Parc < Territoire < Établissements et produits de la marque Parc).

Au fer rouge

Lors des « journées camarguaises », on organisera pour vous une « ferrade ». C'est une sorte de baptême pour l'animal ; il se fait à 1 an, pas avant. L'*anouble* (le jeune veau, mâle ou femelle) est marqué au fer rouge. Deux fois. Du dernier chiffre de son année de naissance et de la marque de la manade.

L'animal est sorti du groupe, maîtrisé, puis immobilisé au sol. Un cicatrisant est immédiatement appliqué.

traditions

© Nicolas JOSÉ / hemis.fr

Festival d'Avignon.

Quand les étoiles s'allument

À VOIR

• Les Rencontres d'Arles
Photographie entre juil.
et mi-sept.   p. 121

• Les Envies Rhônements
en Camargue de fin juil.
à début août   p. 137

• ❤ Le Festival d'Avignon,
in et off, en juil.   p. 165

• ❤ Les Chorégies d'Orange
de mi-juil. à début août   p. 190

• Le Festival de la correspondance
déb. juil. à Grignan   p. 216

La Provence a le goût de la fête. Le soir venu, haute saison ou pas, le visiteur a l'embarras du choix dans la constellation de festivals offerte, où une grand-messe du théâtre côtoie un concert « allumé », ou snobe une rencontre intimiste.

Naissances obscures

Vous le découvrirez en visitant le **théâtre antique d'Orange** *(p. 190)*. Le plus vieux festival de France est né ici, en 1869, pour ce qui devait être une « Fête romaine », avec un opéra, *Joseph*, d'Étienne-Nicolas Méhul (1763-1817). Mais Orange eut très longtemps une orientation théâtrale affirmée : la Comédie-Française s'y produisit à maintes reprises. Ce n'est qu'en 1971 que les nouvelles **Chorégies** ont pris le virage du tout-lyrique.

En 1947, Avignon devait accueillir une « Semaine d'art ». **Jean Vilar** (1912-1971) se vit offrir le palais des Papes pour un seul spectacle. Plus porté sur les « tout petits théâtres de confidences », il commença par refuser. Avant de se raviser. Du coup, pris au jeu, il proposa trois créations, dont un *Richard II* de Shakespeare jusqu'alors jamais monté en

Le père des Rencontres

Une visite guidée d'Arles ne se conçoit pas sans un passage près de la maison de Lucien Clergue, où il vit toujours. Vous la trouverez à deux pas de l'hôtel Quiqueran-de-Beaujeu (rue des Arènes), qui abrite l'École nationale de la photographie. Arlésien de naissance – il a poussé son premier cri en 1934 à l'Hôtel-Dieu, là où Van Gogh fut interné *(p. 124)* –, Clergue a fait de sa ville natale la capitale de l'image en créant en 1970 le premier festival de la photographie, les Rencontres d'Arles Photographie, de juillet à septembre. À un moment ou à un autre, tous les grands photographes ont débarqué dans la ville, comme Raymond Depardon, Henri Cartier-Bresson ou le très britannique Martin Parr.

accros de danse avaient un choix plus restreint. Et les amateurs de « toiles » en étaient presque réduits à la portion congrue. **Arles** avec ses Rencontres jouait solo dans sa catégorie (arts plastiques) !

Jeux de mots

Patrie de Mme de Sévigné, **Grignan** a, début juillet, son Festival de la correspondance. Intimiste (plus de 10 000 participants en 2011 néanmoins), il multiplie lectures-spectacles, rencontres et chambres d'écriture sans verser dans le déballage de secrets d'alcôve. La **Camargue**, elle, a sorti de ses rizières un concept de festival nomade, les Envies Rhônements, où le « désordre artistique » déboule en pleine nature (tous les deux ans, années impaires). Danseurs, artistes de cirque, plasticiens et autres conteurs vous embarquent dans une nuit magique.

France. L'histoire retiendra que la première représentation a fait 470 entrées payantes !

Rude concurrence

En 2009, la seule région PACA (Provence-Alpes-Côte-d'Azur) attirait plus de 500 000 festivaliers, qui se répartissaient entre près de 400 festivals (1 800 pour l'Hexagone) dont une dizaine d'envergure internationale ! Elle s'imposait comme la première destination festivalière, captant un public qui ne regarde pas à la dépense (110 €/j., hors spectacles, contre 47 € en moyenne pour un touriste lambda).
C'est la musique – classique, jazz, musiques d'ici et d'ailleurs, électro, techno, funk, etc. – qui se taillait la part du lion, avec notamment la **Fiesta des Suds à Marseille** *(p. 69)*. Les amateurs de théâtre, de café-théâtre ou des arts de la rue n'étaient pas trop mal lotis. Les

Le bouche-à-oreille

Sidérant : durant l'été 2011, le Festival off d'Avignon a réuni 950 compagnies pour 1 150 spectacles (dont une centaine pour les enfants), qui font en moyenne 54 % de remplissage. Créé dans les années 1960 par des metteurs en scène comme André Benedetto ou Gérard Gelas, qui n'acceptaient plus les choix régaliens de Jean Vilar, le off redonne les pleins pouvoirs au spectateur, qui a pour seule boussole le bouche-à-oreille. Sachez néanmoins qu'un programme est édité, indiquant salles et horaires *(p. 165)*. Il existe même une carte d'abonnement (14 € en 2012) qui donne droit à 30 % de réduction sur tous les spectacles. En 2011, environ 40 000 cartes ont été vendues.

© Philippe RENAUD

Tomates de Provence.

Les marchés de Provence

LES MARCHÉS À VOIR

- ❤ Le marché bio
de Marseille   p. 67

- ❤ Le marché place Richelme
à Aix-en-Provence   p. 96

- Le marché de Nyons   p. 223

- Le marché aux truffes de
Saint-Paul-Trois-Châteaux   p. 235

Ah ! Les marchés de Provence !
L'*assen*, les couleurs, les parfums…
Chacun a sa personnalité. Vous
avez des marchés de poche, où
une douzaine d'étals se pressent
timidement dans un coin de la
place principale. Et des marchés
« conquérants » qui se répandent
dans toutes les ruelles comme à
Nyons. Des marchés paysans
comme à Graveson *(p. 159)* et sur
l'eau comme celui de L'Isle-sur-la-
Sorgue *(p. 201)*.

Au fil des saisons

À chaque saison ses tentations.
Dès le printemps, la **fraise de
Carpentras** *(p. 196)* fait rougir
les étalages : la production bat
son plein en avril. Au plus fort
de l'été, les étals croulent sous les
melons de Cavaillon *(p. 257)*.
Des melons parfumés, à peau
lisse ou rugueuse comme une
peau craquelée, « brodée ». Tout
à côté, les abricots tiennent leur
rang : le fameux « **orangé de
Provence** » *(p. 226)*, à la chair
fondante et juteuse, arrive à
pleine maturité fin juillet.
En automne, les **olives** – il s'agit
des olives vertes « cassées » –
commencent leur ronde qui
s'achève dans les frimas de l'hiver.
En revanche, une grande partie
de l'année, les petits producteurs
de **miels** sont au rendez-vous
comme sur la place Richelme à
Aix-en-Provence *(p. 96)*. Bon à
savoir : le miel de Provence est
depuis 2005 une IGP (Indica-

terroir

Marché du XXIᵉ siècle

Cours de cuisine comme à Avignon, où chaque samedi dans les Halles un chef de la région vient travailler en direct et révéler ses tours de main (www.avignon-leshalles. com)… Visites guidées comme à Carro (p. 91), pour vous aider à retrouver « le bien-manger » auprès de producteurs ou pêcheurs qui sont les mieux à même de vous parler de leur métier… Horaires décalés l'été, repoussés en fin d'après-midi voire en nocturne avec ambiance musicale, comme à La Ciotat sur les quais en bord de mer (p. 85).

dorades, rascasses, galinettes (le rouget grondin) ou castagnoles (la brème de mer) sont vendus presque aussitôt pêchés. Les **tellines** (petits coquillages qui s'enfouissent dans le sable en Camargue, p. 129) trouvent aussi très rapidement preneur. Sur la Côte bleue, l'**oursin** (en février) commence à se faire rare. Très appréciés des gourmets, l'anguille de l'étang de Vaccarès et l'alose du Rhône sont en danger quasi d'extinction. Autre délice d'initié : la **poutargue** de Martigues (p. 92), à base d'œufs de poisson, considérée comme le « caviar de la Méditerranée ».

tion géographique protégée). Les gourmands réclament du miel de lavande, qui est d'une belle couleur jaune ambré.

Cela vous rend chèvre

La Provence a ses fromages, qui ont aussi du caractère. Des petits « chèvres » comme le **picodon** méthode Dieulefit (p. 218). Sur le marché, on le choisit comme on aime : crémeux ou sec tel un coup de trique. Aromatisé aux herbes ou macéré dans l'huile d'olive, ce n'est pas mal non plus… Drapé dans sa feuille de châtaignier, le banon (p. 286) a aussi ses inconditionnels. Dégustée on ne peut plus fraîche, la tome d'Arles ou tome à l'ancienne, qui peut être confectionnée avec du lait de brebis, elle, fraye avec le laurier. Devenue rarissime et quasiment introuvable, la **brousse du Rove** (p. 89) n'a plus ses « broussiers », qui écumaient Marseille.

Coquillages et galinettes

La côte échancrée a encore ses petits ports de pêche, comme à Carro (p. 91) où pageots,

Bouquet garni

Sur les marchés, faites le plein d'« herbes ». Composé de thym, de laurier et de persil, le tout en branches, le bouquet garni, bien ficelé, parfume les courts-bouillons, relève la saveur d'un sauté de lapin, réveille un plat de courgettes. Un bouquet qu'on retire en fin de cuisson.

Choisir son melon

Gorgé de soleil, le melon de Cavaillon, qui se décarcasse aussi pour devenir une IGP (Indication géographique protégée), est de la famille des melons charentais. Lisse ou « brodé », sa production s'étale entre mai et septembre. D'une teneur en eau de 88 %, c'est le fruit-légume rafraîchissant par excellence, bourré de carotène, de vitamines C et A. Comment le choisir à coup sûr ? En regardant s'il possède bien 10 tranches, si son pécou (la queue) se décolle. Enfin, s'il sent bon (au pécou et non au mamelon, à l'opposé !).

© Camille MOIRENC / hemis.fr

Récolte d'olives.

Huile d'or et diamant noir

L'olive

Chaque région a ses variétés. Autour de Nyons, les **Baronnies** ne cultivent que la tanche, qui est récoltée en décembre. Pour les Alpilles, c'est plus compliqué. Cantonnée dans le secteur des **Baux-de-Provence** *(p. 149)*, la grossane, une olive à la chair rouge, laisse pratiquement le champ libre à ses rivales du côté de **Fontvieille** *(p. 145)* ou **Mouriès** *(p. 148)* : à savoir, la berruguette (dite aussi aglandau, blanquette) ou la salonenque, la première ayant une chair plus ferme que la seconde. La picholine, elle, est quasiment une exclusivité du **Gard** *(p. 181)*.

Cassée !

Pour être consommées à table, les olives doivent subir une préparation en « confiserie », destinée à leur faire perdre leur amertume. Nature, l'olive est immangeable ! Autre précision : au départ, toutes les olives sont vertes et deviennent noires à maturité. Certaines, comme salonenques et berruguettes, peuvent être « préparées en vert » : récoltées en septembre, les drupes sont « cassées » au maillet en bois, plongées dans une eau légèrement alcaline, longuement rincées, puis déposées dans une saumure au fenouil. Vous dégusterez les premières lors de la Fête des olives vertes à Mouriès *(p. 148)*.

Des crus

Comme les vins, l'huile d'olive a ses « crus », ses **AOP** (Appellation d'origine protégée, équivalent européen des AOC), la Provence en comptant 5 : l'huile d'olive de Nyons, celle des Baux-de-Provence, d'Aix, de Haute-Provence et de Provence. Comptez autour de 20 € pour une bouteille AOP (75 cl).

terroir

5 kg de fruits sont nécessaires pour faire 1 l d'huile, la France en produisant bon an mal an 4 500 t pour 2 000 t d'olives de table. Les **Alpilles**, notamment entre Fontvieille et Aureille, offrent la plus forte concentration en oliveraies. Avec 220 000 arbres, 1 167 producteurs mais seulement 12 mouliniers (2011), la région fournit entre 12 et 14 % de la production nationale AOP. Certains moulins, comme celui de Maussane-les-Alpilles *(p. 149)*, permettent d'en suivre la fabrication.

La truffe

La truffe, la **truffe noire d'hiver**, *Tuber melanosporum* pour les latinistes, la *rabasse* pour les Provençaux, le « diamant noir » selon Brillat-Savarin, se plaît sous climat méditerranéen entre le 40e et le 45e parallèles, ce qui est précisément la latitude du Tricastin, à cheval entre Drôme et Vaucluse.

Mystères et mélano

Le monde de la truffe cultive l'opacité. Les transactions entre professionnels gardent un parfum de clandestinité. Surtout à **Richerenches** *(p. 238)*, qui est le marché de référence. Chaque année, la Fance produit entre 10 et 15 t de mélano, dont 80 % sont originaires du Sud-Est, où la part du **Tricastin** serait de 60 %.

Ronds de sorcière

La truffe noire tue toute végétation au-dessus de sa tête : au pied des chênes verts, des tilleuls ou des chênes kermès, « ronds de sorcière » ou « brûlés » trahissent sa présence. Le cycle de *Tuber melanosporum* est de 9 mois, il démarre au printemps pour s'achever entre décembre et mars. C'est ce que vous apprendra une séance de **cavage** (recherche de la truffe, *p. 239 et p. 353*).

La truffe d'été

Longtemps méprisée, la truffe d'été *(Tuber aestivum)* connaît un retour en grâce. Si l'extérieur du champignon est noir, l'intérieur de la truffe, strié de veinules ivoire, hésite entre le beige et le gris. En bouche, la confusion n'est pas possible : vous ne retrouverez pas les arômes sauvages de la mélano. Le prix fait aussi la différence : trois fois moins cher ! Râpée crue, cette truffe d'été, au goût de noisette, enchante le plus ordinaire des plats de pâtes.

terroir

© Philippe RENAUD

Hors-d'œuvre provençaux.

La cuisine du soleil

La soupe d'or

Marseille vous fera découvrir lors d'une « leçon » mémorable tous les secrets de la **bouillabaisse** *(p. 63)*. Dans les cabanons, ce plat faisait l'ordinaire des pêcheurs du dimanche, qui pouvaient le préparer à… l'eau de mer, avec les poissons invendables, « pas présentables ». Aujourd'hui, certains en font un plat de luxe, avec langouste en prime. La préparation, le service de cette « soupe d'or » – l'expression est de Curnonsky – ont leurs rituels. Les poissons sont introduits dans le bouillon suivant un ordre précis : le congre en premier (il a une chair très ferme), le saint-pierre en dernier. En tout cas, il n'est pas de bouillabaisse sans safran, qui lui donne sa couleur.

Plat canaille

Autre monument de la cuisine provençale : les **pieds-et-paquets** (ou pieds et paquets). Il existe deux versions locales de ce « plat canaille », selon l'expression de Reine Sammut, chef à Lourmarin : à Marseille, on emploie le mouton ; à Sisteron, l'agneau. Dans les deux cas, pieds et tripes farcies, « roulés » en ballots ficelés, mijotent longuement (certaines recettes parlent de 6 à 7 h) avec tomates épépinées, carottes, bouquet garni.

À la barigoule

Les légumes fournissent aussi quelques morceaux de bravoure à la cuisine provençale. Les fameux **artichauts à la barigoule** – sans champignons, bien que le mot *barigoulo* désigne une variété de morille – suscitent toujours des discussions homériques. Comment les préparer ? Sur le gril ? Dans une sauteuse avec huile d'olive et ail ?

Vendredi c'est aïoli

Une fête locale comme la carte d'un restaurant peut annoncer « aïoli ». Comme cette mayonnaise, à base d'huile d'olive et d'ail pressé, accompagne poissons, escargots, viandes ou légumes, le mot a fini par désigner la sauce et tout ce qui va avec ! Astuces : réussir un aïoli (sans moutarde !) demande simplement que l'huile d'olive et le jaune d'œuf soient à même température. Sucer quelques graines d'anis, mâchonner un ou deux grains de café suffisent pour retrouver une haleine fraîche…

Faire son miel

Pour choisir un miel du cru, fiez-vous au logo de l'IGP (Indication géographique protégée) : il est rond, avec un fond jaune, où se détachent en lettres bleues « Miel de Provence ». Si le miel de lavande est emblématique de la région, goûtez des miels plus confidentiels comme le miel de tilleul (Baronnies), au goût mentholé, ou le miel de thym, légèrement poivré.

La tapenade

Ce sont les câpres, *tapeno* en provençal, qui donnent leur nom à cette purée, tartinée sur un morceau de pain, grillé ou non, et servie à l'apéritif ou utilisée comme condiment.
Prenez 250 g d'olives noires dénoyautées, 3 cuillerées à café de câpres, 6 filets d'anchois à l'huile (que vous « égoutterez » sur du papier absorbant) et 1 gousse d'ail. Ajoutez un filet d'huile d'olive et une pincée d'herbes de Provence. Assaisonnez. Mixez finement.

Les **tians**, eux, sont plus consensuels. Ce sont des gratins de légumes (aubergines, courgettes, artichauts, etc.), qui sont tout aussi délicieux froids.

Douceurs du soleil

Les fruits confits sont à l'origine, indirecte, du **berlingot de Carpentras**, un confiseur de Carpentras ayant eu l'idée géniale, en 1844, d'aromatiser à la menthe un reste de sirop de fruits confits. Depuis, et vous le verrez chez Clavel *(p. 197)*, le berlingot adopte des parfums de lavande, truffe, anis, framboise, vanille, etc. Melon confit, miel de lavande et amandes fraîchement émondées entrent dans la composition du très tendre **calisson** d'Aix-en-Provence : c'est ce que vous apprendrez en vous rendant à la Confiserie du Roy René *(p. 98)*. Miel et amandes sont aussi à la base des **nougats**. Sachez que pour un Provençal, il n'est de vrai nougat que noir, sans addition de blancs d'œuf montés en neige ! C'est ce que vous expliqueront les frères Silvain à Saint-Didier *(p. 200)* ou les successeurs d'André Boyer à Sault *(p. 252)*.

Où manger une bouillabaisse ?

Pour manger une bouillabaisse dans les règles de l'art, choisissez à Marseille un restaurant qui affiche par un panonceau son respect de la « charte de la bouillabaisse » comme Le Miramar *(p. 319)* ou L'Épuisette *(p. 320)*. Elle vous sera présentée en deux services, le bouillon d'un côté, le poisson de l'autre. Quatre espèces différentes doivent être utilisées dans « la » liste, qui comporte rascasse blanche, araignée (vive), galinette (rouget grondin), saint-pierre, baudroie (lotte), fielas (congre) et chapon (scorpène).

© Philippe RENAUD

Le domaine de Saint-Ser à Puyloubier.

À boire !

À DÉGUSTER

- Le côtes-du-rhône
- Le rosé
- Le pastis

Ils ont du nez

Entre la Provence et la vigne, c'est une longue histoire. Ce sont les Grecs de Phocée, fondateurs de Marseille vers 600 av. J.-C., qui ont introduit la culture de la vigne dans cette partie de la Méditerranée. Les Romains d'abord, les moines ensuite ont maintenu ou étendu cette tradition. Quant au pastis, il est devenu tout un symbole. De soleil, de farniente et de discussions à l'accent chantant autour d'un verre.

Dans le rouge

Les vins de la **vallée du Rhône**, les fameux côtes-du-rhône, sont en grande majorité des rouges (93 % des AOP selon le Syndicat des pro-ducteurs pour 2009-2010). Charpentés, capiteux, ces vins développent un « nez » de fruits rouges, de cerises confites et de pruneaux où l'on peut reconnaître aussi la violette ou la réglisse. Ils ont leurs « stars », bien installées, comme le châteauneuf-du-pape *(p. 178)* ou le gigondas *(p. 211)*. Quelques bleus, comme le massif-d'uchaux *(p. 194)*, un côtes-du-rhône villages qui a obtenu son AOC (aujourd'hui AOP) en 2005, tentent de se faire leur place au soleil.

À la robe

La Provence produit 8 % des rosés du monde et près de 40 % des vins français de cette couleur, chiffres fournis par le Conseil interprofessionnel des vins de Provence. Rose chair, rose saumon, rose dragée, rose pêche, rose sable… La « robe » du **rosé de Provence** s'allume de mille nuances, qui s'apprécient à l'œil. L'intensité du rose dépend de la durée de la cuvaison, étape dans

terroir

Routes buissonnières

Panneaux signalétiques à l'appui, treize « routes du vin » sillonnent la Provence, en multipliant tours et détours : Route touristique des Côtes du Luberon, Autour des dentelles de Montmirail… Un site fait l'inventaire de ces routes : www.vins-rhone-tourisme.com. Vous y trouverez les réponses à des questions existentielles comme « Où déguster ? », les caveaux signalés étant labellisés.

ou centaurée. Avis aux amateurs, une « momie », c'est 2 cl de pastis avec 8 cl d'eau. Une « tomate » conjugue pastis et grenadine, un « **perroquet** », pastis et menthe.

Dans les règles de l'art

Un pastis réclame un grand verre. Mais pas de glaçon : « Vous figez les arômes en bas. » Il faut verser l'eau après « pour une meilleure répartition ».

l'élaboration du vin où le jus de raisin, incolore, reste en contact avec la peau du fruit, riche en pigments naturels. Vins d'assemblage complexe, les rosés font appel aux mêmes cépages, syrah, cinsault ou grenache par exemple, que les rouges. Sans pour autant négliger les cépages blancs. Le roi des rosés, le tavel (p. 185), qui tient le haut du bouchon, peut utiliser jusqu'à 9 cépages.

Quel pastis !

Le « jaune » est né officiellement à Marseille en 1932 avec un jeune homme, **Paul Ricard**. Étymologiquement, le pastis, c'est une affaire d'assemblage. *Pastis* en provençal signifie en effet mélange, embrouille. À côté des pastis « formatés », la Provence, heureusement, a conservé ses pastis artisanaux, qui ont chacun leur personnalité. Question de proportions. Mais chacun garde secrète sa recette. Celle-ci doit comporter en principe 51 plantes, mises à macérer plus ou moins longtemps.
Bien sûr, il y a de l'anis étoilé, de la badiane si vous préférez : c'est elle qui trouble l'eau. Fenouil, lavande, sauge, armoise, marjolaine et réglisse entrent aussi dans les compositions. Comme muscade, fève de Tonka, mandiguette

Bien déguster s'apprend

Le vin a son université à Suze-la-Rousse (p. 240), avec ses initiations à la dégustation où l'on aiguise ses sensations, un vin pouvant comporter plus de 300 constituants aromatiques ! Vous y apprendrez que le nez, c'est une affaire de mémoire, et donc d'entraînement. À coups d'exercices, il arrive à identifier, par exemple, entre autres épices, poivre, curry, cannelle, gingembre, réglisse, girofle ou anis… Petit tuyau : il faut « mâcher » le vin, le faire lentement tourner en bouche pour qu'il entre en contact avec tous les récepteurs, le sucré s'appréciant sur le bout de la langue et l'acidité sur les bords.

On vous fait marcher

Le monde de la vigne peut se découvrir à pied. De nombreux sentiers vignerons ont été créés, comme à Oppède-le-Vieux (p. 268). Courts (2 à 3 km en moyenne), agréables, ces itinéraires multiplient les informations sur les cépages et l'élaboration des vins. Un viticulteur peut vous servir de guide. Ce petit circuit peut se terminer par une dégustation dans un caveau.

artisanat

© Philippe RENAUD

Savonnerie Marius Fabre.

Indiennes, boutis et savons

Boutis et jupons

Vous aurez un bel aperçu du *vesti* (vestiaire) de la Provence – jupons, cotillons et « mouchoirs » (grands châles), sans parler des « boutis et piqués » – en visitant le musée Souleiado à Tarascon.

Espionnage industriel

Né en 1806 à Tarascon, **Souleiado** fut d'abord ce qu'on appelait un fabricant d'indiennes, c'est-à-dire de cotonnades imprimées, aux motifs naïfs et aux couleurs gaies. Depuis la création de la Compagnie des Indes en 1664, l'engouement pour ce qu'on appelait les « toiles peintes des Indes » ne s'était jamais démenti. On fit tout d'ailleurs pour « piquer » à l'Inde le secret de ses teintures et de ses procédés d'impression. En 1734, le jeune Antoine de Beaulieu se vit confier la première mission… d'espionnage industriel. Le musée a en réserve plus de 40 000 planches

> **Ainsi soie-t-elle**
> Comme le rappelle l'atelier-musée de la Soie à Taulignan, l'élevage du ver à soie fut d'abord domestique : les femmes « couvaient » littéralement les œufs dans leurs poches !

d'impression, en buis, houx, poirier, noyer ou tilleul.

Une broderie en 3D

Autre spécialité de la Provence : le **boutis**, dit aussi piqué de Marseille. Marseille fut en effet la première à s'approprier cette technique de matelassage, a priori orientale. Au départ, le boutis désigne l'aiguille à pointe ronde dont on se sert pour réaliser ces broderies en 3D, qui demandent des centaines d'heures de travail. Il a fini par désigner aussi l'ouvrage réalisé avec cet outil : essentiellement le couvre-lit, pièce maîtresse du trousseau de la jeune mariée.

Le savon de Marseille

L'histoire du savon vous sera contée dans l'une des dernières savonneries de Marseille comme La Licorne (p. 66) et à la savonnerie Marius Fabre à Salon-de-Provence. On connaît l'existence d'un savonnier (sabonerius) à Marseille dès 1371. Cinq siècles plus tard, en 1885, ce sont quelque 94 000 t de pains de savon qui sortent des chaudrons marseillais pour alimenter les foyers français. La production frôle les 180 000 t en 1913, dépasse ce pic en 1924.

Secrets de fabrication

À cette date, on a déjà abandonné l'huile d'olive (dont le prix est trop élevé) pour se tourner vers d'autres huiles végétales (coprah, palme, sésame) meilleur marché. Quant à la soude, qui permet la saponification, passé 1826, tout le monde a adopté la « soude artificielle », extraite selon le procédé mis au point par Nicolas Leblanc (1753-1806) à partir du sel marin, dont la Provence ne manque pas. Salin-de-Giraud (p. 136) abrite les plus grands salins d'Europe.

« 72% extra pur »

Au XXe s., la machine à laver sonne le glas pour les **bugadières** (lavandières). Ces dames laissent la place aux poudres à laver à « mousse contrôlée » ! Mais, surfant sur la vague « nature », le savon de Marseille, « 72 % extra pur » (72 % de corps gras), réussit, malgré la concurrence des poudres, un étonnant retour au XXIe s.

Des goûts et des couleurs

Un savon fabriqué à l'huile de palme est de couleur crème. Avec l'huile d'olive (en fait, il s'agit de l'huile de « grignon d'olive », avec les résidus, noyaux et pulpe, d'une première pression), il conserve une couleur verte. À Salon-de-Provence, le visiteur de l'usine Marius Fabre ne voit pas le maître savonnier goûter sa « cuite ». Même si c'est la tradition : « Depuis plus de 100 ans, nous goûtons notre savon directement dans nos chaudrons pour vérifier sa parfaite fabrication. Si la pâte pique la langue c'est que le savon nécessite un dernier lavage à l'eau. » (Henri Fabre)

> **Bon teint**
> En Provence, la garance, qui donnait ce fameux rouge, a été cultivée. À Lauris, le Jardin Conservatoire des plantes tinctoriales présente plus de 300 plantes à couleurs du monde entier.

artisanat

© Camille MOIRENC / hemis.fr

Atelier de Magali Mille-Montagard.

Santons de Provence et faïence

Santon : une armée de terre

C'est sans doute le musée du Santon à Fontaine-de-Vaucluse, qui, fort de ses 2 000 pièces, retrace le mieux l'histoire du *santoun*, le mot désignant en provençal un « petit saint ». Même s'il a des ancêtres du côté de Naples avec les *santi-belli*, le *santoun* serait « un enfant de 1789 ». La Révolution transformant les églises en temples de la Raison, la crèche s'installe à la maison, où l'on « fait la chapelle ».

La naissance d'un santon

Aujourd'hui, la Provence compte une centaine de santonniers. Nombre d'entre eux, comme Mireille Fouque à **Aix-en-Provence** *(p. 100)* ou Philippe Renoux à **Marseille** *(p. 68)*, font visiter gratuitement leur atelier. Au départ, le prototype est façonné à l'ébauchoir (en bois) dans l'argile pure, aussi malléable que la pâte à modeler des enfants. C'est là que s'exprime tout le talent, voire le génie du santonnier. Ce modèle va servir à la création d'un moule en plâtre, le « moule-mère », qui permettra à son tour la réalisation de « moules de tirage ». Les santons les plus « simples », eux, ne nécessitent qu'un moule.

Avec le moule, la fabrication en série du santon va pouvoir démarrer. Tout au long du processus, qui

en provençal, créée à Marseille en
1844, sur la Nativité.
Dans le petit monde des santons, chaque année, des figurines
sont mises en veilleuse, d'autres
apparaissent. L'actualité est aussi
source d'inspiration. Par exemple,
en 2006, la folie Cézanne a saisi
plus d'un santonnier, notamment
le trio d'Arterra à Marseille (p. 71).

reste artisanal, il faut éviter que
la terre se fendille. Le « séchage »,
dans une pièce chaude et humide,
peut prendre entre 10 jours et
3 mois, selon la taille du personnage ou de l'objet. Le santon part
ensuite « en cuisson », la température dans le four s'élevant progressivement de 0 à 960 °C. Après
refroidissement, le « coloriage »
peut commencer.

Connaître ses classiques

La **crèche** a ses classiques : l'ange
Bouffareu, joues gonflées, qui
trompette à tout va ; le Tambou-
rinaire, parce que « la Provence
aime tant la musique qu'elle dan-
serait sur l'eau » ; le Ravi, un peu
simplet, mais qui apporte le bonheur… Tous ces personnages sont
empruntés à la *Pastorale* d'Antoine
Maurel, pièce de théâtre chantée

La faïence prend du galon

L'essor de la faïence décorée au
XVIIe s. doit beaucoup aux déboires
financiers de Louis XIV. Pour
financer ses guerres, le Roi-Soleil
envoie à la fonte vaisselle d'or et
d'argent et prie les nobles d'en
faire autant. À **Moustiers-Sainte-
Marie**, où travaillent déjà une
trentaine de potiers, voilà qui fait
l'affaire de la famille Clérissy qui
connaît tous les secrets de l'émail
de Faenza (d'où le nom faïences),
en Italie. En 1679, à Moustiers,
Pierre Clérissy se dit « faïencier »
tout comme son frère Joseph, qui
s'installe à Marseille.
Marseille dès 1750, puis Moustiers
vers 1780, délaissent le « grand
feu », où le décor est peint sur
émail cru, encore poreux, pour
adopter le « petit feu », où les
peintures s'appliquent sur un
émail déjà cuit, une technique qui
autorise les retouches.

nature

© Philippe RENAUD

Paysage des Alpilles.

Paysages de Provence, monts et merveilles

LES SITES À VOIR

- Les calanques*** entre Marseille et La Ciotat   p. 78
- Le sommet du mont Ventoux***   p. 242
- Le musée de la Lavande* à Coustellet   p. 267
- Les gorges du Verdon*** p. 305
- Le sentier des Pénitents p. 392

Géologiquement parlant, la Provence est une jeunesse. Lentement, elle a émergé à la fin de l'ère secondaire avant de connaître les soubresauts du plissement pyrénéo-provençal au début de l'ère tertiaire, il y a quelque 65 millions d'années. Depuis, le vent, les glaces et l'eau ont raboté consciencieusement les sommets trop arrogants.

Chênaie verte / chênaie blanche

Cette Provence originelle était couverte de forêts, dont il ne reste plus de traces. À une seule exception : ce qu'on appelle la « **forêt relique** » sur le flanc nord de la Sainte-Baume *(p. 111)*. Effilochées en lambeaux, les « forêts » actuelles, qui mériteraient le plus souvent le nom de taillis, relèvent de deux types. Les ubacs (les versants au nord) et les fonds de vallons ombreux restent le domaine de la chênaie blanche où, parmi les buis et les arbres à feuilles caduques comme les érables, domine le chêne blanc, dit encore chêne pubescent. Signe particulier : les feuilles duveteuses du *Quercus pubescens* roussissent en automne. Spectacle à admirer dans les collines de Mane, près de Forcalquier *(p. 294)*. Sur les **adrets**, parties plus ensoleillées, plus arides, règne la

Le roi soleil

Dotée d'un climat méditerranéen, la Provence est créditée de plus de 2 500 heures d'ensoleillement à l'année (en moyenne). L'été, c'est du feu, le « cagnard ». Ce qui frappe, c'est la concentration des précipitations sur un petit nombre de jours, surtout en automne (40 % en 3 mois). Voire leur violence : Vaison-la-Romaine a été noyée en 1992 sous 179 mm de pluie en quelques heures.

face d'évaporation. Sur ce plan, le chêne kermès est rejoint par l'argeiras, l'**ajonc de Provence** aux petites fleurs jaunes mais aux épines acérées et redoutables. Autres « techniques » pour réduire transpiration et évaporation : les feuilles s'enroulent (le romarin), se recouvrent d'un duvet plus ou moins prononcé qui forme un film protecteur (ciste cotonneux, dit aussi ciste blanc). Elles peuvent même disparaître : l'**astragale de Marseille** (p. 367), surnommée ironiquement « coussin de belle-mère » ne conserve en été que les nervures centrales de ses feuilles.

chênaie verte (ou yeuseraie), où le chêne vert (Quercus ilex), aux feuilles d'un vert foncé et luisant, côtoie le pin d'Alep. Le plateau de Ganagobie (p. 298) en offre une bonne illustration.

Sueur parfumée

Dans ce milieu sec et hostile, la multiplication de minuscules

La garrigue

Paradoxe : le paysage le plus emblématique de la Provence, la garrigue, qui pousse sur sols calcaires, n'est qu'une formation de substitution ! Touffue, broussailleuse, elle s'installe là où la forêt, détruite par le feu ou défrichée par les hommes, a reculé, comme nous l'apprennent les sentiers « Mémoires de garrigue » au pont du Gard (p. 183). Le **printemps** y est sans doute la plus belle saison. Ce petit monde se couvre de mille couleurs : bleu de l'aphyllante de Montpellier, rose des cistes blancs, jaune des coronilles.

Il y a le feu

En Provence, l'été est la saison de tous les dangers. Pour contrer les feux de forêt, des mesures drastiques ont été prises : obligation de débroussaillement, accès des massifs limité l'été. Les résultats sont là (à consulter sur www.ofme.org) : en 2008, dans les départements méditerranéens, « seulement » 3 750 ha de forêt, maquis ou garrigue ont disparu en fumée. Le « meilleur » bilan affiché depuis une trentaine d'années et encore aujourd'hui.

Stratégies de survie

L'arbre de la garrigue est le **chêne kermès** (appelé garrouille), tout rabougri – il ne dépasse jamais 2 à 3 m – mais aux feuilles piquantes. Le développement d'épines ou d'aiguilles fait partie des stratégies de survie adoptées par la végétation dans un milieu aride, soumis à des chaleurs excessives. Les plantes limitent ainsi la sur-

Consignes

Respectez scrupuleusement l'été les limitations d'accès aux massifs forestiers, les contrevenants étant passibles d'une amende de 750 € et de poursuites pénales. En cas de départ de feu, éloignez-vous le plus rapidement possible de la zone. Enfin, prévenez les sapeurs-pompiers (112 sur votre portable).

glandes à parfum dans les feuilles relèverait aussi de ces « réflexes » de survie, cette « sueur parfumée » contribuant à « refroidir » la plante. Aussi la garrigue héberge-t-elle nombre de plantes aromatiques aux effluves capiteux. Elle exhale tous les parfums du Sud, lavande comprise. Le **romarin** (*roumaniou* en provençal) en premier lieu. Les petites fleurs, bleu pâle, de cet arbuste qui peut atteindre 1,50 m piquettent dès février les collines. Le **thym**, la farigoule, reste plus discret par la taille (10 à 30 cm). La **sarriette**, surnommée *pèbre d'aï*, poivre des ânes, fait aussi partie de cette série de plantes à la fois condimentaires et médicinales, utilisées en cuisine ou en huiles essentielles, la garrigue étant à la base de toute une pharmacopée depuis l'Antiquité.

La lavande

La lavande ? C'est « l'âme de la Provence » selon Jean Giono. De **fin juin à fin août**, elle prend ses quartiers d'été dans quatre départements, les Alpes-de-Haute-Provence, le Vaucluse, la Drôme et

Une AOP

Robuste, prolifique, le lavandin, qui trouve ses débouchés dans l'industrie des détergents, va s'imposer en cultures. Aujourd'hui (chiffres donnés par le Comité des Plantes à Parfum Aromatiques et médicinales), la Provence compte 15 000 ha cultivés en lavandin pour 4 000 ha plantés en lavande fine. Depuis 1981, il existe en AOC une huile essentielle de lavande de Haute-Provence, ce qui concerne 284 communes. Une façon de contrer la concurrence, bulgare, ukrainienne ou chinoise.

les Hautes-Alpes. Elle transforme des zones entières, comme le **pays de Sault** *(p. 250)*, en îles bleues, où elle explore toute la palette. Bleus clair, foncé, soutenu, pâle, mauve, ardoise, rose, violet, blanc…

De la cueillette à la culture

Lavandula, dont le nom, attribué par Linné, vient prosaïquement du latin *lavare* – laver –, est une plante vivace, qui se contente de peu,

Lavande.

s'accommodant d'étés secs et de sols pauvres, rocailleux, calcaires.
Vous découvrirez au musée de la Lavande à **Coustellet** (p. 267) que les Romains connaissaient déjà les vertus sédatives, relaxantes de cette plante. Le Moyen Âge, qui combat les épidémies à coups de fumigations, l'apprécie comme antiseptique. Jusqu'au XIXe s., il n'y eut de lavande que sauvage. Les premiers essais de mise en culture datent seulement de 1905, pour satisfaire les demandes, grandissantes, des parfumeurs de Grasse, la simple cueillette ne suffisant plus à couvrir les besoins du marché.

D'une lavande à l'autre
Attention, il y a lavande et lavande. Originaire du bassin méditerranéen, la famille compte une trentaine de variétés. Mais ici, en Provence, la seule qui mérite les appellations lavande fine, lavande vraie, lavande officinale

Total respect
Ne prélevez pas au bord des champs de lavandes en cultures quelques brins. C'est, en plus, « stupide » : généralement, il s'agit de lavandin qui, stérile – il s'agit d'un hybride –, ne se reproduit que par bouturage et non par semis. Si vous voulez planter de la lavande dans votre jardin, adressez-vous à un pépiniériste !

« Super bleue »
Sur le plateau d'Albion, qui se partage entre le sud de la Drôme (les Baronnies, p. 227) et le nord du Vaucluse (Sault, p. 251), une variété de lavande, la « super bleue », est destinée uniquement aux bouquets. Coupée à la faucille, mise à sécher tête en bas dans l'obscurité, elle garde très longtemps sa couleur d'un bleu soutenu. À acheter sur le plateau de Sault et à Sault même.

Astuces
Cinq gouttes d'huile essentielle de lavande suffisent pour s'assurer un bain relaxant. Attention, le lavandin, lui, est « tonique ».
Utile : procurez-vous dans un office de tourisme la carte Les Routes de la lavande. Sur cinq itinéraires, elle indique de manière non exhaustive distilleries, hébergements (46 en 2011), etc. Rens. www.routes-lavande.com.

Où en acheter ?
Sachets ou huiles essentielles, on réservera ses achats lors de la visite d'une distillerie comme Bleu Provence à Nyons (p. 223) ou d'un laboratoire comme Sainte-Victoire à Simiane-la-Rotonde (p. 286).

ou encore lavande de population, c'est Lavandula angustifolia, à feuilles étroites. La belle s'enhardit à escalader les rocailles calcaires jusqu'à 1 400 m. De petite taille, elle ne comporte qu'une seule fleur.
Impossible de la confondre avec Lavandula latifolia, la lavande aspic. Frileuse, elle grimpe rarement au-dessus de 600 m d'altitude. Ses feuilles sont larges et veloutées ; la tige haute (50 à 70 cm) porte plusieurs fleurs, trois en général, et c'est là un signe de reconnaissance qui ne trompe pas. Quant au lavandin, qui se met en boules, ce n'est qu'un hybride, un croisement – au départ accidentel, grâce aux abeilles – entre lavande vraie et lavande aspic.

© Philippe RENAUD

Flamants roses, parc ornithologique du Pont-de-Gau.

Maîtres chanteurs

LES SITES À VOIR

- La « crèche » des flamants roses en Camargue   p. 135
- Le musée des Alpilles** à Saint-Rémy-de-Provence p. 154
- L'observatoire des guêpiers à Maubec   p. 356
- Les gorges du Verdon survolées par les vautours fauves   p. 363

À vos jumelles ! La Provence est le royaume des oiseaux, aux noms enchanteurs : linotte mélodieuse, bruant zizi, alouette lulu. Pépiements, roucoulements, gazouillis, sifflements, croassements… Bienvenue dans un monde bruissant, où s'invite le craquettement des cigales ! Aigles, vautours et faucons complètent le tableau.

Un beau guêpier

Emblématique du parc du Luberon, le **guêpier d'Europe**, aux couleurs chatoyantes, hante le printemps revenu les falaises d'éboulis, où il creuse son « terrier ». Quand il nourrit sa progéniture, l'oiseau, qui attrape guêpes, frelons mais aussi libellules et cigales, affiche de beaux tableaux de chasse : plus de 200 insectes par jour.

Rapaces et Cie

Le rarissime **aigle de Bonelli** (*p. 373*), qui fait son ordinaire de lapins de garenne, fond sur ses victimes dans un piqué vertigineux. On peut à l'occasion entendre ce taciturne glatir, trompeter. Ce rapace a un territoire de chasse très étendu. En 2009, on a recensé 29 couples, qui se partageaient entre les 7 départements

nature

Code de bonne conduite

Dans les réserves de biosphère françaises (p. 249), la protection de la faune, notamment des oiseaux, est une partie importante du programme ambitieux de développement durable et de préservation de la biodiversité. Les randonneurs ne doivent pas, entre autres consignes, déranger les oiseaux au printemps quand ils nidifient (des zones peuvent être interdites).
Le même comportement s'applique aussi aux zones qui ne sont pas protégées. Rens. sur le site MAB : www.mab-france.org.

La cancan

Étonnant : l'insecte le plus solaire de la Provence, la **cigale**, passe la plus grande partie de sa vie sous terre. Au minimum 4 ans sous la forme de larve. C'est ce que vous découvrirez au musée des Alpilles à Saint-Rémy-de-Provence (p. 154). Autre surprise : dans le couple, seul le mâle chante. Il possède en position dorso-latérale une paire de membranes vibrantes, dites « timbales », qu'un muscle contracte jusqu'à 900 fois par seconde ! Parmi la demi-douzaine d'espèces de cigales, la plus commune est celle qu'on surnomme « la cancan » (*Cicada orni*), toute grise, de 3,5 cm de longueur.

riverains de la Méditerranée (hors Corse). Charognards, les **vautours fauves** et les vautours percnoptères ont réussi leur grand retour dans les gorges de l'Eygues (p. 225) ou celles du Verdon. Autre sauvetage en cours : celui des **faucons crécerellettes**, dont il n'existe plus que 240 couples en France (chiffres 2009) dont 150 pour la seule plaine de la Crau (p. 139). Ce petit rapace, présent en Provence de mars à août, pratique le « vol en Saint-Esprit », c'est-à-dire qu'il fait du sur-place, quand il est en chasse !

Roucoulades

Le Parc naturel régional des Alpilles (p. 148) a un programme copieux de découvertes nature à la belle saison. Avec des animateurs, vous pouvez découvrir par exemple la « Danse de l'oiseau bleu » (il s'agit de la parade nuptiale des rolliers). À guetter sur le site www.parc-alpilles.fr, rubrique Découverte et Loisirs, où vous pouvez télécharger le guide de l'année.

La vie en rose

Plus au sud, en Camargue, les **flamants roses** offrent un spectacle attendrissant, malgré leur bec, grotesque, qui prête franchement à sourire. Cet organe est néanmoins très perfectionné : la langue y joue le rôle d'une pompe aspirante et refoulante, filtrant la nourriture pour recracher l'eau. Nourriture où abonde une petite crevette, *Artemia salina*, bourrée de carotène, à l'origine de la couleur rose du volatile. La « crèche » de l'îlot aux flamants (p. 135) est particulièrement bruyante !

Il faut sortir

Procurez-vous dans un office de tourisme l'agenda *Sorties nature* de la LPO PACA (Ligue de protection des oiseaux), qui est semestriel (également en téléchargement sur http://paca.lpo.fr). En compagnie d'un animateur, vous pourrez par exemple observer les vautours fauves dans les gorges du Verdon (p. 363), voire, si vous avez une bonne vue ou une bonne paire de jumelles, identifier Arnhem ou Wupper, tous les rapaces faisant l'objet d'un suivi !

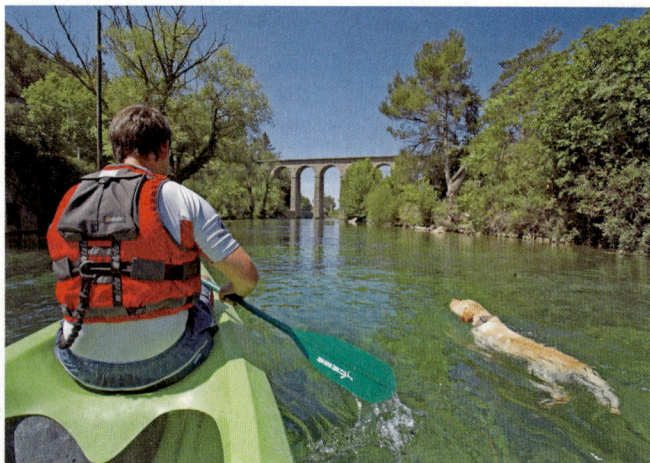

© Philippe RENAUD

Canoë sur la Sorgue.

À l'eau !

Sous le gazon, la plage… Marseille, cité balnéaire ? Il y a 40 ans, cela passait pour une galéjade ! Grâce aux remblais du métro construit dans les années 1960, les plages du Prado ont été gagnées sur la mer, engazonnées. Résultat : 3 km de plages à deux pas de la Canebière *(p. 76)* où tout ce qui est *beach sport* fait fureur. Mais la Provence a aussi ses plages secrètes, des plages de bout du monde : celles de l'île Verte *(p. 86)*, au large de La Ciotat, ou celles des îles Pomègues et Ratonneau *(p. 74)*, à quelques brasses de Marseille.

Label Station nautique

Les adeptes de tous les sports d'eau, eux, opteront pour une destination ayant obtenu le label Station nautique. Sécurisant : il est le garant de la qualité et de la diversité des prestations. En France, il y a en tout et pour tout 35 stations, dotées de une à quatre étoiles. En Provence, sur la façade méditerranéenne, **La Ciotat** *(p. 85)* et **Martigues** *(p. 92)* ont décroché ce label très recherché. C'est l'assurance qu'on peut y pratiquer au moins 8 mois par an aussi bien la voile (classique) ou la plongée (autre classique) que des sports plus confidentiels ou « physiques » comme le funboard (on joue à saute-vagues sur une planche courte) ou le wakeboard (variante tonique du ski nautique). Pour les amateurs

Elle est bonne ?

Les frileux devraient-ils privilégier la baignade à Marseille plutôt qu'à Cassis, où l'eau serait plus « froide » ? C'est très partiellement vrai. À Cassis, les grands fonds sont plus proches : la mer met donc plus longtemps à se réchauffer en début de saison (13 °C en février, 20 à 24 °C en été). Contrepartie logique : elle se refroidit plus lentement en septembre et octobre.

de voile, Martigues, qui organise régulièrement championnats de France et d'Europe, offre deux terrains de jeu : l'étang de Berre et la Grande Bleue.

Au paradis des plongeurs

Le monde du silence se fait accessible. Les « bleus » et tous ceux qui rechignent à suivre une initiation plongée peuvent découvrir une petite partie de ses richesses, et notamment le fameux herbier de Posidonie (ce sont des plantes à fleur, p. 86) en participant à l'une des « visites de surface » organisées par le Parc marin régional de la **Côte bleue** à Carry-le-Rouet (p. 90). Vous avez envie de prolonger, de retrouver ce premier émerveillement ? Inscrivez-vous dans un centre de plongée, à **La Ciotat** par exemple. À portée de palmes, tombants et failles vous sortent le grand jeu, avec gorgones et corail rouge. Les plongeurs confirmés, eux, peuvent se lancer dans la chasse – respectueuse bien entendu – aux épaves, comme à Marseille.

À la pagaie

L'aventure est aussi au coin de la garrigue. Nombre de rivières provençales se descendent en canoë. À commencer par le **Gardon**, la **Sorgue** (p. 344) ou

la **Durance** (p. 354). « L'exploit » reste à la portée d'un public familial. Vous oublierez vite les courbatures et la fatigue. Seules restent en mémoire des images somptueuses et colorées. Les moustaches d'un martin-pêcheur, un village fantôme, une plage secrète… Le bonheur, c'est parfois simple comme un coup de pagaie.

La mer dans un fauteuil

♿ Sur la Côte bleue, trois plages permettent aux handicapés moteurs de s'offrir comme les autres le plaisir d'un bain. Elles sont équipées de fauteuils amphibies. À Martigues (p. 92), il s'agit de la plage du Verdon (La Couronne). Carry-le-Rouet (p. 90) et Sausset-les-Pins (p. 91) ont aussi ce service. Au total, dans la région PACA, 44 plages sont dotées d'un tel équipement, ce matériel étant prêté gratuitement. Rens. www.handitourismepaca.fr ou sur www.tourisme-handicaps.org.

Raz-de-marée

À Marseille, sur les plages du Prado, le beach soccer fait un malheur. C'est Joël Cantona, frère d'Éric Cantona, qui a importé dans la cité phocéenne ce football sur sable à la sauce brésilienne. Aujourd'hui, le Prado a même son « stade d'été », éphémère, de 4 500 places. À Marseille toujours, d'autres sports, inconnus il y a peu au bataillon, font aussi les beaux jours de la plage. Que ce soit au Prado (p. 76) ou à Corbières (p. 88) : le tennis-ballon, le kangoo-jump (bonds et rebonds avec chaussures à ressorts), le BMX (ou bicross, un mélange de bicyclette et de motocross).

© Philippe RENAUD

Randonnée dans les Alpilles.

Randonnée, le bonheur en chemin

À FAIRE

- Les sentiers du massif Sainte-Victoire — p. 102
- L'ascension du mont Ventoux★★★ — p. 245
- ❤ Le Colorado provençal★★★ à Rustrel — p. 285
- Les gorges du Verdon★★★ p. 305
- Une randonnée à cheval en Camargue — p. 331

À pied, à cheval, à bicyclette… Le bonheur musarde sur les sentiers de la Provence, sonorisés par le craquettement des cigales. Les grands espaces, la lumière, les odeurs de thym ou de lavande, un campanile qui se détache dans le lointain… Emportez de la crème solaire, une bouteille d'eau et en route !

Marche et rêve

Chacun trouvera son bonheur en chemin, que ce soit sur les itinéraires de grande randonnée GR® et GR de pays® ou sur les sentiers de promenade et randonnée PR®.

Souvent, au départ d'un PR®, un panneau d'information indique la durée et le niveau de difficulté de l'itinéraire en boucle. Le seul département du Vaucluse affiche « plus de 4 000 km » de sentiers. Aujourd'hui, une nouvelle génération de randonneurs, plus famille, plus dilettante, fuit l'exploit pour l'exploit ; elle privilégie des randonnées « douces », thématiques. On met ses pas dans les pas des pèlerins comme à la **Sainte-Baume** (GR® 9, *p. 374*). On traque le souvenir d'Alphonse Daudet dans les **Alpilles** (*p. 376*).

Assistance électrique

Les vélos à assistance électrique font fureur aujourd'hui. Et pas seulement auprès des seniors ! Pourvus d'un moteur électrique (moins de 250 W) fonctionnant sur batterie, ils ne vous dispensent pas de tout effort ! Leur autonomie (30 à 70 km selon les modèles) vous autorise des balades à la journée sans problème.

En roue libre

Aujourd'hui, le vélo a le vent en poupe. La grande affaire dans ce domaine sont les voies vertes, qui excluent toute cohabitation entre automobilistes d'une part, cyclistes, rollers, joggers, piétons, personnes à mobilité réduite voire cavaliers d'autre part. Elles réutilisent chemins de halage, voies ferrées désaffectées, routes forestières. Bien qu'ayant des projets ambitieux, la Provence accuse quelque retard dans ce domaine. On peut mettre à son actif ce qu'on appelle improprement la **véloroute du Calavon** (voie verte du Calavon serait plus approprié), 18 km de Saint-Martin-de-Castillon à Bonnieux (*p. 267*). Mais on ne peut pas vraiment ranger dans cette catégorie le **vélorail de la Sainte-Baume** (*p. 329*) où des « véhicules » circulent sur l'ancienne voie ferrée Pourcieux / Saint-Maximin.

En revanche, la région a davantage avancé sur le dossier des véloroutes (itinéraires aménagés et sécurisés, y compris en ville, sur de petites routes tranquilles, mais ouvertes à la circulation, sans dénivelés excessifs). Les amoureux de la petite reine se régalent sur la **véloroute du Luberon**, qui fait le tour du massif, en 236 km, de Cavaillon à Forcalquier.

En selle

8 Français sur 10 disent aimer, voire adorer les chevaux. Et se rêvent plus ou moins en *poor lonesome cowboy*. Aujourd'hui, l'équitation façon western bénéficie d'un réel engouement. Cela tombe bien. La Provence a de quoi « réveiller le cow-boy qui est en vous » ! Elle garde en réserve de grands espaces battus par le mistral ou la tramontane, où l'on peut se jouer par exemple un remake du *Hussard sur le toit* (Jean Giono). Il suffit d'emprunter la route du Hussard… à cheval (*voir ci-dessous*) dans les Alpes-de-Haute-Provence.

La route du Hussard

L'épopée d'Angelo, le Hussard de Giono, a inspiré trois circuits équestres (durée : 3, 6 ou 9 j.) dans les collines autour de Manosque et de Forcalquier. Une brochure (gratuite) fournit les itinéraires, les hébergements et les contacts pour construire cette équipée sauvage ; qui peut se concentrer sur une seule journée. ADT Alpes de Haute-Provence, BP 70 – 04005 Digne-les-Bains. ☎ 04 92 31 57 29. www.alpes-haute-provence.com.

La calanque de Sormiou à Marseille

À PIED EN PROVENCE

Forte de 210 000 licenciés, au sein de 3 300 associations, la Fédération Française de la Randonnée Pédestre a des missions d'intérêt général : défense des sentiers et des randonneurs, édition de guides pratiques de randonnée, formation… Les baliseurs bénévoles des comités départementaux créent et entretiennent des itinéraires de Grande Randonnée GR® (balisage blanc et rouge) et GR de pays® (balisage jaune et rouge), ainsi que des promenades et randonnées PR® (balisage jaune), décrits dans des topoguides®.
☎ 01 44 89 93 93.

La Provence offre un choix presque infini d'itinéraires de Grande Randonnée GR®. Suivre la côte ? Le GR®51 parcourt les calanques de Marseille et file vers Menton. Plutôt vers le nord ? Le GR® 9 part de Saint-Tropez et joue à saute-mouton : Sainte Victoire, la Sainte-Baume, le Luberon, le Ventoux… Vers l'ouest ? Le GR® 4 se faufile dans les gorges du Verdon, traverse Manosque, Pont-Saint-Esprit et file vers l'Atlantique. Ou un itinéraire de prestige ? Le GR® 653D qui suit autant que possible d'Arles à Montgenèvre l'antique via Domitia, une voie romaine de grande communication qui servit jadis au pèlerinage de Rome à Saint-Jacques de Compostelle. En été, le randonneur n'oubliera pas que l'accès aux massifs forestiers est strictement réglementé à cause du risque d'incendie.

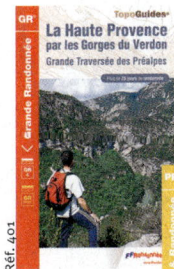

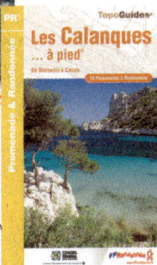

Réf. 401

Réf. P132

FFRandonnée
les chemins, une richesse partagée

Comité des Bouches-du-Rhône
☎ 04 94 42 15 01 ;
www.bouches-du-rhone.net.
Comité du Vaucluse
☎ 04 26 03 17 25 ; www.rando84.com.
Comité de la Drôme
☎ 04 75 75 47 83 ;
http://drome.ffrandonnee.fr.
Comité des Alpes-de-Haute-Provence
☎ 04 92 31 56 41 ; www.rando04.com.

itinéraires

Le village de Banon.
© Philippe RENAUD

La Provence et l'environnement

En matière d'environnement, la Provence apparaît comme un pays de cocagne. Résumons : quatre parcs naturels régionaux (Alpilles, Camargue, Luberon, Verdon) et un cinquième en gestation prêt de son terme (Baronnies), sans parler d'un parc national annoncé pour 2012 (les Calanques). Tant de beautés n'en restent pas moins fragiles : pollution, incendies, comportements irresponsables... Raison de plus pour adopter l'éco-attitude.

Vélo-taco, késaco ?

Réduire son « empreinte carbone » pour freiner le réchauffement climatique, cela passe par des petits gestes. Pour les inconditionnels de la voiture, Avignon et Marseille se sont mises à l'auto-partage (www. autopartage-provence.com), un sytème de voitures en libre-service. Il existe des modes de transport écologiques insolites : la Diabline, une navette électrique, à Aix-en-Provence *(p. 94)* ou le vélo-taco, qui réinvente le pousse-pousse à Arles *(p. 116)*.

Sous les mégots, la plage

Décembre 2011, Marseille. En 2 h seulement, tout autour de l'Escale Borély, qui borde les trois principales plages de la ville, un bataillon de volontaires a ramassé 14 000 mégots de cigarettes. Sachant qu'un seul mégot contient plus de 250 composants chimiques capables de contaminer 300 l d'eau, beaucoup de stations se mobilisent régulièrement pour organiser des collectes. Martigues distribue désormais gratuitement des cendriers de plage, qui peuvent s'accrocher au porte-clef. Plus radicale, La Ciotat a institué une plage non-fumeur.

En randonnée

L'été, respectez strictement les consignes d'accès aux massifs forestiers, établies en fonction des risques météo (sécheresse, vent, etc.). Vous n'avez pas idée de l'importance du dispositif méditerranéen mis en place et centralisé à Valabre, près d'Aix-en-Provence. Chaque soir, une cartographie précise des risques encourus est rendue publique et ceci pour chacun des 120 secteurs de la zone. Par ailleurs, des institutions comme le parc des Alpilles recrutent temporairement des agents de prévention et de sensibilisation aux incendies de forêts, chargés d'aller à votre rencontre pour mieux vous informer. Néanmoins, en 2010, plus de 6 100 ha de forêts ont disparu dans les flammes sur les seuls départements méditerranéens.

Pratique. Retrouvez toutes les adresses jugées respectueuses du développement durable, grâce à notre symbole 🍀.

Marseille et les calanques

« Marseille n'est pas une ville pour touristes. Il n'y a rien à voir. Sa beauté ne se photographie pas. Elle se partage. Ici, il faut prendre parti. Se passionner », *dixit* Jean-Claude Izzo *(Total Khéops)*. Petite erreur : il y a beaucoup à voir à Marseille. Mais il est vrai que la ville, excitante, ombrageuse, doit s'apprivoiser. Ouverte sur la Méditerranée, cette mégalopole de 1 million d'habitants a le métissage dans ses gènes. Depuis les années 1960, ce melting-pot est devenu une station balnéaire, où tout ce qui est *beach sport* fait un malheur. Mais il existe d'autres fantastiques terrains de jeux. À commencer par les calanques. La beauté des paysages et des fonds sous-marins en captivera plus d'un, lors d'une simple balade en mer ou d'une randonnée du vertige. À l'ouest, plus famille, la Côte bleue, de Marseille à Martigues, a ses paradis oubliés, ses « bouts du monde ».

1 Le centre de Marseille★★

COMPTEZ UNE JOURNÉE

En arrivant par l'autoroute, Marseille crée le choc. L'étranger se trouve projeté dans une espèce de Futuropolis, entre ferries gros comme des cathédrales, nœuds de bretelles d'autoroute et tunnels à répétition. La doyenne des villes françaises, créée par les Grecs il y a quelque 2 600 ans, ne fait jamais dans la demi-mesure ou la tiédeur. Marseille est une ville du Sud, ouverte sur le large, qui vibre intensément. Du Vieux-Port, berceau de Marseille, à la Bonne Mère en passant par le Panier, « petit Naples » où le linge pend encore aux fenêtres, bienvenue sur la planète Marseille !

PROGRAMME POUR 1 JOURNÉE

Flâner autour du Vieux-Port★★★ (p. 63), retrouver le port antique au musée d'Histoire★★ (p. 66), déguster une bouillabaisse (p. 63), grimper à Notre-Dame-de-la-Garde★★★ (p. 67). Pas belle, la vie ?

À NE PAS MANQUER

- **Histoire** : le musée d'Histoire de Marseille et le port antique★★ (p. 66).
- **Artisanat** : le musée du Santon Marcel-Carbonel★ (p. 68).
- **Loisirs** : une journée en mer sur un catamaran depuis le Vieux-Port (p. 319).
- **Point de vue** : Notre-Dame-de-la-Garde★★★ (p. 67).
- **Visite bonne initiative** : une visite guidée de Marseille avec un Greeter (p. 69).

CÔTÉ PRATIQUE

Office de tourisme, 4, La Canebière (1er arr.) C2 ☎ 0 826 500 500, www.marseille-tourisme.com. **Transports** Bus, tramway ou métro (www.rtm.fr). Petit train ou autocar à impériale (www.marseillelegrandtour.com). Vélo en libre service : 1 000 vélos, 130 stations (www.levelo-mpm.fr). Parking Bourse (payant). ♣ Pour rouler vert, louez un **scooter électrique** à la journée (à partir de 25 €). Rens. ☎ 0 811 141 313, www.wattmobile.fr. **Visites guidées** Balades thématiques organisées par l'office de tourisme (7 €). ♣ Balades guidées insolites accompagnées d'un **Greeter** (p. 69). **Bons plans** Les musées sont gratuits le 1er dimanche du mois (matin). Le City Pass (p. 63).

© Philippe RENAUD

Le Vieux-Port.

Le City Pass

Il inclut pour 1 jour (22 €) ou 2 (29 €) les transports en commun, l'accès à 15 musées de la ville, la visite du château d'If ou des îles du Frioul, le petit train n° 1 pour Notre-Dame-de-la-Garde ou n° 2 pour le Vieux-Marseille, la visite commentée du jour.

Leçon de bouillabaisse

Avec le chef, la leçon commence au marché, quai de la Fraternité, se poursuit dans les cuisines d'un restaurant du Vieux-Port, et se termine, bien sûr, par la dégustation. Rens. ☎ 04 91 13 99 78, www. resamarseille.com. Un jeudi par mois de 9 h 30 à 14 h. 120 €. Groupe de 5 à 8 pers.

Autour du Vieux-Port★★★

Départ du quai de la Fraternité (anciennement quai des Belges). Parkings payants de l'Hôtel-de-Ville et du Centre-Bourse.

Ici se trouve le « berceau » de Marseille. Quai de la Fraternité, une plaque, scellée au sol, dans l'axe de la Canebière, rappelle la fondation de *Massalia* il y a quelque 2 600 ans par les Grecs de Phocée (Asie Mineure). Aujourd'hui, c'est le quartier le plus animé, où laisser traîner ses oreilles est un bonheur.

Le Vieux-Port C2-1

Devant vous : la rade de Marseille, cadenassée par les **forts Saint-Jean** au nord et **Saint-Nicolas** au sud que Louis XIV fit construire en 1660 pour contrôler cette rebelle, dont les consuls élus étaient trop indépendants. Le **port de plaisance** n'accueille plus que 3 500 bateaux, serrés comme des sardines. Le port de commerce, lui, a déménagé en 1843 plus au nord pour rejoindre les bassins de la Joliette. Tous les matins, quai de la Fraternité, se tient le marché aux poissons. Loups, rougets, rascasses, galinettes, congres... vous y trouverez tous les ingrédients de la bouillabaisse *(p. 38)* et aurez droit en prime à des « ma chérie » gros comme le bras.

1 itinéraire

Quai d'Arenc ↑   12 ● ↑ A 55   B

A   B

Autour du Vieux-Port ★★★
Autour de Notre-Dame-de-la-Garde ★★
♥ **Le Panier** ★

N

▲ **Hébergement**
1 Hôtel Carré Vieux Port
2 ♥ Chambres d'hôtes Au Vieux Panier
3 Hôtel Casa Honoré

◆ **Restaurants**
4 Chez Étienne
5 ♥ 0'2 Pointus
6 Le Miramar
7 Une Table au Sud

● **Loisirs**
8 Office de la mer
9 Croisières Levant'in Catamaran
10 Bar La Caravelle
12 Marché aux Puces Cap Pinède
13 Chez Porcher Antiquités
14 Le Duke - Bistrot Moderne

Vieille-Charité ★★

Cathédrale de la Major

Vieille Major

PL. DE LA MAJOR

PL. DES TREIZE-CANTONS

LE PANIER

PL. DES MOULINS

N.-D.-DE-Accoule

Montée des Accoules

ESPLANADE SAINT-JEAN

PL. DE LENCHE

Caisserie

Musée des Docks romains

PL. J. VERNE

Hôtel de vi

Saint-Laurent

PL. CHÂTEAU JOLY

Quai   du

Fort Saint-Jean

VIEUX-PORT

TUNNEL SAINT-LAURENT

Palais du Pharo

Quai Marcel Pagnol

5

Quai

PL. DU QUATRE SEPTEMBRE

Fort Saint-Nicolas

Livon

Charles

Boulevard

Maison du Santon Marcel -Carbonel ★

3 Basilique Saint-Victor ★

Rue de l'Abbaye

Boulevard

14

Rue d'Endoume

0   100   200 m

Le centre de Marseille.

C   D

Bd des Dames
Porte d'Aix
Bd des Dames   Rue Bernard du Bois   R. Flégier
PL. DES MARSEILLAISES   R. M. Sembat
Jules Guesde
R. L. Astouin   Rue   Prêtres Maries   PL. A. LABADIE
N.-D.-du-Mont-Carmel   R. Francis de Pressensé   R. Liberté   de la Grande Armée
Ste-Barbe   Dominicaines   Bd d'Athènes   Bd de la   Lafayette   Dormition-de-la-Mère-de-Dieu
St-Théodore   R. de l'Étoile   R. R. Beaumont   Jemmapes   Villeneuve
PL. SADI CARNOT   de Chavanne   d'Aix   Longue des Capucins   L. Gambetta
Colbert   R. Puvis   Halle Puget   Nationale   PL. DES CAPUCINES   Allée   SQUARE STALINGRAD
St-Cannat   Rue Colbert   R. des Convalescents   Saint-Jean   1
R. des Prêcheurs   **Musée d'Histoire de Marseille** ★★   **Mémorial de la Marseillaise** ★   Mission de France
Grand-Rue   SQ. BELSUNCE   Anc. hôtel du Louvre et de la Paix   La Canebière
Port antique ★★   R. Thubaneau   R. du Tapis Vert   R. de la Providence   **Noailles** Ⓜ   **Théâtre des Bernardines**
VIEL Hôtel de Cabrenne   R. des Consuls   Bir-Hakeim   R. Poids de la Farine   R. V. Scotto   R. Mazagran   R. Curiol
R. Coutellerie   **6** ♦   St-Ferréol   Récollets   **Marché des Capucins**   Palais des Arts
10 ● **Port**   **7** ♦   Palais de la Bourse   **La Canebière** ★   Capucins   R. R. Pollak   Cours   trois Mages
Quai de la Fraternité   PL. DU GÉNÉRAL DE GAULLE   de la Glace   **NOAILLES**   R. R. Académie   R. Vian
9 ●   ℹ ▲ **1**   Vacon   R. Rouvière   R. Jean Roques   Lieutaud   R. Crudère
Vieux-Port Hôtel de Ville   Quai des Belges   R. Pythéas   Saint-Ferréol   R. Moustier   R. d'Aubagne   Julien
Ferry-boat   Neuve   Cours Jean Ballard   R. Molière   Hadar   Palud
8 ●   PL. THIARS   R. Fortia   **13** ● **Opéra**   Davso   R. Estelle   Rome   **N.-D.-du-Mont** Ⓜ   R. des Bergers
P PL. AUX HUILES   Fort Notre-Dame   Cours H. d'Estienne d'Orves   R. Sainte   Francis   Lulli   R. Venture   R. Dieude   **Cours Julien**   2
Ste-Catherine   St-Charles   Grignan   **Temple protestant**   R. Lafon   Bd. L. Salvator
Rigord   Rue Sainte   **Musée Cantini**   PL. F. BARET   R. A. Chabanon   Bel Air
PL. DE LA CORDERIE   Pax   Fortia   **Palais de Justice**   PL. DE LA PRÉFECTURE   d'Italie   Lieutaud
Rue des Bruys   Montgrand   R. Armény   ● **Préfecture**   R. A. Chabanon
PL. MONTHYON   Puget   R. du Dr Combalat   PL. ES. PASTRÉ   Bd Paul Peytral   **Hôtel de la préfecture**
Cours   Pierre   R. d'Arcole   Sylvabelle   St-Nicolas-de-Myre   Berlioz
Jardin de la Colline   Boulevard   Delanglade   Breteuil   Stanislas   Paradis   3
Dassy   Jules   Sylvabelle   Torrent   St-Joseph   Edmond   R. Aldebert   Rome   d'Italie
TUNNEL PRADO CARENAGE   Notre-Dame   R. Dragon   Saint-Jacques   R. de Suffren   Rosand
Montée   Moulet   P. Grégy   **Grande Synagogue**   Stanislas   **Couvent des Dominicains St-Lazare**   **Castellane** Ⓜ
de l'Oratoire   Bonnefoy   Ste-Victoire   PLACE CASTELLANE
Montevideo   Morucci   Paradis   R. L. Maurel   Fiolle
Vauban   Breteuil   R. du Dr Fiolle   Jean   Rostand Falque   Sébastien
Notre-Dame-de-la-Garde ★★★   PL. V. BERNARD   Boulevard   Rue   Docteur   Escat

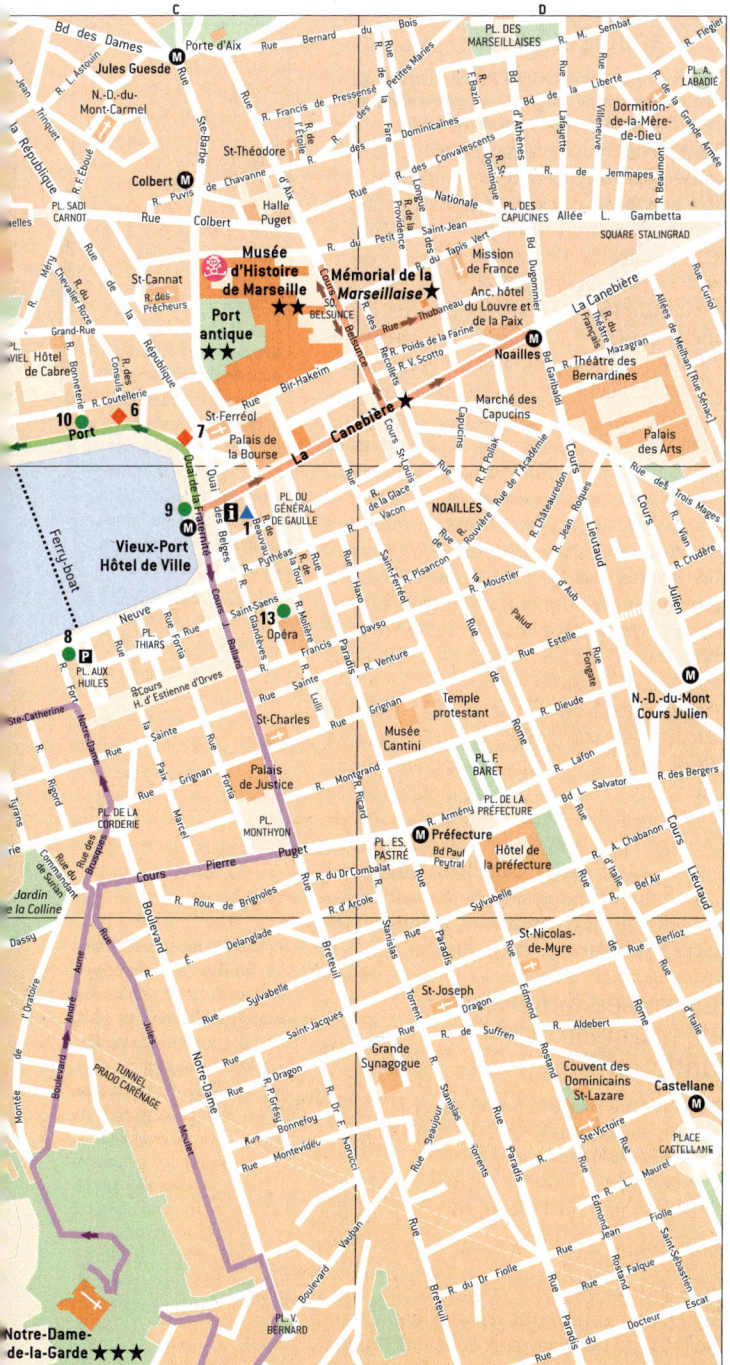

Retrouvez toutes les adresses de l'itinéraire p. 318.

La Canebière★ C2-D1

En face du quai de la Fraternité. Retour : tramway ou métro. Possibilité de vis. guidée en mode « opérette » à la belle saison (voir office de tourisme, p. 62).

La plus célèbre artère de Marseille, immortalisée par une opérette de Vincent Scotto, tire son nom des cordiers, qui y travaillaient le chanvre (*canebe* en provençal). Elle est née avec l'urbanisation du quartier, décidée par Louis XIV (fin XVIIe s.). Lieu autrefois de tous les plaisirs où se mélangeaient « les rauques raclements de l'arabe […], les gutturales et les hennissements germaniques, le gazouillis puéril de l'anglais » (André Suarès), la Canebière s'est embourgeoisée. Longue de 1 km environ, de l'église des Réformés jusqu'au Vieux-Port, large de 30 m, sillonnée aujourd'hui par le tramway (2007), elle a conservé quelques belles façades baroques du XVIIIe s., mais les **immeubles second Empire** de style haussmannien sont plus nombreux, surtout dans la partie entre le cours Belsunce et le boulevard Garibaldi, élargie en 1860. Il y a eu des reconversions inattendues : au no 53, l'ancien hôtel du Louvre et de la Paix, où eut lieu la première séance de cinéma en 1896, abrite le magasin C&A ; aux nos 66-68, l'hôtel de Noailles, que fréquentait Blaise Cendrars et où Charles Trenet fit ses débuts au piano-bar, héberge un commissariat de police. C'est sur la Canebière que le roi Alexandre de Yougoslavie fut assassiné au côté du ministre français des Affaires étrangères Louis Barthou en 1934.

Le musée d'Histoire de Marseille et le port antique★★ C1

De la Canebière, prenez à g. le cours Belsunce.
Centre commercial Bourse (1er arr.) ☎ 04 91 90 42 22. F. pour rénovation jusqu'en mars 2013.

La réouverture du site promet du spectaculaire ! Intégrant les vestiges extérieurs du port antique, le musée, une fois agrandi, proposera un survol éblouissant de l'histoire de Marseille, des origines à nos jours. Il devrait accueillir une réplique numérique de la grotte Cosquer *(p. 369)* et une flottille de bateaux grecs et romains, datés du VIe s. av. J.-C. au IIIe s. ap. J.-C.

Du savon

Savonnerie La Licorne, 34, cours Julien (6e arr.) D2 ☎ 04 96 12 00 91, www.soap-marseille.com. F. dim. Vis. guidée des ateliers à 11 h, 15 h et 16 h. Gratuit. Métro N.-D.-du-Mont. À pied : de la Canebière, prenez à dr. le bd Garibaldi, puis à g. la rue des Trois-Mages et à dr. le cours Julien. L'une des dernières savonneries artisanales de Marseille, où l'on pratique encore la cuisson au chaudron. On suit toutes les étapes de fabrication : empâtage (mélange d'huiles diverses et de lessive de soude), lavage à l'eau salée pour éliminer la soude, etc.

Exploit

Grosse pépite trouvée dans les fouilles consécutives à la construction du centre commercial Bourse : en 1974, on a découvert l'épave d'un bateau marchand du IIe s. av. J.-C. Malgré ses 20 t, on l'a extraite de sa gangue de vase. Depuis, le « bateau du Lacydon » repose au musée d'Histoire de Marseille « lyophilisé » : un procédé, inédit à cette échelle, en a chassé l'eau gorgeant les bois ! Six autres bateaux antiques, grecs ou romains, vont le rejoindre.

Marché bio

Certains ne rateraient pour rien au monde le marché paysan bio du **cours Julien** **D2** (http://coursjulien. marsnet.org ; le mer. 8 h-13 h). Il réunit une trentaine de producteurs, qui organisent une à deux fois par mois une fête autour d'un produit de saison. Ah ! les tielles (sortes de tourtes aux fruits de mer) de Christophe le poissonnier, les fromages de chèvre de Claudine ou les miels de garrigue de Rolland.

Marseille Pagnol

Marcel Pagnol (1895-1974) est né à Aubagne *(p. 113)*. Mais une grande partie de son œuvre est indissociable de Marseille, où il passe toute son enfance et son adolescence, au lycée Thiers. Exilé à Paris, comme professeur, il a le mal de Marseille et de « ses petits bars ombreux le long des quais ». *Marius, César, Fanny…* Le Vieux-Port et son univers impitoyable figurent en bonne place dans son œuvre. Marcel Pagnol est enterré au cimetière de La Treille (11e arr.). *Voir aussi Cinéma au château de la Buzine (p. 323).*

Un ferry-boat de légende

L'ancien ferry-boat dont le héros de Pagnol, Escartefigue, fut le capitaine, a pris sa retraite. Depuis 1880, avec une brève interruption, ce bateau reliait l'hôtel de ville à la place aux Huiles **C-B2**. Le nouveau, qui parcourt toujours le même trajet, carbure au solaire ! Avec quelques pannes récurrentes. Dame ! Il s'agit d'un prototype. T.l.j. 8 h-12 h 30 et 13 h-17 h. Gratuit.

Le mémorial de la *Marseillaise* ★ D1

Du cours Belsunce en faisant face à la Canebière, prenez à g. la rue Thubaneau.

23-25, rue Thubaneau (1er arr.) ☎ 04 91 91 91 97, www. memorial-marseillaise.com. Ouv. juin à mi-sept. t.l.j. 10 h-19 h ; le reste de l'année, mieux vaut téléphoner. F. janv. De 5 à 7 € (gratuit moins de 6 ans). Vis. audioguidée. Durée de la visite : 45 min.

Tout, vous saurez tout sur ce chant guerrier, commandé à **Rouget de l'Isle** en 1792, entendu pour la première fois à Marseille dans un banquet de la rue Thubaneau, et adopté comme hymne national bien plus tard, non sans avoir fait l'objet de multiples variantes (plus de 60). Le visiteur est embarqué, sans possibilité de décrocher, dans un parcours scénographié, multimédia, comprenant trois salles. Évocation prenante du Marseille révolutionnaire, d'où partent à l'été 1792 plus de 500 volontaires « sachant mourir » décidés à défendre la patrie en danger. À pied, ils rejoignent Paris aux accents de ce que l'on surnomme bientôt le « Chant des Marseillois » !

Autour de Notre-Dame-de-la-Garde ★★ C3

Départ du Vieux-Port. Bus n° 60 du Vieux-Port, cours Jean-Ballard (à dr. en tournant le dos à la mer ; ticket solo : 1,50 €), ou petit train de Notre-Dame-de-la-Garde depuis le quai de la Fraternité (circule t.l.j. avr.-nov. 10 h-12 h 20 et 13 h 40-18 h 20, hiver 10 h-12 h et 14 h-16 h ; billet AR de 4 à 7 € pour les 3-11 ans ; http://petit-train-marseille.com).

La basilique Notre-Dame-de-la-Garde ★★★ C3

☎ 04 91 13 40 80. Ouv. t.l.j. 7 h-19 h. Accès libre.

Un million et demi de visiteurs grimpent chaque année au sommet de la colline de la Garde (147,85 m) pour découvrir la « Bonne Mère ». Succédant à un premier sanctuaire du XIIIe s., réutilisant sans vergogne les assises d'un fort de François Ier, la basilique, de **style romano-byzantin**, a été construite tambour battant en 11 ans (1853-1864) sur les plans de l'architecte Jacques-Henri Espérandieu. Les mosaïques intérieures, restaurées en 2006, ont nécessité l'assemblage de 12 millions de petits carreaux. De nombreux ❤ **ex-voto** tapissent les murs ou flottent, suspendus entre les piles de la nef, offrant une vraie collection d'art naïf. Dans la crypte, le Crucifix (XVIᵉ s.) et la *Mater Dolorosa* de Carpeaux sont d'une beauté poignante. De l'esplanade, on découvre la **vue★★★** la plus impressionnante de Marseille et de sa rade, piquetée par les îles du Frioul.

⚜ Le musée du Santon Marcel-Carbonel★ B2

Redescendez à pied plein N par le bd André-Aune, la pl. de la Corderie, la rue Fort-Notre-Dame (1 km env.). Tournez à g. dans la rue Neuve-Sainte-Catherine.

49, rue Neuve-Sainte-Catherine (7ᵉ arr.) ☎ 04 91 13 61 36, www.santonsmarcelcarbonel. com. F. dim. et lun. (f. dim. en déc.). Ouv. 10 h-12 h 30 et 14 h-18 h 30. Vis. guidée de l'atelier (lun.-jeu.) et du musée (mar.-sam.). Accès libre. Durée de la visite : 45 min.

Marseille est l'une des capitales historiques du santon *(p. 44)*. Dans cet atelier-boutique-musée, le petit-fils de Marcel Carbonel, Philippe Renoux, a pris la relève. La maison,

Un petit creux ?

Le Four des Navettes, 136, rue Sainte (7ᵉ arr.) B2 ☎ 04 91 33 32 12. Ouv. lun.-sam. 7 h-20 h, dim. 9 h-13 h et 15 h-19 h 30. F. 1ᵉʳ janv. et 1ᵉʳ Mai. La plus vieille boulangerie de Marseille fabrique toute l'année les navettes, gâteaux secs à l'origine dégustés à la Chandeleur. La fameuse « pompe à huile », qui fait partie des 13 desserts de Noël *(p. 28)*, est fabriquée de début novembre à fin mars.

❜ Le poids de l'or

Au sommet de la basilique, la statue de la Vierge recouverte de feuilles d'or pèse 9 796 t et mesure 11,20 m. Bonne Mère !

Pause verte

Jardin du Pharo, bd Charles-Livon (7ᵉ arr.) A2 ☎ 04 91 55 25 51. Ouv. t.l.j. 8 h-20 h. Accès libre. Bancs, jeux d'enfants, pelouses, snack… et vue extraordinaire. Le palais du Pharo, construit pour Napoléon III, qui désirait avoir une résidence « pieds dans l'eau » (il n'a jamais eu le temps de l'habiter), se visite pendant les Journées du patrimoine.

© Philippe RENAUD

Notre-Dame-de-la-Garde.

1

itinéraire

♣ Les Greeters

Les Greeters sont des bénévoles qui transmettent l'amour de leur région. Comme Guy, qui fait découvrir avec d'autres accompagnants la Marseille des Marseillais, celle des bistrots de quartier, du marché que personne ne connaît, de la dernière adresse branchée. À vous de convenir une semaine avant d'un programme avec votre Greeter qui se sera porté volontaire. Rens. www.marseille provencegreeters.com.

Fiesta des suds

2e quinz. d'oct. Ce festival rythme les nuits marseillaises. Toutes les musiques du monde y ont leur place. Cheb Mami côtoie Grand Corps Malade, Asa fait bon ménage avec le hip-hop. Rens. Dock des Suds, 12, rue Urbain-V (2e arr.), www. dock-des-suds.org ☎ 04 91 99 00 00. De 20 à 35 € (gratuit moins de 12 ans).

❞ Un quartier martyr

« Marseille est le chancre de l'Europe et l'Europe ne peut pas vivre tant que Marseille ne sera pas épurée » : ainsi en décidait l'armée allemande le 14 janvier 1943. « L'épuration » commençait, avec le dynamitage visant le Panier. Ses habitants (25 000) furent déportés vers le camp de Fréjus. Quelques rares bâtiments, les plus beaux, furent épargnés.

dont les crèches exposées forcent l'admiration, a plus de 700 modèles en collection, dans toutes les tailles (2,5 à 15 cm).

La basilique Saint-Victor★ B2

Allez au bout de la rue Neuve-Sainte-Catherine.

3, rue de l'Abbaye (7e arr.) ☎ 04 96 11 22 60, www. saintvictor.net. Ouv. t.l.j. 9 h-19 h. De 1 à 2 € (gratuit moins de 12 ans) pour la crypte.

Saint Jean Cassien fonde au Ve s. ce qui sera l'une des plus grandes et l'une des plus puissantes abbayes du Moyen Âge. Aujourd'hui, il n'en reste que cette église-forteresse, flanquée de deux tours et dédiée au patron de Marseille, **saint Victor**. Édifiée sur une nécropole du IIIe s., dévastée par les Sarrasins, reconstruite au XIIIe s., agrandie au XIVe s. par le pape Urbain V, ex-abbé de Saint-Victor, l'église supérieure, très sobre, est représentative de l'art roman provençal. Des fenêtres très étroites éclairent chichement la nef. On se rendra dans la **crypte**, qui abrite **Notre-Dame-de-Confession**, objet de toutes les dévotions. Par exemple, le 2 février, jour de la Chandeleur, une procession emporte cette Vierge noire en bois de noyer (XIIIe s.) sur la place Saint-Victor, où l'archevêque de Marseille bénit la ville et la mer. Vers 8 h, la procession passe par le Four des Navettes *(p. 69)*, où les puristes font provision pour l'année de biscuits en forme de navette (ils ont été bénis).

❤ Le Panier★

Départ et arrivée : parking de l'Hôtel-de-Ville. Prenez à main dr., en tournant le dos à la Canebière. Avec le petit train de Marseille, circuit du Vieux-Marseille ☎ 04 91 25 24 69, www.petit-train-marseille.com ; fonctionne t.l.j. avr. à mi-nov. 10 h-12 h 30 et 14 h-18 h ; de 4 à 7 € (gratuit moins 3 ans).

Escaliers, ruelles, placettes, linge séchant aux fenêtres… Le Panier est le quartier le plus attachant, le plus populaire, le plus pittoresque de Marseille, où s'installaient jadis les immigrants : Napolitains au XIXe s., suivis des Corses après la Première Guerre mondiale. Une auberge qui avait pour enseigne un panier serait à l'origine de ce nom quelque peu incongru. En pleine rénovation, devenu à la mode, le quartier a gardé néanmoins son esprit village.

Le quai du Port C1-B2

Il aligne tous ses **immeubles « Pouillon »**, du nom de l'architecte Fernand Pouillon, chargé dans les années 1950 de la reconstruction du quartier dynamité par les Allemands *(p. 69)*. Parmi eux, l'**hôtel de ville** (XVIIe s.), qui accueillit les premiers échevins nommés par le Roi-Soleil, détonne. Ce bâtiment baroque doit être attribué pour une part à Gaspard Puget, frère de Pierre Puget, qui a signé, lui, l'écusson au-dessus de la porte principale. **Pierre Puget**, un enfant du Panier, né à Marseille en 1620 à deux pas de la Vieille-Charité, peintre, sculpteur et architecte, fut cependant un temps l'architecte officiel de Marseille.

La montée des Accoules B1

Prenez après l'hôtel de ville, en tournant le dos à la Canebière, la rue de la Prison. La montée est à g.

La rue la plus filmée de Marseille, avec ses décors à la Fabio Montale, le flic désabusé des polars de Jean-Claude Izzo. Sur l'image figure aussi la flèche à crochets de **Notre-Dame-des-Accoules**, plantée sur la tour Sauveterre. Elle est le seul vestige de l'église rasée en 1794 et reconstruite tout à côté *(10, pl. Daviel; ouv. t.l.j. 8h30-11h30, mar., jeu. et sam. également l'après-midi 15h30-18h30)*.

Le **Préau des Accoules** *(29, montée des Accoules ☏ 04 91 91 52 06; durée : 1 h)*, abrité dans l'ancien collège des Jésuites, un bijou, accueille deux fois par an des expositions destinées aux enfants, montées autour d'œuvres appartenant aux musées de Marseille. Ces expositions se prolongent par des ateliers *(sur rés.)*.

La Vieille-Charité★★ B1

Avant le Préau des Accoules, tournez à dr. dans la rue du Refuge, que prolonge la rue des Pistoles.
La Vieille-Charité est en face.
2, rue de la Charité (2e arr.).

Considérée comme l'œuvre majeure de **Pierre Puget** *(ci-dessus)*, la Vieille-Charité fut conçue pour « le grand renfermement des pauvres » et autres gueux. La construction de ce splendide cache-misère s'est étalée entre 1671 et 1749. Une fois entré dans la cour *(accès libre)*, immense, on ne sait qu'admirer, le rythme très classique des arcades qui

Où acheter du pastis ?

La Maison du Pastis, 108, quai du Port (2e arr.) B1 ☏ 04 91 90 86 77, www.lamaisondupastis.com. Ouv. lun.-ven. 10h30-19h, sam. 10h-19h et dim. 10h30-17h. F. mar. en hiver. Un choix de 95 pastis et absinthes. Pour découvrir le « pastis bleu », l'anis blanc de la maison Janot (une maison d'Aubagne), et tant d'autres. Diffuse aussi des produits régionaux, comme tapenades ou anchoïades.

La place du Mistral

Lea amateurs de la série de France 3 *Plus belle la vie* sont souvent déçus d'apprendre que la place du Mistral et le bar du même nom n'existent qu'en décor… La série est en effet tournée en grande partie dans un studio de la Belle de Mai. Une boutique « officielle » n'en a pas moins été ouverte, dans le quartier du Panier, pour y proposer les produits dérivés. 56, rue Ste-Françoise / Pl. des 13-Cantons B1 ☏ 09 51 85 54 29, http://boutiqueplusbellelavie.com. Ouv. lun.-sam. 10h-18h (et dim. pendant les vac.).

Gourmandises

La Chocolatière du Panier, 47, rue du Petit-Puits (2e arr.) B1 ☏ 04 91 55 70 41 et 06 17 13 44 42. Ouv. mar.-sam. 10h-18h. Horaires variables dim. et lun., mieux vaut téléphoner. F. en août. La barre marseillaise, truffée de fruits confits, et les chocolats parfumés aux figues, à la lavande, au géranium, etc., sont confectionnés par Michèle Leray.

1

itinéraire

s'étagent sur trois niveaux ou la chapelle à la coupole ovoïde d'un pur baroque italien.

Un centre polyculturel

☎ 04 91 14 58 80. Ouv. mar.-dim. juin-sept. 11 h-18 h ; oct.-mai 10 h-17 h. Accès payant. Billet groupé (de 1,50 à 3 €) ou à l'unité (de 1 à 2 €) pour le musée d'Archéologie méditerranéenne et le MAAOA – musée d'Arts africains, océaniens et amérindiens. Ateliers payants pour les enfants au musée d'Archéologie méditerranéenne ☎ 04 91 14 58 52.

L'ensemble de la Vieille-Charité abrite aujourd'hui une **batterie de musées**, outre le **Centre international de poésie de Marseille (CIPM)**. Au premier étage, le musée d'Archéologie méditerranéenne compte une belle collection égyptienne, au second, les richesses du musée d'Arts africains, océaniens et amérindiens sont exceptionnelles. On reste toutefois sur notre faim car la muséographie et les explications sont réduites à leur plus simple expression. Les expositions temporaires trouvent en revanche leur public.

La Cité de la Méditerranée A-B1

De la rue de la Charité, redescendez vers la cathédrale de la Major.

C'est le nom donné au front de mer, complètement métamorphosé, qui s'étire sur près de 3 km entre le fort Saint-Jean et Arenc. Rien que du beau monde parmi les architectes engagés : Jean Nouvel qui met sa patte sur l'opération **Quais d'Arenc** ou Zaha Hadid qui signe la tour de verre de 147 m de hauteur, abritant le siège du groupe CMA-CGM (un des leaders mondiaux du transport maritime). De cette tour partira le **boulevard du Littoral**, qui couvre le tunnel de la Joliette et rejoint le Vieux-Port, une artère arborée (plus de 700 arbres plantés), large de 45 m, longue de 2,5 km. Gros à parier qu'il y aura foule sur ses trottoirs élargis et ses pistes cyclables.

Mais le joyau de cette Cité sera le **MuCEM**, pour musée des Civilisations de l'Europe et de la Méditerranée, qui se partage entre un fort Saint-Jean réhabilité et une curieuse « casbah en résille de béton », griffée Rudy Ricciotti, les deux étant reliés par une passerelle vertigineuse de 130 m de long.

Des créateurs santonniers

Arterra, 15, rue du Petits-Puits (2ᵉ arr.) **B1** ☎ 04 91 91 03 31, www.santons-arterra.com. Ouv. lun.-sam. 10 h-13 h et 14 h-18 h. À partir de 14 € les 7 cm. Le trio d'Arterra, Éliane, Denis et Christophe, bouscule la tradition. Chez eux, on trouve des « santons déco » dans un camaïeu de blancs.

IAM, le rap rageur

L'un est italien, l'autre malgache, le troisième algérien, le quatrième sénégalais... Le groupe IAM, comme *Invasion Arrivant de Mars* ou *Indépendantistes Autonomes Marseillais* ou *Je suis* est devenu le symbole d'une Marseille multiculturelle. Le groupe insolent et gouailleur revendique ce métissage comme une richesse, loin de l'image « clownesque » d'une ville « à la Raimu-Fernandel ». On attend pour début 2013 le nouvel opus du groupe amputé de Freeman, un album intitulé Iam Morricone, en collaboration avec Ennio Morricone. Rens. www.iam-tm.fr.

Éco Méditerranée

La Cité de la Méditerranée relève d'un projet plus vaste d'aménagement du territoire marseillais, appelé Euro-Méditerranée, qui sera l'une des treize éco-cités labellisées en France par l'État. On prévoit d'utiliser la thalassothermie à grande échelle, c'est-à-dire employer la mer comme source d'énergie pour fabriquer du chaud en hiver et du froid en été. Ce qui réduirait à terme la facture énergétique de 75 % !

② Marseille★★
Sous les pavés, la plage

COMPTEZ UNE JOURNÉE

Au bout de la rue, la plage… Dans les années Gaston Defferre, maire de la ville de 1953 à 1986, la cité phocéenne est devenue une station balnéaire. Les plages du Prado ont été gagnées sur la mer, le creusement du métro fournissant les… remblais ! Si bien qu'aujourd'hui, tous les sports nautiques se pratiquent à deux pas de la Canebière : baignade, voile, planche à voile, plongée… Très proche, l'archipel du Frioul, lui, a ses fantômes, comme celui du légendaire comte de Monte-Cristo.

PROGRAMME POUR 1 JOURNÉE

Un menu farniente ! L'archipel du Frioul★★ sur les traces du comte de Monte-Cristo (p. 73) et déjeuner dans le vallon des Auffes★★ (p. 75), puis séance lézard sur les plages du Prado★ (p. 76). Avant de passer aux choses sérieuses, comme la pétanque (p. 77) !

À NE PAS MANQUER

- **Histoire** : le château d'If★★ (p. 73).
- **Botanique** : le jardin Valmer★ (p. 75).
- **Avec les enfants** : *beach soccer* sur la plage du Prado★ (p. 75), parc Aventures au parc Pastré (p. 321).
- **Loisirs** : canoë-kayak en mer (p. 320), escapade sur un voilier traditionnel (p. 320).
- **Carte postale** : le vallon des Auffes★★ (p. 75).

CÔTÉ PRATIQUE

Transports **Circuler en bus** : horaires, lignes sur www.rtm.fr. Bus n° 83 (Joliette / métro Rond-point du Prado).

Circuler en « pointu » : Localanque, 22, rue de la Loge B1 (2ᵉ arr.) ☎ 04 91 90 60 79 et 06 10 11 43 58, www.localanque.com. À partir de 150 € pour 4 h, essence comprise. Jusqu'à 7 passagers. Le plus petit des permis, la « carte mer », est requis.

🍀 **Circuler électrique** : Wattmobile ☎ 0 811 141 313, www.wattmobile.fr. Vélos, cyclomoteurs et scooters. Entre 19 et 40 €/j. Très fun !

Marseille : sous les pavés, la plage.

Retrouvez toutes les adresses de l'itinéraire p. 320.

Légende de la carte :

▲ Hébergement
1 ❤ Hôtel-restaurant Le Corbusier
2 Chambres d'hôtes Le Petit Jardin

◆ Restaurants
3 La Grillade
4 Restaurant de la Grotte
5 ❤ L'Épuisette
6 Le Petit Pavillon

● Loisirs
7 Croisières sur le Solis
8 Raskas Kayak
9 Parc Aventures Pastré Aventure
10 Atoll Plongée

Archipel du Frioul ★★
Île Ratonneau ★★
Marseille
`Départ`
Île Pomègues ★★
3
Château d'If ★★
Vallon des Auffes ★★
Villa Valmer ★
Corniche Kennedy ★★
Plage du Prophète ★
Croisières Cap Marseille
Parc balnéaire du Prado ★
11
Parc Borély ★★
Les îles de la Quarantaine p. 366
7, 10
la Madrague-de-Montredon
la Madrague
la Pointe Rouge
9
Cap Croisette ★★
Île Tiboulen
Île Maïre
8
les Goudes ★
Callelongue ★
4
Sormiou
Morgiou
Île de Jarre
Île Riou
0   2,5   5 km

L'archipel du Frioul★★

Navette Frioul-If Express ☎ 04 91 465 465. Départ du Vieux-Port, 1, quai de la Fraternité (anciennement quai des Belges). 5 à 6 départs/j. en hiver. 20 à 25 départs/j. en été. De 7,50 à 10 € pour une île, de 11,25 à 15 € pour 2 îles (gratuit moins de 4 ans).

Au large de Marseille, l'archipel du Frioul compte quatre îles, dont If fait partie. Tiboulen est un vrai confetti. La plus grande est Pomègues (2,7 km de long), qui dépasse ses voisines d'une tête (87 m d'altitude). Elle est talonnée par Ratonneau (2,5 km de long, 76 m d'altitude).

Le château d'If★★

☎ 04 91 59 02 30 et 06 03 06 25 26, www.monum.fr. Ouv. selon la météo mi-mai à sept. t.l.j. 9 h 30-18 h 30 ; oct. à mi-mai t.l.j. sf lun. 9 h 30-17 h 30. F. Noël et 1ᵉʳ janv. 5 € (gratuit moins de 25 ans). Durée de la visite : 1 h à 1 h 30.

Ce petit bout de caillou, calciné par le soleil, écorché par le vent, nous a tous

❜ Le comte de Monte-Cristo

L'îlot du château d'If est connu pour avoir « hébergé » Edmond Dantès, alias le comte de Monte-Cristo, un personnage de fiction créé de toute pièce par Alexandre Dumas. Aujourd'hui, la légende inspire un événement sportif, où les concurrents réitèrent l'exploit du prisonnier Dantès, lequel regagna la côte à la nage après son évasion rocambolesque du château d'If. Rens. www.defimonte-cristo.com. Fin juin.

Marseille et l'archipel du Frioul.

fait vibrer. La faute à Alexandre Dumas père, auteur d'un rocambolesque *Comte de Monte-Cristo* (1844). La fiction a cependant des bases historiques : le château d'If fut réellement une prison redoutée, dès 1580, et ce jusqu'au début de la IIIᵉ République.

Pomègues et Ratonneau★★

À quelques encablures du Vieux-Port, la traversée durant une demi-heure, ces deux îles presque jumelles offrent un étonnant voyage dans le temps. Pomègues et Ratonneau, qui sont reliées par une digue, partagent le même embarcadère. Au port, vous trouverez des restaurants, qui mettent au menu loups et dorades de la ferme aquacole voisine.

Du Vieux-Port, balade aux **îles de la Quarantaine**, Pomègues et Ratonneau, deux îles pelées où le soleil cogne fort en été et ricoche sur les rochers blancs.
🏃 Retrouvez cette randonnée détaillée p. 366.

La corniche Kennedy★★

Sortez du Vieux-Port par le quai de Rive-Neuve **hors plan par A2**. De la plage des Catalans au parc du Prado. 4,5 km env. Bus n° 83 (Joliette / métro Rond-point du Prado). Stationnement très difficile sur le parcours.
Marseille-sur-Plage… La corniche Kennedy, qui suit la moindre échancrure du littoral, à

❜ Le banc le plus long

Avis aux contemplatifs : sur la corniche Kennedy, Marseille possède le banc le plus long au monde : 2 km ! Un peu en contrebas de la route, en balcon sur la mer, bordant une promenade réservée aux piétons, joggers, rollers, il s'étire depuis l'anse de la Fausse-Monnaie jusqu'au Pullman Palm Beach.

l'exception de la pointe d'Endoume, égrène un petit chapelet de plages. Secrètes : il faut trouver le passage qui en donne l'accès. Ouvertes à tout vent. Populaires ou huppées. Sableuses ou rocheuses. Dans ce qu'il est convenu d'appeler « le triangle d'or », où se blottissent les « villages » d'**Endoume**, de **Bompard** et du **Roucas-Blanc**, de belles villas à balustrades, jaune vanille ou rose bonbon, sont immergées dans les palmiers et les pins parasols.

Le vallon des Auffes★★

Bus n° 83, arrêt Vallon des Auffes. Sinon, en voiture, accès par le bd des Dardanelles (à g. avant le viaduc des Auffes).

Pour en repérer l'entrée, fiez-vous à la *Porte de l'Orient*★. En bord de mer, construite par souscription, inaugurée en 1927, cette œuvre d'Antoine Sartorio (1885-1988) est dédiée à tous les morts pour la France en Afrique du Nord. Tout « esquiché » (serré, compressé), le vallon des Auffes, lui, se cache sous le viaduc. Il ressemble encore au traditionnel village de pêcheurs avec son alignement de **pointus**, ces barques de pêche aux couleurs vives, et ses « cabanons » posés en vrac.

Le jardin de la villa Valmer★

271, corniche Kennedy. Ouv. t.l.j. mai-août 8 h-20 h ; nov.-fév. 8 h-17 h 30 ; mi-saison 8 h-19 h. Bus n° 83, arrêt Corniche Jean-Martin. Juste en face du Marégraphe. Accès libre.

Si la villa du XIXe s. ne se visite pas – ce petit château construit pour Charles Gonnelle, un riche négociant de Salon-de-Provence, abritant des institutions –, le parc et son esplanade offrent des **points de vue fantastiques** sur la rade de Marseille, la corniche, les îles du Frioul… Chênes verts, arbousiers et palmiers mêlent leurs ombres.

Autour du Prado★★

Bus n° 83, arrêt Place-de-l'Amiral-Muselier ou La Plage. Pour aller jusqu'au port de la Pointe rouge, le bus n° 19 (métro Castellane /Madrague-de-Montredon) prend le relais. Parking.

De part et d'autre de l'Huveaune, les plages ont été gagnées sur la mer, de la plage du Roucas-Blanc au port de la Pointe rouge. Travaux titanesques…

Un apéritif les pieds dans l'eau ?

Le Petit Pavillon, 54, corniche Kennedy (7e arr.) ☎ 04 91 31 00 38, www. lepetitpavillon.com. Ouv. t.l.j. 9 h 30-2 h du matin. F. oct.-mars. Plage privée. Accès WiFi. Une véritable institution que cet établissement né en 1854 ! Sous la corniche, la terrasse est à fleur d'eau et l'apéritif peut être dînatoire.

❜ Niveau zéro

Le Marégraphe (juste en face de la villa Valmer ; ne se visite pas), un bâtiment franchement laid et désuet (fin du XIXe s.), enregistre toujours les variations de la marée. En 1897, il a permis de déterminer le niveau zéro, entre terre et mer, base de toutes les mesures de niveau en France et dans le monde.

♨ Pause baignade

Son sable doux et sa convivialité font de la **plage du Prophète**★ un lieu surfréquenté l'été. Sinon, surveillée, elle a tout pour elle : un snack, un court de volley, des douches, des toilettes (l'été). Accès : bus n° 83, arrêt Le Prophète. Petit parking.

2

itinéraire

🏖 Le parc balnéaire du Prado★

Entre le macadam et la Grande Bleue, il y a maintenant 26 ha de pelouses. Ici, tout le monde trouve son bonheur : les émules de Zidane, les mordus de surf ou de voile, les familles et les accros du soleil. Côté plage Vieille-Chapelle, le Prado compte aussi un **skate-park**, le **Bowl**. Enfin, les restaurants et les boutiques de l'Escale Borély ont leur clientèle *teeny* (jeune) ou frimeuse.

Le parc et le château Borély★★

Bus n° 83, arrêt Parc Borély. Parking gratuit. Entrée principale sur l'av. du Prado. Ouv. t.l.j. 6 h-21 h. ☎ 04 91 55 25 08. Accès libre.
Jeux d'enfants. Jardin botanique ☎ 04 91 55 24 96. Ouv. mai-sept. t.l.j. 10 h-12 h et 13 h 30-19 h (17 h en hiver). 3 € (gratuit moins de 12 ans) ; ateliers gratuits pour enfants. Marseille Golf Club : practice et un neuf-trous « compact » ☎ 04 96 14 01 40.

Ados à rollers, cortèges de mariés, familles et poussettes… Tout Marseille s'y retrouve pour flâner dans les allées, canoter sur le petit lac ou poser près de *L'Homme aux oiseaux*, une sculpture de Jean-Michel Folon *(vers la cascade)*. Vous aurez peut-être une pensée émue pour Louis Borély (1692-1768), un riche armateur marseillais qui a voulu sa « bastide » *(p. 26)* à la campagne, mais n'a jamais vu sa transformation. Le château est aujourd'hui fermé pour restauration *(réouverture annoncée pour 2013)* : à terme, il devrait accueillir le futur musée des Arts décoratifs et de la Mode. Quant au parc, aménagé au XIXe s., réduit à 17 ha, il comporte toujours deux parties : un parc à la française, avec ses allées rectilignes, et un jardin paysager à l'anglaise qui s'enroule autour du lac.

Les Goudes★

À 4,5 km S env. du port de la Pointe rouge. Prenez l'av. de Montredon ; poursuivez 1 km plus loin sur l'av. de la Madrague-de-Montredon ; à 3 km env. prenez à g. le chemin des Goudes. On entre dans les Goudes par le bd Alexandre-Delabre. Bus n° 19 (métro Castellane / Madrague-de-Montredon) puis n° 20 (Madrague-de-Montredon / Callelongue).

Le week-end, on se presse dans cet ancien village de pêcheurs, où les **cabanons** *(p. 26)*

Location
Xoxo Beach Shop, 197, av. Pierre-Mendès-France (8e arr.) (vers le Bowl) ☎ 04 91 25 15 39, www.xoxo-marseille.com. Ouv. t.l.j. sf lun. 10 h-19 h. Location de rollers à l'heure ou à la demi-journée.

🏖 Fête du vent

Sur les **plages du Prado**, mi-sept. Dans le ciel, le spectacle est assuré par les cerfs-volants. On voit même passer des éléphants roses ! Il y a aussi des ateliers en tout genre pour les kids.

Fou de foot !

À deux pas des plages du Prado, quelques arrêts de bus… et vous voici dans le saint des saints, le **stade Vélodrome**, que l'Olympique de Marseille, équipe sacrée dix fois championne de France, enflamme ou déçoit avec la même régularité. Toutes les coulisses sont accessibles : le salon du Président, les vestiaires, la salle de presse… Possibilité de visite. 7 €. Durée : 45 min à 1 h. Rens. à l'office de tourisme.

Champions de pétanque

Au parc Borély, déb. juil. Chaque année, la pétanque a sa grand'messe : le Mondial La Marseillaise à pétanque. Plus de 150 000 spectateurs, près de 13 000 joueurs engagés, venus parfois de très loin (Madagascar). À voir ! Rens. La Marseillaise, 17, cours Honoré-d'Estienne-d'Orves (1er arr.) ☎ 04 91 57 75 00, www.lamarseillaise.fr.

© Philippe RENAUD

La calanque de Callelongue.

Boules de pétanque

La Boule Bleue, Z.I. La Valentine, 57, montée de Saint-Menet (11e arr.), sortie d'autoroute La Valentine, dir. Aubagne, Toulon ☎ 04 91 43 27 20, www.labouletbleue.fr. Ouv. lun.-ven. 9 h-12 h et 14 h-18 h (17 h le ven. en été, 17 h le jeu. et le ven. en hiver). Le dernier fabricant de Marseille, artisan de père en fils depuis quatre générations, fait du sur-mesure. Comptez jusqu'à 210 € le jeu de trois, des boules de « pro » garanties 5 ans.

ont poussé dans le désordre. Parmi les visiteurs, beaucoup d'amateurs de **plongée sous-marine**. Ironie de l'histoire : ce lieu qui apparaît comme préservé fut au XIXe s. l'une des zones industrielles de Marseille. On y a traité la soude, le plomb… Le randonneur bute parfois sur des vestiges de « cheminées rampantes », où se condensaient les vapeurs acides. À découvrir : le **cap Croisette**★★ *(à 1 km O du centre du village)*, où la route longe des criques rocheuses, superbes : vous êtes dans la zone la plus aride de France (360 mm d'eau par an en moyenne).

Callelongue★

À 1 km E des Goudes. Terminus du bus n° 20.
C'est aussi le terminus de la route et la porte d'entrée des calanques. Quelques **cabanons** se serrent dans l'espace disponible. En face du restaurant de la Grotte *(p. 320)*, un sentier escarpé part à l'assaut de l'ancien **sémaphore**, qui a cessé tout service depuis 1977. Au sommet (109 m), la vue est éblouissante. Les îles Maïre, Jarre et Riou se découpent sur la mer.

3 Les calanques
La beauté du diable

ITINÉRAIRE DE 54 KM

Entre Marseille et La Ciotat, les calanques offrent des paysages fantastiques. Rochers déchiquetés ou murailles impression-nantes surplombent la mer, où s'effilochent des îles. Randonneurs, grimpeurs, plaisanciers, plongeurs ou simples visiteurs trouvent là un terrain de jeux à la démesure de cet univers minéral. Mais cette beauté du diable est vulnérable. Sur 158 000 ha (dont 141 500 ha d'espace marins), le nouveau parc national des Calanques protège tout autant les massifs émergés que les fonds sous-marins.

PROGRAMME POUR 1 JOURNÉE

Prendre un bain de soleil sur le port de Cassis★★★ (p. 81), partir en mer explorer criques et calanques (p. 322). Revenir déjeuner à ♥ La Petite Cuisine (p. 322) et s'envoler pour la route des crêtes★★★ (p. 84).

À NE PAS MANQUER

- **Histoire** : le musée Ciotaden★ à La Ciotat (p. 85).
- **Botanique** : le parc du Mugel★★ (p. 86).
- **Gastronomie** : le vin blanc de Cassis (p. 84).
- **Avec les enfants** : Parc Aventures à Cassis (p. 323), promenades en mer et écogrimpe à La Ciotat (p. 323).
- **Carte postale** : le port de Cassis★★★ (p. 81).
- **Point de vue** : la route des crêtes★★★ (p. 84).

CÔTÉ PRATIQUE

Groupement d'intérêt public des calanques ☎ 04 91 72 65 73, www.gipcalanques.fr.

Conditions de visite Accès modulé de juin à septembre dans les calanques entre Marseille et Cassis(zone 1) et au cap Canaille (zone 8) selon la météo et les risques d'incendie : interdit, autorisé 6 h-11 h seulement (toute la journée dans les zones d'accueil du public en forêt) ou toute la journée.

Infos Massifs ☎ 0 811 20 13 13 (boîte vocale). Application mobile avec MyProvenceBalade.

Conseil Empruntez l'été les bus RTM (lignes 21, 22, 23) pour approcher les calanques et les bus MPM (La Marcouline) pour vous rendre à Cassis et à La Ciotat. Rens. www.rtm.fr et www.lepilote.com.

La calanque de Sormiou.

❜ Pouce !

En sortant de Marseille vers le sud, sur l'avenue de Hambourg, au rond-point Pierre-Guerre, le *Pouce* de César fait... du stop. La ville, qui a vu naître César Baldaccini (1921-1998), a récupéré cette sculpture géante (1965), en bronze, de 12 m de haut. Il s'agit d'un moulage de son propre pouce, agrandi par la suite. Le sculpteur était dans sa période Nouveau Réalisme, mouvement qui opérait un « recyclage poétique du réel ».

La calanque de Sormiou★★

À 7 km SE des plages du Prado, 12 km env. du centre-ville de Marseille. Prenez à g., après l'hippodrome Borély, l'av. de Bonneveine ; poursuivez sur l'av. de Hambourg. Continuez sur le chemin du Roy-d'Espagne, qui traverse La Cayolle. Bus n° 23 (métro Rond-point du Prado / Beauvallon), arrêt La Cayolle.

Accès : entre 8 h et 19 h 30, la route de Sormiou est barrée w.-e. et j.f. de mars à déb. juin et t.l.j. juin-sept. Parking à La Cayolle (2,5 km N) ; attention, parking non sécurisé, vols fréquents. Seuls résidents et clients des deux restaurants bénéficient d'un laissez-passer. Sinon, hors saison, parking payant (4 €) en bas.

Du col de Sormiou (191 m), la vue est saisissante sur la mer, d'un incroyable bleu émeraude, qui se balance au fond, tout au fond de la crique. En lacets serrés, la route, étroite, plonge vers la seule plage de sable des calanques. Le village, léché, où le maire de Marseille a son « cabanon », se protège derrière un « péage », celui du parking.

3

itinéraire

Hébergement
1   Hôtel-restaurant Le Clos des Arômes
2   Chambres d'hôtes L'Avila Cassis
16 Chambres d'hôtes Attrap'Rêves
3   Hôtel-Restaurant Chez Tania

Restaurants
4   La Poissonnerie Laurent
5   La Petite Cuisine
6   Chez Jeanne
7   La Table des Secrets
8   Nautic Bar
9   Le Château

Loisirs
10 Groupement des Bateliers Cassidains
11 Parc Aventures Cassis Forest
12 Provence Kayak Mer
13 Croisières Les Amis des Calanques
14 Escalade La Maison des Falaises
15 Plongée L'Atelier bleu
17 Cinéma au château de la Buzine

Les calanques.   Retrouvez toutes les adresses de l'itinéraire p. 321.

La calanque de Morgiou

À 10 km E de Sormiou. Revenez sur La Cayolle.
Au 1ᵉʳ rond-point, tournez à dr. sur l'av. Colgate ;
suivez-la jusqu'au bout et tournez à dr. sur
le chemin de Morgiou qui passe devant la prison
des Baumettes. Bus n° 22 (métro Rond-point du
Prado / Les Baumettes).
Accès : entre 8 h et 19 h 30, la route de Morgiou est
fermée les w.-e. de Pâques à déb. juin et ensuite t.l.j.
jusqu'à fin sept. Parking aux Baumettes, à l'entrée
de la route (4 km N). Laissez-passer pour clients
ayant réservé au restaurant.
Hors saison, petit parking sur le port.

La calanque de Morgiou est profonde et
étroite. La route ménage peu de vues spectaculaires. Elle se faufile même dans un
véritable goulet. Si bien que l'objectif – le
petit port de Morgiou, qui compte une
quarantaine d'habitants à l'année – reste
presque caché jusqu'à la fin. On découvre
quelques cabanons et des bateaux serrés
bord à bord dans le port.

' L'escalier
de Louis XIII

À Morgiou, l'escalier, que vous
découvrez sur votre gauche
lorsque vous faites face à la
mer, fut creusé (interdit d'en
douter !) pour Louis XIII venu
pêcher ici en novembre 1622.
Il s'était muni d'un trident en
vermeil… Aujourd'hui, l'escalier permet d'accéder à une
plage de poche.

❜ ☘ **Calanques,
un parc national**

Dixième parc national français, les Calanques est le plus grand à ce jour, mais aussi le premier parc péri-urbain, puisqu'il se situe aux portes de Marseille. Ses paysages fabuleux attirent près de 1 500 000 visiteurs, dont 430 000 par mer (sources Groupement d'intérêt public des calanques). Ce sont dans les Calanques – et nulle part ailleurs – que fleurissent la sabline de Marseille *(p. 83)*, l'astragale de Marseille *(p. 367)*, l'herbier de Posidonie *(p. 86)*, dont les racines croissent lentement (un siècle pour 1 m !). Plus spectaculaires, on pourra croiser un couple d'aigles de Bonelli (il y en a seulement 29 en France) ou le lézard ocellé, le plus grand d'Europe (jusqu'à 80 cm). Au large, grands dauphins et rorquals communs pèsent leurs 40 t ! Rens. **Groupement d'intérêt public des calanques** ☎ 04 91 72 65 73, www.gipcalanques.fr et www.parcsnationaux.fr.

**Marché
aux poissons**

Sur les quais à **Cassis**, tous les matins. Un tout petit marché dans un cadre coloré : en 2011, il restait huit pêcheurs professionnels dépendant de la prud'homie de Cassis. Dorades, loups, baudroies, sardines, etc.

Au départ de Morgiou, vous emprunterez le **sentier du vertige**, un parcours de crête fabuleux qui surplombe la calanque de la Triperie jusqu'au cap Morgiou.

🚶 Retrouvez cette randonnée détaillée p. 368.

Cassis★★★

À 20 km E de Morgiou.
Revenez sur le centre-ville de Marseille jusqu'au rond-point de Mazargues (3 km) et prenez à dr. l'av. De-Lattre-de-Tassigny. Continuez tout droit jusqu'à la D559 (9 km) dir. Cassis.
Accès : nombreux sens interdits. Parking gratuit en périphérie, les Gorguettes. Navettes (1 € aller-retour, gratuit moins de 6 ans) jusqu'au centre-ville t.l.j. en juil.-août. Sinon tte l'année, bus La Marcouline (www.lepilote.com).
En centre-ville : parking de la Viguerie (payant).
🛈 Office de tourisme, Oustau Calendal, quai des Moulins ☎ 0 892 259 892, www.ot-cassis.com.
Marché mer. et ven.

Dans un cadre grandiose, entre mer, calanques et les falaises rousses du cap Canaille, Cassis – prononcez *Cassi* – est un petit port adorable (8 000 hab.). Chapeauté par la « couronne de Charlemagne », surnom de la crête ondulée qui surplombe la baie, le bourg a « glissé » du château, qui a appartenu au XIIIe s. à la famille des Baux *(ne se visite pas ; chambre d'hôtes luxueuse)*, vers la mer, au creux d'une cuvette de 5 km de diamètre. On flânera entre ruelles et placettes ombragées. On s'attardera devant « la cheminée du roi René ». Sur le port, ce poste d'observation incomparable est l'endroit le plus ensoleillé de la ville.

Le port★★★

Du parking et de l'av. de la Viguerie, descendez vers le port ; de l'arrivée des navettes, descendez rue de l'Arène vers le port.

Avec ses façades colorées, il semble s'être échappé d'un film de Marcel Pagnol. Hiver comme été, une vraie forêt de mâts se dresse dans la rade. Quai Jean-Jacques-Barthélemy, tout à côté du restaurant Chez Nino, se niche la **prud'homie de pêche**, tribunal obtenu en 1791. Sur la promenade Aristide-Briand, en direction du phare, le **petit pêcheur d'anchois de Cassis**, héros du *Calendal* de Frédéric Mistral, a sa statue en pierre du cru.

3
itinéraire

Le port de Cassis.

L'hôtel de ville★

Du port, au bout du quai des Baux, tournez à g. dans l'av.
Victor-Hugo. Pl. Baragnon.

Élégant, cet hôtel particulier du XVIIᵉ s. fut la
propriété d'un consul de Marseille, Désiré de
Moustiers, avant de devenir celle d'un bourgeois cassidain, enrichi dans le commerce
du corail, Pierre Garnier. Toute l'histoire
de Cassis se lit dans ses armoiries, qui
surmontent la porte d'entrée : deux poissons
y encadrent une crosse, Cassis ayant été la
propriété des évêques de Marseille, de la fin
du Moyen Âge à la Révolution.

Le musée municipal méditerranéen des Arts et Traditions populaires★

Rue Xavier-d'Authier (à côté de l'hôtel de ville)
☎ 04 42 01 88 66. Ouv. juin-sept. mer.-sam.
10h 30-12h 30 et 14h-18h (hors saison
14h 30-17h 30). Accès libre. Durée de la visite : 45 min.
Possibilité de vis. guidée (3 €).

Le musée, qui a installé ses pénates dans un
ancien presbytère de 1703-1704, accueille
une belle sélection de tableaux de « petits
maîtres » provençaux, des XIXᵉ et XXᵉ s.,
qui auraient sans doute mérité une autre
destinée. Parmi eux, René Seyssaud (1867-
1904), considéré comme « le pionnier des
Fauves », ou Raphaël Ponson (1835-1904).

♥ **Un conteur hors pair**

Jean-Pierre Cassely
☎ 06 07 32 10 31, www.
provence-insolite.org. 8 €
(gratuit moins de 12 ans).
Durée de la visite : 2 h. Fait
aussi des visites à Marseille
et à Aix (9 €). Originaire de
Marseille mais vivant à
Cassis, ancien journaliste,
Jean-Pierre Cassely a le
goût des histoires insolites.
À Cassis, Ipad en main, il
a inventé un concept de
balade, tourné vers l'anec-
dote qui d'un coup éclaire
tout un pan d'histoire. C'est
drôle et bien documenté.

Senteurs

L'Eau de Cassis, 2, pl. Baragnon, Cassis ☎ 04 42 01
25 21, www.leaudecassis.
com. Ouv. t.l.j. 10 h-12 h 30
et 14 h 30-19 h. Eau de
garrigue, Eau de Cassis...
27 fragrances artisanales
pleines de fraîcheur.

© Philippe RENAUD

La calanque de Port-Miou★

À 2 km O du centre-ville de Cassis, dir. plage du Bestouan, Presqu'île ; dépassez la plage et continuez sur l'av. des Calanques. Parking payant. Navette depuis les Gorguettes d'avr. à août w.-e. et j.f. toutes les 20 min (presqu'île du Bestouan, 1 € aller-retour, gratuit moins de 6 ans) ; rens. www.lepilote.com. Vous pouvez également utiliser le petit train (ci-contre).

La mer s'enfonce jusqu'à 1,5 km dans les terres : de toutes les calanques, Port-Miou, où voiliers et pointus s'alignent le long des rives, est la plus profonde. La berge occidentale a conservé les traces d'une **ancienne carrière**, exploitée de façon industrielle par Solvay, entre 1900 et 1981. Ici, le calcaire était dynamité, broyé, concassé, tamisé pour servir à la fabrication de la chaux sur Salin-de-Giraud en Camargue (*p. 136*). Des chalands s'avançaient dans la calanque pour en prendre livraison : on voit encore les trémies, gigantesques entonnoirs, qui assuraient le transvasement.

Le sentier du Petit Prince

Départ et arrivée : parking dans la presqu'île, à Port-Miou, en contrebas du point de départ du sentier. Panneau indiquant le départ. **Durée** : 1 h à 1 h 30. **Distance** : 2 km env. aller-retour. **Balisage** : bleu foncé. 11 stations, autant de plaques émaillées. **Balade facile. Enfants** : à partir de 4-5 ans (pas de poussette). Accès libre même l'été.

Sous les pins d'Alep, le sentier, encadré par un ourlet de pierres, longe la calanque de Port-Miou, où les bateaux s'alignent comme à la parade. Les panneaux de plaques émaillées relancent à chaque station l'intérêt. On fera connaissance avec l'**herbe à Gouffé**, cette plante dite aussi « sabline de Provence », qui se contente de peu, ne survit qu'entre Marseille et Toulon, poussant ses petites fleurs blanches en avril-mai. On apprendra l'existence d'une **source sous-marine**, qui est, avec un débit variant entre 4 m^3/s et 150 m^3/s, l'exurgence la plus importante d'Europe. La balade se termine dans un paysage magnifique, près de **Notre-Dame-de-Bon-Voyage**. Cette chapelle, élevée vers 1650 mais reconstruite au XIXe s., n'a pas protégé Antoine de Saint-Exupéry : l'aviateur s'est englouti dans la baie de Cassis en 1944.

Le vœu de 1720

En 1720, la peste ayant épargné par miracle Cassis, chaque premier dimanche de juillet a lieu la Procession du vœu à Notre-Dame-de-Bon-Voyage, dite aussi Notre-Dame-de-Santé sur Port-Miou à partir de… 4 h du matin, jusqu'au lever du soleil.

⚓ Pause baignade

Pavillon Bleu en 2011, la **plage du Bestouan** (au N de Cassis) est surveillée l'été. Douches et W.-C. Accès par navette au départ du centre-ville en saison.

Visite en petit train

Compagnie des Petits Trains du Sud ☎ 04 42 01 09 98, www.cpts.fr. Ouv. t.l.j. avr. à mi-nov. Durée : 45 min. 1 départ le matin, 4 à 5 départs l'après-midi. De 3 à 6 € (gratuit moins de 6 ans). Du port à la calanque de Port-Miou.

3
itinéraire

La route des crêtes★★★

15 km entre Cassis et La Ciotat par la D141.
Du centre de Cassis, prenez l'av. du Revestel (étroite), qui passe devant le stade du Pignier, pour tourner à dr. sur la D141. Fléchage.

Au bord des **falaises Soubeyranes**, la route paraît suspendue entre ciel et mer, et parfois on a l'impression de jouer les funambules. De nombreux parkings et belvédères, où les garde-fous ne sont pas de trop, ont été aménagés le long de cet itinéraire époustouflant. Sculptées dans le **poudingue**, conglomérat de galets siliceux roulés dans un ciment gréseux, ces falaises ont une couleur ocre qui s'enflamme au couchant. L'érosion a parfois créé des reliefs oniriques, où l'imagination peut se déchaîner. Cheminées de fées (« clochetons »), pont naturel, etc.

Le cap Canaille★★★

À 5 km env. du centre de Cassis par la D141.

« La plus belle falaise de mon royaume » a dit Louis XIV… qui n'a pourtant jamais mis les pieds à Cassis. C'est en tout cas la plus haute du littoral français (362 m), formant un rempart impressionnant, comme taillé à vif. Du belvédère, la vue défie la description : Cassis au fond de la baie, l'île de Riou, le mont Puget. Le cap Canaille a souvent été utilisé comme décor au cinéma : du *Deuxième Souffle* de Jean-Pierre Melville avec Lino Ventura en 1966 (dont Alain Corneau a tourné un remake, sorti en 2007) aux *Chevaliers du Ciel* en 2005 en passant par *Sur un arbre perché* avec Louis de Funès en 1970 ou *Taxi 2* de Luc Besson en 2000.

Le sémaphore du Bec de l'Aigle★★

À 5 km env. du cap Canaille. Continuez sur la D141 ; à 4,5 km dans un virage prenez à dr. la D141b. Fléchage.

Contournant la **Grande Tête**, qui est le point culminant du massif (399 m), la route file jusqu'au sémaphore. En activité *(propriété de la Marine nationale, ne se visite pas sf lors des Journées de la mer en juin et du Patrimone en sept.)*, il surveille les bateaux qui croisent au large. Une **table d'orientation** permet de se repérer dans ce fantastique tour d'horizon : on aperçoit par temps clair le pic de Bertagne à 17,5 km ou le cap Sicié à 27 km.

❜ Le vin qui danse dans le verre

Sur une surface de 196 ha, le vignoble de Cassis se tapit au pied du cap Canaille. À lui seul, il constitue une AOP (ex-AOC), qui fournit un blanc sec, minéral et fruité (80 % de la récolte). Ce vin d'assemblage (5 cépages), « qui danse dans le verre », accompagne fort bien la bouillabaisse. À servir frais, entre 8 à 10 °C.

Où déguster du vin de Cassis ?

● Durant l'année, dégustation à la **Maison des Vins**, route de Marseille, Cassis ☎ 04 42 01 15 61, www.maisondesvinscassis.com. Ouv. t.l.j. en été 9 h 30-12 h 30 et 15 h-19 h. F. 1 sem. déb. janv. F. dim. après-midi sept.-avr.
● Dégustation le matin, le 1er dim. de sept., sur la pl. Baragnon à Cassis pour la **Fête du vin** (3 € le verre).

Pause baignade

Avec 6 km de plages de sable, La Ciotat offre l'embarras du choix. En famille, vous opterez pour la **Grande Plage**, bd Beaurivage (tout au bout, dir. Toulon). Sable et faible déclivité, les enfants seront en sécurité. On peut y louer parasols, transats et matelas. ♿ La **plage Lumière** est aménagée pour accueillir un public handicapé.

**❜L'invention
de la pétanque**

La pétanque se joue les pieds
« tanqués » (comme enfoncés
dans le sol). C'est la grande
différence avec « la longue »,
où le joueur court trois pas
avant de tirer. En 1910, à
La Ciotat, c'est Jules Renoir qui
adopta cette méthode icono-
claste, ses rhumatismes ne lui
permettant plus de trottiner.
Pour jouer, plusieurs terrains
sont à la disposition du public
à La Ciotat : le Boulodrome, le
parc Jourdan, etc.

Marché

Sur les quais du Port-
Vieux de **La Ciotat**, le dim.
matin. Entre tapenades et
anchoïades, on découvrira
le pain aux figues, qui ne
sont pas forcément de
Figuerolles. En juil.-août, un
marché en nocturne (t.l.j.
20 h-minuit) est tout aussi
riche en saveurs.

**❜Un berceau
du cinéma**

En 1891, Antoine Lumière, le
père des futurs inventeurs
du cinématographe, Louis
et Auguste, achète 90 ha à
La Ciotat. Il y fait construire le
« château du Clos des Plages »
(ne se visite pas). Baignade
sur la plage et surtout l'arrivée
d'un train en gare de La Ciotat
furent tournés à deux pas du
Port-Vieux et du jardin familial. La Ciotat possède le plus
ancien cinéma au monde
encore en place, l'**Éden Théâtre**,
25, bd Georges-Clemenceau
(en réhabilitation), www.eden-
theatre.fr.

La Ciotat★★

À 15 km SE de Cassis par la D141. Parking du Port-Vieux
payant accessible par le bd Bertolucci.

🛈 Office de tourisme, bd Anatole-France,
☎ 04 42 08 61 32, www.tourisme-laciotat.com. Vis.
« La Ronde du patrimoine » avec Ange Muggironi
sur demande ; 3,50 €/pers. Fiches thématiques à
télécharger sur le site : « Bienvenue à La Ciotat »,
« Les hôtels et portes », « Places célèbres »,
« Les chapelles », etc.

Ville de 36 000 habitants, La Ciotat s'étire
le long du golfe d'Amour. En bord de mer,
à l'ombre des palmiers et des pins parasols,
les boulevards se donnent des allures de
promenade des Anglais. On en oublie que
La Ciotat a connu des heures douloureuses,
durant la longue agonie de ses chantiers
navals, qui s'est achevée avec le dépôt de
bilan de la NORMED en 1988. Après avoir
construit le premier paquebot à vapeur
français de la Méditerranée, le *Phocéen Ier*,
en 1836 et des superpétroliers au XXe s., les
chantiers navals ont vu leurs carnets de
commandes fondre comme neige au soleil.
Aujourd'hui, ils ont attaqué des marchés de
« niche » comme la maintenance des yachts
de luxe. Et la ville regarde enfin l'avenir.
Un avenir aux couleurs du tourisme, de
l'écotourisme, où l'enfant serait roi. La
cité balnéaire a décroché le label Station
nautique, un signe d'excellence en matières
d'activités nautiques.

Port-Vieux★

Le site a accueilli un port à éclipses, vraisem-
blablement dès le IVe s. av. J.-C. L'acte de naissance de ce que nous appelons aujourd'hui
La Ciotat (nom qui découle de *civitas*, cité),
ne date que de 1429 : à Marseille, las des
bisbilles incessantes entre pêcheurs du bas
et habitants des hauts, l'abbé de Saint-Victor
(*p. 69*) accorde son autonomie à la cité.
Aujourd'hui, le vieux port, où les pêcheurs
vendent leurs prises tous les matins *(près de
la mairie)* reste pittoresque. Il fait bon aussi
s'attarder à la terrasse des cafés. Vous pouvez
rendre une visite au **musée Ciotaden★** *(1,
quai Ganteaume ☎ 04 42 71 40 99, www.
museeciotaden.org ; ouv. juil.-août 16 h-19 h,
sept.-juin mer.-lun. 15 h-18 h ; de 1,60 à
3,20 €, gratuit moins de 12 ans).* Ses quinze
salles offrent un panorama de l'histoire de

la ville : la charte de l'abbé Saint-Victor, les chantiers navals, le cinématographe, l'invention de la pétanque en 1910. À deux pas, **Notre-Dame-de-l'Assomption** (*quai Ganteaume ; ouv. t.l.j. sf sam. après-midi et offices 10 h-12 h et 15 h-17 h*), construite en 1603, accueille à la fois des œuvres de Finsionus (vers 1575-1617) et d'un peintre ciotaden contemporain, Gilbert Ganteaume.

L'île Verte★★

Continuez sur le quai du Général-de-Gaulle.
Accès par navettes de Pâques à fin sept. 10 h-17 h. En juil.-août, une rotation par heure de 9 h à 19 h. De 6 à 10 € l'aller-retour (gratuit moins de 10 ans). Départ : quai du Général-de-Gaulle, Port-Vieux ☎ 04 42 83 11 44 et 06 63 59 16 35, www.laciotat-ileverte.com. Durée de la traversée : 15 min.

La seule île boisée du département couvre 12 ha. Cette oasis, dont on fait vite le tour, a ses petites calanques, comme la calanque Seynerolles, où l'on peut se baigner (plage de sable). Une perle en pleine mer. Attention, il y a un seul café-restaurant sur l'île, Chez Louisette (☎ *04 42 08 21 92 et 06 75 50 74 98*).

Le parc du Mugel★★

Du Port-Vieux au parc du Mugel, comptez encore 750 m à pied (fléchage). Le bus n° 30 de Ciotabus y conduit (gare routière près de l'office de tourisme, dir. La Garde, arrêt Mugel ; www.lepilote.com).
Parking payant av. de Figuerolles (au S de la ville, fléchage depuis le Port-Vieux). Ouv. avr.-sept. 8 h-20 h ; oct.-mars 9 h-18 h. Possibilité de vis. commentée. Rens. ☎ 06 75 56 99 62 (1 h 30 ; gratuit à partir de 5 pers.). Aire de pique-nique. Jeux pour les enfants.

Sur le plan botanique, ce parc de 12 ha, niché sur les flancs du massif du cap de l'Aigle, est un vrai bijou. À l'origine de ce jardin extraordinaire, labellisé aujourd'hui jardin remarquable, il y eut Louis Fouquet, qui acheta cette propriété en 1923. Le Mugel offre des associations étonnantes : en quelques mètres, on saute des châtaigniers aux oiseaux du Paradis, d'un jardin de plantes aromatiques à une forêt de bambous. Au milieu de cette végétation luxuriante, où les plantes déclinent leur identité, un sentier grimpe jusqu'au **belvédère**, qui surplombe la mer de 82 m.

❜L'herbier de Posidonie

Les fonds marins de la baie de La Ciotat sont d'une richesse exceptionnelle. La baie est tapissée d'une immense prairie de Posidonie. L'herbier de Posidonie, *Posidonia oceanica*, qui est une plante à fleur et non une algue, est considéré comme le poumon de la mer Méditerranée. On le trouve jusqu'à 40 m de profondeur. Les feuilles, groupées en faisceaux, qui ont entre 20 et 60 cm de longueur, très fines, servent de nurserie à de nombreuses espèces animales.

4 La Côte bleue
De Marseille à Martigues

ITINÉRAIRE DE 50 KM ENVIRON

Au pied du massif de l'Estaque, la Côte bleue s'étire, s'échancre entre Marseille et Martigues. Entre la cité phocéenne, embarquée dans le projet « Euroméditerranée » *(voir p. 71)*, et les paysages sacrifiés à la pétrochimie de l'étang de Berre, il y a cette oasis, où des routes impossibles mènent à des bouts du monde aux allures de petit paradis oublié. Le cadre aurait pu servir pour le film *Le Grand Bleu* : les amateurs de plongée trouvent ici, et particulièrement à Niolon, leur bonheur.

PROGRAMME POUR 1 JOURNÉE

Se balader sur le port de l'Estaque★ (p. 88), déjeuner les pieds dans l'eau dans une des ♥ calanques du Rove★ (p. 89), embarquer à bord du « train bleu » (p. 91) pour rejoindre Carry-le-Rouet★ (p. 90) ou Martigues★★ (p. 92).

À NE PAS MANQUER

- **Tradition** : le marché aux poissons de Carro (p. 91).
- **Gastronomie** : la poutargue à Martigues (p. 92).
- **Avec les enfants** : visite de surface du Parc marin★★ à Carry-le-Rouet (p. 90), vertiges au parc Indian Forest à Martigues (p. 325).
- **Loisirs** : surf à Sausset-les-Pins★ (p. 90), nage avec les dauphins à Carry-le-Rouet★ (p. 324).

CÔTÉ PRATIQUE

Conditions de visite De juin à sept., en fonction des risques d'incendie, l'accès peut être réduit dans le massif (zone 5) entre 6 h et 11 h, voire interdit. **Infos Massifs** ☎ 0 811 20 13 13 (boîte vocale). Application mobile avec MyProvenceBalade.

Transports Bus RTM (Marseille), bus MPM (la Côte bleue) et bus du Soleil (Martigues). Rens. www.lepilote.com. En train : le train bleu, www.ter-sncf.com. À vélo : pistes cyclables.

Bon plan Un Pass nautique (gratuit) à Martigues donne des réductions de 5 à 15 % sur une vingtaine d'activités.

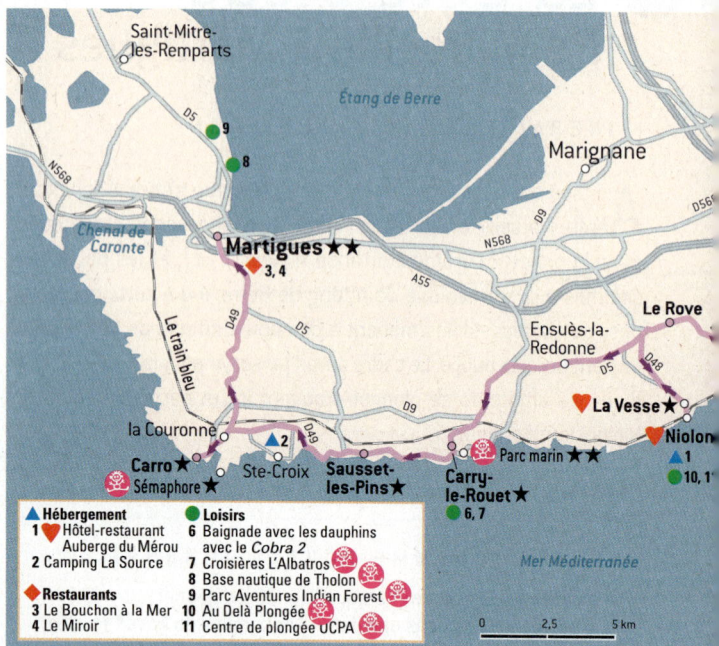

La Côte bleue.   *Retrouvez toutes les adresses de l'itinéraire p. 324.*

L'Estaque★

À 10 km au NO du Vieux-Port. Par l'A55, sortie n° 5, L'Estaque. Métro M2 ou tramway T2 plus bus n° 35 (Joliette/Estaque-Riaux/Plage de Corbières).

🛈 Office de tourisme, 4, La Canebière, Marseille (1er arr.) ☎ 0 826 500 500, www.marseille-tourisme.com. Vis. guidée 1 à 2 fois/mois en basse saison, plus souvent en été. 7 €.

Station balnéaire turbulente, où le prix du mètre carré affole tous les compteurs, l'Estaque peut décevoir celui qui a trop vu de films de Robert Guédiguian (comme *Marius et Jeannette*, sous-titré *Un conte de l'Estaque*). Calé bien à l'abri du mistral sous les collines de la Nerthe, le port avec ses couleurs criardes ressemble parfois encore à un tableau de Derain.

Le chemin des Peintres★

Départ : port. **Arrivée** : bd de la Falaise. **Durée** : 2 h. Plus d'informations sur « L'Estaque et les peintres » dans la brochure *Marseille* (gratuit).

Entre 1860 et 1920, ce « village » de Marseille, l'un des 111 que compte la cité,

Un petit creux ?

Il faut goûter aux spécialités de l'Estaque : les chichis frégis (ou freggis), des beignets saupoudrés de sucre. Et les panisses, galettes à la farine de pois chiche, en principe réservées à l'apéritif. Trois « cabanes » en proposent sur la promenade du bord de mer.

Pause baignade

La Lave, la Batterie, le Fortin : les trois **plages de Corbières**★ (à 1,5 km O du centre de l'Estaque par la N568), sable fin et galets mêlés, se cachent en contrebas de la route.

les Pennes-
Mirabeau

Départ
L'Estaque ★

Marseille

peut se vanter d'avoir vu défiler une belle brochette de peintres, Paul Cézanne, André Derain, Georges Braque, Auguste Renoir… C'est pour *Maisons à l'Estaque* (1908), de Georges Braque (1882-1963), que fut inventé le mot **cubisme**, le tableau ayant été refusé au Salon d'Automne à Paris, au motif que le peintre réduisait tout à des « cubes ». À pied, vous emprunterez le petit chemin des Peintres, qui démarre du port, avec André Derain *(Bateaux de pêche à l'Estaque)*, grimpe jusqu'au chemin de la Nerthe, redescend par la montée Antoine-Castejon, où la mère de Cézanne louait une maison.

Le musée Monticelli★

Fortin de Corbières (après le port et avant le tunnel du Rove) ☎ 04 91 03 49 46, www.associationmonticelli.com. Ouv. mer.-dim. 10 h-17 h. De 3 à 4,50 € (gratuit moins de 5 ans).

Peintre marseillais, Adolphe Monticelli (1824-1886), dont le travail a inspiré Van Gogh, n'aurait pu rêver meilleur écrin pour ses toiles, une quarantaine en tout exposées dans ce lieu insolite : un ancien fortin qui dispose de surcroît d'une vue magique sur la rade.

Fromage de brousse

André Gouiran, 17, rue Adrien-Isnardon, Le Rove ☎ 04 91 09 92 33. Ouv. fév.-oct. t.l.j. 8 h-12 h et 17 h-20 h. Sur la D568, tournez à dr. au Rove sur le bd de la Ricarde, continuez tout droit rue du Puits-du-Jardin, chemin de la Baume, puis sur votre g. Le Rove ne compte plus qu'un producteur de brousse, un fromage de chèvre à haute valeur protéinique. Ce fromage, dont les connaisseurs font grand cas, doit se consommer dans la semaine de production (entre fév. et oct.), avec sucre, miel ou coulis, ou salé, poivré avec un filet d'huile d'olive.

Le Rove et ses ❤ calanques★

À 6,5 km O de l'Estaque par la D568. Pour les calanques (4,5 km S du centre-ville), prenez à la sortie du Rove à g. la D5, puis encore à g. la D48d. Arrêt train bleu à Niolon. Accès : les routes des calanques de Niolon et de La Vesse sont interdites de mai à sept. les w.-e. et j.f. 8 h-18 h. Parking près de la barrière (1,5 km de la mer).

Le Rove ressemble à une petite banlieue pavillonnaire et plus du tout au village de chèvres qu'il a dû être dans une autre vie. En deux tours de roue, une route très étroite et sinueuse, où tout croisement donne des palpitations, conduit à deux petites calanques intimes : ❤ La Vesse et ❤ Niolon. Les rochers blancs, la mer d'un bleu outremer, quelques bateaux qui se balancent dans le port, les collines pelées de l'Estaque en arrière-plan : le tableau est idyllique. Ici, c'est un haut lieu de **plongée sous-marine** *(p. 325)*.

Surf à Sausset-les-Pins.

Carry-le-Rouet★

À 11 km O du Rove. À la sortie du Rove, prenez à g.
la D5. Traversez Ensuès-la-Redonne. Arrêt du train bleu.

ℹ Office de tourisme, av. Aristide-Briand, espace
Fernandel ☎ 04 42 13 20 36, www.otcarrylerouet.fr.
Plan de la commune avec, au dos, 3 sentiers pédestres
proposés (dont le sentier des douaniers).

Cette coquette cité balnéaire n'a pas derrière
elle un très riche passé historique, même si
le site était fréquenté par les Romains au
IIe s. apr. J.-C. Elle a connu la notoriété avec
Fernandel. L'acteur (1903-1971) prenait
ses quartiers d'été dans sa villa, l'Oustaou
de la Mar *(ne se visite pas)*, au-dessus du
port. Seuls souvenirs pour les nostalgiques
de *La Cuisine au beurre*, un buste dans
l'avenue Aristide-Briand et une plage qui
porte son nom. Les amateurs d'iode feront
une jolie promenade sur le sentier des douaniers *(6 km aller-retour env.)*, superbement
aménagé, du quai Maleville au camping
Lou Souleil. Des panneaux d'information
alimentent votre curiosité.

☘ ⚓ Le Parc marin★★

Vis. guidée « de surface », avec masque et tuba, en juil.-
août mar., jeu. et sam. à 9 h 30, 10 h 30 et 11 h 30. Rés. :
☎ 06 83 09 38 42, www.parcmarincotebleue.fr.
À partir de 8 ans (enfants moins de 12 ans accompagnés,
autorisation parentale pour les 12-18 ans). Gratuit.
Durée de la visite : 1 h env. Rés. à partir du 15 juin.

Une zone de 85 ha, bordant le littoral de
Carry-le-Rouet, fait partie des zones protégées du **Parc marin régional de la Côte
bleue**, créé en 1983. À l'est de la ville, englo-
bant la calanque du cap Rousset et celle
des Bouchons, elle s'étend jusqu'à environ
un demi-mille dans la mer sur 30 m de
profondeur (mouillage des bateaux, pêche et
plongée sous-marine interdits). La zone est

Le mois de l'oursin

À Carry-le-Rouet, les trois
premiers dim. de fév. Une
vente directe d'oursins
est organisée sur le quai
Maleville (quai Ouest) avec
dégustation. Les oursins,
surnommés parfois
« châtaignes de la mer »,
se dégustent crus, avec
quelques gouttes de citron.

Spot de surf

Pour le surf, la Côte bleue
compte d'excellents spots
(dont Sausset-les-Pins).
Meilleure période : sept.
à déc. Rens. et maté-
riel **Pirate Surf Shop**, bd
Charles-Roux, Sausset-les-
Pins ☎ 04 42 44 52 52,
www.piratesurfshop.
com. Ouv. mar.-dim. matin
10 h-12 h 30 et 15 h-19 h. F.
pendant les vac. de fév.

4

itinéraire

délimitée par six bouées jaunes surmontées d'une croix de Saint-André ainsi que par deux espars jaunes à terre. L'**Observatoire du littoral** accueille le public l'été et l'informe sur les activités du parc *(☎ 04 42 45 45 07 ; ouv. juil.-août le jeu. à 16 h ; gratuit ; r.-v. sur le parking de la plage du Rouet).*

Sausset-les-Pins★

À 4 km O de Carry-le-Rouet par la voie rapide (D9). Mais la route du bord de mer (D5) est plus agréable. Arrêt train bleu.

🛈 Office de tourisme, 16, av. du Port
☎ 04 42 45 60 65, www.ville-sausset-les-pins.fr.

Où finit Carry-le-Rouet ? Où commence Sausset-les-Pins ? On passe de l'un à l'autre sans s'en rendre compte : mêmes petites villas nichées dans la pinède, mêmes petits ports de plaisance. Sausset-les-Pins se distingue par le château Charles-Roux *(ne se visite pas)*, qui était la maison de famille du « grand Marseillais de Paris », **Jules Charles-Roux** (1841-1918). Né avec une cuiller d'argent dans la bouche (les savons de Marseille), l'homme a joué sur tous les tableaux : il fut industriel, armateur, homme politique.

Carro★

À 8 km O de Sausset-les-Pins par la D49, dite « la Route des bastides ». À La Couronne, au rond-point, prenez à g. la rue Olivier-Griscelli, puis à dr. l'av. des Vauclusiens. Suivez la D49b.

🛈 Point info Tourisme, traverse des Pins
☎ 04 42 49 61 30 (en saison).

Au bout de la pointe, au bout du monde, Carro, partie intégrante de Martigues, fut l'un des derniers ports de **pêche au thon rouge** en Méditerranée. Une pêche à la seinche, technique qui consiste à repérer les bancs de poissons puis à les encercler avec force bruit. Aujourd'hui, il reste une dizaine de pêcheurs. Vous trouverez sur les étals *(ci-contre)* du **poisson de roche**, des coquillages et des oursins en saison.

Le sémaphore★

44, chemin du Sémaphore (accès par l'av. des Vauclusiens), La Couronne-Carro. Vis. gratuite en juil.-août le mer. après-midi avec l'office du tourisme de Martigues (p. 92). Durée : 30 à 45 min. À partir de 8 ans.

Rarissime : ce sémaphore entrouvre ses portes en été. Construit en 1887, rehaussé

❤ Voyager autrement

On l'a surnommé « le train bleu ». En fait, c'est un train omnibus qui relie depuis 1915 plusieurs fois par jour Marseille-Saint-Charles à Martigues en 45 min env. Sur la Côte bleue, il se faufile entre mer et falaises, là où la route ne va pas, avec des vues superbes sur le littoral. Il peut être intéressant de combiner petite randonnée sur le sentier des douaniers et balade en train. Rens. ☎ 0 800 114 023, www.ter-sncf.com. Arrêts à Niolon, Ensuès-La Redonne, Carry-le-Rouet, Sausset-les-Pins.

Marché aux poissons

Quai Jean-Vérandy à Carro, t.l.j. 9 h-12 h. Au port, quelques « baraques » en rond. Gestes précis et englués de fatigue, les pêcheurs s'installent. Pageots, dorades, rascasses, galinettes (rouget grondin), etc. Les reconnaissez-vous ? Toute l'année, on peut partir à la découverte de ce petit monde de la pêche avec la SPNE (Sensibilisation Protection Nature Environnement). Rens. ☎ 04 42 49 37 38, www.spne.fr. Participation (forfait pour l'animateur).

4
itinéraire

de deux étages dans les années 1980, il surveille et interroge tout navire entrant ou sortant de la rade de Marseille et du golfe de Fos-sur-Mer. L'observation de la météo et la prévention des feux de forêt rentrent également dans les attributions de ces hommes de la Marine nationale en état de veille permanente.

Martigues★★

À 13 km N de Carro. Sortez du port par l'av. de Carro. Continuez sur la voie rapide. À 2 km, prenez à g. la D49. À 7 km, avant les Ventrons, vous êtes sur la D5.

🛈 Office de tourisme, rond-point de l'Hôtel-de-Ville ☎ 04 42 42 31 10, www.martigues-tourisme.com. Vis. guidée en juil.-août le mer. 3 € (gratuit moins de 12 ans). Durée : 2 h.

C'est une ville posée sur l'eau, qui se prend encore pour la « Venise provençale » de Vincent Scotto, malgré le port pétrolier de Lavéra à ses portes. Le quartier le plus pittoresque est celui de l'Île, où les rues piétonnes jouent au chat et à la souris avec les canaux. Il suffit de prendre une traverse (ruelle), vous vous retrouvez devant le ♥ **Miroir aux oiseaux** *(quai Brescon)* : ce plan d'eau, où se reflètent d'anciennes maisons de pêcheurs colorées, a inspiré plus d'un peintre : Delacroix, Corot, Dufy, Ziem et consorts. Tout à côté, place Rouget-de-l'Isle, l'**église de la Madeleine★** *(ouv. t.l.j. 8 h-18 h 30)* est un pur produit du baroque provençal (1670-1680).

Le musée Ziem★

Du quartier de l'Île, traversez le pont et suivez à g. le quai des Girondins jusqu'au bout, tournez à dr. dans le bd du 14-Juillet (500 m env.).
Bd du 14-Juillet, quartier Ferrières ☎ 04 42 41 39 60. Ouv. juil.-août t.l.j. sf mar. 10 h-12 h et 14 h 30-18 h 30 ; sept.-juin mer.-dim. et j.f. 14 h 30-18 h 30. F. Noël, 1ᵉʳ janv., 1ᵉʳ Mai et 1ᵉʳ nov. Accès libre. Ateliers gratuits pour enfants dans l'année.

Le musée possède plus de 4 000 œuvres du peintre **Félix Ziem** (1821-1911), Martégal d'adoption et l'un des précurseurs de l'impressionnisme. Au rez-de-chaussée, cinq toiles signées **Raoul Dufy** et **Francis Picabia** représentent Martigues.

Où pique-niquer ?

Direction le grand **parc de Figuerolles** (au N de Martigues, prenez dir. Saint-Mitre, Istres). Vous y trouverez une aire de pique-nique aménagée avec point d'eau. Ouv. été 6 h-20 h ; hiver 8 h-20 h. Accès libre.

❜ Le caviar de la Méditerranée

On appelle cela la **poutargue**. Il s'agit d'œufs de muge (un poisson), salés, pressés et séchés. Le nombre de pêcheurs de poutargue se compte à Martigues sur les doigts d'une seule main. Des irréductibles, les frères Ortis et Gilbert Lepra, utilisent l'un des derniers *calens* (mot, à prononcer comme câlin, qui désigne à la fois un filet carrelet et le lieu de pêche) de France. Mais sur place la production de cet « or jaune » se réduit à quelque 50 kg par an, vite écoulés, même à 150 € le kilo. À Martigues, la moindre poutargue vendue, sous emballage de paraffine, est le plus souvent de Marseille ou… d'importation. Visite du *calen* avec l'office de tourisme *(ci-contre)*.

Aix-en-Provence et les montagnes sacrées

Un comble ! Aix-en-Provence était une ville d'origine romaine sans monuments de cette période. En 2004, on retrouvait son théâtre antique, qui serait dans un état de conservation exemplaire. En attendant un jour très lointain où il sera ouvert au public, Aix offre sa douceur de vivre, les cafés bondés du cours Mirabeau, et son parcours Cézanne. On regarde aussi à travers le prisme Cézanne la Sainte-Victoire, montagne que le peintre aixois a choisie comme « motif » dans 87 huiles et aquarelles. Nue, minérale, tutélaire ou menaçante selon l'heure, elle surgit au détour d'un virage telle la déesse bleue de ses tableaux. Autre montagne sacrée, la Sainte-Baume, que tant de rois ont fréquentée s'est, elle, laissée presque oublier. Même de Dan Brown, l'auteur du *Da Vinci Code*. Marie-Madeleine y aurait pourtant passé les trente dernières années de sa vie.

5 Aix-en-Provence★★★
L'aristocrate

COMPTEZ UNE JOURNÉE

Recherche roi René désespérément… À Aix-en-Provence, dans la vieille ville, quelques ruelles étranglées rappellent la cité médiévale, populeuse et pouilleuse du bon René d'Anjou (1409-1480) qui cohabitait avec la cité archiépiscopale. Après le roi René, les nouveaux maîtres d'Aix, les « robins » arrogants, qui siègent au Parlement institué en 1501, font de la ville « un petit Versailles ». Mais Aix est la ville de Cézanne, un Cézanne omniprésent sur le cours Mirabeau, qui symbolise à lui seul la douceur d'une ville, baignée de soleil, où les fontaines bruissent.

PROGRAMME POUR 1 JOURNÉE

Prendre sa « tranche de Moyen Âge » dans les ruelles du bourg Saint-Sauveur* (p. 97), musarder sur le ♥ cours Mirabeau** (p. 98) avant de découvrir les Cézanne du musée Granet*** (p. 100).

À NE PAS MANQUER

- **Histoire :** la cathédrale Saint-Sauveur** (p. 98).
- **Art :** le musée Granet*** (p.100).
- **Gastronomie :** le calisson (p. 98).
- **Loisirs :** bien-être aux thermes Sextius (p. 326).
- **Carte postale :** le ♥ cours Mirabeau** (p. 98).

CÔTÉ PRATIQUE

Office de tourisme, 300, av. Giuseppe-Verdi (pl. du Général-de-Gaulle) A2 ☎ 04 42 16 11 61, www. aixenprovencetourism.com.

Transports Deux circuits en petit train touristique (f. janv.-fév. ; de 3 à 6 € ; départ pl. de la Rotonde / cours Mirabeau). Rens. www.cpts.fr. ☘ En Diabline, un véhicule électrique de 7 passagers (0,50 € le trajet). Rens. www.la-diabline.fr.

Visites guidées Organisées par l'office de tourisme (durée : 2 h ; de 4 à 8 € ; gratuit moins de 6 ans).

Bons plans Aix City Pass (15 €), valable 5 j. incluant 2 sites Cézanne, le musée Granet, une visite guidée, le minitram ; Pass pour Aix et le pays d'Aix (2 €) des tarifs réduits à la clef. Vivre Aix, 2 nuits d'hôtel pour le prix d'une, nov.-mars le w.-e. Musées gratuits le 1er dim. du mois.

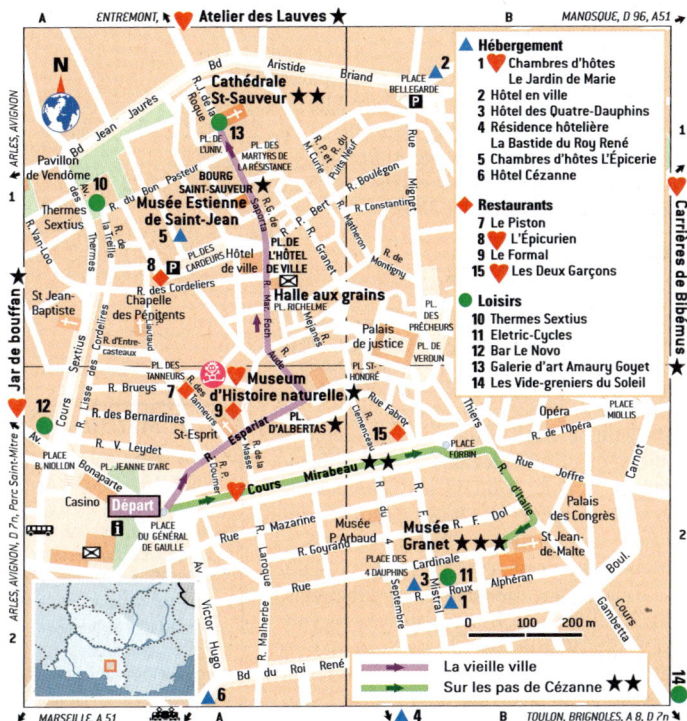

Aix-en-Provence.

Retrouvez toutes les adresses de l'itinéraire p. 325.

Map labels:

ENTREMONT, ♥ Atelier des Lauves ★

MANOSQUE, D 96, A51

▲ Hébergement
1 ♥ Chambres d'hôtes Le Jardin de Marie
2 Hôtel en ville
3 Hôtel des Quatre-Dauphins
4 Résidence hôtelière La Bastide du Roy René
5 Chambres d'hôtes L'Épicerie
6 Hôtel Cézanne

● Restaurants
7 Le Piston
8 ♥ L'Épicurien
9 Le Formal
15 ♥ Les Deux Garçons

● Loisirs
10 Thermes Sextius
11 Eletric-Cycles
12 Bar Le Novo
13 Galerie d'art Amaury Goyet
14 Les Vide-greniers du Soleil

La vieille ville
Sur les pas de Cézanne ★★

MARSEILLE, A 51

TOULON, BRIGNOLES, A 8, D 7n

0   100   200 m

5 itinéraire

Où grignoter ?

Le Gibassié, 46, rue Espariat **A2** ☎ 04 42 27 53 54. Ouv. lun.-ven. 6 h-20 h. F. w.-e. (sf période de Noël) et 3 sem. en août. Toute l'année, Pierre Piantino fabrique le « gibassié » (une variété de la « pompe »), qui figure parmi les 13 desserts de Noël (p. 28).

La vieille ville

Départ et retour de la Rotonde (pl. du Général-de-Gaulle).

La rue Espariat A2

Engagez-vous dans la rue Espariat, rue opposée à l'office de tourisme, à g. du cours Mirabeau.

Jusqu'au XIXᵉ s., les grands de ce monde, le roi René ou Louis XIV en 1660, entraient dans Aix par cette rue via la porte des Augustins, aujourd'hui disparue. C'est à présent l'une des rues piétonnes les plus animées de la ville. L'**église du Saint-Esprit** (nᵒ 40 ; ouv. t.l.j. 8 h-20 h, ne pas visiter pendant les offices quotidiens à 19 h sf le sam. à 18 h) possède un petit trésor : un tableau, La Pentecôte, de Jean Daret, Aixois d'adoption, que Louis XIV fit venir à sa cour. Mais il n'y a aucun souvenir du mariage éclair en juin 1772 de Gabriel Honoré Riquet, comte de Mirabeau, avec Émilie de Covet-Marignane, riche héritière de Provence, séduite et très vite abandonnée.

La place d'Albertas★ A2

De style rococo et précieux, la place, pavée de galets, a tout du décor de théâtre. Elle fut créée en 1745 uniquement pour mettre en valeur l'**hôtel d'Albertas** *(au nº 10, côté g.)*, où vivent toujours les descendants de l'une des plus grandes familles d'Aix.

♥ ⚒ Le Muséum d'histoire naturelle★ A2

6, rue Espariat ☎ 04 42 27 91 27, www.museum-aix-en-provence.org. Ouv. t.l.j. 10 h-12 h et 13 h-17 h. 3,20 € (gratuit moins de 25 ans et 1ᵉʳ dim. du mois). Ateliers enf., mer., sam. et vac. scol. 6-12 ans (4 €, inscription préalable).

Dans un bel hôtel particulier, le muséum se plie en quatre pour les enfants, sur un thème qui les fascine. Il prend ses aises dans la demeure familiale des Boyer d'Éguilles, une lignée de conseillers au Parlement. Dans ce décor, hélas laissé à l'abandon, le muséum se consacre aux **dinosaures**, reptiles préhistoriques. On apprendra que la région, et Sainte-Victoire en premier *(p. 102)*, a livré nombre d'ossements et de collections d'œufs, et ce même très récemment.

La halle aux grains A1

Revenez sur vos pas pour tourner à dr. dans la rue Aude, que prolonge la rue du Maréchal-Foch. À dr. entre la pl. Richelme et la pl. de l'Hôtel-de-Ville.

♥ Marché

Pl. Richelme A1, t.l.j. jusqu'à 13 h. Miels de lavande, dégustation d'huiles d'olive, calissons, etc. Avec pour décor la belle façade méridionale de la halle aux grains, nombre de producteurs de primeurs se retrouvent sur ce petit marché animé, aux origines très anciennes. On dit que les princes de la maison d'Anjou, à commencer par le roi René, ne dédaignaient pas y faire vendre les légumes de leur jardin !

© Philippe RENAUD

Le marché de la place Richelme.

Le nouveau forum

L'été, rendez-vous sur le Forum, aussi appelé place des Cardeurs (parking sous cette place piétonne) **A1**. Récemment réhabilité, il y règne une ambiance bon enfant. Une vingtaine de restaurants se disputent la place et des musiciens assurent le spectacle.

Festival international d'art lyrique

En 1948, la cour de l'Arche-vêché accueillit sous les étoiles *Cosi fan tutte*, un Mozart quasiment inconnu en France. Coup d'essai, coup de maître… Depuis, si la tradition mozartienne s'est maintenue, le Festival s'est ouvert à d'autres compositeurs (Wagner, Stravinsky) et à d'autres scènes (l'hôtel Maynier d'Oppède, le Grand Théâtre de Provence). Il cible le jeune public, avec des tarifs défiant toute concurrence (10 à 15 €), allant même jusqu'à la gratuité. En 2011, le festival a accueilli quelque 75 000 spec-tateurs. Rens. Palais de l'Ancien Archevêché, pl. des Martyrs-de-la-Résistance **A1** ☎ 0 820 922 923, www.festival-aix.com. En juil. Rés. ouv. dès fin janv. De 10 à 240 €.

Nous sommes toujours dans « la ville comtale », à deux pas du palais de justice (achevé en 1832), qui a pris la place de l'ancien château royal de Provence. Mais ce quartier a été profondément modifié aux XVIIe et XVIIIe s. par la noblesse de robe qui tient la ville. Témoin : la halle aux grains, ancien bâtiment utilitaire (1718-1761) transformé en œuvre d'art. **Jean-Pancrace Chastel** (1726-1793) réalisa le **fronton** triangulaire côté place de l'Hôtel-de-Ville. Une œuvre étonnante associant Saturne / le Rhône et Cybèle / la Durance, qui laisse pendre négligemment sa jambe dans le vide, attitude désinvolte symbolisant les déborde-ments fréquents de la rivière.

La place de l'Hôtel-de-Ville **A1**

Continuez la rue du Maréchal-Foch.
Mairie ☎ 04 42 91 90 00. Ouv. lun.-ven. 8 h-16 h 30, sam. 9 h-12 h.

La place de l'Hôtel-de-Ville fut aménagée en 1741. À main gauche, l'**hôtel de ville** se donne des allures de palais italien. Construit en deux temps (entre 1655 et 1678), il fut conçu par l'architecte Pierre Pavillon. Entrez dans la cour pavée *(ouv. en sem. jusqu'à 19 h)* pour y admirer le fameux **escalier d'hon-neur** (à double révolution). Pour visiter la **salle des États de Provence**, souvent retenue pour des manifestations, il est préférable de téléphoner au préalable *(☎ 04 42 91 93 10)*. Rescapée d'un sac des troupes de Charles-Quint, la **tour de l'Horloge** (devant vous) fut élevée en 1510. On remarquera l'**horloge astronomique**, où les personnages défilent selon les saisons.

Le bourg Saint-Sauveur★ **A1**

Passez sous la tour de l'Horloge et engagez-vous dans la rue Gaston-de-Saporta.

Élargie au XVIIe s., la rue Gaston-de-Saporta fut l'épine dorsale de la cité des archevêques (le bourg Saint-Sauveur) après avoir été le *cardo maximus* (axe nord-sud) de la ville romaine. Elle cache nombre de trésors. Au n° 17, jetez un œil sur l'escalier théâtral du **musée Estienne de Saint-Jean**. Niché dans un hôtel du XVIIe s. et récemment restauré, il met en avant les traditions d'Aix, comme la Fête-Dieu *(ouv. t.l.j. sf mar. 13 h 30-17 h ; f. janv. ; accès libre)*.

5 itinéraire

La cathédrale Saint-Sauveur★★ A1

34, pl. des Martyrs-de-la-Résistance ☎ 04 42 23 45 65, www.cathedrale-aix.net. Ouv. t.l.j. 7 h 30-12 h et 14 h-18 h. Entrée pl. de l'Université par le portail de l'église romane.

La cathédrale représente un concentré déconcertant de l'histoire d'Aix-en-Provence. Sur le même site cohabitent trois églises, l'une romane (XIIe s.), l'autre gothique (fin du XIIIe s.-XIVe s.) et la troisième baroque (fin du XVIIe s.), « habillée » par Laurent Vallon. Sans parler d'un **baptistère** du Ve s. et d'une tour à pinacles, qui sont eux du XIXe s. Superbement restauré, le **cloître** (XIIe s.) baigne dans une paix lumineuse. Bonne nouvelle : restauré, le triptyque *Le Buisson ardent*★★★, attribué à **Nicolas Froment** (1476), a retrouvé sa place dans la chapelle Saint-Lazare en 2011. « Je vais prendre ma tranche de Moyen Âge », disait Cézanne en se rendant à la messe à Saint-Sauveur; ses obsèques se sont déroulées ici le 24 octobre 1906.

Sur les pas de Cézanne★★

Départ : pl. du Général-de-Gaulle. Brochure à l'office de tourisme. Durée : 1 demi-journée (si on visite un seul site de Cézanne).

❤ Le cours Mirabeau★★ A2-B2

Le cours Mirabeau offre le plaisir de flâner sous les platanes, avant de s'octroyer une pause en terrasse de café. Dans l'aménagement des quartiers sud d'Aix-en-Provence, l'archevêque Michel de Mazarin, frère du cardinal, ordonna dès 1649 que fut créé « un cours à carrosses » au lieu « des remparts, fossés et lices ». Long de 220 toises (440 m), large de 21 toises (42 m), le cours Mirabeau, dans ce qui est aujourd'hui le quartier Mazarin, coûta 100 000 livres, ce qui représente une somme colossale pour l'époque.

Les fontaines

La première qui se présente est celle de la **Rotonde** (1860), une œuvre grandiloquente de Tournadre et Sylvestre qui ouvre la génération des fontaines en fonte. Les Aixois pur calisson s'y donnent rendez-vous. Au sommet, nos trois Grâces symbolisent la Justice, l'Agriculture et les Beaux-Arts.

❜ De câlin à calisson

Le calisson est un mélange d'amandes de Provence ou de Méditerranée (1/3), de melons confits (1/3) et de sucre (1/3), dans une feuille d'hostie. Cette gourmandise aurait été créée lors du remariage en 1454 de René d'Anjou avec une jeunesse, Jeanne de Laval. *Di cali soun* (« Ce sont des câlins »)… aurait déclaré la jeune épousée.

❤ Où acheter des calissons ?

● **Béchard**, 12, cours Mirabeau A2 ☎ 04 42 26 06 78. Ouv. lun.-sam. 9 h-19 h. F. 3 sem. en août et 3 sem. en fév.
● **Léonard Parli**, 35, av. Victor-Hugo A2 ☎ 04 42 26 05 71. Ouv. lun.-ven. 8 h-19 h, sam. 9 h-12 h 30 et 14 h 30-19 h. La plus ancienne fabrique à Aix.
● **La Confiserie du Roy René**, visite de l'usine, Les Milles, à 5 km S dir. Marseille, les mar. et jeu. à 10 h (sf déc.). Rés. ☎ 04 42 39 29 89. 1 €.

❜ Un promeneur célèbre

Comme tout Aixois qui se respecte, Paul Cézanne (p. 101) a « monté et descendu » le cours Mirabeau. On voit encore, mais à demi effacée, l'enseigne de la chapellerie rachetée par son père au n° 55. On sait aussi qu'il a rendu tous les soirs visite à sa mère, très malade, entre juin et septembre 1897, au n° 30. Dans la ville, un parcours de 3 km recense ses lieux préférés. Il est matérialisé par des « clous » au sol.

5

itinéraire

❞ **Déco**

Les hôtels particuliers aixois offrent une belle collection d'atlantes, supportant arcs et balcons. Ces héros de la mythologie grecque sont mis à contribution avec des variantes amusantes : un atlante mâle / un atlante femelle (qu'on devrait logiquement appeler cariatide) ; un atlante de face / un atlante de dos. À l'intérieur, « l'escalier de vanité », monumental, grandiose, à double révolution, doit en imposer au visiteur accueilli. Il peut occuper jusqu'au quart de la surface au sol !

Trois rues plus loin, au croisement de la rue Joseph-Cabassol, la **fontaine des Neuf-Canons** (1691), signée Laurent Vallon, fut jusqu'au début du XXe s. l'abreuvoir des troupeaux qui remontaient d'Arles en transhumance. Tout de suite derrière, au croisement de la rue du Quatre-Septembre, se profile la **fontaine d'eau chaude** (1668) dite aussi la fontaine moussue. Submergée par la végétation, cette fontaine reste la seule à débiter de l'eau thermale. En haut du cours Mirabeau vous attend la **fontaine du roi René** (1820-1823), où notre comte de Provence *(p. 22)*, amoureux des arts et lettres, est représenté grappe de muscat en main (il aurait introduit cette variété en Provence), livres et palette au pied.

❤ ## Les hôtels particuliers★

De part et d'autre du cours s'alignent de beaux hôtels particuliers, des XVIIe et XVIIIe s., parfois récupérés par le tribunal de commerce ou une caisse d'épargne. Ils composent un bel ensemble harmonieux, en pierres blondes (le calcaire coquillier), où le baroque règne en maître. Mais il s'agit du **baroque provençal**, moins expansif qu'on ne l'imaginerait, même s'il témoigne d'un art consommé de la mise en scène. Tous les grands noms de l'époque, l'architecte Pierre Pavillon, le peintre Jean Daret, entre autres, ont apporté leur « touche ».

Au no 4, l'**hôtel de Villars** est le premier bâtiment à droite en « remontant » le cours Mirabeau. Son nom vient de son prestigieux occupant, le duc de Villars, gouverneur d'Aix de 1734 à 1770. Accablé par la chaleur estivale, il fit installer une tuyauterie complexe pour alimenter sa baignoire dans laquelle il demeurait pendant qu'il tenait audience ! Au no 10, l'**hôtel d'Entrecasteaux** (XVIIIe s.), aux façades noircies, demanderait un bon lifting. Au no 38, l'**hôtel d'Espagnet**★★, dit aussi Maurel de Pontevès, est la vraie « perle » du cours. À partir de 1647, un marchand de draps richissime, Pierre Maurel, époux de Diane de Pontevès, se fit construire cette merveille. La porte en noyer de l'hôtel le plus luxueux d'Aix est gardée par les *Atlantes* de Jacques Fossé *(ci-contre)*. Sur la façade se superposent, sur les trois niveaux, les trois ordres grecs dorique, ionique et corinthien.

5
itinéraire

© Philippe RENAUD

Salles du rez-de-jardin, musée Granet.

Le musée Granet★★★ B2

Continuez sur la pl. Forbin. Tournez à dr. dans la rue
d'Italie, et à nouveau à dr. dans la rue Cardinale.
Pl. Saint-Jean-de-Malte ☎ 04 42 52 88 32,
www.museegranet-aixenprovence.fr.
Ouv. juin-sept. 10 h-19 h ; oct.-mai 12 h-18 h. 4 € (gratuit
moins de 18 ans et 1er dim. du mois). Vis. guidée
(+ 4 €), audioguides (+ 2 €). Attention, horaires
et tarifs différents lors des grandes expositions
temporaires. &

Il est loin le temps où son conservateur,
Henri Pontier, mort en 1926, jurait que, lui
vivant, jamais un Cézanne ne franchirait les
portes du musée ! Installé dans l'ancienne
résidence des prieurs de Saint-Jean-de-Malte
(XVIIe s.), le musée Granet a rouvert en 2006
avec une exposition **Cézanne**, qui a attiré
440 000 visiteurs. Aujourd'hui, il possède
9 tableaux du maître (un dépôt permanent),
dont une célébrissime version des *Baigneuses
(au niveau 1)*. Depuis, des donations ou des
dépôts temporaires ont considérablement

Santons

Maison Fouque, 65, cours
Gambetta B2 ☎ 04 42
26 33 38. Ouv. lun.-sam.
9 h-12 h et 14 h-18 h ; déc.
t.l.j. 9 h-19 h. Ici, on est
santonnier de père en…
fille. Une galerie impressionnante de personnages
(2 000 env.) dont le fameux
Coup de mistral, un berger
qui a toutes les difficultés
du monde à lutter contre
le vent.

Entremont, l'ancêtre d'Aix

À 3 km env. au N du centre-ville se trouvent les vestiges de l'ancêtre d'Aix-en-Provence, perché sur un escarpement : Entremont, cité des Salyens *(p. 20)*, tribu celto-ligure qu'un certain Caïus Sextius Calvinus, consul romain, devait mettre au pas. En 122 av. J.-C., il créait un camp militaire permanent au pied du site près d'une source d'eau chaude : *Aquae Sextiae Salluviorum* (les eaux sextiennes des Salyens), faisant ainsi d'Aix-en-Provence la première ville romaine sur l'actuel territoire français. Rens. ☎ 04 42 21 97 33, www.entremont.culture.gouv. fr. Ouv. t.l.j. sf mar. 9 h-12 h et 14 h-17 h 30 (16 h 30 en hiver). Accès libre.

Trois pour deux

Un Pass pour les trois sites de Cézanne (l'atelier des Lauves, le Jas de Bouffan, les carrières de Bibémus) est vendu 12 € (contre 5,50 € à l'unité). Une navette (1 €) vous emmène du parking des 3-Bons-Dieux aux carrières. Rés. conseillée (office de tourisme, *p. 94*), www. cezanne-en-provence.com.

Où faire une pause ?

Parc Saint-Mitre, av. Jean-Monnet Hors plan par A2 ☎ 04 42 91 88 80. Ouv. t.l.j. à 9 h, fermeture 30 min avant le coucher du soleil. Bus n° 3 Rotonde / Bonaparte, dir. Centre aéré, arrêt Parc Saint-Mitre. Jeux d'enfants avec araignées, toboggans, parcours botanique, planétarium.

enrichi les collections en Picasso, Matisse, Mondrian, Léger, Klee, Dubuffet, etc.

Au sous-sol, deux salles sont consacrées au site d'**Entremont** *(ci-contre)*. Elles offrent un ensemble très rare de sculptures celto-ligures, récupérées sur l'oppidum : des guerriers accroupis, genoux « couverts » de têtes coupées comme autant de trophées. Ces pièces ont été datées du IIe s. avant notre ère.

Des **ateliers** enfants sont organisés les mer. et sam. en période scolaire. Sans oublier les stages pendant les vacances, du mar. au ven., principalement tournés autour de l'apprentissage des techniques picturales.

♥ Les trois sites de Cézanne★ Hors plan par A1

Atelier des Lauves, 9, av. Paul-Cézanne ☎ 04 42 21 06 53, www.atelier-cezanne.com. Ouv. t.l.j. juil.-août 10 h-18 h ; avr.-juin et sept. 10 h-12 h et 14 h-18 h ; oct.-mars 10 h-12 h et 14 h-17 h (f. dim., déc.-fév.). Accès bus n° 1. Pour le Jas de Bouffan et les carrières de Bibémus (ouv. tte l'année, horaires variables, mieux vaut téléphoner à l'office de tourisme, p. 94). Pass pour les 3 (ci-contre) ou billet à l'unité (5,50 €). Durée de la vis. guidée : 30 min pour l'Atelier des Lauves, 45 min pour le Jas de Bouffan, 1 h pour les carrières de Bibémus.

Paul Cézanne n'a guère quitté Aix-en-Provence. « Quand on est né là-bas, c'est foutu, rien ne vous dit plus », écrit-il au bord du lac d'Annecy, où il s'ennuie à périr, en 1896. La folie Cézanne qui a secoué Aix, en 2006, a permis de découvrir ses tanières secrètes. À commencer par le **Jas de Bouffan★**, jolie bastide qui fut achetée par le père du peintre. L'artiste y avait aménagé un atelier sous les toits de 1886 à 1899. Il consacrera au total au Jas de Bouffan 36 toiles et 17 aquarelles.

La maison vendue à la mort de sa mère, Cézanne se fait construire l'**atelier des Lauves★**. L'artiste y achève la série des *Grandes Baigneuses*, nourrie de tous ses souvenirs de jeunesse et d'escapades sur les bords de l'Arc en compagnie de son ami Zola. Enfin, dans les **carrières de Bibémus★**, exploitées depuis les Romains pour leur grès rouge et abandonnées des hommes depuis la fin du XVIIIe s., le peintre avait loué un cabanon, pour y travailler à partir de novembre 1895. Ce « palais à ciel ouvert » inspira notamment au peintre *Le Rocher rouge*, conservé au musée de l'Orangerie à Paris.

6 Sainte-Victoire★★★

En 2004, Sainte-Victoire est entrée dans le cercle très fermé des « Grands Sites de France ». Comme l'aven d'Orgnac ou le pont du Gard. Le massif offre 250 km de sentiers de randonnée, où l'on retrouve beaucoup de monde : on parle de 1 million de visiteurs. L'ascension de cette montagne, peinte de façon obsessionnelle par Paul Cézanne, représente le rêve de tout « marcheur ». À faire face sud ou face nord.

PROGRAMME POUR 1 JOURNÉE

Après une pause chlorophylle, mise en jambes et pique-nique dans le domaine de Roques-Hautes★ (p. 103), escale à la maison Sainte-Victoire★ (p. 104) pour se préparer à l'assaut de la montagne et faire connaissance avec ses plus anciens habitants, les dinosaures ; les hédonistes se ménageront une halte au Tholonet pour goûter à l'AOP Palette (p. 105).

À NE PAS MANQUER

- **Gastronomie** : le vin AOP Palette (p. 105).
- **Pause nature** : le barrage de Bimont★★ (p. 107).
- **Loisirs** : VTT dans le domaine de Roques-Hautes (p. 103).
- **Visite bonne initiative** : la maison Sainte-Victoire★ (p. 104).

CÔTÉ PRATIQUE

Maison du Grand Site, 5, pl. de Verdun, Vauvenargues ☎ 04 42 26 67 37, www.grandsitesaintevictoire.com. Kiosque d'information au Tholonet, sur le parking des Infernets (ouv. avr. à mi-oct.). Plan des circuits de randonnée (5 €).

Conditions de visite Selon les risques d'incendie (noir, rouge, orange), accès interdit entre juin et sept., autorisé seulement de 6 h à 11 h (sf les zones ZAPEF, voir p. 103) ou toute la journée dans le massif (zone 2).

Infos Massifs ☎ 0 811 20 13 13 (boîte vocale), www.paca.pref.gouv.fr. Application mobile avec MyProvenceBalade.

Transports Aix en Bus ☎ 09 70 80 90 13, www.aixenbus.fr ou www.lepilote.com.

☘ **Bon plan** Un ticket d'Aix en Bus vous donne 30 à 50 % de réduction sur la location de VTT et vélos électriques ou mécaniques. Rens. www.aixenbus.fr.

Vue de Sainte-Victoire.

© Camille MOIRENC / hemis.fr

6

itinéraire

Je passe ou pas ?

Sauf niveau noir, les zones ZAPEF (Zones d'Accueil du Public en Forêt) sont accessibles l'été toute la journée (Roques-Hautes, le GR®9 qui mène à la Croix-de-Provence, la chapelle Saint-Ser). Attention, des arrêtés municipaux peuvent restreindre l'accès de 6 h à 11 h tout l'été même par niveau orange.

Conseils

Pour les plus beaux paysages, empruntez au sud la fameuse ♥ **route Cézanne**, la D17 (dir. Le Tholonet). Dès la sortie d'Aix, au détour d'un virage, Sainte-Victoire apparaît en majesté, éclairée par le soleil. Si vous comptez en faire l'ascension, surtout en famille, mieux vaut grimper par la face nord, au départ de Vauvenargues.

Le domaine de Roques-Hautes★

À 9 km E du centre-ville d'Aix (Rotonde). Prenez l'av. Victor-Hugo, tournez à g. dans le bd du Roi-René, poursuivez sur le bd Carnot, tournez à dr. bd des Poilus. Fléchage. Route Cézanne (D17). 400 m après le carrefour de Beaurecueil (D46), prenez la piste sur la g. pour les parkings de l'Aurigon. Zone ZAPEF accessible tte la journée sf niveau noir. Aires de pique-nique. Panneaux d'information.

Propriété du Conseil général, le domaine de Roques-Hautes (qui inclut la réserve de Roques-Hautes, *p. 372*) est sillonné par des sentiers bien aménagés, accessibles à pied et à **VTT** *(3 circuits VTT balisés à télécharger sur le site www.cg13.fr)*. Une petite balade permet d'aller jusqu'au **vallon du Marbre**, au pied d'une falaise d'un beau rouge *(1,3 km aller-retour env ; du parking, partez sur la piste fermée aux voitures, suivez le fléchage « Circuits VTT » jusqu'aux anciens bâtiments d'exploitation sur votre g., les carrières sont à dr.)*. L'exploitation des carrières est abandonnée depuis 1935. Des dizaines de blocs cubiques encadrent le sentier et l'on peut se rendre compte de l'aspect du matériau poli en le mouillant. Ce marbre a été largement utilisé sur les meubles provençaux des XVIIe et XVIIIe s., notamment comme plateaux de

6 itinéraire

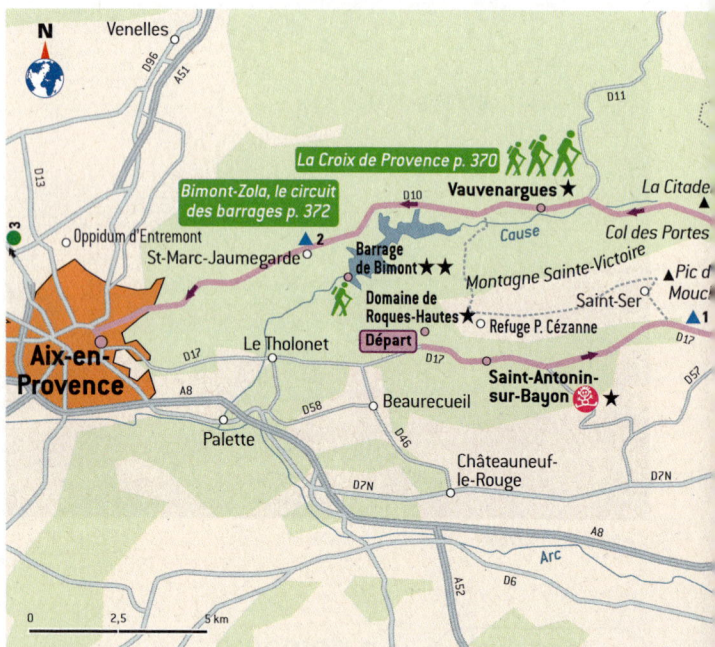

Sainte-Victoire.   *Retrouvez toutes les adresses de l'itinéraire p. 327.*

commode ou revêtements de cheminée. En fait de marbre, il s'agit sur le plan géologique de la « brèche du Tholonet ». Après un bref parcours sous cette « crête du marbre », le chemin offre au retour un point de vue magnifique sur Sainte-Victoire.

♣ La maison Sainte-Victoire★ à Saint-Antonin-sur-Bayon

À 3 km E du domaine de Roques-Hautes par la route Cézanne, D17.
☎ 04 42 66 84 40, www.cg13.fr. Ouv. juil.-août lun.-ven. 10h-18h, w.-e. et j.f. 10h-19h ; hors saison t.l.j. 9h30-18h (w.-e. et j.f. avr.-juin et sept.-oct. 10h-19h). Accès libre. Restaurant-brasserie sur place ☎ 04 42 66 82 06 (ouv. l'été t.l.j. midi et mar.-sam. soir, hors saison midi + ven. et sam. soir).

C'est à Saint-Antonin-sur-Bayon, village recroquevillé au pied de la montagne, que se trouve la maison Sainte-Victoire et sa mine d'informations sur la montagne. Les **œufs de dinosaures** (des vrais mais sous

Casse-croûte

Pour les randonneurs qui n'auraient pas prévu de ravitaillement, la **Table de Saint-Antonin** à la maison Sainte-Victoire fournit des sandwichs. Rens. ☎ 04 42 66 82 06, www.table-saint-antonin.com.

Balades à gogo

La maison Sainte-Victoire organise des randonnées et des sorties VTT en compagnie d'écoguides 3 ou 4 fois par mois. Pour les enfants, des randonnées avec ânes sont organisées. Toutes sont gratuites (inscriptions 10 j. avant).

vitrine), les **oppidums** celto-ligures, les **cistes à fleurs roses** de Sainte-Victoire, l'incendie de 1989… Le visiteur picore dans ce qui l'intéresse : la géologie, l'histoire, la botanique, etc.

La balade de la chapelle Saint-Ser

Départ : parking en contrebas de l'hôtel Relais de Saint-Ser, à 5,2 km de la maison Sainte-Victoire, avant Puyloubier. **Durée** : 1 h 30 à 2 h. **Distance** : 3 km aller-retour. **Balisage** : fléchage.

La tradition veut qu'un ermite lyonnais, Ser, se soit retiré au Ve s. dans une grotte de Sainte-Victoire, logée sur le flanc sud. Il fut décapité en 484 sur l'ordre d'un roi wisigoth, agacé par sa notoriété. Près de la grotte où il fut inhumé, une chapelle lui fut consacrée en 1001. Détruite en 1993 par des chutes de rochers, elle fut restaurée minutieusement en 2001. Sachez que saint Ser, qui eut les tympans crevés et les oreilles tranchées, est invoqué pour guérir surdité et autres maux auriculaires (pèlerinage le lundi de Pentecôte). Dans une garrigue dense, cette balade a tout pour séduire les familles : courte, elle ménage des points de vue spectaculaires sur la vallée de l'Arc et la Sainte-Baume. Avec un peu de chance, on peut apercevoir l'**aigle de Bonelli** *(p. 373)*.

Pourrières★

À 13 km SE de Saint-Antonin-sur-Bayon. Prenez la D17 jusqu'à Puyloubier, puis la D57d ; à 3 km continuez sur la D623.
www.pourrieres.fr. Quatre circuits de promenades à télécharger sur le site.

Cette petite incursion en territoire varois n'est pas désagréable, bien que le nom de cette bourgade provençale dérive de « champs pourris » *(campi putridi)*, surnom « gagné » après la victoire très sanglante obtenue en 102 av. J.-C. par le consul romain Caïus Marius (157-86 av. J.-C.) sur les Teutons. On parle de 200 000 à 300 000 morts laissés sur le terrain, chiffre qui paraît énorme. La commune, qui vit essentiellement de la viticulture, garde quelques beaux vestiges du passé. Notamment ceux, impressionnants, d'un oppidum fortifié (le **Pain de munition**), occupé il y a quelque 2 400 ans. Le **couvent des Minimes** (XVIe s.) s'entrouvre

---

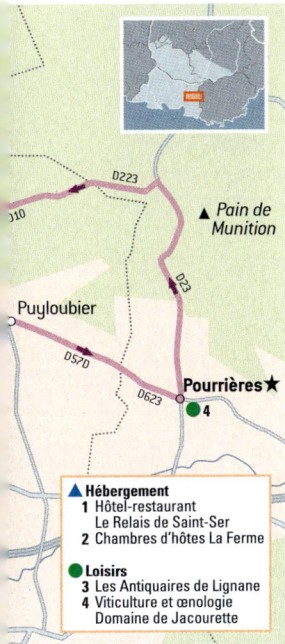

Vins confidentiels

Château Henri Bonnaud, 945, chemin de la Poudrière, Le Tholonet (après le village, prenez à dr. av. Louis-Destrem) ☎ 04 42 66 86 28, www.chateau-henri-bonnaud.fr. Ouv. lun.-sam. 10 h-12 h et 14 h-18 h. De 16 à 25 € la bouteille. Le département des Bouches-du-Rhône compte cinq AOP (ex-AOC) en vins. Dont celle de Palette, complètement confidentielle et néanmoins très recherchée par les connaisseurs. Les rouges, charpentés et épicés, sont des vins de garde (8-10 ans) et les blancs, assez floraux, tiennent la distance (4-5 ans).

▲ Hébergement
1 Hôtel-restaurant Le Relais de Saint-Ser
2 Chambres d'hôtes La Ferme

● Loisirs
3 Les Antiquaires de Lignane
4 Viticulture et œnologie Domaine de Jacourette

6

itinéraire

en juillet pour des concerts très conviviaux, précédés d'un repas sous les marronniers (« *L'opéra au village* » ☏ *04 94 78 42 06 et 06 98 31 42 06, www.loperaauvillage.fr*).

Vauvenargues★

À 19 km NO de Pourrières, via la D23 ; à 7 km env. tournez à g. sur la D223. Village piéton en été avec parking gratuit à l'entrée.

🛈 Maison du Grand Site, voir p. 102.

De Pourrières pour rejoindre Vauvenargues, tassée dans les gorges de la Cause, vous montez littéralement sur le « dos » de Sainte-Victoire, en franchissant le col des Portes (631 m) par une route sauvage, encaissée et tellement pittoresque !

Le château

Rue René-Nicol ☏ 04 42 38 11 91, www.chateau-vauvenargues.com. Ouv. mi-juin à mi-sept. sur rés. F. en 2012. De 8 à 10 € (gratuit moins de 7 ans). Durée de la visite : 1 h 30.

Niché dans les arbres, cet imposant château situé à l'écart du village aimante tous les regards. Propriété successivement des comtes de Provence, des archevêques d'Aix, de la famille des Clapiers-Vauvenargues, il fut vendu à la Révolution. Par admiration pour Cézanne, son « seul et unique maître », Picasso (1881-1973) s'en porta acquéreur. Pour 60 millions de francs, il s'offrit ainsi

❜ Le faune dans la salle de bains

Juste au-dessus de la baignoire, dans la salle de bains du château de Vauvenargues, un Picasso ! Yeux mi-clos, jouant de la flûte, un faune surveillait les ablutions des propriétaires.

© Philippe RENAUD

Le barrage de Bimont.

La tête dans les étoiles

Astronomes amateurs aixois de l'observatoire de Vauvenargues, 1185, chemin du Puits-d'Auzon (à dr. avant le col des Portes, dir. La Sinne), Vauvenargues ☎ 04 42 66 00 96 et 06 62 70 62 39, www.astrosurf. com/aaaov. Soirées d'observation (payantes) certains ven. à partir de 20 h 30.

Une origine aventureuse !

Comment le nom de Sainte-Victoire s'est-il imposé au XVIIᵉ s. ? Mystère. Au Moyen Âge, la montagne est désignée par le nom de Venture, Sainte-Venture. Là, on reconnaît la racine latine *venturium* ou « celte » – *Vent-Ur* signifiant montagne ventée. Malgré une version tenace, il paraît peu probable qu'on ait décidé 17 siècles après les événements de saluer la victoire du consul romain Caïus Marius face aux Teutons dans la plaine de Pourrières en 102 av. J.-C.

« un Cézanne grandeur nature », Sainte-Victoire s'encadrant dans les fenêtres de la demeure. Il est enterré dans cette propriété, dont a hérité la fille de Jacqueline Picasso, Catherine Hutin.

Départ de Vauvenargues pour la **Croix de Provence** (946 m). Visible à des kilomètres à la ronde, considérée par tout le monde comme le sommet de Sainte-Victoire, elle paraît en équilibre sur la crête.
🚶 Retrouvez cette randonnée détaillée p. 370

Le barrage de Bimont★★

À 7,5 km O de Vauvenargues par la D10 et à g. par la D10f. Fléchage. Parking. Attention, les grilles qui mènent au chemin de crête sur le barrage sont fermées la nuit (ouv. mars-oct. 7 h-22 h ; nov.-fév. 9 h-18 h).
♿ Balade à télécharger sur le site www.visitprovence.com (rubrique Documentation).
Retour sur Aix-en-Provence (10 km SO par la D10).
Le lieu est très fréquenté le dimanche après-midi par les familles aixoises, qui viennent prendre un bol d'air sur le site. Le cadre est impressionnant. On ne sait qu'admirer : l'élégance de ce barrage-voûte « à double courbure », dont la crête se déploie sur 180 m, la couleur bleu émeraude du lac ou la **vue★★** en contre-plongée sur les gorges. Conçu par Joseph Rigaud, le barrage est principalement alimenté aujourd'hui par une conduite souterraine, la galerie de la Campane, longue de 5 km, amenant l'eau du Verdon par le **canal de Provence** (*p. 373*). Stockant 25 millions de m³ d'eau, il permet l'irrigation de 8 000 ha, répartis entre 22 communes.

Au départ du parking du barrage de Bimont, le **circuit des barrages** offre des paysages, grandioses, inaccessibles de la route, comme une apparition de Sainte-Victoire « posant » comme une star sur le barrage Zola.
🚶 Retrouvez cette randonnée détaillée p. 372.

⑦ La Sainte-Baume★★
La Provence verte

ITINÉRAIRE DE 62 KM

C'est une Provence insolite que vous allez découvrir dans cet itinéraire. Une « Provence verte », qui regroupe 37 communes. Une
Provence ombreuse, sillonnée par d'anciens « chemins de glace »,
où l'on « récoltait » la glace pour la livrer en ville. Cela se passait sur
les flancs de la Sainte-Baume, muraille rocheuse qui s'étire sur plus
de 12 km de long, où les pèlerins empruntaient d'autres sentiers de
chèvre pour aller se recueillir dans la grotte – *baumo* en provençal –
où Marie-Madeleine a vécu les trente dernières années de sa vie.

PROGRAMME POUR 1 JOURNÉE

À Saint-Maximin-la-Sainte-Baume★, déjeuner au Couvent Royal
(p. 328) dans la paix du cloître, après la visite de la basilique Sainte-
Marie-Madeleine★★ (p. 109) ; opter pour la Sainte-Baume en version *on
the rocks*, avec au menu le musée de la Glace★ à ❤ Mazaugues★ et la
glacière de Pivaut★ (p. 111) ; et redécouvrir dans un sourire l'univers
de Pagnol en version petit Poucet à Aubagne (p. 114).

À NE PAS MANQUER

- **Art gothique :** la basilique Sainte-Marie-Madeleine★★
à Saint-Maximin-la-Sainte-Baume (p. 109).
- **Artisanat :** les santons du Petit Monde de Marcel Pagnol
à Aubagne (p. 114).
- **Pause nature :** la forêt de la Sainte-Baume (p. 111).
- **Avec les enfants :** une randonnée avec un âne (p. 329).
- **Loisirs :** le vélorail de la Sainte-Baume (p. 329).
- **Point de vue :** le col de l'Espigoulier★★ (p. 112).
- **Insolite :** la glacière de Pivaut★ (p. 111).

CÔTÉ PRATIQUE

ℹ **Office du tourisme de la
Provence verte,** carrefour
de l'Europe, 83170 Brignoles
☎ 04 94 72 04 21,
www.la-provence-verte.net.

Conditions de visite Sur www.
var.equipement.gouv.fr, carte
réactualisée chaque jour à 19 h,
du 21 juin au 30 sept. Chaque

zone (la Sainte-Baume est la
zone 2) se voit attribuer une
couleur en fonction des risques
d'incendie – jaune : prudence ;
orange : accès déconseillé ;
rouge : circulation interdite ;
noir : accès interdit.

Météo Incendie
☎ 04 89 96 43 43 (boîte vocale).

❜Marie-Madeleine

La Provence compte de nombreux lieux liés à la pécheresse Marie-Madeleine : Saintes-Maries-de-la-Mer (p. 130) où elle aurait débarqué, la grotte de la Sainte-Baume où elle aurait séjourné, et enfin son tombeau dans la crypte de la basilique de Saint-Maximin, le troisième tombeau de la Chrétienté (après celui du Christ à Jérusalem et celui de saint Pierre à Rome).

Marché

Pl. Malherbe à **Saint-Maximin**, le mer. matin. En été, le sam., marché paysan. On y trouve des melons parfumés, qui sont avec le vin et le miel l'une des principales productions du secteur.

❜L'or rouge

En 1913, sur 450 000 t de bauxite extraites dans le monde, plus de la moitié – soit 258 000 t – provenait du Var. Après la Seconde Guerre mondiale, le département fournissait encore 80 % de la production française de bauxite. Les mineurs furent un temps en majorité de nationalité italienne. Ils étaient principalement payés à la tâche.

Saint-Maximin-la-Sainte-Baume★

À 42 km SE d'Aix-en-Provence. Parkings gratuits, notamment pl. de la Révolution.

ℹ Office de tourisme, hôtel de ville, pl. Jean-Salusse ☎ 04 94 59 84 59, http://ot-stmaximin.provenceverte. fr. Petit circuit de ville gratuit ou à télécharger sur le site. Également disponibles le guide *Provence verte à pied* (8,50 €) et la visiocarte plastifiée *Provence verte* (8,30 €).

La ville, qui a son âge d'or derrière elle, possède le **plus grand édifice gothique** de tout le Sud-Est, même s'il est resté inachevé, sans clocher ni rosace : la **basilique Sainte-Marie-Madeleine**★★ *(ouv. t.l.j. 9 h-18 h, été 8 h 30-18 h 30 ; audioguide 3 €)*. Sa construction fut décidée en 1295 pour accueillir la foule des pèlerins venus honorer les reliques de sainte Marie-Madeleine, égarées pendant cinq siècles et retrouvées « par miracle » en 1279. Aujourd'hui, le crâne de la sainte repose dans la **crypte** *(sur le bas-côté g., en regardant l'autel)*, protégé par le reliquaire en bronze doré dessiné par Henry Revoil (XIXᵉ s.). Les mélomanes, eux, feront des pieds et des mains pour entendre l'orgue (XVIIIᵉ s.) de la basilique, une merveille *(mai à déb. oct. le dim. à 17 h ; gratuit)*. Le **quartier médiéval** de la ville mérite aussi un détour. Pour sa tour de l'Horloge (1476) et sa *jutarié*, l'ancien ghetto juif, où la communauté juive pourchassée de France s'est installée à partir de 1303.

Tourves★

À 7 km SE de Saint-Maximin-la-Sainte-Baume. Sortez dir. Fréjus, Toulon par la DN7 ; à 5 km, tournez à g., sur la D205.

ℹ Mairie ☎ 04 94 37 00 00, http://ot-tourves. provenceverte.fr.

Cette petite ville au passé industrieux doit accueillir en 2012 un **musée des Gueules rouges** enfin digne de ce nom (*rue Ambroise-Croizat ☎ 04 98 05 27 10, www. cc-comtedeprovence.fr*). Il sera la mémoire industrielle de toute une région, dont les mines de bauxite, découvertes en 1873, ont fermé en 1989. Au bout de l'avenue Gambetta, vous trouverez la montée qui vous emmène sur les ruines oniriques du **château de Valbelle** *(accès libre)* dont hérita au XVIIIᵉ s. l'extravagant comte

Joseph Louis Omer de Valbelle (1729-1778). Ce libertin, grand ami de Voltaire, transforma le bâtiment médiéval initial et y donna des fêtes somptueuses qui réunissaient le Tout-Versailles. De l'esplanade, fermée par une colonnade de style néoclassique, on a une fort belle vue sur la montagne de la Loube.

♥ Mazaugues*

À 13 km S de Tourves. Reprenez la D205 ; à 5 km, continuez sur la D5 ; à 7 km, tournez à dr. sur la D95. www.mairie-mazaugues.fr.

À Mazaugues, l'église partage les murs d'une huilerie, et personne n'y trouve rien à redire. **Le lavoir** (*pl. Marx-Dormoy par la rue du Lavoir*) est, paraît-il, l'un des plus longs de Provence (14 m). En ruine, le château qui a appartenu aux seigneurs de Mazaugues-Castellane se cache derrière les cyprès au bout d'un méchant chemin escarpé (*prenez la Grand-Rue et continuez tout droit*). Mais Mazaugues fut surtout un des **hauts lieux de la production de glace**, entre le XVIIe s. et le début du XXe s., et a compté jusqu'à 17 glacières.

♣ Petit déj' à la ferme

Rendez-vous chez une confiturière bio pour un copieux petit déjeuner dans une ferme de Tourves : crêpes, confitures de saison et autres produits du terroir… Sur rés. auprès de l'office du tourisme de la Provence verte (*p. 108*). En juil.-août départ tous les mer. à 10 h ; le reste de l'année, mieux vaut téléphoner. De 4 à 8 € (gratuit moins de 5 ans).

Foire à la glace

À **Mazaugues**, le dernier dim. de fév. Les bambins apprécient les dégustations de crèmes glacées à l'ancienne, fabriquées avec des sorbetières à manivelle.

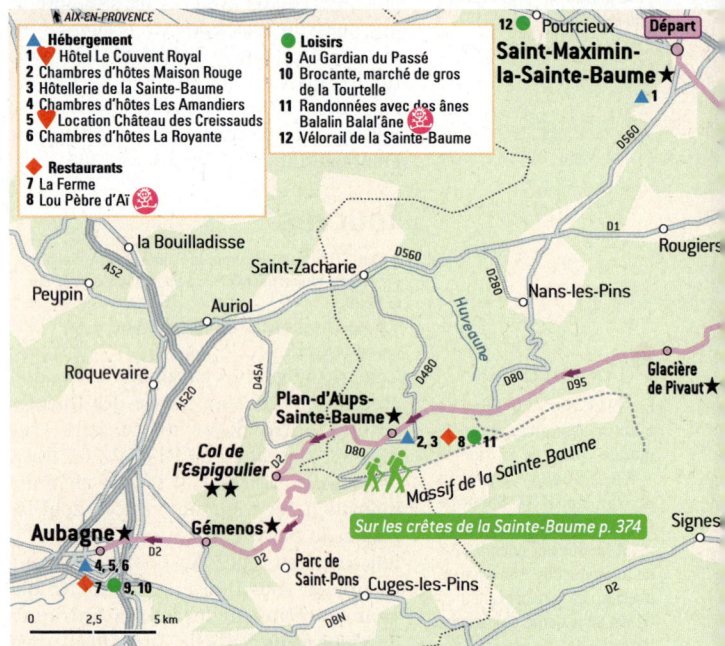

↖ AIX-EN-PROVENCE

▲ Hébergement
1 ♥ Hôtel Le Couvent Royal
2 Chambres d'hôtes Maison Rouge
3 Hôtellerie de la Sainte-Baume
4 Chambres d'hôtes Les Amandiers
5 ♥ Location Château des Creissauds
6 Chambres d'hôtes La Royante

◆ Restaurants
7 La Ferme
8 Lou Pèbre d'Aï ☺

● Loisirs
9 Au Gardian du Passé
10 Brocante, marché de gros de la Tourtelle
11 Randonnées avec des ânes Balalin Balal'âne
12 Vélorail de la Sainte-Baume

12 ○ Pourcieux   **Départ**
Saint-Maximin-la-Sainte-Baume ★
▲ 1

○ la Bouilladisse
Saint-Zacharie
○ Rougiers
Peypin
○ Auriol
Nans-les-Pins
Roquevaire
Plan-d'Aups-Sainte-Baume ★
Col de l'Espigoulier ★★
2, 3 ◆ 8 ● 11
Glacière de Pivaut ★
Massif de la Sainte-Baume
Sur les crêtes de la Sainte-Baume p. 374
Aubagne ★   **Gémenos ★**
Signes
4, 5, 6
7 ● 9, 10
○ Parc de Saint-Pons
Cuges-les-Pins

0   2,5   5 km

La Sainte-Baume.   *Retrouvez toutes les adresses de l'itinéraire p. 327.*

Cheese !

Alimentation de Mazaugues, pl. de la Mairie. Ouv. t.l.j. sf mer. après-midi et dim. après-midi 8 h-12 h et 16 h-19 h. Pour y découvrir les fromages locaux, fromages de vache d'oct. à juin, de chèvre l'été. Vous y trouverez aussi le miel de Mazaugues.

Le musée de la Glace★

En face de la Maison du tourisme.

☎ 04 94 86 39 24, http://museedelaglace.free.fr. Ouv. juin-sept. t.l.j. sf lun. 9 h-12 h et 14 h-18 h ; oct.-mai dim. 9 h-12 h et 14 h-17 h. 2,50 € (gratuit moins de 6 ans). Durée de la visite : 30 min.

Comment se débrouillait-on sans réfrigérateur ? Fort bien, nous apprend ce petit musée, qui présente cette histoire *on the rocks*, de façon très ludique, vidéo et borne interactive à l'appui. On s'arrangeait pour faire prendre l'eau en glace, pour la stocker ensuite dans des réservoirs et pour la transporter, de nuit, sur les marchés urbains qui la réclamaient.

La glacière de Pivaut★

À 7 km O de Mazaugues sur la D95. À 400 m de la route sur la g. Fléchage. Accès libre (mais il n'est pas possible de rentrer).

Sur le flanc nord de la Sainte-Baume, la route grimpe à travers la **forêt**, une vraie **forêt relique** dont l'origine remonterait au tertiaire et où se mêlent hêtres, tilleuls, ifs, érables. De temps à autre, l'itinéraire ménage de belles échappées sur Sainte-Victoire et la plaine. Bien restaurée, classée Monument historique, la glacière est la seule qui soit accessible au public sur les 23 que comptait le massif. Sur le site, les explications sont lumineuses. On repère encore les bassins de congélation, où arrivait l'eau captée et où, l'hiver venu, se formait la glace sur 15 cm d'épaisseur. Celle-ci était concassée, tassée dans le réservoir de 3 100 m³. Par la suite, découpée et moulée, la glace était acheminée l'été, de nuit, emmitouflée dans des étoffes, de la paille, des feuillages vers Toulon ou Marseille. Ce commerce fournissait un salaire d'appoint à des familles de paysans.

Plan-d'Aups-Sainte-Baume★

À 12 km O de la glacière de Pivaut. Continuez sur la D95. Au carrefour des Trois-Chênes, poursuivez sur la D80 à g.

Office de tourisme, av. de la Libération, résidence les Cimes ☎ 04 42 62 57 57, www.saintebaumetourisme.fr.

Perché à 700 m d'altitude, Plan-d'Aups-Sainte-Baume, qui est devenu un village

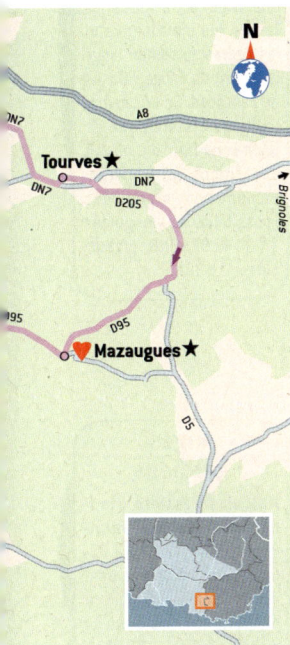

itinéraire 7

résidentiel, très prisé des bobos de Marseille ou d'Aubagne, possède sur son territoire la **grotte sacrée**.

Au départ de Plan-d'Aups-Sainte-Baume, la balade sur les **crêtes de la Sainte-Baume** vous fait mettre vos pas dans ceux de bien des rois ou papes.

🏃 Retrouvez cette randonnée détaillée p. 374.

Le col de l'Espigoulier★★

À 6 km SO env. de Plan-d'Aups-Sainte-Baume.
Poursuivez sur la D80, qui devient la D2 en franchissant les limites du Var.

La pause s'impose au col (723 m), souvent battu par les vents. Mais quel spectacle ! Derrière, on laisse Sainte-Victoire. Devant, la mer scintille. Marseille se tapit dans la baie. Allez, attachez vos ceintures : la descente vertigineuse, tout en lacets, plonge sur Gémenos.

Gémenos★

À 12 km SO du col de l'Espigoulier par la D2.
🛈 Office de tourisme, cours Pasteur
☎ 04 42 32 18 44, www. mairie-gemenos.fr. Guide de Gemenos (gratuit). Carte de randonnées à télécharger sur le site.

Gémenos se surnomme sans fausse modestie « la Perle provençale », arguant d'un passé fort riche. Un acte mentionne effectivement dès 984 l'existence d'un village fortifié à l'entrée de ce qui est aujourd'hui la vallée de Saint-Pons : *Geminas*. Le site sera abandonné au XVe s.

Mais les bonnes fées et la famille d'Albertas vont se pencher sur le berceau du nouveau Gémenos. Au XVIIIe s., le marquis Jean-Albert d'Albertas, acquis à la philosophie des Lumières, développe dans la vallée toute une batterie de petites industries : moulins, foulons, tannerie, scierie, « blancherie », etc. qui tournent grâce à l'eau du Fauge. Un **circuit des fontaines★** zigzague dans le Gémenos historique *(voir avec l'office de tourisme)*, ce qui permet de passer à proximité de l'**église Saint-Martin** (XVIIIe s.) et de l'**ancien château d'Albertas** (à l'origine du XVIe s.), devenu l'hôtel de ville.

❞Haro sur Le Corbusier

Le Corbusier a signé les plans du garage atelier de son ami Édouard Trouin, à Plan-d'Aups en 1960. Réhabilité, c'est aujourd'hui un espace culturel et sportif (bd de la Quille ; à l'entrée du village sur la dr. en venant de Mazaugues). L'architecte a également travaillé sur un projet de basilique à la Sainte-Baume, projet qui rencontra une vive opposition.

Pause verte

Domaine de Saint-Pons, à 1 km de Gémenos, www. cg13.fr. Ouv. mer., w.-e. et vac. scol. Accès libre suivant conditions météo ☎ 0 811 20 13 13. Parking. Aires de pique-nique. VTT et chiens interdits. Par canicule, une vraie oasis ! Sous les frênes, les marronniers et les cèdres, le sentier longe le torrent du Fauge, jalonné de cascades. On découvrira l'abbaye cistercienne de Saint-Pons (XIIIe s.), où des expositions sur l'environnement sont organisées (possibilité de vis. guidée ☎ 04 42 97 10 10 ; gratuit ; durée : 1 h 30).

Anges gardiens

Maison forestière Blancherie, vallée de Saint-Pons ☎ 04 42 32 22 35. Onze gardes à cheval, dont quatre femmes, patrouillent en permanence dans le domaine (plus de 1000 ha).

Aubagne★

À 5 km O de Gémenos par la D2.
Retour à Saint-Maximin-la-Sainte-Baume
(à 34 km NE, via les A501, A52, A520 et la D560),
ou poursuite à Marseille (p. 62) à 18 km O via les A501
et A50 ou Aix-en-Provence (p. 94) à 36 km NO via les
A501, A52 et A8.

ℹ️ Office de tourisme, 8, cours Barthélemy
☎ 04 42 03 49 98, www.oti-paysdaubagne.com. Plan
du circuit historique dans la ville (gratuit). Vis. guidée
1ᵉʳ sam. du mois (sf juil.-août) à 15 h ; 3 € (gratuit
moins de 6 ans) ; durée : 2 h. Rallye familial dans la
vieille ville ; 5 € incluant entrée maison natale de
Pagnol. Dépliant *10 balades dans le Garlaban* (2 €).
Randonnée guidée « Pagnol » juil.-août mar. et ven.
matin ; fév.-juin et sept.-nov. le dernier dim. du mois ;
de 10 à 20 € (gratuit moins de 6 ans).

On peut bien raconter qu'Aubagne fut probablement fondée par des colons d'Arles, que c'est la ville de l'argile et des **santons**. Pour beaucoup, Aubagne reste avant tout la ville de **Marcel Pagnol**, qui s'en est fait le plus ardent VRP ! Aujourd'hui, le massif du Garlaban, que certains surnomment « la momie », joue toujours les duègnes et sert encore aux vieux Aubagnais d'indicateur météo. Est-il perdu dans les nuages ? La pluie n'est pas loin.

La maison natale de Marcel Pagnol★

16, cours Barthélemy. Ouv. t.l.j. avr.-oct. 10 h-13 h et
14 h-18 h ; juil.-août 9 h-18 h ; nov.-mars mar.-dim.
14 h-17 h 30. De 1,50 à 3 € (gratuit moins de 5 ans).
Durée de la visite : 30 min.

Marcel Pagnol est né au 3ᵉ étage de cette demeure, et non au rez-de-chaussée, où l'appartement a été reconstitué avec ses portraits de famille. Sur le cours Barthélemy, la fontaine et sa « petite chanson » ont disparu. Les joueurs à la « longue » – on laissait la pétanque à ceux de La Ciotat qui l'avaient inventée *(p. 85)* – sont allés pousser le cochonnet un peu plus loin.

❤ La vieille ville★

De la maison natale de Pagnol démarre un circuit qui musarde dans le centre ancien, entre ville basse et ville haute.

Pittoresque, la **ville haute** (Xᵉ-XIVᵉ s.) est toute en montagnes russes, en escaliers qui cascadent. Elle toise la **ville basse** (postérieure au XIVᵉ s.), qui a des couleurs de bonbon. Rue Torte, on y verra un **vieux**

❞ Une cigale écolo

C'est à la demande d'un client qui lui commandait un objet publicitaire que Louis Sicard eut l'idée en 1895 (l'année où naissait à Aubagne un certain Marcel Pagnol) d'une cigale en céramique accompagnée de cette phrase en provençal : « *Lou souleù mi fa canta* » (Le soleil me fait chanter). Les travailleurs de l'argile quant à eux lui doivent la mise au point d'un vernis sans plomb épargnant leur santé.

Pastis

Distillerie Janot, Z.I. Les Paluds, 304, rue du Dirigeable, Aubagne ☎ 04 42 82 29 57, www.janot-distillerie.com. Ouv. lun.-ven. 8 h-12 h 30 et 14 h-17 h 30. Pour découvrir le pastis Bleu, le pastis Raimu ou un pastis bio ! Il est possible de visiter la distillerie en s'intégrant dans un groupe (durée : 1 h 15 ; gratuit).

itinéraire 7

© Philippe RENAUD

Un sentier vers Aubagne.

four à pain (fin XVIIIᵉ s.-déb. XIXᵉ s.), dont une association organise la visite commentée et gratuite *(Amis du vieil Aubagne ☎ 06 07 49 47 26; les mar., jeu. et sam. 10 h-12 h).* Plus loin, vous débouchez sur l'esplanade de l'**église Saint-Sauveur**, dont les dernières modifications remontent au XVIIᵉ s. Passez sous la **porte Gachiou** ou **de la Gache** : c'était la porte principale, qui s'ouvrait dans les remparts édifiés en 1363 par Raymond des Baux, baron d'Aubagne. Et vous voilà déjà boulevard Foch où, avant 1838, coulait l'Huveaune.

🜚 Le Petit Monde de Marcel Pagnol

Esplanade Charles-de-Gaulle. Ouv. t.l.j. juil.-août 10 h-13 h et 14 h-19 h; sept. à déb. nov. et janv.-mars 10 h-12 h 30 et 14 h-17 h 30; fin nov. à déc. et avr.-juin 9 h-12 h 30 et 14 h 30-18 h. Crèche de Noël de mi-nov. à déb. fév. Accès libre.

L'ancien kiosque à musique accueille une reconstitution en quelque 200 santons de tout le « Petit Monde » de Pagnol, avec ses personnages fétiches. César a les traits de Raimu, Manon des Sources, le visage d'Emmanuelle Béart et le Papet celui d'Yves Montand. Tous les santonniers d'Aubagne ont participé à cette gigantesque saynète.

❚ La grande dame de l'argile

Comme santonnière, à Aubagne, Thérèse Neveu née Sicard (1866-1946) est passée à la postérité, créant des personnages aujourd'hui emblématiques *(p. 44).* Son premier santon, la Margarido, était le portrait tout craché de la cousine du chanoine. D'autres ont suivi : la Virginie du Garlaban, le poète Charloun Rieu… À Aubagne, la Maison de l'Argile porte son nom : les Ateliers Thérèse Neveu.

Ateliers Thérèse Neveu, cour de Clastre, Aubagne ☎ 04 42 03 43 10, www. agglo-paysdaubagne.com. Ouv. 10 h-12 h et 14 h-18 h t.l.j. en été; mar.-dim. en hiver.

La Camargue et la Crau

Arles fait des jaloux. Arles a ses plages…
à 45 km du centre-ville, comme la plage de
Piémanson ou celle de Beauduc ! Cette ville exubérante,
dont bon nombre de monuments historiques, comme
l'amphithéâtre romain, le cloître Saint-Trophime ou
les Alyscamps, sont inscrits au Patrimoine mondial
de l'Unesco, est la plus vaste commune de France :
77 000 ha. Elle s'étire jusqu'à la mer, partageant
néanmoins la Camargue avec Saintes-Maries-de-la-Mer.
Dans le delta, question : où finit la terre, où commence-
t-elle ? Au fil des saisons, le touriste ne découvrira jamais
la même Camargue. D'avril à septembre, les rizières sub-
mergées brouillent tous les repères. Et nimbent de magie
cette terre élue par les flamants roses. Insolite : au-delà du
grand Rhône, c'est un autre no man's land qui vous attend,
celui de la Crau, construite galet après galet par la Durance.

Arles★★★
La flamboyante

COMPTEZ DEUX JOURS

C'est à Arles que l'on voit le plus de monuments romains… après Rome bien sûr. Il y a la cité antique, théâtrale, voire pompeuse. Et une autre Arles, charmeuse, secrète, qui fut un port actif jusqu'à l'arrivée du chemin de fer au XIXe s. La ville a entretenu des rapports ambivalents avec le Rhône, le fleuve-Dieu, qui a fasciné Vincent Van Gogh. Le peintre dans sa « période jaune » a séjourné ici, entre février 1888 et mai 1889, laissant 300 dessins et peintures à la postérité.

PROGRAMME POUR 1 JOURNÉE

Visiter les arènes (l'amphithéâtre)★★★ (p. 117), la cathédrale Saint-Trophime★★ (p. 121), pique-niquer dans le jardin Hortus (p. 123) avant d'explorer le musée départemental Arles Antique★★ (p. 122) et de se perdre dans les ruelles du quartier de La Roquette★ (p. 124).

À NE PAS MANQUER

● **Histoire** : le musée départemental Arles Antique★★ (p. 122).

● **Tradition** : une course camarguaise dans les arènes d'Arles (p. 117).

● **Gastronomie** : le saucisson d'Arles (p. 124).

● **Avec les enfants** : les Dimanches d'Hortus (p. 123), exploration en Zodiac de l'archipel des îles (p. 330).

● **Carte postale** : ♥ Les Alyscamps★★ (p. 125).

CÔTÉ PRATIQUE

🛈 **Office de tourisme**, 43, bd des Lices C2 ☎ 04 90 18 41 20, www.arlestourisme.com.

Visites guidées Balade dans la vieille ville : 3 h. Brochure *Arles, circuits piétonniers* disponible sur le site Internet (1 € en version papier). Vis. guidée juil.-août.

Transports À pied, à vélo, en bus (navette gratuite centre-ville p. 120) ou en petit train.

Parkings gratuits bd Émile-Combes D1-2 (sf mer., j. de marché).

☘ Le **vélo-taco** Des tricycles à assistance électrique réinventent le vélo-taxi. Rens. et rés. ☎ 06 50 29 60 00, www.tacoandco.fr.

Bon plan Passeport Liberté (de 7 à 9 €) valable pour 5 sites (1 musée au choix et 4 monuments au choix).

Les bords du Rhône à Arles.

Courses camarguaises

Chaque mer. et ven., à 17 h 30, en juil.-août. Les arènes accueillent des courses camarguaises (dites « à la cocarde », *voir p. 30*). La course phare reste la Cocarde d'or (le lun. suivant le 1er dim. de juil.). Rens. ☎ 0 891 70 03 70, www.arenes-arles.com. De 5 à 10 € (gratuit moins de 6 ans).

Marché

Le sam., bd des Lices C2 (f. à la circulation). Olives et herbes de Provence, riz rouge de Camargue et petits « chèvres », saucissons d'Arles, loups et tellines dans le secteur des poissonniers… Arles dans tous ses étals.

La petite Rome des Gaules★★★

Départ du rond-point des Arènes C-D 1-2.
Itinéraire de 1,8 km env.

L'amphithéâtre★★★ C-D 1-2

Rond-point des Arènes ☎ 04 90 49 36 86. Ouv. mai-sept. 9 h-19 h ; mars-avr. et oct. 9 h-18 h ; hiver 10 h-17 h. F. Férias de Pâques et du riz (sept.) et le mer. et ven. en juil.-août. Billet couplé avec le théâtre antique (p. 120). De 4,50 à 6 € (gratuit moins de 18 ans). Durée de la visite : 30 min env. &

Daté de la fin du Ier s. apr. J.-C., l'amphithéâtre est contemporain du Colisée à Rome dont il s'inspire. De forme elliptique, il pouvait accueillir jusqu'à 25 000 spectateurs (12 500 aujourd'hui), qui s'entassaient sur les gradins. On imagine la fièvre et la rumeur qui embrasaient cette enceinte quand les **gladiateurs** allaient y jouer leur vie. Aujourd'hui en rénovation, ces arènes, dominées par trois tours élevées au Moyen Âge *(accès à la tour à g. de l'entrée)*, accueillent des corridas à l'espagnole ou des courses à la cocarde où les « raseteurs » rivalisent d'agilité et de culot *(p. 30)*.

N

SAINT-GENEST

TRINQUETAILLE

Rue Guynemer
Rue Capucins
G. Rue des Cuiratiers
Robespierre
R. du Four Banal
Rue
R. Pierre Brossolette
R. A. Benoit
R. Noguier
R. de
R. de
des
Verrerie
Saint-Pierre
PLACE SAINT-PIERRE
Rue Saint Pierre
Quai Saint Pierre
6

R. A. Benoit
R. de
Camargue
R. Anibert
Rue
Q. de la Trinquetaille
Av. de la Gare Maritime
R. M. Feuillas
R. A. Benoit

1

LES SAINTES-MARIES, MONTPELLIER, NÎMES

Ch. de St Genest
R. J.- M. Artaud
Camargue
Avenue
de

Qbai de la Gare Maritime

Grand Rhône

PONT DE TRINQUETAILLE

Marx Dormoy
PL. BERB...
P
Q. Pasteur
R. du
mi naire
Roquette
R. A. France
LA ROQUETTE ★
Jouvène
R. Giraud
R. du Port
PLACE ANTONELLE
R. L.
Bonnemant
R. des Porcelets
R. de la
R. de la Gambetta
Rue
2

NOUVEAU PONT

Théâtre de la Calade
R. Baudanoni
R. Sénébier
R. de la Roquette
PL. PAUL DOUMER
PL. PATRAT

R. du Roure
R. de la Monnaie
Espace Van Gogh
1

Quai
Rue
R. Croix
PL. ST-CÉSAIRE
Saint-Césaire
R. de Lagoy
R. L'Antraigue
Jean
Granucci
Théâtre

R. Severin
R. Bigun
R. Bioxon
R. Génive
Rue
R. Rives
R. Bourg
Rue Molière
du
PL. du
Bo urg
R. de la Monnaie

R. Trianon
R. F. Prudhon
R. Montille
Clemenceau
P

Boulevard
Georges
Bd de Crapoune
Rue Av. du Gal
Rue F. Bessier
R. Étienne
R. du Maréchal

Jardin Hortus
Av. Jean Monnet

Musée départemental Arles Antique ★★

N 113
Av. Sixte
Av. Sadi Carnot
Ouenin
Rue F.
Ch. de Bigot
Pl. FR... ROC...

Av. de la 1re Division France Libre
Canal de l'Écluse

3

Allée de la Nouvelle Écluse

Av. Président Salvador Allende
Av. Barriage-Saint-Bénézem
Canal d'Arles à Fos
R. Charcot

0   50   100 m

A   ↓ Pont Van Gogh ▲**1**   **B**

Arles.

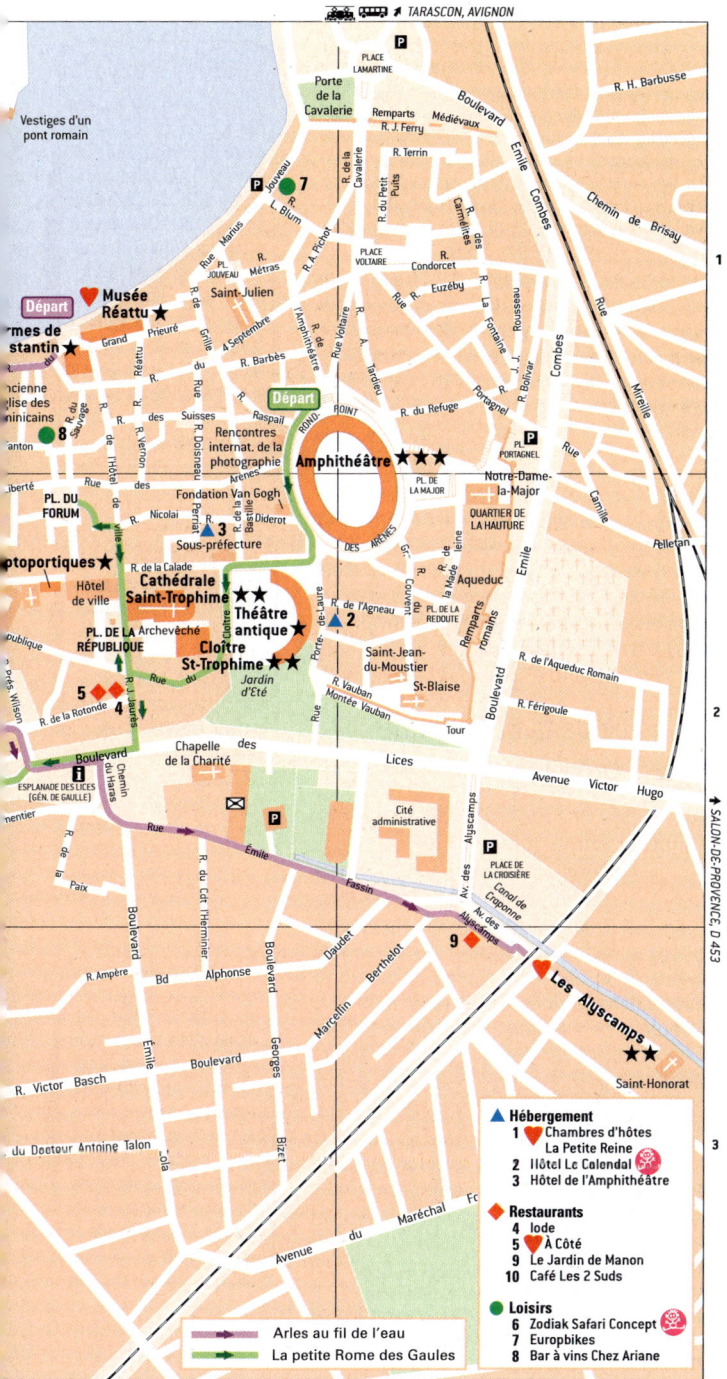

TARASCON, AVIGNON

PLACE LAMARTINE

Porte
de la
Cavalerie

Remparts
Médiévaux
R. J. Ferry

Boulevard
Émile Combes

R. H. Barbusse

Chemin de Brisay

R. Terrin

R. de la
Cavalerie

R. du Petit
Puits

PLACE
VOLTAIRE

R.
Condorcet

Vestiges d'un
pont romain

7

Jouveau

L. Blum

R.
JOUVEAU

R.
Marius

R. Métras

R.A. Pichot

R. des
Carmelites

R. Euzéby

R. la Fontaine

R. Rousseau

Rue Émile Combes

Mireille

Départ

♥ **Musée
Réattu** ★

R. Saint-Julien

R. 4 Septembre

R. de Grille

R. du Prieuré

R. Grand

R. Réattu

R. Barbès

Rue de l'Amphithéâtre

Rue Voltaire

R. J.J. Ferry

R. Bolivar

Combes

rmes de
stantin ★

R. du Sauvage

R. Veron

R. de l'Hôtel de ville

R. des Suisses

Rencontres
internat. de la
photographie

Raspail

R. Doisneau

R. du Refuge

ROND-POINT

R. Portagnel

PL.
PORTAGNEL

Rue Camille

Pelletan

ncienne
lise des
ninicains

8

anton

Liberté

Rue de

Amphithéâtre ★★★

DES ARENES

Notre-Dame-
la-Major

PL. DE
LA MAJOR

QUARTIER
DE LA HAUTURE

PL. DU
FORUM

Fondation Van Gogh

R. Nicolai

Perrat

R. de la Bastille

Diderot

3

Sous-préfecture

R. de la Calade

Gl
R.

R. de la
Madeleine

R. de l'Agneau

Aqueduc

Remparts romains

R. de l'Aqueduc Romain

toportiques ★

Hôtel
de ville

**Cathédrale
Saint-Trophime** ★★

R. Cloître

Porte de Laure

2

PL. DE LA
REDOUTE

PL. DE LA
REPUBLIQUE

Archevêché

**Théâtre
antique** ★

**Cloître
St-Trophime** ★★

R. de l'Agneau

Saint-Jean-
du-Moustier

St-Blaise

publique

prés Wilson

5

R J. Jaurès

4

R. de la Rotonde

Rue du

Jardin
d'Été

R. Vauban

Montée Vauban

Rue

Tour

Boulevard

R. Férigoule

Chapelle des
de la Charité

Lices

Avenue Victor Hugo

SALON-DE-PROVENCE, D 453

i

ESPLANADE DES LICES
[GÉN. DE GAULLE]

Boulevard

Chemin du Harais

✉

P

Cité
administrative

Av. des Alyscamps

ntier

Rue

Émile

R. du Cdt. l'Herminier

R. de
la Paix

Fassin

PLACE DE
LA CROISIÈRE

Canal de
Craponne

Av. de Craponne

9

♥ **Les Alyscamps**

★★

Boulevard

Émile

Daudet

Berthelot

Marcellin

Bizet

R. Ampère

Bd Alphonse

Boulevard

Boulevard Georges

Zola

Saint-Honorat

R. Victor Basch

du Docteur Antoine Talon

Avenue du Maréchal

Fo

▲ Hébergement
1 ♥ Chambres d'hôtes
La Petite Reine
2 Hôtel Le Calendal
3 Hôtel de l'Amphithéâtre

◆ Restaurants
4 Iode
5 ♥ À Côté
9 Le Jardin de Manon
10 Café Les 2 Suds

● Loisirs
6 Zodiak Safari Concept
7 Europbikes
8 Bar à vins Chez Ariane

▬▶ Arles au fil de l'eau
━━ La petite Rome des Gaules

SALON-DE-PROVENCE, MARSEILLE, N 113   C   D

Retrouvez toutes les adresses de l'itinéraire p. 329.

itinéraire 8

Le théâtre antique★ C2

Tournez à g. en sortant de l'amphithéâtre, longez le monument et tournez à dr. dans la rue de la Calade, puis encore à g. rue du Cloître.
Rue du Cloître ☎ 04 90 99 57 01. Ouv. mai-sept. 9 h-19 h ; le reste de l'année, mieux vaut téléphoner. Billet couplé avec les arènes. De 4,50 à 6 €, sf si fermeture des arènes de 2,60 à 3,50 € (gratuit moins de 18 ans). Durée de la visite : 20 min. ♿

Sur la colline de l'Hauture (25 m !), les travaux du théâtre ont démarré très peu de temps après la fondation de la colonie romaine. Le théâtre fut sans doute « opérationnel » en 12 av. J.-C. Capable d'accueillir 10 000 spectateurs dans sa *cavea* de 102 m de diamètre, sa jauge est comparable à celle d'Orange *(p. 190)*. Sur la centaine de colonnes, étagées sur trois niveaux, qui ornaient l'impressionnant mur de scène, il n'en reste que deux malheureuses, surnommées « **les deux veuves** ». Abandonné au Ve s., faute de mécènes, le théâtre servit de carrière et alimenta en pierres l'église Saint-Trophime *(p. 120)*. Ce pillage épargna en partie la statuaire, comme la *Vénus d'Arles* (au Louvre).

La place de la République C2

Poursuivez dans la rue du Cloître, qui débouche sur la place.

Sur l'emplacement d'une partie de l'ancien Forum romain se dresse un bel ensemble, monumental et intime à la fois, « à l'italienne », que ne dépare pas l'**obélisque**, récupéré dans l'ancien cirque et installé au XVIIe s. en plein milieu « pour la plus grande gloire du roi Louis XIV ». D'allure classique, l'**hôtel de ville**, dont le projet initial (1673), élaboré par le « régional » Jacques Peytret, fut revu et corrigé par l'architecte du Roi-Soleil, Jules Hardouin-Mansart, est encadré par deux églises. À gauche en regardant l'hôtel de ville, **Sainte-Anne** (XVIIe s.), assez pataude, ne soutient pas la comparaison avec **Saint-Trophime** (XIIe s. pour la façade), à droite.

Les cryptoportiques★

Accès par l'hôtel de ville (à g. en entrant), pl. de la République ☎ 04 90 49 32 82. Ouv. t.l.j. mars-avr. et oct. 9 h-12 h et 14 h-18 h ; mai-sept. 9 h-12 h et 14 h-19 h ; hiver 10 h-12 h et 14 h-17 h. De 2,60 à 3,50 € (gratuit moins de 18 ans).

Sous vos pieds, dans l'hôtel de ville, vous avez les fondations de la ville romaine, du

Huiles d'olive

Huiles Fad'oli, 44 bis, rue des Arènes C2 ☎ 04 90 49 70 73 et 06 60 33 37 68. Ouv. t.l.j. sf dim. hors saison 12 h-17 h (juil.-août 12 h-minuit). Le magasin offre la possibilité de déguster ses huiles (originaires du pourtour méditerranéen, avec une gamme française) à la petite cuiller… avant de choisir le conditionnement (37,5 cl à 1 l). Petite restauration : salades, sushi.

Pause verte

Le Jardin d'Été, bd des Lices C2. Ouv. été 7 h 30-20 h 30 ; hiver 7 h-17 h 30. Accès par la rue Porte-de-Laure derrière le théâtre antique. Jeux d'enfants, micocoulier et cèdre de l'Atlas…

Navette bon plan

La Starlette ? C'est le nom de la navette (gratuite) qui tourne en centre-ville et passe par les principaux centres touristiques (Amphithéâtre, Réattu, Roquette, etc.). Fonctionne lun.-sam. 7 h-19 h env. Halte centrale : 24, bd Georges-Clemenceau B2.

8

itinéraire

❜ **Le lion d'Arles**

Insolite : la comptabilité des comtes de Provence fait état de l'entretien d'un lion vivant, offert à la Ville d'Arles au XVᵉ s. ! Cet animal, donné comme symbole de la luxure, est aussi tapi dans les sculptures du portail de Saint-Trophime.

Forum, aujourd'hui accessibles. Ébahi, vous découvrez trois doubles galeries, voûtées, disposées en U qui stabilisaient l'esplanade, œuvre remarquable des ingénieurs romains du Iᵉʳ s. av. J.-C.

La cathédrale Saint-Trophime★★

Pl. de la République ☎ 04 90 96 07 38. Ouv. juil.-août 8 h-12 h et 15 h-19 h ; sept.-juin 8 h-12 h et 14 h-18 h. Accès libre.

Dédiée à « l'apôtre des Gaules », qui fut l'un des premiers évêques d'Arles (VIᵉ s.), la cathédrale, rénovée, est en beauté. On s'attardera sur le somptueux **portail★★★**, d'une richesse sculpturale inouïe. Ce pur chef-d'œuvre de l'art roman provençal (1180) marie marbre de Carrare, granit et calcaire blond. Samson et Dalila, la lapidation de saint Étienne… La scénographie de cette **Bible sculptée** est fouillée. L'après-midi, le soleil éclaire tous les détails du portail. Un régal !

À l'intérieur, l'édifice, achevé au XIVᵉ s. par un chœur gothique flamboyant, en impose par sa verticalité : la nef s'élève à 23 m de hauteur. Le regard est aussi attiré vers le haut par le tableau de Louis Finsonius (*Le Martyre de saint Étienne*, 1614), suspendu dans le vaisseau central. Autres trésors de l'église : trois sarcophages paléochrétiens comme celui du *Passage de la mer Rouge* (IVᵉ s.), sculpté et resculpté *(sur la g. en entrant)*.

Le cloître Saint-Trophime★★

Pl. de la République. Accès par la cour du palais de l'Archevêché, contigu à la cathédrale.
☎ 04 90 49 39 53. Ouv. mai-sept. 9 h-19 h ; mars-avr. et oct. 9 h-18 h ; hiver 10 h-17 h. Billet couplé ou non avec les Alyscamps (p. 125). De 2,60 à 5,50 € (gratuit moins de 18 ans). Durée de la visite : 20 min. ♿

Réservé à la communauté des chanoines, le cloître fut construit par tranches très échelonnées dans le temps, d'où un mélange, heureux, des styles **roman** et **gothique**. Au XIIᵉ s., la galerie nord *(à votre g., au fond, en entrant)* qui flanquait la salle capitulaire ; au début du XIIIᵉ s., la galerie est *(devant vous, au fond)*, adossée au dortoir ; au XIVᵉ s., vers 1370-1380, les galeries sud et ouest, qui donnaient sur la cour et le réfectoire. Avec ses colonnes graciles et ses chapiteaux historiés, consacrés soit à l'Ancien Testament soit à la vie du Christ, la partie romane est la plus réussie. Près des lauriers-roses, on goûtera la paix de ce cloître.

Le musée départemental Arles Antique.

© Philippe RENAUD

La place du Forum B2

De la pl. de la République, prenez la rue de l'Hôtel-de-Ville et tournez à g. pour rejoindre la pl. du Forum.

Jolie place très animée et représentée dans *Le Café, le soir*, tableau de Van Gogh. Sur cette place, Picasso aimait descendre à l'hôtel Nord-Pinus quand il assistait aux corridas.

Le musée départemental Arles Antique★★ A3

De la pl. du Forum, revenez sur vos pas pl. de la République et rejoignez le bd des Lices et le bd Georges-Clemenceau C2. Parcours pédestre fléché (passage sous N113 au dernier feu) ou bus, ligne n° 1 dir. Barriol.

Av. de la Première-Division-France-Libre, presqu'île du Cirque-Romain ☎ 04 13 31 51 03, www.arles-antique. cg13.fr. Ouv. mer.-lun. 10 h-18 h. F. mar. De 4,50 à 6 € (gratuit moins de 18 ans et 1er dim. du mois). Vis. guidée chaque dim. à 15 h, et t.l.j. juil.-sept. et Toussaint à 15 h (+ 3 €). Durée de la visite : 1 h.

Couleurs toniques, bleu et blanc, le musée s'est posé dans les années 1980 à proximité du site de l'ancien cirque romain, dont il ne reste pratiquement rien. On admirera son architecture futuriste, qui porte la griffe d'Henri Ciriani, un élève de Le Corbusier, avant d'apprécier le dynamisme de la présentation de ses collections. De nombreuses maquettes nous restituent la ville romaine ou la meunerie de Barbegal

La Féria d'Arles

À Pâques. Chaque année, la Féria attire un monde fou (plus de 500 000 visiteurs), et pas seulement les amateurs de corridas. La fête éclate dans la ville. Dans les cafés et *bodegas* ouvertes pour la circonstance, pastis et sangria ont leurs aficionados. Les *peñas* (groupes de musiciens) déambulent. Rens. à l'office de tourisme (*p. 116*).

Un pont de bateaux

Rarissime ! Sous l'Empire romain, Arles bénéficiait sur le Rhône d'un pont de bateaux permanent, qui s'appuyait aux extrémités sur des culées en pierre C1. La cité était une véritable plaque tournante commerciale. Le fleuve, qui fait l'objet de fouilles subaquatiques, livre aujourd'hui nombre de secrets sur l'activité portuaire de la ville.

⚜ Arrête ton char !

D'inspiration romaine, le **jardin Hortus**, qui jouxte le musée départemental A2-A3 (ouv. t.l.j. sf mar. avr.-sept. 10 h-19 h ; oct.-mars 10 h-17 h 30 ; gratuit), se veut un espace de jeux et de fêtes. Dans le cadre des **Dimanches d'Hortus** (juin-sept. tous les 1ers dim. du mois ; programme sur le site du musée), des courses de chars y sont organisées. Il s'agit en réalité de courses de sulkies, qui sont de petites voitures à pédales très en vogue dans les années 1950. Pique-nique autorisé. Transats.

À la mode d'Arles

Né à Arles en 1951, **Christian Lacroix** a failli devenir conservateur de musée. Depuis, il a créé sa maison de couture en 1987 (vendue en 2005 au groupe Falic), habillé Madonna, Audrey Tautou… et les TGV de la 3e génération. On salue en lui un « magicien de la couleur », le créateur d'une mode flamboyante, théâtrale, baroque. Où Arles apparaît en filigrane.

(*p. 377*). À ne pas rater : la section des mosaïques des riches demeures patriciennes. On s'y précipitera aussi pour admirer le **buste de César**, réalisé de son vivant estime-t-on, ou cette statue de Neptune (210 apr. J.-C.). Autant de trésors arrachés au Rhône, qui justifient la future extension du musée, prévue pour 2013. La pièce maîtresse en sera l'épave restaurée d'un chaland, qui a fait naufrage au Ier s. (*ci-contre*).

Arles au fil de l'eau

Départ : quais du Rhône. De la pl. de la République, on les rejoint par la rue de l'Hôtel-de-Ville.

Itinéraire de 2 km env. à réaliser à pied, à vélo, en vélo-taco ou en navette (p. 116) . Durée : 2 à 3 h.

♥ Le musée Réattu★ C1

10, rue du Grand-Prieuré ☎ 04 90 49 38 34, www.museereattu.arles.fr.
Ouv. et f. selon les expositions (juil.-sept. 10 h-19 h ; oct.-juin 10 h-12 h 30 et 14 h-18 h 30). F. lun. De 5 à 7 € (gratuit moins de 12 ans et le 1er dim. du mois).

Donnant sur le fleuve, cette ancienne Commanderie (XVe s.) de l'Ordre de Malte fut acquise à grand peine, lot par lot, par le peintre arlésien Jacques Réattu (1760-1833), qui en fit son atelier. Le site est « magnétique » et fascine tous les grands rêveurs. Jamais le même ni tout à fait un autre, le musée raconte une histoire différente d'une exposition à l'autre – rebaptisée Acte, c'est tout dire. Vous y ferez des découvertes surprenantes : une œuvre sonore, une création de Christian Lacroix, un dessin de Picasso, etc.

Les thermes de Constantin★ C1

En face du musée Réattu.
Quai Marx-Dormoy ☎ 04 90 52 02 06. Ouv. t.l.j. mai-sept. 9 h-12 h et 14 h-19 h ; mars-avr. et oct. 9 h-12 h et 14 h-18 h ; hiver 10 h-12 h et 14 h-17 h. De 2,20 à 3 € (gratuit moins de 18 ans). Durée de la visite : 20 min. ♿

Pas de ville romaine sans thermes. Longtemps, on a cru tenir avec ces vestiges le fameux palais de la Trouille des comtes de Barcelone, avant de se rendre compte qu'il s'agissait des thermes construits au IVe s. sous le règne de l'empereur Constantin. Seule une partie des thermes est accessible. On y découvre un système astucieux de chauffage par le sol.

© Philippe RENAUD

Le pont Van Gogh.

Le quartier de la Roquette★ B2

À 600 m des thermes. Longez le quai Marx-Dormoy.
Passez sous le pont de Trinquetaille pour vous engager
sur le quai de la Roquette ou prenez la navette (p. 116).

Un regard pour le pont de Trinquetaille,
avant d'explorer les ruelles de ce quartier
pittoresque. Par le passé, mariniers, pêcheurs
et « dockers » avaient élu domicile dans ce
quadrilatère coincé entre Rhône et boulevard Clemenceau. Mais en 1850, l'arrivée du
chemin de fer amorça le déclin, irréversible,
du port. La Roquette a néanmoins gardé un
côté canaille, popu, même si les restaurations d'hôtels particuliers vont bon train.

Au 49, quai de la Roquette, vous trouverez
l'ancien grenier à sel (XVIIᵉ s.), où le sel, qui
arrivait de Camargue, était stocké : il héberge
aujourd'hui le théâtre de la Calade.

L'espace Van Gogh★ B2

À 600 m du théâtre de la Calade. Revenez du quartier
de la Roquette par la rue de la Roquette, tournez à dr.
dans la rue de Chartrouse, puis à g. dans la rue Molière.
L'espace Van Gogh est à votre g.
Pl. du Docteur-Félix-Rey ☎ 04 90 49 38 05. Ouv. t.l.j.
7 h 30-19 h 30. Durée de la visite : 15 min. Accès libre
pour le jardin. &

Créé au XVIᵉ s., l'ancien hôtel-Dieu
(aujourd'hui espace Van Gogh et média-

Le vrai saucisson d'Arles

La Farandole, 11, rue
des Porcelets B2 (rue
piétonne dans le quar-
tier de la Roquette)
☎ 04 90 96 01 12.Ouv.
mar.-sam. 7 h-12 h 30 et
15 h 30-19 h 30. F. dim.
et lun. F. en sept. ou oct.
Le saucisson d'Arles n'est
pas un saucisson d'âne !
Selon la recette de 1655, il
comporte maigre de porc,
maigre de bœuf, vin rouge
de pays, petits lardons,
gingembre et autres épices.

❞ Diagnostic

Aujourd'hui, le cas **Van Gogh** peut être analysé de façon froide, clinique, ce qui ne diminue en rien son génie. On a tout dit sur son angoisse de castration, sur sa « blessure originelle » : Vincent se sent incapable de remplacer dans l'affection de ses parents son frère aîné mort à la naissance et prénommé… Vincent. L'abus de substances comme l'absinthe, les inhalations de térébenthine et de monoxyde de carbone n'ont rien arrangé.

Où faire une pause ?

Café Les 2 Suds, espace Van Gogh **B2** ☎ 04 90 93 34 56. Ouv. lun.-sam. 8 h-19 h. Pour grignoter une salade, ou boire un verre en s'imprégnant, sur sa terrasse, de la paix du jardin de l'ex-hôtel-Dieu. ♿

❞ Le fleuve des morts

Alyscamps est une déformation de « Champs-Élysées », qui désignait dans la mythologie gréco-latine le séjour des morts. On raconte que les riverains livraient au Rhône les cercueils des défunts qu'ils souhaitaient voir enterrés aux Alyscamps. Un poème du XIIIe s. ainsi qu'une nouvelle de Frédéric Mistral évoquent cette « descente des morts ». Vrai ? Faux ? L'histoire est si belle… On n'en sait pas davantage sur le droit de « mortellage » perçu au pont de Trinquetaille sur ces épaves macabres.

thèque) a gardé sa « galerie à arcades, comme des bâtiments arabes, blanchie à la chaux » (description de Van Gogh). Et son jardin, avec ses giroflées, ses anémones, ses renoncules. Van Gogh fut transporté dans cet hôpital la veille de Noël en 1888. On l'a retrouvé chez lui, sans connaissance, baignant dans son sang. Après une dispute avec Gauguin, plus violente que les autres, il s'était tranché le lobe de l'oreille gauche, dans un geste insensé, qui n'est pas sans correspondance avec les rites tauromachiques de la ville. Il rejoignit Saint-Rémy-de-Provence en mai 1889 pour y être interné « de son plein gré » (*p. 156*).

❤ Les Alyscamps★★ D3

À 700 m de l'espace Van Gogh. Prenez la rue du Président-Wilson, traversez le bd Clemenceau pour prendre en face le chemin des Haras, puis la rue Émile-Fassin, que prolonge l'av. des Alyscamps.
☎ 04 90 49 36 87. Ouv. mai-sept. 9 h-19 h ; le reste de l'année, mieux vaut téléphoner. Billet couplé ou non avec le cloître Saint-Trophisme (p. 121). De 2,60 à 5,50 € (gratuit moins de 18 ans). ♿

À l'automne 1888, le lieu a touché Van Gogh, qui y est venu en compagnie de Paul Gauguin. Cette ancienne nécropole, autrefois située à l'extérieur de la ville, le long de la voie Aurélienne qui reliait l'Espagne à l'Italie, engendre une mélancolie et une paix incomparables, seulement troublées l'été par les stridulations des cigales. Au bout de l'allée ombragée, la tour-lanterne de l'**église Saint-Honorat** (XIIe s.) est sans doute l'une des plus belles tours romanes de Provence. Les Alyscamps ont aussi inspiré Dante, qui en a fait mention dans *L'Enfer*.

Le pont Van Gogh Hors plan A3

À 3 km S env. des Alyscamps, prenez dir. D35 Port-Saint-Louis-du-Rhône, fléchage à g.
Encore une toile de Van Gogh célèbre : *Le Pont de Langlois aux lavandières*. Il existait 11 ponts de ce type sur le canal d'Arles à Port-de-Bouc. C'est le seul survivant, racheté au prix du bois, démonté, restauré à grands frais, et réinstallé à 2 km du vrai pont de Langlois démoli dans les années 1930.

9 Vers Saintes-Maries-de-la-Mer

ITINÉRAIRE DE 27 KM

Talonnée par le mistral, la route file entre manades et rizières, que cache souvent un rideau de cannes de Provence. Entre Arles et Saintes-Maries-de-la-Mer, nous sommes sur la partie la plus « civilisée » de la Camargue, voire la plus racoleuse. À longueur de panneaux, on vous « vend » un rêve : chevaux blancs, crinière au vent, galopant dans une gerbe d'écume tandis que les flamants roses passent dans le ciel en rangs serrés. Du vent ? Non. Cette Camargue-là existe encore.

PROGRAMME POUR 1 JOURNÉE

Passer une bonne partie de la journée dans une manade (p. 332) ou pique-niquer au parc ornithologique de Pont-de-Gau** (p. 129) ; en saison, ces deux options vous laissent le temps de grimper sur les toits de Notre-Dame-de-la-Mer** (p. 130) aux Saintes-Maries.

À NE PAS MANQUER

- **Patrimoine** : le ♥ musée de la Camargue* (p. 127), Notre-Dame-de-la-Mer** aux Saintes-Maries-de-la-Mer (p. 130).
- **Gastronomie** : les tellines (p. 129).
- **Avec les enfants** : croisière sur le petit Rhône (p. 331), le petit train camarguais (p. 332).
- **Loisirs** : une journée dans une manade des Baumelles (p. 332).
- **Visite bonne initiative** : le parc ornithologique de Pont-de-Gau** (p. 129).

CÔTÉ PRATIQUE

Office de tourisme,
5, av. Van-Gogh
☎ 04 90 97 82 55,
www.saintesmaries.com.

Transports ♣ Formule vélo + car : entre Arles et la Camargue, les vélos sont transportés à l'œil sur la ligne 20 des Cartreize (juin-sept.). Rens. ☎ 0 810 00 13 26, www.lepilote.com.

▲ Hébergement
1 Hôtel Le Cacharel
2 Gîte La Maison de Gardian
3 Chambres d'hôtes Mas des Colverts
4 Hôtel Le Dauphin Bleu

◆ Restaurants
5 Bambou Palm Beach
6 Le Mazet du Vaccarès

● Loisirs
7 Kayak Vert
8 Croisières avec le *Tiki III*
9 Les Écuries de
   l'Auberge Cavalière
10 Le Vélociste
11 Manade Domaine de Méjanes
12 Manades des Baumelles
13 Le Petit Train Camarguais
14 Spectacle de flamenco El Campo

Vers Saintes-Maries-de-la-Mer.

Retrouvez toutes les adresses de l'itinéraire p. 330.

🟠✤ Le Parc en chiffres

Créé en 1970, le PNRC (Parc naturel régional de Camargue) couvre 101 000 ha terrestres mais s'étend aussi en mer sur 34 300 ha. Le Parc est d'une exceptionnelle richesse sur le plan de la flore et de la faune : 489 espèces d'intérêt dit « patrimonial », dont 343 pour les seuls oiseaux. Des balades sont organisées sur le terrain avec le Bureau des guides naturalistes *(p. 132)*. Rens. www.parc-camargue.fr.

❤ Le musée de la Camargue★ au Mas du Pont de Rousty

À 12 km SO du centre-ville d'Arles, prenez la N113/E80, dir. Nîmes ; sortie 4, prenez la D570 dir. Saintes-Maries-de-la-Mer. Mas du Pont de Rousty, D540, Arles ☎ 04 90 97 10 82, www.parc-camargue.fr. Ouv. avr.-sept. mer.-lun. 9 h-18 h ; oct.-mars mer.-lun. 10 h-17 h. F. janv. De 3 à 4,50 € (gratuit moins de 18 ans). Aire de pique-nique. Durée de la visite : 1 h.

Dans une ancienne bergerie, toute en longueur, qui tourne le dos au mistral, le musée met en lumière et en perspective l'histoire récente de la Camargue, du XIXᵉ s. à nos jours, de façon sobre, efficace et émouvante.

Dans les mas isolés comme le fut le mas du Pont de Rousty, la *tanto* (maîtresse de maison) veillait à l'intendance. Pain, fromage, légumes… Presque tout était fait ou récolté sur place. On découvre un quotidien assez rude, illuminé par les fêtes : Noël, les pèlerinages de Saintes-Maries-de-la-Mer *(p. 131)* bien sûr, mais aussi les ferrades, où l'on marque au fer rouge, sur la cuisse gauche, les taureaux d'un an, les *anoubles*, et où se définissent peu à peu les règles de la course camarguaise *(p. 30)*.

Insolite : le musée s'ouvre à la création contemporaine. Conçues par la plasticienne Hélène Arnal, seize silhouettes consacrées à Sara, la patronne des gitans, ont été « habillées » par Christian Lacroix *(p. 123)*, Hervé di Rosa…

Le sentier de découverte du Mas du Pont de Rousty

Départ et arrivée : parking du musée de Camargue. Plan et livret explicatif disponibles au musée de Camargue (2 €). **Durée :** 2 h. **Distance :** 3,5 km. **Balisage :** panneaux didactiques du Parc naturel régional de Camargue le long du sentier, fléché par le Parc. **Balade facile. Conseil :** munissez-vous de produits solaires, de lotion anti-moustiques, d'eau potable et de jumelles pour observer les oiseaux (plus de 120 espèces). **Enfants :** pour tous, accessible aux poussettes.

L'itinéraire rejoint très vite le canal de Rousty, créé dès 1543 pour drainer les marais et dont le niveau est maintenu infé-

❜ La canne de Provence

Le nom est un peu usurpé : elle est originaire d'Asie ! Ressemblant à un roseau, cette plante vivace peut atteindre 5 à 6 m de haut ; elle est utilisée comme coupe-vent.

❜ Paysages de Camargue

● **Pelouse** : terme local désignant les meilleurs pâturages, lavés du sel par les pluies en hiver, resalés ensuite par la remontée des nappes souterraines.
● **Sansouire** : terme local désignant un paysage dominé par une végétation halophile (aimant le sel) : buissons de salicornes, soude en arbustes, etc.
● **Roselière** : au bord des étangs, les roseaux prospèrent dans une eau faiblement saumâtre (moins de 12 g par l).
● **Ripisylve** : une forêt riveraine d'un cours d'eau.

© Philippe RENAUD

Flamants roses, parc ornithologique du Pont-de-Gau.

rieur à celui de la mer. Les rizières, en rotation avec d'autres cultures, cèdent très vite la place aux **sansouires** *(p. 128)*, terres salées où poussent différentes variétés de soude. Les marais, **les paluns**, où se mélangent eau douce et eau légèrement saumâtre, prennent le relais avec leurs escadrilles d'oiseaux et de… moustiques.

9 *itinéraire*

La soude végétale

Différentes variétés de soude végétale poussent dans les sansouires, no man's land entre terres cultivées et marais. La soude ligneuse *(Suaeda fruticosa)* fournit notamment des arbustes hauts tout au plus de 1,20 m, aux tiges échevelées et charnues. Elle produit, par incinération, des cristaux de soude, utilisés autrefois pour la fabrication du savon ou celle du verre. La soude chimique, dérivée du sel, dont la Camargue ne manque pas, a remplacé à partir du XIXe s. cette soude végétale.

Cuisine

Telline est le nom local du *Donax trunculus*, un petit coquillage bivalve qui fait 5 cm maxi ! À l'aide d'un filet-râteau (le tellinier), les pêcheurs le débusquent dans le sable mouillé, où il s'enfouit. La telline, qui peut se consommer crue, doit être mise à « dessabler », 1 h au minimum, voire une nuit entière, si possible dans l'eau de mer (ou à défaut dans de l'eau salée).

Le château d'Avignon★★

À 13 km SO du musée de Camargue par la D570. D570, Saintes-Maries-de-la-Mer ☎ 04 90 97 58 60, www.culture-13.fr. Ouv. avr.-oct. t.l.j. sf mar. 10 h-18 h ; nov.-mars ven. et dernier dim. du mois 10 h-17 h. Jardins en accès libre. Château (réserv. conseillée) soit en vis. guidée 2 à 3 fois/j. soit avec audioguide. De 1,50 à 3 € (gratuit moins de 18 ans).

Ce château du XVIIIe s. campe sur un domaine de 21 ha. Racheté en 1893 par Louis Prat-Noilly (1835-1932), riche négociant en vins et surtout fabricant du célèbre vermouth, il est aujourd'hui la propriété du Conseil général des Bouches-du-Rhône. Le visiteur découvre avec stupéfaction le confort dont disposait ce « pavillon » de chasse, un siècle plus tôt : chauffage central, eau courante à tous les étages, pompe à essence dans le garage aux voitures. Tout aussi étonnant : le domaine s'était doté d'un véritable complexe hydraulique, pour pomper l'eau du petit Rhône, la traiter, la redistribuer tout en produisant son électricité ! Le jardin botanique du parc, avec plus de 30 essences exotiques comme magnolias ou bambous, laisse aussi rêveur.

Ponctuellement au printemps et en fin d'été, des **écoguides** peuvent vous emmener en balade le long d'une roubine (canal d'irrigation) par exemple. C'est gratuit. Gratuits aussi, les spectacles proposés l'été.

Le parc ornithologique de Pont-de-Gau★★

À 9 km S du château d'Avignon par la D570. Route d'Arles, Saintes-Maries-de-la-Mer. ☎ 04 90 97 82 62, www.parcornithologique.com. Ouv. t.l.j. sf Noël oct.-mars 10 h au coucher du soleil ; avr.-sept. 9 h au coucher du soleil. De 4 à 7 €. Aires de pique-nique. Buvette. Plans des circuits donnés à l'entrée. Location de jumelles (5 €). Animations régulières l'été.

7 km de sentiers ont été aménagés dans le parc, qui occupe quelque 60 ha de marais.

9

itinéraire

Trois circuits s'enchevêtrent : celui du marais André-Lamouroux (créateur du domaine), ceux des marais de Pont-de-Gau et de Ginès. Cela multiplie d'autant les chances d'observer de près aigrettes, hérons, sarcelles et surtout les fameux **flamants roses** *(p. 50)*, dont le nombre est évalué sur le site à 2 000 environ en hiver (l'été, le chiffre peut descendre à 300 ou 400).

Saintes-Maries-de-la-Mer★★

À 4,5 km S du parc ornithologique de Pont-de-Gau par la D570.

🛈 Office de tourisme, av. Van-Gogh ☎ 04 90 97 82 55, www.saintesmaries.com. Idées de balade à pied ou à vélo sur le site (rubrique Respirer en Camargue < Les randonnées). Vis. guidée de la ville mar. et ven. à 14 h (7 €). Durée 1 h 30.

L'ancien village de pêcheurs en guenilles s'est transformé en coquette petite station balnéaire, aux maisons blanchies à la chaux. L'été, les restaurants, qui ne s'écartent guère du menu tellines *(p. 129)* et gardiane de taureau, envahissent trottoirs et placettes. En fin d'après-midi, les ruelles résonnent de la musique fiévreuse et déchirante de quelques émules des Gipsy Kings.

L'église Notre-Dame-de-la-Mer★★

Ouv. t.l.j. 8 h-12 h 30 et 14 h-19 h. Accès libre. Accès payant chemin de ronde ; ouv. t.l.j. sf dim. matin juil.-août 9 h-20 h ; mai-juin et sept. 10 h-12 h et 14 h-17 h ; le reste de l'année, mieux vaut téléphoner ☎ 04 90 97 87 60. De 1,50 à 2 € (gratuit moins de 6 ans).

Donjon, créneaux et mâchicoulis… Notre-Dame-de-la-Mer (fin XIIᵉ s.-XIIIᵉ s.) est une vraie forteresse. Quelques rares meurtrières éclairent la nef unique, haute de 15 m, où un puits d'eau douce permettait de soutenir un siège. Son clocher-peigne (ou clocher-mur) est l'un des plus beaux de toute la Provence. Comme « trésor », elle possède le « **coussin** », bloc de marbre encastré dans un pilier *(à g. en allant vers le chœur, près de la barque processionnelle)*, qui aurait servi d'oreiller mortuaire aux saintes Marie-Jacobé (la brune) et Marie-Salomé (la blonde). En 1448, il fut retrouvé lors des fouilles ordonnées par le roi René d'Anjou.

❜**La croix de Camargue**

Ce symbole, omniprésent en Camargue (vous en verrez une à l'entrée des Saintes en venant d'Aigues-Mortes), a été créée en 1924 par le sculpteur Hermann Paul à la demande du marquis Folco de Baroncelli (1869-1943). Cet aristocrate aixois, manadier aux Saintes, est aussi le codificateur de la course camarguaise *(p. 30)*. Posée sur une ancre, la croix avec ses pointes en trident associe gardians et pêcheurs des Saintes.

Marché

Pl. des Gitans aux **Saintes-Maries**, les lun. et ven. Marché où l'on trouvera saucisson de taureau, riz camarguais, fleur de sel…

Son et lumière

Un grand spectacle, orchestré par le metteur en scène Thierry Pellegrin, a lieu chaque année aux Saintes la veille du 14 juillet. Sur la route de Cacharel, au bord de l'étang, toute la Camargue se donne : gardians, chevaux, Arlésiennes en costume, taureaux, etc. Accès gratuit.

Saintes-Maries-de-la-Mer, vue depuis l'étang.

Pause baignade

Les Saintes, ce sont des kilomètres de sable ! Familiales (plage des Arènes) ou sauvages (Beauduc), privées (Bambou Palm Beach) ou bien sportives pour pratiquer le char à voile (la plage Est).

Sous l'autel, un escalier donne accès à la crypte de sainte Sara. Dédiée à la sainte **patronne de tous les gitans** (mais qui n'est pas canonisée par l'Église), elle baigne dans une atmosphère quasi magique. Parée de ses plus beaux atours, la sainte a droit à sa procession à la mer le 24 mai.

À l'extérieur de l'église, un escalier en colimaçon et 53 marches vous conduisent sur le **chemin de ronde**. **Vue panoramique*** sur la mer et les arènes qui étincellent. Dans la **chapelle Haute** *(ne se visite pas)* sont conservées les reliques des saintes Marie-Jacobé et Marie-Salomé, que l'on fête respectivement le 25 mai pour la première et le 22 octobre (ou le dimanche le plus proche) pour la seconde. À chaque fois, la veille vers 15 h 30, on procède à la descente solennelle des châsses ; elles resteront 24 h sur l'autel, où chacun veut les approcher. Le jour même, en fin de matinée, après la messe en provençal, une procession emmène la barque des Maries jusqu'à la mer.

⑩ Vers Salin-de-Giraud

ITINÉRAIRE DE 44 KM

La terre qui craquelle en été, le mistral qui parcourt et transperce ce plat pays… La Camargue présente ici un visage austère. C'est la Camargue préférée des amateurs de solitude, qui ne se lassent pas de découvrir, à pied ou à VTT, un écosystème très complexe, d'étangs et de marais salants, où se mélangent eau douce et eau saumâtre. Cette solitude-là est peuplée de pépiements, gazouillis, gloussements et babillements de milliers d'oiseaux. À commencer par les « claironnements » des flamants roses.

PROGRAMME POUR 1 JOURNÉE

Se lever à l'aube pour découvrir ❤ l'étang de Salin-de-Badon bruissant d'oiseaux dans l'effervescence du matin (p. 134), déjeuner à La Chassagnette (p. 333) et filer à vélo (p. 333) sur la Digue à la mer.

À NE PAS MANQUER

- **Pause nature** : l'observation des flamants roses (p. 135), les ❤ salins avec leurs camelles de sel (p. 136).
- **Gastronomie** : le riz de Camargue (p. 135).
- **Avec les enfants** : équitation au domaine de la Palissade* (p. 333).

CÔTÉ PRATIQUE

Visites guidées Bureau des guides naturalistes ☎ 06 76 96 75 36, www.guide-nature.fr. Des guides naturalistes vous accompagnent sur le terrain.

Randonnées Procurez-vous à l'office de tourisme d'Arles (p. 116) *15 balades dans le Parc naturel régional de Camargue* (12,80 €) ou téléchargez des fiches randonnées sur www.arlestourisme.com.

Conseil Faites le plein d'essence car il n'y a pas de station-service avant Salin-de-Giraud.

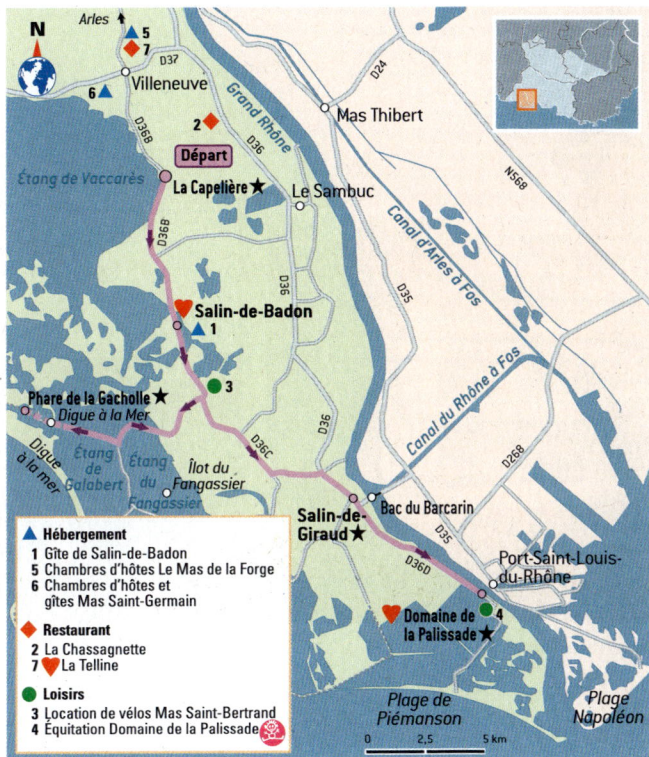

N
Arles ▲ 5
◆ 7
D37
6 ▲ Villeneuve
Grand Rhône
2 ◆
Départ
Étang de Vaccarès
La Capelière ★
Le Sambuc ○ Mas Thibert
Canal d'Arles à Fos
N568
D24
D35
D36
♥ Salin-de-Badon
○ ▲ 1
● 3
Phare de la Gacholle ★
Digue à la Mer
Digue à la mer
Étang de Galabert
Étang du Fangassier
Îlot du Fangassier
D36C
Canal du Rhône à Fos
Bac du Barcarin
Salin-de-Giraud ★
D35
Port-Saint-Louis-du-Rhône
D258
D36D
♥ Domaine de la Palissade ★ ● 4

▲ **Hébergement**
1 Gîte de Salin-de-Badon
5 Chambres d'hôtes Le Mas de la Forge
6 Chambres d'hôtes et gîtes Mas Saint-Germain

◆ **Restaurant**
2 La Chassagnette
7 ♥ La Telline

● **Loisirs**
3 Location de vélos Mas Saint-Bertrand
4 Équitation Domaine de la Palissade

Plage de Piémanson
Plage Napoléon
0   2,5   5 km

Vers Salin-de-Giraud.   Retrouvez toutes les adresses de l'itinéraire p. 332.

❜ La fleur des gardians

La saladelle est la fleur emblématique de la Camargue, la fleur des gardians. On l'appelle aussi la « lavande des mers ». En fin d'été, elle fournit des grappes de fleurs d'un mauve parfois intense, là où le sel remonte. Un sel qui se cristallise sur la face interne de ses feuilles.

☘ La Capelière★

À 20 km S du centre-ville d'Arles. Prenez la D570. 5 km plus loin, tournez à g. sur la D36. Après 4 km, prenez à dr. la D36b. Passez le hameau de Villeneuve-Arles. ☎ 04 90 97 00 97, www.reserve-camargue.org. Ouv. avr.-sept. t.l.j. 9 h-13 h et 14 h-18 h ; oct.-mars t.l.j. sf mar. 9 h-13 h et 14 h-17 h. De 1,50 à 3 € (gratuit moins de 12 ans). Fiches (paysages, oiseaux, etc.) à télécharger sur le site ou à acheter sur place (5 €). Si vous souhaitez vous rendre à Salin-de-Badon, demandez tout de suite l'autorisation.

Sur la rive est de l'étang de Vaccarès, La Capelière abrite le siège de l'une des plus grandes **réserves de zone humide** en Europe (13 117 ha), ce qui inclut la majeure partie de l'étang de Vaccarès. Sur le plan ornithologique, elle est d'une exceptionnelle richesse. On a pu y observer quelque 276 espèces d'oiseaux, soit plus de la moitié de l'avifaune en France ! Certaines espèces, comme les **spatules blanches** (échassiers

Réserve de Camargue.

proches des hérons), sont rarissimes sur les côtes de l'Hexagone. On juge un peu hâtivement les paysages de cette réserve « monotones ». Ils masquent une extrême diversité. Le **sentier des Rainettes** *(1,5 km, accessible en poussette)* permet de découvrir, comme en fondu enchaîné, tous les paysages rencontrés en Camargue.

❤ Salin-de-Badon

À 9 km S env. de La Capelière par la D36b. Autorisation d'accès à demander à La Capelière, l'accès étant limité à 40 pers./j. Ouv. du lever au coucher du soleil. De 1,50 à 3 € (gratuit moins de 12 ans). Billet couplé Capelière et Badon : 4,50 €. Possibilité de dormir sur place (p. 332).
Vous laisserez votre voiture près de l'ancienne saline royale. Trois parcours, le **sentier des Aigrettes**, celui des **Foulques**, enfin celui des **Flamants** vous baladent dans un magnifique paysage de sansouire *(p. 128)*, où vous êtes seuls au monde. Toute l'année, le secteur, où coexistent eau douce, eau saumâtre et eau salée, offre une concentration assez remarquable d'oiseaux *(trois observatoires sont à votre disposition)*.

❜ Vignes de Camargue

La Camargue a encore ses vignes, que certains noient toujours 40 jours sous l'eau, pour laver les sols saturés de sel. En principe, les vins sont ceux d'un seul cépage, le caladoc pour le rosé, le marselan pour le rouge et le chasan pour le blanc.

☘ Vin bio

Mas de Beaujeu, Le Sambuc, Arles (à 7 km N du Sambuc, entre D36 et Rhône) ☎ 04 90 97 22 30, www.domainedebeaujeu. com. Ouv. mer. après-midi, ven. et sam. 9 h-12 h et 14 h-17 h 30. À partir de 4,10 € la bouteille. Un viticulteur bio de longue date, qui pratique la « submersion » de ses vignes.

Le riz en Camargue

En 2010, la Camargue a produit 108 000 t de riz. Dans le delta du Rhône, les rizières se sont fortement développées grâce à la mise en place d'un système hydraulique sophistiqué, tant au niveau de l'irrigation que du drainage. Semé fin avril, le riz pointe sa tête en mai. Il est récolté entre mi-septembre et fin octobre. Ce riz de Camargue a obtenu son IGP (Indication Géographique Protégée), mention qui doit figurer sur l'emballage. Rens. www.rizdecamargue.com.

Une crèche unique en France

Pour se protéger des prédateurs terrestres, le flamant rose niche sur des îlots. En Camargue, les digues empêchent la création de nouveaux abris. Il a été décidé en 1970 de créer un îlot artificiel sur l'étang du Fangassier, que les flamants, méfiants, ont investi... quatre années plus tard. C'est le seul lieu de ponte en France. Une ponte qui débute dans la première quinzaine d'avril. L'incubation dure environ 1 mois, pendant lequel le père et la mère se relaient pour veiller sur le nid, qui contient un seul œuf (de 10 cm dans son plus grand axe). Les poussins, blancs à leur naissance, mais dont la couleur vire très vite au gris, ne prendront leur envol que lorsqu'ils auront atteint l'âge d'environ 11 semaines.

Le phare de la Gacholle★

À 12 km SO de Salin-de-Badon. Suivez jusqu'au bout la D36b, tournez à dr., dir. la Digue à la mer (C135 du Fangassier). Continuez sur la piste carrossable (partiellement en mauvais état) 4 km env. jusqu'au parking dit de la Comtesse. Du parking au phare : 1 km (aller simple). Au phare, dans un bâtiment indépendant, centre d'information ouv. w.-e. et vac. scol. 11 h-17 h ☎ 04 90 97 00 97. Accès libre. Longue-vue à disposition. Aire de pique-nique. Durée de la balade : 1 h.

Que vous soyez en voiture ou à pied, vous vous engagez dans des paysages de bout du monde, au milieu de l'eau, au milieu de nulle part. Construite en 1859 pour protéger la Camargue des colères de la mer, la digue s'étire sur près de 20 km entre Saintes-Maries-de-la-Mer et le phare de la Gacholle. En toute saison, vous apercevrez des flamants roses, pataugeant dans l'eau, à la recherche de leur pitance : entre 1 500 et 5 000 *becarus* (c'est leur nom en provençal) hivernent dans la réserve. Sur cet itinéraire, vous trouverez, à votre gauche, la digue qui part sur Beauduc et sépare l'étang du Galabert de celui du Fangassier *(balade ci-dessous)*.

Balade vers l'îlot du Fangassier

Départ et arrivée : parking à la station de pompage sur la Digue à la mer, à 1,5 km de la fin de la route. **Durée** : 1 h 30 env. **Distance** : 5 km aller-retour. **Balisage** : panneaux d'information. **Balade facile**. **Conseils** : munissez-vous de produits anti-moustiques, de produits solaires, d'eau et de jumelles. À faire entre avril et juin, au plus tard en juillet, au moment de la nidification des flamants. Téléchargez « Les flamants roses » et « La Digue à la mer » sur www.arles.tourisme.com. **Enfants** : à partir de 5-6 ans. **Variante** : l'approche jusqu'à 500 m de cet îlot peut être fait avec un guide naturaliste (p. 132) par un autre chemin.

Entre étang de Galabert et étang du Fangassier, l'itinéraire pique droit sur le sud, vers **Beauduc**, ses « cabanons » rasés l'un après l'autre et sa plage hors du temps. Vous passerez au large de l'îlot du Fangassier, ou des Flamants *(sur votre g.)*, où quelque 10 000 couples nicheurs élisent domicile, le temps d'assurer leur descendance. Chaque année cette pouponnière enregistre entre 3 000 et 7 000 naissances. Une crèche unique en France. Il faut marcher environ 2 km pour « s'approcher » au plus près de cet îlot qui appartient au Conservatoire du littoral.

10
itinéraire

Salin-de-Giraud★

À 14,5 km E du parking du phare de la Gacholle. Revenez sur vos pas et tournez 8 km plus loin à dr. sur la D36c. Rejoignez la D36 et tournez à dr.

ℹ Office de tourisme, 1, rue Pierre-Tournayre (vers les arènes) ☎ 04 42 86 89 77.

Surgi des marais salants à la fin du XIXe s., Salin-de-Giraud ménage aujourd'hui quelques surprises le long de ses rues quadrillées à angles droits. Dans ce « coron du Sud », construit sur le modèle des cités ouvrières du Nord, seuls les tamaris et les catalpas apportent une note exotique. Salin-de-Giraud reste écartelé entre le « quartier Solvay », en briques roses, avec ses arènes construites par l'entreprise, et le « quartier Pechiney », où les maisons portent encore le sobriquet, qui en dit long, de « casernements ».

❤ Les salins

Au S de Salin-de-Giraud, à dr. le long de la D36d. Attention ! Les salins sont une propriété privée.

Les plus grands salins d'Europe (11 000 ha) vous réservent encore des paysages étonnants, comme ensevelis sous la neige, où d'énormes **camelles**, ces réserves de sel hautes d'une vingtaine de mètres, étincellent d'un blanc aveuglant sous le soleil.

Pour obtenir ce résultat, l'eau est d'abord pompée en mer, ce qui peut représenter 80 millions de m³. En quatre ou cinq mois, cette eau parcourt près de 60 km, circulant entre partènements (étangs naturels) et tables salantes, d'un rose irisé, où s'effectue la cristallisation du sel pendant l'été. En septembre, on lève le « gâteau de sel » !

Mais l'avenir des Salins du Midi paraît limité. La production à Salin-de-Giraud a dégringolé autour de 300 000 t ; elle est désormais réservée… au déneigement. La compagnie n'emploie plus qu'une cinquantaine de salariés. Elle a cédé 2 300 ha au Conservatoire du littoral dont l'îlot du Fangassier (p. 135). Un projet de « Cité lacustre » dort dans les cartons.

La plage de Piémanson

À 12 km SE de Salin-de-Giraud par la D36d.

Piémanson est l'une des plus belles plages de Camargue. Chaque été, une vraie ville de toile surgit du sable. On a compté jusqu'à

Il suffit de passer le bac

Le **bac du Barcarin** est le seul moyen de passer le Rhône entre Arles et Port-Saint-Louis-du-Rhône, au niveau de Salin-de-Giraud. Ce bac fait un saut de puce (430 m). Rens. ☎ 04 90 96 34 70, www.smtdr. fr. Ouv. t.l.j. 4 h 20-1 h 50. Départ toutes les 15 ou 30 min. 5 € par véhicule et par passage.

❤ Pause baignade

De Salin-de-Giraud, prenez le bac (5 €) et traversez Port-Saint-Louis, ville repoussée à 5 km à l'intérieur des terres par les alluvions du Rhône, pour atteindre la **plage Napoléon** (parking 3 €). En chemin, on découvre les « theys ». Ce sont des îlots, temporaires ou pérennes, créés par les caprices du fleuve. Une épave ou un bâton planté peuvent faire naître un they. Une colère du fleuve peut le faire disparaître. They de Roustan à droite, they La Grâcieuse à gauche… On atteint finalement la plage Napoléon : 10 km de sable et des rouleaux à faire rêver les kitesurfers.

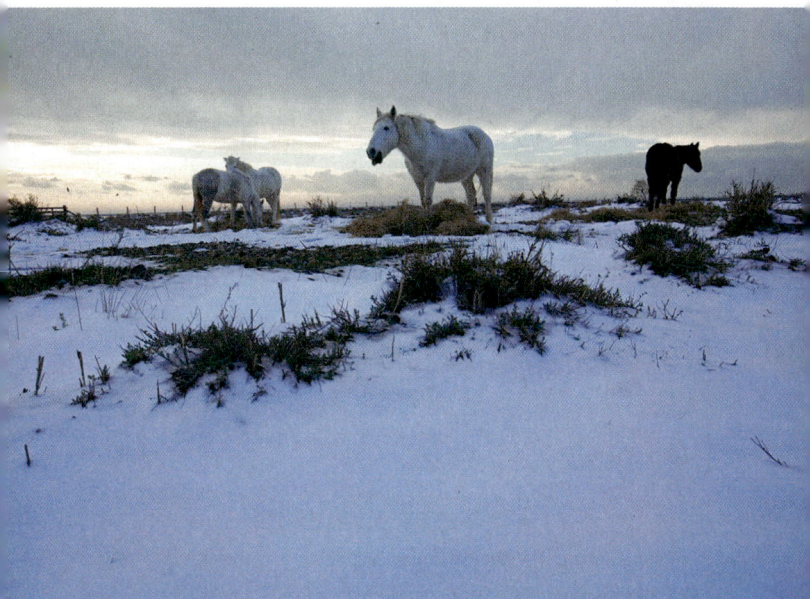

Chevaux vers Salin-de-Giraud.

☃ Festival au fil du Rhône

Fin juil.-déb. août les années impaires. Centré sur des sites naturels protégés, un festival au fil du Rhône, nomade, pétillant et poétique, qui mêle culture et nature. Des acrobates, du « théâtre de paysage », des installations artistiques qui surgissent de l'eau... Rens. Envies Rhônements, Compagnie Ilotopie, Port-Saint-Louis-du-Rhône ☎ 04 42 48 40 04, www.ilotopie.com. Tous les spectacles sont gratuits.

15 000 estivants qui installent leurs tentes au mépris de la loi littoral. Défenseurs de l'environnement et adeptes de vacances libres et gratuites s'y affrontent. Piémanson vit-elle ses dernières heures de folie ?

Le domaine de la Palissade★

À 8,5 km SE du centre de Salin-de-Giraud par la D36d. Arles ☎ 04 42 86 81 28, www.palissade.fr. Ouv. t.l.j. 9 h-17 h (18 h mi-juin à mi-sept.). F. lun. et mar. mi-nov. à fév. F. 1er janv., 1er Mai, 11 nov. et Noël. 3 € (gratuit moins de 12 ans). Carte des circuits donnée à l'accueil. Activités : location de jumelles (2,50 €), randonnée équestre (seulement avr.-oct. ; voir p. 333).

Là, vous retrouvez la Camargue originelle, indomptée, que ne corsettent pas les digues. Confronté aux colères du Rhône ou aux assauts de la mer, ce territoire offre un paysage lagunaire, changeant, miroitant. **Quatre circuits pédestres** respectivement longs de 1,5 km (Le Clos d'argent), 3 km (La Besse claire), 7 km (La Sableuse) et 8 km (La Grande Palun, la plus grande lagune naturelle en France) ont été aménagés dans cette ancienne chasse privée (702 ha).

11 La Crau

ITINÉRAIRE DE 40 KM

Aux portes de la Crau : Salon-de-Provence, 50 000 habitants, ville de savonniers et de… Nostradamus. Voie rapide et autoroute effleurent ce qui est aujourd'hui la Réserve naturelle des coussouls de Crau (7 400 ha), une steppe où, parmi les galets amenés par la Durance, les mérinos d'Arles « s'espandissent » encore.

PROGRAMME POUR 1 JOURNÉE

Musarder le matin à Salon-de-Provence★★ (p. 139) et s'intéresser l'après-midi à de drôles d'oiseaux comme le butor étoilé dans les ❤ marais du Vigueirat★ (p. 140).

À NE PAS MANQUER

- **Pause nature** : l'observation des faucons crécerellettes (p. 139).
- **Visite bonne initiative** : l'écomusée de la Crau★ à Saint-Martin-de-Crau (p. 139), les ❤ marais du Vigueirat★ (p. 140).

Arles
Mouriès
D17
D24
D33
D83
D27
Saint-Martin-de-Crau
Écomusée de la Crau★
D453
N113
D35
A54
6
D5
Canal du Vigueirat
La Dynamite
D24
Plaine de la Crau
Étang des Aulnes
D24
Mas Thibert
Marais du Vigueirat★
D35
N568
N569
Hébergement
1 Camping Nostradamus
2 Hôtel-restaurant Domaine de Roquerousse
3 Chambres d'hôtes Le Mas de Lure
Restaurants
4 La Passerelle
5 La Table du Roy
6 Le Saint-M
Loisirs
7 Salon antiquités-brocante et collection
8 Parc Aventures Accro Passion
0
2,5
5 km
Salin-de-Giraud
Martigues

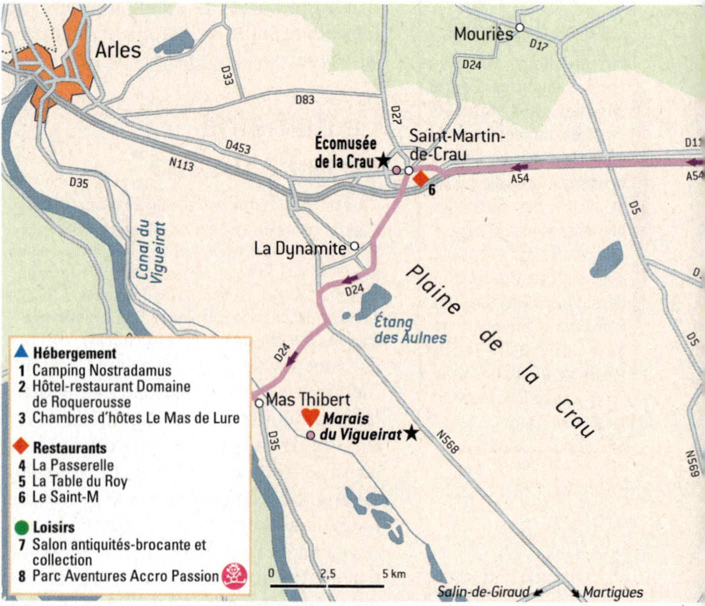

La Crau. *Retrouvez toutes les adresses de l'itinéraire p. 333.*

11
itinéraire

Savon

Savonnerie Marius Fabre, 148, av. Paul-Bourret (près de la gare SNCF) ☎ 04 90 53 82 75, www.marius-fabre.fr. F. w.-e. et Noël. Vis. guidée lun. et jeu. à 10 h 30. De 2 à 3,50 € (gratuit moins de 15 ans). Durée : 1 h. La fabrication du savon ne peut pas être suivie de bout en bout puisque ce processus réclame 15 jours. Mais on verra les énormes chaudrons dans lesquels le mélange huiles et lessive de soude mijote pendant 10 jours à 100 °C !

❞ **Avant-première**

En avant-première, en levant le nez au ciel, entre novembre et mars, le visiteur assiste aux répétitions du prochain « spectacle » de la Patrouille de France, installée à Salon-de-Provence depuis 1964.

Salon-de-Provence★★

À 38 km SE d'Arles. Parkings pl. J.-Morgan (sf mer., jour de marché, payant), sous l'Empéri (payant).
🛈 Office de tourisme, 56, cours Gimon ☎ 04 90 56 27 60, www.visitsalondeprovence.com. Vis. guidée juin-sept. mar.-sam. Gratuit. Durée : 1 h à 1 h 30. Pass 10 € (entrées gratuites dans les musées).

Séduisant, le centre ancien est dominé par le **château de l'Empéri** (xᵉ-xvɪᵉ s.). Ancienne résidence d'été de l'évêque d'Arles, il est devenu aujourd'hui le deuxième **musée militaire** de France après les Invalides (*montée du Puech ☎ 04 90 56 22 36 ; ouv. t.l.j. sf mar. 10 h-12 h et 14 h-18 h ; f. Noël, 1ᵉʳ janv. et 1ᵉʳ Mai ; de 3 à 4,50 €*).

Piqué d'ésotérisme, vous pourrez visiter la **maison de Nostradamus** (*rue Nostradamus ☎ 04 90 56 64 31, www.salon-de-provence. org ; ouv. t.l.j. sf sam. et dim. matin 9 h-12 h et 14 h-18 h ; de 3 à 4,70 €*). Le « médecin astrophile », né à Saint-Rémy-de-Provence (*p. 154*), a passé les 20 dernières années de sa vie à Salon ! Il y a rédigé ses *Centuries* (où certains veulent décrypter l'avenir jusqu'en 3797), représentées dans leur intégralité au musée. Nostradamus a aussi participé au financement du canal de Craponne, qui a apporté l'eau de la Durance à Salon. Ce canal, ce fut toute la vie d'Adam de Craponne (1526-1576), ingénieur visionnaire et Salonais d'origine.

☘ L'écomusée de la Crau★

À 26 km O de Salon-de-Provence par la N113 et l'A54/E80, sortie 12.
Saint-Martin-de-Crau, bd de Provence (à côté de l'église) ☎ 04 90 47 02 01, www.ceep.asso.fr. Ouv. t.l.j. sf dim. 9 h-12 h et 14 h-18 h. Accès libre.

Dans cette ancienne bergerie, la révélation d'un univers qui lutte pour sa survie. Celui des *coussouls* (immenses parcelles, pâturages), des *capitalistes* (propriétaires de troupeaux) et du mérinos d'Arles, qui, de « bête à laine » s'est transformée en bête à viande. Aujourd'hui, la plaine caillouteuse de la Crau peut encore nourrir quelque 110 000 brebis (en 2009). Vous pouvez compléter cette visite par une sortie sur le terrain à l'**observatoire de Peau-de-Meau**, perdu dans un désert de galets (*au S de Saint-Martin-de-Crau du côté de l'étang des Aulnes ; autorisation et plan d'accès fournis par l'écomusée ; 3 € ; gratuit moins de 15 ans ; sentier de 5 km*).

Dans la plaine de la Crau, la réserve naturelle de Peau-de-Meau.

© Philippe RENAUD

♥ ♣ Les marais du Vigueirat★

À 14 km SO de Saint-Martin-de-Crau. Prenez la D24, dir. La Dynamite, jusqu'à la N568 ; tournez à g., repartez 600 m plus loin sur la D24 à dr.
Mas-Thibert, Arles ☎ 04 90 98 70 91, www.marais-vigueirat.reserves-naturelles.org. Ouv. fév.-nov. t.l.j. 9 h 30-17 h. Accès libre. Activités : location de jumelles (2,50 €), balade en calèche (de 7,50 à 15 €, gratuit moins de 6 ans), pêche à l'écrevisse (en juil.-août ; de 6 à 12 € ; durée : 3 h); vis. guidée du petit marais de la Palunette (avr.-sept. t.l.j. ; de 3 à 6 € ; durée : 1 h).

Située à la frontière entre Crau et Camargue et classée Réserve naturelle nationale, la plus grande roselière protégée de Camargue (250 ha) héberge le **héron butor étoilé**, une espèce rare et protégée, qui fait entendre son cri très particulier, façon corne de brume. La réserve fait appel à une entreprise de réinsertion par le travail pour l'aménagement des sentiers.

Très ludique, interactif, entièrement sur pilotis, le **sentier des Cabanes** (500 m) permet à la famille entière de découvrir le cri du ragondin, entre autres exemples (*livret d'interprétation 3 €*).

❞ L'AOP est dans le pré

Le foin de la Crau bénéficie d'une appellation AOP (ex-AOC) ! Ici, les prés à foin sont inondés à dessein. Ce qui permet de faire trois récoltes par an. Exporté, c'est un peu le repas de luxe des chevaux !

Où pique-niquer ?

Vous trouverez votre bonheur sur les bords de **l'étang des Aulnes** (à 6 km S de Saint-Martin-de-Crau par la D24). Ce joli domaine de 300 ha accueille également des concerts en été. Rens. ☎ 0 800 779 790, www.ville-saint-martin-de-crau.fr.

Les Alpilles

Au mot Alpilles, les images surgissent en grappes. Celles d'une Provence échappée d'un conte d'Alphonse Daudet ou d'un poème de Frédéric Mistral. Parc naturel régional depuis 2007, les Alpilles sont un « massif », qui s'étire, entre Rhône et Durance, sur une trentaine de kilomètres d'ouest en est. L'altitude moyenne est de 300 m, avec une pointe déraisonnable à 493 m à l'est avec Les Opies. L'érosion a créé dans cet ensemble de collines calcaires des paysages tourmentés, d'un blanc crayeux, d'une beauté quasiment sulfureuse aux Baux-de-Provence. Géographiquement hors des Alpilles, la Montagnette, la petite montagne aux parfums de farigoule (thym), en est comme une excroissance naturelle. Dans ce cadre préservé, piqueté de villages perchés, de châteaux qui comptent parmi les plus beaux de Provence et de villes charmeuses, on cultive entre oliviers et vergers… le plaisir de vivre. Et parfois la bohème chic.

12 Tarascon et les Alpilles

ITINÉRAIRE DE 40 KM

Tarascon, où le château royal de Provence garde le passage du Rhône, vous ouvre aussi la porte des Alpilles et celle d'une Provence rocailleuse, lumineuse voire belliqueuse quand on aborde le nid d'aigle des Baux. La « vraie Provence », disent ses amoureux. Elle a ses paysages bibliques, où les ailes des moulins ont cessé de tourner, ce qui chagrinerait sans doute Alphonse Daudet. Mais aujourd'hui, toute la vie semble évoluer autour de l'olivier : le travail, les fêtes, la cuisine…

PROGRAMME POUR 1 JOURNÉE

Traquer la Tarasque (p. 145) dans tout Tarascon★ (p. 143) ; réviser ses classiques et son Daudet à Fontvieille★ (p. 145) ; se prendre pour l'un des seigneurs des Baux-de-Provence★★★ (p. 149) défendant son château★★★ à coups de catapulte (p. 150).

À NE PAS MANQUER

● **Histoire** : le château royal de Provence★★★ à Tarascon (p. 144) et l'abbaye de Montmajour★★★ (p. 147).

● **Gastronomie** : l'huile d'olive de la vallée des Baux-de-Provence (p. 149).

● **Avec les enfants** : les Médiévales des Baux-de-Provence (p. 150), le train des Alpilles (p. 336).

● **Carte postale** : le moulin d'Alphonse Daudet★ (p. 146).

CÔTÉ PRATIQUE

Conditions de visite En fonction des conditions météo et des risques d'incendie, de juin à sept. inclus, le secteur des Alpilles (zone 6) peut être en accès libre, ouvert le matin seulement ou fermé toute la journée.
Infos Massifs ☎ 0 811 201 313 (boîte vocale). Application mobile avec MyProvenceBalade.

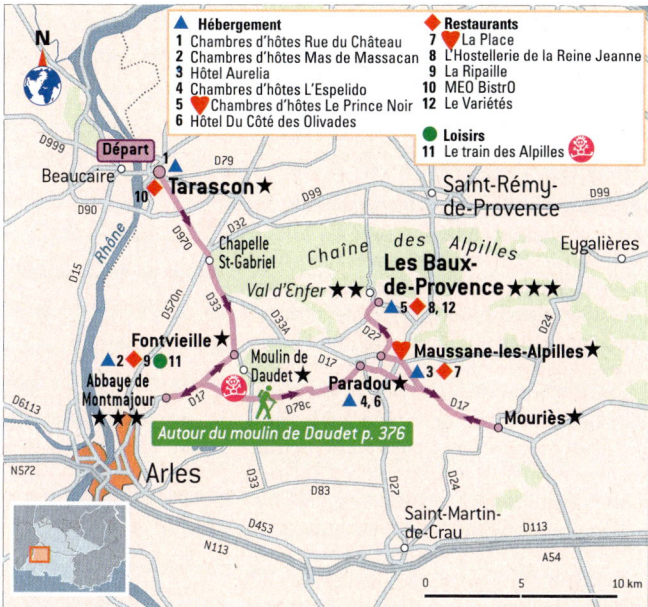

Tarascon et les Alpilles.   Retrouvez toutes les adresses de l'itinéraire p. 334.

Hébergement
1 Chambres d'hôtes Rue du Château
2 Chambres d'hôtes Mas de Massacan
3 Hôtel Aurelia
4 Chambres d'hôtes L'Espelido
5 Chambres d'hôtes Le Prince Noir
6 Hôtel Du Côté des Olivades

Restaurants
7 La Place
8 L'Hostellerie de la Reine Jeanne
9 La Ripaille
10 MEO BistrO
12 Le Variétés

Loisirs
11 Le train des Alpilles

12 itinéraire

Tarascon★

À 23 km SO d'Avignon par les D570n et D970. Durée de la visite : 2 h.
Parking pl. du Général-de-Gaulle au pied du château ou sur le bd Itam. Attention, vous pouvez avoir besoin du disque bleu (qui mentionne votre heure d'arrivée et permet 1 h 30 de stationnement).

🛈 Office de tourisme, pl. du Château « Le Panoramique » ☎ 04 90 91 03 52, www.tarascon.org. De mi-juin à sept., organisation de dégustations de productions locales mar. 11 h-12 h.

En 1246, Tarascon échoit avec les comtés de Provence et de Forcalquier au frère cadet de saint Louis, Charles d'Anjou. S'ouvre alors une période faste : les foires de Beaucaire, de l'autre côté du Rhône, permettent à la ville de développer un réseau d'échanges internationaux. De cette époque (XVe-XVIIIe s.) date un chapelet de beaux hôtels particuliers. Derrière la collégiale royale de Sainte-Marthe, consacrée en 1197, le centre historique de Tarascon, en grande partie piétonnier, fait aujourd'hui cohabiter hôtels-bijoux restaurés et immeubles à la dérive. Ce brassage fait une partie de son cachet. La légende fait le reste, car la ville a ses mythes fondateurs : ceux de la Tarasque, et de Tartarin.

❞Tartarin de Tarascon

Symbole du « bon Méridional », vantard, naïf, truculent, le célèbre « chasseur de casquettes » a vu le jour en 1872, sous la plume d'Alphonse Daudet. Le premier volet de ses aventures, *Tartarin de Tarascon*, sera suivi de *Tartarin sur les Alpes* et de *Port-Tarascon*.

12 itinéraire

Le château royal de Provence★★★

☎ 04 90 91 01 93, www.tarascon.org. Ouv. juin-sept.
t.l.j. 9 h 30-18 h 30 ; oct. 9 h-17 h 30 ; nov.-janv. mar.-dim.
9 h 30-17 h ; fév.-mai mar.-dim. 9 h-17 h 30. De 3 à 7 €
(gratuit moins de 12 ans). Durée de la visite : 1 h.

Au bord du Rhône, tenant à la fois de la forteresse médiévale et du palais Renaissance, ce château en impose avec ses 130 m de long sur 36 m de large. En réalité, c'est Louis II d'Anjou qui l'a fait construire, ou plutôt reconstruire, dans le premier tiers du XVe s., tandis que son fils le « bon roi René » y apportait des modifications intérieures.

Les explications sont malheureusement plus que succinctes. On a une faible idée des fêtes somptueuses qu'a pu accueillir la monumentale salle des festins (200 m²) sous son plafond à caissons en mélèze. Mais en empruntant l'escalier de la tour de l'Artillerie *(NO)*, on accède à la terrasse, d'où la **vue★★★** est royale : les Alpilles au sud-sud-est, Tarascon à l'est, le mont Ventoux à l'extrême est par grand beau. Avant de sortir, attardez-vous dans la cour d'honneur, emblématique du style gothique flamboyant fleuri. Une vraie dentelle de pierre. En buste, le roi René et sa seconde épouse Jeanne de Laval semblent encore attendre d'hypothétiques invités.

❜ Un prince de la Renaissance

Au sommet de sa gloire (1434), il a porté les titres de duc d'Anjou, roi de Sicile et de Jérusalem, comte de Provence. Mais la postérité le connaît comme le **bon roi René** (1409-1480). C'est un prince de la Renaissance, flamboyant, qui compose de la poésie, joue de la musique, peint des miniatures. Mais aussi un mécène qui entretient à sa cour, à Aix-en-Provence, une quarantaine d'artistes *(p. 23)*.

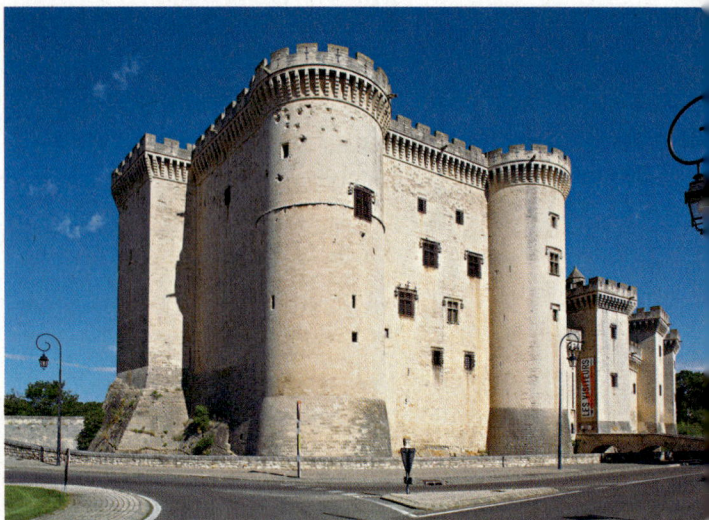

© Philippe RENAUD

Le château royal de Provence à Tarascon.

❞ **La Tarasque**

Caché dans le fleuve, ce monstre, « mi-poisson, mi-cheval » *(sic)*, dévorait tout ce qui se présentait. Au Iᵉʳ s. apr. J.-C., sainte Marthe, fraîchement débarquée de Palestine, en délivra les rives du Rhône. Dans Tarascon, la bête est représentée sous toutes les coutures. Notamment, place du Général-de-Gaulle, près du château, avec une sculpture de 25 t.

🖾 Circuit « À la recherche de la Tarasque » disponible sur www.tarascon.org.

❤ **Les Fêtes de la Tarasque**

Dernier w.-e. de juin. En 1474, le roi René avait prévu que ces jeux se déroulent au moins six fois par siècle. Aujourd'hui, chaque année, pendant quatre jours fin juin, Tarascon est comme saisie de folie. La fête, où Tartarin est associé, combine courses camarguaises, défilé haut en couleur de la Tarasque et de ses chevaliers, son et lumière, bal populaire, feu d'artifice. Rens. à l'office de tourisme *(p. 143)*.

Marché

Sur le Champ-de-Foire à **Fontvieille**, lun. et ven. matin. Les miels de Sophie Berton, les vins bio du Mas de la Dame et l'incontournable poissonnerie Armand. Le marché de Fontvieille est un concentré de Provence.

Le musée Souleiado★

À côté du Théâtre municipal, dans la vieille ville. 39, rue Charles-Demery ☎ 04 90 91 50 11, www.souleiado.com. Ouv. lun.-sam. 10 h-13 h et 14 h 30-19 h (18 h oct.-mai). De 5 à 7 € (gratuit moins de 12 ans). Durée de la visite : 1 h.

Le musée est abrité dans le superbe hôtel particulier d'Ayminy (XVᵉ-XVIᵉ s.). Héritière des manufactures d'indienne, où l'on pratiquait l'impression à partir d'une planche de bois gravé, la marque Souleiado fut créée en 1939. Dans une enfilade de salles, les reconstitutions se succèdent : cuisine provençale avec sa vaisselle de terre ; cuisine aux couleurs, dite l'atelier de l'alchimiste, qui livre les secrets du jaune safran des Indes, du bleu indigo, etc. Malgré un espace restreint, le musée conserve de vrais trésors : collection de *santibelli* (statuettes qui seraient les ancêtres des santons), tableaux du peintre des Arlésiennes, **Léo Lelée** *(p. 146)*, et surtout 40 000 planches d'impression.

La chapelle Saint-Gabriel

À 5 km SE de Tarascon sur la D33, dir. Fontvieille. ☎ 04 90 91 19 99, http://amissaintgabriel.chez.com. Ouv. avr.-oct. 1ᵉʳ dim. du mois 10 h-18 h. Accès libre.

En chemin vers Fontvieille, arrêtez-vous pour contempler cette chapelle romane du XIIᵉ s., au milieu des oliviers, à quelques mètres du carrefour. Une pure merveille : détaillez les scènes du fronton. Vous vous trouvez sur le site antique d'Ernaginum, rasé en 480, réutilisé par un castrum dès 1204 : un sentier derrière la chapelle mène à une tour médiévale.

Fontvieille★

À 6 km de la chapelle Saint-Gabriel par la D33. Parking av. des Moulins (près de l'office de tourisme). Ensuite, prenez en face la rue Honoré-Coudière pour aboutir dans la Grand-Rue.

ℹ Office de tourisme, av. des Moulins ☎ 04 90 54 67 49, www.fontvieille-provence.com. Vis. guidée de 1 h 30 en été du moulin à huile Saint-Jean et sa chapelle mer. à 10 h (6 €, gratuit moins de 8 ans), du vieux village jeu. à 17 h 30 (de 2,50 à 5 €, gratuit moins de 8 ans). Plans gratuits (ou à télécharger sur le site Internet de l'office de tourisme) du parcours Village et du parcours Daudet.

Fontvieille ne se résume pas au moulin de Daudet. Dans cet ancien village de carriers, certaines habitations ont été taillées à même la roche, comme dans la Grand-Rue. Prieuré rattaché au Moyen Âge à·l'abbaye de Montmajour *(p. 147)*, Fontvieille a gardé aussi sa tour des Abbés du XIVe s. *(descendez à g. la Grand-Rue, puis la rue Léo-Lelée)* : elle permettait aux saints hommes de garder un œil sur leurs voisins remuants, les seigneurs des Baux. Au-delà de cette tour, la **vieille Font** (XIIe s.), avec son lavoir imposant *(prenez à dr., dir. Centre aéré)* a un côté maison des sept nains qui amuse particulièrement les enfants !

Le moulin★

À 500 m S du centre-ville. Suivez la D33, fléchage. Parcours découverte « Sur les traces d'Alphonse Daudet » (dépliant gratuit).

Parking (payant avr.-sept., 3 €) au pied !
☎ 04 90 54 60 78. Ouv. avr.-juin t.l.j. 9 h-18 h ; juil.-sept. t.l.j. 9 h-19 h ; oct.-mars t.l.j. 10 h-12 h et 14 h-17 h. F. janv. De 2,50 à 3,50 € (gratuit moins de 7 ans), le billet donnant accès au moulin, au musée attenant et au château de Montauban. Durée de la visite : 30 min (comprenant un petit film).

Perdez vos illusions, il ne s'agit pas du « vrai » moulin de **Daudet**. En 1935, l'association des Amis des moulins d'Alphonse Daudet, **Léo Lelée** en tête, a jeté son dévolu sur le moulin Ribes, rebaptisé Saint-Pierre, en hommage au saint patron de la cité, pour en faire un musée. Il était le seul à posséder encore « une pièce du bas, basse et voûtée comme un réfectoire de couvent », selon la description de l'auteur des *Lettres de mon moulin*. Construit en 1814, ce moulin a fonctionné jusqu'en 1915. En contrebas, l'ancienne salle de blutage abrite un mini-musée Daudet consacré à ses œuvres.

Le château de Montauban★

Au bout du cours Hyacinthe-Bellon, à sens unique, tournez à dr. dans le chemin de Montauban.

☎ 04 90 54 75 12. Ouv. avr.-sept. t.l.j. 10 h-12 h 30 et 14 h-17 h 30. Accès payant (voir plus haut, le moulin). À proximité, piscine, skate park et parcours de santé. Durée de la visite : 30 min.

Invité par la famille Ambroy, Alphonse Daudet a fait de fréquents séjours dans ce château, propriété aujourd'hui du conseil général des Bouches-du-Rhône. Le rez-de-chaussée abrite une exposition permanente, « Fontvieille en histoires ». On y évoque

Produits du terroir

Château d'Estoublon, route de Maussane, Fontvieille ☎ 04 90 54 64 00. Ouv. en saison t.l.j. 10 h-13 h et 14 h-19 h ; nov.-Pâques mar.-sam. 10 h-13 h et 14 h-18 h. F. dim. de fin oct. à avr. La boutique vend les produits du domaine, qui comprend 18 ha de vignes, 48 ha d'oliviers. Et pour les fans, c'est le décor des *Gens de Mogador* : la série y fut tournée (en extérieur).

🐝 Journée Alphonse Daudet

À Fontvieille, le 2e dim. d'août. Ce jour-là, beaucoup de femmes sont costumées en « Mireille ». Comme l'héroïne de Frédéric Mistral *(p. 157)*, elles portent corsage noir, fichu blanc avec les sept plis et jupe flamboyante. Grande « Pegoulado » le soir (vers 22 h), qui comporte danses en costumes, son et lumière.

Goûter à la ferme

La Cala Melosa, vallon de la Leque, Fontvieille (à 5 km N du village, prenez la D17 dir. Paradou, tournez à g. avant le château d'Estoublon sur la D33a) ☎ 04 90 54 66 83, www.civam.org. Sur rés. de mars à mi-oct. Pain d'épices et tartines au miel chez cette apicultrice (7,50 €/pers.). Si vous voulez découvrir l'univers de la ruche, rendez-vous les premiers mer. et dernier dim. du mois sur réservation (mars-oct.). Durée : 1 h à 1 h 30. De 5,50 à 7,50 €.

❜ À l'ombre des cloîtres

L'art roman a sa version provençale, qui réinterprète l'héritage romain de l'ex-*Provincia*. Entre le Xᵉ et le XIIIᵉ s., portée par une piété sans pareille, une génération exceptionnelle d'abbayes et d'églises a vu le jour. Simples, dépouillées – porche excepté –, remplies de silence et d'ombre, repliées autour de leur cloître, elles offrent un moment de paix au touriste harassé. Qui peut comprendre les motivations de ces moines ou chanoines retirés, totalement ou non, du monde.

l'écrivain, objet ici d'un véritable culte. Et le peintre **Léo Lelée** au pinceau vaporeux, qu'on présente toujours comme celui des « Arlésiennes ». L'artiste (1872-1947) s'est néanmoins installé à Fontvieille dès 1919, avant de déménager, au 16, chemin de Montauban, entre château et moulins.

Au départ du château de Montauban, **la balade autour du moulin de Daudet** vous emmène dans un paysage parfois minéral, battu par le mistral, où le soleil souligne de manière implacable la couleur crayeuse des Alpilles (*attention, accès limité l'été*).

🏃 Retrouvez cette randonnée détaillée p. 376.

L'abbaye de Montmajour★★★

Accès depuis Fontvieille par le petit train des Alpilles en saison (p. 336). Arrêt sur demande. Sinon, à 5 km SO de Fontvieille par la D17.
☎ 04 90 54 64 17, www.monuments-nationaux.fr. Ouv. avr. t.l.j. 10 h-18 h ; mai-sept. t.l.j. 10 h-18 h 30 ; oct.-mars t.l.j. sf lun. 10 h-17 h. De 4,50 à 7 €, avec supplément 1 € en juil.-août lors des rencontres d'Arles (gratuit moins de 26 ans). Durée : 45 min à 1 h.

L'expression « travaux de bénédictins » s'applique aux moines de l'abbaye de Montmajour, inscrite aujourd'hui au Patrimoine mondial de l'Unesco. Lorsque les premiers religieux s'y installent, au Xᵉ s., c'est une île au milieu des marais, dans une totale solitude, qui favorise le tête-à-tête avec Dieu. Devant se suffire à eux-mêmes, ils en ont fait une oasis. Aujourd'hui, cet ensemble architectural, entre pins et rizières, panache tous les styles : roman (l'église abbatiale Notre-Dame), gothique (la tour Pons de l'Orme), classique (les ruines grandioses du second monastère Saint-Maur élevé à partir de 1703 sur les plans de Pierre Mignard). À faire absolument : grimper en haut de la tour haute de 26 m (126 marches) pour découvrir le **panorama★★★**.

Paradou★

À 11 km NE de l'abbaye par la D17 et la D78c.

Tant pis pour la légende, Paradou ne signifie pas paradis ! Le mot désignait les **moulins à foulon**, qui prospéraient au bord de l'Arcoule. Le village, patrie du poète Charloun Rieu (1845-1924), reste conforme à la description piquante qu'en faisait Frédéric Mistral : « Les maisons ont l'air d'avoir été semées avec la fronde. »

🏯 À voir, la **Petite Provence** est l'une des plus grandes crèches au monde : elle met en scène plus de 400 santons, un peuple étonnant de lilliputiens (les personnages font 30 cm de haut) évoluant dans un village miniature. *(75, av. de la Vallée-des-Baux ☎ 04 90 54 35 75, www. lapetiteprovenceduparadou.com ; ouv. t.l.j. 10 h-18 h 30, juil.-août 10 h-19 h, janv.-fév. 10 h-12 h et 14 h-18 h ; de 3 à 5 €)*

> ### Fête des olives vertes
> À **Mouriès**, le 3ᵉ w.-e. de sept. Il y a le concours du meilleur casseur d'olives le sam. après-midi ! Courses camarguaises et groupes folkloriques monopolisent le dimanche.

Mouriès★

À 7,5 km SE du Paradou par les D78c et D17.
ℹ️ Office de tourisme, 2, rue du Temple ☎ 04 90 47 56 58, www.mouries.com. Carnet de balades (gratuit).

Fort de ses 80 000 oliviers, ce bourg si tranquille revendique haut et fort le titre de première commune oléicole de France. Trois moulins fonctionnent encore. Le **moulin Saint-Michel** est le plus vieux (1744). Vous trouverez un beau rayon gourmand dans sa boutique ainsi qu'un petit musée *(cours Paul-Révoil ☎ 04 90 47 50 40, www. moulinsaintmichel.com ; ouv. lun.-sam. 9 h-12 h et 14 h-18 h et le dim. mi-juin à mi-sept.).*
☘️ Le **moulin Vaudoret** s'est mis au bio *(☎ 04 90 47 50 13, www.vaudoret.com ; ouv. t.l.j. sf mer. et dim. 14 h-18 h).*

❤️ Maussane-les-Alpilles★

À 7 km NO de Mouriès. Sortez par la D17 (dir. Paradou) ; à 1 km, tournez à dr. sur la D5 et, à 5 km, tournez à g. sur la D78.
ℹ️ Office de tourisme, av. des Alpilles ☎ 04 90 54 33 60, www.maussane.com. Petit plan de découverte du village ou à télécharger sur le site.

Cerné par les oliveraies, plus de 51 000 arbres, le village déborde de charme. Il s'étire tout en longueur, comme un gros chat, le long de l'avenue de la Vallée-des-Baux. La petite **place Joseph-Laugier-de-Monblan** est adorable : des tables de bistrot sont installées l'été près de la fontaine des Quatre-Saisons à deux pas de l'église Sainte-Croix (1754).

> ### 🍀 Le 45ᵉ parc
> Le parc des Alpilles, qui regroupe seize communes (Tarascon, Fontvieille, Mouriès, Les Baux-de-Provence, etc.) a été créé en 2007. S'étalant sur plus de 50000 ha, c'est le 45ᵉ parc naturel régional. À terme, le siège de ce parc doit s'établir dans une maison du XVIIIᵉ s., la Cloutière, à Saint-Rémy-de-Provence. Rens. www. parc-alpilles.fr.

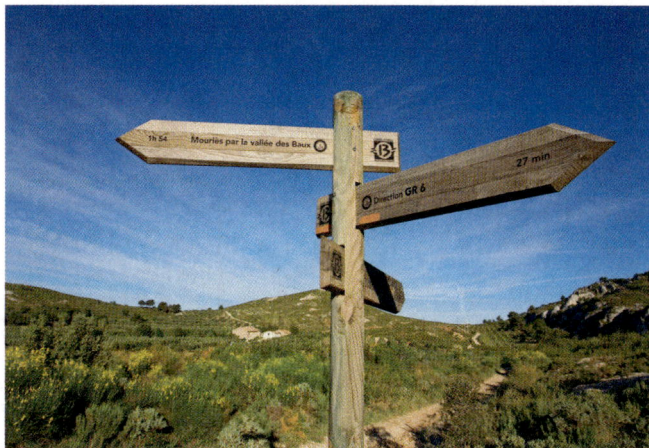

Panneaux de randonnée dans les Alpilles.

© Philippe RENAUD

À l'arrière de la rue principale, vous dénicherez le **moulin de Jean-Marie Cornille** (*rue Charloun-Rieu ☎ 04 90 54 32 37, www. moulin-cornille.com ; vis. guidée fin juin à sept. le mar. et jeu. à 11 h ; gratuit*). Dans une bâtisse du XVIIᵉ s., cette coopérative oléicole sort autour de 200 000 l en huile d'olive AOP (ex-AOC) vallée-des-baux. En saison (*déb. nov. à mi-déc.*), on peut assister, derrière une barrière, à l'extraction de l'huile d'olive « à l'ancienne ».

Les Baux-de-Provence★★★

À 3,5 km N de Maussane-les-Alpilles par la D27.
Sortez par la route des Baux. Parking payant 8 h 30-19 h (4 € à l'extérieur, 5 € à l'intérieur). À découvrir de préférence hors saison. Durée de la visite : 2 h.

ⓘ Office de tourisme, Maison du Roy (à l'entrée) ☎ 04 90 54 34 39, www.lesbauxdeprovence.com. Monuments ouv. en nocturne 1 fois/sem. de mi-juil. à mi-août.

Dans un site âpre, voué aux lignes verticales, rongé par le soleil et le vent, le village des Baux est perché sur un éperon (900 m de long sur 200 de large). Il a tout du village-musée, avec ses boutiques coquettes à touche-touche, ses ruelles pavées et ses maisons Renaissance retapées à grands frais. Passée la porte Mage, il suffit pourtant de s'écarter de la Grand-Rue ou de la rue du Trencat, qui la prolonge, pour retrouver la solitude.

♣ Dégustation d'huile

Moulin Castelas, route de Saint-Rémy (D27a), Les Baux-de-Provence (à 3 km E de la ville) ☎ 04 90 54 50 86, www.castelas. com. L'huile d'olive de la vallée des Baux-de-Provence peut faire l'objet d'une vraie dégustation à cru, comme un vin. Le moulin Castelas (en conversion bio) organise des séances d'initiation. Pour apprendre à reconnaître les arômes d'artichaut, de foin coupé, de prune, de cassis, etc. De juin à sept. les mar. et jeu. à 10 h (sur rés. ; gratuit).

L'église Saint-Vincent★

De la Grand-Rue, partez à dr. dans la rue de la Lauze, puis à g. rue de la Calade. Ouv. t.l.j. 9 h-17 h (18 h l'été).

Cette église dont les chapelles troglodytes remontent au Xe s. est d'une simplicité que soulignent les vitraux, de facture moderne, signés Max Ingand (1955), offerts par le prince Rainier III de Monaco qui est… marquis des Baux.

Le château★★★

Au bout de la rue du Trencat.
☎ 04 90 54 55 56, www.chateau-baux-provence.com. Ouv. t.l.j. printemps 9 h-18 h 30 ; été 9 h-20 h ; automne 9 h 30-18 h ; hiver 9 h 30-17 h. De 6 à 9 € (gratuit moins de 7 ans), audioguide inclus. Pass Provence aux Baux, billet couplé avec Carrières de Lumières (ci-dessous) de 10 à 14,50 € et avec l'abbaye de Silvacane (p. 264) 11 €. Livret-jeux gratuit pour les 7-12 ans. Durée de la visite : 1 h 30.

Les ruines de ce nid d'aigle, perché sur le point le plus élevé du plateau (241 m), se confondent avec le rocher. L'histoire de cette forteresse, érigée dès le Xe s., démantelée sur ordre de Richelieu et de Louis XIII en 1633, est pleine de bruit et de fureur. Comme en témoignent les **machines de guerre** installées sur le terre-plein : catapultes, béliers, etc. D'avril à septembre, elles reprennent du service *(tirs de catapulte w.-e., j.f. et vac. scol. à 11 h, 13 h 30, 15 h 30, 17 h 30)* ! L'ascension jusqu'aux remparts de la citadelle, entre donjon et tour Sarrasine, est vertigineuse. Le surplomb est impressionnant, la **vue★★★** ne l'est pas moins.

❤ Carrières de Lumières

À 800 m du centre des Baux, route de Maillane (D27).
☎ 04 90 54 55 56, www.carrieres-lumieres.com. Ouv. t.l.j. 10 h-18 h (19 h avr.-sept.). De 6,50 à 8,50 € (gratuit moins de 7 ans). Pass Provence aux Baux, billet couplé avec le château (ci-dessus) de 10 à 14,50 €. Durée du spectacle : 35 min. Température fraîche (18 °C).

Dans les entrailles du Val d'Enfer, c'est un lieu magique, où Jean Cocteau tourna *Le Testament d'Orphée* (1959), les anciennes carrières accueillent un spectacle époustouflant, dont le thème, renouvelé chaque année, tourne autour de l'histoire de l'art. Gauguin et Van Gogh ont ouvert le bal. Grand format, les images s'étalent sur les parois, rampent sur le sol, immergeant le visiteur dans un flot d'émotions, visuelles, sonores.

Les Médiévales

D'avr. à sept. w.-e., j.f. et vac. scol. Le château des Baux a ses « Médiévales ». Des animations où entre deux tirs de catapultes, on peut se glisser dans la peau d'un archer du Moyen Âge, tirer à l'arbalète (à partir de 5 ans) ou être le spectateur d'un duel médiéval. Gratuit.

❞ Raymond des Baux

Au XIVe s., Raymond de Turenne, devenu seigneur des Baux, surnommé non sans raison « le fléau de la Provence », avait pour distraction favorite d'obliger les prisonniers à se jeter dans le vide du haut du château (rappelons que le village des Baux est construit sur un éperon dominant de vertigineux précipices)… On raconte que les hésitations des prisonniers avant le saut, leur angoisse et leur terreur ainsi que leurs reculs bien compréhensibles le faisaient beaucoup rire.

Les Baux-de-Provence.

La bauxite des Baux

En 1821, l'ingénieur des Mines Pierre Berthier analyse un échantillon de ce qu'on va appeler la bauxite, échantillon prélevé près du village des Baux-de-Provence. Le minerai est principalement composé d'hydroxyde d'aluminium associé à des oxydes de fer (d'où sa couleur rouge). L'exploitation de la bauxite est aujourd'hui arrêtée, et les galeries abandonnées. Découverte des anciennes mines avec Intergénér'Action ☎ 04 90 18 59 61.

Balade du Val d'Enfer★★

Départ et arrivée : parking des Baux-de-Provence. Partez sur la D27 dir. Carrières de Lumières, dépassez l'entrée et commencez à grimper en restant sur la D27. Après un ou deux virages, prenez le large chemin, interdit aux véhicules, qui part sur la dr. ; il rejoint sur la crête le GR® 6. Une fois sur le GR® 6, repartez à g. Le retour se fait par la route (la D27). **Durée** : 1 h 15. **Distance** : boucle de 3,5 km. **Balisage** : en partie rouge et blanc GR® 6. **Balade facile. Enfants** : 4-5 ans.

La balade vous emmène dans ces paysages torturés qui auraient inspiré Dante pour sa *Divine Comédie* (début du XIVᵉ s.). Le Val d'Enfer, un « cataclysme de pierres » selon Frédéric Mistral, est le royaume de roches sculptées par la nature, taraudées par le vent et la pluie. Dans le dernier tiers du parcours, la table d'orientation vous livre un **point de vue★★★** grandiose, avec au loin le Luberon et le Ventoux.

Saint-Rémy-de-Provence et la Montagnette

En star, Saint-Rémy-de-Provence monopolise tous les projecteurs. On en oublierait presque l'avant-pays, qu'on appelle « la seconde Provence », où le visiteur pressé ne verra que paysage urbanisé, serres à primeurs, vergers ou roubines (canaux d'irrigation). Oui, au pied de la Montagnette, nous sommes dans la banlieue maraîchère d'Avignon. Mais cette Provence-là, gorgée de soleil, a conservé nombre de ses fêtes traditionnelles. Et elle est toujours celle de Frédéric Mistral et d'Alphonse Daudet.

PROGRAMME POUR 1 JOURNÉE

Chercher la maison de Nostradamus dans Saint-Rémy-de-Provence** (p. 153), déjeuner « romain » (p. 337) et jouer les aventuriers de la cité perdue à ♥ Glanum*** (p. 155) ; filer dans la Montagnette (p. 161), avant de découvrir la ♥ cuisine de Mathias (p. 337).

À NE PAS MANQUER

- **Patrimoine** : le musée des Alpilles** à Saint-Rémy-de-Provence (p. 154).
- **Archéologie** : ♥ Glanum*** (p. 155).
- **Gastronomie** : les figues (p. 158) !
- **Avec les enfants** : l'observation du hibou grand duc (p. 337), quad dans le Val de Provence (p. 337).
- **Insolite** : les murs peints de ♥ Graveson* (p. 158).

CÔTÉ PRATIQUE

Conditions de visite En fonction des risques d'incendie, de juin à sept. inclus, les secteurs des Alpilles (zone 6) et de la Montagnette (zone 7) peuvent être en accès libre, ouverts le matin seulement (6 h-11 h) ou fermés toute la journée. **Infos Massifs** ☎ 0 811 20 13 13 (boîte vocale). Application mobile avec MyProvenceBalade. **Bons plans** Un Pass à Saint-Rémy-de-Provence inclut les visites du musée des Alpilles, du cloître Saint-Paul et du site de Glanum. Première vis. à plein tarif, les autres à tarif réduit. WiFi gratuit à l'office du tourisme de Saint-Rémy-de-Provence (p. 153).

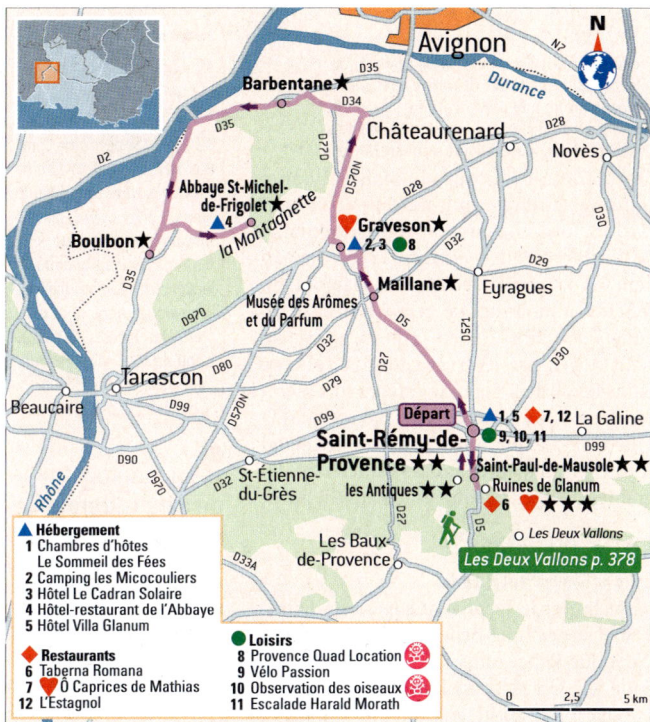

Saint-Rémy-de-Provence et la Montagnette.

Retrouvez toutes les adresses de l'itinéraire p. 336.

Saint-Rémy-de-Provence★★

À 11 km N des Baux-de-Provence par les D27 et D5.

ℹ Office de tourisme, pl. Jean-Jaurès ·

☎ 04 90 92 05 22, www.saintremy-de-provence.com. Parking payant pl. Jean-Jaurès (gratuit dim. et j.f.) et pl. du Général-de-Gaulle. Zone bleue sur les boulevards. Vis. guidée avr.-oct., soit de la vieille ville, soit sur les pas de Van Gogh. 8 € (gratuit moins de 12 ans). Circuits de randonnées en vente (2 €). Marché mer. (provençal) et sam. (fruits et légumes).

Pétillante, fascinante, la capitale des Alpilles retient et subjugue. Quel destin hors du commun ! À « Saint-Rémy-des-Arts », Vincent Van Gogh a peint ses chefs-d'œuvre que les musées du monde entier s'arrachent et Charles Gounod a composé *Mirèio* (Mireille) après sa rencontre avec Frédéric Mistral. Mais il y a aussi l'étonnante histoire de cette « ville morte », la *Glanum* des Romains, qui a resurgi de terre et de l'oubli en 1921, à ses portes.

Le val de Provence

Le val de Provence, sur le plan touristique, regroupe dix communes entre Rhône, Alpilles et Durance comme Graveson, Maillane, Barbentane. Randonnées à télécharger (entre 8 et 27 km) sur www.cc-rhone alpillesdurance.fr.

13

itinéraire

La vieille ville★★

Procurez-vous le livret *Patrimoine* (gratuit) ou téléchargez-le sur le site de l'office de tourisme (www.saintremy-de-provence.com) ; le circuit du centre historique démarre porte Saint-Paul. Le circuit ci-dessous se limite au quart NO de la ville.

On prendra beaucoup de plaisir à flâner dans ses ruelles, qui slaloment et qui, parfois, ont conservé la rigole médiane, par où s'écoulaient les eaux usées. Nez au vent, on fera mille découvertes : gargouilles, fenêtres à meneaux de beaux hôtels particuliers, fontaines… Cette ville-là est née au haut Moyen Âge, d'un *vicus* donné à l'abbaye Saint-Rémy de Reims par l'un des rois mérovingiens, voire par Clovis lui-même. Mais la ville connaît son âge d'or au XIXe s., quand les négociants en chardons cardères ou en graines potagères tiennent le haut du pavé.

La rue du Parage★

Entre bd Gambetta et pl. Favier.

C'est la partie la plus ancienne de Saint-Rémy, et c'est une belle succession d'hôtels d'époque Renaissance : du XVe s., l'hôtel de Sade *(ne se visite pas)* fait face à l'hôtel de Lubières, qui abrite aujourd'hui la maison de l'Amandier et les étonnantes « sylvi-structures » de Pierre Leron-Lesur, des troncs d'arbres qui ont la chance d'entamer une seconde vie comme œuvres d'art *(sur r.-v. ☎ 04 90 92 02 28).*

Le musée des Alpilles★★

Hôtel Mistral de Mondragon, 1, pl. Favier ☎ 04 90 92 68 24, www.mairie-saintremydeprovence. fr. Ouv. mar.-sam. mars-juin et sept.-oct. 10 h-12 h et 14 h-18 h ; juil.-août 10 h-12 h 30 et 14 h-19 h ; nov.-fév. 14 h-17 h. Ouv. le 1er dim. du mois (et gratuit). F. Noël, 1er janv. et 1er Mai. De 2,10 à 3,10 € (gratuit moins de 18 ans).

Dans un bel hôtel particulier de la Renaissance, construit vers 1558 pour François Mistral, baron de Crozes, le musée s'est doté d'une scénographie dynamique. On en apprendra beaucoup sur la **cigale** *(p. 51)*, la **charlotade** (jeux dans les arènes avec le taureau sans mise à mort), l'économie passée et actuelle des Alpilles, où l'on cultivait le **chardon cardère** pour l'industrie textile. Exporté dans le monde entier, ce chardon dont on éraflait après tissage les étoffes de laine les rendait plus moelleuses.

❤ ♣ Douceurs

Le Petit Duc, 7, bd Victor-Hugo, Saint-Rémy-de-Provence ☎ 04 90 92 08 31, www.petit-duc.com. Ouv. t.l.j. sf lun. 10 h-13 h et 15 h-19 h, dim. 10 h-13 h. F. dim. en hiver et vac. de fév. Un fabricant atypique – et bio – de douceurs, comme le pignolat de Nostradamus, un mélange original et délicieux de pignons de sucre, d'eau de rose et de fenouil. La recette est de 1557 !

❯ La maison de Nostradamus

Ne cherchez pas à Saint-Rémy rue Nostradamus la maison natale de Michel de Nostredame (1503-1566). Non ! Elle est au 6 de la rue Hoche… selon toute vraisemblance (ne se visite pas). Célèbre par ses prophéties (*Les Centuries*, 1558), le protégé de Catherine de Médicis fut aussi l'auteur respecté de nombreux traités de médecine *(p. 139)*.

Chocolats du Sud

Joël Durand, 3, bd Victor-Hugo, Saint-Rémy-de-Provence ☎ 04 90 92 38 25, www.chocolat-durand.com. Ouv. lun.-sam. 9 h 30-12 h 30 et 14 h 30-19 h 30, dim. et j.f. 10 h-13 h et 14 h 30-19 h 30. On y vient pour ses chocolats pralinés aux amandes de Provence et aux olives des Baux, ou ses chocolats au thym et romarin.

Des ruines de Glanum, vue sur le mont Gaussier.

© Philippe RENAUD

La collégiale Saint-Martin★

De la pl. Favier, traversez la rue Carnot ; la rue Millaud
est en face. Vous entrez dans le vieux quartier juif.
2, rue Daniel-Millaud ☎ 04 90 92 10 51. Ouv. t.l.j.
8 h-19 h (18 h l'hiver). Chapelle ouv. de juil. jusqu'aux
Journées du patrimoine t.l.j sf lun. 16 h-18 h 30.

Aujourd'hui, la collégiale représente un très
curieux assemblage, où se carambolent les
époques. L'église verse dans le style néo-grec
(1821). Mais la catastrophe de 1818, qui
vit l'effondrement du bâtiment médiéval,
a épargné le clocher hérissé (1330) et la
chapelle funéraire des Renaud d'Alleins,
d'un style gothique flamboyant assez rare
en Provence.

♥ Les ruines de Glanum★★★

À 1,5 km S env. du centre-ville. Sortez par l'av. Pasteur
(office de tourisme), prenez la D5, dir. Maussane-les-
Alpilles. Parking payant à proximité.

Sur fond d'Alpilles, les ruines de Glanum
(ville romaine), au milieu des amandiers
et des cyprès, sont romantiques à souhait.
Avec Vaison-la-Romaine *(p. 206)* et le pont
du Gard *(p. 182)*, c'est l'un des sites antiques
majeurs en Provence. Il s'agit littéralement
d'une ville morte, que des archéologues
comme Pierre de Brun ont exhumée
patiemment à partir de 1921. Pendant
des siècles, Glanum s'est réduite à deux
monuments en parfait état de conservation,
qui marquaient l'entrée nord de la cité
romaine : les Antiques.

Les Antiques★★

Av. Van-Gogh, au bord de la route (D5), sur la dr.
Accès libre.

Dédié à une famille, les Iulius, le mausolée,
de 18 m de haut, daté de 30-20 av. J.-C., est
le seul tombeau rescapé d'une nécropole
qui s'alignait, selon la coutume romaine, le

♥ Festival Organa

De juil. à sept. le sam. à
17 h 30 dans la collégiale
Saint-Martin. Vous pourrez
écouter, sans bourse
délier, les meilleurs orga-
nistes du monde. Rens.
http://organa2000.free.
fr. et auprès de l'office de
tourisme *(p. 153)*.

Où pique-niquer ?

Sur les bords du **lac des
Peïrou**, à 3 km SO de Saint-
Rémy (prenez sur la dr. l'av.
Antoine-de-la-Salle en allant
sur Glanum). C'est un lac
artificiel. Déjà, les Romains
avaient construit sur le
site le plus vieux barrage-
voûte au monde. Le lieu,
pourtant connu des pique-
niqueurs, ne comporte pas
d'aire aménagée. Baignade
interdite. Pêche autorisée
avr.-nov. t.l.j. sf ven. avec
un carte achetée à l'office
de tourisme. Mieux vaut
s'informer en été sur les
conditions météo.

long de la voie, à l'extérieur de la ville. Sur le socle, des bas-reliefs illustrent les épisodes héroïques, sans doute largement amplifiés, de la vie des défunts (combat équestre, chasse au sanglier, etc.). Tout à côté, l'arc municipal date, lui, de 10-25 apr. J.-C.

Glanum★★★

Av. Van-Gogh (D5 sur la dr.) ☏ 04 90 92 23 79, www.monum.fr. Ouv. avr.-sept. t.l.j. 9 h 30-18 h 30 ; oct.-mars mar.-dim. 10 h-17 h. De 4,50 à 7 € (gratuit moins de 26 ans). Durée de la visite : 1 h. Possibilité de se restaurer sur place (p. 337).

Au départ, le circuit vous emmène sur les belvédères, qui donnent la mesure de cette cité antique bâtie autour d'une source sacrée, toujours alimentée en eau. Une pléiade de dieux guérisseurs était honorée à Glanum : Mercure, mais aussi Valetudo, déesse de la Santé, à qui l'on offrait de menus présents (monnaies, aliments, etc.).

Il est difficile de distinguer ce qui appartient à la Glanum romaine (Iᵉʳ-IIIᵉ s. apr. J.-C.) de ce qui subsiste de la ville « gallo-grecque » des Glaniques ou Salyens, peuple celto-ligure (IIᵉ s.-début du Iᵉʳ s. av. J.-C.), en contact avec Massalia, la Marseille grecque (*p. 63*). De la première relèvent tous les bâtiments publics, civils ou religieux ; à la seconde, on peut imputer toutes les belles demeures (maison des Antes), avec leurs galeries à colonnade ouverte.

🏛 Petit jeu à proposer aux enfants : trouver la piscine (*natatio*) des thermes, reconnaissable à sa fontaine en forme de masque de théâtre. Pendant l'été, des ateliers permettent aux pitchouns de devenir **mosaïstes romains**. Jeux de piste et visites en costumes rendent aussi ludique l'apprentissage de l'histoire (☏ 06 07 71 31 43 ; 7,50 € la demi-journée pour les 6-12 ans).

Le cloître Saint-Paul-de-Mausole★★

Chemin de Saint-Paul, à g. de l'av. Van-Gogh, à hauteur des Antiques ☏ 04 90 92 77 00, www.cloitresaintpaul-valetudo.com. Ouv. t.l.j. avr.-sept. 9 h 15-19 h ; oct.-mars 10 h 15-17 h. F. janv.-fév., 1ᵉʳ nov. et Noël. De 3 à 4 € (gratuit moins de 12 ans). Durée de la visite : 1 h (avec celle, extérieure, du « champ de blé »). ♿

Le prieuré Saint-Paul-de-Mausole fut transformé en maison de santé ; c'est ici que Vincent Van Gogh a été « interné », à sa

❜ Les palaces du peuple

L'organisation des thermes reste encore bien visible à Glanum, avec leur système de chauffage par hypocauste (chauffage par le sol, la dalle reposant sur des piles de briquettes). Lève-tôt, les Romains passaient une grande partie de l'après-midi dans ces « palaces du peuple ». Faisant de l'exercice à la palestre (lieu à ciel ouvert), se lavant, rencontrant des amis. Dans l'établissement, ils passaient d'une salle à l'autre, du *tepidarium* (salle tiède) pour s'habituer à la chaleur au *caldarium* (salle chaude) où la température pouvait atteindre 50/55 °C. Un bain froid clôturait le parcours au *frigidarium*.

Le circuit Van Gogh

Départ : à l'entrée du site archéologique de Glanum, près de la maison de santé Saint-Paul-de-Mausole. **Arrivée** : au musée Estrine. **Durée** : 1 h. **Distance** : 1,5 km. Le circuit compte 21 panneaux et 21 reproductions de tableaux de l'artiste réalisés à Saint-Rémy.

Spots d'escalade

Quelque 200 voies d'escalade jalonnent les environs de Saint-Rémy-de-Provence. Les débutants opteront pour le secteur du vallon de Valample (à 2 km SO du centre-ville), tandis que les intrépides s'essaieront au mont Gaussier. Rens. http://escalade.alpilles.free. fr. Topoguide *Escalade Les Alpilles* (28 €). *Voir également p. 337.*

demande, entre mai 1889 et mai 1890. Pendant ces 53 semaines, il va peindre quelque 150 toiles. Parmi elles : *Les Iris, La Nuit étoilée*, la série des *Oliviers…*

Aujourd'hui, on peut visiter sa « cellule » (une reconstitution) et entrer dans le « champ de blé » qu'il a peint. La maison de santé enserre dans ses murs un **cloître roman★★**, à la mode lombarde, de toute beauté. Ce sont les vestiges d'un prieuré (XIᵉ s.), qui eut pour vocation dès son origine d'accueillir charitablement les personnes rejetées et notamment les malades mentaux. Actuellement, le centre Saint-Paul héberge un établissement psychiatrique qui soigne 130 patients ; on y pratique « l'art thérapie ».

Au départ de Saint-Rémy-de-Provence. La **balade des Deux Vallons** au pied du plateau de La Caume et du mont Gaussier, montagne mythique de Saint-Rémy-de-Provence, vous offre des images somptueuses.

🏃 Retrouvez cette randonnée détaillée p. 378.

Maillane★

À 7 km NO de Saint-Rémy-de-Provence par la D5.

🛈 Office de tourisme, av. Lamartine
☎ 04 32 61 93 86, www.maillane.fr.
Un dépliant *Parcours du patrimoine* gratuit.

Visite à la ferme

Rucher des Alpilles, Grand-Draille Nord, La Galine (à 4 km E de Saint-Rémy-de-Provence, route de Cavaillon), ☎ 04 90 92 28 88, http://rucherdesalpilles. free.fr. Ouv. t.l.j. sur r.-v. 8 h 30-12 h 30, dim. 9 h-12 h. Gratuit. Durée de la visite : 1 h. Période de fabrication : mai-oct. On découvre la fabrication des ruches et la façon dont on sélectionne les miels. La dégustation finale vous permet de différencier miel de lavande, miel de romarin, miel de fleurs de Camargue ou des Alpilles.

La bourgade aurait sombré dans l'oubli sans **Frédéric Mistral**, qui y est né en 1830 et y est mort en 1914. La **maison du Lézard**, où il a vécu avec sa mère, entre 1855 et 1876, abrite aujourd'hui l'office de tourisme. Sa troisième et dernière maison, qu'il a fait construire avec les droits de *Mirèio* (Mireille), abrite le **museon Mistral** (*11, av. Lamartine* ☎ *04 90 95 84 19 ; ouv. avr.-sept. t.l.j. sf lun. et j.f. 9 h 30-11 h 30 et 14 h 30-18 h 30, oct.-mars 10 h-11 h 30 et 14 h-16 h 30 ; de 3 à 4 €, gratuit moins de 12 ans ; vis. guidée de 45 min*). Tout est resté en place : sa correspondance (60 000 lettres !), aussi bien qu'un arc et des flèches d'Amazonie que ce passionné d'ethnologie a probablement reçus en cadeau. Dans ses murs, le Prix Nobel de littérature (1904) a mené apparemment une vie réglée comme du papier à musique, entre sa mère (la maison est juste derrière) et sa femme.

13
itinéraire

Gai iesert,bèu toun souléu,
l'ouro passo que trop lèu
e deman plóura belèu.

1903

La maison du Lézard à Maillane.

© Philippe RENAUD

❤ Graveson*

À 3 km NO de Maillane par la D5.

ℹ️ Office de tourisme, cours National
☎ 04 90 95 88 44, www.graveson-provence.fr. Circuit
de 15 étapes qui croisent et recroisent les lieux peints
par Auguste Chabaud (guide en vente au musée, 5 €).

À chacun son grand homme. Graveson a
Auguste Chabaud (1882-1955), un peintre
fauve, ami de Matisse et de Derain, qui, après
la Seconde Guerre mondiale, s'est retiré au
mas de Martin, près de la Montagnette. Si
bien qu'on peut découvrir ce village, qui se
veut « celui des plaisirs », à travers les yeux de
l'artiste : l'église construite avant le XIᵉ s. mais
maintes fois remaniée et la roubine (canal).
Pour ceux qui veulent en savoir plus,
le **musée de région Auguste-Chabaud**
(*cours National* ☎ *04 90 90 53 02, www.
museechabaud.com ; ouv. t.l.j. juin-sept.
10 h-12 h et 13 h 30-18 h 30, oct.-mai
13 h 30-18 h 30 ; de 2 à 4 €*) permet d'avoir
une vue cohérente de l'œuvre de ce peintre
injustement oublié grâce à une cinquantaine

Figues du verger

Les Figuières, mas de
Luquet, 713, chemin du Mas-
de-la-Musique, Graveson
(à 2 km S du village, dir.
Tarascon par la D28 ; au 1ᵉʳ
rond-point, tournez à g. sur
la D80, suivez le fléchage)
☎ 04 90 95 72 03, www.
lesfiguieres.com. Visite du
domaine, avec les fruits
sur les arbres, sur r.-v., de
mi-juin à mi-oct. le sam. à
17 h. Gratuit. Durée : 1 h.
Un arboriculteur spécialisé
dans la figue. À la boutique,
confitures, vinaigre de
figues, chutneys, compotes,
nectars et… figues fraîches
en saison (été-début de
l'automne).

☘ **Pause verte**

Jardin des Quatre-Saisons, une aire de jeux pour enfants en plein centre-ville de Graveson au milieu des viormes, famille d'arbustes qui inclut le laurier-tin.

Marché paysan

À **Graveson**, de mai à fin oct. le ven. après-midi 16 h-20 h. Une vingtaine de producteurs de figues, de miels, de saucissons d'Arles et de fromages de chèvre sont réunis. Journée à thème le dern. ven. du mois (marché à l'ancienne ou Fête de la pomme et des confitures, par exemple). Rens. www. lemarchepaysan.com.

❜La « carreto ramado »

Dans bien des communes du val de Provence, la *carreto ramado*, la « charrette ramée », chargée de branchages, de fleurs champêtres voire de fruits et légumes, est de sortie pour les fêtes de la **Saint-Éloi** (dernier w.-e. de juil. à Graveson, avant-dernier dim. à Maillane). Selon la confrérie et le village, il peut s'agir d'une cavalcade où la charrette est emmenée à folle allure par une vingtaine de chevaux (impressionnant !), harnachés de pompons, de miroirs et de grelots. Derrière suivent en grand équipage des attelages où les participants ont revêtu les costumes provençaux. Ces festivités perpétuent un rituel agraire, dont les origines restent incertaines.

d'œuvres présentées – peintures, dessins, sculptures. Du coup, cette cité de quelque 3 200 habitants prolonge l'aventure, et se transforme en **atelier de peinture à ciel ouvert** le temps d'un week-end *(Pictural & Mural ; sem. précédant le 1ᵉʳ dim. de sept.)* : une vingtaine de murs peints, signés d'artistes contemporains comme Monique Chabaud, petite-fille d'Auguste Chabaud, composent déjà la collection.

☘ Le musée des Arômes et du Parfum

À 5 km SO de Graveson ; sortez du centre-ville par la D28, dir. Tarascon/Arles, au 1ᵉʳ rond-point tournez à g. sur la D80, fléchage sur la g.

Petite route de Grès ☎ 04 90 95 81 72, www. museedesaromes.com, www.aromacocoon.net. Ouv. t.l.j. 10 h-12 h et 14 h-18 h (10 h-19 h en juil.-août). En accès libre, carré des simples et boutique ; musée 5 € (gratuit moins de 12 ans) avec dégustations hydrosols. Petite restauration en juil.-août à la Cabane Bamboo, sous les platanes (jus de fruits ou légumes, crudités).

Entouré de cyprès et de champs de lavandin, ce musée est hébergé dans une ancienne cave de l'abbaye Saint-Michel-de-Frigolet *(p. 162)*. Il est aussi la vitrine du **laboratoire Vie Arôme**, qui produit des huiles essentielles biologiques et nature. À vous d'élaborer votre programme : pause fraîcheur dans la cour des Alambics ou séance de distillation de lavandin, de romarin et d'eucalyptus *(juil.-août lun., mer. et ven. à 16 h, les 3 dim. avant Noël à 15 h)*. Ou relaxation zen : le centre dispose d'un espace détente AromaCocoon®, très japonisant *(sur r.-v. ; comptez de 15 min pour un massage de type réflexologie à 1 h 30 pour un massage aux huiles essentielles ; de 10 à 120 €, visite du musée incluse)*.

Barbentane★

À 8 km NO de Graveson. Sortez de Graveson par la D5 (av. de Verdun), prenez à dr. la D570n (dir. Avignon) ; à 5,5 km tournez à g. sur la D34. Parking sur le cours Jean-Baptiste-Rey.

ℹ Office de tourisme, cours Jean-Baptiste-Rey ☎ 04 90 90 85 86, www.barbentane.fr. Circuit historique 16 plaques émaillées dans le village.

Au Moyen Âge, Barbentane fut un **village fortifié**, cramponné à la Montagnette, prêt à soutenir un siège. En témoigne la tour Anglica *(ne se visite pas)*, construite vers

13

itinéraire

1364-1365 par Anglic de Grimoard, frère du pape Urbain V, pour verrouiller l'accès sud d'Avignon. De cette période reste aussi la porte Calendale, qui a néanmoins perdu ses herses de type « sarrasin ». Elle s'ouvre sur la Grand-Rue, où vous dénicherez dans l'impasse Matheron *(à dr., en montant)* le Grand Puits (1370), taillé dans le roc. Plus haut, toujours à droite, face à l'église romane *(dont l'accès au clocher est autorisé pour les seules Journées du patrimoine)*, la **maison des Chevaliers** (XIIᵉ s.) fut la première résidence des seigneurs de Barbentane.

Autre monument pittoresque de Barbentane : le **moulin de Bretoule** *(sortez de l'enceinte fortifiée en haut du village par la porte Sequier et tournez à dr. dans le chemin, à 200 m env.)*. Ce moulin à farine, qui a fonctionné de 1774 à 1845, a gardé ses ailes *(ne se visite pas)*.

Le château de Barbentane★★

Au pied du village médiéval, à dr. en arrivant de Graveson ☎ 04 90 95 51 07. Ouv. de Pâques à la Toussaint 10 h-12 h et 14 h-18 h. F. mer. sf juil.-sept. De 5,50 à 7,50 € (château et terrasses). Vis. guidée. Durée de la visite : 45 min.

Vers 1674, Paul François Iᵉʳ de Puget de Barbentane fit construire ce « **petit Trianon du Soleil** », d'une belle élégance. Le château, qui appartient toujours à la même famille, doit ses décors très italianisants à l'un des marquis de Barbentane, Joseph Pierre Balthazar, ambassadeur du roi Louis XV à Florence pendant 20 ans. Aujourd'hui, ses descendants essaient tant bien que mal de maintenir en état ses trésors – tapisseries d'Aubusson, poteries de Moustiers, lustres en cristal de Baccarat, commodes Louis XV. ⚘ Les enfants apprécient particulièrement les **terrasses à l'italienne** *(elles seules sont accessibles au public)*, dont les platanes centenaires dominent le parc romantique de 5 ha.

Boulbon★

À 8 km SE de Barbentane par la D35.

Sans forfanterie, le village revendique plus de 1 000 ans d'existence. Le nom de Boulbon apparaît pour la première fois dans un acte de 1003, période où l'assèchement des marais, autour de la Montagnette, probablement par les moines bénédictins de

❜ Made in Barbentane

Les rosés de Barbentane *(Hebeloma edurum)* sont des champignons que l'on trouve dans la forêt de Barbentane. Les deux boulangeries-pâtisseries de Barbentane, elles, proposent la tirette, une gourmandise du week-end allongée, pailletée de grains de sucre. Recette gardée secrète !

❜ La Montagnette : un jardin sauvage

Encadrée par Graveson, Barbentane et Boulbon, la Montagnette, c'est la petite Montagne, un ensemble de collines calcaires qui culmine à 161 m et qui s'étale sur 6 000 ha. Sur 6 km sur 12, c'est un petit concentré de Provence avec ses escarpements rocheux, ses vallons oubliés où poussent pins d'Alep, oliviers centenaires et amandiers. Le nez est chatouillé par des parfums suaves : jasmin sauvage, romarin et, bien sûr, thym. C'est dans la Montagnette que Tartarin de Tarascon *(p. 143)* partait à la chasse avec le pharmacien Bézuquet.

© Philippe RENAUD

Le village de Boulbon.

l'abbaye de Montmajour *(p. 147)*, permet une mise en valeur des terres. Aujourd'hui, le bourg est comme écrasé par les ruines imposantes de son château *(ne se visite pas)*, dont le donjon remonterait au XIe s. Ce vrai **nid d'aigle** a longtemps joué le rôle de sentinelle sur la frontière entre comté de Provence et royaume de France. Vous passerez sous la porte Loriol (1253) avant de flâner dans la Grand-Rue. Vous remarquerez un saint Christophe *(à g.)*, du XIVe s., qui monte la garde face à la porte Saint-Jaume, et prémunit le passant contre toute mort subite… mais pour la journée seulement.

L'*abrivado*

À Boulbon, le 3e w.-e. de sept. L'*abrivado* à l'ancienne, c'est l'arrivée des taureaux dans la ville, encadrés par les gardians à cheval *(p. 31)*. Rens. www. mairie-boulbon.fr.

Balade au moulin Bonnet

Départ et arrivée : place Gilles-Léontin, à l'entrée de Boulbon. Prenez la rue de l'Église, puis la rue de l'Hôtel-de-Ville. Tournez à dr. dans le chemin de la Montagne. **Durée** : 1 h. **Distance** : 3,2 km aller-retour. **Balisage** : jaune (PR®). **Balade facile. Enfants** : 4-5 ans. Accès modulé l'été.

Cette balade qui permet une incursion dans la Montagnette offre une **vue plongeante** sur le château de Boulbon. Chemin de la Montagne, le macadam s'arrête à la **chapelle Saint-Marcellin**, de pur style roman, chapeautée d'une belle toiture de lauzes *(ouv.*

lors des Journées du patrimoine et sur r.-v. avec les Amis du Vieux-Boulbon ☎ 04 90 43 95 47; gratuit). Après la chapelle commence la piste (fermée par une barrière laissant passer les piétons), large comme un boulevard. Un ou deux virages plus loin, vous apercevez au sommet (109 m) la silhouette du **moulin Bonnet**. Construit à la fin du XVIIIe s., ce moulin à farine a été restauré et peut fonctionner (rens. ☎ 04 90 43 95 47; gratuit). Table d'orientation à l'arrivée. Retour par le même chemin.

L'abbaye Saint-Michel-de-Frigolet★

À 5 km E par la D81.
☎ 04 90 95 70 07, www.frigolet.com. Visite libre en sem. Basilique de l'Immaculée-Conception ouv. t.l.j. 8 h-10 h 45 et 14 h-18 h; église Saint-Michel t.l.j. 7 h-12 h et 14 h-19 h. Vis. guidée payante le dim. à 16 h en été et 15 h en hiver; de 2 à 4 € (gratuit moins de 11 ans). Durée : 1 h 15. Cette visite permet, seule, d'accéder au monastère. Boutique. Restaurant. Aire de pique-nique.

Saint-Michel-de-Frigolet, ceinturé d'une muraille néogothique, ressemble au château de la Belle au Bois dormant! Dès 1121, un document fait mention d'un monastère à Frigolet. Près de 900 ans plus tard, malgré bien des orages, l'abbaye Saint-Michel-de-Frigolet héberge encore (en 2011) neuf pères blancs – ainsi nommés en raison de la couleur de leur habit – et un novice, qui appartiennent à l'ordre des Prémontrés. Si l'on veut se consacrer à l'essentiel, on ira droit à la chapelle **Notre-Dame-du-Bon-Remède** (XIIe s.), englobée dans la très kitsch basilique de l'Immaculée-Conception (XIXe s.) : le sanctuaire fut doté par la reine Anne d'Autriche de 14 toiles attribuées à Nicolas Mignard, le peintre d'Avignon (XVIIe s.). L'épouse de Louis XIII était venue demander à Notre-Dame un héritier pour le trône de France, ce qui lui fut accordé en 1638, avec la naissance du futur Louis XIV. Vous pouvez aussi jeter un œil à l'église Saint-Michel, du XIIe s., de style roman provençal. Et si vous souhaitez cueillir des plantes sauvages comestibles (pourpier, roquette, fenouil, amaranthe, etc.) – cueillette prolongée par des ateliers aquarelle ou jardinage –, prenez rendez-vous (☎ 06 22 42 20 00; oct.-juin).

❤ **Messe de minuit**

À Noël, dans l'**abbaye Saint-Michel-de-Frigolet**, la messe de minuit avec pastrage (cérémonie symbolisant l'Adoration des bergers, p. 29) est l'une des plus émouvantes de toute la Provence. Accompagnée par les tambourinaires, une famille de bergers fait son entrée dans l'église abbatiale. Dans une charrette, un ou deux agneaux nouveau-nés ont pris place. La messe est précédée à 23 h par une veillée avec chants provençaux.

L'élixir du père Gaucher

« Le curé de Graveson me versa deux doigts d'une liqueur verte, dorée, chaude, étincelante, exquise… J'en ai eu l'estomac tout ensoleillé. » Vous avez reconnu peut-être l'un des plus célèbres épisodes des Lettres de mon moulin (Alphonse Daudet), consacré à l'élixir pour lequel se damne le R. P. Gaucher. Le brave homme n'a sans doute existé que dans l'imagination de l'écrivain ! Et le fameux élixir, le Frigolet, n'est plus fabriqué sur place, mais à Châteaurenard (Bouches-du-Rhône) depuis 1865. Parmi trente plantes, le thym (farigoule) entre, bien sûr, dans sa composition. Rens. http://boutiques.polesud.com.

Avignon et le Gard provençal

Turbulences du mistral et stridences des cigales… cet itinéraire se faufile entre Vaucluse et Gard, jouant à saute-frontière entre l'ancien royaume de France et les possessions des papes. Dans cet espace, il y a place néanmoins pour deux stars. Le palais des Papes vous attend dans une Avignon que Frédéric Mistral baptisait, d'un trait de génie, « la sonneuse de joie », tant sont nombreux les clochers qui émergent de la vague des toits mordorés. À une vingtaine de kilomètres, le pont du Gard, lui, se dresse dans la solitude de la garrigue. Ici, les Romains ont accompli des prodiges : l'aqueduc fournissait jusqu'à 40 000 m³ d'eau par jour à la ville de Nîmes. Autre héritage des Romains : la région est aussi vouée à la vigne. Seule exception notable qui confirme la règle : le vignoble de Châteauneuf-du-Pape est une création, « récente », d'un souverain pontife du XIVe s.

⑭ Avignon★★★
La sonneuse de joie

COMPTEZ DEUX JOURS

L'ancienne *Avenio*, la « cité du vent violent », que le mistral étrille toujours, fut la capitale de la Chrétienté au XIVᵉ s., où s'installèrent les papes. Visite éclair d'une cité élégante et effervescente comme un champagne, que l'on appelle aussi « la sonneuse de joie ». Incontournable : la promenade des Doms, autour de la place du Palais, où nombre de monuments sont inscrits par l'Unesco au Patrimoine de l'humanité. Mais Avignon a aussi ses coins secrets, pittoresques : rendez-vous par exemple dans la rue des Teinturiers, la rue des poètes et des noctambules.

PROGRAMME POUR 1 JOURNÉE

Flâner nez au vent le matin sur le marché des Halles de la place Pie (p. 171), puis explorer le palais des Papes★★★ (p. 165) avant d'aller savourer les derniers rayons de soleil sur le rocher des Doms★★ (p. 169) et de plonger dans l'effervescence de la place de l'Horloge★ (p. 170).

À NE PAS MANQUER

- **Histoire** : le palais des Papes★★★ (p. 165).
- **Art moderne** : le musée Angladon★★ (p. 172).
- **Avec les enfants** : visite du musée-qui-fait-aimer-fruits-et-légumes (p. 172), croisière sur le Rhône (p. 339).
- **Point de vue** : le rocher des Doms★★ (p. 169).

CÔTÉ PRATIQUE

ℹ **Office de tourisme**, 41, cours Jean-Jaurès B3 et pl. Pie C2 (ouv. le w.-e.) ☎ 04 32 74 32 74, www.avignon-tourisme.com.

Transports Garez votre voiture hors les murs dans les parkings prévus à cet effet (gratuits) et utilisez les navettes.

Dans le centre : à pied, en vélo libre-service (www.velopop.fr) ou en petit train (www.petittrainavignon.fr ; 15 mars aux vac. de la Toussaint ; de 4 à 7 €, gratuit moins de 4 ans).

🍀 Essayez aussi le Baladine, un véhicule électrique qui s'arrête sur un signe de main (www.tcra.fr ; 0,50 € le voyage).

Bon plan Pass Avignon Passion pour les musées et transports à caractère touristique. La 1ʳᵉ visite est à plein tarif, les suivantes bénéficient d'un tarif réduit (entre 10 et 50 %) pour toute la famille (jusqu'à 5 pers.). Rens. à l'office de tourisme ou dans les sites. Gratuit.

L'Avignon des papes★★★

Départ porte du Rhône. Durée de la visite : 2 à 3 h. Itinéraire balisé par des pastilles de couleur orange au sol (dépliant *Avignon Passion*).

Le pont Saint-Bénezet★★ B1

Accès bd du Rhône, à côté de la porte du Rhône ☎ 04 90 27 51 16. Ouv. t.l.j. 1er mars-14 mars 9 h-18 h 30 ; 15 mars-30 juin et 16 sept.-1er nov. 9 h-19 h ; juil. et 1er-15 sept. 9 h-20 h ; août 9 h-21 h ; 2 nov.-fév. 9 h 30-17 h 45. De 3 à 4,50 € (gratuit moins de 8 ans). Possibilité de billet couplé avec le palais des Papes. Vis. audioguidée. Durée de la visite : 30 min.

Longtemps, ce fut le seul pont entre Lyon et la mer. À ce titre, il fit la prospérité d'Avignon, qui engrangeait taxes et « péages ». Dans sa splendeur, il comportait 22 arches (il en reste quatre), mesurait 900 m de long et rejoignait la tour Philippe-le-Bel à Villeneuve lez Avignon *(p. 175)*. Les fureurs du Rhône ont eu raison de l'édifice lancé au XIIe s. par Bénezet, un simple berger, selon la légende, et qui ne fut jamais canonisé.

⚜ Le pont **reconstitué en 3D** ? On y vient ! Dans la tour du Châtelet, attenante au pont et qui le protégeait, un espace muséographique fait le point sur cette aventure.

Le palais des Papes★★★ B1

Pl. du Palais ☎ 04 90 27 50 00. Fléchage au sol depuis la porte du Rhône. Ouv. t.l.j. 15 mars-30 juin et 16 sept.-1er nov. 9 h-19 h ; juil. et 1er-15 sept. 9 h-20 h ; août 9 h-21 h ; 2 nov.-14 mars 9 h 30-17 h 45. F. des caisses 1 h avant. www.palais-des-papes.com. De 7 à 10,50 € (gratuit moins de 8 ans). Possibilité de billet couplé avec le pont Saint-Bénezet. Vis. audioguidée. Vis. guidée sur demande. Porte-bébé prêté. Restaurant. Durée de la visite : 1 h 30.

En 1309, le pape Clément V établit ses quartiers, par intermittence, en Avignon. Le provisoire allait s'éterniser. Benoît XII (1334-1342) et surtout Clément VI (1342-1352) firent construire ce palais, qui était tout à la fois une résidence princière fastueuse et une cité administrative, où défilaient cardinaux et courtisans, tout en restant un lieu de culte. Extérieurement, il garde des allures de forteresse médiévale avec ses tours crénelées et ses ouvertures parcimonieuses. On entre par la **cour d'Honneur**, qui réunit Palais-Vieux (celui de Benoît XII et de son architecte Pierre Poisson) et Palais-Neuf (celui de Clément VI et Jean de Louvres), et

Avignon.

ORANGE, D 980

N

Pont
Saint-Bénezet ★★

navette
gratuite

Bd Porte
du Rocher

**Rocher
des Doms** ★★

Départ
Porte du Rhône

Ferruce

**Musée du
Petit-Palais**
★

*Jardin
des Doms*

Escalier
Sainte-Anne

Cathédrale
Notre-Dame-
des-Doms

PLACE
DU
PALAIS

**Palais
des Papes**
★★★

*Verger
Urbain*

**Cour
d'Honneur**

8 PL. DE
L'AMIRANDE

Peyrollerie

PONT ÉDOUARD DALADIER

Rhône

Porte
de l'Oulle

Porte
de l'Oratoire

10

PLACE
DE
L'HORLOGE

12

Hôtel
de ville

R. Favart

R. Corderie

R. des Marchands

R. du

R. de
Trémoulet

Porte
Saint-Dominique

R. Petite Calade

R. Mignard

Saint-Didier

PLACE
SAINT-
DIDIER

**Musée
Angladon** ★★

Square
Agricol-Perdiguier

2

3

l'Observance

Raspail

R. A. Perdiguier

R. de la Bourse

Av. du Mal de Lattre
de Tassigny

Porte
Saint-Roch

Boulevard

Porte
Saint-Charles

Saint-Roch

Crs du pt Kennedy

Porte de la
République

R. du Septième Génie

Bd Saint-Roch

Boulevard Champfleury

0   100   200 m

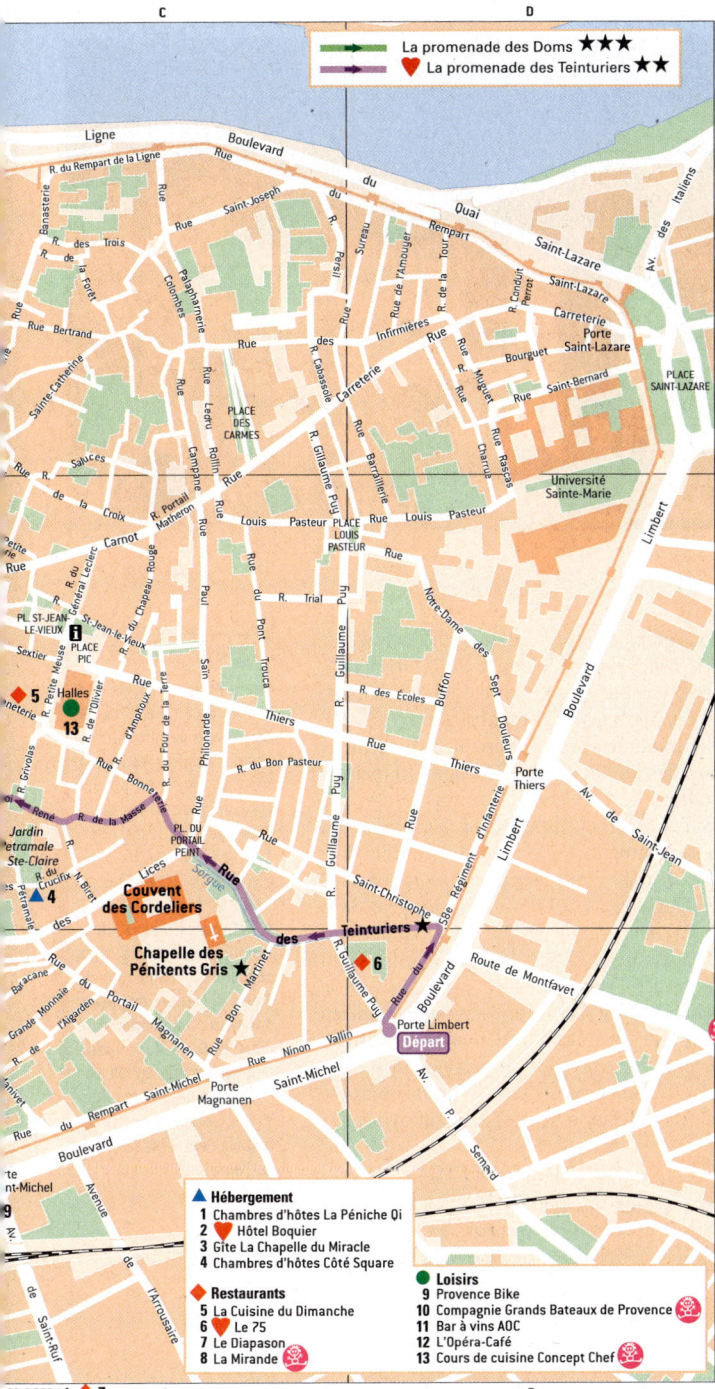

14

itinéraire

La promenade des Doms ★★★
♥ **La promenade des Teinturiers** ★★

▲ Hébergement
1 Chambres d'hôtes La Péniche Qi
2 ♥ Hôtel Boquier
3 Gîte La Chapelle du Miracle
4 Chambres d'hôtes Côté Square

◆ Restaurants
5 La Cuisine du Dimanche
6 ♥ Le 75
7 Le Diapason
8 La Mirande

● Loisirs
9 Provence Bike
10 Compagnie Grands Bateaux de Provence
11 Bar à vins AOC
12 L'Opéra-Café
13 Cours de cuisine Concept Chef

Retrouvez toutes les adresses de l'itinéraire p. 338.

14
itinéraire

© Philippe RENAUD

Le palais des Papes.

où rôdent tous les fantômes du Festival créé en 1947 par Jean Vilar *(p. 32)*. On se dirigera ensuite vers le Consistoire, où le pape recevait souverains et ambassadeurs. À côté, ne manquez pas la **chapelle Saint-Jean** et ses fresques de **Matteo Giovannetti**, peintre officiel de Clément VI. Comme la chapelle Saint-Martial *(fermée pour restauration)*, elle témoigne d'une maîtrise étourdissante du trompe-l'œil. Le peintre a croqué sans vergogne gens de la Cour comme gens de la rue. Dans la tour voisine de la Garde-Robe, il a peut-être dirigé l'équipe d'artistes qui a réalisé l'exubérant décor, profane, de la **chambre du Cerf**. Au 4e niveau, cet ancien cabinet de travail de Clément VI affiche scènes de chasse et de pêche : ces scènes, tout à fait représentatives de la première École d'Avignon, sont restées anonymes.

❤ 🐛 Le Palais secret**

Sam. à 12 h 30, dim. à 10 h 30 sf juin-août.
Rés. ☎ 04 32 74 32 74, www.palais-des-papes.com. De 19,50 à 34,50 €, déj. compris. Le sam., mi-nov. à févr. à 17 h 30 « Démons et merveilles » (de 8 à 15 €, gratuit moins de 8 ans). En août, soirées musicales mer., ven. et dim. à 21 h (15 €) et « Balade au couchant » avec dîner aux chandelles les lun., mar., jeu. et sam. à 19 h (48 €).

Le Palais secret ? L'appellation n'est pas volée. Escaliers dérobés, couloirs étranglés…

Dégustation

Bouteillerie du palais des Papes, accès par la pl. de l'Amirande ou par l'entrée principale du monument B1 ☎ 04 90 27 50 85, www.avignon-bouteillerie.com. Ouv. t.l.j. avr.-oct. 10 h-13 h et 14 h-19 h ; nov.-mars 10 h-13 h et 14 h-17 h 45 (18 h 30 15-31 mars). Accès libre. Formule initiation 6 €, avec dégustation commentée de 3 vins. À l'arrière du palais, dans une ancienne salle d'artillerie, la Bouteillerie propose chaque année une cinquantaine de côtes-du-rhône, sélectionnés impitoyablement, Châteauneuf-du-Pape, tavel, lirac, etc.

14 itinéraire

Soyez au parfum

Altera Rosa. Le w.-e. de l'Ascension, aux jardins du cloître Benoît XII (palais des Papes). Les obtenteurs de roses ont choisi *Altera Roma*, autrement dit Avignon, pour présenter leurs dernières créations. Une vague de roses (quelque 2 000 rosiers) submerge le cloître. En marge de la manifestation, des jardiniers vous invitent à partager leur savoir-faire ; des fleuristes livrent leurs trucs et leurs secrets. Rens. à l'office de tourisme, www.alterarosa.com.

La visite plonge dans les entrailles du **palais des Papes**, débouche sur les toits en passant par le verger d'Urbain V, d'où amandiers et poiriers ont disparu. Le parcours, plutôt sportif, permet de se faire une idée assez précise de la vie de ces princes de l'Église, qui mangeaient à l'occasion du flamant rose et prenaient leur bain en chemise de lin. Le lunch, compris dans cette visite passionnante, est savoureux et couleur locale (tapenade, cake aux olives, etc.). Les enfants, eux, apprécieront la visite nocturne et fantastique du palais, où l'on débusque gargouilles, licornes et autres chimères dans le faisceau de sa lampe torche.

Le musée du Petit Palais★ B1

Pl. du Palais ☎ 04 90 86 44 58, www.petit-palais. org. Ouv. t.l.j. sf mar. 10 h-13 h et 14 h-18 h. De 3 à 6 € (gratuit moins de 12 ans). Expos temporaires : 5 €. Durée de la visite : 45 min à 1 h. Salon de thé.

Côté nord (*à main g., si vous regardez le palais des Papes*), la façade Renaissance du Petit Palais ferme la place. Du XIVe s., cette ancienne demeure, renfrognée, a été totalement transformée par Giuliano della Rovere, devenu titulaire de l'évêché d'Avignon en 1474. Le futur pape Jules II n'a pas lésiné sur les aménagements. Aujourd'hui, c'est un musée, qui abrite une fort belle collection de **primitifs italiens**, c'est-à-dire de peintres des XIIIe et XIVe s. qui amorcent la Renaissance. Le clou de ce musée ? Incontestablement un Botticelli, *La Vierge à l'Enfant* (vers 1470), au 1er étage.

🌹 Le rocher des Doms★★ B1

Face au palais des Papes, prenez à g. la rampe d'accès. Ouv. mars 7 h 30-19 h ; avr.-mai 7 h 30-20 h ; juin-août 7 h 30-21 h ; sept. 7 h 30-20 h ; oct. 7 h 30-18 h 30 ; nov. 7 h 30-18 h ; déc.-janv. 7 h 30-17 h 30 ; fév. 7 h 30-18 h. Accès libre.

Une vue superbe vous attend au sommet, qui domine d'un petit 30 m le Rhône : toute la vallée, et le mont Ventoux lui-même (table d'orientation). Ici se trouve le berceau d'Avignon. Le site fut occupé dès le néolithique. Cet ancien castrum romain, piqueté de moulins à vent au Moyen Âge, est aujourd'hui un jardin public fort agréable : pièces d'eau, petit jardin aromatique… Les enfants trouveront jeux, chevaux en bois à pédales, barbe à papa…

Un jardin « hygiéniste »

Le jardin des Doms fut créé au XIXe s., période où les thèses hygiénistes étaient en vogue : il s'agissait de « faire circuler l'air » pour contrer les épidémies. On installa donc ce parc dit à l'anglaise, qui imitait le côté désordonné de la nature. D'où sa rocaille et son petit lac artificiel. D'une superficie de 29 000 m², il s'agrémente de statues, comme celle de Jean Althen ; cet agronome, d'origine turque (1710-1774), introduisit dans le comtat Venaissin la culture de la garance, qui est une plante tinctoriale.

14
itinéraire

La place de l'Horloge★ B2

Du rocher des Doms, redescendez par les escaliers
Sainte-Anne et suivez le fléchage.

Face à vous, quand vous arrivez de la
sinueuse rue Peyrolerie, taillée dans le
rocher, vous distinguez l'hôtel de ville,
coiffé par sa **tour de l'Horloge** (1471), qui
a conservé son jacquemart. Tout à côté, à
droite, se trouve le Théâtre municipal, scène
lyrique, où Corneille et Racine, statufiés,
patientent en haut des escaliers. Mais le
spectacle est sur cette place turbulente, qui
a pris le relais du Forum antique. Comme
au temps des Romains, « tout » Avignon s'y
donne en représentation sous les platanes.
Au bar de la Civette de préférence, pour qui
veut jouer les habitués. Dans la foule, on se
faufile avec peine entre les terrasses des cafés
qui submergent la place.

❤ La promenade des Teinturiers★ D3-B2

Balade de 1 h 30 env. pour la boucle.
Retour par le cours Jean-Jaurès et les remparts.
Accès par la porte Limbert. Parking Limbert gratuit.
Circuit vert sur le dépliant *Avignon Passion*
(l'itinéraire a été raccourci).

La rue des Teinturiers★ D2-C2

La rue des Teinturiers longe un bras de
la Sorgue. Au XVIIIe s., sur ses berges, les
fabriques d'indiennes (cotonnades imprimées, *p. 42*) utilisaient la force motrice de
l'eau. D'où ces roues à aubes, qui tournent
encore lentement et contribuent à l'atmosphère irréelle du quartier. De jour s'entend.
Au nº 26, à l'angle de la rue Guillaume-Puy,
se dresse la dernière demeure gothique
d'Avignon (1493), aux gargouilles ahuris-
santes. Son nom, la **maison du IV de chiffre**
(ne se visite pas), vient du monogramme
inscrit dans l'écusson sur la façade.
Au nº 8, vous arrivez à la **chapelle des
Pénitents-Gris★** (☎ *04 90 86 58 80 ; ouv.
pour les offices le dim. à 10 h et le 1er sam.
de chaque mois de 16 h à 17 h).* Derrière sa
façade d'aspect baroque, elle reste le siège
de la dernière confrérie encore en activité
en Avignon. Une confrérie fondée, à titre
expiatoire, en 1226 par Louis VIII. Le roi
de France allait faire payer très chèrement à

🎠 **Tournez
manège !**

Place de l'Horloge, un ruti-
lant manège de chevaux
de bois fait tourner la
tête des gamins. Ouv. t.l.j.
1er sept.-21 juin 13 h-19 h ;
22 juin-31 août 11 h-23 h 30.
☎ 06 09 95 59 17.

Chapeau !

Chapellerie Mouret, 20,
rue des Marchands B2
☎ 04 90 85 39 38, www.
chapelier.com. Ouv. mar.-
sam. 9 h 30-12 h 30 et
14 h-19 h (lun.-sam.
pendant le Festival sans
interruption le midi). La
chapellerie Mouret est un
véritable musée vivant du
chapeau et ne se cantonne
pas au répertoire régional,
même si la capeline des
lavandières, en paille naturelle, peut se retrouver
tendance ! La façade du
magasin est classée monu-
ment historique.

❜**Miracle**

La chapelle des Pénitents-Gris
est connue pour le « miracle
de la Séparation des eaux ». Le
30 novembre 1433, dans une
Avignon inondée, des pénitents
réussirent à sauver le Saint
Sacrement, les eaux mêlées
du Rhône et de la Sorgue
s'écartant devant eux. Depuis,
chaque 30 novembre, cagoule
sur la tête, les pénitents refont,
à genoux, le parcours jusqu'à
l'autel. Rens. http://penitents-
gris84.pagesperso-orange.fr.

**❜Avignon
sur jardins**

Le circuit des Teinturiers passe à côté de beaux jardins. Le plus nostalgique ? Le jardin Petramale et Sainte-Claire, sur le site de l'ancienne église Sainte-Claire où, le 6 avril 1327, Pétrarque a rencontré Laure (rue du Roi-René **C2**. Ouv. tte l'année dès 8 h. F. entre 17 h 30 et 21 h selon la saison). Le plus adorable ? Le square Agricol-Perdiguier (derrière l'OT **B3**. Ouv. dès 7 h 30. F. entre 17 h 30 et 21 h) : il offre des jeux d'enfants et un petit snack, le Square (☎ 06 21 86 71 94. Ouv. t.l.j. F. de mi-nov. à mi-mars).

┌─────────────────────────┐
│ **Marché** │
│ **Halles**, pl. Pie **C2**. Ouv. t.l.j. │
│ sf lun. 6 h-13 h 30 (14 h │
│ le w.-e.). Les premières │
│ asperges, les olives de │
│ Nyons, les fruits gorgés de │
│ soleil... Les Halles sont à │
│ découvrir aussi pour le mur │
│ végétal extérieur, audacieux, │
│ de 30 m de haut, œuvre du │
│ botaniste Patrick Blanc. │
└─────────────────────────┘

Avignon son soutien au comte de Toulouse et aux hérétiques albigeois : la ville dut abattre ses remparts et payer 7 000 marcs d'argent, somme considérable à l'époque.

Le couvent des Cordeliers **C2**

À l'angle de la rue des Lices et de la rue des Teinturiers. Ne se visite pas mais la chapelle accueille régulièrement des concerts.

Comme d'autres ordres mendiants, les cordeliers s'établirent en Avignon au XIIIe s. hors les murs. Le couvent, dont il ne reste que la chapelle et une tour, aurait abrité le tombeau de Laure de Noves *(p. 204)*, qui inspira une folle passion au poète Pétrarque. La belle, épouse de Hugues II de Sade, qui avait donné le jour à 11 enfants, est sans doute morte de la peste en 1348, à 38 ans.

Les beaux hôtels **C2-B2**

Dépassez la rue des Lices, continuez dans la rue de la Bonneterie et tournez à g. dans la rue de la Masse, que prolonge la rue du Roi-René. Ne se visitent pas.

Rue de la Masse et rue du Roi-René, vous avez une belle série d'hôtels particuliers des XVIIe et XVIIIe s. héritiers d'un temps où l'architecture commence à « parler français », en se dégageant de l'influence « ultramontaine » (on désigne ainsi Rome). Hélas, ces hôtels sont parfois à l'abandon. Mais sous les tags et les façades lépreuses, il y a de vrais bijoux. Vous remarquerez l'**hôtel de Crillon** au 7 rue du Roi-René, dont la

14
itinéraire

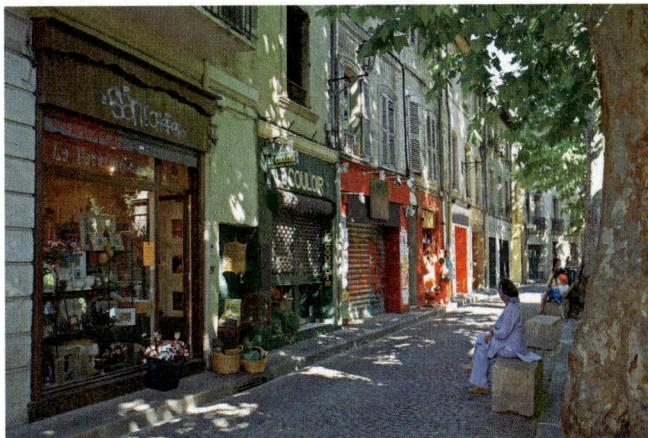

La rue des Teinturiers.

© Philippe RENAUD

14

itinéraire

décoration un peu surchargée de guirlandes et de mascarons trahit son milieu du XVIIᵉ s. En face, l'hôtel de Fortia de Montréal, au 8-10 rue du Roi-René, fait davantage dans la sobriété : il est signé François de Royers de la Valfenière (1637).

Le musée Angladon★★ B2

Tournez à g., traversez la pl. Saint-Didier pour rejoindre la rue des Trois-Faucons. Tournez à g. dans la rue Laboureur.

5, rue Laboureur ☎ 04 90 82 29 03, www.angladon. com. Ouv. avr.-nov. t.l.j. sf lun. 13 h-18 h ; déc.-mars mer.-dim. 13 h-18 h ; j.f. sf lun. et mar. 14 h-18 h. De 1,50 à 6 € (gratuit moins de 7 ans).

Le musée Angladon offre l'occasion rarissime de pénétrer dans un bel hôtel particulier, lifté à la fin du XVIIᵉ s. par Jean Péru, l'un des architectes en vogue à l'époque. Cette demeure fut celle de Jean et Paulette Angladon-Dubrujeaud, héritiers du couturier Jacques Doucet (1853-1929). Ce grand amateur d'art fit l'acquisition pour 25 000 francs des *Demoiselles d'Avignon* de Picasso, baptisées au départ (1907) *Le Bordel d'Avignon*. Depuis, cette toile a connu un autre destin au MoMA de New York. Mais restent sur place (quel bonheur !) un Van Gogh de la période arlésienne (*Wagons de chemin de fer*), un Cézanne (*Nature morte au pot de grès*), « quelques » Picasso (*Arlequin assis*) et un Modigliani (*La Blouse rose*). Tous les grands courants de la peinture des XIXᵉ et XXᵉ s. sont représentés.

🌿 L'Épicurium, cité de l'Alimentation Hors plan par D3

Rue Pierre-Bayle (S d'Avignon, dir. Montfavet, Aéroport) ☎ 04 90 31 58 91, www.epicurium.fr. Ouv. mi-avr. à fin oct. t.l.j. sf sam. et dim. matin 10 h-12 h 30 et 14 h-18 h 30. De 5 à 7 € (gratuit moins de 6 ans).

Toucher, sentir, goûter… l'Épicurium vous immerge dans l'incroyable monde des fruits et légumes. D'une exposition au verger, du potager à la serre, d'un atelier culinaire à un atelier jardinage, vous entrez dans un parcours sensoriel unique, ludique, excitant. Instructif aussi : on y apprend que le melon est originaire de la vallée du Nil, qu'un simple épluchage élimine un quart des vitamines…

Papelines en chocolat

Pâtisserie La Tropézienne, 22, rue Saint-Agricol B2 ☎ 04 90 86 24 72. Ouv. lun.-sam. 8 h-19 h 30, dim. 8 h-13 h (18 h 30 en été). 56 € le kg. Pour acheter des papalines, spécialité fort récente (1960) d'Avignon. Ces chardons en chocolat sont fourrés de liqueur d'origan.

Bar à vins

AOC, 5, rue de Tremoulet B2 ☎ 04 90 25 21 04. F. dim. Entre la rue de la Bonneterie et la rue du Vieux-Sextier, un bar à vins doté d'une terrasse, où l'on peut choisir entre une trentaine de sélections du Sud, proposées au verre.

15 Au nord d'Avignon
Dans les vignes du pape

ITINÉRAIRE DE 26 KM

Mettez-vous au vert ! En face de la cité des Papes, l'île de la Barthelasse, que les derniers pêcheurs d'alose ont abandonnée, a conservé un côté nature, presque fruste, inattendu : c'est pourtant un quartier à part entière d'Avignon. Le fort Saint-André de Villeneuve lez Avignon cache, lui, derrière ses murailles un délicieux jardin d'artiste. Quant aux vignes de Châteauneuf-du-Pape, elles offrent un autre tableau, mais l'ombre y fait cruellement défaut quand le soleil cogne.

PROGRAMME POUR 1 JOURNÉE

Musarder dans les jardins★★ de l'ancienne abbaye de Saint-André à Villeneuve lez Avignon avec tout Avignon en ligne de mire (p. 177), déjeuner à la chartreuse du Val-de-Bénédiction★★, toujours à Villeneuve lez Avignon, et filer sur Châteauneuf-du-Pape★★ pour trouver *in vino veritas* (p. 178).

À NE PAS MANQUER

● **Gastronomie** : le Châteauneuf-du-Pape (p. 178).

● **Pause nature** : jardins à l'italienne★★ de l'abbaye de Saint-André à Villeneuve lez Avignon (p. 177).

● **Avec les enfants** : kayak sur le Rhône (p. 340), parc Amazonia à Roquemaure (p. 341).

● **Point de vue** : la tour Philippe-le-Bel★ à Villeneuve lez Avignon (p. 175).

CÔTÉ PRATIQUE

Bon plan Navette électrique gratuite entre Avignon et l'île de la Barthelasse : avr.-juin t.l.j. 10 h-12 h 30 et 14 h-18 h 30 ; juil.-août t.l.j. 11 h-21 h ; sept. t.l.j. 10 h-12 h 30 et 14 h-18 h 30 ; oct.-déc. mer. 14 h-17 h 30, w.-e. et j.f. 10 h-12 h et 14 h-17 h 30. F. janv.-mars. On peut embarquer son vélo.

Au nord d'Avignon.   Retrouvez toutes les adresses de l'itinéraire p. 339.

Légende carte :

▲ **Hébergement**
1 Camping du Pont d'Avignon
2 Hôtel de l'Atelier
4 Chambres d'hôtes Le Mas de l'Île
5 ♥ Chambres d'hôtes Chez
   la Sommelière

◆ **Restaurants**
8 Hôtel-restaurant La Ferme
9 ♥ Entre Vigne et Garrigue
10 La Guinguette du Vieux-Moulin

● **Loisirs**
11 Canoë-kayak Chalet
   d'accueil de Bagatelle
13 Parc Aventures Amazonia
14 Cours de cuisine Vin,
   Chocolat & Compagnie

L'île de la Barthelasse*

Depuis Avignon par la route et le pont Édouard-Daladier.
Accès par navette fluviale gratuite : départ à côté du
pont Saint-Bénezet.

Les vélos sont admis sur l'île (à louer en libre-service
à Avignon, www.velopop.fr). Un circuit de 14 km, entre
ancien chemin de halage, pommiers, poiriers et champs
de tournesols, est des plus agréables.

C'est la plus grande île fluviale de France
(700 ha). Délimitée par deux bras du Rhône,
grand Rhône côté Villeneuve, petit Rhône
côté Avignon, tous deux endigués, c'est le
poumon vert de la cité des Papes. Au XIXe s.,
la Barthelasse et ses guinguettes avaient
mauvaise réputation. Aujourd'hui, la promenade Antoine-Pinay au bord du Rhône attire
rêveurs, rollers, joggers, papy-boomers. La
partie nord a conservé un côté plus sauvage :
elle abrite castors, martins-pêcheurs, milans
noirs et poules d'eau.

Où faire son marché ?

Ferme La Reboule-Cappeau,
1250, chemin de la Barthelasse, Avignon ☎ 06 15 92
82 29 et 06 71 08 28 15.
Ouv. t.l.j. sf dim. 10 h-12 h 15
et 16 h-19 h 30 (18 h en
hiver). Aubergine blanche,
tomate rose de Berne :
quelque 180 variétés
de légumes anciens ou
nouveaux, à redécou-
vrir, à acheter. L'été, en
juil., goûters à la ferme :
tartes aux fruits, salades
de fruits, etc. Entre mai
et sept., casse-croûte et
goûters à la ferme.

Villeneuve lez Avignon★★

À 3 km NO d'Avignon par la N580.
Retour sur le pont Édouard-Daladier, dir. Villeneuve lez Avignon. Tournez à dr. à la sortie du pont.

🛈 Office de tourisme, 1, pl. Charles-David ☎ 04 90 25 61 33, www.tourisme-villeneuvelezavignon.fr. Guide 7 balades et randonnées (gratuit). Découverte aux flambeaux de la ville en été (de 9 à 12 €, gratuit moins de 4 ans).

Bons plans : Passeport pour Villeneuve à 11 € incluant tous les monuments de la ville (excepté les jardins de l'Abbaye). Pass Avignon (p. 164). Monuments historiques communaux gratuits le 1er dim. du mois (oct.-juin).

Le fort Saint-André, la tour Philippe-le-Bel… L'architecture de Villeneuve lez Avignon trahit la ville-frontière, sur la défensive ! Depuis le contrat de pariage (co-seigneurie), conclu en 1292, entre le roi de France Philippe IV le Bel et l'abbé de Saint-André, la frontière du royaume capétien s'établissait sur le Rhône. Et ce jusqu'en 1790 ! Aujourd'hui, bien qu'elle ne s'y résigne pas, Villeneuve lez Avignon est devenue la banlieue résidentielle d'Avignon.

La tour Philippe-le-Bel★

À l'angle de l'av. Gabriel-Péri et de la montée de la Tour ☎ 04 32 70 08 57. Ouv. t.l.j. sf lun. hors saison 14 h-17 h ; avr.-sept. 10 h 30-12 h 30 et 14 h 30-18 h 30. F. déc.-janv. De 1,70 à 2,20 € (gratuit moins de 18 ans).

C'est tout ce qui reste de la citadelle construite par Philippe le Bel au tournant du XIVe s. pour tenir en respect Avignon et garder, côté France, le pont Saint-Bénezet. Aujourd'hui, on est autorisé, hors très fort mistral, à grimper au sommet de ce donjon. Le panorama, sur le Rhône, le palais des Papes et les Alpilles, mérite les 156 marches avalées jusqu'à la deuxième terrasse ! (Car on ne grimpe plus dans la tourelle de guet rajoutée au XVe s.). En contrebas, les salles voûtées de la tour accueillent des expositions temporaires.

La chartreuse du Val-de-Bénédiction★★

À 500 m N de la tour Philippe-le-Bel. Continuez sur la montée de la Tour. Sur la pl. de l'Oratoire, prenez la rue de l'Hôpital. Traversez la pl. Saint-Marc : la rue de la République est devant vous, rectiligne.
58, rue de la République ☎ 04 90 15 24 24, www.chartreuse.org. Ouv. avr.-juin t.l.j. 9 h 30-18 h 30 ;

❝ **Recherche alose désespérément**

« Je ne peux pas oublier ces chapelets de barques au bord de l'île de la Barthelasse. Elles étaient pourvues de filets tournants, les fameux vire-vire. Le spectacle des aloses, prises au piège, qui gigotaient, a enchanté toute ma jeunesse », raconte Louis, octogénaire. Aujourd'hui, l'alose se fait rare ; il n'y a plus de pêcheurs professionnels. Ce poisson de la famille des harengs reste en mer jusqu'à l'âge adulte mais vient frayer dans les eaux douces, remontant alors le cours des fleuves entre avril et fin juin.

❝ **On y danse**

On dansait sous le pont Saint-Bénezet ! C'est l'une des guinguettes de l'île de la Barthelasse qui aurait inspiré la fameuse ritournelle : « Sur le pont d'Avignon, on y danse… ». D'origine inconnue, l'air de la comptine a été popularisé par une opérette d'Adolphe Adam, *Le Sourd, ou l'Auberge pleine* (1853). Il en a fixé le rythme, sinon les paroles.

15
itinéraire

juil.-sept. t.l.j. 9 h-18 h 30 (19 h 30 en août) ; oct.-mars lun.-ven. 9 h 30-17 h, w.-e. 10 h-17 h. F. de la billetterie 30 min avant. De 5 à 7,50 € (gratuit moins de 18 ans). Possibilité de billet couplé avec le fort Saint-André (p. 177). Durée de la visite : 45 min à 1 h. Vis. des coulisses sur rés. (10 pers. maximum) : 2 h. Café-restaurant (☎ 04 90 15 24 23 ; ouv. juin-sept. t.l.j., hors saison le w.-e. en après-midi).

Comme 11 autres cardinaux, Étienne Aubert (1295-1362) a choisi Villeneuve et ses vergers comme résidence, loin de la toufferur d'Avignon. Élu pape en 1352 sous le nom d'Innocent VI, cet homme connu pour son caractère effacé fonde cette chartreuse en 1356 (la plus vaste de France à l'origine avec 1,8 ha) et lui fait don de tous ses biens, livrée (palais) et terres.

En pleine ville aujourd'hui, l'ancien monastère se cache derrière ses murs clos. On franchit un double « sas » : la « cour des Femmes », d'abord, où les femmes étaient encore autorisées ; puis, au-delà du portail de François Royers de la Valfenière (XVIIᵉ s.), l'allée des Mûriers. Passé l'église conventuelle, on entre dans le monde du silence : une **cellule reconstituée** vous plonge dans la vie austère de ces chartreux, faite de solitude, de travail et de prières.

Dans son dépouillement, la chartreuse possède un joyau somptueux : les **fresques de la chapelle Saint-Jean-Baptiste** (vers 1355), attribuées à Matteo Giovannetti (l'un des artistes qui décora le palais des Papes, *p. 168*).

🍫 La Visite chocolat

La Visite chocolat enchante les gourmands : le parcours se termine par une tasse de chocolat épicé dans les anciens appartements du pape, rebaptisés les « Jardins d'hiver », tandis que le feu crépite dans la cheminée (de déc. à mars le dim. à 15 h sur rés. ; de 5,50 à 11 €). Animations en oct. dans le cadre de Monuments Jeu d'enfant (www.monum.fr).

La chartreuse du Val-de-Bénédiction.

© Philippe RENAUD

❾ Nouveaux « reclus »

Aujourd'hui, la chartreuse abrite le Centre national des écritures du spectacle. Elle accueille auteurs et compagnies, logés dans les anciennes cellules aménagées confortablement (séjours d'un mois et demi en moyenne). Le tinel, l'ancien réfectoire, peut se transformer en salle de spectacles.

Le fort Saint-André★

À 700 m E de la chartreuse du Val-de-Bénédiction. Retournez sur vos pas et prenez à g. la montée du Fort.
☎ 04 90 25 45 35. Ouv. t.l.j. 10 h-13 h et 14 h-18 h (17 h ou 17 h 30 entre fin sept. et mi-mai). De 3,50 à 5 € (gratuit moins de 26 ans). Possibilité de billet couplé avec la chartreuse (p. 175). Durée de la visite : 45 min.

Ses murailles imposantes, qui datent en grande partie du XIVᵉ s., chapeautent le mont Andaon. D'une longueur totale de 750 m environ, elles ont protégé l'abbaye et le bourg, qui s'étendait sur plus de 3 ha, jusqu'à la Révolution. On peine à croire que le Rhône coulait à l'origine au pied du fort (il en est éloigné aujourd'hui de 1 km). Remarquez au-dessus de l'entrée l'écu martelé à la Révolution et illisible aujourd'hui : la fleur de lys royale y côtoyait la crosse abbatiale (1373). La terrasse des tours jumelles fournit une **vue magnifique** sur la vallée. Dans l'enceinte, au milieu des herbes folles, la **chapelle Notre-Dame-de-Belvézet** (XIIᵉ s.), qui était l'église du village, a gardé sa simplicité émouvante.

L'abbaye de Saint-André★

À l'intérieur du fort Saint-André. www.abbaye-saint-andre.com. Ouv. t.l.j. sf lun. avr.-sept. 10 h-12 h 30 et 14 h-18 h ; oct.-mars 10 h-12 h et 14 h-17 h. De 4 à 5 € (gratuit moins de 13 ans). Vis. guidée de l'abbaye, couplée ou non avec le fort le dim. en avr.-juin et le jeu. en juil.-août avec l'office de tourisme sur rés.
☎ 04 90 25 61 33. Durée de la visite : 2 h.

Bien qu'elle soit à l'intérieur des remparts du fort, l'abbaye est aujourd'hui une propriété privée. En fait d'abbaye, on découvre, stupéfait, un hôtel particulier, reconstruit au XVIIIᵉ s. par l'architecte Jean-Ange Brun et qui intègre certains éléments du cloître roman primitif. Iris, acanthes, rocailles, glycines, rosiers grimpants, broderies de santoline... Les **jardins à l'italienne★★**, enchanteurs, ont été restaurés au XXᵉ s. par la poétesse Elsa Koeberlé. Locataire des lieux entre 1916 et 1950, elle invita tous ses amis : Paul Claudel, Louis Aragon, Jean Giraudoux... Tout en haut, la **chapelle Sainte-Casarie** *(ne se visite pas)*, minuscule, émerge des oliviers : elle a été édifiée au XIᵉ s. sur les lieux où serait morte en ermite la sainte (586), fille d'un roi wisigoth, et c'est pour protéger sa tombe que la première abbaye bénédictine fut fondée vers l'an mil.

15

itinéraire

15

itinéraire

Roquemaure*

À 12,5 km N de Villeneuve lez Avignon par la D980.
Parking pl. de la Pousterle.

ℹ Office de tourisme, 1, cours Bridaine,
☎ 04 66 90 21 01, www.ot-roquemaure.com.
Plan et guide (gratuits) avec un circuit dans la vieille
ville. Marché le mar.

En traversant Roquemaure, on ne soupçonne guère son passé fastueux. Au XIVe s.,
cette petite ville fut l'un des ports les plus
importants sur la rive droite du fleuve,
d'où s'embarquaient les vins de « la côte du
Rhône ». La région produit toujours du lirac,
une AOP (ex-AOC) côtes-du-rhône *(p. 240)*.
Clément V, le premier pape d'Avignon, vint
mourir (1314) dans son château du XIIe s.,
aujourd'hui en ruine.
La petite histoire retiendra davantage que
le célèbre *Minuit chrétien*, dont la musique
est d'Alfred Adam, fut créé dans sa **collégiale Saint-Jean-Baptiste-et-Saint-Jean-
l'Évangéliste** *(pour vis., demandez à l'office
de tourisme)* en 1847. De style gothique
languedocien, elle abrite les reliques de
saint Valentin dans une châsse dorée *(à
dr. de l'autel)*, reliques achetées en 1868…
pour protéger le vignoble du phylloxéra.
Les concerts donnés sur les orgues des frères
Julien (1690) pendant le Festival d'Avignon
en juillet (ou plus ponctuellement dans
l'année) attirent les mélomanes.

Châteauneuf-du-Pape**

À 10 km NE env. de Roquemaure. Prenez au N la D976.
Tournez à dr. après le franchissement du Rhône sur
la D17. Parking (gratuit) pl. de la Renaissance (sinon
parcmètres). Vis. guidée juil.-août le ven. à 16 h avec
dégustation (5 €), durée 1 h 30.

ℹ Office de tourisme, pl. du Portail ☎ 04 90 83 71 08,
www.pays-provence.fr. Fiches (gratuites) de balades à
vélo ou à pied à télécharger sur www.ccpro.fr.

Des vignes, des vignes et encore des vignes…
Le destin de ce petit coin de Provence caillouteux bascula quand le pape Jean XXII
(1316-1334), à 72 ans, décida de s'y faire
construire une résidence d'été. Déjouant
tous les pronostics, il en vit même l'achève-
ment ! Du **château**, il ne reste aujourd'hui
qu'un pan de mur, un donjon et « le cellier
pontifical », qui accueille des réceptions *(ne
se visite pas)*. La vue y est superbe, Avignon
se découpant dans le lointain.

**La Route
pourpre**

Si vous souhaitez pro-
grammer tout un itinéraire
autour du vin, rendez-vous
sur le site www.vins-rhone-
tourisme.com. Le Gard a
sa Route « pourpre », de
Roquemaure à Remoulins,
avec ses étapes, des
caveaux de dégustation.

❞ **Rosa, rosam…**

Châteauneuf-du-Pape a ses
roseraies, l'une à côté de la
chapelle Saint-Pierre-du-
Luxembourg, la deuxième au
bas de l'avenue Baron-Le-Roy,
la troisième avenue Louis-
Pasteur. Vous y découvrirez
de manière permanente les
dernières créations de rosié-
ristes réputés, Léo Ferré®,
Plume d'Ange®, Palais des
Papes®, qui ont été présentées
à Altera Rosa *(p. 169)*.

**Fête
de la Véraison**

À Châteauneuf-du-Pape, le
premier w.-e. d'août. Cette
fête vino-médiévale avec
reconstitution historique,
dégustations et bal attire la
foule des grands jours. Les
enfants ne sont pas exclus
des réjouissances : entre
contes et tournois de
chevalerie, ils ne savent
pas où donner de la fête.
La véraison est la période
où les grains de raisin,
verts au départ, prennent
des couleurs, celles de la
maturité (du vieux fran-
çais vérir : mûrir). Rens.
☎ 04 90 83 57 57 (mairie).

Un liquoriste

Blachère, quartier Cansaud, route de Sorgues (sur la D17, au S), Châteauneuf-du-Pape ☎ 04 90 83 53 81, www. distillerie-a-blachere.com. Ouv. mai-sept. t.l.j. sf sam. matin et dim. 9 h-12 h et 14 h-19 h ; oct.-avr. lun.-ven. 10 h-12 h et 14 h-18 h. La maison fabrique l'origan du Comtat, la liqueur des papalines (*p. 172*). Quelque 60 plantes entrent dans sa composition : l'origan, la mélisse, le genièvre, le serpolet, le thym, etc. Elle produit aussi des sirops de lavande, violette, figue…

Où acheter du vin ?

Château Rayas, à l'écart de la route de Courthézon (D92 au NE), Châteauneuf-du-Pape ☎ 04 90 83 73 09. Ouv. lun., mar., jeu. et ven. après-midi sur r.-v. Un domaine de 12 ha, un peu « retiré », dans la famille Reynaud depuis 1880. Des vins « atypiques », très médiatiques. Ici, pour les rouges, on est adepte du 100 % grenache comme cépage. Même si l'AOP (ex-AOC), rouges et blancs confondus, en autorise 13 !

Jean XXII, originaire de Cahors et grand amateur de bourgogne, est aussi à l'origine du vignoble prestigieux. Sur un océan de galets, qui emmagasinent la chaleur dans la journée pour la restituer la nuit, les ceps donnent des rouges charpentés et des blancs très aromatiques. Pour comprendre ces vins d'assemblage complexes, les amateurs visiteront le **musée-caveau Brotte** (*Le Clos, route d'Avignon* ☎ *04 90 83 70 07, www.brotte.com ; ouv. t.l.j. été 9 h-13 h et 14 h-19 h, hiver 9 h-12 h et 14 h-18 h ; accès libre*). Vieux outils de vignerons (comme un pressoir du XVIᵉ s. ou un foudre de 4 000 litres du XIVᵉ s.), histoire de l'appellation, l'étape inclut une dégustation.

Le sentier de halage

Départ et arrivée : parking près du camping de L'Islon-Saint-Luc. **Durée** : 1 h. **Distance** : boucle de 2 km env. **Balisage** : panneaux d'information sur la faune, la flore et les vieux métiers. Fiche auprès de l'office de tourisme ou sur www.ccpro.fr. **Enfants** : 4-5 ans. Aire de pique-nique.

Pour remonter le Rhône, avant l'invention du cheval-vapeur au XIXᵉ s., il n'existait pas d'autre solution que le halage. Des chemins ont donc été aménagés le long du fleuve. Les convois pouvaient mobiliser 90 chevaux, une cinquantaine d'hommes et mettaient 30 jours en moyenne pour rallier Lyon depuis Avignon. Entre Sorgues et Châteauneuf-du-Pape, le chemin empruntait la rive gauche du Rhône, longeait le bras des Arméniers : les bateaux transportaient essentiellement de la chaux. Vous serez surpris par l'existence de cactus et de figuiers de Barbarie dans ce secteur, où votre passage dérangera peut-être des hérons.

16 Le pont du Gard
Travaux de Romains

16 itinéraire

ITINÉRAIRE DE 49 KM

Le pont du Gard, inscrit au Patrimoine mondial de l'humanité par l'Unesco, justifie à lui seul cette escapade. Il y a mille façons de découvrir cette merveille. À pied en se glissant à la base de ses arches ou du sommet d'un belvédère, en contre-plongée de la plage aménagée l'été, ou depuis un canoë. Mais l'arrière-pays réserve aussi d'autres bonheurs : des villages adorables comme Castillon-du-Gard ; des rosés comme le tavel qui vous feront oublier tous les autres « vins de soif », aussitôt bus, aussitôt oubliés.

PROGRAMME POUR 1 JOURNÉE

Se laisser porter par l'atmosphère au pont du Gard*** (p. 182), déjeuner à l'une de ses terrasses. Le revoir en fin d'après-midi, au détour d'un chemin de Castillon-du-Gard** (p. 184).

À NE PAS MANQUER

- **Patrimoine** : le pont du Gard*** (p. 182).
- **Gastronomie** : le rosé de Tavel (p. 186).
- **Avec les enfants** : le parc du Cosmos* aux Angles (p. 181), canoë-kayak (p. 341) et escalade à Collias (p. 342).
- **Carte postale** : Castillon-du-Gard** (p. 184).

CÔTÉ PRATIQUE

Office de tourisme du pont du Gard, pl. des Grands-Jours, 30210 Remoulins ☎ 04 66 37 22 34, www.ot-pontdugard.com. L'office de tourisme regroupe 17 communes, dont Collias et Castillon-du-Gard.

Bon plan Un abonnement annuel (23 € par véhicule de 1 à 5 pers.) comprenant la gratuité des parkings permet l'accès toute l'année au pont du Gard et à ses espaces de découverte. Il donne également droit à 20 % de réduction sur les événements payants de la programmation.

Le pont du Gard.

Retrouvez toutes les adresses de l'itinéraire p. 341.

16 itinéraire

Marché

Pl. de la Madone à **Remoulins**, le ven. matin. Vous y trouverez au printemps les asperges blanches et vertes, savoureuses, dont le Gard est le premier producteur. Fin mai ou début juin déboule la gariguette, une variété de fraise légèrement allongée et très parfumée. Elle est bientôt concurrencée par la cerise dont Remoulins est la capitale. Il y a d'autres trouvailles à faire sur ce marché : les pélardons (petits fromages de chèvre affinés au moins 11 jours) ou la picholine (l'olive de Collias qui est consommée verte).

🜨 Le parc du Cosmos* aux Angles

À 5 km O d'Avignon par le pont de l'Europe et la D6100. Av. Charles-de-Gaulle ☎ 04 90 25 66 82, www. parcducosmos.net. Ouv. mer., w.-e. et vac. scol. Vis. guidée du parc à 15 h (en cas de mauvais temps, parcours vidéo). Séance planétarium à 16 h 45. Billet couplé ou non parc + planétarium de 5 à 11,50 € (gratuit moins de 6 ans) ; forfait famille. Stages astronomie pour les 6-12 ans pendant les vac. scol. et sur rés. Durée de la visite : 1 h 30 pour le parc + 1 h pour le planétarium.

Dans 3 ha de garrigue, les étoiles et les planètes, en modèles réduits (chaque centimètre représentent 20 000 km dans l'espace), jouent à cache-cache le long d'un sentier-découverte. Pour tout savoir ou presque sur Uranus, Cassiopée, l'avenir du Soleil ou « l'éventuel accusé de réception » du message galactique envoyé en 1971. La conquête spatiale est aussi au programme de cette aventure. De quoi attendre la nuit avec impatience pour décrypter, fort de la science fraîchement acquise dans le planétarium en forme de capitelle (cabane en pierres sèches), la carte du ciel.

Le pont du Gard★★★

À 21 km O des Angles via Remoulins par les N100, D6100 et D19.

Vers-Pont-du-Gard ☏ 0 820 903 330, www.pontdugard. fr. Parkings (ouv. 7 h-1 h du matin). Forfait journée 18 € par véhicule de 1 à 5 pers., incluant le parking, l'accès au site et aux espaces de découverte. Vis. guidée du pont l'été (8 €, gratuit moins de 6 ans) qui permet d'accéder au sommet, durée 1 h 30. Audioguide (6 €). Autour du pont, sentier de découverte des vestiges antiques (7 à 8 km). L'été, mise en lumières du site à partir de 20 h. Restaurants (p. 341). Prévoyez au moins une demi-journée, voire la journée pour le site.

Inscrit au Patrimoine mondial de l'humanité, le pont du Gard reçoit 1 250 000 visiteurs par an. Qu'admirer le plus : son élégance, ou les prouesses techniques des « ingénieurs » de l'Antiquité ? Cette construction est une pièce du canal, long de près de 50 km, qui apportait l'eau par gravité des sources d'Eure (Uzès) à Nîmes. Sacrée gageure, lorsque l'on sait que le dénivelé n'est que de 12 m entre le départ et l'arrivée. Il fut édifié par les Romains, entre 40 et 60 apr. J.-C., les pierres ayant été extraites des carrières de Vers-Pont-du-Gard. D'une longueur totale de 360 m à l'origine, d'une hauteur maximale de 48,77 m sur le Gardon, d'un poids avoisinant les 50 400 t, il est doté d'une très légère convexité pour offrir une meilleure résistance aux crues dévastatrices de la rivière fantasque, dites « gardonnades ».

Conseil

Pour vous garer, c'est à Remoulins qu'il faudra choisir entre la rive droite ou la rive gauche. Dans les deux cas, le prix est le même à la journée (18 €) ! Optez pour le parking de la rive droite si vous voulez visiter le château de Saint-Privat (p. 184).

Les sorciers de la nuit

Le **Groupe F** met en scène de fantastiques soirées tout feu tout flamme au pont du Gard. Ces sorciers de la nuit proposent un spectacle mêlant pyrotechnie, humour, musique, sons insolites, projections sur l'immense toile de pierre que représente le pont. Rens. www.groupef.com. En juin. De 12 à 18 €.

16

itinéraire

© Philippe RENAUD

Le pont du Gard.

Un été qui swingue

L'été, le pont a ses plages aménagées avec « radeaux de plage » sur la rive droite. Sa mise en lumière, chatoyante, signée Claudette Viguier, démarre après 20 h. Et le bal du 15 août (15 h-minuit) est devenu une institution ! Jazz, rock, salsa… En été, le pont du Gard découvre son côté fêtard.

Un voltigeur

Le pont du Gard héberge une faune dont on ne soupçonne pas l'existence. Amusé, l'observateur se régale des voltiges du martinet alpin (dit à ventre blanc), qui a « colonisé » l'ouvrage. De la taille d'un petit faucon, il chasse les insectes en vol. L'oreille distingue ses cris joyeux : ki-ki-ki…

🔴 Petit jeu à proposer aux enfants : trouver le « lièvre » (en réalité trois phallus !) gravé dans la pierre pour protéger le pont du « mauvais œil » (parmi les 11 arches du niveau médian).

🔴 Les Espaces de découverte

Site du pont du Gard ☎ 0 820 903 330. Ouv. t.l.j. juil.-août 9 h-20 h ; mai-juin et sept.-oct. 9 h-19 h ; mars-avr. 9 h-18 h ; nov.-fév. 9 h-17 h. Forfait journée 18 € par véhicule de 1 à 5 pers., incluant le parking, l'accès au site et aux espaces de découverte. Durée de la visite : 2 h 30.

Au premier niveau, seuls les enfants âgés de plus de 12 ans peuvent être « lâchés » en liberté dans l'**Espace Ludo**, où ils se voient proposer des jeux de rôle. Ils peuvent apprendre à compter en sesterces, comme un écolier gallo-romain, ou jouer les archéologues de service *(à partir de 5 ans)*. Un étage plus bas, le **Musée**, bourré d'écrans multimédia, oublie d'être ennuyeux : l'histoire prodigieuse de la construction du pont, avec des moyens dérisoires pour soulever des blocs de 6 t, vous est révélée. Mais vous découvrirez aussi les raffinements de la civilisation gallo-romaine, avec ses thermes. Contigu, le **Ciné** présente *Le bonheur est au pont*, joli film (13 mn) d'Eddie Pons. Bonheur que distille aussi la voix de Bernadette Laffont.

🍀 Mémoires de garrigue

Départ et arrivée : site du pont du Gard, rive gauche, près de l'accueil. **Durée** : 1 h. **Distance** : 1,4 km pour la boucle. **Balade facile. Enfants** : accessible à tous (poussettes). Accès libre. Panneaux explicatifs sur le terrain. Livret de 60 pages plus détaillé à l'accueil (4 €). Belvédère et table d'orientation.

Sur 15 ha, débroussaillés, on a replanté oliviers, arbres fruitiers, vignes, mûriers et autres chênes truffiers, et reconstitué une mosaïque de parcelles délimitées par des murs de pierres sèches ou des haies. Un livret-guide fournit les clefs d'interprétation de ce paysage de garrigue, où l'on peut déambuler à son aise. Dans ce grand jardin ombragé, « sonorisé » par les cigales, le visiteur fera connaissance avec chênes verts, pistachiers térébinthe, arbousiers et plantes aromatiques. L'été, la présence d'un médiateur aide à s'orienter.

Au départ de Collias *(à 8 km O du pont du Gard)*, la **descente du Gardon** au fil de l'eau ménage des vues superbes, des falaises bleutées truffées de grotte, de plages secrètes dont la géographie est modifiée à chaque crue de la rivière.

🚶 Retrouvez cette randonnée détaillée p. 380.

16

itinéraire

Le château de Saint-Privat★

Accès par le site du pont du Gard, parking rive droite. Vers-Pont-du-Gard ☎ 04 66 37 36 36/38 00. Ouv. w.-e. et j.f. 1ᵉʳ Mai-30 juin et 15 août-11 nov. Vis. à 15 h (navette par minibus). Rés. préalable conseillée. En sem., vis. à la carte pour petits groupes (4/5 pers.). Durée de la visite : 2 h. 5 salles et les jardins se visitent. 8 € (gratuit moins de 18 ans).

Sur les bords du Gardon, le château, soigneusement entretenu par la propriétaire actuelle, Mᵐᵉ Fenwick, reste « tapi dans un vallon enchanteur », tel que l'a décrit Henry James dans *Voyage en France* (1878). Cette maison forte, à l'origine du XIᵉ s., a vu défiler templiers et rois de France, comme François Iᵉʳ ou Louis XIII, attirés par les eaux de Meynes (plus au sud). On y signa même la « paix d'Alais » (Alès), en 1629, qui accordait aux protestants la liberté de conscience… mais sabrait tous leurs privilèges politiques. Le château possède un bijou : sa chapelle, dont les murs sont tapissés par les **toiles de Georges Desvallières** (1924). Hanté par le carnage de la Première Guerre mondiale, où son fils est mort, l'artiste s'est lancé dans une composition dramatique, qu'on reçoit comme un coup de poing.

Castillon-du-Gard★★

À 4 km N du pont du Gard par les D19, D19a et D228. ℹ️ Office du tourisme de Remoulins, p. 180.

Village enroulé sur lui-même, restauré d'une façon très « léchée », Castillon-du-Gard est édifié sur une butte, avec vue plein cadre sur le pont du Gard. On tombe sous le charme de ses ruelles pavées et étroites, de ses maisons du XIIIᵉ s. aux façades égayées par des gargouilles. Des oliviers centenaires balisent la place principale. Pour vous dégourdir les jambes au milieu des vignes, descendez dans le quartier dit du Mas de

Castillon-du-Gard, l'école.

© Philippe RENAUD

Raffin *(au N, dir. maison d'hôtes Vic, Saint-Hilaire-d'Ozilhan)*. Dans le vallon de la Font Barzaude *(à 700 m O de la maison Vic)*, la **chapelle romane de Saint-Caprais** (XIIᵉ s.) constitue un but de promenade agréable. Dédiée à l'un des fondateurs au Vᵉ s. du monastère de Lérins, considéré comme le guérisseur des rhumatismes et des maladies nerveuses, elle a longtemps fait l'objet de pèlerinages fervents.

Tavel★★

À 18 km NE de Castillon-du-Gard par les D192, D6086 et D4.

☎ 04 66 50 04 10, www.tavel.tm.fr/Tourisme.htm.

Une marée de vignes (960 ha) assiège le plateau ensoleillé de Vallongue. Et cela ne date pas d'hier. Des fouilles archéologiques sur le site d'une ancienne villa gallo-romaine ont exhumé des… pépins de raisin, résidus d'un pressoir. Aujourd'hui, on n'a qu'une seule religion : le rosé. Reconnu comme AOC dès 1936, proposé par une trentaine de caveaux et caves particulières, ce « premier rosé de France » n'est pas un vin d'été, aussitôt bu, aussitôt oublié. Admis à la table de Louis XIV hier, des plus grands restaurants aujourd'hui, il a fait la fortune

16 itinéraire

de ce village, construit dans la pierre du cru, un calcaire si recherché qu'on parle même de marbre de Tavel. Hors vignoble, Tavel a beaucoup de cachet. On découvrira la chapelle Saint-Ferréol (Xe s.) et son lavoir derrière lequel se cache, rue La Condamine, une ribambelle de jardinets où l'on cultive petits pois, fèves, etc.

La Nef solaire★

Aire de repos Tavel Nord sur l'autoroute A9, la Languedocienne. Fléchage depuis la rue de Tourtouil, dans le village. Accès libre.

Du village, en passant la colline boisée, on peut aller vérifier l'heure à la *Nef solaire*, le plus grand cadran solaire d'Europe, placé… sur une aire d'autoroute ! Œuvre signée par la sculptrice Odile Mir, amarrée depuis 1993 sur le site, toutes voiles (de pierre) dehors, elle se compose de cinq cadrans solaires, conçus par Denis Savoie, qui a réalisé là une prouesse. L'ombre portée donne l'heure avec une précision de 30 secondes !

Notre-Dame-de-Grâce★ à Rochefort-du-Gard

À 6 km S de Tavel par les D26 et D976.
830, chemin Notre-Dame-de-Grâce, Rochefort-du-Gard (entrée N, fléchage sur la dr.) ☎ 04 90 31 72 01, http://ndg30.fr. Accès libre. Ouv. lun.-sam. 9 h-12 h et 15 h-18 h (dim. 15 h 30-18 h). Vis. guidée dim. à 15 h 30 ou sur r.-v. (participation libre). Possibilité d'accueil pour des « retraitants ».

Sur cette « sainte montagne », une chapelle aurait été élevée dès 798 pour célébrer une victoire du futur Charlemagne sur les Sarrasins. Au XVIIe s., en pleine Contre-Réforme catholique, on y retrouve un monastère bénédictin. Aujourd'hui, c'est un **sanctuaire marial**, où l'on peut tester l'acoustique de la salle des confessions, dite salle de l'Écho *(vis. guidée seulement)*. Ou voir une collection d'ex-voto mise sous clef *(vis. guidée)*. Signe des temps : les intentions de prière peuvent être envoyées par mail pour être déposées dans la corbeille près de l'autel !

☘ Où acheter du vin ?

Prieuré de Montézargues, rte de Rochefort-du-Gard, Tavel ☎ 04 66 50 04 48, www.prieuredemontezargues.fr. Ouv. lun.-ven. 8 h-12 h et 14 h-18 h. 10,50 € la bouteille. Depuis 2003, Guillaume Dugas a repris les rênes de ce domaine prestigieux de 34 ha, le prieuré datant de 1199. Sur des sables, en conversion bio, il produit des rosés très fruités (autour de 120 000 bouteilles), qui peuvent enchanter une ratatouille même relevée ou un poisson au fenouil. Ses vins peuvent se garder 3 ou 4 ans. Mais pour Guillaume Dugas, « ils s'ouvrent bien au bout d'un an ».

Le comtat Venaissin

Riche histoire que celle de ce comtat Venaissin, dont la première capitale fut Venasque. Les Romains l'ont colonisé, semant théâtres et thermes, amenant la vigne, qui n'en est jamais repartie. Quelques siècles plus tard, les comtes de Toulouse, pour s'être faits les protecteurs des cathares « hérétiques », ont dû abandonner aux papes tout ce qu'ils possédaient sur la rive gauche du Rhône. Jusqu'en 1791, les pontifes s'y firent représenter par un recteur, bien obligé de cohabiter un temps avec les princes d'Orange-Nassau, protestants. De ce passé troublé, le comtat Venaissin a conservé citadelles en lambeaux et villages perchés, comme Séguret, qui figurent parmi les plus beaux de France. Mais il n'y a pas que les amateurs d'Histoire et de beaux clichés qui soient comblés. Poumon vert d'Orange, le massif d'Uchaux attire les randonneurs sur ses sentiers. Tandis que les dentelles de Montmirail fascinent la « génération grimpe ».

17 Orange et le massif d'Uchaux

BOUCLE DE 33 KM

En manque d'imagination, on appelle haut Vaucluse cette région coincée entre Rhône (le fleuve) et Drôme (le département). Sur le plan historique, elle est aussi atypique. La principauté d'Orange présente la particularité d'avoir été un petit bout de terre hollandaise (et donc protestante), enfoncée comme une écharde entre royaume de France et terres du pape. Enfin, c'est aussi le pays adopté par l'entomologiste Jean-Henri Fabre, et l'on peut se lancer sur ses traces dans le massif boisé d'Uchaux.

PROGRAMME POUR 1 JOURNÉE

Ave Cesar !... Dans le **théâtre antique***** d'Orange (p. 190), les fantômes sont nombreux et les animations à la hauteur. On se laissera conter la cité romaine avant de partir à **Sérignan-du-Comtat**** sur les traces d'un passionné de nature, adoré des Japonais, Jean-Henri Fabre (p. 194).

À NE PAS MANQUER

- **Histoire** : le théâtre antique*** d'Orange (p. 190).
- **Gastronomie** : le massif-d'uchaux (p. 194).
- **Avec les enfants** : les coulisses d'un cirque* à Piolenc (p. 192).
- **Visite bonne initiative** : l'Harmas de Jean-Henri Fabre** (p. 194).

CÔTÉ PRATIQUE

Conditions de visite En fonction des risques météo, l'accès au massif d'Uchaux (zone A) peut être interdit.
Infos Préfecture
☎ 04 88 17 80 00,
www.vaucluse.pref.gouv.fr.

Bon plan Des balades à pied, à vélo et à cheval sur le haut Vaucluse sont à télécharger (y compris pour GPS et mobile) sur www.escapado.fr. Gratuit.

Orange et le massif d'Uchaux.

Retrouvez toutes les adresses de l'itinéraire p. 342.

Retrouvez toutes les adresses de l'itinéraire p. 342.

Gourmandise

Pâtisserie Carpentier, 9, rue Pourtoules (à deux pas du théâtre), Orange ☎ 04 90 34 30 18. Ouv. mar.-dim. 7 h 30-12 h 30 et 15 h-19 h. F. dim. après-midi et 2 sem. en oct. Pour découvrir les galettes d'Auguste, amandes et écorces d'orange (vendues au poids).

Orange★

À 32 km N d'Avignon, par les D225, D942 et A7.
Durée de la visite : 2 h.

ℹ️ Office de tourisme, 5, cours Aristide-Briand
☎ 04 90 34 70 88, www.otorange.fr. Marché le jeu.

La ville (30 000 hab.) a changé plusieurs fois de nom dans son histoire flamboyante : *Arausion* pour les Celtes, c'est-à-dire la ville près du fleuve, *Arausio* pour les Romains (sur la via Agrippa qui reliait Arles à Lyon, c'était l'une des principales cités de la Gaule narbonnaise), et *Aurenga* au Moyen Âge. Au plus fort de son extension (XIVe s.), la **principauté d'Orange** faisait à peine 12 km du nord au sud, et 25 km d'ouest en est, et incluait Gigondas *(p. 210)*, Montmirail *(p. 211)*, Suzette *(p. 212)*, Tulette, etc.
La visite d'Orange peut se limiter à l'arc de triomphe et au théâtre antique, classés au **Patrimoine mondial de l'humanité** par l'Unesco. En revanche, il reste fort peu de

17 itinéraire

choses de sa **période hollandaise**, entre 1530 et 1702, quand la principauté passe aux mains des Nassau, puissante famille qui règne toujours… sur les Pays-Bas, où l'actuelle reine porte encore le titre de princesse d'Orange.

Aujourd'hui, hors festival, la ville, où la Légion étrangère – 1er Régiment étranger de cavalerie – est omniprésente, apparaît comme recroquevillée sur elle-même. En 1995, l'élection d'un maire Front national n'a rien arrangé. Orange, transformée en laboratoire du lepénisme municipal, est devenue aux yeux de beaucoup infréquentable. Même si le théâtre antique multiplie les animations en direction d'un public familial.

Le théâtre antique★★★

Sortie A7. Parking Théâtre antique (payant). Rue Madeleine-Roch ☎ 04 90 51 17 60, www.theatre-antique.com. Ouv. t.l.j. avr.-mai 9 h-18 h ; juin-août 9 h-19 h ; sept. 9 h-18 h ; mars et oct. 9 h 30-17 h 30 ; nov.-fév. 9 h 30-16 h 30. Billet couplé avec le musée d'Art et d'Histoire (p. 190) de 6,50 à 8,50 € (gratuit moins de 7 ans), avec l'Harmas (p. 194) de 8,20 à 11,50 € ou avec les sites de Vaison-la-Romaine (p. 207) de 7,50 à 12,50 €. Inclus : audioguide, film de 12 min et spectacle multimédia « Les Fantômes du théâtre ». Durée de la visite : 2 h. Restaurant troglodyte.

On se sent tout petit dans cette enceinte grandiose. Le théâtre, qui pouvait accueillir jusqu'à **10 000 spectateurs**, fut construit à l'époque d'Auguste. C'est le seul théâtre antique d'Europe qui ait conservé son « **mur** », le *frons scenae*, presque intact. De dimensions imposantes, ce mur, un pur chef-d'œuvre, a perdu toutefois en grande partie sa décoration fastueuse en marbres colorés, stucs, mosaïques, statues et colonnes. Pour protéger de l'érosion ce fameux « mur » du théâtre, un toit de verre de 200 t surplombe désormais la scène à 32 m de hauteur. La **statue d'Auguste** (3,35 m de hauteur) a regagné sa place en 1950, au-dessus de la Porte royale.

☻ Demandez le livret *Chasse aux énigmes (7-12 ans)*. Des questions habiles sur le théâtre amènent l'enfant à se piquer au jeu, voire à « piéger » ses parents ! Également, de Pâques et à la Toussaint, le théâtre d'Orange fait voyager les enfants au temps d'Auguste : des ateliers *(compris dans la visite)* leur permettent de fabriquer mosaïques, lampes à huile et autres masques.

♥
Les Chorégies d'Orange

Assister à un opéra au théâtre d'Orange est une expérience exceptionnelle. L'acoustique générée par le mur de pierre monumental est unique au monde et, pour peu que le mistral ne souffle pas, chaque instrument se détache ; les cordes glissent, les cuivres claquent et les percussions explosent. Quant aux voix, elles semblent venir du ciel. Le plus beau moment est l'arrivée du chef à son pupitre : il salue sous les applaudissements, lève sa baguette et obtient instantanément le silence de 9 000 spectateurs… Rens. ☎ 04 90 34 24 24, www.choregies.asso.fr. De mi-juil. à début août. Les meilleures places peuvent atteindre jusqu'à 260 €.

☻ ### Les Fantômes du théâtre

Les mômes apprécient énormément la lecture de l'histoire qui leur est proposée via un spectacle multimédia fascinant dans les « grottes » sous les gradins : « les Fantômes du théâtre ». Théâtre « optique », virtuel et projections vidéo… Les voici projetés dans une pantomime romaine ou dans la période rock-folk du monument, quand Frank Zappa ou le groupe Téléphone remplissaient les gradins. Vingt siècles défilent dans un parcours « émotionnel » que l'on quitte avec Roberto Alagna.

© Hartmut KRINITZ / hemis.fr

Le théâtre antique d'Orange.

Le musée d'Art et d'Histoire★

Rue Madeleine-Roch ☎ 04 90 51 17 60. Face au théâtre antique. Mêmes horaires que le théâtre (ouv. à 9 h 15). De 4,50 à 5,50 € (gratuit moins de 7 ans). Billet couplé avec le théâtre (p. 190) de 6,50 à 8,50 € (gratuit moins de 7 ans). Durée de la visite : 30 min.

Rare témoignage de la période hollandaise d'Orange, l'ancien hôtel particulier de Georges Van Cuyl (XVIIe s.) accueille les collections archéologiques de la ville, notamment 416 fragments de trois **cadastres romains**, découverts sous la rue de la République, et gravés dans le marbre. Le territoire de la cité y apparaît divisé en carrés de 710 m environ de côté, qui étaient les lots des vétérans de la IIe Légion.

L'arc de triomphe★★

Suivez les bds circulaires : av. du Général-Leclerc, bd Éd.-Daladier. Prenez à dr. l'av. de l'Arc-de-Triomphe (dir. Montélimar, Nyons). Parking (gratuit) à proximité.

Tout faux… Malgré l'appellation, il s'agit d'un « simple » arc, marquant l'entrée de la ville. Dédié en 26-27 apr. J.-C. à l'empereur Tibère, l'arc est néanmoins antérieur et rend hommage aux vétérans de la IIe Légion gallique, qui ont fondé la cité en 35 av. J.-C. Restauré en 2009, il en impose par ses dimensions (19,21 m de hauteur et autant en largeur). On remarquera que cet arc de triomphe possède **deux attiques** (étages supérieurs), ce qui est insolite. Et que le premier attique offre un **répertoire naval** étonnant (ancres, proues, gouvernails, etc.), symbolisant sans doute la maîtrise acquise par Rome en mer Méditerranée. Au Moyen Âge, le monument fut intégré dans les remparts de la ville.

⚜ Le château★ du Cirque à Piolenc

À 8 km NO d'Orange par la N7.
☎ 04 90 29 49 49, www.alexis-gruss.com. Ouv. mai à début sept. t.l.j. 10 h-17 h (19 h le w.-e.). F. mer. en mai-juin et lun. juil.-sept. De 17 à 27 € (gratuit moins de 3 ans). Stages et cours de voltige toute l'année (2,3 ou 6 j.) pour adultes et enfants, www.patrickgruss.com. Snack sur place, mais on peut apporter son pique-nique.

La famille Grüss a un pied-à-terre en Provence. À la belle saison, on peut passer la journée dans les coulisses du cirque, suivre toute la préparation du spectacle et le spectacle lui-même. Les enfants peuvent suivre une initiation aux arts de la piste, tâter de la jonglerie, du trapèze.

Le château de Mornas★

À 5 km N de Piolenc par la N7. Tournez à dr. devant la porte Saint-Nicolas (entrée S de Mornas). Parking à mi-pente. Comptez 15 min de marche.
☎ 04 90 37 01 26, www.forteresse-de-mornas.com. Vis. animée par des comédiens t.l.j. en juil.-août, w.-e. et j.f. avr.-juin et sept. ; de 6 à 8 € (gratuit moins de 5 ans). Vis. libre avr.-juin et sept. lun.-ven. 10 h-16 h 45 ; fév.-mars t.l.j. 13 h 30-16 h 15 ; de 5 à 6 € (gratuit moins de 5 ans). Durée de la visite : 1 h.

De la N7, de l'autoroute ou du train, on l'aperçoit ; on ne voit même que lui : une énorme barre rocheuse de 137 m de haut, dominée par les ruines déchiquetées du château, que les âmes sensibles peuvent s'imaginer encore hanté par les victimes du sinistre Dupuy-Montbrun (ci-contre). De Mornas, une route escarpée vous y conduit. Le week-end ou l'été, cette ancienne forteresse des comtes de Toulouse revit à l'heure du XIIIe s. et des troubadours.

Uchaux★

À 9 km E env. du château de Mornas. Prenez la N7 dir. Bollène ; après 1 km, tournez à g. sur la D74.

Petit casse-tête : parfois, vous ne trouvez pas Uchaux sur une carte ! En réalité, il y a en deux : Uchaux/La Galle, où se trouve la mairie et, un peu au nord, Uchaux/Les

❜ Des aulx et des couleurs

En France, le Vaucluse est le 2e producteur d'ail vert, celui qui s'arrache en mai avant complète maturité. Mais l'ail peut être ramassé demi-sec (on attend juin) ou sec (récolte toujours en juin). Cependant, la couleur n'est pas une question de maturité. Il y a deux catégories d'ail : l'ail blanc, le plus courant, et l'ail rouge, dont la chemise hésite entre violet et cuivre. Parmi 14 communes productrices d'ail, Piolenc fait figure de capitale.

❜ Les facéties de Montbrun

En 1562, Charles Dupuy-Montbrun (p. 231), principal lieutenant du baron des Adrets, qui conduisait les troupes protestantes, a amené la garnison de Mornas, catholique, à se rendre, en lui promettant la vie sauve. Mais n'a pas hésité, aussitôt dans la place, à « balancer » du haut des remparts tous les prisonniers. Il a poussé le sadisme jusqu'à charger leurs cadavres sur un bateau, pour le laisser dériver sur le Rhône jusqu'en Avignon. Avec cette mention : « Gens d'Avignon, laissez passer ces marchands, car ils ont payé le péage à Mornas. »

Panier pique-nique

La Petite Épicerie, pl. de la Mairie, Uchaux / La Galle ☎ 04 90 40 64 68. Ouv. t.l.j. sf mer. 7 h 30-12 h et 15 h-19 h. Vous trouverez sur place de la doc sur les sentiers d'Uchaux et, côté épicerie, des vins massif-d'uchaux *(p. 194)*, des terrines, etc. De quoi partir en rando avec cartes et panier pique-nique.

Farjons. Entre les deux, la petite départementale traverse un massif boisé, où d'agréables promenades sont possibles.

Balade du Castellas★★

Départ et arrivée : parking du cimetière d'Uchaux/La Galle. Prenez le chemin au N fléché « Le Puy Vieux » (voie romaine). Topoguide *Randonnée en pays d'Aygues-Ouvèze*, gratuit disponible à la mairie d'Uchaux. Sentier botanique à télécharger sur www.escapado.fr. **Durée** : 2 h. **Distance** : 7,2 km aller-retour. **Balisage** : jaune du GR de Pays® Tour du massif d'Uchaux, rouge/blanc du GR® 4. **Balade facile**. **Enfants** : 4-5 ans. Aire de pique-nique.

Entre collines et vallons boisés, la balade varie les plaisirs. Au départ, le sentier botanique permet de découvrir une **flore dite silicicole**, adaptée aux terrains acides : bruyère, arbousier, ciste à fleur de sauge, etc. Le chemin débouche sur le **Castellas**, forteresse en ruine du XIIe s., qui domine de 160 m la plaine et l'ancienne via Agrippa des Romains. Il traverse le **hameau de La Mastre** (Uchaux/Les Farjons) avec ses histoires dignes de *Jean de Florette* : une source y a fait l'objet d'un partage devant notaire, toujours en vigueur depuis 1834 ; et comme on n'est jamais trop prudent, ce que l'on appelle le « repos de séparation » s'ouvre avec deux clefs, ce qui impose la présence des deux propriétaires ou de leurs représentants !

Sérignan-du-Comtat★★

À 3 km E d'Uchaux/La Galle par la D172.

Ce village aux édifices en pierre de couleur ocre brune est devenu la patrie d'adoption de **Jean-Henri Fabre**, le plus célèbre de nos entomologistes *(p. 194)*. Le « poète des hannetons » a éclipsé tous les autres personnages célèbres qui ont pu séjourner dans ce village. Comme **Diane de Poitiers** (1499-1566) par exemple, qui a passé quelques jours à Sérignan à la fin de sa vie. Celle qui avait été la grande passion du roi de France Henri II avait hérité du fief de son frère, baron de Sérignan. Monsieur Fabre, ou du moins sa statue en bronze, campe, bien assis, devant l'**église Saint-Étienne**, à la façade curviligne, de facture baroque (XVIIIe s.). À l'intérieur *(ouv. le mer., jour du marché, 8 h-12 h, dim. 10 h-12 h)*, les amateurs de statuaire iront droit sur le petit saint Roch en bois doré, œuvre du sculpteur comtadin **Joseph Bernus** (1666-1741) *(ci-contre)*.

Dynastie

Jacques, Joseph... Les **Bernus** ont formé une dynastie de sculpteurs, qui ont travaillé pendant cinq générations dans toutes les églises de la région. À Notre-Dame-des-Anges (L'Isle-sur-la-Sorgue, *p. 202*), à Carpentras (cathédrale Saint-Siffrein, *p. 197*), à Gigondas *(p. 210)*, etc.

17 itinéraire

♣ L'Harmas de Jean-Henri Fabre★★

Route d'Orange, entrée S de Sérignan-du-Comtat, ☎ 04 90 30 57 62, www.mnhn.fr. Ouv. avr.-juin et sept. 10 h-12 h 30 et 14 h 30-18 h ; juil.-août 10 h-12 h 30 et 15 h 30-19 h ; oct. 10 h-12 h 30 et 14 h-17 h. F. mer. (sf juil.-août), sam. matin et dim. matin. De 3 à 5 € (gratuit moins de 7 ans). Billet couplé avec le Naturoptère (ci-dessous) de 5 à 8 € ou avec le théâtre d'Orange (p. 190) de 8,20 à 11,50 €. Durée de la visite : 1 h.

En 1879, Jean Henri Casimir Fabre (1823-1915) a acheté un domaine d'environ 1 ha, comprenant une maisonnette et un terrain en friche (*harmas* en provençal). À 56 ans, il va pouvoir observer, à son aise, cigales, scarabées, bousiers, etc. On retrouvera l'univers de l'entomologiste dans son cabinet de travail de la maison ocre rose, comme s'il devait revenir d'une ultime sortie : il y a la canne, la sacoche, la boîte à herboriser… mais aussi son bureau d'écolier, « labouré » de sa plume. Le jardin voit aujourd'hui refleurir quelque 500 espèces végétales, dont une variété de tulipes qu'on supposait disparue, mais aussi chèvrefeuille de Russie, lin de Narbonne, genêt d'Espagne…

♣ Le Naturoptère★

🛈 Point info Tourisme, chemin du Grès (contigu à l'Harmas) ☎ 04 90 30 33 20, www.naturoptere.fr. Ouv. lun.-mar. et jeu.-ven. 9 h 30-12 h 30 et 13 h 30-17 h, mer., w.-e. et j.f. 13 h 30-18 h. De 3 à 5 € (gratuit moins de 7 ans). Billet couplé avec l'Harmas (ci-dessus) de 5 à 8 €. Aire de pique-nique. ♿
Retour sur Orange, à 8 km SO par la D976.

Ouvert au public en mars 2010, le centre, qui se présente comme « une drôle de bête », joue la complémentarité avec l'Harmas. Le bâtiment en fibres de bois, liège et chanvre se veut exemplaire sur le plan environnemental. Outre 3 espaces d'exposition permanente, des expositions temporaires vous invitent à explorer la nature avec un autre regard et posent des questions iconoclastes : « Un monde sans insectes ? »

❜Un bleu dans le rouge

Depuis 2005, vous trouvez sur le marché dans la catégorie côtes-du-rhône villages des « massif-d'uchaux ». Il s'agit d'une AOP (ex-AOC) rouge, où le grenache noir (50 % minimum) apporte sa vigueur. Cinq communes ont droit à cette appellation : Uchaux, Sérignan-du-Comtat, Piolenc, Lagarde-Paréol et Mondragon.

❜Le « poète des hannetons »

Jean-Henri Fabre est instituteur à Carpentras, prof de physique et chimie à Avignon… Mais il démissionne de l'enseignement en 1870, lassé des cabales qu'on monte contre lui parce qu'il ose expliquer la sexualité des fleurs à des demoiselles. Il s'installera près de Camaret, avant d'acheter l'Harmas à Sérignan-du-Comtat. Il va passer là les 35 dernières années de sa vie, s'y remarier avec une jeunesse, y écrire la plus grande partie de ses 10 volumes de *Souvenirs entomologiques*, 24 manuels scolaires et 8 ouvrages de vulgarisation. Il y a constitué un fabuleux herbier (plus de 25 000 planches).

18 # Carpentras et le pays des Sorgues

ITINÉRAIRE DE 48 KM

On commence par Carpentras, ville dont le destin récent fut transformé par la création du canal de Carpentras. L'itinéraire part en
vadrouille dans le pays des Sorgues, tout entier placé sous le signe
de l'eau. L'eau de la Sorgue qui se ramifie en multiples bras. L'eau de
la « fontaine » à Fontaine-de-Vaucluse, une source au fond d'une
gorge verdoyante, qui jaillit, bondissante lors de ses débordements.
L'eau des fontaines de Pernes-les-Fontaines. Et l'eau des canaux de
la petite « Venise du Comtat », L'Isle-sur-la-Sorgue.

18
itinéraire

PROGRAMME POUR 1 JOURNÉE

Consacrez votre matinée à Carpentras★★ (p. 196) en pique-niquant
sur les ♥ berges de l'Auzon (p. 198). L'après-midi peut être plus
tonique : pourquoi pas une descente de la Sorgue en kayak ?
Départ de Fontaine-de-Vaucluse★★ (p. 203 et p. 344) et arrivée sur
le site du Partage des eaux à L'Isle-sur-la-Sorgue★★★ (p. 201).

À NE PAS MANQUER

● **Patrimoine** : la très gothique cathédrale Saint-Siffrein★★ à
Carpentras (p. 197) et la baroquissime Notre-Dame-des-Anges★★★
à L'Isle-sur-la-Sorgue (p. 202).

● **Gastronomie** : le berlingot de Carpentras (p. 197).

● **Avec les enfants** : ♥ l'écomusée de Saint-Didier (p. 200), parc
Aventures à Lagnes (p. 344), descente de la Sorgue en canoë-
kayak (p. 344).

● **Loisirs** : chine à Carpentras (p. 344) ou à L'Isle-sur-la-Sorgue
(p. 344).

● **Carte postale** : les moulins de L'Isle-sur-la-Sorgue★★★ (p. 201).

● **Insolite** : la « fontaine » de Fontaine-de-Vaucluse★★★ (p. 203).

CÔTÉ PRATIQUE

Bons plans À Carpentras, les musées sont gratuits le 1er dim. du mois (avr.-sept.).

Toujours à Carpentras, l'été (juin-sept.), la ville propose un forfait visite guidée + menu terroir à partir de 21,50 €/pers.

Pour vos balades, pensez à télécharger les 13 fiches cyclos sur www.carpentras-ventoux.com (rubrique Nature et environnement < Se bouger < Itinéraires vélo ; gratuit).

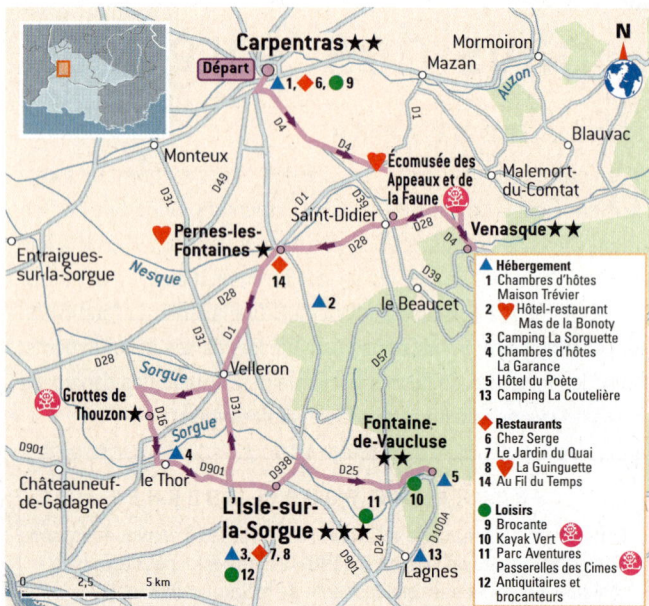

Carpentras et le pays des Sorgues.

Retrouvez toutes les adresses de l'itinéraire p. 342.

Carpentras★★

À 27 km SE d'Orange par l'A7, les D907 et D950. Parking allées Jean-Jaurès (gratuit) mais attention ven. marché et dim. brocante ou pl. du 25-Août-1944 (payant).

ⓘ Office de tourisme, 97, pl. du 25-Août-1944
☎ 04 90 63 00 78, www.carpentras-ventoux.com.
Circuit Berlingot, jalonné de 21 lutrins ; départ et retour à l'office de tourisme (plan gratuit). Avr.-sept. et vac. scolaires de la zone B, vis. guidée de 2,50 à 4 € (gratuit moins de 10 ans). Jeu-parcours pour les 6-12 ans (gratuit). Marché le ven. matin.

Ici, nous sommes au cœur de la Provence des papes. L'ancienne *Forum Neronis* des Romains fut à partir de 1320 la capitale du comtat Venaissin « récupérée » par les pontifes *(p. 24)*. De cette période, la ville, surprise en pleine cure d'embellissement, a gardé de beaux hôtels particuliers des XVIIe et XVIIIe s., comme l'ancien palais épiscopal, qui héberge aujourd'hui le palais de justice, près de la cathédrale. Passée à la Révolution dans le giron français, la cité connut un autre âge d'or, avec la construction du canal de Carpentras au XIXe s. *(p. 198)*. Cet ouvrage fit du comtat Venaissin « le jardin de la France ».

❯ La fraise de Carpentras

Pajaro, ciflorette, cigoulette, gariguette… Sous ces petits noms se cache la fraise de Carpentras®. Quelque 300 agriculteurs fournissent bon an mal an 4 000 t (2011). Venez les choisir sur le marché de Carpentras, le ven. matin, qui s'étale allées des Platanes et dans tout le centre-ville. La ville a même sa fête de la Fraise en avril.

La cathédrale Saint-Siffrein★★

De la pl. du 25-Août-1944, prenez la rue de la
République, piétonnière, dir. N.
Pl. du Général-de-Gaulle ☎ 04 90 63 08 33.
Ouv. lun.-sam. 8 h-12 h et 14 h-18 h (17 h ven.),
dim. 9 h-12 h. Accès libre. Trésor ouv. en période
des fêtes l'après-midi. Vis. guidée payante
(renseignez-vous auprès de l'office de tourisme)
avr.-sept. 1 fois/semaine.

Très en beauté (elle vient d'être « décapée »),
la cathédrale en pierre blonde illustre le
gothique méridional. Consacrée en 1531,
sa construction ayant été décidée par le pape
Benoît XIII en 1404, elle est dédiée à saint
Siffrein, évêque de Carpentras-Venasque au
VIᵉ s. Ne manquez ni les anges adorateurs
de **Jacques Bernus** (*dans le chœur*), ni la
chapelle du Saint-Clou (*à g. du chœur, si
vous êtes face à l'autel*), où le saint Mors,
forgé, dit-on, dans l'un des clous de la
Passion du Christ, y est visible dans son
oratoire. Ressortez par la **porte juive★★**
(XVᵉ s.), d'une beauté flamboyante. Réservée
aux juifs convertis, cette porte latérale, côté
sud (*à g. si vous tournez le dos à l'autel*),
arbore une « boule aux rats », censée symbo-
liser le monde dévoré par l'hérésie.

🌼 En période de Noël (24 déc.-2 fév.), la
crèche de la cathédrale Saint-Siffrein, petit
chef-d'œuvre d'art populaire, vaut le détour.

La synagogue★★

De la cathédrale, et de la porte juive, partez à g. rue de
la Poissonnerie, tournez à dr. sur la pl. d'Inguimbert,
puis prenez la rue d'Inguimbert.
Pl. Maurice-Charretier ☎ 04 90 63 39 97. Ouv. lun.-jeu.
10 h-12 h et 15 h-17 h, ven. 10 h-12 h et 15 h-16 h.
F. w.-e. et j.f. Vis. guidée gratuite.

Expulsés de France en 1306 par Philippe le
Bel, de nombreux juifs se réfugient dans les
États du pape. Protégée, cette communauté
n'en encaisse pas moins vexations et humi-
liations : elle est consignée dans une *carriero*
(rue en provençal) fermée la nuit, tenue de
porter des signes distinctifs. Impossible de
l'oublier quand on visite cette synagogue,
la plus ancienne de France, reconstruite en
1741. Elle possède une entrée discrète mais
une décoration intérieure exubérante. Seule
la salle de culte se visite. Au sous-sol, son
mikvé (bassin d'ablutions) et son four à
coudoles (pour le pain azyme) sont actuellement en restauration.

La capitale du berlingot

La légende attribue la pater-
nité du berlingot au pâtis-
sier du pape Clément V. Sa
forme de dé à jouer lui a
valu son nom (*berlingaù*
veut dire jeu de dés en
provençal).

● **Maison Clavel**, 30, rue de
la Porte-d'Orange, Carpentras ☎ 04 90 29 70 39.
Ouv. mar.-jeu. 9 h-12 h 30 et
14 h 30-19 h, ven. 9 h-19 h.
F. dim. et lun. (sf juil.-
août et déc.). Des petites
merveilles : berlingots
parfumés à la lavande, au
melon...

● **Confiserie du Mont
Ventoux**, 1184, av. Dwight-
Eisenhower, Carpentras (au
S, dir. Pernes-les-Fontaines)
☎ 04 90 63 05 25, www.
berlingots.net. F. dim. et lun.
Visite gratuite sur r.-v. en
fonction des fabrications.
Durée : 30 min, le temps
d'une « cuite ». Pour voir
la fabrication de A à Z, avec
dégustation au final.

Marchés de la truffe

Dans la **cour intérieure de
l'Hôtel-Dieu** (pl. Aristide-
Briand, vers l'office de
tourisme) à Carpentras,
le ven. matin, de fin nov.
à déb. mars 9 h-10 h 30.
Ouvrez les yeux, respirez...
Un univers étonnant, feutré,
à découvrir. Il existe également un marché de la truffe
d'été, toujours le ven., de
juin à sept., devant l'office
de tourisme.

La porte d'Orange★

De la synagogue, partez sur votre g. sur la pl. de l'Horloge et prenez à dr. la rue de la Porte-d'Orange.

Imposante, haute de 26 m, la porte d'Orange est la seule rescapée des fortifications du XIVᵉ s. qui comportaient 32 tours et 4 portes. Dans un temps de forte insécurité où les grandes compagnies, des cohortes de mercenaires sans emploi, écument la vallée du Rhône, le pape Innocent VI incite les villes de son Comtat à relever leurs remparts. L'ensemble, qui ceinturait la ville sur 1 770 m, a été rasé sans état d'âme au XIXᵉ s.

♥ ♨ Les berges de l'Auzon

Prenez en face le chemin de la Roseraie, grille d'accès sur la dr.

Sur près de 1 km, les berges de la « rivière des Aulnes » ont été aménagées avec des aires de pique-nique. Peupliers, frênes, saules, platanes et ormeaux ombragent cette promenade au bord de l'eau. Vous allez trouver de nombreux vestiges liés à une histoire industrielle récente comme des *martellières* (vannes) ou un petit barrage. Preuves que moulins et tanneries ont occupé les berges de cette rivière jusqu'au XXᵉ s. Les enfants vont adorer ce petit coin secret. Le parcours

❜ Le « serpent vert »

Mis en service en 1869, alimenté par la Durance, le canal de Carpentras s'étire aujourd'hui sur 85 km (avec plus de 1 400 km de conduites, 10 aqueducs, 150 ponts, 4 passages souterrains). Ce « serpent vert » a transformé radicalement les plaines du Comtat qu'il irrigue. On peut le découvrir à pied (balades à télécharger sur www.carpentras-ventoux.com, rubrique Nature et environnement < Se bouger < Itinéraires rando) ou à vélo (sur www.provence-ventoux-comtat.com, rubrique Activités pleine nature < Les balades à vélo).

Le village de Venasque.

prend fin au canal de Carpentras *(p. 198)*.
Il y a une Fête des berges de l'Auzon *(2ᵉ ou 3ᵉ w.-e. de juin ; rens. ☎ 04 90 60 84 16)*.

Venasque★★

À 12 km SE de Carpentras par la D4.

ℹ️ Office de tourisme, Grand'Rue ☎ 04 90 66 11 66, www.tourisme-venasque.com. Circuits de randonnées autour de Venasque (2 €). Vis. guidée avr.-juin et sept. jeu. à 17 h ; de 4,50 à 6 € (gratuit moins de 10 ans) incluan la visite du baptistère. Durée : 1 h 30. « Visite en scène », théâtralisée, juil.-août le jeu. à 21 h ; de 3 à 6 €.

Perché sur son éperon, Venasque a résisté à tous les assauts, y compris à ceux du sinistre baron des Adrets pendant les guerres de Religion. L'arrivée sur le village est tout bonnement saisissante. Au pied de **trois tours**, oblongues, dont la base est gallo-romaine (IVᵉ s.), une esplanade qui fait aujourd'hui le bonheur des joueurs de pétanque a remplacé les anciens fossés. On y jouit d'un panorama exceptionnel. Le Ventoux s'y présente dans toute sa splendeur.

En flânant dans la cité au cachet indéniable, vous découvrirez ses vieilles maisons (la plus vieille, en face de la poste, date de 1644) et ses nombreuses fontaines. Sur la place de la **Planette**, l'un de ces édicules rappelle la bagarre au couteau entre rois de France et papes pour la possession du comtat Venaissin. Louis XVI l'a emporté en 1791 : ce fut l'un des derniers décrets qu'il signa.

L'église Notre-Dame et son baptistère★★

☎ 04 90 66 62 01. Ouv. avr. à mi-oct. 9 h-13 h et 14 h-18 h 30 ; mi-oct. à mars 9 h 15-13 h et 14 h-17 h. F. mi-déc. à début janv. 3 € (gratuit moins de 12 ans).

Le baptistère, qui daterait du VIᵉ s., serait l'un des plus anciens d'Europe. L'atmosphère, irréelle, prête au recueillement. On imagine les catéchumènes descendant quelques marches, entrant dans l'eau pour recevoir le baptême, qui sait, des mains de saint Siffrein, l'un des premiers évêques, se partageant entre Venasque et Carpentras. Mort vers 570, le saint homme figure dans une niche, tenant dans ses mains ce que l'on identifie comme un mors de cheval. L'église a aussi un autre trésor : un tableau de l'École d'Avignon (1498), *La Crucifixion (ci-contre)*.

❞ **Pur péché**

Pour les puristes, *La Crucifixion* de Venasque privilégie, de façon éhontée, Marie-Madeleine. Au pied de la Croix, on ne voit qu'elle, parée comme une princesse. Les mécréants remarqueront que les yeux du Christ plongent dans le décolleté généreux de la dame. Ce tableau, comme « vieillerie », a failli disparaître à la trappe. On l'a retrouvé seulement en 1932 et expédié pour restauration au Louvre qui ne voulut pas le rendre. Pour obtenir sa restitution, on fit intervenir Édouard Daladier, député-maire du Vaucluse, à la veille d'élections âprement disputées !

18
itinéraire

♥ 🧚 L'écomusée des Appeaux et de la Faune à Saint-Didier

À 5 km O de Venasque par la D28.
Pl. Neuve ☎ 04 90 66 13 13, www.appeaux-raymond.
com. Ouv. lun.-ven. 9 h-12 h et 15 h-18 h.
F. mi-mars à début avr. 4,50 € (gratuit moins de
10 ans). ♿

La visite de cet écomusée vaut surtout par la
partie « démonstration » réalisée par Bernard
Raymond lui-même, créateur du musée et
arrière-petit-fils de Théodore Raymond,
fondateur de « l'industrie » de l'appeau. À
l'écran, des diapositives d'animaux et, sur la
scène, Bernard Raymond, activant l'appeau
produisant le son ou le cri de l'animal
représenté. Distrayant, désopilant parfois et
spectaculaire. Les enfants en redemandent...

♥ Pernes-les-Fontaines★

À 5 km SO de Saint-Didier par la D28. Parking pl. Aristide-
Briand (à côté de la porte Saint-Gilles).
🛈 Office de tourisme, pl. Gabriel-Moutte
☎ 04 90 61 31 04, www.tourisme-pernes.fr. Circuits de
visite de la ville (1 h ou 2 h). Marché paysan avr.-oct. le
mer. à partir de 18 h.

Capitale du comtat Venaissin de 1125
jusqu'en 1320, cette petite ville médiévale
a su conserver son caractère hors du temps
et... ses fontaines. Quarante, si le compte
est bon, comme la **fontaine du Cormoran**
(1761) ou celle du **Gigot** (1760). Passé la
porte Saint-Gilles (XIVe s.), plongez dans
ses ruelles ombreuses et enchevêtrées : rue
Raspail, rue Cavalerie à gauche, rue de
Brancas et, encore à gauche, la montée du
Donjon... Vous grimperez jusqu'à la terrasse
de la **tour de l'horloge★** (XIe s.), ex-donjon
du château des comtes de Toulouse, pour
profiter du panorama sur la plaine du
Comtat. Rue de Brancas à nouveau, rue
Victor-Hugo à gauche... La **tour Ferrande**
du XIIe s. et ses **peintures murales★★** au
3e étage valent bien un petit effort supplémentaire *(vis. guidée juil.-août lun.-mar. et
jeu.-ven. à 10 h avec l'office de tourisme; 2 €,
gratuit moins de 16 ans)*. On y découvre une
vraie bande dessinée : les aventures en Italie
de Charles d'Anjou, comte de Provence et

Nougats maison

Nougaterie Silvain, pl.
de la Poste, Saint-Didier
☎ 04 90 66 09 57, www.
nougat-silvain-freres.fr. Ouv.
avr.-déc. t.l.j. 10 h-12 h et
14 h-18 h (15 h-19 h juil.-
août). F. janv.-mai lun. F.
mi-janv. à mi-fév. Dans la
composition des nougats
des frères Silvain entrent
les amandes de leur
exploitation et le miel de
leurs ruches. En Provence,
le vrai nougat est noir, sans
addition de blancs d'œuf
montés en neige ! Visite
de l'atelier (gratuite) le
mer. à 10 h sur inscription
préalable. Durée : 1 h env.
L'espace gourmand fait
aussi salon de thé et glacier
(juil.-août).

Gourmandises

Pâtisserie Battu, 72, rue
Gambetta, Pernes-les-
Fontaines ☎ 04 90 61
61 16. Ouv. t.l.j. 7 h-12 h 30
et 15 h-19 h 30. F. dim.
après-midi et lun. F.
quelques j. en sept. Pour y
découvrir le soleil pernois,
gâteau avec melon confit,
amandes et framboises, et
la perle de la Nesque, un
praliné parfumé à l'orange
dans un sucre cristallisé.

🧚 Font'Arts

À Pernes-les-Fontaines,
déb. août. Conteurs,
artistes de cirque et musiciens prennent d'assaut la
vieille ville. Rens. à l'office
de tourisme et sur le site
www.fontarts.com.

18

itinéraire

Marchés

À **Velleron**, chemin des Foul-quettes (en contrebas de la voie rapide), dir. L'Isle-sur-la-Sorgue, avr.-sept. t.l.j. sf dim. et j.f. à partir de 18 h ; oct.-mars mar., ven. et sam. à partir de 16 h 30. Une vraie institution ! Il réunit une centaine de produc-teurs de fruits et légumes cueillis ou récoltés le jour même. Comme le marché de Noël (5 ou 6 j. avant le 25 déc.), il est très couru. Rens. ☎ 04 90 20 14 07.

Où pique-niquer ?

À la sortie du Thor (D901), dir. Entraigues, à g., avant d'arriver aux grottes, au niveau de l'entreprise Torsiello. Route carrossable et parking. Sur la colline, au-dessus des grottes, près des ruines du château de Thouzon, un ancien monas-tère fondé par les moines de l'abbaye Saint-André de Villeneuve lez Avignon (respectez la propriété privée). Aire de pique-nique et panorama magnifique.

Marché flottant

Quai Jean-Jaurès à **L'Isle-sur-la-Sorgue**, le 1er dim. d'août à partir de 8 h 30. L'occasion de voir les fameuses barques à fond plat des pêcheurs d'autre-fois, les *nego-chin* (ce qui veut dire noie-chien !), mais chargées cette fois de légumes et de fruits. Un marché de création récente et d'inspiration exotique !

de Forcalquier (1227-1285). Revenez par le quai de Verdun en longeant la Nesque. Dépassez la porte Notre-Dame pour gagner le **musée des Traditions comtadines★** ou **Maison Fléchier** *(pl. Fléchier ; ouv. Pâques à juin mer.-lun. 14 h-18 h, juil.-sept. mer.-lun. 10 h-12 h 30 et 15 h-18 h 30, fêtes de Noël 14 h-17 h ; f. mar. ; gratuit)*. Aménagé dans un hôtel particulier du XVIIe s., le musée passe en revue tous les mythes provençaux : les santons, le gros souper de Noël *(p. 28)*. Le canal de Carpentras *(p. 198)* tient aussi la vedette.

Les grottes de Thouzon★

À 12 km SO de Pernes-les-Fontaines via Velleron par les D28, D1 et D16. Sortez de Pernes par la D28, dir. Avignon, les grottes sont à 2 km N du Thor.
2083, route d'Orange, Le Thor ☎ 04 90 33 93 65, www.grottes-thouzon.com. Ouv. mars dim. après-midi ; avr.-juin et sept.-oct. t.l.j. 10 h-12 h et 14 h-18 h ; juil.-août 10 h-18 h 30. De 5,70 à 8,30 € (gratuit moins de 5 ans). Durée de la vis. guidée : 45 min. Parking gratuit. Attention, la température, constante, est à 13 °C à l'intérieur. Buvette. Boutique de minéraux. Aire de pique-nique.

Découvertes en 1902, ce sont les seules grottes aménagées pour le tourisme en Vaucluse. En quelques mètres dans l'ancien lit de la rivière *(500 m aller-retour)*, un voyage fabuleux dans le temps : 60 millions d'années. La voûte est célèbre pour ses stalactites fistuleuses, couleur jaune or.

L'Isle-sur-la-Sorgue★★★

À 8 km SE des grottes de Thouzon par les D16 et D901. Nombreux parkings gratuits sur les quais extérieurs (av. Fabre-de-Sérignan par ex.). Durée de la visite : 2 h.
ℹ Office de tourisme, pl. de la Liberté ☎ 04 90 38 04 78, www.oti-delasorgue.fr. Le site est commun aux communes de L'Isle-sur-la-Sorgue, Châteauneuf-de-Gadagne, Fontaine-de-Vaucluse, Le Thor et Saumane-de-Vaucluse. Vis. guidée dans chacune de ces communes l'été. 4 € (gratuit moins de 15 ans). Plan de ville (gratuit). Randonnées pédestres et balades à vélo organisées l'été.

Il y a 20 000 ans, dans la plaine de la Sorgue, vous n'aviez que des marais, où divaguaient la Sorgue mais aussi la Durance, la Nesque, l'Ouvèze… Au fil des siècles, des travaux colossaux ont assaini ce territoire. Au XIIe s., L'Isle-sur-la-Sorgue n'était qu'un village de pêcheurs, bâti sur pilotis. C'est devenu une ville de 20 000 habitants, pétrie de charme, la « Venise comtadine », dont les week-ends fiévreux sont très courus par la jet-set. De nombreux antiquaires et brocanteurs se sont installés sur les bords des « canaux », ce qui lui a valu le surnom de « Brocante City ». Entre-temps, beaucoup d'eau a coulé sous les passerelles et ponts de la ville. Sur 62 **roues à aubes** recensées au XIXᵉ s. et qui faisaient tourner nombre d'ateliers textiles, 10 ont survécu, dont 3 dans la seule **rue Jean-Théophile**, étroite, le long de la rivière, la Sorgue de l'Arquet.

La collégiale Notre-Dame-des-Anges★★★

Pl. de la Liberté ☎ 04 90 38 04 78. Ouv. lun.-ven. 10 h-12 h et 15 h 30-18 h, le w.-e. avec des bénévoles. Accès libre (petite porte latérale, côté Café de France). Durée de la visite : 20 min.

La très baroque collégiale Notre-Dame-des-Anges, élevée en 1222, fut reconstruite, entre 1647 et 1670, d'après les plans de François Royers de la Valfenière. Attention ! La façade, plutôt classique, ne vous prépare pas au choc suscité par la découverte du décor intérieur, d'une richesse inouïe. Pas un centimètre carré qui ne soit sculpté ou peint… Et partout des anges, qui volettent, déchaînés, ou se reposent : on en a compté 222 ! Entre deux tableaux de Nicolas Mignard, de Pierre Parrocel ou de Simon Vouet, l'église abrite dans l'une de ses chapelles, au bout du chœur, la statue de **Notre-Dame de Sorguette**, patronne des pêcheurs, qui est sortie en grande pompe pour la Pêche d'antan (ci-contre).

Centre d'art Campredon★

Quand on est face à Notre-Dame-des-Anges, prenez la rue à g.
20, rue du Dr-Tallet ☎ 04 90 38 17 41, www.islesurlasorgue.fr. Ouv. juil.-oct. t.l.j. sf lun. 10 h-13 h et 14 h 30-18 h 30 ; nov.-juin 10 h-12 h 30 et 14 h-17 h 30. De 5 à 6 € (gratuit moins de 14 ans). Vis. guidée sur rés. De 5,10 à 7,20 € (gratuit moins de 14 ans). Durée de la visite : 1 h.

Pour qui aime l'art contemporain, cet hôtel particulier du XVIIIᵉ s., l'**hôtel Donadéï de Campredon**, accueille des expositions temporaires de haute volée autour de la peinture et de la sculpture : les dessins

Où pique-niquer ?

Sur le site du **Partage des eaux** (à 2 km E de L'Isle-sur-la-Sorgue, sortez dir. Fontaine-de-Vaucluse, prenez av. Voltaire-Garcin, sur la dr. ; suivez le fléchage). Ici, la rivière se divise en deux, pour filer d'un côté sur Velleron, de l'autre sur L'Isle-sur-la-Sorgue. Elle forme le bassin des Espélugues, à l'ombre de platanes charnus.

Pêche d'antan

Près de la Caisse d'épargne à L'Isle-sur-la-Sorgue, le 3ᵉ dim. de juil. de 10 h à 11 h. Démonstration de pêche à l'ancienne avec les *nego-chin* (barques), filets, tridents, costumes d'époque, suivie d'une procession, Notre-Dame de Sorguette en tête, jusqu'à l'église Notre-Dame-des-Anges où le poisson est béni et… offert.

Laine mérinos

Un Jour, 8, pl. Ferdinand-Buisson, L'Isle-sur-la-Sorgue ☎ 04 90 38 50 19, www. brundeviantiran.fr. Ouv. t.l.j. sf lun. 9 h-12 h et 15 h 30-19 h (dim. 9 h-13 h). Dans ce magasin d'usine, on trouvera direct d'usine les plaids, châles, étoles, couvertures, couettes en laine mérinos d'Arles de la dernière manufacture textile de L'Isle-sur-la-Sorgue. Cette entreprise familiale a fêté son bicentenaire en 2008.

Café à L'Isle-sur-la-Sorgue.

© Philippe RENAUD

sérigraphiées d'Ernest Pignon-Ernest « shoo-tées » in situ, les peintures d'Hervé Di Rosa, les photographies de Denis Brihat.

Fontaine-de-Vaucluse★★

À 6 km E de L'Isle-sur-la-Sorgue par la D25. Parking (payant 3 €) dans la ville.
🛈 Office de tourisme, résidence Jean-Garcin
☎ 04 90 20 32 22, www.oti-delasorgue.fr. Vis. guidée juin-sept. lun. à 10 h et 12 h. 4 € (gratuit moins de 15 ans). Fiches de randonnées pédestres.

Encadré par des falaises hautes de quelque 230 m, le site, enchanteur, est victime, jusqu'à la caricature, de son succès. Prix prohibitif des parkings, magasins et restaurants qui vous escortent presque jusqu'à la fontaine... Qui plus est, cette dernière se montre fort capricieuse. Ce qu'on appelle le « **débordement** », un spectacle prodigieux que chacun espère pouvoir voir de ses yeux, a lieu une fois par an en général, et de façon très aléatoire, soit à l'automne, soit au printemps : le niveau dépasse alors 21 m sur l'échelle scellée dans la falaise. Entre novembre 2002 et février 2003, l'eau, bondissante, est montée de façon exceptionnelle jusqu'à la cote 23,60 m. En été, le visiteur doit se contenter le plus souvent de contempler un gouffre où clapote, tout au fond, un peu d'eau. Sur les rives de cette vallée close (*vallis clausa*, ce qui a donné Vaucluse),

❞ Une fontaine vauclusienne

Toute résurgence est désormais qualifiée de fontaine vauclusienne. Les eaux qui ressurgissent à Fontaine-de-Vaucluse proviennent de l'infiltration des eaux de pluie et de la fonte des neiges. Le mont Ventoux, les monts de Vaucluse et la montagne de Lure alimentent cette source, ce qui représente un impluvium naturel de 1 240 km². Depuis 1878, les tentatives d'exploration du gouffre se sont multipliées. En 1985, un porte-instruments s'est immobilisé à 308 m de profondeur sur un fond sablonneux. Ce record tient toujours. Dans le sous-sol, l'eau peut franchir jusqu'à 30 km en 6 jours.

beaucoup de musées ont poussé. Rive droite, c'est le **musée du Santon et Traditions de Provence** (☎ *04 90 20 20 83, www.musee-du-santon.org; ouv. t.l.j. fév.-déc. et le w.-e. en janv. 10h-18h; de 2 à 4 €)*, où plus de 2000 pièces en terre crue ou cuite, en cire ou en mie de pain attendent sagement le visiteur. Rive gauche, le **musée-bibliothèque Pétrarque** (☎ *04 90 20 37 20; ouv. avr. à la Toussaint t.l.j. sf mar. 10h-12h et 14h-18h; de 1,50 à 3,50 €, gratuit moins de 12 ans)* permet de découvrir derrière l'amoureux transi auquel se réduit pour beaucoup le poète, l'humaniste, le pèlerin de l'Europe.

Balade sur les traces de Pétrarque

Départ et arrivée : pl. de la Colonne à Fontaine-de-Vaucluse. Traversez le pont. Prenez les escaliers à dr. du musée Pétrarque. Les escaliers laissent très vite la place à un sentier de chèvre, où il faut chercher le passage. Plan fourni par l'office de tourisme. **Durée :** 1h30. **Distance :** 2 km env. **Balisage :** en partie celui du GR® 6 (rouge/blanc). **Difficulté :** passages un peu acrobatiques en montant sur le château. Déconseillé après la pluie (roches glissantes). **Enfants :** 6-7 ans. Accès qui peut être interdit l'été ☎ 04 88 17 80 00.

Il s'agit dans un premier temps, le plus ardu, d'arriver au château, dont les ruines déchiquetées surplombent le site de Fontaine-de-Vaucluse. Ce château, édifié probablement dans sa première version vers 1030, fut la résidence d'été du cardinal Philippe de Cabassol, évêque de Cavaillon. Il y reçut son ami François Pétrarque. Le temps d'admirer la **vue sur le village**, et sur les falaises, trouées comme un gruyère, il faut repartir : prenez à gauche le sentier *(non balisé)*, qui monte au milieu des chênes verts et des pins d'Alep. Continuez tout droit, franchissez la barrière qui interdit l'accès à tout véhicule et tournez à droite dans le GR® 6, que vous quitterez, en rejoignant la D100a *(route touristique de Gordes)*. Tournez à droite, passez devant le cimetière pour regagner la place de la Colonne via la montée du Guérisseur et la route de Cavaillon.

☘ **Mots doux**

Moulin à papier Vallis Clausa, Fontaine-de-Vaucluse ☎ 04 90 20 34 14, www.vallis-clausa.com. Ouv. en été lun.-sam. 9h-19h25, dim. 10h-19h25; le reste de l'année, coupure à midi et fermeture qui s'échelonne entre 17h25 et 18h55. L'industrie papetière à Fontaine-de-Vaucluse remonte à 1562. La cité eut jusqu'à quatre moulins. Ici, dans le dernier moulin, tout est encore fabriqué à l'ancienne et l'on peut suivre le processus. À la boutique, parmi les souvenirs, *La Recette du bonheur conjugal* (anonyme) y côtoie *Exaltation* de Pétrarque.

' **Pétrarque et Laure**

De cette histoire d'amour unique au monde, on connaît fort peu de choses. Ce que l'on sait c'est qu'une grande partie de l'œuvre poétique de François Pétrarque (1304-1374) est inspirée par sa rencontre avec Laure dans l'église Sainte-Claire d'Avignon le 6 avril 1327 et que jamais elle n'a répondu à son ardente passion : « Nulle paix je ne trouve, et je n'ai pas de guerre à faire / Je crains et j'espère ; je brûle et je suis de glace » *(Le Canzoniere)*. La mort de la belle en 1348, probablement de la peste noire, a laissé Pétrarque inconsolable.

Vaison-la-Romaine et les dentelles de Montmirail

BOUCLE DE 51 KM

Avec Vaison-la-Romaine, la Provence des papes tient sa « petite Pompéi », sortie d'un très long sommeil au début du XXe s. grâce au chanoine Sautel. Les Romains avaient baptisé *Mons mirabilis* ce que nous appelons aujourd'hui les dentelles de Montmirail, pure féerie de pierres. À l'est, entre Beaumes-de-Venise, vraie capitale des dentelles, et Crestet, refuge des évêques de Vaison, vous découvrirez la partie la plus sauvage et la plus attachante de cet itinéraire en montagnes russes.

PROGRAMME POUR 1 JOURNÉE

Ne ratez pas ♥ Vaison la médiévale★★ (p. 209), plus pétillante que Vaison-la-Romaine★★ (p. 207) ! Avant de découvrir ♥ Séguret★★ et Gigondas★★ (p. 210), villages au milieu des vignes, faites étape dans l'un de ces caveaux nouvelle génération (p. 211).

À NE PAS MANQUER

- **Histoire** : Vaison-la-Romaine★★ (p. 206).
- **Gastronomie** : le gigondas (p. 211).
- **Loisirs** : initiation à l'escalade avec un guide de Gigondas (p. 346).
- **Carte postale** : le village de ♥ Séguret★★ (p. 210).
- **Point de vue** : le col de Suzette★★★ (p. 212).

CÔTÉ PRATIQUE

Conditions de visite Le massif des Dentelles (zone A) peut être fermé aux randonneurs. Sinon, pas de restriction de circulation. **Infos Préfecture** ☎ 04 88 17 80 00, www.vaucluse.pref.gouv.fr.

Bons plans Un Pass de 3 à 8 € (gratuit moins de 12 ans) donne accès aux sites romains de Vaison (musée archéologique inclus).

Des balades à pied, à vélo et à cheval sur le haut Vaucluse sont à télécharger (y compris pour GPS et mobile) sur www.escapado.fr. Gratuit.

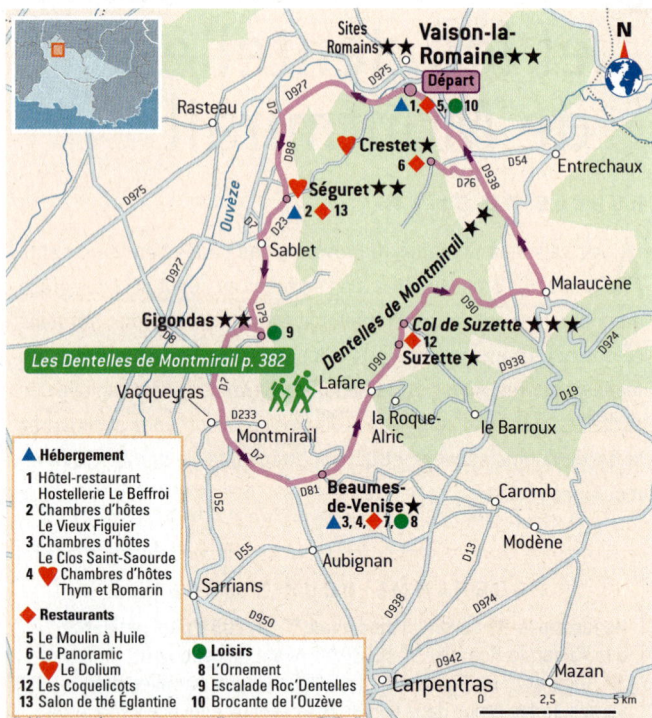

Vaison-la-Romaine et les dentelles de Montmirail.   Retrouvez toutes les adresses
de l'itinéraire p. 345.

Vaison-la-Romaine★★

À 28 km N de Carpentras par la D938.
Parking, pl. du 11-Novembre (gratuit) en face de l'office
de tourisme. Attention, zone bleue en centre-ville.

🛈 Office de tourisme, pl. du Chanoine-Sautel
☎ 04 90 36 02 11, www.vaison-en-provence.com. Plan
de la ville à télécharger sur le site. Petit train touristique
avr.-sept. t.l.j. sf mar. ☎ 04 90 36 05 22. Ne relie pas
la cité médiévale. De 2,50 à 4,50 € ou de 2 à 3,50 €
sur présentation du Pass des sites antiques, gratuit
moins de 12 ans. Billet couplé avec le théâtre d'Orange
(p. 190) de 7,50 à 12,50 €.

Pas vraiment simple ! Il y a deux villes, de
part et d'autre de l'Ouvèze, qui semblent
continuer à se regarder en chiens de faïence.
Rive gauche se dresse la ville médiévale, qui
fut celle des comtes de Toulouse. Rive droite,
en contrebas, la ville de l'évêque et la ville
moderne ont submergé, noyé, pillé la ville
gallo-romaine *Vasio Vocontiorum*, la Vaison
des Voconces, chef-lieu d'une circonscription
qui a reçu le statut de cité fédérée entre 69 et
59 av. J.-C. *(p. 209).* Si bien que les ruines se

À la soupe !

Autour de Vaison, une quinzaine de villages participe à
un Festival (très tendance)
des soupes de mi-oct. à
mi-nov. Au menu : 150 à
200 variétés de soupes !
Dégustation gratuite, suivie
d'un repas (7 €). Rens. à
l'office du tourisme de
Vaison-la-Romaine.

❜Un chanoine archéologue

Originaire de Soleymieux (Loire), **Joseph Sautel** (1880-1955), jeune prêtre, professeur d'histoire-géographie, se découvre une passion pour Vaison dans le cadre d'une thèse entreprise en 1907 à l'université d'Aix-en-Provence. Sur les flancs de la colline de Puymin, il exhume 14 statues ou têtes. Dont le fameux *Hadrien*, haut de 2,16 m, aujourd'hui au musée (*ci-contre*).

Où pique-niquer ?

Aire de pique-nique sur les **bords de l'Ouvèze**, côté cité médiévale. Accès par le quai du Maréchal-Foch, dir. Crestet. Pique-nique possible aussi près du **jardin des Neuf-Damoiselles**.

❜♥ Le jardin des Neuf-Damoiselles

Sur la D975, à l'entrée de Vaison-la-Romaine, se dresse un alignement concentrique de 81 menhirs. Au centre, neuf d'entre eux sont disposés en carré et symbolisent les neuf villes désignées par le Conseil de l'Europe comme villes de la culture en 2000, dont Avignon. L'ensemble, gravé de poèmes, s'élève sur les lieux ravagés par la crue historique de l'Ouvèze (la rivière qui traverse Vaison) le 22 septembre 1992.

dressent aujourd'hui au milieu des voitures et des habitations : cette promiscuité rompt parfois le charme.

Les sites romains★★

☎ 04 90 36 50 49/48. Ouv. t.l.j. mars 10 h-12 h 30 et 14 h-17 h 30 ; avr.-mai 9 h 30-18 h ; juin-sept. 9 h 30-18 h 30 ; oct. 10 h-12 h 15 et 14 h-17 h 30 ; nov.-déc. et fév. 10 h-12 h et 14 h-17 h. F. Noël, janv. et 1ʳᵉ sem. de fév. Billet couplé musée, Puymin et La Villasse, valable 24 h, de 3 à 8 € (gratuit moins de 12 ans). Durée de la visite : 2 h min. Audioguide fourni. Film au musée (20 min). Vis. guidée à heures fixes l'été et aux vac. de la Toussaint.

Au milieu des palmiers et des cyprès chauves, les ruines, découvertes par Joseph Sautel (*ci-contre*), s'étendent aujourd'hui sur 15 ha, dont 8 accessibles au public. Mais cela correspond à 20 % seulement de la ville antique, qui devait couvrir 60 à 70 ha et compter entre 9 000 et 10 000 habitants. À l'exception du théâtre et de thermes, vous ne découvrirez sur le site que des **habitations privées**. Forum et autres édifices publics gisent sous la Vaison du XXIᵉ s. Autre particularité : cette agglomération antique n'a ni remparts, ni plan d'urbanisme rigoureux.

🌸 En audioguide (*allez d'abord sur le site de Puymin, derrière l'office de tourisme, et au musée*), un **parcours jeune** est proposé, plus centré sur la vie quotidienne, l'école, la cuisine (*à partir de 7 ans*). Gageons que les latrines à six places (Thermes, Villasse) les amuseront beaucoup !

Le musée Théo-Desplans★

Site de Puymin. Film en 3D (20 min).
Implanté sur le versant sud de la colline de Puymin, il permet de se familiariser avec la vie quotidienne des riches Vaisonnais il y a moins de 2000 ans. Certaines maisons étaient immenses : la **maison à la Tonnelle** (*Puymin, au NO du musée*) occupait 3 000 m² au sol et comportait trois niveaux. Le musée archéologique s'enorgueillit de posséder la **mosaïque de la villa du Paon** (*villa à l'E du musée, inaccessible au public*), qui, sur 33 m², présente un décor foisonnant d'oiseaux, paon faisant la roue au centre, canards, perdrix et perroquets. Il détient aussi l'ensemble des statues exhumées par Joseph Sautel. Celle notamment, en marbre blanc, de l'empereur **Hadrien** (de 117 à 138 apr. J.-C.).

19 itinéraire

Le théâtre★

Site de Puymin (au N du musée).

La comparaison avec le théâtre d'Orange joue en sa défaveur. Adossé à la colline de Puymin, construit autour de l'an 20 av. J.-C., il compte « seulement » 5 072 places. Surtout, il a été « reconstruit » par l'architecte en chef des Monuments historiques Jules Formigé, entre 1932 et 1934. En réalité, nous avons affaire à un théâtre du XXᵉ s. ! Mais le soir, la magie fonctionne.

Le site de La Villasse

En face de l'office de tourisme, de l'autre côté de l'av. du Général-de-Gaulle et du parking.

Ici, la ville antique apparaît structurée par une grande allée, dallée, orientée nord-sud, surnommée la **rue des boutiques**, où s'ouvraient des échoppes presque misérables si l'on en juge par leur architecture peu soignée. De 4,20 m de large, cette rue est bordée à l'est par un égout collecteur, qui se déversait dans… l'Ouvèze. La rue aboutit aux **thermes du centre** *(sur la g.)*. Sur la droite, se trouve la **maison au Buste d'argent**, dont le nom est dû à la découverte en 1924 sur le site d'un tel trésor *(au musée)*. Elle mesure 5 000 m², incluant un grand jardin de 2 000 m² avec piscine.

19

itinéraire

Voix au chapitre

Tous les trois ans (prochaine édition août 2013), Vaison-la-Romaine accueille les **Choralies**, où près de 4 000 choristes se retrouvent. Ambiance étonnante à la terrasse des cafés, où éclatent des concerts improvisés. Rens. À Cœur Joie ☎ 04 72 19 83 40, www.choralies.fr.

Site romain à Vaison-la-Romaine.

© Philippe RENAUD

Un statut à part

Vasio Vocontiorum, la Vaison des Voconces, avait un statut particulier, celui de cité fédérée, *civitas foederata*, c'est-à-dire d'alliée de Rome. Les Voconces ne battaient pas monnaie, payaient tribut mais disposaient d'une certaine autonomie. Attention, pour les Romains, la cité est une circonscription territoriale parfois étendue et non, au sens où nous l'entendons aujourd'hui, une ville.

♥ **Où acheter du fromage ?**
Lou Canesteou, 10, rue Raspail (entre pl. Montfort et Grande Rue), Vaison-la-Romaine ☎ 04 90 36 31 30. Ouv. t.l.j. sf dim. et lun. après-midi 8 h-13 h et 15 h-19 h. F. 2 sem. en mars et 2 sem. en nov. Des fromages de chèvre à se damner : Josiane Déal, Meilleure Ouvrière de France, sait choisir et affiner picodon de Dieulefit, banon, fromage frais de Valréas… en tout une cinquantaine de variétés. Sélection de côtes-du-rhône. Un petit coin d'épicerie fine : tapenade, confit de figues, etc.

Le pont romain★★

À pied, en sortant de La Villasse, tournez à dr. et empruntez la Grande Rue : le pont romain est devant vous (à 500 m des ruines).

Son arche unique, de 17 m de portée, a survécu à tout : à une bombe allemande en 1944, à la dernière crue catastrophique de l'Ouvèze en 1992, dont les images terribles sont encore dans toutes les mémoires. Doté d'une voûte en forme d'ellipse, ce qui est rarissime, c'est le plus large (9,50 m) des ponts de l'ancienne Gaule.

♥ La ville médiévale★★

Du pont, grimpez à g. dans la rue du Pont-Romain ; arrivé pl. du Poids, engagez-vous à g. dans la rue de l'Horloge sous le beffroi. En voiture, accès par le Pont Neuf et la rue Gaston-Gévaudan, parking obligatoire avant le beffroi.
Durée de la visite : 1 h.

Le beffroi (XIVe s.), chapeauté de son campanile, donne accès à la **Haute Ville** ou ville médiévale. À l'abri de ses remparts, pour lesquels on a allègrement remployé des pierres du site romain, elle a gardé ses rues pavées en galets, tirés de l'Ouvèze. On déchiffre en souriant leurs noms : rue Mouille-Farine, passage de l'Ange.
La vieille ville, où les jardins se terrent derrière de hauts murs, est charmante : placettes comme l'adorable **place de l'Orme**, vieilles **fontaines** comme celle de la place du Vieux-Marché, hôtels particuliers comme celui de l'**hôtel du marquis de Taulignan**.

La cathédrale et le château

Allez jusqu'à la cathédrale par la rue de l'Église, qui prolonge (à votre g.) la rue de l'Horloge.

La **cathédrale** est le symbole de la reprise en main de la ville par les évêques. La belle façade de style jésuite, qui date de 1776, est bien postérieure à sa construction initiale (XVe s.). Prenez le temps sur le planet de l'Église d'admirer le panorama, où le Ventoux se découpe.
Armez-vous de courage pour grimper jusqu'au **château** que Raimond VI, protecteur des cathares, se fit construire en 1195 pour bien montrer aux évêques de Vaison qui était le maître. Cette citadelle, qui fait le guet, n'a rien d'une demeure de plaisance. Mais la vue sur la ville et les vignes y est de toute beauté.

19

itinéraire

❤ Séguret★★

À 9 km SO par les D977 et D88. Parkings en bas (Jean-Moulin, de l'École, de la Carrière). Accès uniquement piéton 8 h-19 h.

ℹ️ Point info Tourisme (boutique La Figuiero), rue des Poterres ☎ 04 90 46 96 02, www.seguret.fr. Ouv. en saison.

Perché, ce village mignon comme un cœur, surmédiatisé, a ses « résidences d'artistes » en été. Ceinturant la colline, il épuise le répertoire de l'architecture provençale. Ce n'est plus un village, c'est une crèche grandeur nature ! Tout y est : vieilles portes, comme la porte Reynier, dite aussi **portail de la Bise** (au nord !), la rue principale empierrée – la rue des Poternes –, le lavoir, la **fontaine des Mascarons** (XVIIᵉ s.). Il y a même les ruines d'un château fort (XIIIᵉ s.). Mais le plus beau trésor est sous clef : il s'agit des peintures murales en trompe-l'œil de la **chapelle Notre-Dame-des-Grâces**, construite en 1623 *(ouv. sur r.-v. auprès de M. Faraud ☎ 04 90 46 91 08 ou pendant les Journées du patrimoine).*

Gigondas★★

À 6 km S de Séguret par les D23, D7 et D79.

ℹ️ Office de tourisme, pl. du Portail ☎ 04 90 65 85 46, www.gigondas-dm.fr. Vis. guidée en juil.-août 2 jeu./mois à 17 h 30 sur rés. Accès gratuit.
Carte détaillée de 5 itinéraires dans les Dentelles (disponible aussi à l'épicerie qui fait également office de boulangerie/tabac/presse) : 2,50 €.

Village de quelque 600 habitants, mais grand cru ! Enchâssé aujourd'hui dans un écrin de vignes, Gigondas, dont le nom est tiré du latin *jocunditas* (qui signifie joie, allégresse), fit partie de la fameuse principauté d'Orange *(p. 189).* Son territoire (2 711 ha) s'étend de l'Ouvèze aux dentelles de Montmirail, massif inclus à 80 % dans les limites de la commune. Une surprise vous attend au sommet du village, près de l'**église Sainte-Catherine-d'Alexandrie** *(visible l'été derrière une porte vitrée et lors des vis. = de l'office de tourisme ; hors saison, au moment des offices un dim. par mois).* Ouvert à tout vent ou hébergé par les Hospices, un **parcours de sculptures contemporaines**, renouvelé et enrichi ponctuellement, déboussole et ravit l'amateur.

Où faire une pause ?

Salon de thé Églantine, rue des Poternes, Séguret ☎ 04 90 46 81 41. Ouv. juin-sept. t.l.j. 12 h-19 h ; de Pâques à mai et oct. à début janv. t.l.j. 14 h-19 h. 80 sortes de thé, ça, c'est pour les parents ; 24 parfums de glace (melon, figue, abricot, lavande, etc.) et des gâteaux maison, ça, c'est pour les gourmands ! En prime, une belle terrasse.

♣ Où acheter du vin ?

Jean David, Le Jas, Séguret ☎ 04 90 46 95 02, www.domaine-jean-david.com. Ouv. l'été t.l.j. sf dim. 10 h-12 h et 14 h-19 h (hors saison 14 h-18 h). Ce viticulteur « bio » depuis toujours sort en appellation village-séguret des rouges issus de vieilles vignes (80 ans) aux accents poivrés soutenus. Il fait partie des « Toqués des Dentelles », vignerons qui ont une « vision particulière » du vin.

Des vins de garde

Les gigondas sont des vins de garde. Et plus particulièrement les 2005 et 2009, qui sont de bons millésimes. Ces vins rouges soutiennent la confrontation avec des plats relevés : gibier, truffe, canard… Il faut les servir chambrés à 18 °C, sinon, avis d'un viticulteur, « l'alcool ressort », au détriment des arômes. Carafer (transvaser dans une carafe) est aussi conseillé.

Soyez cave !

Il y a du nouveau côté resto. Au déjeuner, voire au dîner, pensez à l'option « cave ». De plus en plus de restaurants-vignerons ouvrent leurs portes. Les caveaux de dégustation offrent désormais le couvert. Cadre chaleureux, accords mets-vins, cuisine tendance : il s'agit de restaurants à part entière, comme le Dolium à Beaumes-de-Venise (p. 345).

La vigne des abeilles

Beaumes-de-Venise est connu pour son vin doux naturel, le beaumes-de-venise, de couleur mordorée-ambrée, qui se consomme à l'apéritif. Déjà connu dans l'Antiquité, surnommé par Pline (Ier s. apr. J.-C.) « la vigne des abeilles », particulièrement apprécié par le pape Clément V, ce muscat est une AOC (aujourd'hui AOP) depuis 1943. Mais la commune produit aussi depuis 2005 un cru en rouge. Avis aux amateurs.

On a de la peine à le croire : jusqu'à la veille de la Seconde Guerre mondiale, Gigondas fut une **station thermale** grâce aux eaux de Montmirail, où Sarah Bernhardt, Frédéric Mistral et Stendhal ont séjourné en cure. Aujourd'hui, les sources sont taries. Un hôtel a investi les lieux.

Balade des dentelles de Montmirail★★

Départ : de l'office de tourisme, prenez la rue principale (à l'opposé de la mairie), tournez à dr. devant l'épicerie-bar-maison de la presse. **Balisage** : jaune-rouge sur le chemin du Canal. À 1 km, prenez à g., avant de rejoindre la D229f. Balisage points bleus, dir. col du Cayron.

Le nom de ces merveilles géologiques dérive de *Mons mirabilis*, mont merveilleux. Ce sont de véritables broderies et festons de pierre, qui émergent côté nord au milieu des buis, des chênes pubescents et des pins sylvestres. Ces aiguilles font le bonheur des grimpeurs, notamment à la belle saison. Un tableau où les lignes verticales composent avec les courbes des restanques *(p. 280)*. Aujourd'hui, ces terrasses étroites soutenues par des murets sont parfois abandonnées aux broussailles. Autrefois, elles se partageaient entre vignes, oliviers et autres cultures. Désormais, la vigne a tout conquis.

Au départ de Gigondas, allez voir d'un peu plus près les **dentelles de Montmirail**.

🏃 Retrouvez cette randonnée détaillée p. 382.

Beaumes-de-Venise★

À 8 km SE de Gigondas par les D7 et D81.

ℹ Maison des Dentelles, office intercommunal, pl. du Marché ☎ 04 90 62 94 39, www.ot-beaumesdevenise. com. L'office est commun à Lafare, Suzette, etc. Livret 13 randonnées pédestres (5 €). Topo d'escalade (16 €). Vis. guidée ven. avr.-sept. De 2,50 à 4 € (gratuit moins de 10 ans). Marché le mar.

Le village est adossé à la falaise des Courens, criblée de grottes *(balmes)*, qui ont été autant d'habitations troglodytes. Qualifié de « petit Nice », Beaumes-de-Venise est bien protégé des fureurs du mistral ; le mimosa y fleurit en hiver. La cité, qui a été au Moyen Âge un puissant bastion fortifié, a conservé les ruines de son **château des Barons** (XIIe s.). Autres trésors éparpillés dans les vignes :

une ribambelle de chapelles, dont fait partie **Notre-Dame-d'Aubune*** (XIe et XIIe s.). Ce petit joyau de l'art roman provençal récemment restauré peut se visiter *(vis. guidée avr.-sept. avec l'office de tourisme)*. Mais Beaumes-de-Venise, c'est d'abord un **cru de muscat**, de l'or en bouteilles *(p. 211)*.

Suzette*

À 8 km NE de Beaumes-de-Venise par la D90.
Au **col de Suzette*****, quel spectacle ! Alors, ne ratez pas la table d'orientation *(vers le croisement)*. Les dentelles s'y déploient en guirlandes. Un chaos onirique barre l'horizon. Ancienne possession des princes d'Orange, ce petit village suspendu à 410 m d'altitude a laissé tomber la culture de l'abricot, le fameux abricot rosé de Suzette, très parfumé, mais qui produisait quand ça lui chantait, une année sur deux ou trois. Depuis les années 1980, la vigne a colonisé les restanques (terrasses, *p. 280*).

❤ Crestet*

À 15 km N de Suzette par les D90, D938 et D76.
Retour sur Vaison-la-Romaine (à 5 km N de Crestet par la D938) ou poursuite sur Nyons.
Pour atteindre le village, qui chevauche la crête, il faut s'engager sur la D76, une route étroite qui se tortille en lacets. Quelques sueurs froides plus tard (les croisements sont périlleux), vous découvrez un **village superbe**, mais qui, disposant d'une paix royale, fait tout pour se faire oublier. 25 habitants résident ici à l'année : la vie s'est réfugiée en bas, dans la vallée.
Par ses ruelles caladées et pentues ou ses escaliers douceureux, dirigez-vous vers le **château** *(ne se visite pas)*. Cette ancienne résidence des évêques de Vaison serait la plus vieille forteresse du Comtat (IXe s.). Mais des reconstructions successives ont transformé sa silhouette, restée cependant fort élégante. Sur l'**esplanade** (table d'orientation), le mont Ventoux fait son apparition. En grande star. Le **panorama***** vous dédommage de tous vos efforts.

❯ Le rocher de la Lune

Bec pointu, truffé d'alvéoles, le rocher de Rocalinaud (de *Rocca luna*, le rocher de la Lune) est l'un des plus étranges qui soient. En safre (grès sableux), il a été sculpté à la fois par le mistral et par les hommes, qui ont dû s'y abriter jusqu'à la fin du XVIe s. À 1 km E, depuis Beaumes-de-Venise, prenez la dir. du camping. Ensuite, GR de Pays® Dentelles de Montmirail, balisage rouge / jaune. La balade fait partie du guide des circuits (rens. à l'office de tourisme, *p. 211*).

La Drôme provençale

Historiquement, c'est un pays qui se rattache plutôt au Dauphiné : impécunieux, les héritiers de la baronne Randonne ont vendu Nyons et leurs domaines au début du XIVe s. au Dauphin du Viennois. Mais géographiquement, on ne peut pas s'y tromper : cette Drôme-là, au sud de Montélimar, c'est déjà la Provence. Le ciel bleu, nettoyé par le mistral – on parle ici de la bise –, est un ciel du Sud ; les cigales déchaînent leur concert de cymbales. Dans la garrigue, au milieu des chênes verts, des pins sylvestres, thym et romarin chatouillent le nez. Comme ailleurs en Provence, on retrouve des paysages façonnés par les oliveraies et les vignes, même si à Saint-May, dans les gorges de l'Eygues, l'olivier trouve les limites de sa résistance. Vous entrez aussi dans le royaume de la lavande, une houle bleue qui lèche en été le pied de la citadelle de Grignan. Et celui du « diamant noir », la truffe d'hiver, dont le Tricastin est le premier producteur en France.

20 Grignan et ses montagnes

BOUCLE DE 54 KM

Grignan, le pays de la marquise de Sévigné, offre l'un des plus beaux châteaux Renaissance de la Drôme, emblématique d'une école de châteaux en Provence, inspirée par l'Italie et les châteaux de la Loire. L'arrière-pays a ses « montagnes » : montagne de la Lance (1 340 m), montagne du Poët (889 m) et mont Rachas (898 m), où se faufilent les vallées du Lez et du Jabron. Dans ce pays de vignes, de lavande et de chênes truffiers, on trouve aussi, plus insolite, le châtaignier, arbre totem de la région de Dieulefit.

PROGRAMME POUR 1 JOURNÉE

Consacrer sa matinée à la marquise de Sévigné et à Grignan★★★ (p. 215), visiter l'atelier-musée de la Soie★ à Taulignan (p. 217) et terminer en beauté chez les hospitaliers au ❤ Poët-Laval★★ (p. 219). Pour vivre sur un grand pied !

À NE PAS MANQUER

- **Histoire** : le château de Grignan★★★ (p. 216).
- **Artisanat** : la poterie de Dieulefit (p. 218).
- **Tourisme industriel** : l'atelier-musée de la Soie★ à Taulignan (p. 217).
- **Gastronomie** : chercher la truffe (p. 347), le picodon de Dieulefit (p. 218).
- **Carte postale** : ❤ Le Poët-Laval★★ (p. 219).

CÔTÉ PRATIQUE

Bons plans Pass Provence : donné dans le premier site visité, il offre des tarifs réduits (jusqu'à 50 %) dans les autres sites adhérents. Rens. www.dromeprovencale.fr.
Sur www.escapado.fr,
téléchargez une cinquantaine de circuits en Drôme provençale et dans le haut Vaucluse, à faire à pied ou à vélo (applications iPhone et smartphone).

🜏 Et pour les enfants, allez sur www.famille-drome.com.

Grignan et ses montagnes.

Retrouvez toutes les adresses de l'itinéraire p. 346.

Retrouvez toutes les adresses de l'itinéraire p. 346.

20 itinéraire

Un courrier fleuve

Madame de Sévigné a adressé à sa fille 764 lettres. Certaines comptent jusqu'à 26 ou 27 pages manuscrites ! La marquise se mêle de tout : des grossesses trop rapprochées de sa fille, du goût prononcé pour le jeu de son gendre, qui est le premier personnage de Provence. Mais on ne connaît pas les réponses de Mme de Grignan : toute sa correspondance a été détruite.

Marché costumé

À **Grignan**, deux ven. dans l'été de 18 h à 1 h du matin. Si l'on est projeté dans le XVIIe s., les produits, lavandes, vins et miels sont bien du XXIe s.

Grignan★★★

À 34 km NO de Vaison-la-Romaine par les D975, D20, D976 et D541.

🛈 Office de tourisme, pl. du Jeu-de-Ballon
☎ 04 75 46 56 75, www.tourisme-paysdegrignan.com. Parking (gratuit) allée du 11-Novembre et pl. du Mail, à l'entrée sur la g. (en venant de l'A7). De la pl. du Mail, tournez à g. dans la rue Sous-les-Remparts. Marché le mar.

Grignan se visite et s'apprécie en toute saison mais en mai et juin, le parfum de ses roses anciennes rehausse son charme : la cité, qui fait partie des villages botaniques de la Drôme, est enfouie sous une cascade de fleurs *(vis. commentée « Pierres et roses anciennes » avec l'office de tourisme ; 4 € ; 10 pers. minimum ; durée : 1 h à 1 h 30).* Juillet est aussi un bonheur, quand la houle des lavandes vient mourir au pied de la citadelle. La marquise de Sévigné (1626-1696), qui vécut au château des Adhémar *(p. 216),* est l'attachée de presse la plus efficace de Grignan. Dans le village, tapi sous le château, tout vous ramène à elle : elle pose, place… Sévigné, d'où vous commencerez la grimpette vers le château *(fléchage),* en passant à droite sous la porte du Tricot ou beffroi (XIIIᵉ s.), à travers des ruelles bordées de maisons Renaissance restaurées, qui accueillent galeries d'art ou boutiques.

Le château★★★

☎ 04 75 91 83 55, http://chateaux.ladrome.fr. Ouv. t.l.j. 9 h 30-12 h et 14 h-18 h. F. nov.-mars mar. Visite en solo (de 2,70 à 4,50 €, gratuit moins de 18 ans) ou guidée (de 3,20 à 5,50 €, gratuit moins de 18 ans). Seule une vis. guidée permet d'accéder aux appartements de la marquise. Durée de la visite : 1 h. Livret-jeu pour les enfants. Les extérieurs sont en accès libre toute l'année.

Transformé par ses seigneurs, les Adhémar de Monteil, en belle demeure Renaissance (fin XVᵉ s.-XVIᵉ s.), notamment avec la construction d'une galerie d'apparat et d'un escalier d'honneur, le château a accueilli à plusieurs reprises, longuement, la marquise qui rejoignait sa fille, Françoise-Marguerite. Elle y avait ses appartements attitrés : la chambre d'Uzès et un cabinet dans la tour est de la façade François Iᵉʳ. La terrasse de 400 m², où la marquise craignait tant que le mistral emporte sa « toute bonne », a une vue magnifique sur la plaine du Rhône et la montagne de la Lance.

Festival de la correspondance

Des lectures « mises en espace » avec du beau monde, Fanny Cottençon ou Claire Chazal ; des « chambres d'écriture » dispersées dans tout Grignan (un champ de lavande, un poulailler) où l'on fournit papier à lettres, enveloppes, etc. Ce festival « timbré » a redonné du peps à un genre que le courriel n'a pas enterré. Rens. ☎ 04 75 46 55 83, www.grignan-festivalcorrespondance.com. Début juil.

Le château de Grignan.

© Camille MOIRENC / hemis.fr

20 itinéraire

20

itinéraire

Truffe

Pour une séance cavage (recherche de la truffe) : **domaine de Bramarel** (dir. Valréas), Grignan ☎ 04 75 46 52 20, www.ayme-truffe.com. Sur r.-v. 5 €. Durée : 1 h 30.

❞ ❤ Boîte aux lettres

À l'entrée du château de Grignan, dans la salle de la billetterie et de la librairie, trône une belle boîte aux lettres bleue dont la date et l'heure de la dernière levée sont affichées. Le visiteur peut marquer son passage par un courrier affranchi depuis ce lieu postal emblématique. La boîte aux lettres est accessible aux horaires d'ouverture du château (f. 25 déc. et 1er janv.), sans acquitter un droit d'entrée.

♣ Bien-être

Durance en Provence, Z.A. Dagasse, sortie de Grignan, route de Montélimar ☎ 04 75 04 87 53, www.durance.fr. Vis. juil.-août lun.-ven. à 10 h et 14 h ; sept.-juin mar. à 10 h ou sur r.-v. (4 pers. minimum ; gratuit). C'est un petit magasin d'usine. Objectif de cette entreprise : « le bien-être absolu et responsable ». Elle fabrique senteurs, cosmétiques, huiles essentielles, déodorant à l'extrait d'argousier, nectar de douche à la figue, etc.

🏛 Des **visites guidées** sont spécialement réservées aux familles *(w.-e. et vac. scol.)*. Elles durent moins longtemps *(45 min)* et sont axées sur ce qui amuse les enfants.
En sortant du château, allez faire un saut à la **grotte de Rochecourbière** *(à 900 m env. ; rejoignez l'av. de Grillon et la D541 dir. Valaurie à dr., dépassez la piscine et les tennis, et suivez le fléchage à g. ; aire de pique-nique)*. Le lieu accueillait les invités du comte de Grignan. La comtesse se servait parfois de la table en pierre comme écritoire.

🏛 Le village provençal miniature★

À l'extérieur du vieux village, à 1,5 km dir. Nyons. La Petite-Tuilière ☎ 04 75 46 91 68, www.village-miniature.fr. Ouv. t.l.j. juil.-août 10 h-19 h ; sept.-juin 10 h 30-12 h et 14 h-19 h. De 3,60 à 5,20 € (gratuit moins de 5 ans). Durée de la visite : 45 min.
La Provence profonde en format de poche. Plus de 80 maisons et 1 000 santons ; des saynètes animées… C'est sûr que les bouts de chou aiment.

Taulignan

À 6 km E de Grignan par la D14. Parking à l'entrée, pl. du 11-Novembre.
🛈 Point info Tourisme, au musée (ci-dessous) ☎ 04 75 53 67 31. Fiches sur le village pour visite en solo. Vis. guidée (gratuite) l'été à la demande avec l'Association des 11 tours.
Taulignan a conservé son caractère de village médiéval, roulé en boule. Il subsiste 11 tours sur les 14 que comportait l'enceinte, où s'ouvrent aujourd'hui les fenêtres de maisons privées.
La **porte d'Anguille** (XIVe s.), qui donne sur la route de Nyons, reste impressionnante. Bourg prospère au Moyen Âge, Taulignan connut son âge d'or au XIXe s. avec l'industrie de la soie, boostée par l'invention du métier Vaucanson. Spécialité : le **moulinage**, étape où l'on tord le fil, ce qui lui donne son aspect final. En 1862, 20 moulinages en faisaient la première commune moulinière de la Drôme.

🏛 L'atelier-musée de la Soie★

Pl. du 11-Novembre (près de la mairie) ☎ 04 75 53 12 96, www.atelier-museedelasoie-taulignan.com. Ouv. juil.-août t.l.j. 10 h-18 h ; sept.-juin

20 *itinéraire*

lun.-ven. 10 h-12 h 30 et 14 h-18 h, w.-e. 10 h-18 h. F. fin déc.-janv. De 2,50 à 5,50 € (gratuit moins de 6 ans). Durée de la visite : 45 min à 1 h.

De façon didactique et ludique, tout le travail de la soie y est présenté, depuis l'élevage du *Bombyx mori* (le fameux ver à soie du mûrier) jusqu'au tissage, en passant par le moulinage. Entre mai et octobre, les enfants auront la joie de suivre de visu le grouillement des petites chenilles voraces, nourries 4 fois par jour. Incroyable mais vrai : elles vont atteindre 10 000 fois leur poids initial en une trentaine de jours avant de se mettre à filer leur cocon (800 à 1 500 m de fil !).

Le chemin de la Soie★

Départ et arrivée : atelier-musée de Taulignan. Parking à proximité. Dépliant avec plan (gratuit) au Point info Tourisme (p. 217). **Durée** : 1 h 30. **Distance** : 4 km en boucle. **Balisage** : panneaux explicatifs. **Dénivelé** : 50 m. **Balade facile. Enfants** : 4-5 ans.

Moulinage, canal Saint-Martin... Entre vignes et lavandes, on remonte le cours du temps, celui des usines-pensionnats, où les ouvrières dormaient sur place. Le plus étonnant ? Cette usine de l'Écluse, qui connut bien des affectations : tannerie, moulinage et... monastère.

Dieulefit★

À 18 km NE de Taulignan. Sortez par la D14. 3 km plus loin, tournez à g., sur la D538. Parking quai Roger-Morin, au bord du Jabron.
 Office de tourisme, 1, pl. de l'Abbé-Magnet ☎ 04 75 46 42 49, www.paysdedieulefit.eu. Plan circuit vieille ville (gratuit). Carnet 20 randonnées pédestres et 8 circuits VTT (5 € chacun). Marché le ven.

Sur le flanc du plateau des Rouvières, Dieulefit s'étire paresseusement le long du Jabron. Sur les « hauteurs », autour de la place Saint-Pierre, la vieille ville médiévale (la viale) offre ses passages couverts (dits viols), ses escaliers, ses jardins secrets et ses ruelles tordues bordées de roses trémières (*vis. guidée en été le jeu. à 17 h ; 2 €, gratuit moins de 12 ans ; durée : 1 h 15 ; plan circuit, départ de l'office de tourisme, avec des numéros pour balisage*).
La vie, elle, bat entre la place Châteauras, celle du temple, et la place de l'Abbé-Magnet, celle de l'église Saint-Roch, où la tour de l'Horloge (1534) émerge des platanes.

❜ Le picodon

Fromage confectionné à partir de lait de chèvre entier, le picodon est reconnu AOC (devenu AOP) depuis 1983. Sa zone de production s'étend de la Drôme à l'Ardèche, enclave de Valréas dans le Vaucluse et canton de Barjac dans le Gard compris. Le picodon a une « variété » locale : le « dieulefit ». Ce picodon-là subit un affinage plus long (un mois minimum). Il a donc un goût plus prononcé, plus âpre. Son poids minimal est de 45 g.

Où acheter des picodons ?

Picodons Cavet, route de Montélimar, Dieulefit (à 2 km avant Dieulefit, sur la dr. en venant de Grignan) ☎ 04 75 91 82 00 et 06 08 33 19 72, www.picodon-cavet.fr. Ouv. lun.-ven. 9 h-12 h, 14 h-17 h, sam. 9 h-12 h.

Quel pastis !

Yves de Provence, 8, rue des Reymonds, Dieulefit ☎ 04 75 46 33 02. Ouv. t.l.j. sf lun. hors saison 10 h-12 h 30 et 15 h-19 h. Dieulefit a son pastis, produit en quantités confidentielles (à peine 150 bouteilles), reconnaissable selon les connaisseurs à sa pointe de coriandre (21 €).

Pied de lavande.

La Maison de la Céramique★

Rue des Reymonds ☎ 04 75 50 20 98,
www.maisondelaceramique.fr. Ouv. avr.-déc. mer.-dim.
14 h-18 h (mi-juin à août 10 h-13 h et 15 h-19 h). F. janv.-
mars. De 1,50 à 3 € (gratuit moins de 12 ans).
Vis. guidée ; de 2 à 5 €.

Dieulefit a enfin un lieu où présenter l'histoire
potière du pays. Ici, on fait de la poterie
depuis l'époque gallo-romaine, grâce à l'argile
extraite du lieu-dit Les Vitrouillères *(NO de
Dieulefit)*. Dans la cité, de nombreux ateliers
et boutiques prolongent cette saga. Une
poterie de Dieulefit se différencie d'une vague
contrefaçon grâce au tampon de 8 x 8 mm
apposé sur chaque pièce, représentant
une cruche avec une anse en forme de D
majuscule, et au certificat d'authenticité
– Dieulefit Original – qui l'accompagne.
Treize potiers et céramistes bénéficient de ce
label. Ce qui implique fabrication, cuisson
et décoration dans le pays de Dieulefit
*(plaquette disponible dans les offices du tourisme
de la région)*.

Sur les pas
des huguenots

Le Poët-Laval et Dieulefit
sont le point de départ de
l'itinéraire européen « Sur
les pas des Huguenots ».
Un itinéraire qui est un
peu l'équivalent, côté
protestant, des chemins
de Compostelle. Long
de 1 400 km, il aboutit à
Bad Karlshafen, en Alle-
magne, en passant par
Genève et Francfort. On
estime qu'après la révo-
cation de l'édit de Nantes
en 1685 par Louis XIV,
quelque 200 000 Français
ont pris le chemin caho-
teux de l'exil. Rens. www.
surlespasdeshuguenots.eu.

❤ Le Poët-Laval★★

À 4 km O de Dieulefit par la D540. Grimpez à dr. Parking
près du cimetière. www.lepoetlaval.org.

Ce **splendide village perché**, labellisé « plus
beau village de France », revient de loin : il
ne comptait plus que 4 habitants en 1950
contre 845 aujourd'hui ! On flânera avec
plaisir dans ses venelles escarpées. Cette

ancienne commanderie des hospitaliers de Saint-Jean-de-Jérusalem, un ordre de moines-soldats fondé au XIIe s., n'en fut pas moins une place forte du protestantisme. Elle abrite l'un des seuls temples qui aient survécu à la révocation de l'édit de Nantes. Un **musée du Protestantisme** y a élu domicile (☎ 04 75 46 46 33, *www.museedu protestantismedauphinois.org*; *ouv. avr.-juin et sept.-oct. t.l.j. 15 h-18 h 30*; *juil.-août t.l.j. sf ven. matin et dim. matin 11 h-12 h et 15 h-18 h 30*; *f. nov.-mars*; *de 2 à 3,50 €, gratuit moins de 12 ans*). Vous y découvrirez, entre intolérance et persécutions, cette « église de l'ombre » qu'on a baptisée « le Désert ». Poussez ensuite jusqu'au **château des Hospitaliers** (☎ 04 75 46 44 15; *ouv. fin juin à mi-sept. t.l.j. sf lun. 10 h 30-12 h 30 et 15 h 30-19 h*; *de 3 à 3,50 €, gratuit moins de 18 ans*) : une exposition permanente est consacrée à la restauration du village par des passionnés, amoureux des vieilles pierres.

Châteauneuf-de-Mazenc★

À 8 km O du Poët-Laval par la D540. Au centre de La Bégude-de-Mazenc, tournez à dr. sur la D9, et encore à dr. 800 m plus loin.
Retour sur Grignan par la D9 (18 km).

🛈 Office de tourisme, av. du Président-Loubet, La Bégude-de-Mazenc ☎ 04 75 46 24 42.

Avec une belle vue sur la plaine de la Valdaine, le village médiéval se cramponne à la colline. Tassée sous son beffroi, cette ancienne place forte des templiers, passée aux hospitaliers de Saint-Jean-de-Jérusalem, a conservé un caractère plus « sauvage », plus brouillon, que Le Poët-Laval. À voir : tout au sommet, au milieu des pins noirs d'Autriche, la **chapelle du Mont-Carmel**, du XIIe s., qui est la chapelle de l'ancien château (*suivez dir. cimetière / église*; *ouv. pendant les Journées du patrimoine*).

En revenant à La Bégude-sur-Mazenc, vous pouvez faire une pause dans le **parc du château Émile-Loubet** (*sur la dr. avant le carrefour*). Si le château de l'ancien président de la République (1899-1906) s'est vendu par appartements, le parc, lui, reste public. Petit lac, aire de pique-nique, aire de jeux, ping-pong et terrain de boules vous permettront de vous détendre.

Nyons et les gorges de l'Eygues

21

itinéraire

ITINÉRAIRE DE 27 KM

Nyons, dite « le petit Nice », joue avec coquetterie de son ensoleillement maximum (3000 h par an). Entourée d'oliveraies qui produisent la tanche, olive noire donnant une huile aux arômes de foin coupé et de pomme verte, la vieille ville, ancienne place forte protestante, a gardé de son histoire survoltée de profondes cicatrices. Mais aux portes de Nyons, les gorges de l'Eygues offrent leur comptant de paysages perdus, de chapelles romanes oubliées et de vallons sauvages où rôdent les vautours fauves.

PROGRAMME POUR 1 JOURNÉE

On s'appliquera à vérifier si Nyons★★ est bien « le paradis terrestre » annoncé par Jean Giono ou René Barjavel : flânerie sur la Digue (p. 223), balade dans les oliveraies (p. 224). Avant de s'aventurer à la rencontre des vautours fauves (p. 225) au-dessus des gorges de l'Eygues★★.

À NE PAS MANQUER

- **Tradition** : le marché de Nyons le jeudi matin (p. 223).
- **Gastronomie** : l'huile d'olive de Nyons (p. 222), l'orangé de Provence (p. 226).
- **Avec les enfants** : la maison des Vautours★★ à Rémuzat (p. 226), le parc Aventures® des Barons perchés (p. 348).
- **Visite bonne initiative** : la ♥ distillerie Bleu Provence★ (p. 223).

CÔTÉ PRATIQUE

Transports 3 à 5 TER/j. pour Nyons depuis la gare TGV de Montélimar.

Bons plans Visite audioguidée de Nyons à télécharger gratuitement sur MP3 depuis www.paysdenyons.com. Promotions séjours sur le même site.

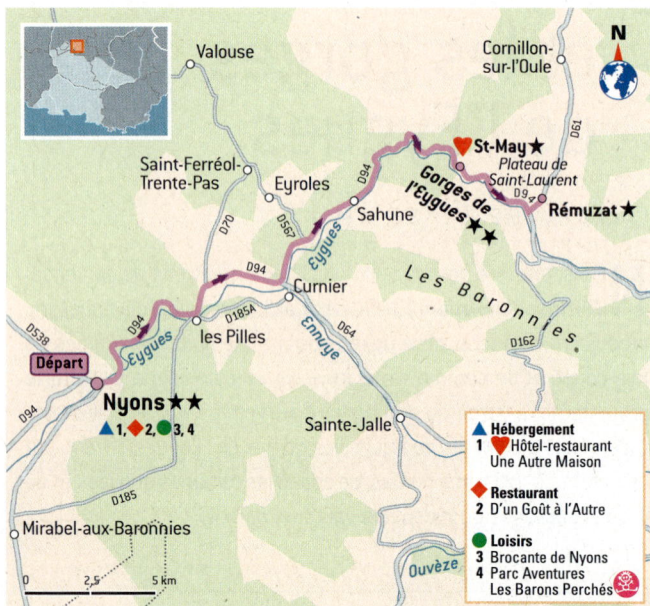

Nyons et les gorges de l'Eygues.

*Retrouvez toutes les adresses
de l'itinéraire p. 348.*

Nyons★★

À 24 km E de Grignan par les D541, D941 et D538.
Parking pl. de la Libération. Durée de la visite : 1 h 30.
🛈 Office de tourisme, pl. de la Libération
☎ 04 75 26 10 35, www.paysdenyons.com. Location
MP3 (2 €) pour vis. audioguidée de la ville. Circuits
Barjavel et du Patrimoine (fiche gratuite à l'office de
tourisme). Topo 20 itinéraires pédestres dans la région
(5 €). 7 circuits VTT au départ de Nyons (gratuit).
Marché le jeu. (et dim. mai-sept.).

La rue de la Résistance

Point fort de cet itinéraire piétonnier, où
tous les restaurants et bistrots sont à touche-
touche : la **place des Arcades** *(à l'entrée
de la rue de la Résistance)*. Aménagée sous
les Dauphins du Viennois en 1300, elle
accueillit jusqu'au XIXᵉ s. le marché aux
cocons. Elle est bordée de demeures historiques mais fort modestes extérieurement.
Rue de la Résistance, entre deux parasols,
surgit le gracieux campanile de l'**église
Saint-Vincent**★ (XVIIᵉ s.). Tout au bout de la
rue des Déportés, qui prolonge la rue de la
Résistance, le **pont roman**★★ (1409) s'élance
au-dessus de l'Eygues.

Le champagne de l'huile d'olive

**Coopérative du Nyonsais /
Vignolis**, pl. Olivier-de-
Serres, Nyons ☎ 04 75 26
95 00, www.vignolis.fr.
Ouv. lun.-sam. 9 h-12 h 15
(12 h 30 en été) et
14 h-18 h 30 (19 h en été),
dim. et j.f. 10 h-12 h 30 et
14 h 30-18 h. Petit espace
musée (accès libre. Vis.
guidée payante 2 €/ pers.),
boutique et dégustations.
À l'instar des vins, l'huile
a des notes de fruits secs,
de fruits rouges, d'herbe
fraîchement coupée. L'huile
de Nyons est paraît-il le
« champagne de l'huile
d'olive ».

Marché

Pl. de la Libération, des Arcades et Buffaven à **Nyons**, le jeu. matin. Le marché submerge la ville. Plus de 300 camelots étalent pains, fromages et olives. Et les petits producteurs d'huile d'olive vous font déguster leur « nectar » sur un morceau de pain.

❜ Une baronne dépensière

Au XIIIe s., le sort de Nyons était lié à celui de la famille de Montauban, dont une illustre représentante fut la **baronne Randonne** (1278-1290). Très dépensière, elle ne laissa que des dettes à ses héritiers, qui se résignèrent à vendre en 1302 la baronnie au Dauphin du Viennois. Par vente du Dauphiné en 1349, Nyons passa dans le royaume de France.

♥ Insolite, cette vinaigrerie !

Vinaigrerie La Para, promenade de la Digue, Nyons ☎ 04 75 26 12 99, www.lapara.fr. Ouv. Pâques-fin sept. t.l.j. sf dim. 10 h-12 h et 14 h-19 h ; hiver lun.-sam. 14 h-18 h. Autour de 7 € la bouteille. Contrairement à une idée reçue, il faut un bon vin de départ pour faire un bon vinaigre. Raphaël Delaye-Reynaud utilise des côtes-du-rhône et laisse reposer ses vinaigres en barriques 6 ou 7 mois. Il crée des vinaigres insolites, parfumés à base d'herbes locales – hysope, fleur de sureau ou lavande.

Le quartier des forts★

Dans la rue de la Résistance, tournez à g. devant l'église Saint-Vincent. Prenez la rue de la Mairie, qui se glisse entre l'église et l'ancien couvent Saint-Césaire. Tournez à g. dans le passage Maupas.

Vous entrez dans le bourg médiéval, fortifié, où les passages couverts, les fameux soustets, sont creusés directement dans la roche.

L'ancien château féodal des Montauban, construit sur le rocher du Maupas, enjambe carrément la **rue des Grands-Forts**, une rue-galerie, couverte, percée d'ouvertures : il reste invisible !

Dans ce dédale, entre deux « trouées », on aperçoit la curieuse coiffure d'arceaux de la tour Randonne, construite par dame Randonne de Montauban *(ci-contre)*. En 1863, la tour *(accès autorisé pendant les Journées du patrimoine)* fut reconvertie en chapelle mariale néogothique par le chanoine Francou.

La promenade de la Digue

Revenez rue de la Résistance et au bout, tournez à g. dans la rue du Colonel-Barillon.

Sur cette promenade, vous trouverez au 58, près du pont de l'Europe, la ♥ ☘ **distillerie Bleu Provence★** (☎ *04 75 26 10 42, www.distillerie-bleu-provence.com ; ouv. t.l.j. sf lun. oct.-avr. 9 h 30-12 h 30 et 14 h 30-18 h 30 ; f. janv. ; accès libre ; vis. guidée t.l.j. sf dim., de 4 à 5,50 €).* De mai à septembre, elle met, en respectant l'environnement, toute la garrigue en bouteilles : lavande bien sûr, thym, romarin, sarriette, origan. Les mômes vont adorer son **atelier savons** *(pour les 6-12 ans ; le mer. ; 9 €)* et la limonade à la lavande de la maison.

Et à l'autre bout, au no 4, près du pont roman, les ☠ **Vieux-Moulins** (☎ *04 75 26 11 00, http://vieuxmoulins.free.fr ; f. nov.-mars sf vac. de Noël et jeu. et sam. en fév. et mars ; vis. commentée avr.-oct. mar.-sam. à 11 h et 15 h, juil.-août lun.-sam. à 11 h 30, 15 h et 16 h ; durée de la visite : 35 min ; 4 €, gratuit moins de 12 ans ; boutique).* Le plus jeune de ces vieux moulins à huile date de 1850 ! La visite commentée, passionnante, est faite parfois par le propriétaire lui-même, Jean-Pierre Autrand. Les enfants ouvriront grands leurs quinquets (qui est à l'origine une lampe à huile !)…

21

itinéraire

Le sentier des Oliviers

Départ et arrivée : parking de la mairie, pl. Joseph-Buffaven, Nyons. Engagez-vous à g. dans la promenade des Anglais. Au pied d'un escalier, à dr. (panneau), commence le parcours.
Plan à l'office de tourisme (gratuit). **Durée** : 1 h 30 à 2 h.
Distance : 4 km env. **Balisage** : fléchage spécifique, bornes de direction aux croisements. 8 panneaux explicatifs sur l'oléiculture. **Dénivelé** : 128 m.
Balade facile. Conseils : la période idéale pour la balade est la cueillette des olives, de mi-nov. à mi-déc., ou le mois de juin, quand les arbres se couvrent de milliers de fleurs blanches. Prévoyez de l'eau.
Enfants : 5-6 ans. Aire de pique-nique à mi-chemin.

Au bitume succède un chemin pierreux qui grimpe au milieu des oliveraies. Impossible d'ignorer après ça que l'olive, ici, c'est la tanche, à l'aspect noir et fripé ; que l'huile de Nyons a décroché la première AOC en 1994 ; et qu'il faut 5 kilos de fruits pour obtenir un litre de cet « or doux », où les connaisseurs identifient arômes de pomme verte, de foin coupé et de noisette. Vues somptueuses sur Nyons, où vous pourrez repérer le donjon du fameux château féodal *(p. 223)*, et la vallée de l'Eygues en prime.

Les gorges de l'Eygues★★

Sur la D94, au NE de Nyons dir. Gap. 27 km de Nyons à Rémuzat.

Pendant 27 km, la route slalome entre la rivière et la montagne ou s'engouffre dans un tunnel, faute de place. L'œil est attiré par des hameaux ou des villages perchés, « en pièces détachées », ruiniformes. Après Sahune *(15 km E de Nyons)*, la vallée, carrément, s'étrangle. Taillée sous Napoléon III, la route progresse parfois entre deux falaises, à fleur d'eau.

♥ Saint-May★

À 22 km NE de Nyons par la D94. Tournez au pont sur la D562, à g. Parking extérieur. Village inaccessible aux voitures. Durée de la visite : 45 min.

Ce village de poupées est comme posté en embuscade près de son rocher. On grimpera jusqu'à son cimetière perché, où les tombes se serrent, à l'étroit, dans l'ancien château fort *(prenez la ruelle à g. de l'église, et les escaliers ensuite à dr.)*. Exemple de reconversion, fort insolite, fin XIXe s., d'un vieux donjon inutilisé et inutilisable ! La **vue★★** plongeante sur les gorges y est remarquable.

Produits de la ferme

Ferme Brès, domaine de la Blachette, quartier Pied-de-Vaux, Nyons ☎ 04 75 26 05 41, www.fermebres. fr. Olives, crème d'olive, confiture d'olives, huile et nectar d'abricot en été. Fléchage depuis le sentier des Oliviers.

Fête de l'alicoque

Place des Arcades à Nyons, le 1er dim. de fév. On y déguste l'huile nouvelle. L'alicoque était le nom du repas frugal pris après la longue journée de travail dans les moulins. On parlait de tout et de rien en grigno-tant un croûton (coque) frotté d'ail et gorgé d'huile.

Bière du cru

Brasserie artisanale du Sud, 69, av. Frédéric-Mistral, Nyons ☎ 04 75 26 95 75, www.la-grihete.com. Vis. en juil.-août le jeu. à 15 h. 3,50 € (gratuit moins de 18 ans). Durée : 1 h. Dégus-tation gratuite. Nyons offre une bière artisanale, la Grihète (le grillon). Une bière de garde, filtrée et travaillée avec de la levure fraîche.

© Philippe RENAUD

Les gorges de l'Eygues.

Le nom de Saint-May dérive de saint Marius, abbé au VIᵉ s. de l'**abbaye de Bodon***, sur le plateau de Saint-Laurent *(à 2 km env. du village ; reprenez la D562 à dr. et suivez le fléchage ; seule la chapelle se visite).*

🜲 Balade à la rencontre des vautours fauves

Départ et arrivée : parking sur le plateau de Saint-Laurent. De Saint-May, prenez la D562 à dr., laissez l'abbaye de Bodon sur votre g. et continuez sur la même voie vicinale jusqu'au parking. Suivez le fléchage Rocher du Caire. **Durée :** 1 h 30. **Distance :** 4 km aller-retour. **Balisage :** PR®. **Dénivelé :** 100 m. **Balade facile. Enfants :** 4-5 ans (ne les laissez pas s'approcher du bord de la falaise). **Variante :** vis. accompagnée avec l'office du tourisme de Nyons (p. 222) ou de Rémuzat (p. 226). Lunettes au bord de la falaise.

En 2010, la colonie de vautours fauves était évaluée à quelque 118 couples nicheurs. Au bout du plateau de Saint-Laurent, vous assisterez au « décollage » de ces rapaces, qui utilisent les courants ascendants. Ballet fascinant… D'envergure impressionnante (2,55 à 2,80 m), ils ne sont pas farouches. Ni dangereux. Nécrophage, le vautour fauve se nourrit uniquement de cadavres. L'acuité de

🜲 Festival

De Moulins en Paroles, dans une quinzaine de communes autour de Nyons, de mi-nov. à mi-déc. Soirées contes et chansons. À Saint-May, le dernier dimanche du festival, montée sur le plateau avec plus de 200 moutons (vin chaud, contes, danses, etc.). Rens. ☎ 09 66 84 35 56, guy.castelly26@orange.fr.

sa vision est phénoménale : il peut repérer un objet de 30 cm à plus de 3 km. Balade à compléter par la visite de la maison des Vautours à Rémuzat *(ci-dessous)*.

Rémuzat★

À 5 km SE de Saint-May. Sortez de Saint-May par la D562, tournez à g. sur la D94. Et à g. encore, 4 km plus loin, sur la D61. Durée de la visite : 1 h. Retour sur Nyons par le même itinéraire qu'à l'aller ou par Bellecombe-Tarendol et Sainte-Jalle (itinéraire de 66 km)

ℹ️ Office de tourisme, pl. du Champ-de-Mars (maison des Vautours) ☎ 04 75 27 85 71, www.remuzat.com. Marché le sam. (fév.-nov.).

Le cadre est sauvage. Le village (286 hab.) se fait tout petit au pied du rocher du Caire, barre rocheuse, couleurs gris et ocre. Cette falaise calcaire est l'habitat préféré des vautours fauves (longue-vue installée sur la pl. de la Roubine, près du lavoir). Les vergers produisent encore une reine-claude savoureuse. Les amateurs d'art roman craqueront pour la **chapelle Saint-Michel** (XIᵉ s.), qui est l'église de l'ancien village installé autrefois sur la rive droite de l'Oule, mais délaissé en raison de trop nombreux éboulements *(vis. gratuite juil.-août dim. entre 17 h 30 et 18 h 30, avec r.-v. sur place)*.

☘ ☠ La maison des Vautours★★

Pl. du Champ-de-Mars ☎ 04 75 27 81 91, www. remuzat.com. Ouv. avr.-sept. t.l.j. sf lun. et mar. 10 h-12 h et 14 h 30-17 h (ouv. lun. et mar. matin en juil.-août) ; hors saison w.-e. et mer. matin même horaires. Accès libre. Durée de la visite : 30 min.

Ce fut une aventure. Depuis 1996, l'association Vautours en Baronnies est parvenue à réintroduire le vautour fauve *(Gyps fulvus)*, qui avait totalement disparu de la région depuis plus d'un siècle. L'exposition sur ces rapaces et leurs mœurs est en accès libre. Les sorties sur le terrain avec les ornithologues de l'association demandent, elles, une réservation et une participation *(à partir de 5 pers. ; en été, 2 fois/sem. ; 10 €/pers., le matériel d'observation étant fourni ; gratuit moins de 6 ans ; durée : toute la matinée)*. Les sorties, qui n'ont rien de sportif, sont ouvertes à tous.

21
itinéraire

❟ Un maître de la SF

René Barjavel par-ci, René Barjavel par-là… La région n'est pas ingrate avec « son » écrivain, né en 1911 à Nyons, inhumé à Bellecombe-Tarendol (à 13 km S de Rémuzat) depuis 1985. L'auteur de *La Charrette bleue* – un roman autobiographique – fut avant la lettre un maître de la science-fiction mais aussi le scénariste des *Don Camillo* et du *Guépard*.

❟ L'orangé de Provence

Charnu, robe veloutée nuancée de rouge, l'orangé de Provence est un abricot qui arrive à maturité en juillet. C'est une production de la Drôme du Sud et du Vaucluse. Tout frais cueilli de l'arbre, on le trouve sur le petit marché de produits du terroir de Rémuzat (pl. du Champ-de-Mars, en juil.-août le ven. après-midi tous les 15 jours).

Les Baronnies méridionales

BOUCLE DE 60 KM ENVIRON

Ici, le roi, c'est le tilleul. Même si c'est un roi déchu. Même si Buis-les-Baronnies n'est plus ce « Wall Street de l'infusion », où se fixaient les cours mondiaux du tilleul et où tous les Pagès, Ducros et Lipton se pressaient. En juin, les Baronnies restent une splendeur. Une poussière dorée fait vibrer la lumière de Provence et flotte dans l'air suavement parfumé. En juillet, la lavande prend le relais. Mais il y a tant d'autres plantes aromatiques… Les Baronnies, où un parc régional doit être créé fin 2012, vous mènent par le bout du nez.

PROGRAMME POUR 1 JOURNÉE

Ayez du nez ! Faites connaissance avec les senteurs des Baronnies à la Maison des plantes aromatiques★ à Buis-les-Baronnies★ (p. 229). Testez de curieux desserts à la lavande à Saint-Auban-sur-l'Ouvèze (p. 350). Et terminez dans un bain aux sels parfumés à la lavande à Montbrun-les-Bains★★ (p. 350).

À NE PAS MANQUER

- **Histoire** : le vieux village de Montbrun-les-Bains★★ (p. 231).
- **Avec les enfants** : escalade avec le bureau des guides des Baronnies (p. 350).
- **Loisirs** : détente aux thermes de Montbrun-les-Bains (p. 350), cours de cuisine avec Les Aventurières du Goût à Brantes (p. 350).
- **Visite bonne initiative** : la Maison des plantes aromatiques★ à Buis-les-Baronnies★ (p. 229).

CÔTÉ PRATIQUE

Projet du parc naturel régional ☎ 04 75 26 79 05, www.baronnies-provencales.fr.

Bons plans ☘ Participez à la journée Bien-être au naturel le 1er dim. de sept. à Montbrun-les-Bains. Petite randonnée botanique, portes ouvertes aux thermes et ateliers enfants (savon, nichoir). Tout ou presque est gratuit. Rens. www.bienetreaunaturel.fr.

Circuits à vélo dans Buis-les-Baronnies ou autour du Buis à télécharger sur www.escapado.fr.

Les Baronnies méridionales.

Retrouvez toutes les adresses de l'itinéraire p. 349.

22
itinéraire

Buis-les-Baronnies*

À 30 km SE de Nyons via Valréas par les D538, D46, D4 et D5 ; à 14 km S de Sainte-Jalle par les D108 et D546. Parking gratuit de la Digue à côté de la pl. des Quinconces.

🛈 Office de tourisme, 14 bd Michel-Eysséric
☎ 04 75 28 04 59, www.buislesbaronnies.com. Carnet de randonnées pédestres ou VTT en vente (5 € chacun). Marché le mer. dans toute la ville et sam. pl. du Marché.

La ville que les vrais Buxois s'obstinent à appeler « Le Buis » s'alanguit entre ses boulevards ombragés sur l'emplacement des anciens remparts, ses fontaines paresseuses et ses ruelles tortueuses. Buis-les Baronnies, où la société Ducros est née en 1963, essaie de rebondir, après avoir été profondément atteinte par la chute des cours du tilleul. Localement, le premier employeur reste néanmoins la filière plantes aromatiques.

Le visiteur flânera à l'ombre des curieuses arcades du XVe s. de la **place du Marché**, qui ne dépareilleraient pas une bourgade de Saxe. Il y a une raison à cela : la cité, qui avait été décimée par la Grande Peste, a été repeuplée sous Louis XI de mercenaires allemands et suisses.

🍃 L'infusion

Il faut compter quatre ou cinq fleurs de tilleul par tasse et ne jamais faire bouillir l'eau. Une ou deux tasses, une demi-heure avant le coucher, représenterait une assurance anti-nuit blanche. Molière, lui, avait décidé de dormir sur un oreiller rembourré de tilleul. À chacun sa recette.

Achats

● **Bernard Laget**, pl. aux Herbes, Buis-les-Baronnies ☎ 04 75 28 12 01, www.bernardlaget.com. Ouv. t.l.j. sf dim. et lun. 9 h 30-12 h et 15 h 30-19 h. F. janv.-fév. Adresse de circonstance pour une herboristerie ! Toutes les huiles essentielles, toutes les eaux de toilette « glacées à l'ancienne » (une « tilleul » dans le lot), et bien sûr, sous sachet, du tilleul des Baronnies.

● **Miels des apiculteurs du Grand Jardin** Buis-les-Baronnies ☎ 04 75 28 24 42. Miels de fleurs des Baronnies et nougat tendre en vente tous les mer. au marché de Buis.

🐟 Pause baignade

Les **gorges d'Ubrieux** (à 3 km N de Buis-les-Baronnies par la D546) est un site naturel, sauvage et classé, apprécié pour l'escalade et pour la baignade dans l'Ouvèze. Il n'y a pas beaucoup d'eau, mais cela fait le bonheur des enfants.

Autres curiosités de Buis : ses anciens **couvents**, tassés auprès de l'église paroissiale, assez pataude (*de la pl. du Marché, suivez la rue Notre-Dame-la-Brune, traversez la pl. aux Herbes, continuez dans la Grande Rue et tournez à dr.*). Leur existence trahit l'effervescence religieuse qui s'était emparée de la région aux XVIe et XVIIe s.

🍀 La Maison des plantes aromatiques★

Dans l'office de tourisme, www.maisondesplantes.com. Ouv. avr.-sept. lun.-sam. 9 h-12 h 30 et 14 h-18 h, dim. 10 h-12 h 30 et 15 h-18 h ; le reste de l'année, mieux vaut téléphoner. F. pendant les fêtes de fin d'année. De 1 à 2,50 € (gratuit moins de 12 ans). Durée de la visite : 45 min.

L'écomusée ne lésine pas sur les reconstitutions et les attractions (orgue à parfums, bornes interactives). Cette exploration du monde de la lavande et du tilleul, où tous les sens sont sollicités, est fascinante. À compléter par la visite au **Jardin des senteurs** tout proche (*accès libre*), où vous trouverez menthe, thym, lavande, etc.

Au départ de Buis-les-Baronnies, le **rocher Saint-Julien** est un peu « le petit frère » des dentelles de Montmirail (*p. 382*) au niveau escalade. Les moins sportifs, eux, flânent, nez au vent. L'air embaume la sauge, le thym la lavande sauvage… et, bien sûr, le tilleul.
🏃 Retrouvez cette randonnée détaillée p. 384.

Saint-Auban-sur-l'Ouvèze

À 16 km E de Buis-les-Baronnies par la D546.
Après Vercoiran et Sainte-Euphémie-sur-Ouvèze, l'étau se desserre à l'arrivée sur Saint-Auban : on débouche sur une large vallée, où le village apparaît comme posté en embuscade. Avec ses châtaigniers, la région prend des allures de petite Corse.
Un adjectif peut résumer le village lui-même : pittoresque. Ruelles caladées, soustets, vestiges d'une maison forte… Saint-Auban préfère oublier qu'il fut le pays natal de **Gaspard Pape**, un de ces soudards cupides et rusés, « révélés » par les guerres de Religion. À la tête des armées protestantes du Dauphiné, l'homme ravagea le pays en 1562, prit Malaucène et Bedoin.

22

itinéraire

Les gorges du Toulourenc★

À 9 km S de Saint-Auban-sur-l'Ouvèze par la D546 ;
à 5 km, après Les Granges, tournez à dr. sur la D359.
Continuez après Aulan sur la D159.

Verrouillant le défilé, il y a le **château d'Aulan★**, aux mains de la même famille, les Suarez d'Aulan, depuis 1635, qui a dû le reconstruire quasiment pierre à pierre à deux reprises au XIXᵉ s. puis au XXᵉ s. (*☎ 04 75 28 80 00 ; ouv. juil.-août t.l.j. sf dim. matin 10 h-12 h et 14 h-18 h 30, avr.-juin et sept.-oct. vis. guidée t.l.j. à 15 h ; de 2,50 à 5,50 €, gratuit moins de 7 ans ; durée de la visite : 45 min*).

Pendant 8 km vous vous engagez dans les gorges du Toulourenc. Toulourenc ? Cela signifie « tout ou rien » en provençal : cela en dit long sur le caractère impétueux et imprévisible de cet affluent de l'Ouvèze. Entre Aulan et Montbrun-les-Bains, le Toulourenc se fraye un chemin dans un chaos de rochers. Un vrai coupe-gorge. Au niveau du carrefour de Vergol, la **combe Couranche** offre néanmoins l'occasion d'une petite randonnée aquatique, à faire en famille, sauf, attention, si l'orage ou la pluie menacent.

♣ Goûter à la ferme

Les Tomes Pous, Vergol, Montbrun-les-Bains ☎ 04 75 28 81 11. Entre Aulan et Montbrun, une petite route sur la dr. vous mène à cette ferme caprine, qui fonctionne à l'énergie solaire. Entre avr. et sept., le lun. goûter avec fromages, tartes au fromage, brioches de 16 h à 18 h. Sur rés. De 7 à 9 €, la visite de la ferme étant incluse.

© Philippe RENAUD

Le château d'Aulan.

La gaffe de Dupuy-Montbrun

Charles Dupuy-Montbrun a perdu la tête, dans tous les sens du terme, en 1574, le jour où il osa s'emparer des bagages du futur roi Henri III de France, bagages qui contenaient une partie du Trésor de Cracovie (Henri III fut un éphémère roi de Pologne). À ce stade, les choses auraient pu peut-être s'arranger. Mais le Balafré refusa avec morgue de restituer son butin. Le roi n'oublia pas. En 1575, Dupuy-Montbrun, fait prisonnier, fut décapité à Grenoble.

Une odeur de soufre

Bourrées de calcium, de magnésium et d'oligo-éléments, les eaux de Montbrun dégagent spontanément une odeur... d'hydrogène sulfuré, pas des plus engageantes. Pour certaines pathologies comme les affections des voies respiratoires, elles sont prescrites néanmoins en cures de boisson. Mais inutile de se cacher : c'est la remise en forme qui assure aujourd'hui la fréquentation du centre thermal (p. 350). Ici, les adeptes de la zen attitude apprécient l'effet relaxant de la lavande, introduite dans bien des soins.

Montbrun-les-Bains★★

À 8 km S d'Aulan par la D159. Parking devant la mairie. Grimpez à g., dans la Basse Rue.

ℹ️ Office de tourisme, quartier de l'Autin ☎ 04 75 28 82 49, www.montbrunlesbainsofficedu tourisme.fr. Vis. guidée avr.-oct. mar. à 15 h. De 1,50 à 3 € (gratuit moins de 12 ans). Durée : 1 h. Plan du sentier des Fontaines (gratuit). Marché le sam.

La **station thermale**, dont la population quadruple allègrement l'été (440 hab. en hiver) ressemble à un jeu d'orgues géant avec ses maisons hautes, serrées les unes sur les autres, contre la falaise. Quand les amandiers sont en fleur, en mars, ou lorsque les lavandes assiègent le pied du village, il offre une vision magique. Dans la bourgade, on suit à la trace Charles Dupuy-Montbrun, dit « le Balafré » (1530-1575), personnage flamboyant et sinistre à la fois. Converti au calvinisme, il a pris plus que sa part aux massacres des guerres de Religion (p. 192). Montbrun a aussi partie liée avec la famille d'Aulan (p. 230), qui a lancé en 1865 l'exploitation des sources sulfureuses, voulant un « Baden-Baden à la française ». Le thermalisme a redémarré en 2006.

L'**église Notre-Dame-de-la-Nativité★** (au bout de la Basse Rue ; clef à la maison d'hôtes voisine, p. 349) est beaucoup plus ancienne que ne le laisse supposer sa décoration baroque et notamment le retable de l'autel, attribué à l'un des Bernus, famille de sculpteurs provençaux (p. 194). En contournant l'église, on atteint le **beffroi** (XIIIᵉ s.) qui fut l'une des quatre portes de la ville fortifiée autrefois. Par la montée de la Saute (dans l'angle NE de la pl. du Beffroi), on peut rejoindre ce qui reste du **château** Renaissance de Dupuy-Montbrun.

Le sentier des Fontaines

Départ et arrivée : parking de la mairie à Montbrun-les-Bains. Plan disponible à l'office de tourisme (gratuit). Passez devant l'office de tourisme et prenez à g. (après le croisement avec la D189) rue Notre-Dame pour découvrir la première fontaine, la fontaine Notre-Dame. **Durée** : 1 h 30. **Distance** : 3,3 km aller-retour. **Balisage** : un pictogramme symbolisant une fontaine, bleu-vert sur fond marron. **Dénivelé** : 70 m. **Balade facile. Enfants** : 4-5 ans.

C'est une promenade au fil de l'eau, de fontaine en lavoir, de source en « trop-plein ». On découvre l'eau pour la soif, l'eau

Le village de Brantes.

© Philippe RENAUD

pour la cuisine, l'eau pour les bêtes, l'eau qui fait tourner les moulins, l'eau qui soigne… Cette balade qui démarre dans Montbrun-les-Bains vous emmène au bord de l'**Anary**, où nombre de moulins ont fonctionné jusqu'au début de l'ère industrielle. Elle vous fera découvrir la fontaine du Bourreau sur la route de Séderon, où l'exécuteur venait laver sa hache… Frissons.

❤ Brantes*

À 10 km O. Sortez de Montbrun par la D159a ; à 2 km, prenez à dr. la D72 ; à 5 km, continuez sur la D40.
Retour sur Buis-les-Baronnies par les D41, D72 et D5 (16 km).

C'est un ravissant village médiéval, conservé dans son jus et suspendu au-dessus du Toulourenc, comme accroché à la montagne de Bluye. C'est devenu un village d'artisans-artistes *(http://toulourenc-horizons.org)*. Vous y découvrirez un atelier de faïences, une santonnière (Les Santons Bleus), des Aven-turières du Goût pour les cours de cuisine *(p. 350)*. Il y a même une maison d'édition, les éditions du Toulourenc ! Précision utile : on n'y circule qu'à pied.

Pause atypique

La Poterne, Le Village, Brantes ☎ 04 75 28 29 13, www.lapoternebrantes.com. Ouv. avr. à mi-oct. t.l.j. (sf lun. hors saison) 11 h-19 h. Un lieu pas comme les autres, qui fait café-galerie-librairie (joli rayon de livres régionaux y compris pour enfants). En juil.-août, le jeu. soir c'est soupe au pistou ou aïoli.

Le Tricastin et l'Enclave des papes

**BOUCLE DE 69 KM
AVEC L'ENCLAVE DES PAPES**

C'est un pays de vent et de lumières, où le soleil ricoche sur la fameuse pierre du Midi, qui peut être d'un blanc aveuglant. Depuis les Phéniciens, et plus encore avec les Romains, la vigne, qui produit des rouges pour l'essentiel (85 %), a trouvé là, au milieu des cailloux, un terrain de prédilection, entre terrasses alluviales du Rhône et collines de l'arrière-pays. La région a aussi ses garrigues, où les cigales donnent un concert permanent, ses plantations de chênes truffiers et ses champs de lavande.

PROGRAMME POUR 1 JOURNÉE

Découvrez ce pays en hiver. Pour s'émerveiller devant la crèche de **Valréas*** (p. 238), explorer le monde de la truffe à **Saint-Paul-Trois-Châteaux**** (p. 234) ou **Richerenches**** (p. 238).

À NE PAS MANQUER

- **Patrimoine** : le musée du Cartonnage et de l'Imprimerie* à Valréas (p. 238), le château de Suze-la-Rousse** (p. 239).
- **Gastronomie** : la truffe noire du Tricastin (p. 235).
- **Avec les enfants** : la Ferme aux crocodiles (p. 235), la nuit du Petit saint Jean à Valréas (p. 238).
- **Carte postale** : ♥ La Garde-Adhémar** (p. 236).

CÔTÉ PRATIQUE

L'Enclave des papes, seule bizarrerie administrative de ce type dans l'Hexagone, est un petit morceau de Vaucluse, enchâssé dans la Drôme. Elle comporte quatre communes, Valréas, Visan, Richerenches et Grillon, qui ont effectivement appartenu aux papes jusqu'à la Révolution. Ne vous étonnez donc pas de changer tout à coup de département.
Bon plan Pass Provence : donné dans le premier site visité, il offre des tarifs réduits (jusqu'à 50 %) dans les autres sites adhérents. Rens. www.dromeprovencale.fr.

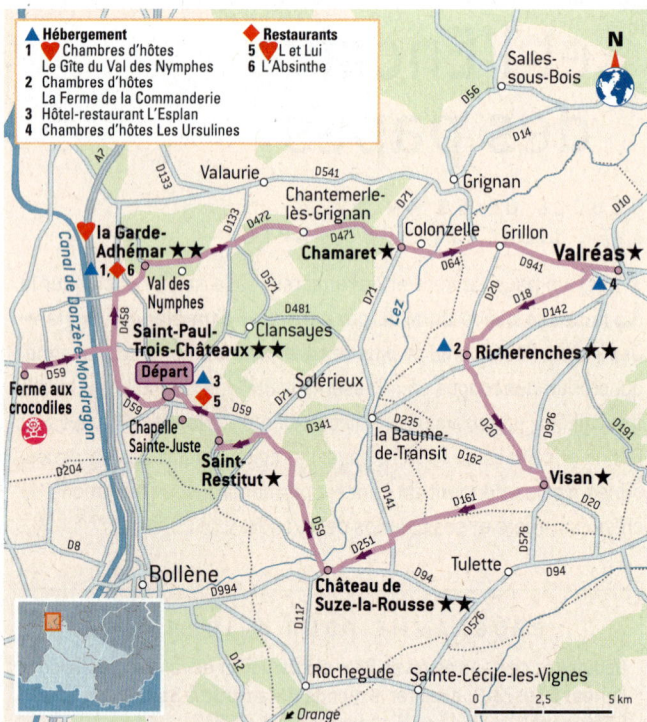

Le Tricastin et l'Enclave des papes.

Retrouvez toutes les adresses de l'itinéraire p. 350.

Saint-Paul-
Trois-Châteaux★★

À 31 km N d'Orange par l'A7 et la D26. Parking gratuit Chausy (près de l'office de tourisme). Circuit historique balisé dans la ville (plaques). Durée de la visite : 1 h 30.

ℹ️ Office de tourisme, pl. Chausy ☎ 04 75 96 59 60, www.office-tourisme-tricastin.com. Guide archéologique : 5 €. Vis. guidée ponctuelle mai-oct (1 €/pers. avec le Musée archéologique ☎ 04 75 96 92 48). Marché le mar. matin.

Inutile de chercher, parmi les beaux **hôtels Renaissance** de la ville, trois châteaux dans Saint-Paul ! Le suffixe est emprunté aux Tricastini, un peuple gaulois installé entre le IVe et le Ier s. av. J.-C. sur le site de Barry, au nord d'Uchaux. Sous les Romains, *Augusta Tricastinorum* glisse dans la plaine. Dans une Gaule qui se christianise, elle devient le siège d'un évêché. Histoire à découvrir au **musée d'Archéologie tricastine** (*pl. Castellane, à côté de la mairie ; de la pl. Chausy, allez sur*

❜**Daily,
chien truffier**

Ce n'est pas une chienne de race mais elle vaut de l'or. Son maître veille jalousement sur elle : les vols de chiens truffiers sont monnaie courante, certains corniauds déjà dressés pouvant se négocier 5 000 €. Daily, 7 ans aux dernières gelées, a été dressée pour « caver », pour associer, selon la bonne vieille méthode de Pavlov, récompense et découverte des truffes, même un ou deux pieds sous terre.

❜ La truffe noire du Tricastin

Le Tricastin fournit plus de 50 % de la fameuse *Tuber melanosporum*, dite mélano, dont les prix crèvent réguliè-rement le plafond (800 €/kg env. en 2010 en prix de gros sur le marché de Richerenches). La production française ne dépasse pas les 50 t, mais peut descendre à 5 t. Hors saison, vous pouvez acheter des truffes en conserve. Mais rien ne remplace la truffe fraîche, « cavée » entre mi-déc. et mi-mars.

Où acheter des truffes ?

● Marché aux truffes, sur la pl. de l'Esplan à **Saint-Paul-Trois-Châteaux**, les dim. d'hiver 10 h-12 h. Autour de la fontaine, une vingtaine de trufficulteurs jouent la transparence. Prix affichés, catégories annoncées (mélano, brumale, etc.).
● Fête de la truffe, à **Saint-Paul-Trois-Châteaux**, le 2ᵉ dim. de fév. On s'y bouscule pour déguster la fameuse omelette aux truffes. Rens. ☎ 04 75 96 61 29.

❜ La pierre du Midi

Localement, l'expression désigne la pierre extraite des carrières de Saint-Restitut, un calcaire au grain serré, assez facile à travailler, baptisé aussi « molasse ». Au XIXᵉ s., la pierre du Midi a fait l'objet d'une exploitation industrielle : elle a été utilisée dans nombre de bâtiments à Grenoble, Marseille, Genève, etc.

la pl. de l'Esplan, prenez la rue de l'Esplan à g., qui débouche sur la pl. du Marché et la pl. Castellane ☎ 04 75 96 92 48, www.musat.fr; ouv. mar.-sam. et 1ᵉʳ dim. du mois 14 h 30-18 h; 3,10 €, gratuit moins de 16 ans et 1ᵉʳ dim. du mois). Il héberge une exposition semi-permanente consacrée, pour 2012-2013, aux rites et cultes en Tricastin.

Jetez un œil sur la « **cathédrale**★★ » toute proche : cette église **Notre-Dame-et-Saint-Paul**, construite en pierre du Midi entre la première moitié du XIIᵉ et le début du XIIIᵉ s., est un bel exemple de roman provençal. Impossible de quitter la capitale de la truffe sans rendre une visite à la **maison de la Truffe et du Tricastin** (rue de la République, près de la cathédrale ☎ 04 75 96 61 29, www.maisondelatruffe.com; horaires variables; de 2 à 4 €, gratuit moins de 7 ans). À la sortie, vous saurez tout sur ce champignon aux arômes musqués et poivrés de fruits secs torréfiés surnommé « **le diamant noir** » (p. 36).

Aux portes sud de la ville, la **chapelle Sainte-Juste** (parking av. Louis-Girard; accès pédestre à dr. par le chemin du Montélit, et à dr. encore par le chemin du Château-d'Eau), dédiée à cette martyre de Séville, est perchée sur un entablement rocheux. La balade vaut pour le coup d'œil sur Saint-Paul et la plaine. Et pour découvrir les sites des carrières de la fameuse pierre du Midi.

🐊 La Ferme aux crocodiles

À 7 km NO de Saint-Paul-Trois-Châteaux. Sortez par la D59. Au 2ᵉ rond-point de Faveyrolles, tournez à g., passez sur l'autoroute et le canal de Donzère, puis sous la ligne TGV. Fléchage. Les Blachettes, Pierrelatte ☎ 04 75 04 33 73, www.lafermeauxcrocodiles.com. Ouv. t.l.j. mars-sept. 9 h 30-19 h; oct.-fév. 9 h 30-17 h. De 9 à 14 € (gratuit moins de 3 ans). Parcours accessible aux poussettes et aux fauteuils roulants ♿. Aires de pique-nique et de jeux. Quiz enfants sur le parcours. Durée de la visite : 2 h.

Quand le Rhône se prend pour le Mississippi… Près de Pierrelatte, cette ferme de 12 000 m² abrite un drôle de marigot où somnolent quelque 350 « crocodiliens », crocodiles du Nil, vrais et faux gavials, caïmans ou alligators, en tout dix espèces. Les serres sont chauffées par une eau au départ à 50 °C, maintenue ensuite entre 28 °C et 30 °C, provenant des rejets thermiques de l'usine nucléaire Eurodif, d'enrichissement de l'uranium, toute proche. Il y a aussi des tortues géantes et des plantes carnivores.

❤ La Garde-Adhémar★★

À 6 km NE de la Ferme aux crocodiles. Revenez en arrière. Après l'A7, tournez à g. sur la D458. Puis à dr. sur la D158. Poursuivez sur la D572 qui grimpe.

C'est un village attachant, un de ces villages-belvédères qui dominent la vallée du Rhône. Il tire son nom de la garnison, assignée à résidence dans cette place forte, qui protégeait Montélimar, ville où résidait la famille des Adhémar, l'une des plus puissantes familles en Provence au Moyen Âge.

Escaliers, vieilles pierres, ruelles… On se retrouve vite au pied de l'**église Saint-Michel★★**, de type roman provençal (XIIᵉ s.). Sa silhouette élégante et légère est pourvue curieusement d'une abside occidentale *(l'entrée)* et d'une abside orientale *(le chœur)*. La pyramide qui lui sert de coiffe a été rajoutée au XIXᵉ s. Sous l'église, s'épanouit en terrasses le **jardin des Herbes** *(accès libre toute l'année)*. Celles-ci sont bien rangées en compartiments bordés de buis selon leurs vertus médicinales; il y en a pour toutes les indications ou presque, pour la peau, les voies intestinales…

Balade du val des Nymphes

Départ et arrivée : parking de La Garde-Adhémar. L'itinéraire emprunte une petite partie de la D472, longe le domaine de Magne. **Durée :** 1 h 30. **Distance :** 5 km aller-retour. **Balisage :** PR®. **Dénivelé :** 70 m. **Balade facile. Enfants :** 5-6 ans. **Variante :** peut se faire à VTT.

C'est un **lieu nimbé de mystère**, qui fut l'objet, selon toute vraisemblance, d'un culte païen, rendu à la déesse de la Fécondité comme aux « nymphes » des sources. Cachées dans les buissons (notamment au pied de la montagne Collet) se trouvent encore ce qui passe pour des « pierres à sacrifices ».

À son habitude, l'Église catholique a « récupéré » ce site magique : en témoigne une chapelle du XIIᵉ s. *(fermée)*, d'une belle simplicité. La source fraîche et l'ombrage attirent nombre de familles le week-end.

23
itinéraire

🦐 **Bon appétit !**

À la Ferme aux crocodiles, vous pouvez assister au repas des fauves, chaque jour à 15 h. Pour les tortues, c'est le matin à 11 h.

Chamaret★

À 12 km E de La Garde-Adhémar. Sortez par la D472.
À 4 km, au carrefour, prenez en face, légèrement
décalée sur la dr., la D471.
Marché aux truffes le lun. entre nov. et mars.

Le village se serre autour de son « donjon »,
à la forme tronquée, vestiges du château fort,
construit au XIIᵉ s. sur l'éperon rocheux. On
peut en faire l'ascension (☎ 04 75 46 55 85 ;
*ouv. avr.-sept. mer. et ven. 14 h 30-18 h 30, w.-e.
et j.f. 14 h 30-19 h ; de 1 à 2 €, gratuit moins
de 11 ans*). Au sommet, 35 m plus haut et
136 marches plus tard, vue grand large sur
la plaine de Valréas. Sous vos pieds, le bleu
des lavandes, le vert des forêts et le rouge des
toits composent un beau tableau.

Valréas★

À 9 km E de Chamaret. Sortez de Chamaret par la D471 ;
à Colonzelle, prenez à g. la D64 ; à 4,5 km tournez à
dr. sur la D941. Parking Revoul (gratuit), cours Saint-
Antoine. Prenez, en face, la rue Saint-Antoine.

ℹ️ Office de tourisme, av. du Maréchal-Leclerc
☎ 04 90 35 04 71, www.ot-valreas.fr.
Durée de la visite : 1 h 30. Audioguides (3 €).
Circuit pédestre historique balisé (15 panneaux) avec
plan (gratuit) à l'office de tourisme.
Pochette de 18 circuits pédestres ou VTT offerte.
Marché le mer.

Dans cette capitale de l'Enclave des papes,
qui se débat entre crise viticole et crise du
cartonnage, les rues s'entortillent en cercles
concentriques autour du centre historique
et de la **tour de l'Horloge★**, ou Ripert,
seul vestige du château des Riperti (XIIᵉ s.).
Au sommet de l'ancien donjon vous attend
une vue à 360° sur les toits de la ville.

À deux pas, place Pie, l'**église Notre-Dame-
de-Nazareth★**, qui a subi de nombreux
remaniements depuis le XIᵉ s., pointe ses
deux clochers, dont un clocher-peigne (mur
ajouré de baies où se balancent les cloches).
Elle abrite l'une des plus belles **crèches
provençales** (*mi-déc. à mi-fév.*). Plus de
200 santons, en costumes, prennent place
dans l'église. Parfois centenaires, certains
atteignent 80 cm de haut.

Un peu à l'écart, place Aristide-Briand, la
mairie occupe le **château de Simiane★** que
Louis de Simiane a fait transformer à la
fin du XVIIᵉ s. pour Pauline, la petite-fille
de la marquise de Sévigné. Quatre salles

❜ **La boîte
à courant d'air**

Au milieu du XIXᵉ s., c'est à
Valréas que fut inventée, par
Ferdinand Revoul, la boîte à
courant d'air, c'est-à-dire
trouée pour laisser respirer les
œufs du *Bombyx mori* (ver à
soie) pendant leur transport.
C'est l'origine de l'industrie du
cartonnage, dont Valréas fut la
capitale en France au début du
XXᵉ s. Quelque 200 personnes
travaillent encore dans ce
secteur.

♥ **Glace
à la truffe**

Jef Challier, 16, pl.
Aristide-Briand, Valréas
☎ 04 90 35 05 22, www.
enclave-passion.com. Ouv.
mar.-sam. 9 h-12 h 15 et
15 h-19 h, dim. 10 h-13 h. Ce
maître pâtissier-chocolatier
produit une insolite glace
à la truffe, à la limite du
sucré-salé. Et les enfants
aiment ! Il anime aussi des
ateliers de pâtisserie toute
l'année (minimum 5 pers. ;
durée : 3 h ; 40 à 60 € avec
dégustation, rés. à l'office
de tourisme).

23
itinéraire

se visitent *(ouv. juil. à mi-août t.l.j. sf mar. 10 h-12 h et 15 h-18 h; accès libre).*
Le **musée du Cartonnage et de l'Imprimerie**★ *(3, av. du Maréchal-Foch ☎ 04 90 35 58 75; ouv. t.l.j. sf mar. et dim. matin 10 h-12 h et 14 h-17 h, avr.-sept. 15 h-18 h; de 1,50 à 3,50 €, gratuit moins de 12 ans)* retrace une belle aventure industrielle selon une approche ludique portée par des vidéos et des témoignages sonores.

Richerenches★★

À 8 km SO de Valréas. Sortez de Valréas par la D941. À 1 km, tournez à g. sur la D18. Parking Saint-Antoine (gratuit). Circuit Patrimoine balisé dans le vieux village, 6 panneaux, départ du beffroi.

🛈 Office de tourisme, Le Village (dans la maison templière restaurée) ☎ 04 90 28 05 34, www.richerenches.fr. Exposition sur les templiers, petit musée de la truffe et du vin en accès libre.

En 1136, Richerenches fut la première **commanderie des templiers** créée en Provence, sur les terres d'Hugues de Bourbouton. Malheureusement, les bâtiments ont subi l'outrage des ans et des hommes : si la maison templière et le puits sont « d'époque », tout le reste est d'une reconstruction postérieure (le beffroi et l'église datent du XVIe s., la maison des Notaires du XVIIIe s.). L'ensemble donne pourtant une idée assez exacte de ce que fut cette commanderie : une forteresse pour des moines-soldats, mais aussi une véritable ferme-modèle, consacrée à l'élevage des chevaux de combat et des moutons, à la culture du blé et de la vigne. À la suppression de l'ordre des Templiers en 1312, leurs biens passèrent à leurs concurrents, les Hospitaliers.

Visan★

À 6 km SE de Richerenches par la D20. Parking gratuit à l'entrée, pl. de la Coconnière, près de l'office de tourisme.

🛈 Point info Tourisme ☎ 04 90 41 97 25, www.visan-mairie.com. Ouv. avr.-sept. horaires variables. Plan du circuit dans le village (gratuit).

Visan émerge des vignes. Perché, le village (1915 hab.), restauré de façon très léchée, ménage une balade agréable entre placettes, fontaines, soustets et beaux hôtels particuliers édifiés entre le XVIe et le XVIIIe s., notamment dans la rue des Nobles, près de l'église

🔥 Nuit du Petit saint Jean

À **Valréas**, le 23 juin. Saut vertigineux dans le passé, en 1504 ! À la tombée de la nuit, 400 figurants en costumes de cette époque prennent possession de la ville : hallebardiers, tambours, trompettes... Le roi de la fête est un enfant de 3 à 5 ans, le petit saint Jean. Ce monarque est tiré au sort, parmi les enfants nés à Valréas, baptisés, et dont l'un au moins des parents réside dans la ville depuis 10 ans.

Le premier marché truffier

À **Richerenches**, de mi-nov. à fin mars le sam. autour de 10 h. Le marché de Richerenches distance tous les autres en France, avec ses 200 à 800 kilos de truffes vendues chaque semaine. Les professionnels se réservent le cours du Mistral ; les particuliers se rabattent sur l'avenue de la Rabasse. Des dégustations d'omelettes aux truffes sont proposées dans la foulée à la salle des Fêtes.

Truffes et astuces

Une truffe se déguste crue, à la « croque au sel », en lamelles avec un peu de fleur de sel. Ou bien en omelette. Un tuyau : avant préparation, enfermez œufs (2/pers.) et truffe (10 à 15 g) dans la même boîte hermétique, pour que les premiers s'imprègnent davantage du parfum.

23
itinéraire

Truffes.

23 itinéraire

La messe des Truffes

À Richerenches, le 3ᵉ dim. de janv. à 10 h 30. Dans une église pleine à craquer, la messe des Truffes (messe en provençal, retransmise à la maison templière sur écran géant). Au moment de la quête, ceux qui le peuvent déposent une truffe dans la corbeille. À la sortie, ces « diamants noirs » sont mis aux enchères sur la place de l'Hôtel-de-Ville.

Du nez

Joël Barthélémy, 803, chemin de la Rabassière, Suze-la-Rousse (sur la route de Suze à Saint-Restitut) ☎ 04 75 04 87 13. Il cumule bien des casquettes : vigneron, truf-ficulteur, éleveur de chiens truffiers. Et c'est une bonne adresse pour « caver » en sa compagnie (sur r.-v. ; 5 pers. minimum ; 65 € la journée avec repas).

---

paroissiale Saint-Pierre. Vous aimerez aussi la **chapelle Notre-Dame-des-Vignes**, perdue au milieu des ceps *(sortie de Visan par la D20, dir. Vaison-la-Romaine)*. Objet d'un pèleri-nage, le 8 septembre, avéré dès le xvᵉ s., elle abrite un **retable** de toute beauté (☎ *04 90 41 90 50 ; ouv. mai-oct. t.l.j. sf dim. matin et lun. 10 h-11 h 30 et 15 h-17 h 30 ; accès libre).*

Le château de Suze-la-Rousse★★

À 10 km SO de Visan par les D161 et D251.
☎ 04 75 04 81 44, http://chateaux.ladrome.fr. Ouv. t.l.j. 9 h 30-11 h 30 et 14 h-17 h 30 (18 h juil.-août). F. mar. nov.-mars, Noël et 1ᵉʳ janv. De 2,70 à 3,50 € (gratuit moins de 18 ans). Durée de la visite : 45 min.

Le château, juché sur un éperon rocheux, a ce côté âpre et massif des forteresses médié-vales. Mais si vous entrez dans cet ancien rendez-vous de chasse des princes d'Orange, la surprise est totale : vous découvrez un palais Renaissance, avec sa cour à l'italienne d'une rare élégance, où pilastres et fenêtres à doubles meneaux sont taillés dans une pierre flamboyante. Seul le premier étage est ouvert au public.

La visite peut se poursuivre dans le **parc de la Garenne** *(accès libre)* de 23 ha, sous les pins parasols ou les érables de Montpellier. Et par une **initiation à l'œnologie** : le château héberge une **Université du vin**, qui propose des week-ends d'initiation à la dégustation *(355 €/pers.)* ou des samedis « Sensation Vin » *(200 € par pers. ;* ☎ *04 75 97 21 34, www.universite-du-vin.com).*

Saint-Restitut★

À 8,5 km NO de Suze-la-Rousse. Sortez de Suze-la-Rousse par la D59. À 7 km, prenez à g. la D218. Parking gratuit pl. des Combettes.
Retour sur Saint-Paul-Trois-Châteaux par les D859 et D59 (3,5 km).
ⓘ Point info Tourisme, pl. du Colonel-Bertrand ☎ 04 75 49 81 80.

C'est « le village de la pierre blanche », cette fameuse pierre du Midi *(p. 235)* qui prend des reflets dorés au soleil couchant. Coquet, Saint-Restitut se serre autour de son église du XIIe s., typique de cet art roman provençal qui, en Tricastin, reprend nombre de figures de style héritées de l'Antiquité. Une **haute tour carrée** flanque cette église à l'ouest. La frise qui la ceinture est une vraie bande dessinée : sculptée dans la pierre, elle prête parfois à sourire quand on identifie un âne qui joue de la lyre.

❜ Le vin des serfs

Au Moyen Âge, le « rosé » est le seul vin digne de ce nom, puisqu'il est issu du premier jus. Obtenu après une plus longue macération, le rouge est celui des serfs ! Autre fait surprenant : au XVIIe s., on ne parle que de la Côte du Rhône. Et cela désigne à la fois une circonscription administrative dans la Viguerie d'Uzès (Gard) et les vins produits dans cette circonscription, sur la rive droite du Rhône ; vins renommés dont les fûts portent en lettres marquées au feu les initiales C.D.R. Au XIXe s., le pluriel « côtes-du-rhône » s'impose. Et ce pluriel englobe désormais les vignobles de la rive gauche du Rhône.

Autour du mont Ventoux

Le « Géant » de Provence… On peut chipoter sur l'altitude du mont Ventoux (1 909 m, c'est notre dernier chiffre), cela reste le toit de la Provence. Une montagne mythique. Le « monstre » fascine. Au sommet, l'aube s'y pare de couleurs magiques. Plus d'un randonneur rêve d'y cueillir le soleil à son lever, une expérience inoubliable, de celles qui comptent dans une vie. Mais dans le massif, qu'on se rassure, d'autres balades exigent un engagement moins « physique », pour un plaisir tout aussi réel. Depuis 1990, le Ventoux a été classé réserve de biosphère par l'Unesco : 30 000 ha sont concernés. Cette réserve offre une exceptionnelle richesse floristique. On dénombre, en effet, plus de 1 200 espèces végétales, où se « télescopent » plantes arctiques et méditerranéennes. À ses pieds, le pays de Sault incarne la douceur de vivre, le repos du guerrier. Cerisiers en fleur, lavande en rangs serrés… Le bonheur est aussi dans les champs.

Le mont Ventoux
Le Géant de Provence

BOUCLE DE 70 KM ENVIRON

L e mont Ventoux et les villages de Bedoin et Malaucène à ses pieds ont appartenu aux comtes de Toulouse, puis aux papes avant d'entrer dans l'orbite française en 1791. Culminant à 1 909 m, le « Géant » paraît couronné de neiges, même en été. Simple illusion d'optique, créée par la réverbération du soleil sur la caillasse. Longtemps, jusqu'au XVIIIe s., ce « rempart de la Provence » a effrayé, inquiété. L'une de ses grottes portait même le nom de Porte de l'Enfer. Grimper à son sommet paraît aujourd'hui une promenade de santé. Enfin, presque !

PROGRAMME POUR 1 JOURNÉE

Ventoux, toute ! Avec des enfants, grand bol d'air assuré au sommet du **Géant***** (p. 247). Direction, ensuite, la **station du mont Serein*** (p. 248), qui offre l'été parcours Accrobranche®, sentier botanique (p. 249) et plus… Même pas peur !

À NE PAS MANQUER

- **Histoire** : le château du Barroux* (p. 246).
- **Gastronomie** : le côtes-du-ventoux (p. 246), le safran (p. 247).
- **Avec les enfants** : la station du mont Serein*, été comme hiver (p. 248).
- **Loisirs** : la visite des vignobles en buggy (p. 246).
- **Point de vue** : au sommet du mont Ventoux*** (p. 247).

CÔTÉ PRATIQUE

Conditions de visite En fonction des risques météo, l'accès du mont Ventoux (zone A) peut être interdit.

Infos Préfecture ☎ 04 88 17 80 00, www.vaucluse.pref.gouv.fr.

Météo locale et état des routes en hiver ☎ 0 892 68 24 84 et touche 1 (la route du Ventoux peut être fermée).

Conseil Faites le plein d'essence avant la montée au Ventoux.

Le Ventoux à vélo Dans les hébergements **Accueil Vélo Ventoux**, les amoureux de la petite reine peuvent laver leur linge, bénéficier d'une assistance dépannage, demander un panier pique-nique et avoir un local sécurisé pour leur monture. Rens. www.destination-ventoux.com. Avant de partir, pensez également à télécharger les 13 fiches circuits.

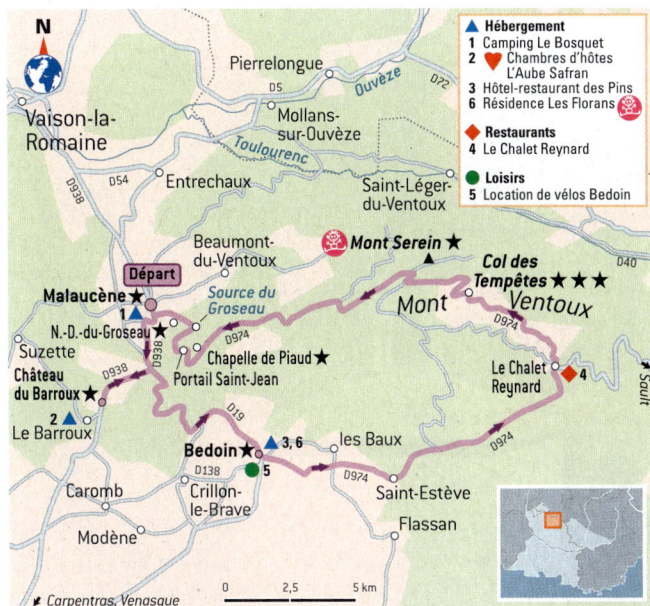

Le mont Ventoux.

Retrouvez toutes les adresses de l'itinéraire p. 351.

24 itinéraire

Malaucène*

À 9,5 km SE de Vaison-la-Romaine par la D938.
Office de tourisme, 3, pl. de la Mairie
☎ 04 90 65 22 59. Guide de balades autour de Malaucène (5 €). Vis. guidée du village avr.-juin et sept. mer. à 18 h ; juil.-août mer. à 21 h. De 2,50 à 4 € (gratuit moins de 10 ans). Ascension du mont Ventoux en nocturne juil.-août le ven. ; de 5 à 10 € (à partir de 12 ans).

Cette petite cité (2 500 hab.) enveloppée dans ses boulevards aux platanes centenaires joue les Belles au bois dormant. Elle fut la résidence d'été du pape Clément V, entre 1310 et 1314, qui fuyait Avignon et ses puanteurs : il y fit aménager l'abbaye du Groseau, dont il ne reste que la chapelle (p. 245).

Les portes et les remparts

Départ de l'esplanade Soubeyran, devant l'église Saint-Michel-et-Saint-Pierre.

Du temps des papes (XIVe s.) daterait le commencement des travaux de l'**église Saint-Michel-et-Saint-Pierre***, que l'on mit une éternité à achever (elle ne sera finie qu'en 1709 !). Les curieux remarqueront tout autant les mâchicoulis, qui chapeautent la façade de cette église fortifiée, incluse autre-

---

Visites en scène

La CoVe (Communauté d'agglomération Ventoux-comtat Venaissin) organise l'été en nocturne des visites-spectacles dans 7 communes. De déb. juil. à mi-août à 21 h le mer. à Malaucène, le lun. à Bedoin (p. 246), le jeu. à Venasque (p. 199) et le ven. à Carpentras (p. 196). De 3 à 6 € (gratuit moins de 10 ans). Rens. sur le site www.provence-ventoux-comtat.com.

Notre-Dame-du-Groseau.

© Philippe RENAUD

fois dans les remparts, que le banc de pierre sur son flanc sud *(côté esplanade)* qui fracasse tous les records de longueur (41,77 m). Il suffit de contourner l'église pour franchir la **porte Soubeyran***, de sinistre réputation : elle servit de gibet. C'est l'une des quatre portes que Malaucène a conservées. Mais des remparts du XIVe s. il ne reste pratiquement rien : le **passage de l'Âne** *(au N de la ville, au-delà de la porte du Bechon, vers la Poste)* en donne une petite idée.

Saveurs

En juillet, les vergers de Malaucène donnent une cerise appelée « cœur de pigeon » : c'est une variété de bigarreau, à la chair ferme et sucrée, de couleur rouge clair à jaune. Les variétés « burlat » et « blanche » sont aussi produites dans le secteur.

Le calvaire et les belles demeures

Grand-Rue.

Passé la porte Soubeyran, il suffit de suivre les divagations de la Grand-Rue, sinueuse et étroite. Les plus courageux s'en écarteront pour prendre la rue Saint-Étienne *(à g.)* et grimper jusqu'au **calvaire**, qui a remplacé le château rasé au XVIIIe s. : on y a une fort **belle vue** sur le Ventoux (mais le Ventoux Ouest, 1 738 m, nuance !) et la montagne de la Lance (1 340 m). Les plus curieux fouineront dans les ruelles adjacentes : ils découvriront quelques petites perles architecturales comme l'**hôtel de Saunier** (XVIIe s.) avec ses atlantes au n° 32, rue Chaberlin.

Notre-Dame-du-Groseau★

À 800 m du centre-ville, route du Ventoux, en contrebas, sur la dr. Pas de parking.

Au bord de la route, près de l'ancienne usine de papier-filtre à cigarettes, fermée depuis 2009, l'église est curieusement constituée de deux chapelles imbriquées, Saint-Jean-Baptiste et Notre-Dame (XIe-XIIe s.). Le lieu était déjà sacré pour les Celtes, qui y vénéraient Groselos, le dieu des Sources. L'Église y a implanté une abbaye, détruite en 739 et refondée en 1059. Le pape Clément V *(p. 24)*, qui y est venu entre 1309 et 1314, la fit aménager en palais d'été.

Balade autour de la source du Groseau

Départ et arrivée : parking de la source du Groseau, route du Ventoux (D974). Sortez de Malaucène par l'av. Pétrarque. **Durée** : 1 h 45 env. **Distance** : 4,3 km pour le circuit en boucle. **Balisage** : GR® 4 - GR® 91 (jaune et blanc/rouge). **Dénivelé** : 132 m. **Balade facile. Enfants** : 4-5 ans. Aire de pique-nique. Bar-restaurant. **Variante** : peut se faire en VTT.

La **source du Groseau** est une résurgence de type vauclusien, qui jaillit au pied de la falaise par plusieurs fissures et s'étale dans un petit bassin. La faiblesse de son débit actuel vous fait douter qu'elle ait pu alimenter Vaison à l'époque gallo-romaine et susciter la naissance d'une industrie papetière à Malaucène, dès 1537. Le départ de la piste forestière est juste à gauche en regardant la falaise. Vous passez devant les anciennes « **plâtrières** », qui ont arrêté leur

24

itinéraire

Ascension du mont Ventoux

Branle-bas de combat à 20 h 30 chaque vendredi en juillet-août devant l'office du tourisme de Malaucène. Gros souliers, lampes frontales… Nos randonneurs vont se colleter avec le Ventoux, le Géant. 7 h de montée pour cueillir le soleil à son lever sur le toit de la Provence. Après, il faut redescendre… sur terre. Fin de l'expédition vers 11 h ou midi, avec 19 km dans les jambes. Rens. à l'office de tourisme. 10 € (+ 6 €, facultatifs, pour le petit déjeuner). À partir de 12 ans (5 €). Réservé aux bons marcheurs.

activité en 1955. Le chemin monte dans une belle **forêt de chênes, de cyprès et** de **pins** pour redescendre dans la cuvette de La Baume, où s'épanouissent **vergers** de cerisiers, pêchers et pruniers. L'itinéraire ramène sur la D974 (au pont Vieux), que vous prendrez à gauche pour passer devant Notre-Dame-du-Groseau *(p. 245)*.

Le château du Barroux★

À 6 km SE de Malaucène par la D938.
Le Barroux ☎ 04 90 62 35 21, www.chateau-du-barroux.com. Ouv. w.-e. avr.-mai 10 h-19 h ; t.l.j. juin 14 h 30-19 h ; juil.-sept. 10 h-19 h ; oct. 14 h-18 h. 5 € (gratuit pour les enfants). Un jeu pour les enfants aiguillonne leur intérêt.

La forteresse, à l'origine du XIIe s., transformée en superbe demeure Renaissance, semble écraser le pittoresque village du Barroux. Elle a survécu à tout, aux pillages des révolutionnaires comme à l'incendie provoqué par les Allemands à titre de représailles en 1944. Ou à son utilisation comme carrière de pierres ! 13 pièces se visitent. L'ensemble est impressionnant : la salle des gardes, la salle du pont-levis, la salle des audiences du seigneur… De quoi attendre la restauration des 400 m² de fresques dans la chapelle Notre-Dame-la-Brune, un joyau du XVIe s.

Bedoin★ et le sommet

À 12 km E du Barroux par les D938 et D19.
ⓘ Office de tourisme, espace Marie-Louis Gravier ☎ 04 90 65 63 95, www.bedoin.org. Livret gratuit sur la ville. 15 topos de balades (7 €). Ascension du mont Ventoux en nocturne 1 à 2 fois/sem. en juil.-août (à partir de 16 ans) ; 15 €. Marché le lun.

L'étranger s'obstine à écrire « Bédouin ». L'ancienne *Beduinum*, mentionnée pour la première fois en 956, se passe pourtant d'accent aigu ! Ici, c'est l'**église Saint-Pierre** *(ouv. en été t.l.j. 15 h 30-17 h 30, dim. de Pâques-fin oct. pour la messe à 11 h)* qui domine la coquette cité. Une église aux volutes baroques dont la construction fut entamée en 1708. Les médaillons de la chapelle du Rosaire sont attribués à Nicolas Mignard, le peintre d'Avignon. Pour grimper jusqu'à l'église, vous passerez forcément devant l'une des 14 **fontaines** de la ville, celle de la place de la Bourgade avec son lavoir

24

itinéraire

❜Météo

Si vous comptez pousser jusqu'au Ventoux, il est prudent d'emporter une petite laine (voire une grosse). Entre la « plaine » et le « sommet », la différence est de 10 à 11 °C. Près du sommet, le col des Tempêtes, le bien nommé, détient un record en matière de mistral : on y a enregistré 320 km/h le 25 février 1967. Enfin, notre « mont Chauve » connaît plus de 200 jours de brouillard par an.

Visite des vignobles en buggy

Vignerons du Mont Ventoux, quartier La Salle, route de Carpentras, Bedoin ☎ 04 90 65 95 72. Avr.-oct. Comptez 1 h 30 sur le terrain + 1 h de dégustation. 50 €/2 pers. Signe des temps : ici, certains côtes-du-ventoux (1 000 ha en AOP) adoptent un habillage « fun », aux couleurs presque fluo, pour séduire une clientèle jeune.

L'or rouge du Ventoux

Le safran fut cultivé de manière intensive au pied du mont Ventoux jusqu'au XIXᵉ s. Quelques passionnés font revivre cette culture. Des safranières ouvrent même leurs portes au public, comme le Domaine de la Madelène à Bedoin *(ci-dessous)* ou l'Aube Safran au Barroux *(p. 351)*. À découvrir entre octobre et mi-novembre quand les champs se tapissent des petites fleurs mauves du *Crocus sativus*.

♣ Insolite, cette safranière !

Domaine de la Madelène, route de Malaucène, Bedoin ☎ 06 81 30 84 13 http:// safrandespapes.com. Vis. de la safranière sur r.-v. 5 €. Durée : 1 h. Boutique. Ingénieur agronome, Denis Savanne est revenu au pays, relançant sa culture sur l'exploitation familiale. Une plante délicate, où les fleurs se cueillent à l'aube. Ce sont les stigmates, partie supérieure du pistil, qui fournissent l'épice tant prisée en cuisine.

Un bel héritage

En 1250, le seigneur Barral des Baux, vassal du comte de Toulouse, a légué, moyennant une soulte (somme d'argent), à ses sujets de Bedoin, nés ou à naître, la montagne, eaux, terres cultivées ou incultes. La forêt communale de Bedoin est aujourd'hui la plus grande de France (6 300 ha).

étant des plus mignonnes. Vous apercevrez aussi place des Écoles le monument qu'on appelle l'**Obélisque** : il commémore l'un des plus sinistres épisodes de l'histoire de Bedoin, quand 63 habitants de cette petite « Vendée du Midi » furent exécutés en 1794, jugés complices d'un crime de lèse-Arbre de la Liberté.

La montée au Géant★★★

Sur la D974. 21 km.

Côté sud, la route D974 fut tracée dès la fin du XIXᵉ s. pour accéder à l'observatoire météorologique, qui commença son activité en 1894. Il y a plus de 21 km par cette route entre Bedoin (280 m) et le sommet (1 909 m), coiffé d'une calotte blanche, tout en pierraille. Une montée hallucinante. L'une des étapes les plus redoutées des cyclistes du Tour de France ou du Critérium du *Dauphiné libéré*. Cette montagne est sans pitié. Après **Saint-Estève** (*à 7 km E de Bedoin*; 520 m d'altitude), la pente décroche d'un coup. Ça grimpe sec : + 9 % en moyenne, au milieu d'une forêt maigrelette de résineux (cèdres, mélèzes, pins noirs), dans un concert de cigales assourdissant l'été. De nombreuses aires de pique-nique ont été aménagées sur le parcours.

Le chalet Reynard

À 15 km NE du centre de Bedoin, à 1 414 m d'altitude ☎ 04 90 61 84 55. Voir Bonnes adresses p. 352.

À partir de ce refuge construit en 1927, le paysage devient lunaire. Des cailloux, encore des cailloux, d'une blancheur aveuglante… À 2 km du sommet, on passe près du monument érigé à la mémoire de **Tom Simpson**, coureur britannique décédé officiellement d'une crise cardiaque lors de la 13ᵉ étape du Tour de France le 13 juillet 1967.

Au sommet★★★

Parkings. Café-restaurant (ouv. en saison).

Un vent à décorner les bœufs vous attend : le mistral y souffle souvent à plus de 90 km/h et ceci 242 jours par an en moyenne ! Ne cherchez pas l'ancien observatoire météorologique : ce qu'il en reste est enterré. Une station hertzienne (la « fusée ») et un radar aérien (la « sphère ») occupent aujourd'hui

Monument à Tom Simpson au mont Ventoux.

24 Itinéraire

la crête. Vous trouverez aussi deux tables d'orientation et la **chapelle Sainte-Croix**, reconstruite au début du XXᵉ s., souvenir d'un temps (XVᵉ s.) où le mont Ventoux, diabolisé, devait être exorcisé. Est-il utile de préciser que la **vue***** est fantastique ? Les Alpilles, le Luberon, la vallée du Rhône… C'est au lever ou au coucher du soleil que le panorama est le plus dégagé.

🏔 La station du mont Serein*

À 11,5 km O du sommet par la D974, à 1 445 m d'altitude. Chalet d'accueil ☎ 04 90 63 42 02, www.stationdumontserein.com. Ouv. t.l.j. 15 déc.-15 mars 9 h-17 h ; 1ᵉʳ juin-15 sept. 14 h-18 h.

Dans la redescente, hêtres et mélèzes refont leur apparition, mais restent clairsemés, tout au moins jusqu'au mont Serein (1 445 m), où une **station de ski** fut aménagée sur le replat dans les années 1930. L'été, la station offre une foule d'activités (payantes) aux enfants : Accrobranche® et tyrolienne, promenade à poney, Dévalkart *(à partir de 11 ans)*, jeux gonflables géants, etc.

✏ Fête de la Saint-Jean

Le 23 juin, Bedoin honore l'arrivée de l'été. Pour respecter le rituel, des feux sont allumés devant la chapelle Sainte-Croix, au sommet du Ventoux. Sauter au-dessus des brasiers n'est pas réservé aux amoureux, mais éloignerait aussi les maladies. On peut toujours y croire…

Skier serein

Dotée de 9 remontées mécaniques, la station du mont Serein offre l'hiver 12 km de pistes balisées pour le ski alpin, 7 km pour le ski de fond et 8 km pour les raquettes. De 7 à 15,30 € le forfait journalier.

🍀 Réserve de biosphère

Sur la route ou au départ des sentiers de randonnée, vous trouverez parfois l'avertissement : « Réserve de biosphère ». Le mont Ventoux ainsi que la Camargue *(p. 115)* et le Luberon *(p. 255)* comptent parmi les dix réserves de biosphère françaises (il y en avait 580 en 2011 dans le monde). Objectif du programme, dit MAB (Man and Biosphere) : concilier développement durable et biodiversité. Les randonneurs doivent respecter un code de bonne conduite : ne pas déranger les oiseaux au moment de la nidification (des zones peuvent être interdites) ; ne pas cueillir les plantes protégées. Mais aussi tenir leurs chiens en laisse, remporter leurs déchets. Ceci étant valable hors de toute réserve de biosphère ! Rens. sur le site MAB : www.mab-france.org et aussi www.smaemv.fr.

🍀 Du chalet d'accueil part le **sentier botanique Jean-Henri Fabre** *(dépliant au chalet)*. L'entomologiste *(p. 194)* a fait plus de 60 fois l'ascension du Ventoux pour y étudier insectes et flore, comme la saxifrage du Spitzberg ou le pavot velu du Groenland, deux plantes qui se rencontrent sur le flanc nord du Ventoux. Sur ses traces, à pied ou à VTT, on fera une balade très agréable dans la forêt où gazouillent les oiseaux et déboulent les chevreuils. Elle est jalonnée par 21 « pupitres » d'information, qui sont pour la plupart consacrés à la botanique.

La chapelle de Piaud★

À 11 km O env. de la station du mont Serein par la D974 (sur la dr.). Parking sur la g. Ne se visite pas.

Perchée non loin de la route, au milieu des arbres, cette chapelle reconstruite en 1839 est si modeste qu'on pourrait la confondre avec une maison forestière. Elle fait partie des « **chapelles de pluie** », où l'on se rendait en procession, cailloux dans les souliers, pour implorer la clémence du Ciel et quelques gouttes d'eau salvatrices. Le chemin de croix démarrait près de Notre-Dame-du-Groseau *(p. 245)*.

Le portail Saint-Jean

À 2 km O env. de la chapelle de Piaud, sur la dr. (D974). Retour sur Malaucène par la D974 (5 km env.).

C'est un bien curieux rocher situé sur la route qui ramène à Malaucène. Certains y voient l'entrée – murée – d'une grotte imaginaire, dont le trésor serait farouchement gardé par un animal fantastique, une chèvre en or. La porte ne s'ouvrirait qu'une fois l'an, pour une fraction de seconde. À Noël ou à la Saint-Sylvestre, selon des versions divergentes !

24

itinéraire

25 Sault et les gorges de la Nesque

ITINÉRAIRE DE 28 KM

C'est un extraordinaire camaïeu de bleus qu'offre le pays de Sault en juillet. Bleu mauve de la lavande, bleu dur du ciel à certaines heures de la journée. L'or des champs de blé ou de petit épeautre souligne cette profonde connivence entre ciel et terre. En dehors de cette période, vous découvrirez un pays… verdoyant, couvert de buis et de chênes verts, haché par des gorges d'une sauvage grandeur. Entre Monieux et Villes-sur-Auzon, la Nesque a foré un véritable canyon, le plus souvent à sec l'été.

PROGRAMME POUR 1 JOURNÉE

Journée bleu lavande ! À ♥ **Sault**★, balade à VTT sur le ♥ chemin des lavandes (p. 252). Déjeuner sur une terrasse de Monieux★ (p. 353). Et plongée dans les **gorges de la Nesque**★★ (p. 353).

À NE PAS MANQUER

- **Patrimoine** : la ♥ chapelle Saint-Michel d'Anesca★ au fond des gorges de la Nesque (p. 253).
- **Tradition** : la lavande (p. 252).
- **Avec les enfants** : le Centre de découverte de la nature★ à Sault (p. 252), randonner avec un âne (p. 353).
- **Loisirs** : faire de la spéléo sur le plateau d'Albion (p. 353).

CÔTÉ PRATIQUE

Conditions de visite En fonction des risques météo, les randonnées peuvent être exceptionnellement interdites (le Ventoux est en zone A). **Infos Préfecture** ☎ 04 88 17 80 00, www.vaucluse.pref.gouv.fr.

La Nesque à vélo Location de **vélos à assistance électrique**, qui évitent de trop s'épuiser dans les côtes. En plus du classique vélo solo, il existe des tandems. Il est également possible d'ajouter une remorque pour les enfants (p. 353).

25

itinéraire

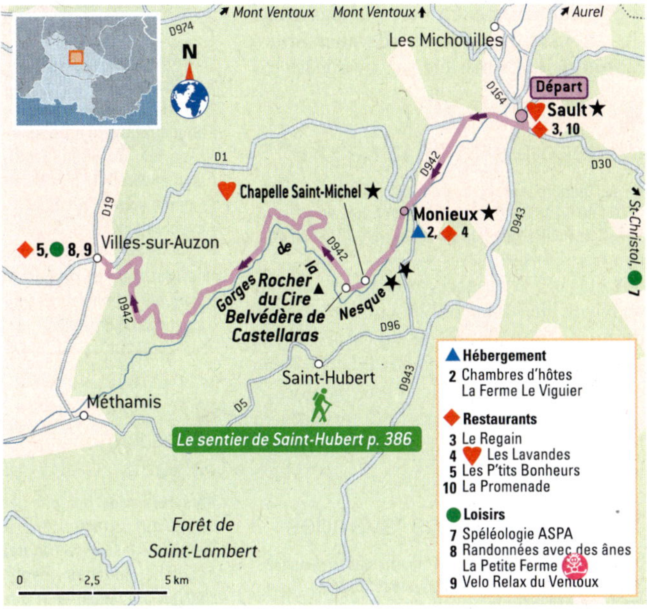

Sault et les gorges de la Nesque.

Retrouvez toutes les adresses de l'itinéraire p. 352.

25 itinéraire

❤ Sault*

À 46 km E de Malaucène par les D938, D19 et D974.
🛈 Office de tourisme, av. de la Promenade
☎ 04 90 64 01 21, www.saultenprovence.com.
Dépliant *Une heure sur les pas du loup* (gratuit)
d'un circuit dans la ville avec tables de lecture.
Plan (gratuit) du circuit chemin des Lavandes.
Fête de la lavande le 15 août.

Dans ce village, perché à 766 m d'altitude,
bourré de séduction, il semble toujours
flotter un parfum de lavande tant sont
nombreux les champs à ses pieds. Tout est
concentré dans un périmètre restreint autour
de l'église, **Notre-Dame-de-la-Tour**, dont
la façade en pierre d'Aurel est bien postérieure (1624) au reste du bâtiment (début
du XIIe s.). Mais les quatre tours de l'ancien
château sont difficilement repérables : elles
ont été décapitées à la hauteur des toits du
« commun » à la Révolution. Seule la **tour
de la Campanette** (ou Clochette) a gardé
sa hauteur initiale. Plongez dans la rue du
Musée (*à g. en sortant de l'église*). Vous trouverez à main gauche la **rue Porte-Royale**, par
où Charles Ier, roi de Provence et de Naples
(1227-1285), fit son entrée. Et à main

Un verre avec vue

La Promenade, rue de la
République, Sault ☎ 04 90
64 14 34. Ouv. avr.-sept. t.l.j.
8 h 30-21 h 30. F. nov.-mars.
Le bistrot est doté d'une
superbe vue.

Marché

Pl. du Marché à **Sault**, le
mer. matin. Un marché
plein d'ambiance qui
existe depuis 1515 ! L'été,
on y fait ses courses en
musique. Deux chanteurs
accompagnent vos valses-
hésitations : vais-je choisir
ce petit chèvre ? Ce miel de
lavande ?

droite, rue Grande, un bel hôtel particulier du XVIIᵉ s., la **demeure du chevalier Bruno Martin de la Broussière** *(ne se visite pas).*

🍀 🦌 Le Centre de découverte de la nature[*]

Av. de l'Oratoire (hors de la vieille ville, au N) ☎ 04 90 64 13 96. Ouv. 15 fév.-15 déc. lun.-ven. 10 h-12 h et 14 h-18 h (juil.-août lun.-ven. 10 h-12 h et 15 h-19 h). 3 € (gratuit moins de 8 ans).

Sur 600 m², cet espace, attractif et ludique, convient bien à un public familial. Équipé de bornes interactives et de caissons-jeux sensoriels, il aborde tous les thèmes : l'eau en Vaucluse, l'histoire de la forêt Ventoux… Les enfants découvriront à quoi ressemblent les traces de l'écureuil, le cri du circaète jean-le-blanc…

❤️ Le chemin des lavandes

Départ et arrivée : parking sur la route des Michouilles (dir. du Ventoux sur la D164 et petite route à dr.). À 2 km NO de Sault. **Durée** : 2 h env. **Distance** : boucle de 6 km. **Balisage** : vert au départ sur des petites bornes en bois, et jaune (PR®). **Dénivelé** : 70 m. **Balade facile. Conseil** : balade peu ombragée, ne partez pas en plein soleil et emportez de l'eau. **Enfants** : 6-7 ans. **Variante** : à VTT.

Sous vos yeux, des champs de lavande, une houle bleue qui submerge le paysage *(balade à faire en juillet au moment où tout est bleu).* Au tout début, la distillerie du Vallon accepte en saison les visiteurs *(venez après 10 h).* Durant le parcours, qui longe au départ la Nesque, des **panneaux didactiques** (« Botanique », « Culture », « Distillation ») vous donnent toutes les clefs de ce monde parfumé. Sachez que la première **distillerie** à Sault fut celle des frères Marie en 1882 et que la lavandiculture a connu ici son apogée dans les années 1970-1980. Cette balade bénéficie d'un autre atout : les **points de vue** qu'elle ménage sur Aurel et la montagne du Buc.

Monieux[*]

À 6 km O de Sault par la D942.

🛈 Office de tourisme, pl. Léon-Doux ☎ 04 90 64 14 14, www.ot-monieux.com. Plan (gratuit) de la randonnée des gorges de la Nesque et du sentier de Saint-Hubert.

Monieux apparaît minuscule, calé, tassé contre son rocher. Son nom vient peut-être de *Mons Jovis*, mont de Jupiter : un petit

---

Douceurs

Confiserie André Boyer, pl. de l'Europe, Sault ☎ 04 90 64 00 23, www.nougat-boyer.fr. Ouv. t.l.j. 7 h-19 h. F. en fév. Vis. en juil.-août mar. et ven. à 15 h et toute l'année sur r.-v. Accès libre avec dégustation. Durée : 30 à 45 min. Nougat blanc, nougat noir et macaron craquelé à l'ancienne aux amandes de Provence.

Les rues de Sault

Plusieurs rues portent des noms qui interpellent le visiteur. D'abord la rue des Esquiche-Mouches : *esquicher* en provençal veut dire « écraser ». On l'entend encore parfois dans les transports en commun : « On est esquichés comme des anchois ! » Le nom indique donc que la rue est très étroite… Quant à la rue Rompe-Cul, en calade (revêtement de galets) et très en pente, est-il besoin de traduire ?

Champs de lavande

La Ferme aux Lavandes, route du Mont-Ventoux, Sault (à 2 km du centre) ☎ 04 90 64 00 24 et 06 82 93 52 09, www.la-ferme-aux-lavandes.com. Vis. guidée sur rés. De 7 à 10 € (gratuit pour les enfants). Durée : 1 h. La ferme présente une collection exceptionnelle de lavandes, provençale, ibérique, tropicale, quelque 200 variétés au total. Il est possible de pique-niquer dans le jardin.

**❜ Le caviar
des céréales**

Le petit épeautre, ou engrain, a regagné la faveur du public. Cette céréale des terrains pauvres se contente de peu d'eau. Semée à la mi-septembre, elle se récolte aux environs du 15 août. On savoure ce « caviar des céréales », soit en soupe chaude, soit en salade. On trouvera aussi des pains d'épeautre à la **boulangerie Hadet** (rue de la Bourgade à Monieux ☎ 04 90 64 11 73).

**La Fête
du petit épeautre**

À **Monieux**, le 1er dim. de sept. Danseurs de rue, foire artisanale et le petit épeautre dans tous ses états (déj. en plein air, 18 € le plateau-repas dans la cour de l'école).

**❀ Où pique-
niquer ?**

Aire aménagée au S de **Monieux** autour du plan d'eau du Bourget. Aire de jeux pour enfants. Pêche mais pas de baignade. Petite restauration.

temple, dédié à Jupiter, aurait couronné le site durant la période gallo-romaine. Aujourd'hui, les ruines d'une **tour de guet** (xiie s.) chapeautent le roc *(1 h 30 à 2 h aller-retour pour y grimper, départ de la pl. de l'Église, sentier balisé et désormais sécurisé)*. Au visiteur, Monieux offre aussi la rudesse de son **église Saint-Pierre★**. Le bâtiment initial (xiie s.) a subi beaucoup de modifications, le sol ayant été surélevé et des chapelles rajoutées.

Du gîte de Saint-Hubert *(8,5 km S de Monieux)*, par le **sentier de Saint-Hubert**, sans grand dénivelé, en partie ombragé, on peut se laisser porter, nez au vent, par tous les parfums de la garrigue.

🏃 Retrouvez cette randonnée détaillée p. 386.

Les gorges de la Nesque★★

Sur la D942. 22 km entre Monieux et Villes-sur-Auzon. Retour à Sault par la D1.

Sur la rive droite de la Nesque, la route est comme suspendue au-dessus du vide et perce en tunnels la falaise. Des belvédères, dont celui de **Castellaras** face au **rocher du Cire** (872 m), permettent d'admirer ce paysage fantastique, que survole parfois un **aigle royal**.

Incluses dans la réserve de biosphère du mont Ventoux, les gorges ont fait l'objet d'un arrêté de biotope, qui protège ce site naturel : cela concerne 517 ha, compris entre 360 m et 870 m d'altitude, où la Nesque, un ruisseau à sec l'été, a foré jusqu'à 400 m de profondeur un véritable canyon. Longue tout au plus de 50 km, la Nesque a un débit très capricieux. Dans le secteur des gorges, ses « pertes » alimentent la résurgence de Fontaine-de-Vaucluse *(p. 203)*.

De nombreuses grottes portent témoignage d'une occupation humaine autour de 200 000 ans av. J.-C. Les dernières fouilles du **Bau de l'Aubesier**, une vaste cavité suspendue sur le versant sud de la Nesque à 3 km ouest de Monieux *(ne se visite pas)*, ont livré des fossiles humains du Neandertal.

Aujourd'hui, ces gorges abritent une population de **chevreuils**, de **merles bleus** et de **salamandres tachetées**.

25

itinéraire

Les gorges de la Nesque.

© Philippe RENAUD

25
itinéraire

Descente dans les gorges

Départ et arrivée : minuscule parking sur la D942,
au lieu-dit Cabanes, à 3 km SO de Monieux. Pancarte
indiquant Saint-Michel à 600 m. Il faut traverser la D942
et… plonger dans le ravin. **Durée** : 1 h 30. **Distance** :
1,2 km aller-retour. **Balisage** : rouge, blanc (GR® 9).
Dénivelé : 106 m. **Difficulté** : moyenne. **Conseils** :
bonnes chaussures indispensables. À ne pas faire si
le terrain est humide (pierres glissantes). **Enfants** : à
partir de 10 ans.

C'est un sentier de chèvre, qui dégringole à
flanc de falaise. Mais il y a tant de végétation
que le randonneur n'est jamais confronté
littéralement au vide. On découvre au
dernier moment, au fond du canyon, la
♥ **chapelle Saint-Michel-d'Anesca★**, logée,
depuis le XIIe s., dans une anfractuosité du
rocher. L'édifice, réhabilité en 1643, est livré
aujourd'hui à tous les vents. Sur l'autel, des
visiteurs ont déposé des lettres, suppliques
ou confidences. À l'extérieur de la chapelle,
une échelle branlante de meunier peut
encourager les téméraires à explorer les
grottes qui surplombent ce lieu sacré.

❞ Faites la différence

On les confond souvent : pour
nous, ce sont les « sapins de
Noël ». Si l'épicéa et le sapin
possèdent tous deux des cônes
cylindriques, ceux du premier
baissent la tête vers le sol
tandis que ceux du second se
dressent vers le ciel.

Le Luberon

Pas d'impair ! Luberon se prononce sans *assen*. La complexité du pays ne se limite pas à ce genre de détails. À l'ouest, vous avez le Petit Luberon, dont les combes sauvages se parent au printemps de fleurs d'amélanchiers. À l'est, le Grand Luberon, où culmine le Mourre Nègre (1 125 m), au sommet pelé. Entre les deux, la combe de Lourmarin, un coupe-gorge. N'oublions pas dans cette revue le Luberon oriental, aux collines paresseuses, qui vous basculent sur Manosque et les Alpes-de-Haute-Provence. Le Luberon a fini par adopter les contours du Parc naturel régional du Luberon, créé en 1977 et hissé au rang de réserve de biosphère. Dans l'opération, il a annexé les monts de Vaucluse, un pays de pierre sèche, écrasé de soleil. Qu'importe ! La meilleure définition du Luberon est celle qu'en donne Peter Mayle : « Nulle part au monde, on ne s'occupe à en faire si peu en y prenant autant de plaisir. » (*Dictionnaire amoureux de la Provence*, Plon, 2006).

Cavaillon et la route des châteaux

ITINÉRAIRE DE 57 KM

Ancienne ville papale (1274-1791), Cavaillon règne sur un pays de cocagne, irrigué par d'innombrables canaux et *filioles* (rigoles), l'eau étant puisée dans la Durance. Ce qui en fait aujourd'hui la **capitale du melon**, fruit et légume à la fois, devenu le symbole de l'été. Sur la route, ingrate, qui file droit sur Lourmarin, l'Histoire a semé quelques châteaux sur les contreforts du Luberon.

PROGRAMME POUR 1 JOURNÉE

Découvrir les petites rues de Cavaillon★ (p. 257), déjeuner chez le roi du melon (p. 354), grimper jusqu'au mémorial de Mérindol★ (p. 261) et goûter la paix du soir à Lourmarin★★ (p. 262).

À NE PAS MANQUER

- **Histoire** : celle des « Juifs du pape » à la synagogue et au musée★ de Cavaillon (p. 259).
- **Patrimoine** : le château★★ de Lourmarin (p. 263), l'abbaye romane de Silvacane★★ (p. 264).
- **Gastronomie** : le melon de Cavaillon (p. 257).
- **Avec les enfants** : descente en famille de la Durance en canoë-kayak (p. 354).
- **Point de vue** : depuis la colline Saint-Jacques★★ à Cavaillon (p. 259).

CÔTÉ PRATIQUE

Office de tourisme intercommunal Cavaillon-Luberon, pl. François-Tourel, Cavaillon ☎ 04 90 71 32 01, www.cavaillon-luberon.com.

Conditions de visite Le Luberon est en zone B. Accès libre 1er juil.-15 sept. sauf risque exceptionnel (totalement interdit) ou risque très sévère (limité de 5 h à 12 h) d'incendie.

Infos Préfecture
☎ 04 88 17 80 00, www.vaucluse.pref.gouv.fr.

Bons plans Musées gratuits le 1er dim. du mois à Cavaillon. Votre ticket d'entrée au château de Lourmarin ou à l'abbaye de Silvacane vous fait bénéficier du tarif réduit aux mines de Bruoux (p. 277) et au Conservatoire des ocres et de la couleur (p. 278).

Cavaillon et la route des châteaux.

Retrouvez toutes les adresses
de l'itinéraire p. 354.

Cavaillon★

À 35 km S d'Avignon par la D942 et l'A7. Parking de la pl. François-Tourel (gratuit). Départ de la visite devant l'office de tourisme.

🛈 Office de tourisme, voir p. 256. Vis. guidée de la ville en juil.-août mar. (vieille ville ou colline Saint-Jacques). De 3 à 5,50 € (gratuit moins de 13 ans). Circuit balisé dans la ville. Durée de la visite : 1 h 30. Marché le jeu. (après 17 h) d'avr. à sept.

Quel dommage ! La marée de voitures qui submerge tant la place François-Tourel que la place du Clos gâche la perspective. Mais, ici, toute l'histoire de Cavaillon s'y résume. Au sommet de la colline, on aperçoit la chapelle Saint-Jacques, qui veille sur la ville. On peut y grimper par la montée César-de-Bus (*à dr. de l'office de tourisme en regardant la colline ; comptez 45 min aller-retour, 110 m de dénivelé*), ou faire le grand tour par la route. Cette colline, c'est le berceau de Cavaillon : on y a retrouvé les traces d'un ancien oppidum des Cavares (*p. 20*), installés à coup sûr au IIIᵉ s. av. J.-C. sur l'éperon qui barre l'horizon. Avec les Romains, Cabellio (l'antique Cavaillon) gagne la plaine, ce qui explique la présence de cet arc romain (Iᵉʳ s. apr. J.-C.) devant vous. La ville à l'atmosphère provinciale et quelque peu assoupie offre au visiteur ses terrasses de café et ses places bordées de platanes.

🍈 Le melon de Cavaillon

Il s'agit d'un melon charentais, de type « lisse » ou « écrit » (on dit aussi « brodé » de fils clairs et épais), qui fait tout pour devenir une IGP (Indication géographique protégée), fort de ses 2 500 t cultivées. La production de plein champ démarre à la mi-juin. L'été, des visites de melonnières sont programmées par l'office de tourisme. Départ de Cheval-Blanc, le ven. 17 h-18 h 30. 3 € (gratuit moins de 12 ans).

Melons de Cavaillon.

© Philippe RENAUD

26 itinéraire

L'arc romain
et la place du Clos★

Devant l'office de tourisme.

Depuis 1880, cet arc de croisement, installé précédemment devant la cathédrale Saint-Véran, toise la place du Clos. Cette place fut aménagée au XIXᵉ s., hors les murs, sur un ancien cimetière, pour accueillir le marché de gros des fruits et légumes. Maisons d'expédition et cafés bordaient ce qu'on appelait « le carreau ». Au nᵒ 46, côté gauche *(en tournant le dos à la colline)*, le café **Le Fin de Siècle** donne un bel aperçu, avec ses lustres et son décor velouté, de cette période faste. Aujourd'hui relégué en périphérie, le MIN (Marché d'intérêt national) de Cavaillon est l'un des tout premiers de France et d'Europe, avec un trafic d'un million de tonnes.

Fête
du melon

Le w.-e. précédant le 14 juil. sur la pl. du Clos à **Cavaillon**. Marché au melon à l'ancienne, démonstrations de cuisine, dégustations : notre cucurbitacée fournit le prétexte à fête. Et quelle fête ! *Roussetaïo* (lâcher d'une centaine de chevaux dans la ville), bénédiction de la *carreto ramado* (charrette ramée, *p. 159*), feu d'artifice, bal popu, etc. Rens. à l'office de tourisme.

La cathédrale Notre-Dame-
et-Saint-Véran★

À hauteur du café Le Fin de Siècle, engagez-vous à g. dans le passage Vidau, qui débouche sur la pl. Philippe-de-Cabassole. Partez sur la g. pour rejoindre la pl. Joseph-d'Arbaud.

Pl. Joseph-d'Arbaud ☎ 04 90 72 26 86. Ouv. mai.-sept. lun.-ven. 8 h 30-12 h et 14 h-18 h, sam. 14 h-17 h ; oct.-avr. t.l.j. sf sam. matin et dim. 9 h-12 h et 14 h-17 h. Durée de la visite : 30 min.

Gourmandise

L'Étoile du Délice, 57, pl. Castil-Blaze, Cavaillon ☎ 04 90 78 07 51, www. etoile-delice.fr. Ouv. t.l.j. sf mer. 7 h-13 h et 15 h-19 h 30. Des sorbets au melon et des « melonettes », une ganache à la liqueur de melon.

Pause verte

Jardin naturel du Grenouillet, fléché depuis l'office du tourisme de Cavaillon et l'av. du Cagnard, à g. en regardant la colline Saint-Jacques. Un jardin de 11 ha ; un sentier-promenade (1,4 km) accessible aux poussettes et vélos ; des nichoirs installés… Quand la nature reprend ses droits quasiment en ville.

Fait rarissime : en semaine, vous trouverez une charmante guide pour vous accompagner, si vous le souhaitez, dans la visite gratuite de cet édifice consacré en 1251 et de style… composite. Si la base est manifestement de type **roman provençal**, les chapelles latérales ajoutées au fil des siècles donnent dans le baroque. Notamment la chapelle consacrée à celui qui fut évêque de Cavaillon pendant trente ans, **saint Véran** *(à g. en entrant)* : le retable de Pierre Mignard (1657) y étincelle de tous ses ors. Ne ratez pas la **chapelle Saint-Éloi** *(à g. de l'autel)*, où le saint se fait le VRP du… melon. Magnifique, le cloître mérite aussi une visite.

Le Musée juif comtadin, la synagogue★

En sortant, tournez à dr. dans la rue Diderot, puis à g. et encore à dr. dans la rue Paul-Bert. La rue Hébraïque est sur la g.

Rue Hébraïque ☎ 04 90 72 26 86, www.cavaillon.fr. Ouv. mai-sept. t.l.j. sf mar. 9 h 30-12 h 30 et 14 h-17 h ; le reste de l'année, mieux vaut téléphoner. 3 € (gratuit moins de 18 ans et 1er dim. du mois). Visite commentée. Durée : 30 à 45 min.

Protégée par le pape, une communauté juive comptant à peine 200 membres a vécu dans cette minuscule *carriero* (rue en provençal), dont les portes étaient fermées le soir venu. Contrairement à celle de Carpentras *(p. 197)*, la synagogue de Cavaillon, bâtie au XVe s., reconstruite au XVIIIe s., n'accueille plus de culte depuis un siècle. À l'étage, dans la salle des hommes, « l'arche sacrée » est désormais vide : les rouleaux de la Torah ont été mis en lieu sûr. Au sous-sol, l'espace réservé aux femmes a conservé sa « boulangerie », où l'on cuisait le pain azyme pour Pâques, mais le *mikveh* (bain rituel) est aujourd'hui inaccessible.

La colline Saint-Jacques★★

Accès à pied par la montée César-de-Bus (vers l'office de tourisme). En voiture, à 5 km NO depuis le centre-ville. Au fond de la pl. du Clos, prenez à dr. l'av. Stalingrad, tournez à dr. dans l'av. Charles-Vidau, continuez dans l'av. Auguste-Bertrand, rejoignez la Durance et tournez à dr., dir. Carpentras. Suivez le fléchage. Parking. Durée de la visite : entre 15 min et 1 h 30. Circuit balisé (*Carnet d'un voyage en Luberon*, disponible gratuitement à l'office de tourisme).

Culminant à 180 m, c'est le **berceau de Cavaillon**. Au milieu des pins d'Alep et des chênes verts, un **sentier de découverte** (*accès modulé l'été*) fait sur 3,5 km le tour des vestiges laissés par les Cavares (grottes, carrières, voie « injustement » appelée voie romaine, enceintes de pierres sèches). On peut se contenter d'aller admirer la **vue★★★** grand angle sur tout Cavaillon et la plaine de la Durance depuis la **chapelle Saint-Jacques** du XIIe s. (*ouv. lors des Journées du patrimoine en sept.*).

La combe de Vidauque★★

À 6 km du centre-ville par les D2 et D234. Route fermée l'été. Rens. ☎ 04 88 17 80 00.

La route, étroite, à sens unique dans sa majeure partie, grimpe sec, se tortille en lacets dans un paysage sauvage. Elle ménage de **superbes vues** sur Cavaillon et la Durance. Elle plonge ensuite sur le **Trou-du-Rat** au milieu de la garrigue, entre chênes kermès et pins d'Alep, pour rejoindre la D973. Sur une douzaine de kilomètres, une traversée fabuleuse.

Balade des gorges de Régalon★

Départ et arrivée : parking des Gorges, à g. à 15 km SE de Cavaillon par la D973 (21 km via la combe de Vidauque et la D973). Du parking, laissez à g. la route accessible seulement aux riverains pour prendre le large sentier à dr. qui longe une oliveraie (suivez le fléchage). **Durée** : 1 h 30 à 2 h.
Distance : 3 km aller-retour. **Balisage** : aucun sf panneaux au départ de la balade. **Dénivelé** : 130 m.
Difficulté : bonnes chaussures nécessaires (roches glissantes). Ne pas entreprendre par temps de pluie.
Enfants : à partir de 5-6 ans. Accès modulé l'été en fonction des risques d'incendie.

Si vous cherchez de la fraîcheur, c'est le bon endroit ! Le sentier se faufile dans un **canyon**, sombre et humide, cisaillé dans le calcaire. Les parois très rapprochées imposent parfois une progression… de profil ! Ou de grimper sur un tas d'éboulis qui barre le passage. Quelques **grottes**, qui ont pu servir d'habitat préhistorique, jalonnent le parcours (*ne pas y pénétrer : danger*). Certains peuvent éprouver une sensation d'étouffement dans cet univers impressionnant, éclairé par une lumière glauque. On retrouve avec plaisir le ciel bleu et l'ombre plus rassurante des buis et des sureaux.

Rendez-vous nature

D'avr. à oct., le parc du Luberon organise des randonnées thématiques à pied, à cheval et à vélo, pilotées par un professionnel (payant). Bucolique à Oppède. Méditative sur les chemins de Compostelle. Poétique dans l'imaginaire de Giono. Téléchargez le calendrier sur www.parcduluberon.fr. Certaines sont accessibles aux enfants, ainsi qu'à des personnes en situation de handicap. ♿.

❞ Le plus vieux canal

Creusé en 1171, destiné à l'irrigation, le canal Saint-Julien entre Cheval-Blanc et Cavaillon est le plus vieux canal dérivé de la Durance. C'est Raymond V, comte de Toulouse et marquis de Provence, qui accorda le droit d'établir une prise d'eau. Aujourd'hui, il irrigue encore plus de 6 000 ha. Vis. guidée avec l'office du tourisme de Cavaillon (*p. 256*).

Mérindol★

À 4 km E du parking des gorges de Régalon par la D973.
🛈 Office de tourisme, rue des Écoles
☎ 04 90 72 88 50.

C'est le **village de la mémoire**. Les ruines du Vieux-Mérindol, village pillé et incendié par les troupes de Maynier d'Oppède, déchaînent encore une émotion incontrôlable *(ci-contre)*. Ce « pèlerinage » débute près de **La Muse★**, musée consacré aux Vaudois, – près de 6 000 – qui se sont installés dans la région entre 1492 et 1530 *(2, rue de la Muse ☎ 04 90 72 91 64, entre nouveau et vieux village, bien fléché; ouv. jeu. 10 h-12 h et sam. 14 h 30-17 h 30; accès libre)*. De La Muse, il suffit ensuite de suivre la **Draille** *(sentier fléché)* pour arriver au mémorial et aux vestiges du Vieux-Mérindol, dont les pierres sont phagocytées par la végétation.

L'été, une visite guidée combine évocation des fantômes de Mérindol et promenade dans les oliveraies *(rés. à l'office de tourisme; juil.-août le jeu. entre 9 h 30 et 12 h 30; 3 €, gratuit pour les enfants)*. La balade se termine par une dégustation au **moulin à huile de Boudoire** *(8, rue du Moulin-à-Huile ☎ 04 90 72 86 76)*.

🍀 Balade vers l'observatoire ornithologique de la Durance★

Départ et arrivée : parking des Aires (revenez du village sur la D973, au rond-point de la Bourdille, puis prenez tout dr. le chemin du Moulin-Neuf; fléchage). **Durée** : 1 h. **Distance** : 4 km en boucle. **Balisage** : jaune (PR®). **Dénivelé** : 42 m. **Balade facile. Enfants** : 6-7 ans.

Le plan d'eau créé sur la Durance par le barrage de Mallemort héberge une gent à plumes, pépiante. On peut y observer dans l'année quelque 243 espèces d'oiseaux. Néophytes, vous vous contenterez de repérer le **héron cendré** ou **le grèbe huppé** au moyen de la documentation fournie dans la cabane sur la rive. En hiver et au printemps, vous aurez la chance d'observer nombre d'oiseaux migrateurs, venus d'Europe du Nord, comme sarcelles ou fuligules. Dans la journée, le petit matin et le crépuscule permettent de surprendre en pleine activité le maximum d'espèces. À signaler : permanence, hors été, de la LPO (Ligue de protection des oiseaux) le dim., la veille du 1er lun. du mois en principe *(rens. ☎ 04 90 06 07 54, http://paca.lpo.fr)*.

❯ Des villages « exécutés »

Dans le Luberon, il existait au XVIe s. une importante communauté de Vaudois, disciples du Lyonnais Pierre Valdo, qui prêchait la pauvreté et refusait l'existence du Purgatoire. En 1540, « l'arrêt de Mérindol » du Parlement d'Aix, condamnant à mort pour « crime de lèse-majesté divine » 22 habitants de Mérindol, signait le début des persécutions, où « s'illustrèrent » les troupes catholiques de Maynier d'Oppède. En 1545, des villages furent « exécutés », 9 incendiés, 18 pillés. L'expédition se solda par 3 000 morts et 700 hommes condamnés aux galères.

Où pique-niquer ?

Sous les oliviers, vous trouverez tables et bancs tout près de La Muse *(ci-contre)*. En plein air, des panneaux vous racontent l'histoire de ces « hérétiques », appelés par les seigneurs du cru, en mal de main-d'œuvre.

26
itinéraire

❤ Lauris★

À 10 km E de Mérindol par la D973. Parking à l'entrée du village (abords du château interdits aux voitures).

🛈 Office de tourisme, cour du Château,
☎ 04 90 08 39 30, www.laurisenluberon.com.

Dominant la Durance, le vieux village, l'un des mieux préservés du Luberon, s'étire presque avec volupté sur un éperon. On découvrira le **château** du XVIIIe s. *(ne se visite pas sf exposition ponctuelle)*, avec sa cour des Créateurs, où une dizaine de boutiques sont installées. La demeure possède encore l'un des plus grands jardins en terrasses (il y en avait sept) qui aient été aménagés en Europe au siècle des Lumières : quatre niveaux ont été restaurés. Un niveau est réservé au ❤ **Jardin Conservatoire des plantes tinctoriales★** *(La Calade* ☎ *04 90 08 40 48, www.couleurgarance.com ; ouv. 15 mai-oct. t.l.j. sf lun. 15h30-19h ; de 2 à 4 €, gratuit moins de 12 ans ; vis. guidée t.l.j. à 17h, 8 €, 5 pers. minimum).* Quelque 300 plantes à couleurs du monde entier comme l'amaranthe queue de renard ou le pastel de l'Atlas s'épanouissent sur le terrain. Un espace muséal de 180 m², très high tech, accueille des expositions temporaires *(accès libre).*

👷 Au Jardin Conservatoire, des **ateliers** *(1h30 à 2h)* sont proposés régulièrement aux enfants *(5-12 ans).* Ils tournent autour de la même thématique, « De la plante à la couleur ». Sur inscription.

Lourmarin★★

À 5 km NE de Lauris par la D27.

🛈 Office de tourisme, pl. Henri-Barthelémy
☎ 04 90 68 10 77, www.lourmarin.com. En juil.-août et tte l'année sur rés., promenades littéraires sur les pas d'Albert Camus mar. à 10h et d'Henri Bosco mer. à 10h, départ à l'office de tourisme (de 3 à 4 €). Visite du village jeu. à 10h (de 3 à 4 €, 3 pers. minimum).

Lourmarin est l'un de ces lieux où souffle l'esprit, où la tolérance semble pouvoir l'emporter sur la folie des hommes. Les cloches du **temple**, l'un des plus grands de haute Provence, et celles de l'église Saint-André-et-Saint-Trophime (début du XIe s.) se répondent sans acrimonie. C'est ce que ressentait sans doute Albert Camus : en 1958, il a investi l'argent de son prix Nobel de littérature dans une maison lourmarinoise, une ancienne magnanerie, près de

itinéraire **26**

❜ L'origine du vermillon

Lauris et la couleur, c'est une histoire ancienne. Le village avait une « vermillonnière », lieu de traitement des « vermillons » ou petits vers, qui pullulaient dans les chênes kermès. On en tirait une couleur écarlate, le rouge vermillon.

♨ Où pique-niquer ?

Le **parc de Lauris** (à côté des tennis), ombragé, est doté d'un skate-park. Il y a aussi des jeux d'enfants et des tables en pierre pour accueillir le pique-nique.

Marché people

Pl. Henri-Barthelémy et av. Philippe-de-Girard à **Lourmarin**, le ven. « Sans leur *bodyguard*, on ne les reconnaît pas », ironise une habituée. Sur ce joli marché, il arrive que l'on croise l'acteur John Malkovich ou le producteur Ridley Scott, qui possède 10 ha de vigne du côté d'Oppède. Plus quelques représentants de la « gauche caviar » ou de la « droite cachemire ».

l'église. L'auteur de *La Peste* repose depuis 1960 dans le petit cimetière de la cité, sous une pierre rongée par le lichen.

Le château★★

☎ 04 90 68 15 23, www.chateau-de-lourmarin.com. Ouv. juin-août t.l.j. 10 h-18 h ; le reste de l'année, mieux vaut téléphoner. Jeu de piste pour les enfants. De 2,50 à 6 € (gratuit moins de 10 ans). Réduction sur 3 autres sites visités (abbaye de Silvacane, p. 264 ; mines de Bruoux, p. 277 ; Conservatoire des ocres à Roussillon, p. 278). Durée de la visite : 1 h 30.

❜Un mécène

Le château de Lourmarin a failli terminer en carrière ! En le rachetant en 1920, Robert Laurent-Vibert, l'héritier de Pétrole Hahn, l'a sauvé de cette fin indigne. Cet agrégé d'histoire a voulu en faire « un haut lieu de l'esprit ». Par testament, il avait souhaité la création d'une fondation, ce qui fut fait après sa mort brutale en 1925 dans un accident de voiture.

Construit par Fouques d'Agoult à partir de 1475 sur les ruines d'une forteresse du XIIe s., agrandi par ses successeurs, le château est une belle demeure Renaissance. On ne sait qu'admirer : l'élégance des galeries à l'italienne dans la cour intérieure du château-vieux (XVe s.) ou l'escalier à vis du château-neuf (XVIe s.), éblouissant de légèreté. Aujourd'hui, il est devenu une sorte de « **Villa Médicis de la Provence** », qui accueille chercheurs, écrivains et artistes. Il se visite néanmoins.

♟ Les enfants pourront faire le décompte des animaux représentés dans ses murs (34 à ce jour, qui dit mieux ?), sans oublier la salamandre héritée d'un séjour de François Ier (*dans l'escalier à vis*). Ils apprécieront aussi les fastes de la **Fête Renaissance**, donnée en costumes au printemps.

26

itinéraire

Le village de Lourmarin.

© Philippe RENAUD

La ferme de Gerbaud★

À 3,5 km N de Lourmarin (un cul-de-sac).
Campagne Gerbaud, Lourmarin ☎ 04 90 68 11 83,
www.plantes-aromatiques-provence.com. Vis. guidée
avr.-oct. mar., jeu. et sam. 17 h. 5 € (gratuit moins de
12 ans). Boutique. Durée de la visite : 1 h 30.

Plongez-vous ici dans l'univers suavement
capiteux des **plantes aromatiques** : le
romarin (*roumaniou* en provençal) aux
petites fleurs bleu pâle, le thym (la *farigoule*)
ou la sarriette, surnommée *pèbre d'aï* (poivre
des ânes). Päula Marty, la maîtresse des
lieux, a bien d'autres secrets à partager.

L'abbaye de Silvacane★★

À 10,5 km S de Lourmarin par la D943, dir. Cadenet.
Après Cadenet et le pont sur la Durance, tournez à dr.
sur la D561, puis à g. sur la D561a.
☎ 04 42 50 41 69, La Roque-d'Anthéron, www.abbaye-
silvacane.com. Ouv. fin mai-fin sept. t.l.j. 10 h-18 h ;
le reste de l'année t.l.j. sf mar. 10 h-13 h et 14 h-17 h.
F. Noël, 1er janv. et 1er Mai. De 5 à 7 € (gratuit moins
de 12 ans). Billet couplé avec le château des Baux-de-
Provence (p. 150) 11 €. Réduction sur 3 autres sites
visités (château de Lourmarin, p. 263 ; mines de
Bruoux, p. 277 ; Conservatoire des ocres à Roussillon,
p. 278). Vis. libre ou guidée, sur rés. sept.-juin ; juil.-août :
une le matin, une l'après-midi, téléphoner avant. Durée :
45 min env. Parking payant surveillé (2 €). Jeu de piste
pour les enfants à télécharger sur le site. Expositions et
concerts l'été.

Silhouette épurée, rigoureuse, Silvacane
est la plus humble des trois « sœurs cisterciennes » en Provence (le trio comprenant
Sénanque, *p. 281*, et Le Thoronet, dans le
Var, près de Draguignan). Le cloître (XIIIe s.)
se serre contre l'église construite entre 1175
et 1230. Le clou de la visite ? Certainement
le **grand réfectoire**, reconstruit en 1423,
où resplendissent les cinq vitraux de Sarkis
« comme une pluie de couleur or », selon les
mots de l'artiste (2001).

Produits du terroir

● **Moulin Dauphin**, pl. Henri-
Barthélémy, Lourmarin
☎ 04 90 77 26 17, www.
moulin-dauphin.com. Ouv.
en été t.l.j. 10 h-12 h 30 et
15 h-19 h ; en hiver ven.-dim.
10 h-12 h 30 et 15 h-18 h.
15,75 € le litre Cette
boutique vend l'huile d'olive
du moulin, tout proche,
de Cucuron, une huile
encensée par les chefs.
● **Les Caves du Château**,
av. Raoul-Dutry, Lour-
marin ☎ 06 10 69 09 26.
Ouv. mars-déc. t.l.j. sf lun.
10 h 30-13 h et 15 h-19 h.
Sous le château, une belle
sélection de vins régionaux.

ITINÉRAIRE DE 40 KM

Ce Petit Luberon, qui culmine quand même à 727 m, offre de grandes émotions. Il a ses paysages somptueux, qu'on survole dans la forêt des Cèdres de Bonnieux. Des villages y font des apparitions de stars ; ils se toisent d'une rive à l'autre, comme Lacoste la protestante et Bonnieux la catholique. On s'y laisse surprendre par le cri doux d'un guêpier, le parfum suave du thym, l'odeur plus douceâtre qui s'échappe des moulins à huile.

PROGRAMME POUR 1 JOURNÉE

Découvrir le « carré magique » d'Oppède-le-Vieux** (p. 268), jouer les Petit Poucet dans la forêt des Cèdres de Bonnieux (p. 272) avant d'aller admirer le coucher du soleil sur le ❤ fort de Buoux** (p. 272).

À NE PAS MANQUER

● **Architecture** : le ❤ fort de Buoux** (p. 272).

● **Tradition** : le musée de la Lavande* à Coustellet avec ses distillations l'été (p. 267).

● **Avec les enfants** : balade à bicyclette sur la véloroute du Calavon (p. 267 et p. 356), escalade aux falaises de Buoux (p. 356), observation des guêpiers à Maubec (p. 356).

● **Loisirs** : œnologie avec des stages d'initiation à la dégustation, à Ménerbes (p. 356) et sortie *by night* à La Gare de Coustellet-Maubec (p. 356).

● **Carte postale** : Ménerbes** (p. 269).

CÔTÉ PRATIQUE

L'**office de tourisme intercommunal** (Bonnieux, Buoux, Ménerbes), 7, pl. Carnot, Bonnieux ☎ 04 90 75 91 90, www.tourisme-en-luberon.com.

Conditions de visite Le Luberon est en zone B. De juil. à mi-sept. accès libre sauf risque exceptionnel (totalement interdit) ou risque très sévère (limité de 5 h à 12 h) d'incendie. Même dans ce dernier cas, la cédraie de Bonnieux et le fort de Buoux restent accessibles de 5 h à 20 h.

Infos Préfecture ☎ 04 88 17 80 00, www.vaucluse.pref.gouv.fr.

Hébergement
1 Chambres d'hôtes L'Oppidum
2 Hôtel La Bastide du Bois-Bréant
3 Auberge des Seguins
4 Chambres d'hôtes
Au Ralenti du Lierre

Restaurants
5 La Bastide de Capelongue
6 Du Pain sur la Planche
11 Café de la Gare
12 Café de France

Loisirs
7 Escalade Aptitudes
8 Bar La Gare de Coustellet
9 Observation des oiseaux,
Observatoire des guêpiers
10 Maison de la Truffe et du Vin
du Luberon
13 Sun-e-Bike

Le Petit Luberon.   *Retrouvez toutes les adresses de l'itinéraire p. 355.*

27
itinéraire

Taillades*

À 4 km E de Cavaillon par la D2 ou la D143. À Cavaillon, prenez à dr. au rond-point après le passage sous la voie ferrée.

🛈 Office de tourisme, pl. de la Mairie
☎ 04 90 76 09 26, www.lestaillades.fr. Vis. guidée et gratuite du vieux village l'été mar. 17 h-19 h.
Fiche balade « Chapelle Saint-Gens/Badarel » (2 h) dans le guide gratuit *Carnet d'un voyage en Luberon* ; accès modulé l'été (interdit après 12 h).

Le vieux village ronronne sur les carrières de pierre qui ont fait sa fortune. Petit jeu de piste pour les enfants : trouver le **Mourvelous**, à tête de monstre, qui est censé incarner l'évêque saint Véran *(au pied du donjon)*. Allez voir aussi le **moulin Saint-Pierre** (1859), le long du canal de Carpentras *(D31, dir. Robion)* : cet ancien moulin à garance (une plante tinctoriale) puis à farine a conservé sa roue à aubes.

♥ Robion*

À 3 km NE des Taillades par les chemins du Luberon et de Boulon ou par la D31.

🛈 Office de tourisme, 485, rue Oscar-Roulet
☎ 04 90 05 84 31, www.robion.info. Fiches rando et carnet d'activités nature (gratuits).

Méconnu, ce village se décarcasse. On peut faire dans le centre ancien une agréable

Musique !

Durant la 2e quinz. de juil., Robion a son festival convivial. Avec des têtes d'affiche comme Angélique Ionatos, la programmation cible les Musiques de la Méditerranée sans s'interdire des incursions plus lointaines (chants, danses, et musiques du monde). Le décor très minéral du théâtre de verdure (450 places assises !) accueille la plupart des concerts. Dès 20 h, bar et buffet chauffent la « salle ». Rens. à l'office de tourisme. De 6 à 19 € (gratuit moins de 12 ans), pass trois soirées 38 € (n'incluant pas le concert le plus cher).

🐌 La véloroute du Cavalon

En famille, découvrez la véloroute du Calavon (28 km entre Beaumettes et Saint-Martin-de-Castillon) via le pont Julien *(p. 271)*. Véloroute ? Il s'agit d'une voie en majeure partie sécurisée, réservée aux vélos, rollers et piétons. Le dénivelé n'y excède pas 2 %. Téléchargez la carte sur www.veloloisirluberon.com.

Marché paysan

« Deux kilos de cerises pour la p'tite dame ! » **Coustellet-Maubec** abrite un marché enjoué le dim. matin, d'avr. à Noël (mais aussi le mer. après-midi à partir de 17 h 30-19 h 30 mai-sept.). Ce marché paysan (marque déposée par le Parc naturel régional du Luberon), réservé aux producteurs, est le plus important de la région. Une centaine d'exploitants s'y pressent. Miels, cerises, melons, raisins…

---

balade « au fil de l'eau » *(plan gratuit à l'office de tourisme ; comptez 1 h)*, de la **Pompe** (puits reconverti en fontaine, devant l'église) à la **source vauclusienne de l'Escanson**. Dans les faubourgs, un **circuit botanique** est proposé *(2,5 km ; comptez 1 h 30)* pour découvrir la **chapelle Notre-Dame-des-Anges** (XVIIIe s.), qui a pour écrin aujourd'hui un verger conservatoire d'anciennes espèces d'arbres fruitiers *(accès modulé l'été)*.

Au départ de Robion, le **sentier des Rapaces** vous amène dans les rochers de Baude *(accès modulé l'été)*. Le paysage est accidenté et sauvage. N'emmenez pas de très jeunes enfants.

🏃 Retrouvez cette randonnée détaillée p. 388.

Le musée de la Lavande★ à Coustellet

À 4 km NE de Robion par la D2.

Route de Gordes ☎ 04 90 76 91 23, www.museedelalavande.com. Ouv. t.l.j. mai-sept. 9 h-19 h ; fév.-avr. et oct.-déc. 9 h-12 h 15 et 14 h-18 h. F. en janv. De 5,50 à 6,50 € (gratuit moins de 15 ans). Jeu quiz pour les enfants. Audioguide et deux documentaires inclus. Boutique. Durée de la visite : 1 h.

Le mieux est de s'y présenter en période de distillation *(1er juil.-25 août)* : on assiste en direct et en plein air, excepté samedi, à la transformation du lavandin en huile essentielle *(p. 49)*. Ce musée, créé par Georges Lincelé, toujours « toqué » de lavande à plus de 80 ans sonnés, vous révèle tous les secrets de la petite fleur bleue, symbole de la Provence. Il compte une jolie batterie d'alambics en cuivre, dont le plus ancien est du XVIe s. ; une collection glamour de flacons de parfum ayant la lavande fine pour base (Caron, Guerlain, etc.) et une amusante série d'objets insolites, où figurent les « doigts de fer » protégeant les mains des coupeurs de lavande.

Oppède-le-Vieux★★

À 6,5 km S de Coustellet, par les D900, D178a et D178. Parking à l'entrée (payant entre Pâques et Toussaint) ; parking dans le village pour les clients des commerces.

C'est en en partie un « village fossile », abandonné au début du XXe s., mais où les restaurations vont aujourd'hui bon train.

© Philippe RENAUD

Oppède-le-Vieux.

Ce cadre fantomatique attire nombre de visiteurs (120 000 bon an mal an), qui grimpent la rue de l'Église jusqu'au **château** en lambeaux *(propriété privée)*. Au bord d'un à-pic, cette ancienne forteresse médiévale, édifiée au XIIIe s. par le comte de Toulouse Raymond VI, fut la résidence du terrible baron d'Oppède, Jean Maynier, qui orchestra en 1545 le massacre des Vaudois dans le Luberon *(p. 261)*. Petit jeu à proposer aux enfants : repérer le long du chemin les « signatures » des tailleurs de pierres sur les maisons de cette cité engloutie : croix, triangles, losanges.

Le sentier des Vignerons

Départ et arrivée : parking Sainte-Cécile à Oppède-le-Vieux (payant). **Durée** : 1 h. **Distance** : 4 km env. en boucle. **Balisage** : flèches blanches sur fond lie-de-vin. **Dénivelé** : 100 m. **Balade facile. Enfants** : 4-5 ans (possible pour des poussettes).

Sur le chemin, qui zigzague entre vignes, oliviers et cerisiers, cinq pupitres vous livrent toutes les informations sur la nature des cépages (syrah pour les rouges, ugni blanc pour les blancs) et sur l'élaboration des vins.

, Carré magique

On appelle cela un palindrome : c'est une phrase qui peut se lire de gauche à droite comme de droite à gauche. Voire de haut en bas et de bas en haut. Dans une ruelle, Oppède-le-Vieux affiche un vrai « carré magique ». Mais en latin ! Sur la façade d'une maison privée (rue du Portalet ; tournez à g. pl. de la Croix devant le café l'Échauguette et continuez sur 150 m ; à g.), ramassés dans un carré, les mots *Sator arepo tenet opera rotas* sont à traduire par « Le semeur prend soin de sa charrue pour son travail ». Cette formule, qui n'a a priori rien de cabalistique, se retrouve néanmoins à Pompéi. De quoi alimenter tous les fantasmes.

27 itinéraire

Nous sommes ici sur le territoire des côtes-du-luberon, qui s'étendent sur 3 800 ha et 36 communes. Cette AOC (désormais AOP), depuis 1988, produit surtout des rouges (67 %).

Portrait

Speedé... Maire aujourd'hui de Ménerbes, **Yves Rousset-Rouard** vit toujours à cent à l'heure. Comme au temps où il était producteur de cinéma (*Les Bronzés* 1 et 2, *Emmanuelle*..., c'est lui). En matière de 7e art, il n'a peut-être pas dit son dernier mot : il a acquis les droits d'un roman de Peter Mayle, *Hôtel Pastis*. Propriétaire de 44 ha de vignes, il a largement contribué à faire des côtes-du-luberon... des stars.

Ménerbes★★

À 4,5 km E d'Oppède-le-Vieux par la D188. Garez-vous parking des Lavoirs, rue de la Fontaine (presque en face de la route de Lacoste, en bas du village). Marché le jeu.

Un vaisseau de pierre dans un océan de vignes : l'image, attribuée à Nostradamus *(p. 154)*, s'impose toujours pour Ménerbes. On ne compte plus les amoureux célèbres de l'antique *Minerva*, Picasso, le peintre Nicolas de Staël, l'écrivain anglais Peter Mayle, qui ont vécu dans les murs de cette coquette cité. Hélas, on se heurte à de nombreuses portes closes : on ne visite pas le castelet de la famille de Staël, pas davantage la Citadelle. Une exception à la règle cependant : l'**hôtel d'Astier de Montfaucon** (XVIIe-XVIIIe s.), superbement restauré, accueille le public. Il abrite la **maison de la Truffe et du Vin** *(pl. de l'Horloge ☏ 04 90 72 38 37, www.vin-truffe-luberon.com ; ouv. avr.-oct. t.l.j. 10 h-12 h 30 et 14 h 30-18 h 30, déc.-mars jeu.-sam. 10 h-12 h et 14 h-17 h ; f. nov. ; accès libre)*. La maison dispose d'une impressionnante œnothèque, où vous trouverez tous les vins du Luberon *(dégustations gratuites)* et d'un espace restauration *(avr.-oct. à midi, et lun. et jeu. soir juil.-août ; carte à partir de 13 €)*.

Savoir ouvrir une bouteille

On « essuie » le goulot d'une bouteille que l'on vient d'ouvrir, avec son bouchon. Et pas avec un linge de service.

Le musée du Tire-Bouchon

Domaine de la Citadelle (prenez la D3, dir. Cavaillon) ☏ 04 90 72 41 58, www.domaine-citadelle.com. Ouv. avr.-oct. t.l.j. 9 h-12 h (w.-e. 10 h-12 h) et 14 h-19 h ; nov.-mars lun.-sam. 9 h-12 h et 14 h-17 h. De 3,50 à 4 € (gratuit moins de 18 ans). Durée de la visite avec dégustation : 1 h.

Yves Rousset-Rouard *(ci-contre)* expose dans ce musée design sa collection personnelle de tire-bouchons (il y en a 1 200 environ !). Les Anglais ont probablement inventé, au XVIIe s., cet accessoire, indispensable à la survie de tout amateur de vin qui se respecte. Et qui pouvait faire fonction de pistolet ou de râpe à muscade... Le plus émouvant est sans doute celui d'un « poilu » de la Première Guerre mondiale, le plus snob celui qui est griffé Louis Vuitton.

Le dolmen de la Pitchoune★

À 2 km SE de Ménerbes, sur la D103 (dir. Bonnieux) à g.
En contrebas de la route, ce dolmen, qui remonterait à 2 500 av. J.-C., prouve l'existence d'une occupation très ancienne (voire dès le paléolithique) sur le site de Ménerbes. C'est le seul dolmen du Vaucluse.

Lacoste★★

À 6 km E de Ménerbes par les D103 et D109.
🛈 Office de tourisme, La Cure, pl. de l'Église ☎ 09 75 42 96 71, www.lacoste-84.com. Plan du village à télécharger sur le site.

C'est un splendide village perché. Un nid d'aigle à l'histoire douloureuse et sulfureuse. Cet ancien refuge des Vaudois *(p. 261)* est toujours dominé par les ruines déchiquetées de son château, un château qui a appartenu au **marquis de Sade** et dont Pierre Cardin (surnommé « Dieu » !) est aujourd'hui propriétaire *(ne se visite pas)*. Ici, tout est question d'atmosphère. On flânera dans les ruelles caladées (empierrées) et fleuries et notamment **rue Saint-Trophime**. Dans ce cadre extraordinaire, où la lumière joue avec les pierres, le prestigieux Savannah College of Art and Design (Géorgie, USA) – créé en 1971 par le peintre américain Bernard Pfriem, ami de Max Ernst, Man Ray et Cartier-Bresson – héberge ses étudiants dans quelques superbes vieilles maisons restaurées.

Bonnieux★★

À 5,5 km E de Lacoste par les D109 et D3.
🛈 Office de tourisme, 7, pl. Carnot ☎ 04 90 75 91 90, www.tourisme-en-luberon.com. Circuit du sentier botanique de la cédraie à télécharger sur le site.

L'arrivée sur Bonnieux, dont les maisons s'écoulent en cascade entre les crêtes du Luberon et les rives du Calavon, est splendide. Le « mont Saint-Michel de la Provence », surnom du village, a un cachet fou. Bonnieux la catholique a deux églises. L'**église haute**, consacrée à saint Sauveur, mi-romane, mi-gothique, est perchée en haut d'un escalier de 86 marches *(accès du bas par la rue de la Mairie)*. Sur la droite, la nef affiche encore une toile de **Nicolas Mignard** (1660), mais quatre œuvres de

, La forteresse du libertinage

Certains reconnaissent Lacoste dans le château de Silling des *120 Journées de Sodome*. L'auteur de cet ouvrage sulfureux ? **Donatien de Sade** (1740-1814), qui a hérité de Lacoste en 1763. Le « divin marquis » y mena grand train et une vie dissolue, jusqu'à son arrestation en 1778 sur dénonciation de sa belle-mère. Au total, il aura passé 28 ans de sa vie en prison, où il conçut son œuvre sulfureuse…

Festival de Lacoste

En juil. Dans les anciennes carrières du château en ruine, ce festival très jet-set est piloté par Ève Ruggieri. Musique classique, danse et un soupçon de soufre… Rens. ☎ 04 90 75 93 12, www.festivaldelacoste.com. De 50 à 120 €.

Où boire un verre ?

Café de France, Le Village, Lacoste ☎ 04 90 75 82 25. Ouv. t.l.j. 9 h-22 h. F. nov.-mars. La terrasse possède l'une des plus belles vues sur la plaine. L'écrivain Henry Miller passe pour avoir séjourné dans cet établissement qui dispose aujourd'hui de chambres d'hôtes.

Conseil

À Bonnieux, pour un déjeuner sous les arbres direction le Café de la Gare (*p. 355*). Mais pour le coucher du soleil, rien ne surpasse Les Terrasses (cours Elzéar-Pin ☎ 04 90 75 99 77 ; ouv. avr. à mi-oct. t.l.j. ; WiFi gratuit).

« primitifs », datées de 1520, ont trouvé refuge dans l'**église neuve** (1870), tout en bas. De beaux hôtels particuliers, comme l'**hôtel de Rouville** (l'ancienne mairie), se cachent dans les ruelles pentues et fraîches de cette ancienne cité pontificale (jusqu'à la Révolution).

Le musée de la Boulangerie★

12, rue de la République ☎ 04 90 75 88 34, www.vaucluse.fr. Ouv. juil.-août t.l.j. 10 h-13 h et 14 h-18 h ; avr.-juin et sept.-oct. t.l.j. sf mar. 10 h-12 h 30 et 14 h 30-18 h. F. nov.-fév. De 1,50 à 3,50 € (gratuit moins de 12 ans). Durée de la visite : 45 min.

À la sortie, on en connaît une tranche sur l'histoire et la fabrication du pain. Qu'il fut l'essentiel de notre nourriture. Que les seigneurs au Moyen Âge s'en servaient comme d'une assiette (« le tranchoir »). Que la Provence ne jure que par la **fougasse**, un pain plat cisaillé d'ouvertures obliques, où l'huile d'olive s'invite. Le vieux four à pain s'est éteint en 1920, la *gloriette* (la pièce où se pétrissait le pain) est toujours là. Le musée offre par ailleurs l'occasion unique de découvrir une maison typique de Bonnieux, du XVIIe s., avec son escalier à vis.

L'enclos des bories★

Accès depuis le centre de Bonnieux, dir. Ménerbes, après l'embranchement du camping, sur la g. ; ou par la route de la forêt des Cèdres (p. 272).
Le Rinardas, Bonnieux ☎ 06 08 46 61 44. Ouv. avr. à mi-nov. t.l.j. 10 h-19 h (dernière admission 18 h). Vis. guidée sur rés. 5 € (gratuit moins de 12 ans). Durée de la visite : 1 h. Accès soumis aux restrictions météo incendie l'été.

À ce jour, on a répertorié 1 610 **bories** dans le seul Parc naturel régional du Luberon. Gordes (*p. 279*) offre une exceptionnelle concentration de ces cabanes, montées en pierres sèches, qui servaient d'abri temporaire ou même d'habitation permanente. Sur 4 ha, cet enclos regroupe une **vingtaine de bories**, laissées dans leur « jus ».

♣ Où déguster du vin ?

Château La Canorgue, route du pont Julien, Bonnieux ☎ 04 90 75 81 01. Ouv. t.l.j. sf dim. et j.f. avr.-sept. 9 h-19 h ; oct.-mars 9 h-12 h et 14 h-18 h. Certains amateurs de toiles reconnaîtront le décor du film de Ridley Scott, *Une bonne année*, inspiré par un roman de Peter Mayle (*Un bon cru*). Les propriétaires, Margan père et fille, y ont même fait de la figuration. Ils ont 40 ha en vignes, cultivées en méthode bio ; et produisent en AOP (ex-AOC) des côtes-du-luberon, rouge, rosé ou blanc, et des vins de pays. Et même une cuvée « Le Coin perdu » comme dans le film !

Le pont Julien★★

À 5 km N de Bonnieux par la D149. Étape de la véloroute du Calavon (p. 267).

Il peut revendiquer 2 000 ans de bons et loyaux services. Ce pont romain, construit autour de 27 av. J.-C.-14 apr. J.-C., enjambe

27

itinéraire

toujours le **Calavon**, rivière aux colères dévastatrices. Les piles sont percées d'ouïes pour offrir le moins de prise à l'eau. C'est l'un des ouvrages d'art de la via Domitia, qui reliait l'Espagne à Rome, via Gap, Cavaillon et Montpellier.

Balade de la forêt des Cèdres

Départ et arrivée : parking de la forêt des Cèdres. De Bonnieux, prenez la D36, dir. Lourmarin. À 1 km env., petite route fléchée sur la dr. 5 km plus loin, terminus au parking. **Durée** : 1 h env. **Distance** : 2,5 km. **Balisage** : PR® (jaune + plots bleus). **Dénivelé** : 85 m. **Balade facile. Enfants** : 4-5 ans. Accès en été 5 h-20 h, même en cas de risque très sévère d'incendie.

C'est un petit **sentier de découverte botanique**, qui embaume le thym et le chèvrefeuille et musarde sous des cèdres majestueux, malgré leur « jeunesse » (la forêt fut créée vers 1861). Des panneaux vous expliquent par exemple les « **ronds des charbonnières** » (*n° 5*), où l'on transformait le bois en charbon. Belle vue au panneau n° 8 sur la vallée de la Durance avec La Roque-d'Anthéron, Sainte-Victoire et les Alpilles.

♥ Le fort de Buoux★★

À 10 km E de Bonnieux (15 km du pont Julien) par les D36, D943 et D113.

Buoux ☎ 04 90 74 25 75. Ouv. en été 5 h-20 h même en cas de risque très sévère d'incendie ; le reste de l'année du lever au coucher du soleil t.l.j. sf en cas d'intempérie (orage, pluie). De 2 à 4 € (gratuit moins de 12 ans). **Durée de la visite** : 2 h (dont 15 min du parking à l'entrée). **Attention** : bien surveiller les jeunes enfants. Ne pas les laisser s'approcher du bord des falaises, le site ne disposant d'aucun garde-fou.

Sur un éperon, surplombant à pic l'Aigue-brun de 80 m, ce fort, aménagé entre les XIIe et XVIe s., peut supporter la comparaison avec Les Baux-de-Provence (*p. 149*), la solitude en plus. Ses dimensions sont imposantes : 460 m de long, 80 m dans sa plus grande largeur. Dans un chaos de rochers, il apparaît inexpugnable. C'est Louis XIV qui a ordonné son démantèlement en 1660. Passée la « porte », le visiteur découvre les **ruines du village médiéval** avec son église romane (XI-XIIIe s.), entièrement dégagée, consolidée, et sa maison commune. Tout près d'une belle série de silos (18), creusés dans le rocher et destinés aux provisions,

Miel

Le Mas des Abeilles, col du Pointu, Bonnieux (sur la D232, la route de Bonnieux à Buoux) ☎ 04 90 74 29 55, www.masdesabeilles.com. Ouv. lun.-ven. 10 h-12 h 30 et 15 h-19 h. Une douzaine de références de miels chez cet apiculteur adepte des méthodes tradition-nelles : miel de lavande qui cristallise facilement à en devenir presque blanc, miel de garrigue assez foncé et assez fort en goût.

Nécropole

Sur le chemin qui mène au fort de Buoux, et qui emprunterait l'ancienne voie des Salyens (*p. 20*), vous trouverez dans le virage protégé par un grand surplomb – qui a pu servir d'abri au néolithique – sur votre gauche des tombes creusées à même le roc.

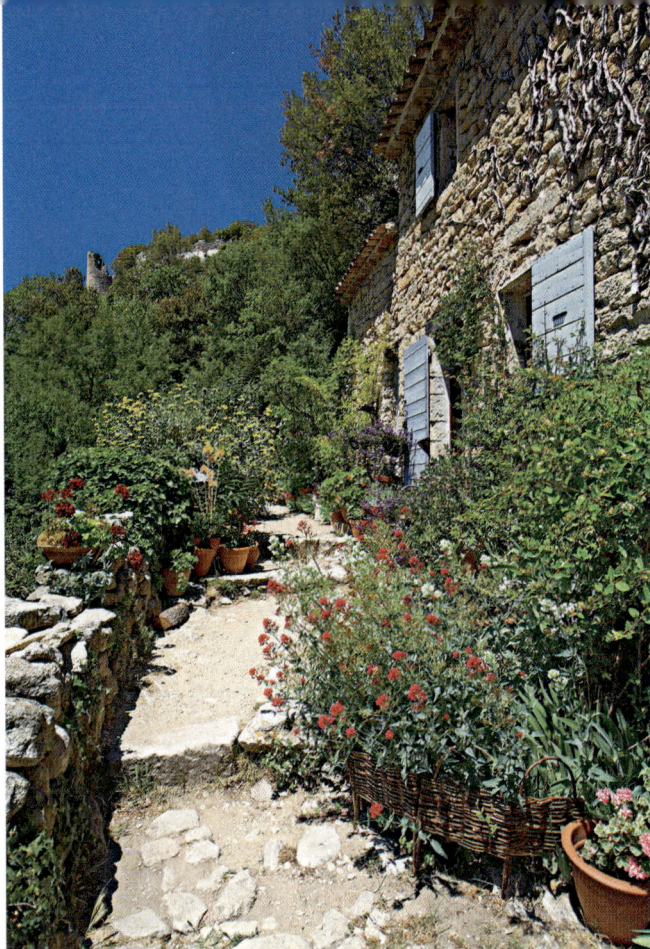

Montée au fort de Buoux.

27

itinéraire

démarre l'**escalier dérobé**, proprement vertigineux, taillé dans le roc, qui pouvait servir
d'échappatoire aux assiégés : vous pouvez
l'emprunter au retour, si vous avez le pied
assuré. Au-delà des silos, vous franchissez
successivement trois lignes de défense pour
pénétrer dans la **forteresse**, qui a probablement servi de résidence secondaire à la
famille de Pontevès. À l'arrivée sur la proue :
une vue vertigineuse sur les **falaises de
Buoux**, La Mecque de l'escalade *(p. 356)*, et
le rocher de l'Aiguille.

journée de rêve

Le Luberon, à vol d'oiseau

Faites comme l'oiseau ! C'est le fil conducteur de cette journée à travers le Luberon et son chapelet de villages perchés au charme ravageur. La vue est si belle. Une invitation au bonheur:

Nid d'aigle. 10 h. Rendez-vous à **Oppède-le-Vieux** *(p. 267)*, que ses habitants ont déserté au début du XXᵉ s. pour s'installer dans la plaine. Envahi par les herbes folles, ce village fantôme a accueilli entre 1940 et 1944 un groupe de jeunes artistes, dont Consuelo de Saint-Exupéry, qui refaisaient le monde. Entre ses murs, Oppède-le-Vieux garde quelque chose de cette effervescence bohème.

Roucoulements. 13 h. À Saint-Saturnin-lès-Apt, Olivier Massart a réalisé un rêve de gosse. Il s'est offert une **salle à manger perchée** à 7 m de hauteur dans le plus vieux platane du domaine des Andéols *(p. 357)*. Le temps d'un déjeuner entre ciel et terre, roucoulements d'oiseaux (ou de voisins de table !), on partagera ce rêve éveillé avec pour maître-chanteur le chef Guy Martin.

Planant. 15 h 30. **Gordes** *(p. 279)* se dore au soleil. La lumière sculpte ses jardins suspendus et ses maisons en cascade. Au détour d'une ruelle, vous avez une vue plongeante sur toute la vallée de l'Imergue. C'est précisément l'heure où Willy Ronis a réalisé dans sa maison de Gordes l'un des clichés qui a fait le tour du monde, *Le Nu provençal*.

Se sentir des ailes. 17 h. Toujours à Gordes, poursuivez en beauté par un massage détente à la **Maison d'Ennea** *(p. 358)*. Aux huiles essentielles de marjolaine et de lavande, il est très couleur locale... À la sortie, vous vous sentirez léger comme une plume.

Perchoir. 19 h. Retour près de **Maubec**, où un observatoire *(p. 356)* a été aménagé pour épier, de mai à mi-juillet, le fameux « oiseau arc-en-ciel », le guêpier aux couleurs chamarrées : ventre bleu turquoise, gorge jaune, le reste roux châtaigne. Un spectacle nature fabuleux !

▼ Gordes.

Apt et les monts de Vaucluse

ITINÉRAIRE DE 30 KM

Au XVIIIe s., Jean-Étienne Astier découvrit, par hasard, que les ocres pouvaient fournir une peinture inaltérable. Cet « or jaune » a fait la fortune du pays, avant que les colorants de synthèse ne réduisent au silence les carrières et les usines. Aujourd'hui, Roussillon, au pied des monts de Vaucluse, lui doit sa beauté hallucinée. Quelques tours de roues… Gordes et ses pierres dorées surgissent, autre vision magique. Ici, le visiteur se promène dans un vrai musée rural à ciel ouvert, qui a ses restanques et ses bories.

PROGRAMME POUR 1 JOURNÉE

Au petit matin, survoler en montgolfière le pays de **Roussillon**★★★ (p. 358), revenu sur le plancher des vaches, jouer les Sioux dans le féerique **sentier des Ocres** (p. 278) avant d'aller voir **Gordes**★★★ (p. 279) s'enflammer au couchant.

À NE PAS MANQUER

- **Patrimoine** : les mines de Bruoux★ (p. 277), l'abbaye cistercienne de Sénanque★★ (p. 281).
- **Gastronomie** : les fruits confits à Apt (p. 277).
- **Pause nature** : le sentier des Ocres à Roussillon (p. 278).
- **Avec les enfants** : activités nautiques sur le plan d'eau La Riaille (p. 357).
- **Carte postale** : Gordes★★★ (p. 279).

CÔTÉ PRATIQUE

Office de tourisme du pays d'Apt, 20, av. Philippe-de-Girard ☎ 04 90 74 03 18, www.luberon-apt.fr.

Conditions de visite En été, accès aux massifs forestiers selon les conditions météo (les monts de Vaucluse sont en zone B). Le sentier des Ocres à Roussillon reste ouvert en été 5 h-20 h.

Infos Préfecture ☎ 04 88 17 80 00, www.vaucluse.pref.gouv.fr.

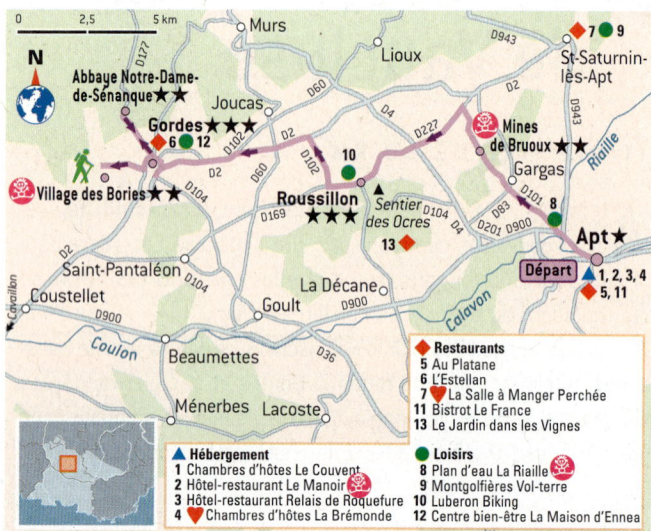

Apt et les monts de Vaucluse.

Retrouvez toutes les adresses
de l'itinéraire p. 356

Restaurants
5 Au Platane
6 L'Estellan
7 La Salle à Manger Perchée
11 Bistrot Le France
13 Le Jardin dans les Vignes

▲ **Hébergement**
1 Chambres d'hôtes Le Couvent
2 Hôtel-restaurant Le Manoir
3 Hôtel-restaurant Relais de Roquefure
4 Chambres d'hôtes La Brémonde

● **Loisirs**
8 Plan d'eau La Riaille
9 Montgolfières Vol-terre
10 Luberon Biking
12 Centre bien-être La Maison d'Ennea

28
itinéraire

Apt★

À 29 km E de Taillades par les D2 et D900.

Le sam., jour de marché, utiliser les parkings rive dr.
du Calavon (des navettes gratuites en été vous
emmènent en ville, départ av. de Viton et gare).

De l'office de tourisme, dirigez-vous sur la pl. de
la Bouquerie. Prenez à dr. la rue du Dr-Gros, puis à g., la
rue des Marchands (piétonne). À votre g., la cathédrale
Sainte-Anne.

Cette ville charmante s'assume comme
capitale du fruit confit et siège du Parc
naturel régional du Luberon *(p. 312)*. Dans
l'ex-*Apta Julia* des Romains, fondée au
Ier s. av. J.-C. (vers 50-45), l'essentiel est
regroupé sur la rive gauche du Calavon.
Vous ne pouvez pas manquer la **cathédrale
Sainte-Anne★**, reconnaissable à son dôme
vert (☎ 04 90 04 85 44 ; ouv. 9 h-12 h et
15 h-17 h 30 ; vis. guidée en été t.l.j. sf dim. à
17 h ou sur r.-v. ; accès libre ; durée de la visite :
1 h). Consacrée à la patronne de la ville,
elle n'a plus rien de roman tant elle fut
remaniée, notamment avec la construction
au XVIIe s. de la chapelle Sainte-Anne, où
les femmes en mal de maternité, comme
l'épouse de Louis XIII, Anne d'Autriche,
venaient se recueillir devant le reliquaire de
la sainte, grand-mère du Christ.

Marché

À **Apt**, le sam. matin. Depuis
1504, le marché envahit
toutes les rues, de la place
de la Bouquerie à la porte
de Saignon en passant par
la place Gabriel-Péri, où loge
la sous-préfecture. Cerises
(le fruit roi ici), melons,
olives, herbes aromatiques,
banons… Un maelström
de couleurs, d'arômes. Les
Aptésiens y viennent de
bonne heure, bien avant les
« estrangiés ».

Un petit
creux ?

Bistrot Le France, 67, pl. de
la Bouquerie, Apt ☎ 04 90
74 22 01. Ouv. t.l.j. sf dim.
Pour déguster en saison des
œufs brouillés à la truffe
après le marché.

Le musée de l'Aventure industrielle★

De la cathédrale, reprenez la rue des Marchands, qui passe sous la tour de l'Horloge (XVIᵉ s.).

14, pl. du Postel ☎ 04 90 74 95 30. Ouv. juin-sept. t.l.j. sf mar. 10 h-12 h et 15 h-18 h 30, dim. 15 h-19 h ; oct.-mai t.l.j. sf dim. et mar. 10 h-12 h et 14 h-17 h 30. De 2 à 4 € (gratuit moins de 12 ans). Jeu quiz pour les enfants. Durée de la visite : 1 h env.

Le musée est consacré aux activités « phare » du pays d'Apt. Il y a les ocres bien sûr. La région eut aussi son heure de gloire avec ses curieuses faïences, à l'aspect marbré, jaspé dans les tons jaune paille, ocre et chocolat. Aujourd'hui, la ville est célèbre pour ses fruits confits, que le Moyen Âge connaissait comme « **confiture sèche** ». Si bien qu'au XVIIᵉ s., Mᵐᵉ de Sévigné évoquait avec gourmandise Apt comme un « chaudron de confiture » ! Ce n'est pas simplement une question de terme : autrefois, le confisage était réalisé avec du miel, et non avec du sucre.

Pendant l'été et les vacances scolaires, des ateliers en matinée permettent aux bambins de jouer aux archéologues en herbe, aux faïenciers débutants de composer leur **portrait à la manière d'Arcimboldo** *(comptez 2 à 3 h ; 1,50 €)*.

Les mines de Bruoux★ à Gargas

À 5 km NO d'Apt. Sortez d'Apt dir. Avignon (D 900) et suivez le fléchage Gargas, Les Lombards.

Route de Croagne, Gargas ☎ 04 90 06 22 59, www.minesdebruoux.fr. Vis. guidée sur rés. F. mi-nov. à mi-mars. De 6 à 7,50 € (gratuit moins de 6 ans). Réduction sur 3 autres sites visités (château de Lourmarin, p. 263 ; abbaye de Silvacane, p. 264 ; Conservatoire des ocres à Roussillon, p. 278). Durée de la visite : 50 min. Munissez-vous d'un pull, la température étant de 11 °C. Spectacles en plein air l'été. Voir aussi Focus p. 283.

Cathédrale… C'est le premier mot qui vient à l'esprit en pénétrant dans ces anciennes mines d'ocre, exploitées entre 1870 et 1950. Labyrinthique… est le deuxième. Immenses, sombres et humides, les galeries, taillées au départ à la pioche et à la seule lueur des lampes à carbure, peuvent atteindre 10 à 15 m de hauteur pour 3 m de large. Elles se coupent et se recroisent sur 40 km (650 m sont ouverts à la visite). Les enfants se prennent pour Indiana Jones !

♣ Douceurs

Confiserie Le Coulon, Denis Ceccon, 24, quai de la Liberté, Apt ☎ 04 90 74 21 90. Ouv. t.l.j. sf dim. et lun. 9 h 15-12 h 15 et 15 h-19 h. Sur la rive gauche du Calavon, une adresse qui respecte les traditions. Pas de conservateur, ni de colorants. Parmi les 8 variétés produites maison, abricots et mandarines tiennent la corde. On fond !

Douceurs

Confiserie Kerry Aptunion, quartier Salignan (à 3 km O d'Apt par la D900, dir. Avignon), Apt ☎ 04 90 76 31 43, www.lesfleurons-apt. com. Vis. guidée lun.-ven. juil. à 10 h 30 ; août 10 h 30 et 14 h 30 ; téléphoner le reste de l'année. Gratuit. Durée : 1 h 30. Vous ressortirez incollable sur les techniques de confisage, qui consistent à remplacer progressivement l'eau présente dans le fruit par du sucre pour en assurer la conservation. Dégustation.

28

itinéraire

Roussillon★★★

À 5 km O des mines de Bruoux par la D227. Parking
gratuit à l'entrée de la ville.
🛈 Office de tourisme, pl. de la Poste
☎ 04 90 05 60 25, www.roussillon-provence.com.
Topoguide 4 balades (5 €).

« Delphes-la-Rouge » en a fasciné plus d'un :
l'écrivain irlandais Samuel Beckett, le poète
René Char, le peintre Bernard Buffet. La
place de la Mairie, avec ses maisons du
XVIIIe s., badigeonnées d'ocre, ressemble à
un décor de théâtre. Poussez par la montée
de l'Église jusqu'à l'**église Saint-Michel**,
arc-boutée au bord de la falaise : elle date
du XIe s. et a appartenu à l'ordre des Hospitaliers de Saint-Jean-de-Jérusalem. Quelques
mètres : c'est le **castrum**. Rien ne subsiste du
château fort. À la place, une table d'orientation pour décrypter le paysage devant vous :
le Ventoux, Gordes… Magique Roussillon !
Faites un tour aussi du côté de la **fontaine
des Naïades** *(en contrebas du village sur
la route de Saint-Saturnin-lès-Apt)* : elle a
alimenté tout Roussillon jusque dans les
années 1920.

Le sentier des Ocres

Départ et arrivée : parking des Ocres (payant). Accès
au sentier payant (2,50 € plan inclus ; 7 € billet couplé
avec le Conservatoire des ocres ci-dessous, gratuit
moins de 10 ans). F. janv. à mi-fév. **Durée** : 45 min à 1 h.
Distance : 1 km. **Balisage** : panneaux. **Dénivelé** : 10 m.
Balade facile. Enfants : 3-4 ans. Voir aussi Focus p. 283.

Sous les pins maritimes, arrêts nombreux en
vue jusqu'au terminus. Les couleurs oscillent
du jaune safran au rouge brique. Les **orchi-
dées** (protégées) affectionnent ce terrain
argilo-sableux : on en a recensé 26 espèces.
À faire de préférence en fin d'après-midi,
quand le soleil déclinant enflamme toute la
palette. Gare aux baskets blanches !

Le Conservatoire des ocres et de la couleur★

À 1,5 km du centre, en dir. d'Apt sur la D104.
☎ 04 90 05 66 69, www.okhra.com. Ouv. juil.-août t.l.j.
9 h-19 h ; sept.-juin 9 h-13 h et 14 h-18 h. F. 1er-15 janv.
De 4,50 à 6 € (gratuit moins de 10 ans). Réduction sur
3 autres sites visités (château de Lourmarin, p. 263 ;
abbaye de Silvacane, p. 264 ;
mines de Bruoux, p. 277). Vis. guidée (50 min).

Toutes les étapes de fabrication de l'ocre
– lavage, décantation, séchage, cuisson et

Une ferme tout basilic

La Ferme aux Basilics,
La Décane (D900) Rous-
sillon ☎ 06 71 04 22 38.
www.lafermeauxbasilics.
com. Sur r.-v. En été,
Catherine Pisani vous fait
découvrir ses basilics,
une trentaine de variétés.
Testez, un samedi, sa soupe
au pistou (de 10 à 20 €,
grauit moins 6 ans) avec
intermède musical…

Le saviez-vous ?

L'ocre peut être utilisée comme
colorant alimentaire (la peau
des saucisses de Strasbourg !),
ou colorant simple (cartons,
peintures) ou comme produit
nettoyant (argenterie, glaces).

Banons dans leur feuille de châtaignier.

© Philippe RENAUD

broyage – vous sont expliquées dans l'enceinte de l'ancienne usine Mathieu. À voir aussi : le **jardin des Teinturiers**, où prospèrent une quinzaine d'espèces végétales « grand teint » : la garance pour les rouges, le pastel pour les bleus, la gaude pour les jaunes, etc.

Des ateliers en été tant pour les enfants que pour les adultes permettent de mettre la main… à la pâte ! En **créant ses peintures** par exemple. Tenues adéquates à prévoir !

Festival

Les Soirées d'été, à Gordes, en août, c'est un festival intimiste dans le cadre du théâtre des Terrasses, suspendu dans la pente. Il y a du beau monde : Natalie Dessay, Jean-Louis Trintignant, Johnny Clegg ou les Pockemon Crew… Rens. ☎ 04 90 72 05 35, www.soireesdegordes.fr ou à l'office de tourisme. De 35 à 60 €.

Gordes★★★

À 10 km O de Roussillon. Sortez de Roussillon par la D169. Tournez à dr. 2 km plus loin sur la D102. Enfin, tournez à g. sur la D2. Parkings (payants).
🛈 Office de tourisme Pays de Gordes, le Château ☎ 04 90 72 02 75, www.gordes-village.com. 2 circuits balisés dans le village (plan à l'office de tourisme). Départ : office de tourisme.
Marché le mar. matin (pl. du Château).

Vision superbe quand on arrive que celle de Gordes, accrochée à son rocher. Oliviers, amandiers et figuiers montent à l'assaut de cette « Acropole de Provence » mais doivent très vite renoncer. Ce dépouillement minéral a séduit nombre d'artistes : André Lhote, Marc Chagall et Victor Vasarely, à qui l'on doit la restauration du **château★★**. Celui-ci, du XIIe s. à l'origine, fut « restructuré » en 1525 par Bertrand-Rambaud de Simiane. Aujourd'hui, cette forteresse avec son extension Renaissance abrite l'office de tourisme et le **musée Pol-Mara** (*ouv. t.l.j. 10 h-12 h et 14 h-18 h; de 3 à 4 €, gratuit moins de 10 ans*). Les collages de ce peintre flamand, disparu en 1998, reflètent un monde obsédé de pub, adepte d'un érotisme aseptisé.

Au pied de la citadelle★★

Du château, prenez la rue des Tracapelles à main dr. en tournant le dos au château.

Vous plongerez dans les **ruelles caladées** (empierrées) de la cité, où la pente est sciée parfois par des escaliers.

Ancienne étape sur la route de Saint-Jacques de Compostelle, Gordes avait une hostellerie réservée aux pèlerins (aujourd'hui l'aumônerie Saint-Jacques, rue Porte-de-Savoie, transformée en galerie d'exposition). Ils pouvaient faire leurs dévotions dans l'**église Saint-Firmin**★, reconstruite au XVIIIe s. (*rue de l'Église*). Totalement « écrasée » dans l'enchevêtrement des venelles, cette église a sa chapelle des cordonniers, le travail du cuir et des « grolles » (souliers) ayant fait la prospérité de Gordes. Amusé, vous remarquerez l'escalier extérieur, qui ne mène… nulle part : ces marches s'envolant vers le ciel devaient conduire au beffroi.

Mais il existe aussi un Gordes souterrain, mystérieux, dont vous aurez un aperçu avec les **caves du palais Saint-Firmin** (*rue du Belvédère ☎ 06 99 08 76 35; ouv. mai-sept. t.l.j. sf mar. 10 h-18 h; de 4 à 5 €, gratuit moins de 12 ans; audioguide*). Dans cette maison Renaissance, elles sont creusées directement dans le rocher : on a retrouvé les vestiges d'un ancien moulin à huile, des citernes…

🌿 Le village des bories★★

À 3 km SO de Gordes. Prenez dir. Cavaillon par la D15. Tournez à g. au panneau.

Les Savournins, Gordes ☎ 04 90 72 03 48, www.gordes-village-des-bories.com. Ouv. t.l.j. juil.-août 9 h-20 h; téléphoner le reste de l'année. F. Noël et 1er janv. Visite libre. De 4 à 6 € (gratuit moins de 12 ans). Durée de la visite : 30 à 45 min.

Les reconstitutions de scènes de la vie quotidienne dans ces lieux aidant, on peut s'imaginer que ses habitants viennent de lever

Produits du terroir

Orange et chocolat, pl. du Château, Gordes ☎ 04 90 72 09 47. Ouv. mar.-dim. 9 h-19 h. Épicerie chic et choc : melons de Cavaillon, saucisson de Carpentras, chocolats de Pertuis, petits chèvres de Monteux, vins de la cave toute proche de Lumières, huiles du moulin de Saint-Augustin (Oppède).

❜ Un système astucieux

Dans ce pays de collines ravinées, les paysans ont cassé la pente, construit des terrasses, retenues par des murs et des murets montés en pierre sèche, c'est-à-dire sans liant, comme sur les coteaux de Gordes, par exemple. On parle de restanques, du provençal *restanco*, barrage : le mot, qui désignait au départ le mur établi, a fini par désigner les terrasses et les gradins de culture. Mais les restanques, c'est aussi tout un système de récupération, astucieux, de l'eau pour être réutilisée dans l'arrosage des cultures.

28 itinéraire

© Philippe RENAUD

Le village des bories.

28

itinéraire

le camp. En réalité, le village a été patiemment restauré dans les années 1960 et ne traduit plus l'état dans lequel le comédien Pierre Viala, à l'origine de cette résurrection, l'a trouvé. Son ancienneté remonte à une époque entre Louis XI (XVe s.) et Napoléon III (XIXe s.) ! Sur la trentaine de bories, il y a cinq habitations, quatre bergeries, deux soues à cochons, trois magnaneries… Ici, on vivait de polyculture et d'un peu d'élevage (y compris celui du ver à soie).

❜C'est du lourd !

Les bories sont construites en pierres sèches – sans liant ou eau –, avec des voûtes en encorbellement. Ce type de cabane peut représenter entre 30 et 200 t de pierres à charrier, déplacer et ajuster. À l'inventaire, 11 communes du Luberon se partagent 1 610 bories, Gordes en comptant à elle seule 400 environ.

L'abbaye Notre-Dame-de-Sénanque★★

À 4 km N de Gordes par la D177, dir. Venasque (fléchage). Route de Sénanque, Gordes ☎ 04 90 72 05 72, www.senanque.fr. Vis. guidée sur rés. F. 10 j. en janv. Entre 2 et 11 visites/j. De 3 à 7 € (gratuit moins de 6 ans). Boutique. Accueil pour retraitants (demande à faire par écrit). Tenue correcte exigée. Durée de la visite : 1 h.

Ce joyau de l'art cistercien (XIIe s.), qui reste un lieu de prières, entrouvre encore ses portes. Les visiteurs peuvent accéder à l'église abbatiale, au cloître, à l'ancien dortoir où les moines dormaient sur une paillasse, comme au chauffoir où les copistes pouvaient travailler. Aujourd'hui, le monastère compte neuf moines. Le plus âgé a 90 ans, le plus jeune, le prieur, a 50 ans. L'essence de lavandin constitue la principale source de revenus des moines.

Balade autour de Sénanque★

Départ et arrivée : parking de l'abbaye. Longez vers le S le flanc E de l'abbaye pour dépasser son potager. **Durée** : 2 h. **Distance** : 4,5 km env. **Balisage** : quelques points bleus. **Dénivelé** : 133 m. **Difficulté** : facile. **Conseil** : le balisage est aléatoire ; suivez sur une bonne moitié du parcours le cours de la Sénancole, un petit ruisseau. **Enfants** : à partir de 5-6 ans. Accès modulé l'été en fonction des risques d'incendie.

Dans les **gorges de la Sénancole** aux rives escarpées, on comprend ce que signifiait pour les moines cisterciens « se retirer au désert ». L'ombre, le silence, la solitude… On en viendrait presque à murmurer. Embroussaillé parfois, le sentier joue à saute-rives, mais le ruisseau est pratiquement toujours à sec. Il n'en a pas moins foré quelques belles marmites. Au sortir des gorges *(cote 277)*, prenez à droite le sentier de chèvre. Il remonte sur le plateau de la Débroussède, où une ferme vous ramènera à la civilisation. De cette ferme, regagnez le vallon de la Sénancole et votre point de départ.

28
itinéraire

Donation

En octobre 1150, Guiran et Bertrand-Rambaud d'Agoult-Simiane, seigneurs de Gordes, agissant pour « la rémission de leurs péchés », font une généreuse donation en faveur des moines cisterciens qui viennent de s'installer dans la vallée désolée de la Sénancole. Ainsi commence la longue histoire de Sénanque, qui fascine toujours ceux qui sont en recherche d'infini.

Terre d'ocres

Attention les yeux! Rouille, jaune safran, rouge or, rouge sang… L'ocre a mille nuances. Les gisements des monts de Vaucluse et du pays d'Apt en témoignent. Mais ce que l'on considère comme une merveille de la nature doit beaucoup à l'homme, qui a défoncé à coup d'explosifs et de pioches la carapace ferrugineuse des collines pour en extraire l'ocre. Une ocre qui a fait l'objet d'une exploitation industrielle aux XIXe et XXe s.

La vallée qui saigne. Cette saga commence à Roussillon, où Jean-Étienne Astier installe une fabrique d'ocre, utilisée pour son pigment minéral appelé « goethite » (du nom de l'écrivain Goethe, observateur de la nature) comme matière colorante à partir de 1785. Si la production reste artisanale dans un premier temps, elle s'emballe au moment de l'arrivée du chemin de fer à Apt, en 1877. Dès lors, 20 000 t sont exploitées en 1899, 36 000 en 1914 pour plafonner à 40 000 en 1929, plus de 90 % étant exportées. La mise sur le marché de colorants de synthèse porta un coup à cette industrie. À Rustrel (p. 285), le dernier « chantier » s'est arrêté en 1991. Aujourd'hui, à Apt, la Société des Ocres de France (www.ocres-de-france.com) est le dernier producteur d'ocre en Europe.

À ciel ouvert ou non. L'exploitation a pu se faire à ciel ouvert (Roussillon, p. 278 ; Rustrel, p. 285) ou en galeries (Gargas, p. 277). Tout dépendait de l'épaisseur de « stérile » à évacuer avant d'atteindre les sables ocreux. Ensuite, il fallait séparer l'ocre du sable : c'est le lavage. Dans des bassins de décantation, l'ocre, plus lourde, se déposait au fond. Tous les matins, l'eau résiduelle était vidée et remplacée par une nouvelle « bouillie » d'ocre. Quand la couche d'ocre atteignait ses 40 cm, on laissait le vent et le soleil finir le travail. Après cuisson, triturage et blutage réduisaient l'ocre en poudre d'or.

focus

Les sites à voir
- Les mines de Bruoux à Gargas (p. 277) ;
- Le sentier des Ocres et le Conservatoire des ocres à Roussillon (p. 278) ;
- Le Colorado provençal de Rustrel (p. 285);
- À vélo, un circuit balisé vous emmène dans les paysages fabuleux du pays de l'or jaune. Gargas, Roussillon, Rustrel… 51 km au total (avec possibilité de l'écourter). Balade téléchargeable sur www.veloloisirluberon.com. Location de vélos au Conservatoire des ocres à Roussillon.

▼ Le Colorado provençal de Rustrel.

Le pays d'Apt
Aux sources du Calavon

ITINÉRAIRE DE 46 KM

Entre plateau des monts de Vaucluse et contreforts du Grand Luberon, cet itinéraire en montagnes russes se faufile dans la vallée du Calavon. Une rivière fantasque, aux colères redoutables et aux étiages désespérants, qui prend sa source près de Banon. Elle a creusé des gorges grandioses, que surplombe un village hors du temps : Oppedette. Pour vous remettre de vos émotions, vous pouvez multiplier les haltes gourmandes, auprès de producteurs de fromages de chèvre ou de miels.

PROGRAMME POUR 1 JOURNÉE

Arpenter le matin les sentiers du ♥ Colorado provençal★★★ (p. 285), déjeuner léger sous la halle couverte de Simiane-la-Rotonde★★ (p. 286), avant de plonger dans les gorges d'Oppedette★★★ (p. 286). Terminer la journée en beauté par l'apéritif sur la place de la Fontaine à Saignon★★ (p. 288).

À NE PAS MANQUER

● **Pause nature** : le ♥ Colorado provençal★★★ (p. 285), les gorges d'Oppedette★★★ (p. 286).

● **Gastronomie** : banon et autres fromages de chèvre (p. 286).

● **Avec les enfants** : parcours acrobatique forestier dans la forêt de Notre-Dame-des-Anges (p. 359).

● **Visite bonne initiative** : la distillation des huiles essentielles à Simiane-la-Rotonde (p. 286).

CÔTÉ PRATIQUE

ℹ️ **Office de tourisme du pays d'Apt**, 20, av. Philippe-de-Girard, ☎ 04 90 74 03 18, www.luberon-apt.fr.

Conditions de visite En été, accès aux massifs forestiers selon les conditions météo. Dans le massif du Colorado provençal, les trois sentiers restent en permanence ouverts 5 h-20 h. **Infos Préfecture** ☎ 04 88 17 80 00 (Vaucluse), www.vaucluse.pref.gouv.fr, et ☎ 0 892 68 02 04 (Alpes-de-Haute-Provence), www.alpes-de-haute-provence.pref.gouv.fr.

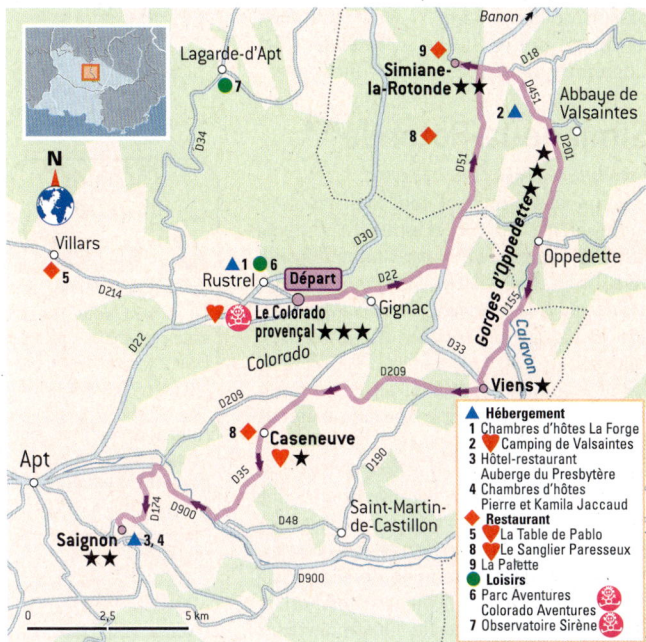

Le pays d'Apt.

Retrouvez toutes les adresses de l'itinéraire p. 358.

Hébergement ▲
1 Chambres d'hôtes La Forge
2 Camping de Valsaintes
3 Hôtel-restaurant
  Auberge du Presbytère
4 Chambres d'hôtes
  Pierre et Kamila Jaccaud
Restaurant ◆
5 La Table de Pablo
8 Le Sanglier Paresseux
9 La Palette
Loisirs ●
6 Parc Aventures
  Colorado Aventures
7 Observatoire Sirène

29 itinéraire

❝ **Cœur de sorcière**

Entre juin et octobre, dans les sous-bois du Colorado provençal, on trouvera un champignon d'une étrange beauté : le clathre rouge, dit aussi cœur de sorcière. C'est un habitué des sols sablonneux et calcaires.

♥ **Le Colorado provençal★★★ à Rustrel**

À 11 km NE d'Apt par la D22.
N'entrez pas dans Rustrel mais suivez le fléchage à dr. Parking avr. à mi-nov. (2 € pour les motos, 4 € pour les voitures, incluant un plan des circuits de randonnée).
☎ 04 90 75 04 87 et 06 43 97 76 06, www.colorado-provencal.com.
Trois circuits balisés (2,4 à 5,5 km). Vis. guidée sur rés. au ☎ 06 81 86 82 20. Aire de pique-nique. Petite restauration. Durée de la visite : 1 h à 3 h.

Au bord de la Doa, le Colorado provençal, qui s'étale sur 30 ha, a des allures de Far West. Certains s'attendent à retrouver le Grand Canyon. Le nom de *colorado* (rouge en espagnol) provençal, consacré par l'abbé Martel, traduit l'aspect flamboyant de ces paysages oniriques, qui passent par toutes les couleurs en fonction de la lumière. Le circuit le plus court, celui du **Sahara** *(2,4 km ; comptez 1 h 15)* avec ses dunes, permet déjà d'avoir une petite idée de ce qu'était une exploitation ocrière avec ses bassins de décantation. Il serait dommage de ne pas pousser jusqu'au **belvédère des Cheminées de fées**. La magie fonctionne.

Simiane-la-Rotonde★★

À 14 km NE de Rustrel par les D22 et D51.

C'est un village minéral, tout roulé en boule sur lui-même. Des ruelles escarpées grimpent jusqu'au château, édifié par Guiran d'Agoult vers 1190. Il se visite (☎ 04 92 73 11 34, *www.simiane-la-rotonde.fr ; ouv. mai-août t.l.j. 10 h 30-13 h et 13 h 30-19 h, sept.-avr. t.l.j. sf mar. 13 h 30-18 h ; f. de mi-nov. à fév. ; de 2,50 à 4,50 €, gratuit moins de 12 ans*). Y compris son curieux donjon, dit la Rotonde, comparé par les mauvaises langues à un « seau de cailloux renversé ». Ce joyau roman accueille au mois d'août un festival de musique ancienne (*« Les Riches Heures musicales de la Rotonde »* ☎ 04 92 75 90 14, *www.festival-simiane.com*). ♣ En phase avec la commune, dont la Société coopérative agricole des plantes à parfum de Provence regroupe plus de 300 producteurs, le château héberge le **Laboratoire Sainte-Victoire**, qui vous introduit dans l'univers des plantes aromatiques grâce à sa librairie, ses fiches et son alambic. Des stages d'initiation à l'aromathérapie prolongent cette découverte des vertus de la lavande, de la sauge sclarée et de l'hysope (☎ 04 92 75 98 90, *www.laboratoiresaintevictoire.com ; sur rés. ; 70 €/pers., repas non inclus*).

Les gorges d'Oppedette★★★

À 9 km SE de Simiane-la-Rotonde par les D18, D 451 et D201. Parking des Bélvédères au S (gratuit). ♿

Planté sur son rocher, se dorant au soleil, Oppedette, dont le nom viendrait du latin *oppidum* (lieu élevé, fortifié gaulois) a tout d'un bout du monde, avec sa cinquantaine d'habitants avoués. Le village, qui tourne le dos au précipice, commande l'accès à l'un des sites les plus époustouflants du parc du Luberon : les gorges d'Oppedette, creusées dans le calcaire par le **Calavon**. Capricieuse, à débit sporadique (elle peut être à sec même l'hiver !), la rivière a taillé un véritable canyon, profond de 100 à 150 m, long de 2,5 km environ.

Où boire un verre ?

La Palette, quartier de l'Église, Simiane-la-Rotonde ☎ 04 92 75 95 43. Ouv. 15 juin-31 août. L'été, sous cette halle couverte (XVIᵉ s.), disposant d'une fort belle vue sur la plaine, on propose un goûter (à partir de 15 h 30) : un petit fromage de banon accompagné d'un verre de vin blanc, le tout à 6,60 €.

Fromages de chèvre

Fromagerie de Banon, route de Carniol, Banon (à 11 km N de Simiane par la D51) ☎ 04 92 73 25 03, www.banon-aoc.com. Ouv. l'été au public. Vous êtes dans la zone AOP (ex-AOC) des producteurs de banon, un petit fromage de chèvre au caractère bien affirmé qui s'emmitoufle dans une feuille de châtaignier. Il faut quasiment 1 l de lait pour obtenir un chèvre de 100 g. Un chèvre que vous dégusterez cru, parce que chaud sur une salade, c'est un peu du gâchis !

❤ **Festival
de la rose**

Abbaye de Valsaintes
(à 3 km SE de Simiane
par les D18 et D451), de
mi-mai à mi-juin. Plus de
600 variétés de roses, une
solitude totale… Ce festival
se déroule dans les jardins
de l'abbaye cistercienne,
reconvertie en demeure
privée. Rens. ☎ 04 92 75
94 19, www.valsaintes.org.
De 3 à 6 € (gratuit moins
de 12 ans).

Miel

Miellerie Lo Brusc, rue
Porte - Neuve, Viens
☎ 04 90 75 24 42. Ouv. t.l.j.
9 h 30-12 h 30 et 15 h-19 h.
F. janv. sf les w.-e. 8 à
9 catégories de miels, dont
le très rarissime miel de
lavande fine. Et beaucoup
de produits dérivés (savons,
nougats, pains d'épices).

Faïences

Cuisine d'Argile, à Caseneuve ☎ 06 71 32 51 12.
Sur r.-v. Émeline Cholley
travaille dans la tradition
des faïences d'Apt, celle
des « terres mêlées »,
qui donne l'aspect jaspé
(p. 277). Mais elle sait aussi
s'affranchir des formes, des
couleurs ou des techniques.
À découvrir.

Balade des Terres du Four

Départ et arrivée : parking du Grand Vallat (2,5 km
S d'Oppedette dir. Viens). Carte IGN : 3242 O Apt/
PNR du Luberon. Plan gratuit au au Café des Gorges à
Oppedette *Les Randonnées autour des Gorges*. **Durée** :
1 h. **Distance** : boucle de 2 km. **Balisage** : rouge/blanc le
long des gorges, puis jaune. **Dénivelé** : 50 m. **Difficulté** :
passages vertigineux. **Conseil** : ne vous écartez pas du
sentier. **Enfants** : 5-6 ans. **Variante** : le tour des gorges
avec traversée à gué (7 km ; 4 h en boucle ; 200 m de
dénivelé ; parcours déconseillé avec des enfants).

Ce sentier balisé permet à travers buis, chênes
verts et **lapiaz** (trous, rigoles, crevasses que
crée la dissolution du calcaire par les eaux
de ruissellement) de longer la rive gauche
du Calavon. Avec vue plongeante ! Et si vous
voulez reprendre des forces, à Oppedette, le
Café des Gorges, Chez Léo, sert des sandwichs à toute heure.

Viens★

À 6,5 km SO d'Oppedette par les D201 (D155 dans le
Vaucluse) et D33. Parking Allée des Platanes (plan).
Vous apprécierez la fraîcheur des ruelles
de ce village qui a gardé, en partie, son
enceinte médiévale et nombre de demeures
Renaissance comme l'**hôtel de Pontevès** du
XVIe s. *(l'actuelle mairie, pl. de l'Ormeau)* ou la
maison de Monier-d'Arnaud, résidence des
seigneurs de Viens au XVe s. *(à l'angle de la rue
du Château et de la rue du Tour)*. Les joueurs
de pétanque se retrouvent extra-muros place
de l'Ormeau (mais l'ormeau planté en 1525
a rendu l'âme en 1991).

❤ Caseneuve★

À 8,5 km O de Viens par les D190 et D209.
Ce village médiéval est pétri de charme.
Entouré de remparts, il a conservé son
château *(ne se visite pas)*, longtemps
propriété des barons de Simiane-Caseneuve.
On s'offre une **vue** superbe sur toute la
vallée d'Apt. Sans compter les petits artisans
qui font l'animation du village et un restau-
rateur prometteur *(voir p. 359)*.

Saignon★★

À 7,5 km SO de Caseneuve par les D35, D900 et D174.
Suivre parking visiteurs (gratuit)
Depuis des siècles, aux portes d'Apt, cette
cité, qui compte un bon millier d'habitants,

Saignon.

monte la garde, calée contre ses rochers. Des trois châteaux qu'on lui attribue au XIIᵉ s., il ne reste que des ruines se confondant avec les falaises.

Engagez-vous dans la rue de la Bourgade. Sur la droite, l'**église Notre-Dame**, ou Sainte-Marie-de-Saignon (XIIᵉ s.), présente tout ce qu'il y a de plus roman. Prenez ensuite le temps d'une pause sur la **place de la Fontaine** : près des statues d'Elzéar Sollier (un élève de David d'Angers), l'Auberge du Presbytère vous fait « le coup du curé » en apéritif *(p. 358)*.

Pour terminer en beauté, entamez « l'ascension » du **Rocher de Bellevue****, facilitée par des escaliers *(fléchage)*. Vous déboulez sur une plate-forme, où la **vue***** à 360° sur la plaine d'Apt, les monts de Vaucluse, la montagne de Lure et le Luberon vous récompense largement.

La haute Provence

Ici, les Alpes ont rendez-vous avec la Provence. La haute Provence possède une beauté un peu farouche, où se mêlent âpreté et douceur. C'est un pays de vent, de pierres, chahuté entre mélèze et chêne vert, marmottes et cigales, montagne et Méditerranée. Tout en contrastes, il offre de larges respirations comme la gouttière de la Durance, où se faufilait déjà la via Domitia des Romains, et le plateau de Valensole hérissé de touffes de lavandin... Fin du répit dès qu'on aborde Moustiers-Sainte-Marie et la « zone des barres », où le Verdon donne de vigoureux coups de cisaille. C'est donc un pays singulier à l'histoire tout aussi singulière. Au XIIe s., Forcalquier fut la capitale d'un comté quasiment indépendant, qui avait ses lois et sa monnaie. Aujourd'hui, en matière de tourisme, la région, gâtée par la nature, peut jouer de ses grands espaces, où l'amateur de solitude trouve son compte. Et mettre en avant saveurs et senteurs, bref, son art de vivre.

30 Le pays de Forcalquier

ITINÉRAIRE DE 46 KM

Entre Durance et Calavon, entre Lure et Luberon, le pays de Forcalquier s'inscrit dans un carré. Inclus en partie dans le parc du Luberon, on en parle aussi comme du « Luberon oriental ». Au milieu des champs de lavande, des oliveraies et des collines résonnant du chant des cigales, des villages perchés comme Dauphin ou Lurs surgissent au détour d'un virage comme un mirage. À en croire Jean Giono, l'écrivain emblématique de Manosque, on y a le goût du bonheur.

PROGRAMME POUR 1 JOURNÉE

Flâner nez au vent à Manosque** (p. 292) sur les pas de Jean Giono avant de redécouvrir le pouvoir des plantes à Mane** (p. 295). Une journée poétique et bucolique !

À NE PAS MANQUER

- **Patrimoine** : le ♥ château de Sauvan* (p. 296).
- **Pause nature** : les ♥ jardins du musée de Salagon** (p. 295)
- **Loisirs** : à cheval sur les traces du Hussard (p. 55), l'Université des Saveurs et des Senteurs à Forcalquier (p. 361).
- **Point de vue** : le mont d'Or** au-dessus de Manosque (p. 293), survol en montgolfière des champs de lavande (p. 361).
- **Visite bonne initiative** : l'usine L'Occitane à Manosque (p. 293) ou Collines de Provence à Mane (p. 294).

CÔTÉ PRATIQUE

Conditions de visite En été, accès aux massifs forestiers selon les conditions météo. Manosque est en zone 2 ; Mane, Forcalquier et Lurs en zone 1.
Infos Préfecture
☎ 0 892 68 02 04, www.alpes-de-haute-provence.pref.gouv.fr.

Bons plans Les Alpes-de-Haute-Provence ont créé un Passeport valable dans 28 musées du département. Dès la 2e visite, vous bénéficiez du tarif réduit. Les 4e, 8e et 12e visites sont gratuites. À réclamer dans votre premier musée. Rens. www.alpes-haute-provence.com/culture.

Le pays de Forcalquier a ses ♣ Randos Bistrot. Le principe ? Découvrir au cours d'une randonnée accompagnée les saveurs du terroir. Au menu, rencontre avec un producteur d'olives ou un éleveur de chèvres, déjeuner dans un bistrot de pays, etc. Rens. www.bistrotdepays.com De 26 à 50 €/pers.

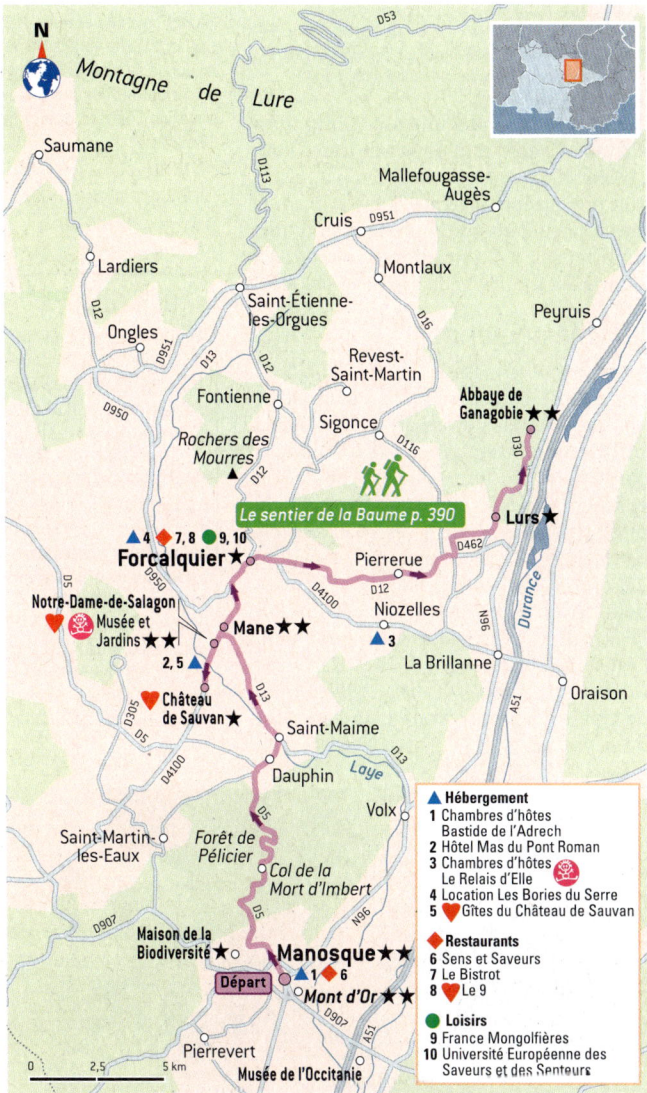

N

Montagne de Lure

Saumane

D53

Mallefougasse-Augès

Cruis D951

Lardiers

Montlaux

Saint-Étienne-les-Orgues

Peyruis

Ongles

Revest-Saint-Martin

Fontienne

Sigonce

Abbaye de Ganagobie ★ ★

Rochers des Mourres

Le sentier de la Baume p. 390

Lurs ★

▲ 4 ◆ 7, 8 ● 9, 10

Forcalquier ★

Pierrerue

Notre-Dame-de-Salagon ♥ Musée et Jardins ★ ★

Niozelles

2, 5 ▲

Mane ★ ★

▲ 3

La Brillanne

♥ Château de Sauvan ★

Saint-Maime

Oraison

Dauphin

Laye

Volx

Saint-Martin-les-Eaux

Forêt de Pélicier

Col de la Mort d'Imbert

Maison de la Biodiversité ★ ★

Manosque ★ ★

Départ

▲ 1 ◆ 6

Mont d'Or ★ ★

Pierrevert

Musée de l'Occitanie

0   2,5   5 km

▲ Hébergement
1 Chambres d'hôtes Bastide de l'Adrech
2 Hôtel Mas du Pont Roman
3 Chambres d'hôtes Le Relais d'Elle
4 Location Les Bories du Serre
5 ♥ Gîtes du Château de Sauvan

◆ Restaurants
6 Sens et Saveurs
7 Le Bistrot
8 ♥ Le 9

● Loisirs
9 France Mongolfières
10 Université Européenne des Saveurs et des Senteurs

Le pays de Forcalquier.

Retrouvez toutes les adresses de l'itinéraire p. 359.

Manosque★★

À 59 km N d'Aix-en-Provence par l'A51 et la N296.
🛈 Office de tourisme, pl. du Docteur-Joubert
☎ 04 92 72 16 00, www.manosque-tourisme.com.
De juin à sept. vis. guidée de la vieille ville mar. 10 h. 5 €
(gratuit moins de 12 ans). Durée de la visite : 1 h 30.
Parking souterrain sous l'esplanade F.-Mitterrand
(payant). Marché le sam.

Rarement ville s'identifie à ce point à un
écrivain. Manosque est la ville de **Jean Giono**
(1895-1970), de *Jean le Bleu*. On retrouve la
ville presque inchangée de *Provence*, toujours
enveloppée dans ses boulevards, toujours
populeuse ; on s'attendrait presque à
surprendre son *Hussard* glissant sur les toits.

La ville ancienne★★

Départ porte Saunerie (1382).

Cette porte du sel (saunerie viendrait de
sau, saou, sel en provençal) s'ouvre sur la
rue Grande, piétonne, où Jean Giono a
passé, au n° 14, une grande partie de son
enfance, entre le père cordonnier et la
mère repasseuse. Elle a ses beaux hôtels
particuliers comme l'hôtel de Gassaud au
23, où vécut Mirabeau, assigné à résidence
pour dettes ! Cette rue Grande déboule sur
la ravissante **place Saint-Sauveur★★★**, où
l'**église Saint-Sauveur★** (☎ 04 92 72 17 28 ;
ouv. lun.-sam. 8 h 30-19 h, dim. 8 h 30-12 h 30),
de type roman provençal, a été consacrée

> **L'olive,
> l'aglandau**

Depuis 1999, l'huile de
Haute-Provence est une AOP.
L'aglandau, une variété d'olive,
lui donne sa typicité : un goût
d'artichaut et des arômes de
tomates. Comptez autour de
18 € le litre.

Huile d'olive

Moulin de l'Olivette, pl.
de l'Olivette, Manosque
☎ 04 92 72 00 99, www.
moulinolivette.fr. Ouv. t.l.j.
sf dim. et j.f. 8 h-12 h 30
et 14 h-18 h 30 (été
13 h 30-19 h). Cette grosse
coopérative au matériel
high-tech ouvre ses portes
lors de visites guidées, avec
balade au pied de l'arbre
sur le mont d'Or. Rens. à
l'office de tourisme. D'avr. à
sept. le jeu. à 16 h. Durée :
2 à 3 h. 6 € (gratuit moins
de 12 ans).

30
itinéraire

© Philippe RENAUD

La place Saint-Sauveur à Manosque.

Où manger une glace ?

Le Glacier Manosquin, 5, rue des Marchands, Manosque ☎ 04 92 74 98 39. Ouv. avr.-juin mar.-ven. 14 h 30-19 h, sam. 10 h 30-19 h ; juil.-août lun.-sam. 14 h-19 h. 80 à 85 variétés de glaces ! Découvrez les glaces à la lavande, au thym ou encore au romarin.

Une AOP confidentielle

Domaine La Blaque, route de la Bastide des Jourdans, Pierrevert (à 5 km au SO de Manosque) ☎ 04 92 72 39 71, www.domainelablaque.fr. Ouv. lun.-sam. 8 h-12 h et 14 h-18 h. À partir de 6,30 € la bouteille. Depuis 1997, Pierrevert a son AOP. Sur 450 ha, on y produit des coteaux-de-pierrevert, en rouges, rosés et blancs.

🌺 Pause baignade

Plan d'eau des Vannades, à 5 km E de Manosque (prenez la N96 dir. Volx, tournez à dr. dans le chemin des Vannades). Plage aménagée, aire de pique-nique, location de pédalos ou de kayaks. Accès libre toute l'année (chiens interdits).

en 1372. Elle a hérité d'un gracieux campanile, l'un des plus ouvragés de Provence (1725). À deux pas, place de l'Hôtel-de-Ville, **Notre-Dame-de-Romigier★** (*ouv. lun.-sam. 9 h-18 h, dim. 14 h-18 h*) conserve jalousement sa **Vierge noire à l'Enfant** (VIe ou VIIe s.), retrouvée sous un buisson de ronces (*roumi* en provençal). Autre curiosité de l'église : le pentacle (étoile à cinq branches) sur le parvis du porche Renaissance. Pour certains, c'est un symbole de magie noire.

Le centre Jean-Giono★

3, bd Élémir-Bourges (à l'entrée de la ville, à deux pas de la porte Saunerie, à main g.) ☎ 04 92 70 54 54, www.centrejeangiono.com. Ouv. avr.-sept. mar.-sam. 9 h 30-12 h et 14 h-18 h (juil.-sept. ouv. le dim.) ; oct.-mars mar.-sam. 14 h-18 h. F. dim.-lun. et vac. de Noël. De 2 à 4 € (gratuit moins de 12 ans).

L'exposition permanente consacrée à son parcours biographique, « Jean Giono ou le cœur de Noé », permet d'aller au-delà de son image lisse de « chantre du retour à la terre ». On y découvre le Giono taxé de « collabo », que la Grande Guerre a rendu « pacifiste viscéral », « pessimiste joyeux ».

🌺 Un livret pédagogique permet de faire entrer les enfants dans l'univers de l'écrivain.

Le mont d'Or★★

À 1,5 km env. du centre Jean-Giono. Continuez sur le bd de la Plaine, puis le bd Mirabeau, tournez à dr., rue Dauphine. Parking près du sommet. Sentier de balade.

Entre des murets, l'itinéraire passe par la montée, escarpée, des Vraies-Richesses, où Giono a acheté en 1930 une maison avec l'argent de son premier succès, *Colline*. Cette demeure, **Lou Paraïs**, encore habitée, se visite sur rendez-vous (☎ 04 92 87 73 03 ; *le ven. après-midi sf j.f. ; gratuit ; durée : 1 h*). Le mont d'Or, que Giono comparait à « un beau sein rond » *(Manosque des plateaux)*, est toujours coiffé d'oliveraies. On y découvre, côté nord, une vue fabuleuse sur la vieille ville, à la forme en « poire » si caractéristique.

🍀 Le musée de L'Occitane

Z.I. Saint-Maurice (S de la ville) ☎ 04 92 70 19 00, www.loccitane.com. Ouv. lun.-sam. 10 h-19 h. Accès libre. Vis. de l'usine sur rés. auprès de l'office de tourisme (p. 292). Durée de la visite : 1 h.

C'est près de Manosque, à Volx, que démarre la saga de L'Occitane, en 1976. Cette année-là, **Olivier Baussan** achète un alambic pour produire de l'huile essentielle de romarin. Il a vingt-trois ans et arrête ses études de lettres pour devenir peu à peu « marchand d'odeurs », selon sa propre expression. Aujourd'hui, L'Occitane, c'est plus de 4 000 salariés et 1 000 boutiques dans le monde.

On découvre cette *success story* dans le musée de L'Occitane, ouvert au plus près de l'unité de production. Vidéos, **odorama** : on en ressort chaviré de parfums, n'ignorant plus rien de « l'herbe aux enchantements » (la verveine), ni de l'engagement durable de la maison.

☘ La maison de la Biodiversité★

À 3 km N de Manosque. Prenez en face de la porte Soubeyran la D5, dir. Dauphin. Tournez à g. avant l'hôtel du Pré-Saint-Michel, roulez 4 km env. Domaine de la Thomassine, chemin de la Thomassine, Manosque ☎ 04 92 87 74 40. Aire de pique-nique. Ouv. juil.-sept. mar.-sam. 10 h 30-13 h et 15 h-18 h 30, vis. guidée à 10 h 30 et 16 h 30 (hors saison mer. à 10 h 30 et 15 h). Hors saison mer. 10 h-12 h 30 et 14 h-16 h 30. 4 € (gratuit moins de 18 ans). Durée de la visite : 1 h 30.

Il s'agit d'une superbe réalisation du parc du Luberon, à la hauteur de son classement en 1997 comme réserve de biosphère *(p. 249)*. Verger conservatoire, le **domaine de la Thomassine** compte quelque 2 000 pieds d'arbres fruitiers, 126 variétés de pêchers, 73 d'oliviers… Huit jardins permettent de découvrir ce qu'est une « mine » en matière de captage d'eau (un « puits à l'horizontale », une galerie creusée dans le sol pour capter une source). Le 1er dimanche de décembre, le domaine est en fête avec « Fruits et saveurs d'autrefois ». Dégustation de jus de pommes, pique-nique…

Mane★★

À 18 km N de Manosque, via Dauphin et Saint-Maime par les D5 et D13. Maison du Patrimoine, rue de la Bourgade ☎ 04 92 72 53 95, www.mane-en-provence.com.

Dans ce **beau village**, les restaurations vont bon train. Maisons en pierre, rues caladées (empierrées) et lauriers-roses… Mane a la chance de posséder des fortifications (antérieures au xve s.) en excellent état de conservation, mais la citadelle, maison privée, ne

❜ En forêt de Pélicier

C'est une belle forêt de pins noirs d'Autriche, rafraîchissante, cette essence d'arbres « exotique » ayant été systématiquement utilisée pour le reboisement aux xixe et xxe s. De larges chemins forestiers et des tables de pique-nique attendent le promeneur. Insolite : sous vos pieds sont stockés, à plus de 300 m de profondeur, dans des conditions de sécurité optimum, jusqu'à 13 millions de m^3 d'hydrocarbures liquides et gazeux dans une trentaine d'anciennes poches à sel. Parking : au col de la Mort d'Imbert, entre Manosque et Dauphin, 7 km N de Manosque. Aires de pique-nique.

☘ Senteurs

Collines de Provence, parc de Pitaugier, Mane ☎ 04 92 76 57 62, www.collinesdeprovence.com. Magasin d'usine ouv. lun.-ven. 10 h-12 h et 14 h 30-18 h 30 (lun.-sam. en été). Visite d'usine sur r.-v. ; gratuit. À côté de L'Occitane *(p. 293)*, la maison, qui emploie 18 salariés, fait figure de Petit Poucet. Mais joue avec conviction la carte de l'authenticité et du bio.

Les jardins de Salagon.

© Philippe RENAUD

30

itinéraire

se visite pas. Sous les tilleuls, l'église Saint-André (XVIe s.), à la façade baroque et aux portes monumentales, comme la chapelle des Pénitents (1613), ont du caractère.

♥ Les jardins du musée Salagon★★

À la sortie S de Mane, sur la D4100, dir. Apt., à dr. Prieuré de Salagon ☎ 04 92 75 70 50, www.musee-de-salagon.com. Ouv. juin-août t.l.j. 10 h-20 h ; le reste de l'année, mieux vaut téléphoner. F. fin déc.-janv. De 5 à 7 € (gratuit moins de 12 ans). Audioguide. Aire de pique-nique à l'entrée du site. Ateliers payants pour adultes et enfants. Durée de la visite : 1 à 2 h.

Autour de Notre-Dame-de-Salagon (XIIe s.), du plus pur style roman provençal, les **jardins à thème**, six à ce jour, se multiplient depuis 1986. Une vraie encyclopédie végétale ! Il y a quelque **3 500 plantes**. Vous découvrirez l'usage médicinal des plantes dans le **jardin de simples** *(p. 27)* ou les plantes à sort du **jardin médiéval**. Vous vous attarderez dans le **jardin de senteurs**. Les granges de l'ancien prieuré abritent le **musée** qui approfondit de façon ludique cette

Bon plan

Au musée de Salagon, fin juillet, l'après-midi, il est possible d'assister gratuitement aux répétitions qui précèdent les concerts des **Rencontres musicales de Haute-Provence**, donnés le soir au prieuré. Rens. ☎ 06 60 79 34 24, http://rencontresmusicales.free.fr.

découverte du monde végétal. La **lavande** s'y présente dans tous ses états, grâce à des témoignages enregistrés et des « cache-cache senteurs ».

☠ Pendant les vacances de printemps et d'été, Salagon propose aux enfants *(à partir de 6 ans ; sur rés. ; 7 € goûter offert)* des **ateliers** où ils composeront par exemple leur « musique verte » avec de simples végétaux, cueillis en balade.

❤ Le château de Sauvan★

À 2 km S du musée de Salagon sur la D4100, dir. Apt., à g. Mane ☎ 04 92 75 05 64, www.chateaudesauvan.com. Vis. guidée juil.-août t.l.j. à 15 h 30 et 16 h 30 ; avr.-juin et sept. à mi-nov. jeu.-lun. à 15 h 30 ; fév.-mars dim. à 15 h 30. F. mi-nov. à fin janv. De 3 à 7,50 € (gratuit moins de 10 ans). Durée de la visite : 1 h 30.

Le **petit Trianon de la Provence**, « blond de toutes ses pierres blondes » selon l'écrivain Pierre Magnan, se cache derrière les arbres et ses 4 ha de parc à la française. La visite guidée, menée de main de maître par les propriétaires, est passionnante. On y découvre l'atmosphère élégante d'une demeure du XVIIIe s., dont la construction a démarré en 1719 sur les plans de l'architecte avignonnais Jean-Baptiste Franque. Salon de musique, chambre de la marquise, chapelle… On se laissera conter l'histoire de la comtesse de Gallean Forbin-Janson, proposant à Marie-Antoinette de prendre sa place dans les cachots de la Conciergerie.

Forcalquier★

À 6 km N du château de Sauvan par la D4100. Parking (gratuit) pl. Martial-Sicard.

ℹ Office de tourisme, 13, pl. du Bourguet ☎ 04 92 75 10 02, www.forcalquier.com. Vis. guidée l'été, jeu., sur rés. Cartes topoguide de 25 balades pédestres et 11 circuits VTT (2 € chacune).

Forcalquier, quand on l'approche, a des allures de pièce montée. On ne voit que « ça » : la **chapelle Notre-Dame-de-Provence**, construite dans le style néo-byzantin cher au XIXe s. et qui coiffe le sommet de la colline. Notre sous-préfecture a d'autres bizarreries qui la rendent attendrissante : place du Bourguet, la mairie s'est abritée dans l'**ancien couvent des**

30 itinéraire

❜ Baromètre

Partout, dans le pays de Forcalquier, c'est un signal, un point de repère. Et même un baromètre ! Voit-on Lure ? C'est bon signe pour la journée ! Prolongeant à l'est le mont Ventoux, la **montagne de Lure** culmine à 1 826 m et s'étend de Sisteron au col du Négron. Avec ses hameaux fantômes, elle a une aura vaguement magique. Lure héberge une fort modeste station de ski, où deux pistes se logent entre 1 600 m et 1 850 m, à proximité du village de Saint-Étienne-les-Orgues. Rens. à l'office du tourisme de la montagne de Lure, Saint-Étienne-les-Orgues (13 km N de Forcalquier, 30 km SO de Sisteron) ☎ 04 92 73 02 57.

Marché

Pl. du Bourguet et dans toute la ville de **Forcalquier**, le lun. Côté producteurs, l'un des marchés les plus pittoresques de Provence qui remonte au Moyen Âge. Le nez est chaviré par toutes les plantes aromatiques, basilic et sauge en tête. Rayon fromages, la tome « à l'ancienne » peut damer le pion au banon. Les fruits multiplient les tentations : melons sucrés, abricots dorés, pêches veloutées. Jusqu'aux coings qui s'en mêlent en automne.

Le carillonneur « à poing »

Forcalquier a trois carillonneurs attitrés et bénévoles comme Sylvain Roman, qui savent tirer le meilleur du carillon dit « à coups de poing » (1925) de Notre-Dame-de-Provence (la citadelle). Au moment de jouer, ce quadragénaire enfile ses gants de cuir pour « frapper » sur le clavier. Sylvain Roman joue les dimanches (vers 11 h 30) et jours de fêtes comme Noël et « quand ça lui chante » !

Pour l'apéritif

Distilleries et Domaines de Provence, av. Saint-Promasse, Les Chalus (sortie E de Forcalquier, dir. La Brillanne) ☎ 04 92 75 00 58, www.distilleries-provence.com. Ouv. avr.-juin et sept.-déc. t.l.j. sf mar. et dim. 9 h-19 h ; juil.-août t.l.j. 9 h-19 h (dim. 13 h). F. janv.-mars. La liste des plantes et des épices qui entrent dans la composition du pastis Henri Bardouin, emblématique de Forcalquier, est longue comme un jour sans soleil ! La maison a mis aussi sur le marché des apéritifs à base de coquelicot ou de poire-chocolat. Insolite !

Visitandines (XVIIᵉ s.), dont la chapelle baroque est occupée par… un cinéma ! Sur cette même place, la **cathédrale Notre-Dame-du-Bourguet** à l'énorme clocher (XIIIᵉ s.), accolée autrefois aux remparts, a gardé son aspect plutôt sévère, égayé par la fontaine et son ange Bouffareu *(p. 45)*.

L'ascension de la « citadelle »★★

Départ et arrivée : devant la cathédrale, pl. du Bourguet, à Forcalquier. Engagez-vous dans la rue Mercière. **Durée** : 1 h. **Distance** : boucle de 1,3 km. **Balisage** : fléchage. **Balade facile. Enfants** : 3-4 ans.

Par des rues caladées, l'ascension est assez rude. Mais au sommet, l'esplanade, où il n'y a plus de citadelle (rasée en 1601), vous offre une vue à 360° sur la montagne de Lure, la « montagne magique » des Forcalquiérens *(au N)*, le plateau de Ganagobie *(à l'E)* et les coupoles de Saint-Michel-l'Observatoire *(au SO)*. Tout proche, il y a la Bombardière, la colline d'où Louis XI, roi de France, fit bombarder la ville. Redescendez côté ouest, par les *bancaous* (terrasses). Vous passerez près d'une ancienne citerne où l'on recueillait l'eau. La rue Saint-Jean vous ramène place du Palais et place Saint-Michel, où les enfants seront peut-être les premiers à repérer « la » scène licencieuse de la fontaine.

Le sentier des Mourres

Départ et arrivée : parking de l'ancienne gare (École de musique) à Forcalquier. Attention, à un moment donné, il faut traverser la D12, au lieu-dit La Parise, pour prendre le chemin des Moureisses. Figure dans la carte des randonnées de l'office de tourisme. **Durée** : 2 h 30. **Distance** : boucle de 5,8 km. **Balisage** : orange et blanc/rouge. **Difficulté** : aucune. **Enfants** : 5-6 ans.

Au milieu de nulle part, il musarde dans un paysage étrange, ruiniforme, fait de cheminées de fées et de « champignons ». Chacun laissera la bride sur le cou à son imagination. Ce paysage onirique est tout bêtement le résultat d'une érosion sélective. Le cinéaste Georges Lautner en a fait l'un des décors de son film *La Maison assassinée*, tiré d'un roman de Pierre Magnan. Belle vue sur le plateau de Valensole. Balade à faire en été, quand les genêts de Villars explosent en fleurs jaunes.

30 itinéraire

Lurs★

À 11 km E de Forcalquier. Prenez la D12. À 8 km, tournez
à g. sur la D462.
ℹ️ Office de tourisme ☎ 04 92 79 10 20. Antenne de
Forcalquier l'été.

Village-citadelle, d'un cachet indéniable,
Lurs récupéra dès 408 l'évêque d'*Alaunium*,
lorsque les Vandales détruisirent cette agglomération romaine qui fut dans la vallée une
étape de la via Domitia. Il s'y retrancha dans
un premier château fort. L'histoire de la cité
restera liée jusqu'en 1789 au destin de ces
évêques de Lurs, Riez et Sisteron, promus
princes par l'empereur Charlemagne lui-
même en 812.

Lurs, que Jean Giono a tant aimée, offre
aujourd'hui un lacis touffu de ruelles et
d'andrônes (passages couverts). Et se transforme depuis plus d'un demi-siècle, le temps
des Rencontres internationales estivales de
Lure, en **capitale des arts graphiques**.

Au départ de Lurs, en empruntant le **sentier
de la Baume**, on met ses pas dans ceux de
Jean Giono, qui a décrit avec des mots qui
font images la campagne environnante.

🚶 Retrouvez cette randonnée détaillée
p. 390.

L'abbaye
de Ganagobie★★

À 9 km N de Lurs par la D30. Retour sur Manosque
par l'autoroute (A51, entrée La Brillanne) ou poursuite
sur Sisteron. Seule l'église se visite, mar.-dim.
15 h-17 h. Du parking, 15 min aller. ☎ 04 92 68 00 04,
www.ndganagobie.com. Boutique. De fév. à déc., le
monastère accueille des « retraitants ».

Sur le plateau de Ganagobie (650 m d'altitude), le site, au milieu des **chênes verts** aux
feuilles coriaces, domine toute la vallée de
la Durance. Dès le Xe s, Ganagobie, fondé
par l'évêque de Sisteron, Jean III, figurait
parmi les dépendances de l'abbaye de
Cluny. À sa grande époque (XIIe-XIVe s.), le
monastère bénédictin comptait 13 moines.
Aujourd'hui, il accueille une dizaine de religieux. L'**église abbatiale★★**, où les moines se
retrouvent 7 fois par jour, est un pur joyau
de l'art roman provençal (XIIe s.). Restaurée,
la mosaïque du chœur, du XIIe s. qui s'étire
sur 72 m², a retrouvé ses couleurs chaudes.

30 itinéraire

Produits du terroir

Chez Justine, pl. du
Monument (vers la
tour de l'Horloge), Lurs
☎ 04 92 79 18 12. Ouv. t.l.j.
11 h 30-12 h 30 et 14 h-18 h.
F. entre la Toussaint et
Pâques. Ces producteurs
d'huile d'olive vendent aussi
miels de lavande et toutes
fleurs, tapenade, pâtés et
terrines au genièvre ou aux
olives. On a craqué pour
les confitures « maison »,
gelées de framboise (sans
pépins !) et de groseille.

Un coup de bleu

**Rencontres internatio-
nales de Lure**, fin août à
Lurs. Depuis 1952, ce
festival réunit tous les
passionnés de la commu-
nication visuelle. Parmi les
fondateurs : Maximilien
Vox, typographe, journa-
liste, éditeur et frère à la
ville de Théodore Monod.
Ces Rencontres s'ouvrent
toujours par un apéritif
servi sur la promenade des
Évêques, où l'on voit apparaître la montagne de Lure,
drapée dans une brume
bleutée : c'est le fameux
« Coup de bleu », inscrit
dans les programmes. Rens.
www.rencontresdelure.org.

Sisteron et le val de Durance

ITINÉRAIRE DE 29 KM

C'est le verrou de la Provence. À ses portes commence le Dauphiné. Sur l'ancienne via Domitia, la *Segustero* des Romains contrôlait déjà ce passage, la cluse étranglée de la Baume, entre Durance et rochers. Ce rôle, Sisteron va l'assumer au cours des siècles : la ville sera l'une des places fortes des comtes de Forcalquier au XIe s., puis celle des rois de France. Sur le plan de la végétation, c'est aussi un pays-frontière entre les mondes alpin et méditerranéen, où l'on bascule des hêtraies aux chênes verts.

PROGRAMME POUR 1 JOURNÉE

Devenir incollable sur l'histoire de la citadelle*** (p. 301) de Sisteron, se lancer à corps perdu dans un circuit VTT autour de Château-Arnoux-Saint-Auban* (p. 362) et calmer le jeu aux Mées*** (p. 304).

À NE PAS MANQUER

- **Art contemporain** : la chapelle Saint-Jean* à Château-Arnoux-Saint-Auban (p. 303).
- **Tourisme scientifique** : le ♥ musée Terre et Temps* à Sisteron (p. 301).
- **Gastronomie** : l'agneau de Sisteron (p. 300).
- **Avec les enfants** : parcours Aventure sur les flancs de la citadelle de Sisteron (p. 362), VTT à Château-Arnoux (p. 362).
- **Point de vue** : la citadelle*** de Sisteron (p. 301).
- **Curiosité géologique** : les Pénitents des Mées*** (p. 304).

CÔTÉ PRATIQUE

Conditions de visite En été, accès aux massifs forestiers selon les conditions météo. Sisteron est en zones 1 et 5, Château-Arnoux-Saint-Auban, Les Mées en zone 1. **Infos Préfecture** ☎ 0 892 68 02 04, www.alpes-de-haute-provence.pref.gouv.fr.

Bon plan L'été, les visites guidées de la vieille ville de Sisteron sont gratuites (jusqu'à 3 fois/j.) et remportent un vif succès. Rens. ☎ 04 92 61 54 50.

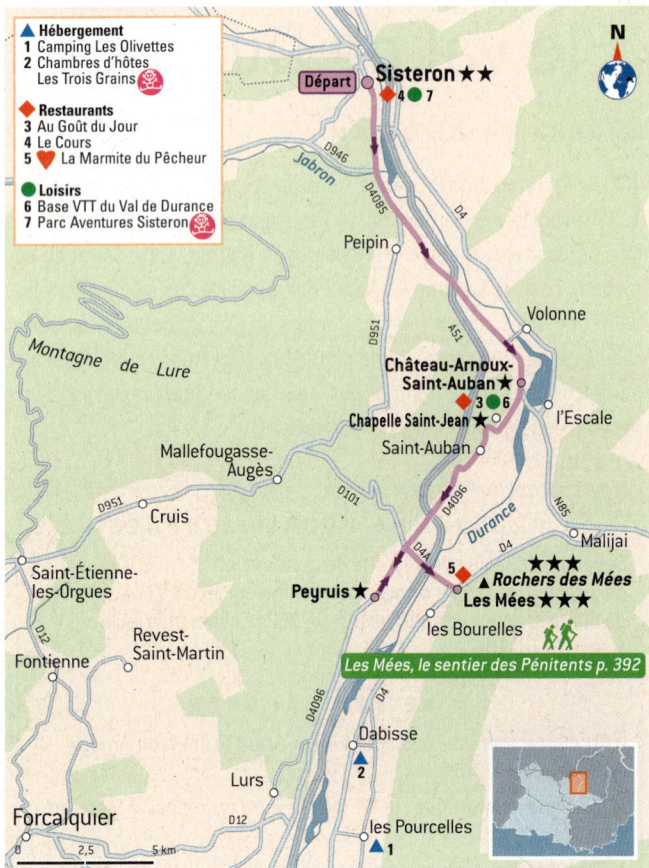

▲ Hébergement
1 Camping Les Olivettes
2 Chambres d'hôtes
  Les Trois Grains

◆ Restaurants
3 Au Goût du Jour
4 Le Cours
5 ♥ La Marmite du Pêcheur

● Loisirs
6 Base VTT du Val de Durance
7 Parc Aventures Sisteron

Départ
Sisteron ★★
4 ● 7

N

Jabron
D946
D4085
D4
Peipin
D950
A51
Volonne
**Château-Arnoux-
Saint-Auban** ★
3 ● 6
Chapelle Saint-Jean ★
l'Escale
Saint-Auban
Montagne de Lure
Mallefougasse-
Augès
D101
D4096
Durance
D4
Malijai
D951
Cruis
D4A
N85
Saint-Étienne-
les-Orgues
5 ◆
★★★
▲ **Rochers des Mées**
Les Mées ★★★
Peyruis ★
D12
Revest-
Saint-Martin
les Bourelles
Fontienne
D4096
D4
Les Mées, le sentier des Pénitents p. 392
Dabisse
2 ▲
Lurs
Forcalquier
D12
les Pourcelles
1 ▲
0   2,5   5 km

*Retrouvez toutes les adresses
de l'itinéraire p. 361.*

Sisteron et le val de Durance.

Sisteron★★

À 48 km N de Forcalquier par les D4100 et D4096,
puis l'A51/E712, sortie n° 22 (Sisteron centre).

ℹ Office de tourisme, pl. de la République
☎ 04 92 61 12 03 et 04 92 61 36 50, www.sisteron.
fr. Vis. guidée gratuite de la vieille ville en été. Circuit
fléché « Terre et Temps » (22 étapes) dans la vieille
ville. Location de GPS pour 18 circuits dans et autour
de Sisteron (4 € la demi-journée). Plan de la ville à
télécharger sur le site. Marché mer. et sam. matin.

Sisteron, petite ville (8 000 hab.), affiche
300 jours de soleil par an. Cette cité
lumineuse, pétrie d'histoire, est pittoresque.
Derrière sa **cathédrale** (XIIe s.), de style
romano-lombard, la vieille ville est un vrai
dédale d'escaliers et d'andrônes (passages

❜L'agneau de Sisteron

Plus connu sous le nom
d'agneau César, c'est l'agneau
de transhumance, élevé
4 mois sous la mère, qui se
retrouve sur les étals des
bouchers entre novembre et
juillet. Sisteron a ses pieds-et-
paquets, un « plat canaille »,
où pieds et pansette d'agneau
mijotent longuement (p. 38).

31
itinéraire

☂ Pause baignade

Plan d'eau des Marres, dans le centre-ville de Sisteron. Ouv. de mi-juin à mi-sept. Baignade et bronzette sur pelouses, aire de pique-nique. Et l'entrée est gratuite !

❟ Le maître du temps

Ernest-Benjamin Esclangon (1876-1954), né à Mison (à 12 km N de Sisteron), fut le directeur de l'Observatoire de Paris, où il créa, en 1933, la première horloge parlante à usage téléphonique et radiophonique. Cette dernière donne encore aujourd'hui, via le 3699, le top atomique. Il est aussi à l'origine de la création de la station astronomique de Saint-Michel-l'Observatoire, près de Forcalquier.

Les nuits de la citadelle

Sous les étoiles, le cadre grandiose de la citadelle offre des soirées magiques pendant l'été, de danse ou de théâtre. Avec pour toile de fond le rempart des comtes de Provence, le théâtre de verdure peut accueillir 1 500 spectateurs. Pour les concerts, il occupe aussi le cloître Saint-Dominique ou la cathédrale Notre-Dame-des-Pommiers. Rens. Arts-Théâtre-Monuments (ATM), 1, allée de Verdun, Sisteron ☎ 04 92 61 06 00, www.nuitsdelacitadelle.fr. De 15 à 55 €.

couverts). Mais de l'enceinte de 1370, il ne reste que **cinq tours**, sauvées de la démolition au XIXᵉ s. par Prosper Mérimée. Trois se présentent en enfilade dans l'allée de Verdun. La première est la tour de la Médisance. Celle du milieu est la tour de Notre-Dame. Par la troisième, tour de la porte Sauve, un millier de protestants purent échapper au massacre en 1591, lors des guerres de Religion.

❤ ☂ Le musée Terre et Temps★

Pl. du Général-de-Gaulle (derrière la cathédrale Notre-Dame-des-Pommiers) ☎ 04 92 61 61 30. Ouv. mar.-sam. fév. à mi-sept. et nov. 9 h-12 h et 14 h-18 h ; mi-sept. à oct. 9 h-10 h et 15 h-18 h. F. déc.-janv. Accès libre.

Dans l'ancienne chapelle des Visitandines (1631), un musée dont les animations passionnent les enfants, malgré son objet a priori rébarbatif : la mesure du temps, qu'il soit humain ou géologique. Le pendule de Foucault leur démontre que la terre est ronde. Une clepsydre reconstituée, qui évacue ses 120 l d'eau en 12 h environ, fait sensation ! Un petit tuyau : des automates entament un concert de cymbales et tambours à la 6ᵉ, 9ᵉ et 12ᵉ heures (idéal pour faire diversion !).

La citadelle★★★

De la pl. du Général-de-Gaulle, traversez l'av. Paul-Arène, prenez à dr. la rue de Provence, puis la montée de la Citadelle.
☎ 04 92 61 27 57, www.citadelledesisteron.fr. Ouv. t.l.j. avr.-11 nov. 9 h-18 h (18 h 30 en mai, 19 h en juin et sept., 19 h 30 en juil.-août). De 2,60 à 6 € (gratuit moins de 6 ans). Durée de la visite : 1 h 30 à 2 h. L'été, navette (payante) par petit train touristique entre le centre-ville et la citadelle.

Ici, **les murs parlent** ! On pousse sur un bouton, fiché dans le mur… d'un coup, un galop déchire l'espace : c'est Napoléon qui revient de l'île d'Elbe. Cet audioguidage, original, pimente la visite pour les enfants d'une forteresse, impressionnante, perchée sur un verrou rocheux au confluent de la Durance et du Buëch. La **vue★★★**, notamment sur le chemin de ronde, est saisissante : on croit flotter entre ciel et terre, avec le pic de Bure (2 712 m) et toute la vallée de la Durance en ligne de mire. Ce rocher qui porte la citadelle a été de tout temps fortifié.

© Philippe RENAUD

Sisteron : tour de défense.

Chargée de protéger la Provence contre les visées du Dauphiné et plus tard de la Savoie, la forteresse actuelle a été remaniée à maintes reprises entre les XIIe et XIXe s. Y compris par Vauban.

Château-Arnoux-Saint-Auban★

À 13 km S de Sisteron par la D4085.

🛈 Office de tourisme, ferme de Font-Robert
☎ 04 92 64 02 64, www.valdedurance-tourisme.com.
Carte d'orientation (1,50 €) et topoguides de randonnées pédestres ou VTT (3 €). Vis. guidée et randonnées organisées (payant) en saison. Location de VTT. Marché le dim.

L'industrialisation aidant, la capitale du val de Durance a pris de l'embonpoint : elle compte aujourd'hui 5 000 habitants. Mais le vieux village – Château-Arnoux – a conservé un certain cachet avec son pigeonnier, son lavoir et son four banal. Il se serre autour du **château Renaissance**, élevé par Pierre de Glandevès entre 1510 et 1530 : il héberge aujourd'hui la mairie, qui compte un **escalier à vis** de 84 marches classé monument historique (*ouv. lun.-ven. 8 h 30-12 h et 13 h 30-17 h, sam. 10 h-12 h*). Au-delà du parc du château (*accès libre*), la ferme de Font-Robert, l'ancienne ferme (XVIe s.) du château, abrite, elle, l'office de tourisme.

❜**Napoléon à Malijai**

Pour Napoléon Ier, échappé en 1815 de l'île d'Elbe où il était prisonnier, la folle équipée des Cent-Jours aurait pu se terminer précocement à Sisteron. C'est vers 2 h du matin, le 5 mars 1815, au château de Malijai, que l'empereur déchu apprit que la citadelle de Sisteron n'était pas gardée. La voie était libre.

Balade de la chapelle Saint-Jean

À 2 km S dir. Peyruis. Prenez sur la dr. au panneau Route touristique de Saint-Jean. Accès à pied du centre-ville par un petit sentier balisé (plan gratuit à l'office de tourisme p. 303 ; durée : 1 h 30 à 2 h ; distance : 4 km aller-retour). Chapelle ouv. juil.-août mer. 16 h-19 h. Vis. sur demande auprès de Mme Venet ☎ 04 92 62 64 49 ou de Mme Heyriès ☎ 04 92 64 00 05. Aire de pique-nique. Table d'orientation.

Ne ratez pas la **chapelle Saint-Jean*** datée du XVIIe s. Son mobilier est signé Bernar Venet (les sculptures du château de Versailles en 2011, c'était lui). Cet artiste, rattaché au mouvement de l'art conceptuel, est né à Château-Arnoux-Saint-Auban en 1941.

Peyruis*

À 11 km SO de Château-Arnoux-Saint-Auban par la D4096.

Ce joli village du val de Durance n'est pas peu fier de ses sept fontaines, alimentées par des résurgences du plateau calcaire : la **fontaine du Portail** est de toutes les photos. Son château féodal, en ruines, contribue aussi au charme de la carte postale. L'**église Saint-Nicolas**, dont l'abside est d'un gothique tardif, ne dépare pas l'ensemble. Par ailleurs, Peyruis compte dans ses murs un insolite **museum des Insectes du monde** (1, chemin des Cigales ☎ 04 92 32 69 38, www.museumdesinsectesdumonde.com ; ouv. t.l.j. sf lun. 14 h-19 h ; f. janv.-fév. ; de 4,50 à 6,50 €, gratuit moins de 4 ans). Entomologiste autodidacte, Michel Coache présente lui-même sa collection, soit 20 000 insectes, dont 21 espèces de cigales ! On en apprend de belles sur la vie et la mort de ces petites bêtes. La visite peut durer 2 h.

Balade du Marquis

Départ et arrivée : château de Peyruis. Promenade à VTT. **Durée** : 1 h 30. **Distance** : boucle de 11 km. **Balisage** : jaune orangé (2 ronds, un triangle) avec n° du circuit (le 6). Plan des circuits VI I à l'office du tourisme de Château-Arnoux-Saint-Auban (p. 302 ; 3 €). **Dénivelé** : 270 m. **Difficulté** : aucune. **Enfants** : 7-8 ans.

Vous prenez votre départ derrière les ruines du château du marquis de Piozin, construit à la Renaissance, démantelé à la Révolution. Au milieu des pins sylvestres, pins noirs, pins d'Alep, chênes verts ou pubescents, genévriers cades (ci-contre), « Le Marquis »

Produits du terroir

La Gargoulette, 11, rue Jean-Jacques-Rousseau, Château-Arnoux ☎ 04 92 64 14 91. Ouv. mar.-sam. 9 h-12 h et 15 h-19 h. Ce caviste propose des coteaux-de-pierrevert et tout ce qui peut faire un casse-croûte planureux : terrines, miels, tapenades et des pieds-et-paquets à réchauffer.

Nature

Le genévrier cade ou *Juniperus oxycedrus* peut atteindre 10 m de hauteur. Doté de feuilles piquantes, rayées sur la face interne de deux lignes blanches, il pousse même dans la pierraille jusqu'à 800 m d'altitude. L'huile de cade soignait le piétin (irritation des pieds) des brebis.

est un circuit en balcon, tout en pistes, au-dessus du village de Peyruis. Exposé sud-ouest, il offre un **beau panorama** sur la vallée de la **Durance** considérée, selon un dicton populaire, comme l'un des trois fléaux de la Provence, au même titre que le mistral et… le Parlement. Aujourd'hui, canalisée, domestiquée et coupée de barrages, la Durance est source de richesses. Belle vue aussi sur les impressionnants rochers, les Pénitents des Mées *(ci-dessous)*, juste en face, de l'autre côté de la Durance.

Les Mées★★★

À 5 km E de Peyruis par les D4096 et D4a.
ℹ Office de tourisme, bd de la République
☎ 04 92 34 36 38, www.lesmees04.com. Plan du village à télécharger sur le site. Plan du sentier des Pénitents gratuit ou à télécharger sur le site. Départ pl. de la République.

De loin comme de près, au propre comme au figuré, le village est complètement écrasé par ses « **Pénitents** »★★★, une cohorte fantomatique de rochers débonnaires en poudingue *(p. 393)*, alignés sur 3 km, hauts d'une centaine de mètres. On musardera du côté de l'église Notre-Dame-de-l'Olivier, « réédifiée » en 1593 et chapeautée d'un campanile au XIXᵉ s. On y découvre un lavoir, les ruines d'un ancien château (détruit en 1575 pendant les guerres de Religion), un vieux moulin de 1521 qui servit un temps de magnanerie et reconverti en restaurant *(p. 361)*.

Au départ des Mées, le **sentier des Pénitents** est une balade féerique, sur un parcours en grande partie ombragé, à faire au printemps ou en automne.

🚶 Retrouvez cette randonnée détaillée p. 392.

Confiseur d'olives

Moulin à huile Gaec des Varzelles, Les Varzelles, Les Mées ☎ 04 92 34 05 91 et 06 87 81 75 85. Ouv. t.l.j. 9 h-19 h. Jean-Louis Sauvy et Emmanuelle Scotto donnent toutes ses lettres de noblesse au métier de « confiseur d'olives ». Vous y trouverez huile d'olive, tapenade, pistou. Mais aussi une surprenante confiture d'olives. L'été, vous pouvez aussi remplir votre panier de fruits avec pêches et abricots, tout juste cueillis sur l'arbre.

L'huile des Mées

La commune des Mées possède un très grand nombre d'oliviers : 30 000 arbres. Cette huile d'olive des Mées, qui bénéficie de l'AOP Haute-Provence, est prisée des connaisseurs pour sa douceur. L'aglandau y domine. À employer en assaisonnement, à éviter en friture *(p. 36)*.

32 Le parc du Verdon★★★

ITINÉRAIRE DE 77 KM

S'étendant du plateau de Valensole au haut pays varois, le Parc naturel régional du Verdon, créé en 1997, regroupe 45 communes. Il a emprunté son nom au Verdon, qui prend sa source aux environs du col d'Allos (2 247 m) et rejoint la Durance, 2 000 m plus bas, en dévalant vers Gréoux-les-Bains. Le long de son parcours (175 km), haché par des barrages, se succèdent dans un kaléidoscope étourdissant lacs avec leurs fjords et criques comme le lac de Sainte-Croix, gorges aux à-pics vertigineux comme le Grand Canyon.

PROGRAMME POUR 1 JOURNÉE

Retourner à l'âge de pierre au musée de Préhistoire des gorges du Verdon★★★ à Quinson (p. 306), lézarder sur la plage de Sainte-Croix-de-Verdon★★ (p. 307), musarder sur la route des crêtes★★★ (p. 309).

À NE PAS MANQUER

- **Archéologie** : le musée de Préhistoire des gorges du Verdon★★★ à Quinson (p. 306).
- **Tradition** : la faïence de Moustiers-Sainte-Marie (p. 308).
- **Pause nature** : le Grand Canyon du Verdon★★★ (p. 308).
- **Avec les enfants** : canyoning et randonnée aquatique au fond du Verdon (p. 363), observation du vautour fauve à Rougon (p. 363).
- **Carte postale** : le lac de Sainte-Croix★★ (p. 307).
- **Point de vue** : la route des crêtes★★★ (p. 309).

CÔTÉ PRATIQUE

Parc naturel régional du Verdon, domaine de Valx, Moustiers-Sainte-Marie ☎ 04 92 74 68 00, www.parcduverdon.fr.

Conditions de visite En été, accès aux massifs forestiers : ☎ 0 892 68 02 04, www.alpes-de-haute-provence.pref.gouv.fr (zones 2 et 3).

Bons plans Pass'Découverte : 12 musées ou activités du parc adhèrent à cette opération (réductions). Pass'Musée : 28 musées du département (réductions et gratuités).

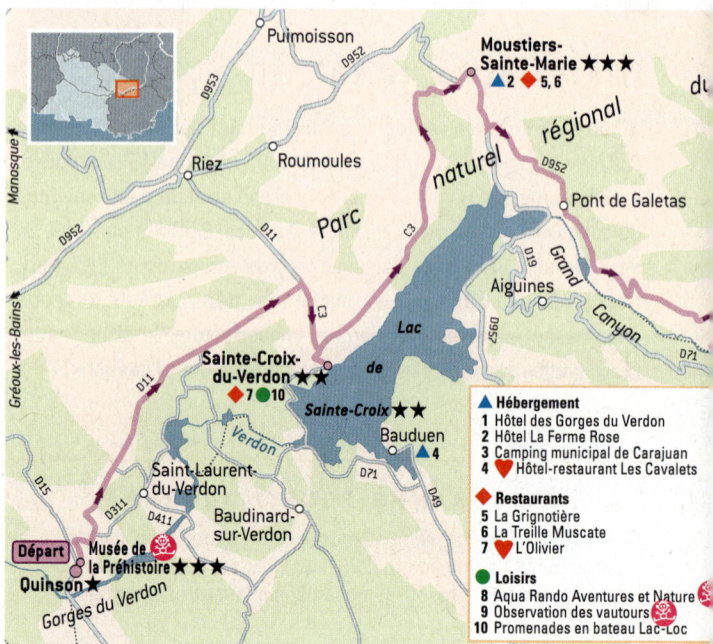

Le parc du Verdon.   Retrouvez toutes les adresses de l'itinéraire p. 362.

32 itinéraire

Quinson*

À 36 km SO de Manosque, via Gréoux-les-Bains par les D4, D82, D315 et D15.

🛈 Office de tourisme, chapelle Saint-Esprit, rue Saint-Esprit ☎ 04 92 74 01 12, www.quinson.fr.

Gai comme un pinson (pinson, *quinsoun* en provençal, serait d'ailleurs l'origine de son nom), Quinson est situé à proximité d'un cadre grandiose, celui de falaises dont la base est noyée aujourd'hui par les eaux du barrage de Gréoux-les-Bains. Ce village lilliputien (350 hab.) peut se vanter de ses origines : son histoire remonte à l'aube de l'humanité. Depuis plus de 50 ans, les fouilles archéologiques ont exhumé dans le secteur quantité d'ossements d'animaux : bouquetins, chevaux, bisons mais aussi rhinocéros de prairie ou lion !

Fête de la transhumance

À Riez (à 15 km SO de Moustiers-Sainte-Marie par la D952), le 3e ou le 4e dim. de juin. Environ 1 000 moutons traversent la cité avant de commencer à rejoindre leurs alpages, vers le col d'Allos. La fête pétille, avec un marché du terroir et un méchoui au restaurant La Bergerie. Rens. ☎ 04 92 77 99 09, www.ville-riez.fr.

🦎 Le musée de Préhistoire des gorges du Verdon★★★

Route de Montmeyan ☎ 04 92 74 09 59, www.museeprehistoire.com. Ouv. avr.-juin 10 h-19 h ; juil.-août 10 h-20 h ; sept. 10 h-19 h ; oct.-mars 10 h-18 h.

F. mar. hors juil.-août et vac. scol. , mi-déc. à fin janv.
De 5 à 7 € (gratuit moins de 6 ans). Audioguide.
Durée de la visite : 2 h.

Dioramas (reconstitutions en 3D), films audiovisuels, écrans tactiles… En une vingtaine d'espaces, ce musée qui s'est offert les services d'une star de l'architecture, lord Norman Foster, vous propulse, de façon spectaculaire, pédagogique et ludique, dans un fabuleux voyage dans le temps : un petit million d'années en quelques mètres. Un film propose une évocation étonnante de la grotte de la Baume Bonne, site majeur du Verdon, classé aujourd'hui monument historique, où l'on a retrouvé les traces d'une présence humaine depuis plus de 400 000 ans. On peut sur réservation visiter cette grotte (mars-oct. le 1er sam. du mois, vac. scol. de la région le mer., juil.-août le mer. et le sam. ; 2 à 3 h de marche aller-retour, 1 h sur place ; de 3,50 à 4 €).

Sainte-Croix-du-Verdon★★

À 19 km NE de Quinson par la D11.

ℹ Point info Tourisme t 04 92 77 85 29,
www.saintecroixduverdon.com.

En 1973, **Sainte-Croix-de-Verdon** (102 habitants) est devenue une petite cité balnéaire à fleur d'eau (plage surveillée). Le village n'en a pas moins conservé ses ruelles pentues et son église du XVIe s. Aujourd'hui, il domine le **lac de Sainte-Croix★★**, qui est, avec 2 200 ha, le plus grand des cinq lacs de retenue créés par l'aménagement du Verdon. Ses belles eaux turquoise (760 millions de m^3 d'eau) sont utilisées pour l'irrigation, la production d'électricité, l'alimentation en eau potable et enfin pour le tourisme. Toute navigation à moteur autre qu'électrique est interdite. À vous canoë, voile…

Moustiers-Sainte-Marie★★★

À 15 km NE de Sainte-Croix-de-Verdon par la C3.
Parkings (gratuits) à l'entrée, au bas de la cité.

ℹ Office de tourisme, Maison de Lucie, pl. de l'Église
☎ 04 92 74 67 84, www.moustiers.eu. Vis. guidée du village en juil.-août le mar. et le ven. 3 € (gratuit moins de 12 ans). Jeu de piste pour les enfants (1,50 €). Carnet 12 promenades (4,60 €). Marché le ven. matin.

Au creux d'une faille, où coule l'Adou, se love Moustiers-Sainte-Marie, cernée par les

32
itinéraire

Vivre la Préhistoire

Près du musée, le village préhistorique et le jardin néolithique reconstitués sur les bords du Verdon sont en accès libre (plan au musée). Sur place, on peut s'initier au lancer de sagaie, à la taille de silex (mars-oct. le 1er sam. du mois, vac. scol. région. le mar., juil.-août les mer. et jeu. ; sur réserv. au musée ; payant). En accès libre, aussi, le sentier thématique de la Baume Bonne (départ près du village préhistorique ; durée : 1 h 15 pour l'aller simple) vous emmène dans la garrigue, au pied de la grotte.

oliviers. Levez la tête : dans l'échancrure, entre les falaises, brille la fameuse **étoile de Provence**, dorée à l'or fin et suspendue à une chaîne, longue de 135 m et qui pèse 150 kg. C'est le monumental ex-voto (remerciement) d'un chevalier de Blacas, revenu vivant de croisade au XIIᵉ s. L'étoile, bien sûr, n'est pas d'origine.

Partez à la découverte de la cité, de ses ponts en cascade, de ses rues escarpées et enchevêtrées. L'église Notre-Dame, qui fut au Moyen Âge celle du prieuré fondé par les moines de l'abbaye de Lérins, hésite entre roman et gothique. Traversez l'Adou. La rue de la Bourgade vous emmène jusqu'au **musée de la Faïence** ★ *(pl. de la Mairie ☎ 04 92 74 61 64; ouv. avr.-juin et sept.-oct. t.l.j. sf mar. 10 h-12 h 30 et 14 h-18 h, juil.-août t.l.j. 10 h-12 h 30 et 14 h-19 h, hiver w.-e. et vac. scol. sf mar. 14 h-17 h; f. en janv.; 3 €, gratuit moins de 16 ans et le mar. en juil.-août).* Vous y verrez la vaisselle qu'appréciaient tous les grands de ce monde aux XVIIᵉ et XVIIIᵉ s. : le « bleu de Moustiers » et les décors « aux grotesques », qui faisaient fureur en ce temps-là *(p. 45).*

La chapelle Notre-Dame-de-Beauvoir ★

Accès dans la cité, par la rue Marcel-Provence, rive g. de l'Adou. Ouv. en été 10 h-19 h 30, en hiver 10 h-17 h. Accès libre.

Grimpez jusqu'à la chapelle Notre-Dame-de-Beauvoir. Du XIIIᵉ s., ce serait une « chapelle à répit », où l'on baptisait les enfants mort-nés, « ressuscités » le temps du sacrement. Au retour, faites le tour du village par le Claux et ses oliveraies bucoliques *(comptez 1 h 30 pour 4 km env.; attention, pas de garde-fou dans certains passages; raccourci par la rue de la Clappe).*

La Palud-sur-Verdon ★

À 20 km SE de Moustiers-Sainte-Marie par la D952.

Maison des Gorges, le Château, La Palud-sur-Verdon ☎ 04 92 77 32 02, www.lapaludsurverdon.com. Ouv. 15 mars-15 nov. t.l.j. sf mar. 10 h-12 h et 16 h-18 h (mi-juin à mi-sept. 10 h-13 h et 16 h-19 h). De 2 à 4 € (gratuit moins de 6 ans). Livret de randonnée en vente.

Aux portes du **Grand Canyon du Verdon** ★★★, ce village est un passage obligé pour les

> ☠ **Pause baignade**
>
> La plage la plus longue, de galets, se trouve au pont de Galetas (à 9,5 km S de Moustiers-Sainte-Marie par les D952 et D957). À l'embouchure du canyon, on peut y louer canoë, kayak, petits bateaux électriques pour aller sur le lac ou remonter les gorges du Verdon *(p. 305).*

> **Faïences**
>
> **L'Atelier du Soleil**, chemin de Quinson, Moustiers-Sainte-Marie ☎ 04 92 74 63 05, www.ateliersoleil.fr. L'atelier de ce faïencier peut se visiter de préférence hors w.-e. entre 9 h et 11 h 30. La boutique, elle, est au village, rue Marcel-Provence.

> **❜ Fréquence vautour**
>
> Alcyone, Wupper et Stéhéline ont été lâchés le 7 décembre 2007 près de Rougon. Il s'agit de trois vautours moines, que l'on peut suivre à la trace : ils ont, chacun, une fréquence émetteur !

© Philippe RENAUD

Les gorges du Verdon.

Conseil

Si vous n'avez pas le temps de faire la route des crêtes, arrêtez-vous au moins au **Point Sublime*** (à 7,5 km E de La Palud-sur-Verdon ; suivez la D952, dir. Castellane). Ce belvédère aménagé sur le Verdon (10 à 15 min de marche depuis le parking) vaut le détour.

⟩ Le sentier Martel

Les gorges sont explorées dans leur ensemble pour la première fois en 1905 par le spéléologue **Édouard-Alfred Martel** qui faisait de l'alpinisme aquatique ; il est accompagné par l'instituteur de Rougon, **Isidore Blanc**. L'équipe met trois jours et demi pour descendre la rivière ! Dès 1928, le Touring Club de France aménage le sentier des gorges de la Maline au Point Sublime : le fameux « sentier Martel ». Tunnels (jusqu'à 670 m de longueur pour le tunnel du Baou), escaliers métalliques vertigineux (252 marches pour le plus impressionnant) et frissons à la clef. **Durée** : 6 h pour l'aller simple (taxis, navettes pour le retour). **Distance** : 15 km. **Dénivelé** : 355 m. **Conseil** : une lampe de poche est indispensable. **Enfants** : interdit aux moins de 10 ans.

randonneurs et sportifs de tout bord : ici, ils glanent informations, tuyaux, cartes. La maison des Gorges, installée dans l'ancien château des comtes de Demandolx (XVIᵉ-XVIIIᵉ s.) fait fonction à la fois d'office de tourisme *(accès libre au rez-de-chaussée)* et d'**écomusée*** *(à l'étage)*. On y découvrira les secrets du Vercors (flore, faune, etc.), l'atelier du dernier potier de La Palud et l'épopée du **sentier Martel** *(ci-contre)*.

La route des crêtes***

Boucle de 23 km. **Départ et retour** de La Palud-sur-Verdon. Prenez la D952 dir. Castellane. À 800 m, tournez sur la dr. F. 15 nov.-15 mars (sf accès au belvédère de l'Escalès et au chalet de la Maline). Attention ! La route n'est à sens unique que sur une petite portion, entre le Jas d'Aïre et le chalet de la Maline. **Durée** : 1 h.

Depuis La Palud-sur-Verdon, c'est une petite route, la D23, qui se tortille d'un belvédère à l'autre, où des aires de stationnement ont été aménagées. Sur 23 km, elle ménage des **points de vue fabuleux**. Le Verdon gronde au fond du canyon, long de 21 km, vieux de 6 millions d'années. Il a taillé son lit au pied de falaises où le dénivelé peut atteindre 1 100 m ! Vous vous arrêterez à La Carelle (2ᵉ belvédère) qui offre le plus vertigineux plongeon sur un Verdon sinueux comme un serpent. Arrêt encore à l'Escalès (3ᵉ belvédère), pour suivre les évolutions des grimpeurs sur la falaise ou celles des **vautours fauves**, qui planent pratiquement à hauteur d'yeux.

Nos bonnes adresses

Port de l'Estaque
à Marseille.
© Philippe RENAUD

MA 481013

VIRGINY

CALI

À savoir

PRÉPARER SES VACANCES

INFORMATIONS TOURISTIQUES

Voir aussi les offices de tourisme au fil des itinéraires.

Comité régional de tourisme Provence-Côte-d'Azur

Maison de la Région,
61, La Canebière, CS 10009,
13231 Marseille Cedex 01
☎ 04 91 56 47 00,
www.decouverte-paca.fr.

Agence de développement touristique des Alpes-de-Haute-Provence

8, rue Bad-Mergentheim,
Immeuble François-Mitterrand,
BP 170, 04005 Digne-les-Bains
Cedex ☎ 04 92 31 57 29,
www.alpes-haute-provence.com.

Comité départemental de tourisme des Bouches-du-Rhône

13, rue Roux-de-Brignoles,
Immeuble Le Montesquieu,
13006 Marseille
☎ 04 91 13 84 13,
www.visitprovence.com.

Agence de développement touristique de la Drôme

8, rue Baudin, BP 531,
26005 Valence Cedex
☎ 04 75 82 19 26,
www.ladrometourisme.com.

Comité départemental de tourisme du Gard

3, rue de la Cité-Foulc, BP 90122,
30010 Nîmes Cedex 04
☎ 04 66 36 96 30,
www.tourismegard.com.

Agence de développement touristique du Var

1, bd du Maréchal-Foch, BP 99,
83003 Draguignan Cedex
☎ 04 94 50 55 50, www.visitvar.fr.

Agence de développement touristique du Vaucluse

12, rue du Collège-de-la-Croix,
BP 50147, 84008 Avignon Cedex 1
☎ 04 90 80 47 00,
www.provenceguide.com.

LES PARCS NATURELS

Parc naturel régional des Alpilles

10-12, av. Notre-Dame-du-Château,
13103 Saint-Étienne-du-Grès
☎ 04 90 54 24 10,
www.parc-alpilles.fr.

Parc national des Calanques

Impasse Paradou, 13009 Marseille,
☎ 04 91 72 65 73,
www.gipcalanques.fr.

Parc naturel régional de Camargue

Mas du Pont de Rousty,
13200 Arles ☎ 04 90 97 10 82,
www.parc-camargue.fr.

Maison du Parc naturel régional du Luberon

60, pl. Jean-Jaurès, BP 122,
84404 Apt Cedex
☎ 04 90 04 42 00,
www.parcduluberon.fr.

Maison du Parc naturel régional du Verdon

Domaine de Valx,
04360 Moustiers-Sainte-Marie
☎ 04 92 74 68 00,
www.parcduverdon.fr.

LABELS DE QUALITÉ

Bistrots de pays

La formule « bistrots de pays » fait florès : 22 pour les Alpes-de-Haute-Provence, d'où le mouvement est parti ; 17 pour la seule Drôme provençale… Image dépoussiérée, ils se veulent « les ambassadeurs de leur territoire, des relais multiservices, des lieux de vie culturelle » le temps d'un apéritif littéraire, d'un repas conté ou d'un dîner jazz. www.bistrotdepays.com.

Grands sites de France
Les sites sélectionnés le sont au titre de « paysages exceptionnels » ainsi que pour leur gestion jugée conforme aux principes du développement durable. En tout 37 sites (dont Sainte-Victoire, *p. 102*) ont décroché ce label attribué par l'État. www.grandsitedefrance.com.

♣ Greeters
Des bénévoles font découvrir leur ville, sa « vraie vie », ses « vrais gens », le temps d'une visite guidée. Marseille a ses greeters *(p. 69)*. www.france-greeters.fr.

♣ Pavillon bleu
Pour plages et ports de plaisance, ce label a établi un code de bonne conduite environnementale. Il se montre particulièrement exigeant sur la qualité des eaux de baignade. Cassis *(p. 81)* fait partie des 120 lauréats en 2011. www.pavillonbleu.org.

♿ Tourisme et Handicap
Pour trouver des réponses à ses questions. Comment venir et se déplacer ? Comment trouver un hôtel, un restaurant adapté à son handicap ? Quelles plages sont équipées de fauteuils amphibies ? www.handitourismepaca.fr.

QUAND PARTIR ?
Il n'y a pas de saison pour visiter la Provence ! Même l'hiver peut être fort agréable, hors… mistral et ses morsures. Le printemps pare le pays de toutes les séductions. L'automne a ses flamboyances.
L'été est évidemment la belle saison par excellence, où les festivals s'enchaînent. À éviter toutefois si vous abhorrez la foule.

Si vous aimez la randonnée, attention en juillet et août, car de nombreux massifs forestiers sont soumis à des restrictions d'accès en fonction des risques d'incendie et peuvent être interdits toute la journée ou partiellement.
Météo ☎ 0 892 680 365, http://meteoconsult.fr.

TRANSPORTS
Par la route
Via l'autoroute, il y a 777 km entre Paris et Marseille. Durée : 7 h env. Péage : 55 € env. (aller simple). Entre Bordeaux et Avignon, la distance est de 571 km (dont 545 km d'autoroute). Durée : plus de 5 h. Péage : 45 € env. Rens. www.asf.fr.

En avion
– **Air France** dessert Marseille au départ de Roissy-Charles-de-Gaulle et d'Orly-Ouest (une quinzaine de vols quotidiens). On peut trouver un aller simple à 50 €. Vous pouvez aussi partir de Biarritz, Bordeaux, Brest, Lille, Lyon, Nantes, Rennes, Strasbourg, Toulouse et de toute la Corse (en partage de code avec CCM Airlines). Rens. et rés. ☎ 3654, www.airfrance.fr.
– La petite compagnie **Twin Jet** dessert Marseille au départ de Metz-Nancy et Mulhouse. Rens. et rés. ☎ 0 892 707 737, www.twinjet.net.
– **Ryanair** dessert Marseille en low-cost au départ de Brest, Lille, Nantes, Paris-Beauvais et Tours. Rens. et rés. ☎ 0 892 780 210, www.ryanair.com.
– **Aéroport international Marseille-Provence**
☎ 04 42 14 14 14, www.mp.aeroport.fr.

En train
Le TGV relie Paris à Marseille en 3 h ; Aix-en-Provence TGV en 2 h 56 ; Arles en 3 h 49 ; Avignon TGV en 2 h 36 ; Montélimar en 2 h 47 ; Orange en 3 h 14 et Nîmes en 2 h 49. Rens. et rés. ☎ 36 35, www.voyages-sncf.com et www.tgv.com.

Le site www.voyages-sncf.com vous propose aux meilleurs prix billets de train, billets d'avion, hôtels, location de voiture, séjours Clé en main ou Alacarte®. Et aussi réservation en ligne, envoi gratuit des billets et offres de dernière minute.

🍀 Avec l'ÉcoComparateur®, vous pouvez également comparer les prix, les temps de trajet et un indice de pollution moyen pour un déplacement en train, en avion ou en voiture.

Pensez également aux cartes de réduction : carte Enfant + (moins de 12 ans), carte 12-25, carte Famille nombreuse, carte Senior (plus de 60 ans). Escapades (25-59 ans) assure entre 25 % et 40 % de réduction sans limitation du nombre de voyages.

BUDGET

Deux estivants de la région parisienne dépenseront pour 2 semaines de vacances environ 1 500 € tout compris, en misant sur le *glamping* (p. 317), en privilégiant pique-nique et bistrot de pays, en utilisant leur voiture personnelle (comptez pour un aller-retour Paris-Marseille 280 € en essence et péages). S'ils recourent à la formule train + location de voiture ou avion + location de voiture, la facture sera plus élevée (de l'ordre de 650 € en plus), mais les gains en temps et fatigue sont appréciables.

SE LOGER

Retrouvez notre sélection d'adresses par itinéraire p. 318.

CAMPING

Fédération nationale de l'hôtellerie de plein air

105, rue La Fayette, 75010 Paris
☎ 01 48 78 13 77,
www.fnhpa-pro.fr.
Avec 8 634 terrains de camping en France en 2011, cette forme d'hébergement a conquis la première place. Ce sont surtout les 3 et 4-étoiles qui ont le vent en poupe.

Gitotel

ZA Le Pontet,
69380 Civrieux-d'Azergues
☎ 04 72 54 71 80,
www.gitotel.com.
Le camping de grand-papa a vécu. Vive le chalet-vacances, où l'on peut disposer de tout le confort moderne : réfrigérateur, micro-ondes et salon de jardin.

🍀 *Glamping*
Voir p. 317.

🍀 La Via Natura
Route du Lac, 65400 Estaing
☎ 05 62 97 45 44,
www.campings-la-via-natura.com.
Des propriétaires de camping passionnés de nature partagent leur connaissance de l'environnement et le développement d'un tourisme durable (consommation raisonnée d'eau, d'électricité, limitation des déplacements). Ils proposent même de compenser vos émissions carbone par des actions sur le terrain.

MAISONS ET CHAMBRES D'HÔTES

🍀 La Clef Verte
115, rue du Faubourg-Poissonnière, 75009 Paris ☎ 01 45 49 05 80
et 01 73 77 12 04,
www.laclefverte.org.
Une centaine d'hôtels, campings, chambres d'hôtes et meublés, sélectionnés en région PACA ayant une démarche écologique. Le label a étendu son offre aux restaurants.

CouchSurfing
www.couchsurfing.org.
Le couchsurfing permet de dormir chez l'habitant en se contentant du canapé offert pour la nuit.

Fleurs de Soleil
52, av. Thermale, 03200 Vichy
☎ 04 70 97 45 28,
www.fleursdesoleil.fr.
Un réseau de chambres d'hôtes, qui mise sur la personnalité des propriétaires : leurs goûts sont détaillés dans une fiche signalétique.

Gîtes de France
56, rue Saint-Lazare,
75439 Paris Cedex 09
☎ 01 49 70 75 75,
www.gitesdefrance.com.
Pour préparer votre séjour, demandez les brochures spécialisées comme *Chambres d'hôtes de charme*. Il existe également une gamme d'hébergement en ville (City break).
🍀 Une sélection Écogite® a également été créée par les Gîtes de France. Rens. www.ecogite.fr.

🍀 **Gîtes Panda**
1, carrefour de Longchamp,
75016 Paris
☎ 01 55 25 84 84,
www.gites-panda.fr.
Le label réunit des gîtes dont les propriétaires se montrent soucieux de la valorisation de leur environnement et qui sont situés dans les Parcs naturels nationaux ou régionaux (ici Luberon et Verdon) ou tout autre site naturel.

Homelidays
47 bis, rue des Vinaigriers,
75010 Paris ☎ 01 70 75 34 00,
www.homelidays.com.
Des locations, mais aussi des chambres d'hôtes.

🍀 **Hôtels au Naturel**
www.hotels-au-naturel.com.
Autre site qui répertorie les établissements (hôtels, chambres d'hôtes) installés dans les parcs naturels régionaux (Alpilles, Luberon, Verdon), qui font tout pour limiter leur empreinte carbone.

HOMELIDAYS
Homelidays, c'est plus de 50 000 locations de vacances dans le monde. Trouvez la location idéale parmi leurs plus belles annonces : maisons, villas, gîtes, appartements, chambres d'hôtes. Profitez aussi des offres dernières minutes et des coups de cœur.
www.homelidays.com.

www.espritprovence.com
Ce « Club » associe maisons d'hôtes ou gîtes de charme (80) et partenaires loisirs (32). Si vous recherchez en même temps qu'une bonne adresse un cours de cuisine…

HÔTELS

Hôtels Relais du Silence
17, rue d'Ouessant, 75015 Paris
☎ 01 44 49 90 00,
www.relaisdusilence.com.

Logis de France
83, av. d'Italie, 75013 Paris
☎ 01 45 84 70 00,
www.logis-de-france.fr.
Il existe des logis labellisés Famille.

DERNIÈRE MINUTE

Réactifs, les sites des agences ou comités départementaux du tourisme affichent promos et bons plans. C'est le cas de www.drome-dispo.com et de www.provence-resa.com (Vaucluse). Les sites des offices de tourisme peuvent aussi mettre en ligne ce type d'offre.
Voir aussi : www.hotels.com, www.lafrancedunordausud.fr, www.officiel-des-vacances.com, www.weekendesk.fr.

SE RESTAURER

Retrouvez notre sélection d'adresses par itinéraire p. 318.

SE DÉTENDRE

Retrouvez toutes les activités à faire dans la région p. 318, ainsi que les balades dans le Carnet de randonnées p. 364.

CANOË-KAYAK

Fédération Française de Canoë-Kayak
87, quai de la Marne,
94340 Joinville-le-Pont
☎ 01 45 11 08 50, www.ffck.org.
La Fédération liste toutes les activités liées au canoë-kayak, qu'elles soient

en eau vive, en mer ou en eau calme. Vous trouverez sur le site les clubs agréés par région.

ESCALADE

Fédération Française de la Montagne et de l'Escalade

8-10, quai de la Marne, 75019 Paris ☎ 01 40 18 75 50, www.ffme.fr.
Vous trouverez sur le site de la Fédération « l'annuaire » des falaises (34 rien que pour le Vaucluse) et celui des clubs affiliés.

PÉTANQUE

Fédération Française de Pétanque et de Jeu Provençal

www.ffpjp.info.
Les puristes éplucheront le règlement officiel (40 articles !) de ce jeu plus complexe qu'il n'y paraît sur le site de la Fédération. Et bien entendu, ils pousseront le cochonnet à La Ciotat, berceau de la pétanque.

PLONGÉE SOUS-MARINE

Fédération Française des Études et Sports Sous-Marins

24, quai de Rive-Neuve,
13284 Marseille Cedex 07
☎ 0 820 000 457, www.ffessm.fr.
Vous y dénicherez l'adresse du club le plus proche, que ce soit pour vous ou un enfant (8-12 ans). Mais aussi les points Rand'Eau, qui privilégient la randonnée aquatique, dans une zone proche de la surface.

RANDONNÉE

Fédération Française de la Randonnée Pédestre

64, rue du Dessous-des-Berges,
75013 Paris ☎ 01 44 89 93 90,
www.ffrandonnee.fr.
Au centre d'information, topoguides et autres conseils pour la meilleure façon de marcher en somme.

VÉLO

Si vous voulez rouler léger, gardez à portée de clic ces adresses et sites. Bonne nouvelle pour les moins sportifs : le vélo à assistance électrique fait sa percée *(p. 55)*.

www.provence-a-velo.fr

Pour tout le Vaucluse, tous les circuits y compris la véloroute du Calavon *(p. 267)* ; longueur, difficultés (famille, sportif, etc.) et en prime les hébergeurs labellisés vélo.

VéloLoisir en Luberon

203, rue Oscar-Roulet,
84440 Robion ☎ 04 90 76 48 05,
www.veloloisirluberon.com.
Les circuits à télécharger comme le pays de Forcalquier, les adresses des loueurs ou des hébergeurs…

VOILE

Fédération Française de Voile

17, rue Henri-Bocquillon,
75015 Paris
☎ 01 40 60 37 00, www.ffvoile.net.
Le meilleur site pour trouver une école de voile (cours) ou les points Voile Loisir (location de matériel). Les Points Plage proposent, quant à eux, les deux prestations (cours et location) à régler avec le Pass Sensation, valable sur tout le réseau.

♣ Le *glamping*, 100 % nature

Le *glamping*, un mot qui associe dans une version compressée « glamour » et « camping ». Écolo-chic, il incarne le retour à la nature… l'inconfort en moins. Cabane perchée dans un arbre, bulle perdue dans une pinède, roulotte qui a terminé sa course dans un pré : petite revue des dernières tendances.

Au creux de mon arbre. Nostalgique de vos cabanes d'enfant construites de bric et de broc au fond du jardin ? Les **cabanes perchées** sont pour vous ! En autonomie totale, vous disposerez d'une petite réserve d'eau, d'une lampe de poche et des toilettes sèches. À côté de cette forme de tourisme (très) durable, il y a aussi des cabanes 4-étoiles, avec douche à l'italienne, climatisation et chauffage, écran plat, accès Internet et même de Spa en terrasse (Le Clos Saint-Saourde près de Beaumes-de-Venise, *p .345*). Pour une formule intermédiaire, ni trop « roots » ni grand luxe, certains campings offrent un nid dans les arbres, salle de bains incluse, comme celui de La Coutelière à Lagnes (*p .343*).

Bullez ! Aux portes de Marseille, à Allauch, Murielle Giovansili et son frère Bruno ont inventé un concept d'hébergement nature sous **bulles PVC**, dispersées dans une pinède sonorisée par les cigales. Lit *king-size* sous 4 m de plafond, penderie, climatisation (la bulle étant maintenue en légère surpression et l'air constamment renouvelé) : tout le confort d'une chambre d'hôtel pour une nuit magique avec pour spectacle la voie lactée. Attrap'Rêves, c'est le nom de ces chambres d'hôtes (*p .321*). Bien vu !

Ethnique. Le camping exotique fait aussi recette. Si la roulotte a toujours ses adeptes, la yourte d'inspiration mongole et le tipi d'origine indienne ont fait une percée foudroyante. Dernier-né sur ce marché : le **pod**, une éco-construction de 6 m², tout en bois, aux formes dodues, qui évoque une mini-cabane canadienne. Les campings français, comme celui de la Sorguette à L'Isle-sur-la-Sorgue (*p. 343*), commencent peu à peu à s'équiper de ces bungalows nouvelle génération.

Notre sélection

- Attrap'Rêves à Allauch (*p. 321*),
- Le Château des Creissauds à Aubagne (*p. 327*),
- La Coutelière à Lagnes (*p. 343*),
- La Sorguette à L'Isle-sur-la-Sorgue (*p. 343*),
- Le Clos Saint-Saourde à Beaumes-de-Venise (*p. 345*),
- Le Domaine des Grands Prés à Dieulefit (*p. 346*),
- La Bastide du Bois-Bréant à Maubec (*p. 355*).

En savoir plus

- www.les-cabanes.com
- www.roulottes-de-campagne.com
- www.yourteandbreakfast.com
- www.le-pod.com.

▼ Les bulles d'Attrap'Rêves à Allauch.

Hébergement, restaurants, loisirs

Les adresses sont classées par itinéraire et par ville. Les prix des hébergements sont indiqués, sauf information contraire, pour une chambre double en haute saison, sans petit déjeuner :

❶	autour de 50 €
❶❶	autour de 70 €
❶❶❶	autour de 100 €
❶❶❶❶	plus de 130 €

Les prix des restaurants sont classés ainsi :

❶	moins de 20 €
❶❶	20-45 €
❶❶❶	45-60 €
❶❶❶❶	plus de 60 €

Le symbole 🍀 signale des lieux ou des adresses qui portent une attention particulière à l'environnement et à la nature.
Le symbole ♥ signale les plus belles découvertes et rencontres de l'auteur.

Les numéros suivant les adresses de Marseille, Aix-en-Provence, Arles et Avignon correspondent à leur emplacement sur le plan de ces villes.
Voir les plans de Marseille (p. 64), Aix-en-Provence (p. 95), Arles (p. 118) et Avignon (p. 166).

ITINÉRAIRE 1
LE CENTRE
DE MARSEILLE P. 62

HÉBERGEMENT

❶❶❶ ♥ **Chambres d'hôtes Au Vieux Panier,** 13, rue du Panier (2e arr.) B1 ☎ 04 91 91 23 72, www. auvieuxpanier.com. F. mi-janv. à mi-fév. 5 ch. et 1 gîte pour 4 pers. De 90 à 135 € la ch. double, petit déj. inclus. Dans le quartier le plus pittoresque de Marseille, c'est l'adresse arty de la ville. Chaque année, carte blanche est donnée à une équipe d'artistes pour renouveler le décor ! Parking (payant) Hôtel-de-Ville.

❶❶❶ **Hôtel Carré Vieux Port,** 6, rue de Beauvau (1er arr.) C2 ☎ 04 91 91 33 02 33, www.hvpm.fr. Ouv. tte l'année. 49 ch. en double ou en triple. À partir de 102 € la ch. double. Petit déj. 10 €. Même si les chambres sont petites, on aime la situation exceptionnelle près du Vieux-Port. L'établissement a été relooké façon design épuré. Parking (payant) Pl. Charles-de-Gaulle.

❶❶❶❶ **Hôtel Casa Honoré,** 123, rue Sainte (7e arr.) B2 ☎ 04 96 11 01 62, www.casahonore.com. Ouv. tte l'année. 4 ch. À partir de 150 € la ch. double, petit déj. inclus. Séjour de 2 nuits minimum. Dans cette ancienne imprimerie est installé un petit hôtel fashion, où l'on reconnaîtra la patte de la créatrice de la marque de design Honoré. L'établissement est doté d'une piscine. Restaurant. Parking (payant) près de la Criée.

RESTAURANTS

❶ **Chez Étienne,** 43, rue de Lorette (2e arr.) B1. Il n'y a pas de téléphone ! Ouv. t.l.j. midi et soir sf dim. F. août. « L'adresse » de Marseille. Et l'un des personnages, truculents, du Panier. Pour s'y régaler de supions à l'ail servis en salade, de pieds-et-paquets *(p. 38)* ou de sa pizza anchois-fromage.

€€ ❤ **0'2 Pointus,** 44, quai Marcel-Pagnol (7e arr.) (accès par le bd Charles-Livon) B2 ☎ 04 91 33 81 40, www.cntl-marseille.com. F. 24-25 déc. Ouv. 7j./7 midi et soir. Le cadre est extraordinaire : en plein centre-ville, on déjeune au ras de l'eau même hors saison (à midi avec chauffage d'appoint) sur une belle terrasse en teck. Cuisine méditerranéenne. Formules déj. de 19 à 25 €. Menus de 36 à 46 €. Menu enfants 8,50 €.

€€€ **Le Miramar,** 12, quai du Port (2e arr.) C1 ☎ 04 91 91 10 40, www.bouillabaisse.com. F. dim. et lun. De l'avis de beaucoup, la meilleure bouillabaisse de Marseille, servie en deux services comme il se doit *(p. 38)* avec le Vieux-Port, dans sa magnificence, pour toile de fond. 58 € la bouillabaisse.

€€€€ **Une Table au Sud,** 2, quai du Port C1 ☎ 04 91 90 63 53. www.unetableausud.com. Lionel Lévy, le chef génération Ducasse, dit avoir « l'instinct Méditerranée » : sa Bouille-Abaisse, revisitée, nous en convainc ! Cuisine créative, étincelante. Menus le soir de 71 à 127 €, plus abordables au déj. de 36 à 49 €.

LOISIRS

Office de la mer, 72, rue de la République (2e arr.) C1 ☎ 04 91 90 93 93, www.officedelamer.com. Ouv. mar.-sam. 9 h-12 h et 14 h-17 h. Vous voulez faire de la voile, du canoë-kayak de mer, du kitesurf, de la plongée ? L'office de la mer peut vous donner toutes les adresses utiles, clubs, associations, etc. Il est aussi l'organisateur de Septembre en mer (portes ouvertes, randos, etc).

Croisières Levant'in Catamaran, quai de la Fraternité (1er arr.) C2 ☎ 04 42 42 24 24 et 06 30 54 08 39, www.levantin.fr. Ouv. tte l'année. Croisière à la journée dans le massif des Calanques t.l.j. (enf. 39 €, adultes à partir de 95 €) ; croisière au coucher du soleil avec dîner, ven.-sam. (de 40 à 70 €). Pour petits et grands, croisières enchantées de 2 h le mer.

Bar La Caravelle, 34, quai du Port (2e arr.) C1 ☎ 04 91 90 36 64. Ouv. t.l.j. 7 h-2 h du matin. Au premier étage, vue plein cadre sur Notre-Dame-de-la-Garde, avec quelques mesures de blues les mer. et ven.

Le Duke-Bistrot Moderne, 59, rue d'Endoume (7e arr.) B3 ☎ 04 91 90 74 21, www.ledukebistrotmoderne.com. Ouv. mar.-sam. 18 h-minuit. Ambiance fifties revisitée, c'est le bar glam rock de Marseille. Naviguant entre pastis, mojitos ou bons vins, une clientèle de trentenaires vient écouter le « son » marseillais.

Chez Porcher Antiquités, 20, rue Saint-Saëns (1er arr.) C2 ☎ 04 91 33 77 94. Ouv. lun.-sam. 10 h-12 h et 14 h-19 h. Maquettes de bateaux, tableaux de voiliers, instruments de navigation pour cette boutique à la déco marine.

Marché aux Puces Cap Pinède, 130, chemin de la Madrague-Ville (15e arr.) Hors plan par B1 (bus n° 70S Canebière-Bourse/Lycée-Saint-Exupéry, métro 2 sortie Bougainville ou A55 sortie 4 Les Arnavaux) ☎ 04 91 02 81 81, www.centrecommerciallespuces.com. Sur 4 ha, le marché aux puces a tout du souk. À la galerie des anti-quaires (ouv. principalement ven. et w.-e. 9 h-15 h), on trouve objets des années 1950 à 1970, des meubles de métier, etc.

ITINÉRAIRE 2
MARSEILLE : SOUS LES
PAVÉS, LA PLAGE P. 72

HÉBERGEMENT

€€ ♥ **Hôtel-restaurant Le Corbusier,** 280, bd Michelet (8ᵉ arr.) ☎ 04 91 16 78 00, www.hotellecorbusier.com. Ouv. tte l'année. 21 ch. À partir de 70 € la nuit. Petit déj. 9 €. Restaurant « gastro », Le Ventre de l'Architecte (f. dim. et lun.). Au 3ᵉ étage de la Cité radieuse du Corbu. On dort dans un monument historique et on fait son jogging sur la piste du toit. Accès Internet et WiFi payant. Parking (gratuit). Visite d'appartements de Le Corbusier, 5 €.

€€€ **Chambres d'hôtes Le Petit Jardin,** 136, chemin du Vallon-de-l'Oriol (7ᵉ arr.) ☎ 04 91 52 69 65, www.petitjardin.eu. Ouv. tte l'année. 2 ch. 90 €, petit déj. inclus. L'adresse est comme suspendue entre ciel et terre, plantée dans un jardin luxuriant, sous Notre-Dame-de-la-Garde. Déco raffinée sur le thème du voyage (Asie, Afrique) et petit déjeuner plantureux. Parking mais difficile d'accès.

RESTAURANTS

€€ **La Grillade,** quai d'Honneur, Port Frioul (1ᵉʳ arr.) ☎ 04 91 59 07 07. Ouv. à midi toute l'année et le soir en été (mai à mi-sept.). F. mar. en hiver. F. mi-déc. à mi-janv. Le loup grillé, de la ferme aquacole voi-sine, est en belles portions (25 €). Menu enfants à 10 €.

€€ **Restaurant de la Grotte,** 1, av. des Pébrons, calanque de Callelongue (8ᵉ arr.) ☎ 04 91 73 17 79, www.lagrotte-13.com. Ouv. tte l'année t.l.j. Le restaurant fait aussi pizzeria, nul n'est parfait ! La soupe de poissons de roche (16 €) ou la friture de supions (16,50 €) laissent un bon souvenir.

€€€€ ♥ **L'Épuisette,** vallon des Auffes (7ᵉ arr.) ☎ 04 91 52 17 82, www.l-epuisette.com. F. dim. et lun. F. août. À fleur d'eau, à l'entrée du vallon des Auffes, par ses grandes baies, on voit danser la mer et le vivier s'ouvre sous vos pieds. Chez l'étoilé Guillaume Saurrieu, la soupe de poissons de roche, la bourride et la bouillabaisse (60 €) sont désormais des grands classiques à côté du homard en tajine. Menus Marius 60 €, Fanny 95 € et César 145 €. Menu adapté pour les enfants.

LOISIRS

🚣 **Raskas Kayak,** Les Goudes, rue Pite-Pite (8ᵉ arr.) ☎ 04 91 73 27 16 et 06 20 46 83 82, www.raskas-kayak.com. Ouv. tte l'année. À partir de 12 ans. Pas de location à l'heure. Demi-journée et journée découverte en mer à 30-35 € et 50-55 €. Le lieu d'embarquement est très variable suivant la météo.

Croisières Cap Marseille, base nautique du Roucas Blanc ☎ 04 91 95 70 57, www.capmarseille.com. Ouv. fév.-déc. Sur rés. *La Flâneuse,* un voilier traditionnel, prend des passagers, qui peuvent participer aux manœuvres. Demi-journée : de 45 à 40 € (moins de 12 ans). Journée : de 65 à 50 €. Soirée à thème l'été :

astro, culture, histoire… Maximum 12 pers., minimum 7 pers. Emportez K-way® et baskets. Les enfants doivent savoir nager.

🏛 **Parc Aventures Pastré Aventure,** 155, av. de Montredon (8ᵉ arr.) ☎ 06 27 41 06 21, www. pastreaventure.com. Ouv. juil.-août lun.-ven. 13 h-19 h, w.-e. 10 h-19 h; hors saison ouv. généralement mer., w.-e. et vac. scol. 13 h 30-17 h/19 h mais mieux vaut téléphoner. F. janv. 5 parcours (dont 2 pour les enf. dès 5 ans) et 110 ateliers dans les pins parasols. De 12 à 22 €. Comptez 2 h pour un parcours.

🏛 **Atoll Plongée,** 31, traverse Prat (8ᵉ arr.) ☎ 04 91 72 18 14 et 06 11 54 71 40, www.atollplongee. com. Ouv. tte l'année 8 h-19 h. À partir de 8 ans. À moins de 20 min de navigation, quelque 70 plongées attendent les amateurs de Grand Bleu. Baptême de 40 min (55 €), sur rés. Stage w.-e. hébergement + restaurant : 241 €.

🍀 **Croisières sur le** *Solis,* embarquement port de la Pointe Rouge ☎ 06 34 13 74 22, www. bleuevasion.fr. Le bateau carbure à l'électricité, fournie par l'énergie solaire. Pour goûter aux calanques dans un silence de rêve. En saison, balade à la journée, pique-nique inclus (75 €). Enf. moins de 6 ans gratuit, 6-12 ans demi-tarif. ♿

ITINÉRAIRE 3
LES CALANQUES P. 78

HÉBERGEMENT

ALLAUCH
€€€€ ♥ **Chambres d'hôtes Attrap'Rêves,** chemin de la Ri-

bassière ☎ 06 88 43 68 25, www. attrap-reves.com. 139 €, petit déj. inclus. La plus magique et la plus insolite des expériences ! Dans une pinède, cinq « bulles » transparentes et incroyablement confortables permettent de dormir la tête dans les étoiles ! Pas d'angoisse : les salles de bains sont à part. Un télescope pour tous et une carte du ciel fournie dans chaque bulle. Jacuzzi extérieur avec vue sur la montagne de Pagnol.

CASSIS
€€ **Hôtel-restaurant Le Clos des Arômes,** 10, rue de l'Abbé-Paul-Mouton ☎ 04 42 01 71 84, www. le-clos-des-aromes.com. F. janv.-fév. 14 ch. couleur Provence. À partir de 69 € la ch. double. Petit déj. 8 €. Restaurant f. lun. soir hors saison. Un petit hôtel de charme, à 200 m du port. Le petit déj. dans le jardin, sous les platanes, vous console de ne pas être au bord de la mer. Garage (payant). Accès Internet.

€€€€ **Chambres d'hôtes L'Avila Cassis,** 15, av. Joseph-Liautaud ☎ 04 42 03 35 37,www.lavila-cassis. com. 5 ch. 130-190 €, petit déj. inclus. Au cœur presque de la ville, cette adresse design bénéficie d'une vue superbe, d'un jardin sous les pins et d'une piscine.

LA CIOTAT
€ ♥ **Hôtel-restaurant Chez Tania,** République indépendante de Figuerolles (depuis La Ciotat, direction Figuerolles) ☎ 04 42 08 41 71 et 04 42 08 25 94, www.figuerolles. com. F. nov. à mi-mars. 3 ch., 1 bungalow et 4 appart. dont 3 avec climatisation. À partir de 37 € la ch. double. Petit déj. 9 €. Situé au bord de la mer, cet hôtel est une vraie légende. Le confort peut être som-

maire (W.-C. communs) ou plus élaboré si on prend l'option bungalow. Mais il permet un sevrage absolu : ni télévision, ni téléphone portable. L'accès se fait à pied : il faut laisser la voiture en haut des 87 marches. Le restaurant sert une jolie cuisine colorée, épicée (menus de 39 à 46 € et 15 € pour les enf.).

RESTAURANTS

CASSIS

€€ ♥ **La Petite Cuisine,** villa Madie, av. de Revestel ☎ 04 96 18 00 00, www.lavillamadie.com. F. dim. et j.f. à midi (sf été). F. déc.-janv. Le cadre est extraordinaire, face à la mer, dans l'anse de Corton. À côté du restaurant gastronomique, c'est le bistrot d'un chef étoilé, Jean-Marc Banzo, qui propose au déjeuner un menu inventif à 40 €.

€€ **La Poissonnerie Laurent,** 5, quai Barthélemy ☎ 04 42 01 71 56. Ouv. fin mai à oct. t.l.j. sf jeu. ; le reste de l'année, mieux vaut téléphoner. F. déc.-janv. Un restaurant-poissonnerie sur le port, ce qui vous promet cigales, dorades et sardines, de première fraîcheur. À la carte (dans les 25 €). Cartes bancaires non acceptées. ♿

LA CIOTAT

€ **Chez Jeanne,** 29, quai François-Mitterrand ☎ 04 42 08 18 17. F. dim. soir et lun. Une cuisine familiale qui connaît ses classiques comme les pieds-et-paquets *(p. 38)*.

MARSEILLE

€ **Nautic Bar,** port de Morgiou (9e arr.) ☎ 04 91 40 06 37. F. dim. soir et lun. F. janv. En été, appelez avant de venir pour obtenir un

laissez-passer. La terrasse de cet établissement sans chichis surplombe le « port », ce qui est un bien grand mot. Sardines grillées (13,50 €), friture d'éperlans (13,50 €). La bouillabaisse est sur commande (43 €).

€ ♣ **La Table des Secrets,** château de la Buzine, 56, traverse de la Buzine (ligne 51 ou A50, sortie La Valentine) ☎ 04 91 27 07 63, www.latabledessecrets.fr. Ouv. lun.-ven. 12 h-19 h, ainsi que le ven. soir et pour le brunch du dim. F. pendant les fêtes de fin d'année. Sur le parvis du château, l'ancienne conciergerie abrite un restaurant de poche, abonné à la formule buffet (à volonté !), qu'il soit salé ou sucré. Salades, tartes, la maison a ses petits producteurs de pays (boulangers bio, viticulteurs bio). Autre secret mal gardé : c'est une entreprise de réinsertion. Si vous voulez combiner plaisir et bonne action, c'est l'endroit tout trouvé. *Voir aussi Cinéma au château de la Buzine (p. 323).*

€€ **Le Château,** calanque de Sormiou (9e arr.) ☎ 04 91 25 08 69. http://chateaudesormiou.free.fr. Ouv. avr.-sept. Dominant la plage, une table « esprit cabanon », décontractée, où il faut privilégier le poisson (bouillabaisse sur commande à 40 €, loup, mérou, etc.). Pensez à réserver pour disposer d'un laissez-passer. Parking payant (4 €). Cartes bancaires non acceptées. ♿

LOISIRS

CASSIS

Groupement des Bateliers Cassidains, quai Saint-Pierre ☎ 04 42 01 90 83 et 06 86 55 86 70, www.lavisitedescalanques.com. Ouv. tte l'année, suivant la météo. 2 rotations minimum. 3 formules (4 l'été) : entre 45 min et 1 h 30 (1 h 50 l'été), pour 3 à 8 calanques (9 l'été). En juil.-août, sortie nocturne t.l.j. à 22 h 30. Les formes des rochers excitent l'imagination : les grandes orgues de la calanque du Devenson, Sugiton et son « torpilleur », etc. De 14 à 20 € (2-10 ans : de 7 à 13 €). Cartes bancaires non acceptées.

🏛 **Parc Aventures Cassis Forest,** parc Régis-Vidal ☎ 06 34 37 18 92, www.cassisforest.fr. Ouv. en été t.l.j. 9 h 30-19 h ; hors saison mer. et w.-e. mêmes horaires. F. des vac. de la Toussaint aux vac. de fév. De 6 à 20 €. À partir de 2 ans. Durée : 3 h. De l'Accrobranche© entre les pins. Le plus ? Un assurage en continu (plus besoin de décrocher et de raccrocher les mousquetons) sur les 6 parcours.

LA CIOTAT

🏛 **Provence Kayak Mer,** embarcadère de la plage Saint-Jean ☎ 06 12 95 20 12, www.provence kayakmer.fr. Ouv. tte l'année. La balade au coucher du soleil enchantera les moins sportifs (38 €/pers. ; à partir de 10 ans ; 4 km ; durée : 2 h à 3 h). Plusieurs parcours en journée (58 €/pers.).

🏛 **Croisières Les Amis des Calanques,** quai Ganteaume ☎ 06 09 33 54 98, 06 01 71 40 06 et 06 09 35 25 68, www.visite-calanques.fr. Ouv. mi-mars à mi-nov. Entre 1 et 8 départs/j. 4 circuits. Durée : 45 min à 2 h 30. L'un des bateaux, le *Citharista*, doté de hublots sous la ligne de flottaison, permet d'admirer les herbiers de Posidonie *(p. 86)*. De 16 à 28 € (gratuit moins de 4 ans) et 3 € en moins pour les 4-12 ans. L'été, circuits « à sensation » en speed-boat avec possibilité de dépose sur l'île Verte *(p. 86)*.

🍀 🏛 **Escalade La Maison des Falaises,** 19, chemin de Fardeloup ☎ 04 42 08 56 31. Ouv. tte l'année. À partir de 7 ans. Trois parcours aventure insolites dans l'anse du Cannier et respectueux des fameux « trottoirs d'algues à lithophyllum » de la côte. C'est de l'écogrimpe ludique. Sorties demi-journée (30 €) et journée (45 €).

🍀 🏛 **Plongée L'Atelier Bleu,** parc du Mugel ☎ 04 42 08 07 67, www.atelierbleu.fr. F. déc.-janv. À partir de 6 ans. Ce Centre permanent d'initiatives pour l'environnement organise l'été des stages enfants pour découvrir la rando palmée, aller à la rencontre de pêcheurs, etc. Le CPIE a aussi ses ambassadeurs Écogestes Méditerranée, qui se portent au-devant des estivants sur la plage ou en mer, pour faire évoluer leurs comportements.

MARSEILLE

♥ 🏛 **Cinéma au château de la Buzine,** 56, traverse de la Buzine (ligne 51 ou A50, sortie La Valentine) ☎ 04 91 45 27 60, www.chateaudelabuzine.com. F. janv. et 1re quinz. de fév. La Buzine, c'est le « château de l'effroi » qui aurait valu au petit Marcel Pagnol une cuisante humiliation, lorsque toute la famille est surprise, traversant le domaine, sans autorisation, pour utiliser un raccourci. Ce que raconte *Le Château de ma mère*. Le rêve de Pagnol ? En faire une cité du cinéma. Vœu presque exaucé 70 ans plus tard puisque le château accueille la Maison des cinématographies de la Méditerranée. Excellente programmation, qui n'oublie pas le jeune public. Restaurant *(p. 322)*.

Nos bonnes adresses – Marseille et les calanques

ITINÉRAIRE 4
LA CÔTE BLEUE P. 87

HÉBERGEMENT

MARTIGUES

€ **Camping La Source,** plage de la Saulce, Sainte-Croix-la-Couronne (entre Martigues et Carry-le-Rouet) ☎ 04 42 49 62 57, www.camping-la-source-martigues.com. Ouv. avr. à mi-oct. 70 empl. Sur 1,5 ha, le camping offre également 35 mobil-homes ou chalets (location à la sem. 290-615 € ou au w.-e. hors saison, minimum 2 nuits, 130 €). La petite plage est à 100 m, le bungalow peut être climatisé. Restaurant attenant au camping.

LE ROVE

€ ♥ **Hôtel-restaurant Auberge du Mérou,** 3, chemin du Port, calanque de Niolon ☎ 04 91 46 98 69, www.aubergedumerou.fr. Ouv. tte l'année. 5 ch. 44-48 € la ch. double. Petit déj. sucré ou salé 6-9 €. La vue est somptueuse, les chambres – qui ont tout d'une cabine de bateau – sont simples. Le restaurant n'est pas en reste (f. dim. soir et lun. soir l'hiver; menus à 29 et 36 €). Le « Délice des fainéants » (des fruits de mer décortiqués flambés au pastis) a fait sa notoriété. Mais on y dégustera aussi la brousse du Rove. Une adresse d'un très bon rapport prix-plaisir. Accès WiFi gratuit.

RESTAURANTS

MARTIGUES

€€ **Le Bouchon à la Mer,** 19, quai Lucien-Toulmond ☎ 04 42 49 41 41. Ouv. tte l'année du mar. soir au dim. midi. Doté d'une jolie terrasse sur l'eau, c'est aussi un bon restaurant de poisson, la soupe de flavouilles (crabes) étant le plat signature. Vous trouverez la poutargue (p. 92) en juillet. Menus à 25 et 28 €. Menu enfants à 15 €.

€€ **Le Miroir,** 4, rue Marcel-Galdy (à l'angle du quai Brescon) ☎ 04 42 80 50 45. Ouv. juil.-août t.l.j. sf lun., sam. midi et dim. midi ; le reste de l'année t.l.j. sf lun., mer. soir et dim. soir. F. janv. et à la Toussaint. Face à l'église de la Madeleine, un cadre romantique. La salade de poutargue, les sardines en escabèche (en été) et les grillades de poissons, arrivés en direct du port de Carro, ont fait la réputation de ce restaurant. Menus à 26 et 38 €. Formule à 19 € (enf. 8,30 €).

LOISIRS

CARRY-LE-ROUET

⚓ **Croisières L'Albatros,** sur le port ☎ 04 42 44 57 23, www.albatros13.com. Ouv. avr. à mi-oct. Pour découvrir les calanques de la Côte bleue. Durée : 1 h 30 à 3 h. En juil.-août, balade à la journée. De 9 à 15 € (gratuit moins de 4 ans) pour le petit circuit.

Baignade avec les dauphins avec le *Cobra 2,* port de Carry-le-Rouet ☎ 04 42 44 57 23, www.ste-cobra2.com. Juin-sept. 8 h 30-16 h 30. La sortie dure toute la journée, le bateau allant jusqu'à 30 milles au large. Il s'agit d'approcher les dauphins le plus calmement et le plus respectueusement possible. Un plongeur professionnel encadre la mise à l'eau. 7 à 8 pers. maximum. Tarif unique : 290 €/pers. ; 200 € pour l'accompagnant. À partir de 15 ans, si non accompagné.

MARTIGUES

⚓ **Base nautique de Tholon**, 18, bd Tourret-de-Vallier ☎ 04 42 80 12 94, www.cvmartigues.net. Ouv. avr.-oct. t.l.j. 9 h-12 h et 13 h 30-17 h ; nov.-mars t.l.j. sf dim. et lun. À partir de 5 ans. Voile, plongée et kayak. Pass nautique.

⚓ **Parc Aventures Indian Forest,** grand parc de Figuerolles, au N (prenez dir. Saint-Mitre, Istres) ☎ 06 19 25 78 52, www.indian-forest-martigues.com. Ouv. juil.-août t.l.j. 10 h-19 h ; le reste de l'année mer., w.-e. et j.f. 10 h (12 h 30 en déc.)-17 h/18 h 30. F. de la billetterie 2 h avant. F. janv. 15 € (plus de 12 ans), 13 € (7-11 ans), 9 € (4-6 ans). 90 ateliers env. 43 ateliers dans les arbres, dont deux tyroliennes géantes, séduiront les Tarzan et Jane du XXIᵉ s.

LE ROVE

⚓ **Au Delà Plongée,** calanque de la Vesse ☎ 04 91 46 87 31, www.plongee-a-marseille.fr. F. Noël-15 janv. 50 € le baptême adulte ou enfant. 95 € la journée découverte adulte ou enfant. À partir de 7 ans. Le démarrage peut se faire de la crique. Navette gratuite depuis le parking du haut l'été. Stage possible en w.-e. ou en sem. sur rés.

⚓ **Centre de plongée UCPA,** 18, chemin de la Batterie, calanque de Niolon ☎ 04 91 46 90 16, www.ucpa-vacances.com. Ouv. mars-nov. L'un des plus grands centres de plongée d'Europe avec, à portée de palmes, tombants et failles (Érevine, Les Yeux de chat, etc.). Stages d'initiation pour enfants (11-13 ans et 13-15 ans), ados (15-17 ans) et adultes. Les w.-e., comptez de 149 à 200 € (pension complète et prêt

du matériel inclus). Au-delà du baptême, certificat médical obligatoire.

ITINÉRAIRE 5
AIX-EN-PROVENCE P. 94

HÉBERGEMENT

€€ **Hôtel des Quatre-Dauphins,** 54, rue Roux-Alphéran B2 ☎ 04 42 38 16 39, www.lesquatredauphins.fr. Ouv. tte l'année. 13 ch. 65-100 € la ch. double. Petit déj. 9 €. C'est mignon comme tout, à deux pas de la place des Quatre-Dauphins. Parking (payant) à proximité. Accès WiFi gratuit.

€€ **Résidence hôtelière La Bastide du Roy René,** 31, av. des Infirmeries (au-delà de l'A8, au S de la ville) hors plan par B2 ☎ 04 42 37 83 00, www.citea.com. Ouv. tte l'année. 66 appart. À partir de 67 € la nuit (tarif Internet) pour un studio équipé. Petit déj. 7,50 €. Dans une ancienne « folie campagnarde » du roi René. Accès Internet et parking gratuits. &

€€€ **Chambres d'hôtes L'Épicerie,** 12, rue du Cancel A1 ☎ 06 08 85 38 68, www.unechambreenville.eu. 3 ch. et 2 suites. 100 € la ch. double, petit déj. inclus. Le décor pour les parties communes, celui d'une épicerie des années 1960, est piquant. Le jardin, en pleine ville, est un atout majeur.

€€€ ♥ **Chambres d'hôtes Le Jardin de Marie,** 47, rue Roux-Alpheran B2 ☎ 06 15 93 65 39, www.jardindemarie.net. Ouv. tte l'année. 2 ch. À partir de 90-100 €, petit déj. inclus. Le grand jardin de ville fait le luxe de cette adresse adorable, tenue par deux amou-

Nos bonnes adresses – Aix-en-Provence et les montagnes sacrées

reux d'Aix-en-Provence, et guides de métier. Parking (payant) dans la rue. Accès WiFi gratuit.

€€€ **Hôtel en Ville,** 2, pl. Bellegarde (près de la cathédrale Saint-Sauveur) B1 ☎ 04 42 63 34 16, www.hotelenville.fr. Ouv. tte l'année. 10 ch. dont 1 suite. 109-140 € la ch. double. Petit déj. 10,90-14,90 €. Accès WiFi gratuit. Parking payant (12,50 €/j.). ☐

€€€€ **Hôtel Cézanne,** 40, av. Victor-Hugo A2 ☎ 04 42 911 111, www.hotelaix.com. 55 ch. Ouv.tte l'année. À partir de 185 € la nuit. Petit déj. 19,50 €. Ce boutique-hôtel design, craquant, signé du designer aixois Charles Montemarco, est proche de la gare et du musée Granet. Prix incluant parking, WiFi, Internet et champagne à l'envi au petit déj. L'adresse pour une circonstance exceptionnelle.

RESTAURANTS

€ **Le Piston,** 9, rue des Tanneurs A2 ☎ 04 42 66 35 57. F. dim.-lun. C'est comme à la maison (ou mieux), une cuisine familiale. L'accueil est sympa. Formule 13,50 € à midi, café inclus. Menus à 19 et 25 €. Menu enfants à 10 €. ☐

€€ ♥ **L'Épicurien,** 13, pl. des Cardeurs A1 ☎ 06 89 33 49 83. F. dim.-lun. et mar. midi (ouv. lun. soir en été). Rés. conseillée. Sur la place des Cardeurs, où tous les restaurants sont à touche-touche, l'adresse sort du lot. Pour cette cuisine du marché, la carte est courte mais créative et pétillante. Terrasse en été. Menus de 16 à 44 €. Menu enfants à 10 €.

€€ **Le Formal,** 32, rue Espariat A2 ☎ 04 42 27 08 31, www.restaurant-

leformal.com. F. dim., lun. et sam. midi. Un Breton, Jean-Luc Formal, y fait une cuisine « fusion », « émotionnelle » selon ses termes, nouvelle génération. À midi, formule courte (21 et 26 €). Le soir, il sort le grand jeu (37, 46 et 75 €). Menu enfants adapté.

LOISIRS

Thermes Sextius, 55, av. des Thermes A1 ☎ 04 42 23 81 82, www.thermes-sextius.com. Ouv. t.l.j. sf dim. 8 h 30-19 h 30 (sam. 18 h 30). F. Noël-1er janv. Évadez-vous dans un Spa sensoriel pour vivre de nouvelles expériences autour de l'eau et ses bienfaits. Sur l'emplacement des anciens thermes antiques, l'escale ménage une plongée dans le temps. Forfait remise en forme à la journée (89 €) ou soins à la carte. Accès à l'Espace forme et détente (hammam, Jacuzzi, piscine extérieure chauffée de mai à sept., salle de sports) : 42 €.

Bar Le Novo, 2, cours Sextius A2 ☎ 04 86 31 20 08, www.lenovo cafe.fr. Ouv. t.l.j. sf dim. 7 h-22 h 30 (ven.-sam. 23 h 30). L'adresse mode, décontractée pour boire un verre, escorté d'une assiette de tapas. On y sert d'étonnants *pincho* (amuse-gueule) de boudin et de chèvre, de poulpe poché à la galicienne, etc. Happy hours de 17 h à 19 h.

♣ **Electric-Cycles,** 17 bis, rue Frédéric-Mistral B2 ☎ 04 42 39 90 37, http://electric-cycles.fr. 20 €/j. Un ticket d'Aix en Bus vous donne 30 à 50 % de réduction sur la location de VTT et vélos électriques ou mécaniques (rens. www.aixenbus.fr).

Galerie d'art Amaury Goyet, 19, rue Jacques-de-la-Roque A1

☎ 04 42 21 54 38. Ouv. lun.-sam. 10 h-18 h. À découvrir, les principaux artistes de l'École provençale de la fin du XIXᵉ et du début du XXᵉ s. : Charles Camoin, Auguste Chabaud (*p. 158*), Félix Ziem (*p. 92*).

Les Vide-Greniers du Soleil, av. de l'Arc-de-Meyran (prenez l'A8 dir. Nice, sortie 30b Pont de l'Arc) hors plan par B2 ☎ 06 50 89 71 23, www.parcevents.fr. Tous les dim. (sf fév. et août-sept.) 6 h-18 h. Entrée gratuite. Sur 3 ha, une centaine d'exposants vous accueillent dans une ambiance joviale et familiale. Parking.

ITINÉRAIRE 6
SAINTE VICTOIRE P. 102

HÉBERGEMENT ET RESTAURANT

PUYLOUBIER

❶ **Hôtel-restaurant Le Relais de Saint-Ser,** av. Paul-Cézanne (à l'écart de la D17) ☎ 04 42 66 37 26, www.relaisdesaintser.com. F. 2 ou 3 sem. en janv. 10 ch. 50 € la ch. double. Petit déj. 8,50 €. Calé contre la montagne, un hôtel agréable avec des chambres familiales, piscine et terrain de pétanque.

SAINT-MARC-JAUMEGARDE

❸ **Chambres d'hôtes La Ferme,** impasse de l'Ermitage ☎ 04 42 24 96 40 et 06 85 71 36 40, www.laferme-chambreshotes.com. 4 ch. Ouv. tte l'année. 95-110 € la ch. double, petit déj inclus. Dans un grand jardin, l'adresse est paisible, pimpante et ménage une surprise, la piscine (qui n'est pas annoncée sur le site).

LOISIRS

POURRIÈRES

Viticulture et œnologie Domaine de Jacourette, route de Trets ☎ 04 94 78 54 60, www.jacourette.com. En hiver seulement, 3 séances par saison. Une viticultrice vous propose de partager les soins prodigués à la vigne, au moment de la taille. La séance se termine par une dégustation. Sur rés. Groupe de 4 à 15 pers. maximum. 10 €/pers. Durée : 3 h.

PUYRICARD

Les Antiquaires de Lignane, 6110, route d'Avignon (à 7 km au N d'Aix-en-Provence) ☎ 04 42 92 38 28, www.antiquaire-lignane.com. Ouv. t.l.j. 10 h-12 h 30 et 14 h 30-19 h. À cette même adresse cohabitent une quinzaine de marchands. De nombreuses boutiques sont tournées vers les objets déco.

ITINÉRAIRE 7
LA SAINTE-BAUME P. 108

HÉBERGEMENT

AUBAGNE

❷ ♥ **Location Château des Creissauds,** clos Rufisque ☎ 04 91 24 84 45, www.maisonperchee.com. Ouv. tte l'année. 4 studios, 1 appart. et une cabane perchée ! À partir de 60 € la location d'un studio pour une nuit, 310 € à 480 € pour la sem. Dissimulé dans un parc de 8 ha, le château loue ses « annexes », dont une cabane perchée. Il possède un bar à cocktails et tapas, lui aussi en lévitation dans les arbres (ouv. le soir juin-sept.). Piscine, 6 courts de tennis, 2 salles de squash et practice de golf. ♿

Nos bonnes adresses – Aix-en-Provence et les montagnes sacrées

€€€ **Chambres d'hôtes Les Amandiers,** chemin de la Font-de-Mai (à 400 m au départ des sentiers de Pagnol) ☎ 04 42 03 93 87, www.lemasdesamandiers.net. Ouv. tte l'année. 2 ch. 80-125 € la ch. double, petit déj. inclus. Au pied du Garlaban, une halte à l'ombre des amandiers et des acacias. Piscine.

€€€€ **Chambres d'hôtes La Royante,** chemin de la Royante (à 1,5 km du centre d'Aubagne, dir. Éoures) ☎ 04 42 03 83 42 et 06 09 47 19 51, www.laroyante.com. 4 ch. Ouv. tte l'année. De 129 à 159 € la ch. double, petit déj. inclus. En pleine campagne, l'adresse possède un très grand charme. Vous disposez aussi d'une cuisine entièrement équipée pour vous mettre aux fourneaux. Piscine. Accès WiFi gratuit. ♿

PLAN-D'AUPS-SAINTE-BAUME

€ **Hôtellerie de la Sainte-Baume** ☎ 04 42 04 54 84, http://hotellerie-saintebaume.com. 66 ch. simples, doubles ou triples dans le bâtiment principal ; dortoirs dans le gîte annexe. Ouv. tte l'année. À partir de 36 € la ch. double. Petit déj. 5 €. Pique-nique 8 €. La rénovation de cette hôtellerie se poursuit par étapes depuis 1998, les chambres restant monacales : la plupart ne possèdent qu'un lavabo, seules les chambres rénovées ont un coin toilette. Mais loger dans ses murs relève de « l'aventure intérieure ». ♿

€€ **Chambres d'hôtes Maison Rouge,** route de Nans (à 1 km du départ des randonnées de la Sainte-Baume) ☎ 06 72 74 70 47, www.mamaisonrouge.com. Ouv. tte l'année. 5 ch. 72-108 € la ch. double, petit déj. inclus. En pleine nature, la maison est habillée de bois et de silence. Les chambres sont décorées dans un style assez chic campagne. Accès WiFi gratuit.

SAINT-MAXIMIN-LA SAINTE-BAUME

€€ ♥ **Hôtel Le Couvent Royal,** pl. Jean-Salusse (à côté de la basilique) ☎ 04 94 86 55 66, www.hotelfp-saintmaximin.com. Ouv. tte l'année. 60 ch. À partir de 69 € (prix Internet) la ch. double dans la partie la plus ancienne. Petit déj. 14 €. L'hôtel a le cachet extraordinaire d'un ancien couvent du XIIIe s., tout en disposant d'Internet et du WiFi (payants). Le restaurant (ouv. t.l.j. sf dim. soir d'oct. à avr.) est installé dans l'ancienne salle capitulaire l'hiver ou dans l'ex-cloître l'été. Menu-carte, où l'on compose son repas (25 à 39 €). ♿

RESTAURANTS

AUBAGNE

€€€ **La Ferme,** quartier La-Font-de-Mai, chemin Ruissatel ☎ 04 42 03 29 67, www.aubergelaferme.com. F. août. Ouv. mer.-ven. midi, ven. soir, sam. soir et dim. midi. Au pied du Garlaban, une cuisine plantureuse, avec pieds-et-paquets (p. 38), cabri confit aux petites fèves de printemps et tartes aux pommes. Un seul menu à 50 €.

PLAN-D'AUPS-SAINTE-BAUME

€€ **Lou Pèbre d'Aï,** route du Pic de Bertagne ☎ 04 42 04 50 42, www.loupebredai.com. F. mar. soir et mer. oct.-mai. F. 3 sem. en janv. et 2 sem. en fév. Une cuisine sage et aromatique à l'image de l'enseigne, le *pebre d'aï* étant plus connu sous le nom de sarriette. Jeux pour enfants dans le parc (3 000 m²), accès à la piscine chauffée et terrain de pétanque. Menu terroir à 26 €. Formule déj. à 15 €, autres menus : de 27 à 46 €. Menu enfants à 12 €.

LOISIRS

AUBAGNE

Brocante, marché de gros de la Tourtelle. Le dernier dim. du mois. Entrée gratuite. Une centaine de professionnels déballent mobilier, tissus et tableaux.

Au Gardian du Passé, 8, RN8, Saint-Mitre ☎ 04 42 03 39 76, www.legardiandupasse.fr. Ouv. lun.-sam. 9 h-19 h. Pierre Medioni est compagnon : il propose de très beaux meubles des XVIIIᵉ et XIXᵉ s. qu'il restaure dans les règles de l'art.

PLAN-D'AUPS-SAINTE-BAUME

Randonnées avec des ânes Balalin Balal'âne, impasse du Champ-des-Fourches ☎ 04 42 62 56 84 et 06 72 93 64 27, http://balalin.balalane.free.fr. Ouv. tte l'année mer. et w.-e. Nougat, Yogi, Filou ou Lisette peuvent être pour les mômes les meilleurs compagnons de randonnée dans le massif de la Sainte-Baume. Balade avec un âne à la demi-journée (30-35 €) ou à la journée (40-46 €).

POURCIEUX

Vélorail de la Sainte-Baume ☎ 06 33 81 50 87, www.veloraildefrance.com. Ouv. tte l'année. Rés. obligatoire. 25 € le véhicule (5 pers. max., enfants compris). Durée : 2 h. Départ à heures fixes de la gare de Pourcieux. Entre Pourcieux et Saint-Maximin, sur une voie de chemin de fer désaffectée (15 km aller-retour), devenez le conducteur d'une locomotive… à pédales ! Attention, le parcours est assez sportif pour ceux qui sont aux commandes. Pas de cartes bancaires.

ITINÉRAIRE 8
ARLES P. 116

HÉBERGEMENT

€€ ♥ **Chambres d'hôtes La Petite Reine,** rue Jean-Charcot hors plan par B3 ☎ 06 16 83 57 47, www.leau-calme.com. 2 ch. de 65 à 75 €, petit déj. inclus. Sur le canal d'Arles à Fos, à quelques minutes du pont Van Gogh, une péniche des années 1930 a terminé ici son voyage. Les meubles sont en acajou, les faïences peintes à la main et les parquets en point de Hongrie. Un vrai bijou. Insolite et romantique.

€€ **Hôtel de l'Amphithéâtre,** 5-7, rue Diderot C2 ☎ 04 90 96 10 30, www.hotelamphitheatre.net. Ouv. tte l'année. 33 ch. dont 3 triple et 2 quadruple. 57 à 97 € la ch. double. Petit déj. 8-10 €. Un hôtel nouvelle génération, dans une belle maison du XVIIᵉ s. La déco est pleine de peps et les prix sont raisonnables. Parking payant.

€€€ **Hôtel Le Calendal,** 5, rue Porte-de-Laure (en face du théâtre antique) C2 ☎ 04 90 96 11 89, www.lecalendal.com. Ouv. tte l'année. 119 à 169 € la ch. double avec accès au Spa. Petit déj. 12 €. Restaurant à la carte 12 h-15 h en saison uniquement. Cet hôtel plein d'escaliers et de recoins, où certaines chambres disposent de terrasses, possède un jardin magnifique, luxuriant. Les enfants sont particulièrement choyés : coin jeux, lecteur de DVD, livres. Spa d'inspiration antique avec piscine chauffée,

Jacuzzi intérieur et extérieur, hammam. Parking (à réserver) payant. Accès Internet et WiFi gratuit. &

RESTAURANTS

❤️ 🍀 **À Côté**, 21, rue des Carmes C2 ☎ 04 90 47 61 13, www.bistro-acote.com. F. dim. soir, lun. et mar. soir (nov.-mars). Le petit bistrot d'un chef étoilé, Jean-Luc Rabanel, l'un des pionniers de la « Haute Cuisine » bio et locavore. Additions allégées et plats du jour : le ven. par exemple c'est aïoli ! Formules déj. 29 €. Menu à 37 € le soir.

Le Jardin de Manon, 14, av. des Alyscamps D3 ☎ 04 90 93 38 68. F. mar. soir et mer. F. 2 sem. en janv., vac. de fév. et de la Toussaint. Tout près du site des Alyscamps, une adresse pour se mettre au vert, le temps d'un repas couleurs Provence avec un râble de lapin au romarin farci à la tapenade. Formules à 19,50 et 32 €.

Iode, 11, rue des Carmes C2 ☎ 04 90 47 61 13, www.iode-rabanel.com. Ouv. tte l'année t.l.j. Iode, c'est la version coquillages, crustacés, poissons à la plancha et sushis de création du chef Rabanel, dont l'autre adresse À Côté sévit… tout à côté (voir ci-avant). Trois formules plateaux à 39, 60 et 83 €.

LOISIRS

🔱 **Zodiac Safari Concept**, port fluvial d'Arles B1 ☎ 06 64 10 14 64, www.safariconcept.com. Ouv. avr.-oct. À partir de 7 ans. Pour 2 h, la demi-journée ou la journée complète. À partir de 15 € (demi-tarif moins de 12 ans). L'aventure est au coin du quai Saint-Pierre : tout un chapelet d'îles et sa faune à découvrir en bateau à un quart d'heure d'Arles, castors, milans noirs, martins-pêcheurs…

Europbikes, point relais Hôtel Le Régence, 5, rue Marius-Jouveau C1 ☎ 06 38 14 49 50, www.europbike-provence.net. 6 € la demi-journée et 12 €/j. Vélos de ville, électriques, pour les enfants, etc. Possibilité de se faire livrer à domicile le vélo loué.

Bar à vins Chez Ariane, 2, rue du Docteur-Fanton C1 ☎ 04 90 52 00 65. Ouv. du mer. au dim. soir à partir de 18 h 30. Une petite sélection de vins « nature » à apprécier au verre (2,50 à 4 €). Concerts le dim. et parfois du jazz le ven.

ITINÉRAIRE 9 VERS SAINTES-MARIES-DE-LA-MER P. 126

HÉBERGEMENT

SAINTES-MARIES-DE-LA-MER

❸ **Chambre d'hôtes Mas des Colverts**, route d'Arles ☎ 04 90 97 83 73, www.masdescolverts.com. 1 ch., 1 studio et 1 appart. 45-50 € la ch. Petit déj. 6 €. À deux pas de la civilisation, un mas au milieu des étangs, où l'on admire de sa terrasse, le soir venu, le ballet des castors. Idéal si vous voulez suivre les cours de cuisine du propriétaire, fondateur du Conservatoire des cuisines de Camargue (à partir de 45 €/2 h).

❤️ **Gîte La Maison de Gardian**, Patrick Biermann, 13, av. Riquette-Aubanel (au SO, à quelques minutes du village) ☎ 06 20 78 25 35, www.maisondegardian.com. Ouv. tte l'année. Peut accueillir 6 pers. Entre 350 et 1 250 € la sem. suivant période et nombre d'occupants. Location au w.-e. possible hors saison. Une authentique maison de gardian à louer (murs à la chaux et toit de roseau), tout confort. Entre mer (la plage est à 15 m) et étang des Launes, un vrai rêve. Accès WiFi gratuit.

€€€ **Hôtel Le Dauphin Bleu,** 31, av. Gilbert-Leroy ☎ 04 90 97 80 21, www.hotel-dauphin-bleu.camargue. fr. 17 ch. dont 9 avec vue sur la mer. De 75 à 120 € la ch. double. F. 20 nov.-20 déc. et fév. La Grande Bleue est de l'autre côté de la route. Adresse sympa.

€€€€ ♥ 🏇 **Hôtel Le Cacharel,** route de Cacharel (D85a, à 5 km N des Saintes) ☎ 04 90 97 95 44, www.hotel-cacharel.com. Ouv. tte l'année. 16 ch. 128 € la ch. double. Petit déj. 11 €. Petite restauration de 12 h à 20 h. Un mas blanc perdu au milieu des marais : c'est le lieu où est né le mythe de Crin-Blanc (le père du propriétaire actuel, Denys Colomb de Daunant, fut le coréalisateur du film). Balades à cheval ou à poney (moins de 7 ans). Piscine. Accès Internet gratuit. ♿

RESTAURANTS

SAINTES-MARIES-DE-LA-MER

€ **Bambou Palm Beach,** plage Est, av. Gilbert-Leroy ☎ 04 90 97 72 44, www.bambou-palmbeach. camargue.fr. Ouv. mi-avr. à fin sept. Ambiance familiale pour déjeuner vite fait de grillades ou d'une salade (12 €). Fait également location de parasols, de lits et de matelas.

€€ **Le Mazet du Vaccarès,** domaine de Méjanes (d'Arles, suivez la D37), quartier Méjanes ☎ 04 90 97 10 79, www.mazetdu vaccares.camargue.fr. Ouv. ven., w.-e. et j.f. à midi. F. Noël à début

janv. Au bord de l'étang de Vaccarès, c'est pour les familiers « chez Hélène et Néné ». Tellines (p. 129), poissons grillés et soupes de poissons. Un pur bonheur. Menu unique à 32 €. Menu enfants entre 6 et 8 €. Pas de cartes bancaires. ♿

LOISIRS

SAINTES-MARIES-DE-LA-MER

🏇 **Les Écuries de l'Auberge Cavalière,** Jérôme Ferton, route d'Arles ☎ 06 63 65 26 08 et 06 09 54 24 40, www.ecurie-camargue. fr. Ouv. tte l'année. À partir de 8 ans. Le centre propose quelques vrais chevaux de Camargue. Et des balades étonnantes au lever du soleil (80 € avec petit déj.), ou à son coucher (avec apéritif sur la plage, 65 €), durée 3 h. Formule « Curiosité » à 35 € (2 h). Initiation sur poney pour les tout-petits (10 € la demi-heure). Pas de cartes bancaires.

🏇 **Kayak Vert,** mas de Sylvéréal ☎ 04 66 73 57 17 et ☎ 06 09 56 06 47, www.kayakvert-camargue.fr. Ouv. avr.-oct. Un parfum d'aventure sur le petit Rhône, qui a ses plages secrètes où accoster. Pour une heure (10 €) ou davantage.

🏇 **Croisières avec le *Tiki III*,** le Grau d'Orgon, sur la D38 (à l'O des Saintes-Maries) ☎ 04 90 97 81 68, www.tiki3.fr. Ouv. mi-mars à début nov. Entre 1 et 5 départs/j. De 6 à 12 €. Durée : 1 h 30. De l'embouchure du petit Rhône au bac du Sauvage, le bateau à roues remonte le petit Rhône. Du grand spectacle assuré avec les flamants roses qui s'envolent en formations serrées. À mi-parcours, les taureaux pointent leur mufle : on fait la présentation de la manade.

Le Vélociste, 8, pl. Mireille (vers le poste à essence) ☎ 04 90 97 83 26, www.levelociste.fr. Ouv. t.l.j. 10 € la demi-journée. Location de vélos pour les petits à partir de 4 ans et de porte-bébés. Propose des formules vélo + canoë ou vélo + cheval. Des idées de circuits dans un dépliant.

♞ **Manade Domaine de Méjanes,** sur la D37, Arles ☎ 04 90 97 10 10 et 04 90 97 10 62, www. mejanes.camargue.fr. Ouv. Pâques-nov. t.l.j. 9h-12h et 14h-18h. Accès libre. Activités payantes. Propriété du groupe Paul-Ricard, ce domaine de 600 ha en bordure de l'étang de Vaccarès est une manade qui tient du parc de loisirs. À découvrir de bien des façons, à pied (sentier de 2,5 km), à vélo (1h à 4 €), à cheval (1h à 16 €) ou en petit train.

Manades des Baumelles, Cabanes de Cambon, route d'Aigues-Mortes (D38) ☎ 09 64 19 52 96 et 06 13 36 75 59, www.mas-des-baumelles.com. Pour la journée camarguaise, comptez 45 € avec déjeuner, 25 € sans (demi-tarif moins de 12 ans). L'une des rares manades ouvertes aux individuels toute l'année. Pas de cartes bancaires.

♞ **Le petit train camarguais,** mas de la Daronnière ☎ 06 10 44 60 80. Départ av. Van-Gogh. Des Rameaux à la Toussaint t.l.j. à 11 h et 14h30, puis ttes les heures jusqu'à 18h30. De 4 (3-10 ans) à 6 €. Durée : 50 min. Le petit train prend les chemins buissonniers (13 km). Une balade familiale.

Spectacles de flamenco El Campo, 13, rue Victor-Hugo ☎ 04 90 97 84 11 et 06 78 60 24 77, www.elcampo.camargue.fr. Ouv. Pâques à mi-nov. et pendant les vac. de Noël. Animation chaque soir en juil.-août à 19h30 ; hors saison, mieux vaut téléphoner. Si vous aimez le flamenco, c'est la bonne adresse. Les prix à la carte sont augmentés de 2 € les jours de spectacle.

ITINÉRAIRE 10
VERS SALIN-DE-GIRAUD P. 132

HÉBERGEMENT

SALIN-DE-GIRAUD

€ **Gîte de Salin-de-Badon,** rés. via La Capelière (avant 17h l'hiver, 18h l'été) ☎ 04 90 97 00 97, www. reserve-camargue.org. Ouv. tte l'année. 20 places, réparties entre 7 ch., dans un ancien pavillon de chasse (pas d'eau potable). 12 €/pers./nuit. Pour admirer le coucher du soleil sur les étangs, il n'y a pas mieux.

VILLENEUVE

€€€ **Chambres d'hôtes Le Mas de la Forge,** route de Gageron ☎ 04 90 97 00 76, www. masdelaforge.fr. Ouv. tte l'année. 2 ch. et 1 suite. 110 € la ch. double, petit déj. inclus. Tomettes au sol, poutres apparentes, dans les anciennes écuries ou bergerie, les chambres sont sobres, spacieuses, aménagées avec goût et humour. Le grand jardin ravira les enfants.

€€€ ♣ **Chambres d'hôtes et gîtes Mas Saint-Germain** ☎ 04 90 97 00 60, www.massaint germain.fr. Ouv. tte l'année. 2 ch. dont 1 dans une maison indépendante et 3 gîtes (4 à 10 pers.). 80-97 € la ch., petit déj. inclus. Une exploitation bio de 200 ha, qui appartient à la même famille depuis 300 ans. Éleveurs de chevaux et de taureaux, cultivateurs de riz, les Vadon continuent de faire battre le cœur de la Camargue par leurs gestes ancestraux. En prime, vous bénéficierez d'une visite privée de la manade. Location de vélos sur place et balades à cheval.

RESTAURANTS

LE SAMBUC

€€€€ ☘ **La Chassagnette,** route du Sambuc (6 km avant Le Sambuc en venant d'Arles) ☎ 04 90 97 26 96, www.chassagnette.fr. F. mar.-mer. F. mi-déc. à mi-fév. Du potager (2 à 3 ha) à la table… Très écolo-chic. Dans une ancienne bergerie, Armand Arnal fait du bon, du bio et de la grande cuisine. Étoilé, ce nouveau Candide se veut « locavore » (il privilégie les produits locaux) : velouté d'herbes amères, écrevisses de Camargue. Menu déj. à partir de 35 €. Menu découverte 95 €. ♿

VILLENEUVE

€€€ ♥ **La Telline,** route de Gageron ☎ 04 90 97 01 75, www.restaurantlatelline.fr. F. mar., mer. et jeu. à midi. F. janv. à mi-fév. « Le » restaurant où vous pourrez déguster des tellines (p. 129), relevées comme il faut avec de l'ail. Autres merveilles du répertoire culinaire local : la terrine d'anguilles de Vaccarès, les escargots de mer et le loup grillé. Toute la Camargue dans son assiette ! Les collections de postes radio et autres fers à repasser du chef méritent aussi le coup d'œil. Comptez 40 € env. à la carte.

LOISIRS

SALIN-DE-GIRAUD

🏇 **Équitation Domaine de la Palissade,** sur la D36d, Jean-Marie Reissi ☎ 06 87 84 33 72,

www.palissade.fr. Ouv. avr.-oct. t.l.j. sf 1er Mai 9 h-17 h. Balade de 1 h, de 2 h ou 3 h (pour les cavaliers confirmés), voire à la journée. De 14 à 70 €. À partir de 8 ans. Dans un site protégé, entre ciel et eau, étang de Grande Palun et plage de Piémanson. L'animateur saura vous emmener sur les héronnières. Pas de cartes bancaires.

Location de vélos Mas Saint-Bertrand, à 5 km N env. de Salin-de-Giraud, à la fin de la D36c ☎ 04 42 48 80 69, www.mas-saint-bertrand.fr. F. en hiver. Location VTC à la demi-journée : 12 € ; à la journée : 18 €. Nombreux circuits découverte à partir du mas, de 10 à 75 km. Également location de vélos pour enfants.

ITINÉRAIRE 11
LA CRAU P. 138

HÉBERGEMENT

SALON-DE-PROVENCE

€ **Camping Nostradamus,** route d'Eyguières (au NO de Salon-de-Provence, accès par la D17) ☎ 04 90 56 08 36, www.camping-nostradamus.com. Ouv. mars-oct. 83 empl. et 17 mobil-homes. À partir de 312 € la sem. en basse saison, 750 € en haute saison la location d'un mobil-home 4 pers. Un camping familial qui a beaucoup grandi sans perdre son âme. Très ombragé, il offre une petite restauration et des animations l'été. Piscine. Aire de jeux pour les enfants.

€€€ **Chambres d'hôtes Le Mas de Lure,** route du Val-de-Cuech (D16, au NE de Salon, à 2,5 km env. dir. Aurons) ☎ 04 90 56 41 24, www.masdelure.com. F. déc. et 1re quinz. de janv. 4 ch. À partir de 100 € la ch. double, petit déj. inclus. Un mas superbe entouré de bois, où on respire ! Piscine et tennis. Accès WiFi gratuit. ♿

€€€ **Hôtel-restaurant Domaine de Roquerousse,** route Jean-Moulin (route d'Avignon) ☎ 04 90 59 50 11, www.roquerousse.com. F. Noël et 1 sem. en fév. 16 ch. et 10 pavillons avec terrasse privative (idéal pour les familles). 88-97 € la ch. double, 98-104 € le pavillon. Petit déj. 8 €. Restaurant (ouv. midi et soir). Dans une immense pinède, à l'ouest de Salon, une escale sympathique. Piscine, 2 courts de tennis. Accès WiFi gratuit.

RESTAURANTS

SAINT-MARTIN-DE-CRAU

€€ **Le Saint-M,** 6, av. de la République ☎ 04 90 47 32 45, www.saintm.fr. F. dim.-mer. en hiver. L'escale attendue dans cette morne plaine de la Crau. Les soirées tapas, ven. et sam., sont sympa. Formule à partir de 14 €. Menu à 25 € le soir avec animation. Menu enfants à 10 €. ♿

SALON-DE-PROVENCE

€€ **La Passerelle,** abbaye de Sainte-Croix, route du Val-de-Cuech (D16) ☎ 04 90 56 24 55, www.hotels-provence.com. Ouv. en saison t.l.j. sf dim. ; hors saison le w.-e. seulement. F. janv.-fév. Le bon plan pour profiter du cadre magique d'un Relais & Château, installé dans une ancienne abbaye romane. Ce bar à vins et à tapas offre des formules bistrot (20 € le plat chaud) et la patte du chef en prime.

€€ **La Table du Roy,** 35, rue Moulin-d'Isnard ☎ 04 42 11 55 40,

www.latableduroy.fr. F. dim. soir, lun. et jeu soir. F. 2 sem. en janv. L'été, on déjeune dans la cour ombragée. Plantureuse, la salade 5 entrées, caviar d'aubergines, caillette, etc., peut vous tenir lieu de repas ! À midi, formule et menus, entre 14,50 et 18 € ; le soir entre 26 et 32 €. Menu enfants à 11 €. ♿

LOISIRS

SALON-DE-PROVENCE

🏴‍☠️ **Parc Aventures Accro Passion,** chemin de la Pinède, ☎ 06 16 75 27 79, www.accropassion.com. Ouv. tte l'année, mer., w.-e., j.f. hors vac. scol. et t.l.j. pendant les vac. scol. de la zone B. Juil.-août 9 h 30-19 h 30 ; déc.-janv. 13 h-17 h 30 ; le reste de l'année 10 h-18 h. De 9 € (3-4 ans) à 18 € (gratuit plus de 60 ans). Env. 175 ateliers répartis entre 8 parcours aux noms tous plus exotiques les uns que les autres, le tapis à vagues, les pas de l'écureuil…

Salon antiquités-brocante et collection, pl. Morgan ☎ 06 09 95 31 32. Le 1er dim. de chaque mois 8 h-18 h. Gratuit. Un ensemble de petits meubles, livres, linge ancien, cartes postales, bibelots, outils, objets militaires… réunis par une quarantaine de professionnels.

ITINÉRAIRE 12 TARASCON ET LES ALPILLES P. 142

HÉBERGEMENT

LES BAUX-DE-PROVENCE

€€€ ♥ **Chambres d'hôtes Le Prince Noir,** rue de Lorme ☎ 04 90 54 39 57, www.leprincenoir.com. F. fév. 1 ch., 1 suite et 1 appart. (2 nuits minimum). À partir de 95 € la ch.

double, petit déj. inclus. La vue est extraordinaire depuis cette maison d'artistes accrochée au rocher.

FONTVIEILLE

€€€ **Chambres d'hôtes Mas de Massacan, Les Chambres de Manon,** quartier Saint-Jean, sur la D33a (près du moulin à huile de Saint-Jean) ☎ 04 90 54 70 73 et 06 71 72 82 79, www.masmassacan. com. Ouv. mars.-oct. 4 ch. et 1 gîte en location. 90 € la ch. double, petit déj. inclus (70 € la 2e nuit). Les chambres de ce mas rénové du XVIIIe s. sont raffinées et spacieuses. Piscine. Parking couvert gratuit. Accès WiFi gratuit.

MAUSSANE-LES-ALPILLES

€€€ **Hôtel Aurelia,** 124, av. Vallée-des-Baux ☎ 04 90 54 22 54, www.bestwestern-aurelia.com. Ouv. tte l'année. 39 ch. (celles du rez-de-chaussée ont des petites terrasses). 125 € la ch. double (promotions sur le site ou en appelant). Petit déj. (copieux) 10 €. À la sortie de Maussane (dir. Mouriès), à l'écart de la route, dans un parc fermé, ce Best Western est coquet. Piscine. Accès WiFi gratuit. &

PARADOU

€€ **Chambres d'hôtes L'Espe-lido,** route des Tours-de-Castillon (la route qui part en face du restaurant La Petite France) ☎ 04 90 54 38 55, www.lespelido.fr. Ouv. tte l'année. 3 ch. dont 1 familiale et 1 gîte rural. À partir de 75 € la ch. double, petit déj. inclus (servi sous la tonnelle). Une bastide provençale avec piscine.

€€€€ **Hôtel Du Côté des Oliva-des,** lieu-dit Bourgeac ☎ 04 90 54 56 78, www.ducotedesolivades.com.

Ouv. à l'année. 9 ch. et 1 suite. À partir de 165 € la ch. (mais c'est 30 % moins cher de nov. à mars). Petit déj. 17 €. Hôtel très « chic Provence », où la table est remarquable. Piscine. Spa.

TARASCON

€€€ **Chambres d'hôtes Rue du Château,** 24, rue du Château ☎ 04 90 91 09 99, www.chambres-hotes.com. Ouv. mars.-oct. 5 ch. 85-95 € la ch. double (2 nuits minimum), petit déj. inclus. Cette maison, réunissant deux logements des XVIe et XVIIIe s., est très centrale. Agréable petit jardin intérieur. Parking gratuit. Accès WiFi gratuit.

LES-BAUX-DE-PROVENCE

€€ **L'Hostellerie de la Reine Jeanne,** à l'entrée des Baux sur la dr. ☎ 04 90 54 32 06, www.la-reinejeanne.com. F. janv. Pour la vue époustouflante sur le val d'Enfer et sa cuisine ensoleillée. Menus entre 22 et 27 €. Menu enfants à 8,50 €.

€€ **Le Variétés,** 29, rue du Trencat (sur la dr. près du château) ☎ 04 90 54 55 88. Ouv. t.l.j. à midi (et le soir en été). F. mi-oct. à mars. Une terrasse de poche en plein cœur des Baux et une cuisine à base de produits frais et locaux, incluant une dose d'originalité. Menu enfants à 10,50 €.

FONTVIEILLE

€€ **La Ripaille,** av. des Baux ☎ 04 90 54 73 15, www.laripaille. com. Ouv. juil.-août t.l.j.; le reste de l'année t.l.j. sf lun. et mar. midi. Belle terrasse ombragée avec de l'espace pour savourer une cuisine du terroir avec les gardianes de taureau. Formule déj. à 15 €. Menu à 26 €. Menu enfants à 8 €.

MAUSSANE-LES-ALPILLES

€€ ❤ La Place, 65, av. de la Vallée-des-Baux ☎ 04 90 54 23 31. Ouv. mai-sept. t.l.j.; le reste de l'année t.l.j. sf mar. et mer. Le petit resto d'une grande table (L'Oustau de Baumanière aux Baux-de-Provence). Des plats légers et savoureux concoctés par Fanny Rey, une rescapée de l'émission Top Chef, qui aime le vrai, le bon. Une addition poids plume vu le niveau de la cuisine. Formule plat + dessert 23 €, plat + entrée 27 € et le grand jeu 34 €.

TARASCON

€ MEO BistrO, 1, pl. de la Gare ☎ 04 90 91 47 74, www.meo-tarascon.fr. Ouv. mai-sept. mar.-dim. À midi, une cuisine de marché servie l'été dans le patio-jardin (à la carte, entre 9 et 29 €). Le soir, la maison joue l'apéritif-comptoir, vin au verre et tapas (autour de 12-15 €). ♿

LOISIRS

FONTVIEILLE

🚂 Le train des Alpilles ☎ 04 90 18 81 32, www.letraindesalpilles.fr. Roule entre Arles et Fontvieille, de déb. juin à mi-sept. mer.-sam. sf j.f. 2 départs/j. De 6 € (7-14 ans) à 9,50 €. ♿

ITINÉRAIRE 13
SAINT-RÉMY-DE-PROVENCE
ET LA MONTAGNETTE P. 152

HÉBERGEMENT

GRAVESON

€ Camping Les Micocouliers, route de Cassoulen (la route de Saint-Rémy qui ne passe pas par Maillane) ☎ 04 90 95 81 49, www.camping-les-micocouliers-provence.fr. Ouv. 15 mars-15 oct. 65 empl. Location de mobil-homes avec douche et W.-C. à la sem. (à partir de 370 € sur la base de 4 pers.) ou 3 nuits minimum hors juil.-août. Ombragé, ce petit camping est convivial. Piscine. Aire de jeux pour les petits.

€€ Hôtel Le Cadran Solaire, 5, rue du Cabaret-Neuf ☎ 04 90 95 71 79, www.hotel-en-provence.com. Ouv. tte l'année (sur rés. en hiver). 10 ch. et 2 suites. De 72 à 95 € la ch. double. Petit déj. 9 €. L'ancien relais de poste s'est transformé en petit hôtel adorable avec du mobilier chiné dans les brocantes. Vous tomberez certainement amoureux du jardin, avec ses chaises longues. Pas de TV dans les chambres. Accès WiFi gratuit. ♿

SAINT-MICHEL-DE-FRIGOLET

€€ Hôtel-restaurant de l'Abbaye, dans l'abbaye ☎ 04 90 90 52 70, www.hotellerie-frigolet.fr. F. mi-nov. à mi-mars (ouv. exceptionnelle pour Noël). 20 ch. et 1 appart. 73-88 € la ch. double, petit déj. inclus. Restaurant f. lun. et mar. en saison, la sem. en hiver. Les chambres, dans ce lieu d'une grande sérénité, sont dotées du confort moderne. Paniers-repas fournis pour les excursions (9 €).

SAINT-RÉMY-DE-PROVENCE

€€ Chambres d'hôtes Le Sommeil des Fées, 4, rue du 8-Mai-1945 ☎ 04 90 92 17 66 et 06 98 01 98 98, www.angesetfees-stremy.com. Ouv. tte l'année (sur rés. en hiver). 5 ch. De 59 à 94 € la ch. double, petit déj. inclus. Les chambres, mignonnes à croquer, donnent sur une rue (piétonne en haute saison) de Saint-Rémy-de-Provence. Une kitchenette est mise à votre disposition pour le petit déjeuner (avec miels, confitures, pains). Restaurant La Cuisine des Anges au rez-de-chaussée. Parking (payant) pl. de la République.

€€€ **Hôtel Villa Glanum,** 46, av. Vincent-Van-Gogh (près du site antique) ☎ 04 90 92 03 59, http://villaglanum.com. F. janv. 25 ch. 85-145 € la ch. double selon saison (promos sur Internet). Petit déj. 11 €. Des chambres au style provençal affirmé : boutis et tutti quanti. Le grand jardin (1 ha), la piscine séduiront les familles. Parking fermé gratuit. Climatisation. Accès WiFi gratuit.

RESTAURANTS

SAINT-RÉMY-DE-PROVENCE

€ **Taberna Romana,** sur le site de Glanum ☎ 04 90 92 65 97, www.taberna-romana.com. Ouv. avr.-sept. t.l.j. sf lun. 10 h-18 h 30. Manger comme nos ancêtres les Romains… Mireille Chérubini est même à l'affût des dernières découvertes archéologiques pour créer de « nouvelles » recettes. En avant pour le *mulsum* (vin rouge aux épices), le *pullus* (poulet, moutarde et miel), etc. Formules de 15 à 17 €. Plat chaud 7 € et dessert 5 €.

€€ **L'Estagnol,** 16, bd Victor-Hugo ☎ 04 90 92 05 95, http://restaurant-lestagnol.com. Ouv. en saison t.l.j. sf lun.; hors saison le midi et les ven. et sam. soir. F. fin fév. à mi-mars. Le lieu, une ancienne école de filles, est inondé de soleil. En plein centre-ville, vous déjeunerez l'été sur la terrasse-jardin en compagnie d'écureuils. Cuisine

goûteuse d'inspiration méditerranéenne. Formule déj. à 13 €. Menus à 25 et 34 €. Menu enfants à 11 €.

€€ ♥ **Ô Caprices de Mathias,** Domaine de Métifiot, chemin de la Croix des Vertus ☎ 04 32 62 00 00, www.caprices-mathias.com. F. mer. et jeu. F. vac. de Toussaint. Voilà un chef plus que prometteur ! Au vert, parmi les oliviers, Mathias Henkème crée une cuisine diablement inventive avec des produits du cru comme l'agneau des Alpilles. Formule déj. à 19 €. Menus à 29 et 40 €.

LOISIRS

GRAVESON

Provence Quad Location, 4, av. Riboun ☎ 04 90 15 40 47 et 06 18 07 64 59, www.provence-quad-location.com. Ouv. tte l'année sur rés. Enfants en passagers à partir de 5-6 ans. Randonnées accompagnées dans le Val de Provence de 1 h (50 € + 10 € pour le passager) à la demi-journée (120 € + 60 € pour le passager) ou à la journée. Permis de conduire exigé.

SAINT-RÉMY-DE-PROVENCE

Observation des oiseaux, rés. auprès de l'office du tourisme de Saint-Rémy ☎ 04 90 92 05 22. Tte l'année horaires variant selon le coucher du soleil. De 5 € (6-17 ans) à 10 €. Durée : 3 h env. dont 1 h 30 sur place. À la tombée de la nuit, soit avec Frédéric Bouvet, soit avec Christophe Giraud, on découvre les mœurs du hibou grand duc. Il existe une cinquantaine de mâles chanteurs dans le massif des Alpilles, par ailleurs riche en espèces d'oiseaux.

Escalade Harald Morath ☎ 06 63 89 05 16, http://muratti.

adventures.free.fr. Les Alpilles sont un terrain rêvé pour se mettre à l'escalade. Autour de Saint-Rémy-de-Provence, il y a quelque 200 voies « à la louche ». Sorties découverte avec ce guide de haute montagne (30 €/h).

Vélo Passion, ZAC Gare (au N) ☎ 04 90 92 49 43, www.velopassion. fr. F. dim., lun. et. j.f. Location de VTT : 15 €/j., 75 € la sem.

ITINÉRAIRE 14
AVIGNON P. 164

HÉBERGEMENT

❸ Gîte La Chapelle du Miracle, 13, rue Velouterie A3 ☎ 04 90 85 22 07 et 06 22 05 07 96, www.gites-de-france.com. Ouv. tte l'année. 3 appart. 280 à 520 € la sem. le studio. Une chapelle du XIVᵉ s. cachée derrière une façade néoclassique est en location ! Notre-Dame-du-Miracle, c'était son nom, a coûté 560 florins d'or au pape Jean XXII. Elle est désormais divisée en appartements fonctionnels, qui présentent une déco épurée sans être monacale. Accès Internet.

€€ Chambres d'hôtes La Péniche Qi, à quai, sur le Rhône, côté île Piot hors plan par A2 ☎ 04 90 25 40 61 et 06 62 37 25 17, www.chambrepeniche.fr. Ouv. tte l'année. 4 ch. De 70 € pour les chambres à 85 € pour le carré du marinier, petit déj. inclus (tarif dégressif à partir de 2 nuits). La péniche de 38 m de long peut accueillir jusqu'à 12 pers.

€€ ♥ Hôtel Boquier, 6, rue du Portail-Boquier B3 ☎ 04 90 82 34 43, www.hotel-boquier.com. F. 3 sem. en déc. 12 ch dont 7 à l'arrière. De 50 € à 75 € la ch. double.

Petit déj. 8 € avec la confiture maison. Central, ce deux-étoiles a été entièrement rénové de façon pétillante. Parking payant gardé et cour pour garer son vélo. Climatisation. Accès WiFi gratuit.

€€€ Chambres d'hôtes Côté Square, 8, rue du Crucifix C2 ☎ 04 90 85 52 42 et 06 44 25 35 05, www.cotesquare-avignon.com. Ouv. tte l'année. 3 ch. 110-150 € la ch. double, petit déj. inclus. À côté du square Pétramale, une adresse chlorophylle, en pleine ville, avec sa terrasse. Déco contemporaine. Garage gratuit. Accès WiFi gratuit.

RESTAURANTS

€€ ♥ Le 75, 75, rue Guillaume-Puy D3 ☎ 04 90 27 16 00, www.numero75.com. F. dim. hors Festival. Près de la rue des Teinturiers, Robert Brunel, chef qui a lâché la course aux étoiles, n'en fait qu'à sa tête. La cuisine fait le tour de la Méditerranée. Cour ombragée. Suggestion à 16 € à midi en sem. Formule-carte à 30 € à midi et 34,50 € le soir.

€€ La Cuisine du Dimanche, 31, rue de la Bonneterie C2 ☎ 04 90 82 99 10, www.lacuisinedudimanche.com. Ouv. tte l'année. F. dim. soir et lun. hors saison. Dans un cadre aux couleurs gaies, une cuisine généreuse, aromatique : dos de cabillaud, safran et badiane, pieds-et-paquets (p. 38)… Le chef renouvelle toutes les semaines sa carte. Plat du jour à partir de 11 €. Carte le soir autour de 30-35 €.

€€€ Le Diapason, 1764, chemin du Moulin-de-Notre-Dame hors plan par C3 ☎ 04 90 81 00 00, www.lediapason-restaurant.com. Ouv. juil.-août mar. midi au sam.

midi ; le reste de l'année mer. midi au dim. midi. Aucune fausse note pour ce restaurant situé à l'extérieur d'Avignon. Des jeunesses au piano ont décroché la lune (une première étoile au Guide Michelin). La cuisine sait sublimer les produits. Formule déj. à 24 €. Menus entre 34 et 117 € (incluant un accord mets-vin). Menu enfants à 12 €.

€€€€ ♣ ♨ **La Mirande,** 4, pl. de l'Amirande **B1-2** ☎ 04 90 14 20 20, www.la-mirande.fr. F. mi-janv. à mi-fév. Derrière le palais des Papes, l'une des tables les plus réputées d'Avignon dans le décor raffiné d'un hôtel du XVIIe s. Fait également table d'hôtes où chacun s'installe au coude à coude pour goûter une cuisine résolument au bio (mar. et mer. ; menu à 86 €, boissons comprises). Formule déj. à 35 €. Menus à 66 et 95 €. Avec ses ateliers de cuisine, dispensés aussi bien aux adultes qu'aux enfants (à partir de 7 ans), le chef fait découvrir les secrets des 13 desserts *(p. 28)*.

LOISIRS

♨ **Cours de cuisine Concept Chef,** les Halles, pl. Pie **C2** ☎ 06 25 36 12 40, www.conceptchef.com. Pour adultes, les jeu. et w.-e. 9 h 30-13 h 30 ; 75 € déj. inclus. Pour enfants les mer. et sam. 10 h 30-12 h 30 ; 45 €. Mettez la main à la pâte ! Avec le chef, on fait ses courses aux Halles et on passe ensuite en cuisine.

♨ **Compagnie Grands Bateaux de Provence,** allée de l'Oulle **A2** ☎ 04 90 85 62 25, www.mireio.net. Ouv. avr.-sept. Hors juil.-août 2 départs/j. à 15 h et 16 h 15 ; juil.-août 5 départs/j. l'après-midi. 8 €/ pers. (gratuit moins de 8 ans). Durée :

45 min. Pour flâner sur la plus belle avenue d'Avignon : le Rhône.

Provence Bike, 7, av. Saint-Ruf (à côté de la gare routière) **C3** ☎ 04 90 27 92 61. www.provence-bike.com. Ouv. en saison t.l.j. 9 h-18 h 30 ; hors saison sur rés. À partir de 12 €/j., 22 € le w.-e. Vélos pour enfants.

L'Opéra-Café, 24, pl. de l'Horloge **B2** ☎ 04 90 86 17 43. Ouv. t.l.j. l'été jusqu'à 1 h 30, l'hiver jusqu'à 1 h, 3 h pendant le Festival d'Avignon. Tous les tempos dans ce bar lounge avec un DJ résident (les w.-e.).

ITINÉRAIRE 15 AU NORD D'AVIGNON P. 173

HÉBERGEMENT

AVIGNON

€ **Camping du Pont d'Avignon,** 10, chemin de la Barthelasse ☎ 04 90 80 63 50, www.aquadis-loisirs.com. Ouv. mi-mars à mi-nov. 300 empl. À partir de 335 € la sem. la location de bungalows toilés pour 4 pers. Calme et familial. Restauration sur place. Piscine d'environ 400 m². Accès WiFi gratuit. Animation pour les enfants en été. La navette fluviale met Avignon à une dizaine de minutes.

€€€ **Chambres d'hôtes Le Mas de l'Île,** 1261, chemin des Canotiers, île de la Barthelasse ☎ 04 90 85 68 65, www.masdelile. com. Ouv. tte l'année. 4 ch. De 75 € à 100 € la ch. double, petit déj. inclus. En plein cœur de l'île de la Barthelasse, le mas est mignon comme tout, le parc (1 ha) un vrai poème. Piscine. Accès WiFi gratuit. Pas de cartes bancaires. ♿

CHÂTEAUNEUF-DU-PAPE

€€€ ♥ **Chambres d'hôtes Chez la Sommelière,** 20, av. du Général-de-Gaulle ☎ 04 90 83 79 38 et 06 16 48 61 87, www.chateauneuf-wine-bb.com. 3 ch. Ouv. mai-sept. Entre 85 et 100 € la ch., petit déj. inclus. Des chambres délicieuses, thématiques (comme la provençale) ; un petit jardin… La propriétaire, Danièle Raulet-Reynaud, est une sommelière émérite. Ne vous étonnez pas de la voir vous proposer ateliers fromages et vins (le ven. à 18h30 autour de l'appellation Châteauneuf, bien sûr !).

VILLENEUVE LEZ AVIGNON

€€€ **Hôtel de l'Atelier,** 5, rue de la Foire (en plein cœur de la ville) ☎ 04 90 25 01 84, www.hoteldelatelier.com. F. janv. 22 ch. De 89 à 119 € la ch. double (hors juil.). Petit déj. 10 €. Une demeure du XVIe s. au charme provençal prenant. Les chambres donnant sur le jardin intérieur sont très demandées. Location de vélos. Parking payant. Accès WiFi gratuit.

RESTAURANTS

AVIGNON

€€ **Hôtel-restaurant La Ferme,** 110, chemin des Bois, île de la Barthelasse ☎ 04 90 82 57 53, www.hotel-laferme-avignon.com. F. midi et ouv. tous les soirs. Hors saison, on apprécie la cheminée géante, de taille à faire rôtir un bœuf. L'été, on plébiscite la terrasse. Cuisine aux accents ensoleillés : médaillon de lotte au thym et romarin, carpaccio de loup de mer. Menus découverte à 25 € et du terroir à 42 €. Menu enfants à 14 €.

PUJAUT

€€€ ♥ **Entre Vigne et Garrigue,** mas Saint-Bruno, chemin des Falaises ☎ 04 90 95 20 29, www.vigne-et-garrigue.com. Ouv. en saison t.l.j. sf dim. soir et lun. ; hors saison t.l.j. sf lun., mar. et dim. soir. F. janv. Serge Chenet, qui a connu plus d'une adresse prestigieuse, s'est installé en rase campagne « pour se faire plaisir ». Pour notre plus grand plaisir aussi : la table offre cuissons millimétrées et trouvailles gustatives surprenantes. Formule déj. à 28 €. Menus à 39 et 59 €. Menu enfants à 22 €.

VILLENEUVE LEZ AVIGNON

€€ **La Guinguette du Vieux-Moulin,** 5, rue du Vieux-Moulin ☎ 04 90 94 50 72, www.guinguette vieuxmoulin.com. Ouv. t.l.j. en été. F. dim. soir et lun. hors saison. F. le soir (sf w.-e.) l'hiver. F. nov. Au bord du Rhône, l'adresse rêvée à la belle saison. Des salades rafraîchissantes, des sardines grillées… Formule déj. à partir de 13 €. Menu unique le soir 29 €. Menu enfants à 10,50 €. Animations ven. et sam. soir.

LOISIRS

AVIGNON

☠ **Canoë-kayak Chalet d'accueil de Bagatelle,** ch. des Berges, île de la Barthelasse ☎ 06 11 52 16 73, www.kayak-avignon.fr. Balade en kayak sur le Rhône t.l.j. l'après-midi en juil.-août, « surveillée » du pont Saint-Bénezet au pont Daladier. 6 € la demi-heure, 9 €/h (gratuit moins de 9 ans). Activités pour les enfants à proximité.

CHÂTEAUNEUF-DU-PAPE

Cours de cuisine Vin, Chocolat & Compagnie, route d'Avignon

☎ 04 90 83 54 71, www.vin-chocolat-castelain.com. Des ateliers du chocolat sont programmés toute l'année sur rés. Si le chocolat est votre péché mignon, apprenez à réaliser ganache, praliné, truffe avec un maître chocolatier et repartez avec votre ballotin de 500 g. 75 €. Durée : 2 h 30. Atelier d'initiation aux accords vin-chocolat, 10 € (45 min). Visite des ateliers sur rés. (4 €, gratuit moins de 12 ans).

ROQUEMAURE

🏇 **Parc Aventures Amazonia,** route d'Orange ☎ 04 66 82 53 92, www.parcamazonia.fr. Ouv. avr.-mai et sept. w.-e., j.f. et vac. scol. 11 h-18 h ; juin-août t.l.j. 10 h 30-18 h. De 11,50 € (4-12 ans) à 14 €. Descente de la rivière aux crocodiles, sables mouvants et labyrinthe maya…

ITINÉRAIRE 16
LE PONT DU GARD P. 180

HÉBERGEMENT

CASTILLON-DU-GARD

€€ **Maison d'hôtes Vic,** Mas de Raffin ☎ 04 66 37 13 28, www.chambresdhotes-vic.com. Ouv. toute l'année. 4 ch. et 1 mazet en location. 75 € la ch. double, petit déj. inclus. Au pied de Castillon, une grande ferme viticole aménagée avec sobriété et goût. La grande cour ombragée est un vrai bonheur. Piscine, Jacuzzi et sauna.

TAVEL

€€€ ❤ **Chambres d'hôtes Jardin de Bacchus,** 223, rue de Tourtouil (au bas du village, le dernier mas) ☎ 04 66 90 28 62, www.jardindebacchus.fr. F. janv.-fév. 3 ch. dont 1 avec jardin privatif. 120 € la ch. double (80-100 € à partir de 2 nuits), petit déj. inclus. La campagne est aux portes de cette maison d'hôtes au charme pétillant. L'apéritif au soleil couchant, face aux vignes, est un grand moment de convivialité. Piscine. Séjours à thème cuisine et vins (www.provence-escapade.fr).

€€€ **Hôtel-restaurant Auberge de Tavel,** route Romaine (dans le village, mais à l'écart de la route principale, la D4) ☎ 04 66 50 03 41, www.auberge-de-tavel.com. F. mi-fév. à mi-mars et 1 sem. en nov. 10 ch. et 1 suite. De 95 à 130 € la ch. double. Petit déj. 14 €. La vieille école s'est reconvertie en petit hôtel adorable. Toutes les chambres ont été rénovées. Piscine et table réputée (f. mer. et jeu. midi).

RESTAURANT

PONT DU GARD

€€ **Les Terrasses,** rive droite ☎ 04 66 37 50 88. Ouv. Pâques à oct. t.l.j. ; le reste de l'année, mieux vaut téléphoner. Aux premières loges pour admirer le starissime pont du Gard. Le restaurant la joue brasserie, mais la carte est mise au point par Jérôme Nutile, chef étoilé, à la cuisine généreuse façon terroir mais toute en finesse. Formule déj. à 15,50 €. Menus à 29 et 39 €.

LOISIRS

COLLIAS

🏇 **Kayak Vert** ☎ 04 66 22 80 76, www.canoe-france.com/gardon. En canoë ou kayak, la descente du Gardon (8 km) se fait de Pâques à mi-nov. À partir de 22 € (6-12 ans demi-tarif).

🛶 **Canoë Le Tourbillon**
☎ 04 66 22 85 54, www.canoe-le-tourbillon.com. Ouv. avr. à fin sept. À partir de 21 € (moins de 12 ans : 11 € ; 12-16 ans : 16 €).

🧗 **Escalade Bureau des Moniteurs du Gard**, restaurant L'Enclos, berges du Gardon ☎ 06 29 77 25 15, www.moniteurs-gard.com. Ouv. tte l'année. 25 € la demi-journée en initiation. À partir de 6 ans. Les falaises de Collias offrent quelque 1 600 voies. Via ferrata dans le secteur de l'Œuf (10 min de marche à pied ; à partir de 12 ans). Attention, courte (300 m), elle est néanmoins classée assez difficile (pour débutants bien accompagnés).

ITINÉRAIRE 17
ORANGE ET LE MASSIF D'UCHAUX P. 188

HÉBERGEMENT

MORNAS

€ **Camping de Beauregard**, route d'Uchaux ☎ 04 90 37 02 08, www.camping-beauregard.com. Ouv. avr.-sept. 276 empl. Location de maisonnettes, chalets ou mobil-homes pour 2 nuits minimum (hors saison). À partir de 84 €/nuit le mobil-home pour 4 (2 nuits minimum), 210 € la sem. Dans une pinède de 15 ha, il a la taille d'un village-club. Vrai centre aquatique avec piscines et toboggans. Petite restauration. Mini-golf, pétanque, 2 courts de tennis. Animations l'été. Accès WiFi gratuit. ♿

ORANGE

€€€ **Hôtel Mas des Aigras**, chemin des Aigras (à 4 km N d'Orange, après le pont sur l'Aygues) ☎ 04 90

34 81 01, www.masdesaigras.com. F. 2 sem. en mars, 2 sem. en oct. et 2 sem. en déc. 8 ch. et 1 suite. 75-120 € la ch. double. Petit déj. 13 €. C'est un joli mas en pierres au milieu des champs et des vignes. La déco contemporaine est plaisante. Son restaurant joue avec brio la carte du bio. Menus de 22 à 55 € (70 € pour un repas aux truffes).

RESTAURANTS

PIOLENC

€€ **Auberge de l'Orangerie**, 4, rue de l'Ormeau ☎ 04 90 29 59 88, www.orangerie.net. F. dim. soir et lun. hors saison. F. 2 dernières sem. d'oct. et 4 j. à Noël. Dans cet ancien relais de poste (XVIIIe s.), on peut manger l'été sous la tonnelle dans la cour. Cuisine classique. Menu truffe de mi-janv. à fin mars. Formule déj. à 19 €. Menus de 23 à 35 €. Menu enfants à 12 €. ♿

UCHAUX

€€ **Le Temps de Vivre**, Les Farjons ☎ 04 90 40 66 00. F. mer. et jeu. F. 2 sem. en nov. et pendant les fêtes de fin d'année. Un ancien de chez Troigros s'est installé dans ce coin retiré pour notre plus grand plaisir. Cuisine au fil des saisons, la carte changeant deux fois par mois. Formule déj. à 18 €. Menus à 32 et 41 €. Menu enfants à 9 €.

ITINÉRAIRE 18
CARPENTRAS ET LE PAYS DES SORGUES P. 195

HÉBERGEMENT

CARPENTRAS

€€€€ **Chambres d'hôtes Maison Trévier**, 36, pl. Cavaillon (entre La

Charité et la chapelle des Pénitents-Blancs) ☎ 04 90 51 99 98, www.maison-trevier.com. Ouv. tte l'année. 3 ch. et 1 suite pour 3-4 pers. 125 € la ch. double. Petit déj. bio à 10 €. Restaurant lun.-ven. midi et sam. soir. Formule déj. à 19 €; table d'hôtes le soir sur rés. de 30 à 35 € (55 € pour un menu truffes). Dans le centre, cette maison d'hôtes du XVIIIe s. est dotée d'un petit jardin. Ateliers de cuisine-dégustation et balades dans les vignobles.

FONTAINE-DE-VAUCLUSE

€€€ **Hôtel du Poète,** à l'entrée du village et à l'écart de la route principale ☎ 04 90 20 34 05, www.hoteldupoete.com. F. déc.-fév. 21 ch. et 3 suites. De 95 à 240 € la ch. double. Petit déj. 17 €. Dans un ancien moulin. Le petit déjeuner se passe au-dessus de l'eau, un vrai poème. Parc, piscine et Jacuzzi. Accès WiFi gratuit. &

L'ISLE-SUR-LA-SORGUE

€ ♣ **Camping La Sorguette,** 871, route d'Apt (entre L'Isle-sur-la-Sorgue et Fontaine-de-Vaucluse) ☎ 04 90 38 05 71, www.camping-sorguette.com. Ouv. 15 mars-15 oct. 167 empl. Location de chalets ou mobil-homes à partir de 60 € la nuit et 385 € la sem. Sur 5 ha au bord de la Sorgue, c'est un camping nouvelle génération, où tout est fait pour combiner tourisme avec nature (tri sélectif, voiturette électrique pour circuler dans le camping, économiseurs à gogo, etc.). Le site propose une belle gamme des nouveaux hébergements de plein air : tente-lodge style safari, pod *(p. 317)*, tipis, yourtes. Accès à la rivière, aire de jeux. Snack-bar et épicerie en été. Location de VTT et de canoë. Accès WiFi gratuit. &

LAGNES

€ ♣ **Camping La Coutelière,** route de Fontaine (D24) ☎ 04 90 20 33 97, www.camping-la-couteliere.com. Ouv. avr. à mi-oct. 103 empl. Labellisé Clef Verte *(p. 314)*. Ce camping convivial et verdoyant de 3 ha est posé au bord de la Sorgue. Il offre mobil-homes (à partir de 62 € la nuit et 320 € la sem.), bungalows en bois et même une cabane perchée ! Piscine, aire de jeux. Ateliers pour enfants (4-12 ans) l'été.

PERNES-LES-FONTAINES

€€ ♥ **Hôtel-restaurant Mas de la Bonoty,** chemin de la Bonoty (sur la route de Mazan) ☎ 04 90 61 61 09, www.bonoty.com. F. janv. à mi-fév. et mi-nov. à déb. déc. 8 ch. De 62 à 95 € la ch. double, petit déj. inclus. Un mas du XVIIe s., joliment restauré et l'une des meilleures tables de la région (f. lun. et mar.). Piscine. &

LE THOR

€€€ **Chambres d'hôtes La Garance,** 4010, route de Saint-Saturnin-lès-Avignon (D98) ☎ 04 90 33 72 78, www.garance-provence.com. F. mi-janv. à Pâques. 5 ch. À partir de 115 € la ch. double, petit déj. inclus. Cet ancien relais de poste se dore plein sud. W.-e. « chine » à L'Isle-sur-la-Sorgue *(p. 344)*. Piscine. Yoga et massages sur rés.

RESTAURANTS

CARPENTRAS

€€ **Chez Serge,** 90, rue Cottier (près du centre culturel « La Charité ») ☎ 04 90 63 21 24, www.chez-serge.com. Ouv. t.l.j. Un cadre sympa, un passionné (et un connaisseur) de vins et truffes. Menu ardoise à partir de 15 € le midi, menu

Nos bonnes adresses – Orange et le comtat Venaissin

« Ventoux » à 35 € midi et soir, menu autour de la truffe blanche la *Tuber aestivum* mai-sept. à 49 € ; soirée truffes avec accord mets-vins le jeu. de déc. à fév. 75 €. Menu enfants à 12 €. &

L'ISLE-SUR-LA-SORGUE

€ ♥ **La Guinguette,** 1494, av. Voltaire-Garcin   ☎ 04 90 38 10 61, www.la-guinguette.com. Ouv. t.l.j. sf lun. hors saison. F. mi-déc. à mi-fév. Dans le cadre magique du Partage des eaux, une cuisine sobre, savoureuse. Cette « guinguette de pays » travaille à 60 % avec des produits du terroir (porc du mont Ventoux, petit épeautre…). Terrasse ombragée. Plat du jour à 9 €, formule déj. à 14 €. Le soir, menus-cartes à 19 et 21 €. Menu enfants à 9,50 €.

€€ Le Jardin du Quai, 91 av. Julien-Guigue   ☎ 04 90 20 14 98, www.lejardinduquai.com.   F. janv. Ouv. t.l.j. sf mar. et mer. hors saison. En face de la gare. Sous le marronnier et les magnolias, une cuisine du marché, raffinée, aux cuissons millimétrées. Menu unique à 35 € à midi (40 € le dim.), 43 € le soir.

PERNES-LES-FONTAINES

€€ **Au Fil du Temps,** 71, pl. Louis-Giraud   ☎ 04 90 30 09 48. Ouv. mer.-dim. F. mi-nov. à mi-déc. La façade en bois (celle d'une ancienne épicerie) n'annonce en rien la couleur de cette cuisine savoureuse, récréative, basée sur les produits frais locaux. Formule à 25 €. Menus de 29 à 49 €.

LOISIRS

CARPENTRAS

Brocante, parking des Platanes ☎ 06 80 85 89 22. Le dim. de 10 h

à 18 h. Les exposants – entre 150 et 200 – s'installent dès 8 h du matin. On y chasse la carte postale, l'édition ancienne, le bijou d'Arlésienne. Un vide-grenier à Pâques, le 15 août et le 1er dim. de déc. attire jusqu'à 1 200 exposants.

FONTAINE-DE-VAUCLUSE

Kayak Vert ☎ 04 90 20 35 44, www.canoefrance.com.   Descente de la Sorgue avec arrivée au Partage des eaux, à L'Isle-sur-la-Sorgue, soit 8 km, retour assuré. 3e w.-e. d'avr. à mi-oct. De 12 € (6-12 ans) à 17 € (gratuit pour les 6-8 ans au milieu de 2 adultes). À partir de 6 ans. Durée : 2 h. Sur le parcours, on voit martins-pêcheurs et poules d'eau. Petite restauration sur place (grillades, salades…) : à la carte, à partir de 8 €. Cartes bancaires non acceptées.

L'ISLE-SUR-LA-SORGUE

Antiquaires et brocanteurs, ouv. sam., dim., lun. et j.f. La ville, 3e place européenne, après Londres et Saint-Ouen, compte env. 300 antiquaires, répartis entre une dizaine de « villages ». 2 fois par an (à Pâques et autour du 15 août), ils sont rejoints par près de 200 collègues pour une grande Foire antiquités-brocante (☎ 04 90 20 62 28). Une brochure *Antiquités, décoration, galeries d'art et marchés* est éditée chaque année par l'office de tourisme.

LAGNES

Parc Aventures Passerelles des Cimes, Les Cadenières (sur la D24? entre L'Isle-sur-la-Sorgue et Fontaine-de-Vaucluse) ☎ 04 90 38 56 87, www.parcours-aerien.com. Juil.-août t.l.j.; le reste de l'année w.-e., j.f. et vac. scol. F. nov.-fév. Sur rés. De 7 à 18 €. À partir de 2 ans. Durée : 1 h 30 à 2 h 30. 18 parcours. Tenue de sport obligatoire.

ITINÉRAIRE 19
VAISON-LA-ROMAINE ET LES DENTELLES DE MONTMIRAIL P. 205

HÉBERGEMENT

BEAUMES-DE-VENISE

€€ ♥ **Chambres d'hôtes Thym et Romarin,** Le Village (à 700 m du centre-ville, dans les vignes, vers le stade) ☎ 04 90 65 00 24, www.thym-romarin.com. Ouv. tte l'année. 2 ch., 1 roulotte et 1 suite familiale. De 65 à 90 € la ch. double, petit déj. inclus. Table d'hôtes (32 €). Une adresse pimpante, qui séduira les amateurs de vélo (mais pas seulement). Piscine.

€€€€ **Chambres d'hôtes Le Clos Saint-Saourde,** route de Saint-Véran ☎ 04 90 37 35 20 et 06 99 41 44 19, www.leclossaint saourde.com. Ouv. tte l'année. 1 cabane, 2 ch., 2 suites et 1 gîte. La cabane est une vraie petite folie avec son Jacuzzi sur la terrasse (370-470 € la nuit, petit déj. inclus). Sur pilotis, entre peupliers et chênes verts, spacieuse (65m² avec terrasse), chauffée ou climatisée, à la déco raffinée, on la réserve pour des circonstances exceptionnelles. Accès Internet.

SÉGURET

€€€€ **Chambres d'hôtes Le Vieux Figuier,** quartier des Prés (au pied de Séguret, dans la plaine, à 1 km du carrefour D977/D7) ☎ 04 90 46 84 38, www.vieuxfiguier.com. Ouv. tte l'année. 2 ch. 130 € la ch. double, petit déj.

inclus. Au milieu des vignes et des oliviers, le propriétaire, amateur de vins, organise des stages d'initiation à la dégustation, à la cuisine et au golf. Piscine, parc de 1 ha.

VAISON-LA-ROMAINE

€€€ H ô t e l - r e s t a u r a n t **Hostellerie Le Beffroi,** rue de l'Évêché (dans la ville médiévale) ☎ 04 90 36 04 71, www.le-beffroi. com. F. mi-nov. à mi-déc. et Noël. 22 ch. De 76 à 150 € la ch. double. Petit déj. 12 €. Restaurant f. l'hiver. Menus 28-45 €, enfants 13 €. Les chambres sont réparties entre deux demeures des XVIe et XVIIe s. Parking (gratuit). Piscine. Accès WiFi gratuit.

RESTAURANTS

BEAUMES-DE-VENISE

€€ ♥ **Le Dolium,** pl. Balma Venitia, route de Vaison-la-Romaine ☎ 04 90 12 80 00, www.dolium-restaurant.com. Ouv. mi-juin à mi-sept. t.l.j. sf mer. ; le reste de l'année tous les midis (sf mer.) et les ven. et sam. soir. F. de mi-déc. à mi-janv. Créé dans la cave, le restaurant offre une belle carte des vins, évidemment. Dans un cadre très contemporain, Pascal Poulain chamboule sa carte deux fois par mois. La saison venue, il nous régale d'étonnantes variations sur le thème du safran du Ventoux (en nov., *p. 247*) ou de la truffe (en hiver). Et ses cours de cuisine le lun. soir ont un beau succès (80 €, repas et dégustation de vins compris). Menus de 20 € (déj.) à 50 €. Menu enfants à 10 €. ♿

CRESTET

€€ **Le Panoramic,** rue Placette (tout en haut du village, en allant vers le château) ☎ 04 90 28 76 42

Nos bonnes adresses – La Drôme provençale

et 06 09 36 49 09. Ouv. t.l.j. F. nov. à Pâques. Restauration simple à la carte : salades, omelettes comme la provençale (tomates-aubergines-artichauts). La vue mérite 3 étoiles. Formule déj. à 14 €. Menu à 25 €. Menu enfants à 11 €.

SUZETTE

€ **Les Coquelicots,** le village ☎ 04 90 65 06 94. Ouv. fin mars à mi-oct. t.l.j. sf mer. à partir de 10 h 30 ; le reste de l'année du sam. midi au dim. midi. F. mi-déc. à déb. fév. Ce café-restaurant a une vue imprenable sur les Dentelles. On peut prolonger la halte à la terrasse avec la carte des salades (entre 9 et 12 €).

VAISON-LA-ROMAINE

€€€€ **Le Moulin à Huile,** 1, quai du Maréchal-Foch (près du pont romain) ☎ 04 90 36 20 67, www. moulin-huile.com. F. dim. soir et lun. Pour le cadre : la terrasse sur l'eau est un bonheur. Et… pour la cuisine inventive du chef Robert Bardot, septuagénaire, meilleur ouvrier de France, et toujours partant pour une nouvelle aventure culinaire ! À midi, en sem., du mar. au sam. le prix du déjeuner chez ce chef étoilé (1 macaron) reste abordable : 38 €. Menus à 59 et 69 €. Stages de cuisine.

LOISIRS

BEAUMES-DE-VENISE

L'Ornement, route d'Aubignan ☎ 04 90 65 04 48. Ouv. t.l.j. sf lun., mer. et dim. 9 h 30-12 h et 14 h-18 h 30. La propriétaire, Saskia De Rooij, décoratrice d'intérieur, propose luminaires, miroirs, vaisselle, bibelots…

GIGONDAS

Escalade Roc'Dentelles, Régis Leroy, Le Village, gîte d'étape ☎ 04 90 65 80 85 et 07 77 31 69 60, http://regisleroyguide.perso.sfr. fr. Initiation à la demi-journée en individuel ou en groupe (8 pers. max). Organise aussi des sorties pour admirer le coucher du soleil sur les crêtes des Dentelles 3 dim. en juil.-août.

VAISON-LA-ROMAINE

Brocante de l'Ouzève, av. Marcel-Pagnol, route de Nyons ☎ 04 90 36 39 36. Ouv. mar.-sam. sf j.f. 9 h 30-12 h et 14 h 30-18 h 30 (15 h-19 h mi-juin à mi-sept.). Des buffets, commodes, tables basses, bureaux, chevets ou chaises, de toutes les époques, de tous les styles et pour tous les goûts.

ITINÉRAIRE 20 GRIGNAN ET SES MONTAGNES P. 214

HÉBERGEMENT

DIEULEFIT

€ **Camping Le Domaine des Grands Prés,** les Grands Prés ☎ 04 75 49 94 36, www. lesgrandspres-dromeprovencale. com. F. nov.-fév. 60 empl., 9 roulottes, 6 yourtes, 2 tipis, 1 cabane sur pilotis et 2 chalets « bien-être », équipés d'un Spa et d'un sauna, pour 4 pers. (65 à 105 € la nuit, 2 à 3 nuits minimum hors saison). Ce camping, établi à 300 m du centre-ville, a tout de l'esprit *glamping (p. 317)*. Piscine. Aire de jeux pour les enfants. Terrain de pétanque. Accès WiFi payant. &

GRIGNAN

€€€ Chambres d'hôtes **La Demeure du Château**, 10, rue Saint-Sauveur ☎ 04 75 51 86 16, www.lademeureduchateau.com. F. nov. à mi-déc. 5 ch. De 80 à 99 €, petit déj. inclus. Table d'hôtes (20 à 25 €). En plein cœur de la cité de la marquise, on a vue sur le Ventoux et la tour de Chamaret. Piscine. Accès WiFi gratuit.

€€€ ♥ Chambres d'hôtes **La Maison du Moulin**, à l'O de Grignan, sur la route de Valaurie ☎ 04 75 46 56 94 et 06 23 26 23 60, www.maisondumoulin.com. F. 2 sem. à la Toussaint et 2 sem. à Noël. 5 ch. et 1 gîte. 100-200 € la nuit, petit déj. inclus. Table d'hôtes à partir de 35 €. Un moulin centenaire, au bord de l'eau, entre lavande et vignes. Des séjours à thème (cuisine couleur lavande, « cavage » truffe, relaxation, etc.) y sont organisés par l'extraordinaire Bénédicte. Piscine. Sauna et salle de massages. Accès WiFi gratuit.

€€€ ♣ Hôtel **Le Clair de la Plume**, pl. du Mail ☎ 04 75 91 81 30, www.clairplume.com. Ouv. tte l'année. 16 ch. dont 6 dans une maison privée et un pavillon des Amoureux. À partir de 99 € la ch. double. Petit déj. 14,50 €. Petite restauration (t.l.j.; 19,50 à 31,50 €). Au pied du château, l'hôtel, à l'élégante façade du XVIIIe s., se love autour de son jardin. Notons que la piscine est naturelle et biologique (filtration, épuration par les plantes) et que le bar est bio. Parking gratuit (à 300 m). Accès Internet et WiFi gratuit.

LE POËT-LAVAL

€€€ Hôtel **Les Hospitaliers**, Vieux Village ☎ 04 75 46 22 32, www.hotel-les-hospitaliers.com. F. mi-nov. à mi-mars. 20 ch. et 2 suites, éparpillées entre 4 maisons de pierres, au pied du donjon. De 80 à 160 € la ch. double. Petit déj. 12 €. Animaux 7 €/j. La vue de la terrasse, où l'on prend le petit déjeuner est extraordinaire. Piscine. Accès WiFi gratuit.

RESTAURANTS

DIEULEFIT

€€ Art-Home @, 51, rue du Bourg ☎ 04 75 46 86 16, www.art-home-restaurant.fr. F. lun. (ouv. t.l.j. juil.-août). F. déc.-fév. Le croustillant de chèvre et le bar accompagné de saint-jacques au fenouil avec tomates confites sont les fondamentaux de cette jeune maison, le tout étant servi dans une vaisselle « Dieulefit original ». Formule déj. à 14,50 €. Carte 30 € env.

GRIGNAN

€€ ♥ Le Jardin Méditerranéen, allée du 11-Novembre-1918 ☎ 04 75 91 81 30. Ouv. uniquement l'été midi et soir. Plein cadre : le château de Grignan, un champ de lavandes. Côté cuisine, la table mise sur un concept de pique-nique chic avec verrines et vins bio. Formule à 22 €.

€€ ♥ Le Poème, 8, rue Saint-Louis ☎ 04 75 91 10 90, www.lepoemedegrignan.com. F. mer. F. 2 sem. fin nov. L'une des meilleures tables de Grignan, sinon la meilleure… mais sans terrasse. La tarte fine au chèvre du cru et la glace au nougat vous consoleront de son absence. En hiver, le menu truffes noires de Grignan est un vrai poème ! Formule déj. 27 €. Menus 28 à 42 €.

LE POËT-LAVAL

€ Tous les Matins du Monde, hameau de Gougne (au pied du Vieux Village, de l'autre côté de la route) ☎ 04 75 46 46 00, www.bistrotdepays.com. Ouv. t.l.j. 9 h-14 h 30 et le soir à partir de 17 h. F. dim. soir et lun. en hiver. Génération « bistrot de pays » *(p. 312)* mais glycine centenaire, cette ancienne limonaderie fait dans les plats du terroir. Formule déj. à 13 €. Menus de 16 à 22 € (cassolette au picodon, omelette aux truffes, caillettes rôties en chausson, etc.). 4 à 6 concerts par saison.

LOISIRS

DIEULEFIT

Foire antiquités-brocante, allée des Promenades ☎ 06 87 55 99 92. Le 3e w.-e. de juil. Gratuit. 80 professionnels vous proposent meubles des XVIIIe et XIXe s., déco des années 1920-1930, objets design, linge ancien, tableaux, outils, mobilier rustique, livres anciens…

ITINÉRAIRE 21
NYONS ET LES GORGES
DE L'EYGUES P. 221

HÉBERGEMENT

NYONS

€€€ ♥ Hôtel-restaurant Une Autre Maison, pl. de la République ☎ 04 75 26 43 09, www.uneautre maison.com. F. mi-déc. à mi-janv. 10 ch. dont 6 donnant sur le jardin. De 80 à 140 € la ch. double. Petit déj. 13-15 €. Restaurant formule déj. à 27 €; menus de 28 à 42 €. C'est un hôtel bourré de charme, installé dans une maison du XIXe s. Piscine. Hammam et Jacuzzi. W.-e. bien-être. Accès WiFi gratuit.

RESTAURANT

NYONS

€€ D'un Goût à l'Autre, 21, rue des Déportés ☎ 04 75 26 62 27, www.dungoutalautre.fr. Ouv. t.l.j. sf lun. F. janv. La caillette, l'olive de Nyons, les fromages de chèvre, tous les produits locaux figurent en bonne place sur la carte de Christophe Malet. Formule déj. à 16,50 €. Menus à 27,50 et 33,50 €.

LOISIRS

NYONS

Parc Aventures Les Barons Perchés, col de la Croix (à 6 km du centre-ville, de l'autre côté de l'Eygues, dir. Gap, après le tunnel à dr.) ☎ 06 72 94 43 32, www.les-barons-perches.com. Ouv. juin-sept. t.l.j. sf dim. matin 9 h 30-19 h; hors saison sur rés. F. vac. de Noël. 10 € pour les moins de 1,30 m, 13 € entre 1,30 m et 1,50 m, sinon 15 €. Au milieu des pins noirs d'Autriche, 6 parcours de difficulté croissante, dont une tyrolienne de 200 m de long.

Brocante de Nyons, 10, rue Pasteur ☎ 04 75 26 42 74. Ouv. mar.-sam. 9 h 30-12 h et 15 h-19 h; juil.-août t.l.j. mêmes horaires. Une brocante avec une belle collection de petites voitures et de disques vinyl, ainsi qu'un ensemble d'objets textiles peu courants : planches d'impression pour tissus, navettes de passementier, rubans, boutons et draps.

ITINÉRAIRE 22
LES BARONNIES
MÉRIDIONALES P. 227

HÉBERGEMENT

BUIS-LES-BARONNIES

€ ♣ ☠ **Camping Les Éphélides,** quartier Les Tuves (de l'autre côté de l'Ouvèze) ☎ 04 75 28 10 15, www.ephelides.com. Ouv. mai-sept. 39 empl., 5 chalets, 6 mobil-homes et 1 roulotte (30 € la nuit uniquement hors saison, 320 € la sem.). Labellisé Via Natura *(p. 314).* Si vous aimez les chevaux et la musique, c'est la bonne adresse. Un camping et des propriétaires atypiques, qui affichent pour passion la nature. Aire de jeux pour les enfants, ludothèque. Piscine.

€€ **Chambres d'hôtes L'Ancienne Cure,** 2, rue du Paroir (vers l'église) ☎ 04 75 28 22 08 et 06 76 47 44 68, www.ancienne-cure.com. 5 ch. À partir de 79 € la ch. double, petit déj. inclus. Table d'hôtes 28 € tout compris. L'ancienne cure a conservé son caractère et le tilleul du jardin. Jacuzzi extérieur.

MONTBRUN-LES-BAINS

€ **Chambres d'hôtes L'Abbaye,** en plein cœur du vieux village, près de l'église Notre-Dame ☎ 04 75 28 83 12 et 06 48 38 13 66, pastour@club-internet.fr. F. fin nov. à mi-mars. 4 ch. 50 € la ch. double, petit déj. inclus. Le propriétaire est un fin connaisseur de l'histoire de Montbrun, dont il vous fera volontiers le récit.

€€ **Location Le Château des Gipières,** près du centre Valvital ☎ 04 75 28 87 33, www. gipierespromotions.com. Ouv. tte l'année. 75 appart. et studios. De 75 à 125 € la location d'un studio 2 pers./j. Restaurant. La bâtisse a gardé la noblesse de l'ancien château du marquis Suarez d'Aulan, mais a acquis tout le confort du XXIe s. Le parc est splendide. Piscine et 2 courts de tennis.

SAINT-AUBAN-SUR-L'OUZÈVE

€ ❤ **Chambres d'hôtes La Galane** ☎ 04 75 28 62 37 et 06 87 29 46 77, www.provence.guideweb.com/chambres_hotes/galane. Ouv. Pâques à la Toussaint. 4 ch. 55 € la ch. double, petit déj. inclus. Table d'hôtes (les lun., jeu. et sam.; 18 €). Au petit déjeuner, on vous sert les confitures maison, prunes et abricots. Fait rare : vos hôtes partagent votre repas du soir. Piscine à partir de mi-juin. Accès Internet gratuit.

RESTAURANTS

BRANTES

€ **L'Auberge,** quartier de Ranquet ☎ 04 75 28 01 68, www.bistrotde pays.com. Ouv. t.l.j. sf mar. hors saison. F. 2 sem. en fév. Vous trouverez à L'Auberge tous les fondamentaux de la cuisine du pays : caillette, terrine de joue de bœuf, petits chèvres de Montbrun. En prime, une petite boutique de produits régionaux. Formule déj. de 16 à 20 €. Accès WiFi gratuit.

REILHANETTE

€€ ❤ **L'Oustau de la Font,** le Village (à 2 km SO de Montbrun-les-Bains par la D159a) ☎ 04 75 28 83 77, www.oustaudelafont.com. F. mer. et jeu. mi-fév. à Pâques. F. mi-nov. à mi-fév. L'équipe de choc de l'Oustau pratique une cuisine raffinée, qui met en valeur pro-

Nos bonnes adresses – La Drôme provençale

duits et vins locaux. La fricassée de lapin (de la Drôme) aux olives de Nyons et l'agneau de Provence font partie des incontournables. Formule déj. 14,50-19,50 €. Menus de 32 à 49 €. L'hiver, menu truffes à 70 € sur rés. Dix vins au verre sont proposés. Menu enfants à 10 €.

SAINT-AUBAN-SUR-L'OUZÈVE

€€ Auberge de la Clavelière ☎ 04 75 28 61 07, www.laclaveliere. com. Ouv. uniquement à midi en hiver ; le reste de l'année t.l.j. sf sam. midi. F. 15 j. en sept. La terrasse domine la vallée. On déjeune sous les canisses. Superbes desserts à la lavande (crème, flan, glace). Formule déj. 13 €. Menus de 23 à 34 €. Menu enfants à 8 €.

LOISIRS

BRANTES

Ateliers de cuisine Les Aventurières du Goût, le village ☎ 04 75 28 86 77, http://polebio.org. Avr. à mi-nov. le mer. à 16 h et le sam. à 10 h. 35 €. Durée : 3 h. On avait tout à fait oublié le goût suave du pourpier, de la mauve ou des carottes sauvages… C'est chose réparée lors de ces ateliers, où l'on va d'abord remplir son panier en pleine nature avant de passer en cuisine et à table. Amusant et instructif.

BUIS-LES-BARONNIES

Randonnées pédestres Sentiers du Sud, Le Soustet, 14, rue des Pénitents ☎ 04 75 28 07 52 et 06 09 33 06 53, www.sentiers-du-sud.com. Tte l'année. Géographe de formation, Jacky Bettex, accompagnateur en montagne, propose des randonnées dans les vergers ou des week-ends autour d'un fruit : la cerise en juin, l'abricot en juillet, la

prune en août, etc. Rencontres avec les producteurs, confitures. De 120 à 175 €/pers. pour 3 j./2 nuits en demi-pension. 5 pers. minimum et 10 max. Randonnée à la demi-journée (à partir de 12 €) et à la journée (à partir de 22 €).

Escalade Bureau des guides des Baronnies ☎ 04 75 28 83 71, www.guidesdesbaronnies.com. Ouv. tte l'année. Le secteur compte 17 sites d'escalade, dont 12 peuvent être utilisés pour l'initiation. Le rocher Saint-Julien *(p. 384)* ne rentre pas dans cette dernière catégorie. Séance à la demi-journée : 30 €/pers. et 15 € la séance pour les 5-7 ans, durée 1 h 30 à 2 h. Âge minimum ? Un guide fait grimper sa fille de 3 ans ! Petite via ferrata, classée peu difficile sur le rocher. Pas de cartes bancaires.

MONTBRUN-LES-BAINS

Centre bien-être Valvital, route de Ferrassières ☎ 04 75 28 80 75, www.valvital.fr. F. mi-nov. à fin mars. Dans ces thermes, l'Espace détente comprend piscine, hammam, sauna, Jacuzzi (18,50 € la demi-journée) et offre une palette de soins (à partir de 12,50 €). Comptez 26,50 € pour un gommage au petit épeautre et au citron (15 min) ou un enveloppement au miel de tilleul (20 min).

ITINÉRAIRE 23
LE TRICASTIN ET L'ENCLAVE
DES PAPES P. 233

HÉBERGEMENT

LA GARDE-ADHÉMAR

€ ♥ Chambres d'hôtes Le Gîte du Val des Nymphes, domaine de

Magne (à 500 m de la chapelle du Val des Nymphes) ☎ 04 75 04 44 54, www.valdesnymphes.com. Ouv. tte l'année. 5 ch. dont 1 suite familiale et 2 gîtes ruraux. À partir de 55 € la ch. double, petit déj. inclus. Table d'hôtes (20 €). Au milieu des pêchers et des abricotiers, des truffiers et des oliviers (30 ha), l'adresse est un enchantement. Piscine. VTT sur place. Forfait w.-e. truffes; w.-e. patrimoine, vin et gastronomie. Organisation de randonnées. Accès WiFi gratuit.

RICHERENCHES

€€€ **Chambres d'hôtes La Ferme de la Commanderie,** à 3 km SO de Richerenches ☎ 04 90 28 02 29 et 06 80 94 85 86, www.fermecommanderie.com. Ouv. tte l'année. 3 ch., 1 suite et 4 mazets en location. 95 € la ch. double, petit déj. inclus. Table d'hôtes (40 €, apéritif et café compris). Cette ancienne ferme des templiers a du cachet. Piscine. Spa. W.-e. truffes. Ateliers cuisine. Accès WiFi gratuit.

SAINT-PAUL-TROIS-CHÂTEAUX

€€€ **Hôtel-restaurant L'Esplan,** 15, pl. de l'Esplan ☎ 04 75 96 64 64, www.esplan-provence.com. Ouv. tte l'année. 36 ch. De 72 à 124 € la ch. Petit déj. 12 €. Dans un bel hôtel particulier du XVIe s., en plein centre, l'adresse est charmeuse. Vous serez aux premières loges lors des marchés aux truffes. Menus de 18 à 40 €. Parking payant. Accès WiFi gratuit.

VALRÉAS

€ **Chambres d'hôtes Les Ursulines,** domaine la Grand'Grange ☎ 04 90 35 02 96 et 06 80 05 63 53, www.chambredhote84.com. Ouv.

tte l'année. Une grande ch. 60 € la nuit, petit déj. inclus. Mais oui, le bonheur est dans le pré. Séjours à thème : lavande, truffes.

RESTAURANTS

LA GARDE-ADHÉMAR

€€ **L'Absinthe,** pl. Georges-Perriod ☎ 04 75 04 44 38, www.bistrotdepays.com. Ouv. juin-sept. t.l.j.; hors saison lun.-ven. midi et ven.-dim. soir. F. 3 sem. en janv. Sous les acacias, un bistrot de pays (*p. 312*) adorable. Au menu : ravioles au pistou, caillette de la Drôme et… artistes locaux. Suggestion du jour entre 9 et 19 €.

SAINT-PAUL-TROIS-CHÂTEAUX

€€ ♥ ☘ **L et Lui,** 2, av. Charles-Chaussy (près des remparts) ☎ 04 75 46 61 14, www.letlui.com. Ouv. juil.-août t.l.j.; hors saison à midi, mar.-sam. et, le soir uniquement, mar., ven. et sam. F. Noël-1er janv. Elle jardine, il cuisine… Cédric Denaux, ce « fou d'herbes », botaniste de formation, puise son inspiration dans le potager bio de Cathy. Tous les plats tournent autour des végétaux (fleurs comestibles comprises) accompagnés de viande ou de poisson… Formules déj. de 22 à 38 €. Menus soir de 38 à 52 €.

ITINÉRAIRE 24
LE MONT VENTOUX P. 242

HÉBERGEMENT

LE BARROUX

€€€€ ♥ **Chambres d'hôtes L'Aube Safran,** 450, chemin du Patifiage (entre Le Barroux et

Suzette) ☎ 04 90 62 66 91 et 06 12
17 96 94, www.aube-safran.com.
Ouv. Pâques à la Toussaint. 3 ch. et
2 suites. 155 € la ch. double, petit
déj. inclus. Table d'hôtes (45 €).
Les chambres sont délicieuses, entre
esprit contemporain et goût de la
tradition. Sur le domaine, le propriétaire a réintroduit la culture ances-
trale du safran (*p. 347*) et organise
des ateliers cuisine autour de cette
épice. Piscine à débordement.

BEDOIN

€€ **Hôtel-restaurant des Pins,**
chemin des Crans ☎ 04 90 65 92 92,
www.hotel-des-pins.fr. 22 ch. et
3 suites. Ouv. mi-mars à la Toussaint.
60-85 € la ch. double. Petit déj.
10 €. Restaurant (ouv. tous les soirs
et le midi des w.-e. et j.f.; menus de
28 à 40 €, menu enfants à 13 €). Au
calme, un joli mas décoré dans un
style néo-provençal. Terrasse ombragée et piscine. Espace massage : à
partir de 55 €/h, sur rés. &

€€ ☘ **Résidence Les Florans,**
Les Florans (à 300 m du centre)
☎ 04 90 65 60 10, www.lesflorans.
com. F. mi-nov. à déb. mars (mais
ouv. pendant les vac. de Noël). 85 ch.
42 à 64 €/pers. en demi-pension
(gratuit moins de 2 ans; demi-tarif
pour les 2-5 ans). Formules w.-e.
Dans un parc de 3 ha, c'est une destination famille, la résidence béné-
ficiant d'une direction dynamique.
Piscine. Club enfants et ados l'été.
Locations de vélos électriques.

MALAUCÈNE

€ **Camping Le Bosquet,** route
de Suzette (à 400 m du village)
☎ 04 90 65 29 09, www.provence.
guideweb.com/camping/bosquet.
Ouv. avr. à mi-oct. 60 empl. et
8 mobil-homes. À partir de 45 €/j.

hors saison, 280 € la sem. la location de mobil-homes. Le camping
est entouré d'un terrain boisé de
3 ha. Piscine et jeux pour enfants.
Location de vélos au village. Snack
ouvert à partir de juin.

RESTAURANT

LE CHALET REYNARD

€€ Le Chalet Reynard, route
du mont Ventoux sud ☎ 04 90 61
84 55, www.chalet-reynard.fr. Ouv.
t.l.j. uniquement à midi (le w.-e. sur
rés.). Restaurant avec vue panoramique. Plus qu'un restaurant, c'est
un mythe ! Qui s'est offert un coup
de jeunesse : la cuisine est « ouverte ».
Cochon de lait à la broche, omelette
aux truffes en saison avec la cheminée où brûlent le fayard (du hêtre) et
le chêne. Menus à 19 et 35 €.

LOISIRS

BEDOIN

Location de vélos Bedoin, pl. de
l'Olivier ☎ 04 90 65 94 53, www.
bedoin-location.fr. F. nov.-mars.
Location VTT, parc de 150 vélos
(20 € la demi-journée, 30 €/j.). Une
navette vous épargne le plus dur :
grimper au sommet du Ventoux
(60 € pour la montée, à partager
entre les participants). Location de
vélos enfants.

ITINÉRAIRE 25
SAULT ET LES GORGES
DE LA NESQUE P. 250

HÉBERGEMENT

MONIEUX

€€ Chambres d'hôtes La Ferme
Le Viguier ☎ 04 90 64 04 83,

www.leviguier.com. Ouv. tte l'année. 5 ch. (pour 2, 3 ou 4 pers.). À partir de 60 € la ch. double, petit déj. inclus. Table d'hôtes (20 €, menu enfants à 10 €, 60 € le repas truffes l'hiver). Cet éleveur ovin vous emmène l'hiver « caver » (chercher la truffe). Une adresse authentique. ⬤

RESTAURANTS

MONIEUX

€€ ❤ **Les Lavandes,** pl. Léon-Doux ☎ 04 90 64 05 08, www.restaurant-les-lavandes.fr. Ouv. t.l.j. sf lun. F. janv.-fév. Sur la terrasse qui domine la vallée, ce restaurant sert la Provence dans l'assiette : l'aïoli *(p. 39)*, les petits farcis mais aussi, ce qui est plus local, l'agneau à l'épeautre (c'est le gratin d'agneau). Formule du jour à 19 €, menus de 22 à 44 €. Menus truffes, gibiers, champignons en saison. Menu enfants à 11 €. ⬤

SAULT

€€€ **Le Regain,** Hostellerie du Val de Sault, route de Saint-Trinit ☎ 04 90 64 01 41. F. midi hors été (sf ven. et dim.). F. mi-nov. à début avr. L'agneau, la truffe… Yves Gattechaut dit cuisiner à l'instinct. Cela lui réussit plutôt bien. On trouvera chez lui un étonnant menu lavande en saison. Menus de 45 à 99 €. Menu enfants à 14,50 €.

VILLES-SUR-AUZON

€ **Les P'tits Bonheurs,** av. Jean-Jaurès (dir. Carpentras, sortie du village à g.) ☎ 04 90 61 87 70, www.ptitsbonheurs.fr. Ouv. t.l.j. sf mer. et sam. midi. F. nov.-fév. L'enseigne n'est pas usurpée ! Une cuisine savoureuse, pleine d'arômes,

où le râble de lapin farci au chèvre est accompagné par une sauce au romarin. Formule déj. à 15 €. Menus à 19,20 et 26 €. Menu enfants à 8,50 €. Terrasse. ⬤

LOISIRS

SAINT-CHRISTOL

Spéléologie ASPA (Accueil spéléologique du plateau d'Albion), rue de l'Église (à 10 km de Sault par la D30) ☎ 04 90 75 08 33, www.aspanet.net. Ouv. tte l'année. À partir de 8 ans. Initiation à la journée de 50 à 150 € et à la demi-journée 45 €. Combinaisons fournies. Emportez des vêtements chauds : il fait entre 8 et 11 °C dans les gouffres.

VILLES-SUR-AUZON

🐾 **Randonnées avec des ânes La Petite Ferme,** chemin Fond ☎ 06 77 56 63 49, www.lapetite-ferme.fr. Ouv. tte l'année. Location d'ânes bâtés (45 €/j.). Balades à la journée et plus si affinités (comme le tour du Ventoux sur 1 sem.).

Vélo Relax du Ventoux, le Cours ☎ 04 90 11 72 65 et 06 12 57 74 11, http://velorelaxduventoux.com. Ouv. avr.-nov. mar.-dim. 8 h 30-12 h et l'après-midi sur rés. Location de vélos à assistance électrique (VAE), un deux-roues doté d'un moteur et d'une batterie qui assure une autonomie de 50 km (22 € la demi-journée, 35 € la journée). L'idée étant d'utiliser le moteur dans les côtes pour se soulager. Pour des distances plus importantes, il est possible de louer une batterie supplémentaire (8 €). D'autres locations de vélos plus classiques (VTC, VTT, tandem) et remorques pour enfants (10 € la demi-journée).

ITINÉRAIRE 26
CAVAILLON ET LA ROUTE
DES CHÂTEAUX P. 256

HÉBERGEMENT

CAVAILLON

🅒 Camping Intercommunal de la Durance, 495, av. Boscodomini (à 700 m du centre-ville) ☎ 04 90 71 11 78. Ouv. avr.-fin sept. 112 empl. Location de 5 bungalows toilés, de 10 chalets-vacances et de 6 mobil-homes. À partir de 245 € la sem. de location d'un bungalow 5 pers. et de 52 € la nuit (hors saison). Le parc ombragé de 4 ha d'une part et l'accès gratuit à la piscine municipale contiguë sont ses deux atouts. Jeux d'enfants, tennis, volley. Animations l'été. Petit snack (en juil.-août seulement).

🅒🅒 Hôtel du Parc, 183, pl. François-Tourel (près de l'arc romain) ☎ 04 90 71 57 78, www.hotelduparccavaillon.com. F. 1 sem. fin août à déb. sept. 40 ch. De 62 à 72 € la ch. double. Petit déj. 8 €. Donnant sur le parc de la ville, l'hôtel a le côté patelin et rassurant des maisons de maître (XIXe s.). Les petits déjeuners sont servis dans le patio avec sa fontaine. Garage (payant). Accès WiFi gratuit.

LOURMARIN

🅒🅒🅒🅒 Hôtel-restaurant La Bastide de Lourmarin, route de Cucuron (à la sortie de Lourmarin) ☎ 04 90 07 00 70, www.hotel-bastide-lourmarin.com. F. janv. à déb. fév. 19 ch. et suites. De 85 € à 220 €. Petit déj. 12-15 €. Restaurant Le Bastidon, formule du j. 25 € et menu-carte 34 €. Un hôtel au charme pétillant, rigolo, chaque chambre s'étant choisie un thème (la Brocante avec des meubles chinés, Banana très exotique, etc.). La déco, contemporaine sans être agressive, est réussie. Piscine et sauna. ♿

RESTAURANT

CAVAILLON

🅒🅒🅒 Restaurant Prévôt, 353 av. de Verdun (la grande av. après avoir traversé le pont) ☎ 04 90 71 32 43, www.restaurant-prevot.com. Ouv. tte l'année. F. dim. et lun. Le melon est le fruit fétiche de Jean-Jacques Prévôt. Il le cuisine pour notre gourmandise. En été, il a même un menu tout melon (58 et 69 €), que l'on peut déguster dans le jardin. Formule déj. Terroir et patrimoine à 25 €. Menus à 45 et 85 €. Menu enfants à 19 €. Ateliers cuisine 2 sam./mois.

LOISIRS

LAURIS

🛶 Canoë-kayak Au Fiéu de l'Aïgo ☎ 06 86 88 50 76, www.canoe-provence.com. Ouv. mi-juin à mi-sept. À partir de 6 ans. Descente familiale de la Durance à partir de Cadenet (8 km) ou du Puy-Sainte-Réparade (18 km) en canoë ou en kayak. Arrivée à Lauris. On y observe les arbres à papillons, des aigrettes. De 15 € (moins de 14 ans) à 35 €.

LOURMARIN

La Maison Café, 2, montée du Galinier ☎ 04 90 09 54 01. Ouv. t.l.j. sf lun. 10h-15h et 18h-1h. Cocktails, tapas, vins… Animations le jeu. soir entre juin et sept.

ITINÉRAIRE 27
LE PETIT LUBERON P. 265

HÉBERGEMENT

BEAUMETTES

€€€ Chambres d'hôtes Au Ralenti du Lierre, le village ☎ 04 90 72 39 22, www.auralentidulierre. com. Ouv. tte l'année. 5 ch. De 83 à 98 € la ch. double, petit déj. inclus. Climatisées, les chambres de cette maison de maître du XVIIIe s. sont lumineuses et le petit déjeuner, fastueux. Pas de cartes bancaires. Accès WiFi gratuit.

BUOUX

€ Auberge des Seguins, combe de Lourmarin ☎ 04 90 74 16 37, www.aubergedesseguins.com. F. mi-nov. au 1er mars. 28 ch. Demi-pension de rigueur : de 50 à 58 €/pers. (demi-tarif moins de 7 ans . Au pied de la falaise, dans la vallée de l'Aiguebrun, il n'y a pas plus calme. C'est un hôtel-hameau, où les chambres ont investi des maisonnettes. Piscine. Restaurant avec menu à 24 €, tout est fait maison à partir de produits frais.

MAUBEC

€€€€ ♥ Hôtel La Bastide du Bois-Bréant ☎ 04 90 05 86 78, www.hotel-bastide-bois-breant. com. Ouv. mars-nov. 12 ch., 1 suite et 2 cabanes perchées. De 128 à 218 € (promotions sur le site Internet), petit déj. inclus. Sur 2 ha, c'est un rêve de bastide, qui n'en a pas moins adopté une charte de développement durable ; on y prend son petit déjeuner sous les micocouliers. Les romantiques jetteront leur dévolu sur les cabanes perchées. Piscine chauffée. ♿

OPPÈDE-LE-VIEUX

€€€ Chambres d'hôtes L'Oppidum, 5, pl. de la Croix ☎ 04 90 76 84 15 et 06 07 40 30 93, www. oppede-oppidum.com. Ouv. tte l'année. 2 ch. dont 1 familiale. 80-110 € la nuit, petit déj. inclus. Au pied du village, qui a accueilli écrivains et artistes pendant la Seconde Guerre mondiale, l'ancienne demeure du peintre Frantz Priking est devenue une coquette maison d'hôtes, dotée de beaucoup de caractère. L'une des chambres a même conservé l'ancien four où l'on faisait le pain et la lessive… à la cendre.

RESTAURANTS

BONNIEUX

€ Café de la Gare, route de la Gare ☎ 04 90 75 82 00. Ouv. lun.-sam. uniquement à midi. F. janv. Au pied de Bonnieux, près de la cave coopérative, dans l'ancienne gare, une adresse sans chichis comme on les aime. L'été, déjeuner sous la tonnelle, l'hiver près de la cheminée. Formule buffet d'entrées + plat du j. et desserts maison à 15 €. Pas de cartes bancaires.

€€€€ La Bastide de Capelongue, Les Claparèdes ☎ 04 90 75 89 78, www.edouardloubet.com. Ouv. t.l.j. midi et soir sf mar. midi et mer. tte la journée. Édouard Loubet a « un amour immodéré pour les herbes ». Au point de courir, gibecière en bandoulière, crêtes et garrigues. Résultat : une cuisine à haute imagination ajoutée, totalement inspirée par le Luberon. Pour Noël, il donne même sa version du « gros souper » comprenant les fameux 13 desserts (p. 28). Menu Clin d'œil à midi, hors w.-e. à 58 €. Autres menus entre 140 et 190 €. Menu enfants à 28 €. Ateliers cuisine.

COUSTELLET

❶ **Du Pain sur la Planche,** route de Cavaillon ☎ 04 32 52 03 88, www.painsurlaplanche-restaurant. com. Ouv. juin-sept. t.l.j. 8 h-20 h ; hors saison t.l.j à midi et jeu.-sam. soir. F. janv. Un bistrot au cadre sympa, qui joue les épiceries fines (des miels, des pains d'épices) en dehors de ses assiettes gourmandes, de son plat du jour et de ses tartines. Si vous avez un petit creux.

LOISIRS

BONNIEUX

Sun-e-bike, 1, av. Clovis-Hugues ☎ 04 90 74 09 96 et 07 86 13 62 98, www.sun-e-bike.com. Ouv. avr.-oct. Jamais en retard d'une tendance, Bonnieux s'est doté d'une véritable base de vélos à assistance électrique (les fameux VAE). Avec 200 vélos, cela relève de la flottille. Location 35 €/j. Sièges ou remorques enfants.

BUOUX

🧗 **Escalade Aptitudes,** Françoise Lepron, 140, av. de Viton, Apt ☎ 04 90 04 68 41 et 06 81 46 19 73. Ouv. tte l'année. Prix à partir de 25 €/j. À partir de 6 ans. Tous les accros d'escalade connaissent Buoux : dalles, dévers, dièdres, fissures, murs…

COUSTELLET

Bar La Gare de Coustellet, 105, quai des Entreprises ☎ 04 90 76 84 38, www.aveclagare.org. Ouv. en été t.l.j. 10 h-18 h (1 h 30 les jours de concert, ven. ou sam.) ; hors saison mar.-ven. même horaires. F. août et vac. de Noël. Chanson, rock, jazz, world, électro, hip-hop, tzigane, blues, ska…

MAUBEC

🧗 **Observation des oiseaux, Observatoire des guêpiers,** camping de Maubec ☎ 04 90 76 50 34. Près du hameau de Coustellet, à Maubec, une cabane (gratuit) permet d'observer le guêpier, le fameux « oiseau arc-en-ciel », chamarré, qui nous revient d'Afrique de début mai à mi-juil.

MÉNERBES

Maison de la Truffe et du Vin du Luberon, pl. de l'Horloge ☎ 04 90 72 38 37, www.vin-truffe-luberon. com. Ouv. avr.-oct. t.l.j. ; le reste de l'année, mieux vaut téléphoner. Des ateliers d'initiation à la dégustation ont lieu 1 fois/mois hors saison, sur demande en juil.-août les mer. matin. 20 €/pers. Restaurant dans le jardin, où l'on peut manger une omelette à la truffe.

ITINÉRAIRE 28
APT ET LES MONTS
DE VAUCLUSE P. 275

HÉBERGEMENT

APT

€€ ♥ **Chambres d'hôtes La Brémonde,** route de Rustrel ☎ 04 90 04 94 77 et 06 11 18 68 74, http:// labremonde.free.fr. Ouv. tte l'année. 4 ch. dont 2 suites avec cuisine. 65-90 € la ch. double, petit déj. inclus. À 4 km d'Apt, à l'écart de la route, c'est une délicieuse adresse, chaque chambre en rez-de-jardin disposant d'une terrasse où l'on peut improviser un repas. Sylviane, la propriétaire, est une mine d'infos. Piscine.

€€ 🧗 **Hôtel-restaurant Le Manoir,** quartier Salignan, D201 (à 4 km O d'Apt, sur la route de Roussillon) ☎ 04 90 74 08 00, www. hotel-lemanoir84.com. Ouv. mi-fév. à mi-déc. 20 ch. 62-79 € la ch. double. Petit déj. 10 €. Restaurant (f. à midi, dim. soir et lun. soir). L'hôtel, bien placé pour toutes les activités dans le secteur (escalade, visite d'usine), offre jardin, piscine et aire de jeux pour les enfants. Parking fermé et local à vélos. Accès WiFi gratuit.

€€ **Hôtel-restaurant Relais de Roquefure,** quartier Roquefure ☎ 04 90 04 88 88, www.relaisde roquefure.com. Ouv. tte l'année. 16 ch. De 64 à 118 €. Petit déj. 10 €. Restaurant (menus à partir de 26 €). Orientées plein sud, les chambres, qui ont un petit côté suranné, donnent sur le parc boisé (4 ha) et la piscine. &

€€€ **Chambres d'hôtes Le Couvent,** 36, rue Louis-Rousset (entrée par le cours Lauze-de-Perret) ☎ 04 90 04 55 36, www. loucouvent.com. Ouv. tte l'année. 3 suites et 2 ch. À partir de 95 € la ch. double, petit déj. inclus. En plein cœur d'Apt, un couvent du XVIIe s. divinement restauré. Jardin et piscine complètent ses atouts. Parking gratuit. Accès WiFi gratuit.

RESTAURANTS

APT

€€ **Au Platane,** pl. Jules-Ferry (tournez à dr. dans la rue des Marchands, dir. cinéma) ☎ 04 90 04 74 36. Ouv. Pâques à la Toussaint t.l.j. sf mer. et dim. midi ; hors saison t.l.j. sf dim. et lun. On appréciera la terrasse ombragée et le montant raisonnable de l'addition pour une cuisine honnêtement délicieuse. Plat du j. 12,50 €, formules à 14 et 15,50 €, menu 29 €.

GARGAS

€€ **Le Jardin dans les Vignes,** domaine de la Coquillade ☎ 04 90 74 71 71, www.coquillade.fr. Ouv. mi-juin à mi-sept. t.l.j. le soir et à midi les dim. et j.f. Le luxe à prix raisonnables ! Dans ce Relais & Châteaux, vous pouvez déjeuner et dîner au milieu des vignes, pour 32 €. Grillades au feu de bois (rouget grondin, agneau de Camargue), salades, etc. La cuisine est légère et raffinée, servie par une belle carte des vins.

GORDES

€€ **L'Estellan,** Les Imberts (à l'extérieur de Gordes, dir. Coustellet) ☎ 04 90 72 04 90, www.restaurant-estellan.com. F. dim. soir et lun. nov.-mars. F. janv. Un bon rapport qualité-plaisir loin des prix himalayens de Gordes. Poissons, tians, etc. Terrasse ombragée. Au piano : Bruce Rousselet. Formules déj. 19-25 €. Menus le soir de 35 à 49 €. Menu truffe en saison 75 €. Cours de cuisine. &

SAINT-SATURNIN-LÈS-APT

€€ ♥ **La Salle à Manger Perchée,** domaine des Andéols ☎ 04 90 75 50 63, www.domaine-des-andeols.com. Ouv. l'été à midi uniquement. Un restaurant perché dans un platane à 7 m de hauteur ! Entre les pépiements des oiseaux et la cuisine du potager (griffée Guy Martin), un rêve passe. Menu unique à 30 €.

LOISIRS

APT

🏊 **Plan d'eau La Riaille,** à 2 km NO d'Apt ☎ 04 90 04 85 41. Ouv.

t.l.j. sf sam. matin et dim. matin 8h30-12h et 13h30-19h30. Aire de pique-nique. Aire de jeux. Voile (15 €/h), kayak (10 €/h), planche à voile (10 €/h).

GORDES

Centre bien-être La Maison d'Ennea, hôtel Les Bories & Spa, route de l'Abbaye-de-Sénanque ☎ 04 90 72 00 51, www.hotelles bories.com. Spa ouv. lun.-sam. 9h30-12h30 et 14h30-19h30, dim. 9h30-13h30. À partir de 65 €. Soins relaxants, détoxinants et drainants tournés autour de l'aromathérapie et de l'albuthérapie (utilisation du blanc pour calmer et stimuler). Il y a même des massages dans la nature.

ROUSSILLON

Luberon Biking, Conservatoire des ocres (à 1,5 km du centre, en dir. d'Apt sur la D104) ☎ 04 90 90 14 62, www.luberon-biking.fr. Ouv. t.l.j. F. 2 sem. en nov. De 12 à 42 €/j. On trouve tout! Vélos de ville, VTT, VTC, tandems, vélos enfants, sièges bébé, etc. Et même VAE (vélos à assistance électrique). Il est possible de se faire livrer sa monture sur son lieu de résidence.

SAINT-SATURNIN-LÈS-APT

Montgolfières Vol-Terre, hameau des Goubauds ☎ 06 03 54 10 92, www.montgolfiere-luberon.com. Le r.-v. est donné à Roussillon. Tous les vols se déroulent le matin (au lever du soleil). Entre 2 et 6 pers. De 190 € (7-13 ans) à 230 € (couple 450 €). Les enfants doivent mesurer 1,20 m. Si le vent peut se révéler capricieux, le survol du pays de « l'or jaune » reste fabuleux. Pas de cartes bancaires.

**ITINÉRAIRE 29
LE PAYS D'APT** P. 284

HÉBERGEMENT

RUSTREL

€€€€ **Chambres d'hôtes La Forge,** Notre-Dame-des-Anges ☎ 04 90 04 92 22, www.laforge.com.fr. F. nov. à fin mars. 4 ch et 1 suite (pour 4-5 pers.). À partir de 120 € la ch. double (promotion à partir de 7 nuits), petit déj. inclus. Pas de table d'hôtes (mais cuisine d'été à disposition). C'est un superbe exemple de reconversion d'un établissement industriel – une fonderie de 1840 – en chambres d'hôtes. Les propriétaires sont des artistes (peinture, sculpture, photographie…). Vous aurez toutes les informations sur les activités proposées dans le secteur. Piscine. Jardin. Location de vélos sur place. Accès WiFi gratuit.

SAIGNON

€€ **Chambres d'hôtes Pierre et Kamila Jaccaud,** dans le village, près de la poste ☎ 04 90 04 85 01, www.chambreavecvue.com. Ouv. tte l'année (sur rés. de nov. à mars). 3 ch. et 2 studios. À partir de 80 € la ch. double, petit déj. inclus. Dans une belle bastide, qui mixe chambres d'hôtes et résidence d'artistes. Pour les amoureux d'art contemporain. Accès WiFi gratuit.

€€€ **Hôtel-restaurant Auberge du Presbytère,** pl. de la Fontaine ☎ 09 70 44 64 56, www.auberge-presbytere.com. F. mi-janv. à mi-fév. 16 ch. 65-155 € la ch. double (hormis une chambrette à 50-65 €). Petit déj. 12 €. Restaurant (f. le mer. nov.-avr.). À l'ombre d'un micocoulier, un hôtel de charme, lové dans quatre maisons de village, réunies.

Une cinquième maison comporte une suite sur deux étages avec vue panoramique. C'est aussi une étape très rafraîchissante pour déjeuner. Accès Internet gratuit. &

SIMIANE-LA-ROTONDE

€**Camping de Valsaintes** ☎ 04 92 75 91 46, www.valsaintes. com. Ouv. début avr. à fin oct. 20 empl. et 7 bungalows. Location à la sem. à partir de 240 € (4 pers.), au w.-e. hors saison entre 50 et 70 € la nuit (selon le nombre de pers.). En pleine nature. Jeux pour enfants. Piscine. &

RESTAURANTS

CASENEUVE

€€ ♥ **Le Sanglier Paresseux,** au cœur du village ☎ 04 90 75 17 70, www.sanglierparesseux.com. Ouv. en été t.l.j. sf dim. soir et lun.; hors saison t.l.j. sf dim. soir et mer. F. mi-déc. à mi-janv. Rapport prix-plaisir imbattable! Au piano, le plus provençal des Brésiliens, Fabricio Delgaudio, qui a fait ses classes au Meurice et dans d'autres belles maisons. La carte est courte, mais la cuisine s'appuie sur des producteurs locaux. Et les cuissons sont vives et ajustées. Jolie vue en terrasse. Menus à 23 et 29 €. Menu enfants à 15 €.

VILLARS

€€ ♥ **La Table de Pablo,** Les Petits Cléments ☎ 04 90 75 45 18, www.latabledepablo.com. Ouv. en saison t.l.j. sf mer. midi; hors saison t.l.j. sf mer., jeu. midi et sam. midi. F. janv. et déb. fév. En pleine campagne, un OVNI! Thomas Gallardo y a ouvert un restaurant «semi-gastronomique» et sert à prix doux une cuisine imaginative, qui joue avec les produits de saison. Formule déj. à 16 €. Menus 28-50 €. Menu enfants à 14 €. Ateliers de cuisine. &

LOISIRS

LAGARDE D'APT

⚜ **Observatoire Sirène,** route d'Apt, ☎ 04 90 75 01 17 (après 14 h), www.obs-sirene.com. Ouv. tte l'année sur rés. Soirées découverte : adultes 50 €, demi-tarif pour les 8-15 ans, gratuit moins de 8 ans; durée : 4 h. Balades nocturnes : adultes 15 €, demi-tarif pour les 8-15 ans, gratuit moins de 8 ans; durée : 2 h. Sirène comme Site Réhabilité pour Nuits Étoilées! À 1 100 m d'altitude, l'ancienne zone de lancement des missiles du plateau d'Albion accueille des soirées très pacifiques, où l'on mate, en famille ou non, la Grande Ourse.

RUSTREL

⚜ **Parc Aventures Colorado Aventures** ☎ 06 78 26 68 91 et 06 25 25 03 07, www.colorado-aventures.com. Ouv. juil.-août t.l.j. 9 h 30-19 h; mars-juin et sept.-nov. w.-e. et j.f. 10 h-19 h sur rés. De 13 à 18 € (selon la taille!). Durée : 1 h 30 à 3 h. Dans la forêt Notre-Dame-des-Anges, 5 parcours dans les arbres avec tyroliennes, ponts de singe et une curiosité : le benji éjection (un saut à l'élastique à l'envers!).

ITINÉRAIRE 30 LE PAYS DE FORCALQUIER P. 290

HÉBERGEMENT

FORCALQUIER

€€ **Location Les Bories du Serre,** impasse des Restanques (de l'autre côté du Ravin du Viou)

☎ 04 92 75 23 72 et 06 61 86 07 24, http://boriesduserre.free.fr. Ouv. tte l'année. 7 unités rondes, regroupant 3 logements pour 4-5 pers. Hors saison 400 € le w.-e. (2-3 j.) et 650 € la sem. (1 300 € en juil.-août). Vous séjournez dans une borie toute récente. La grande piscine commune remporte tous les suffrages.

MANE

€€ ♥ **Gîtes du Château de Sauvan,** quartier Sauvan ☎ 04 92 75 05 64, www.chateaudesauvan.com. 2 gîtes de 3 à 5 pers. sur le domaine du château *(p. 296)*. 340-540 € la sem. On ne peut rêver meilleure « retraite » au vert ! Le silence est seulement troublé par les cris des paons. Parfaitement équipés, dotés d'un jardin, ces gîtes sont meublés « antiquités » (le château en regorge).

€€€ **Hôtel Mas du Pont Roman,** chemin de Châteauneuf (à la sortie de Mane, dir. Apt) ☎ 04 92 75 49 46, www.pontroman.com. Ouv. tte l'année. 9 ch. et une annexe comprenant 3 appart. meublés à louer à la semaine. 80-110 € la ch. double. Petit déj. 9 € (offert en basse saison). Ce petit hôtel de charme est installé dans une bastide du XVIIᵉ s. Piscine intérieure (chauffée) et extérieure, sauna. Accès Internet et WiFi gratuit. ♿

MANOSQUE

€€ **Chambres d'hôtes Bastide de l'Adrech,** av. des Serrets ☎ 04 92 71 14 18, www.bastide-adrech.com. Ouv. tte l'année. 5 ch. dont 1 familiale et 2 gîtes. 68 € la ch. double, petit déj. inclus. Table d'hôtes (le soir 26 €). Les chambres jouent la Provence gagnante dans cette bastide dirigée par un ancien chef. Cours de cuisine (30 €/pers.,

3 pers. minimum) et balades dans les oliveraies du domaine.

NIOZELLES

€€ 🏇 **Chambres d'hôtes Le Relais d'Elle,** route de La Brillanne (à l'écart de la D4100) ☎ 04 92 75 06 87, http://relaisdelle.com. F. janv. à début fév. 5 ch. dont 1 suite familiale et 1 gîte. 62-67 € la ch. double, petit déj. inclus. Table d'hôtes (24 €, 10 € moins de 12 ans). Cette ancienne ferme bien restaurée offre ses chambrettes ensoleillées. Les propriétaires possèdent deux ânes et quelques chevaux, pour le plus grand plaisir des enfants ! Piscine. Centre d'équitation à proximité. Accès WiFi gratuit.

RESTAURANTS

FORCALQUIER

€€ ♥ **Le 9,** 9, av. Jean-Giono (prenez dir. Citadelle) ☎ 04 92 75 03 29, www.le9-forcalquier.fr. Ouv. en été t.l.j. sf mar. midi ; hors saison t.l.j. sf mar. et mer. F. janv. Loin de tout et si proche de la ville… L'été, on déjeune dans un jardinet, avec vue sur la montagne de Lure. En toute saison, on pioche dans les propositions du jour, selon les caprices du marché : potage de panais, côtes d'agneau grillées, chèvre et menthe… Formule déj. à 13 €. Carte midi et soir de 23 à 35 €. Concerts jazz, expos.

MANOSQUE

€€ **Sens et Saveurs,** La Filature, 43, bd des Tilleuls ☎ 04 92 75 00 00, www.sensetsaveurs.fr. Ouv. t.l.j. sf jeu. soir et dim. F. 2 sem. déb. janv. Dans une ancienne magnanerie du XVIIᵉ s., c'est l'adresse à suivre. On s'y régale d'un risotto à la tomate confite, d'une pastilla au chocolat. Formule déj. 15 €. Menus à 27 et 36 €.

PIERRERUE

€ ☘ **Le Bistrot,** Les Ferrailles (à 5 km E de Forcalquier par la D12) ☎ 04 92 75 33 00, www.bistrotdepays.com. F. sam. midi, dim. midi et lun. en été ; f. lun.-mer. et le soir (sf ven.-sam.) hors saison. L'ambiance y est conviviale, la cuisine du terroir a des accents bio. Plat du j. autour de 8-10 €. Formule déj. à 15 €. Menu complet le soir à 25 €.

LOISIRS

FORCALQUIER

France Montgolfières ☎ 0 810 60 01 53 ou à l'office du tourisme de Forcalquier, www.france-montgolfiere.com. Ouv. tte l'année. Vols programmés uniquement le matin. De 159 € (6-12 ans) à 205 € (couple 398 €), billets valables 1 an dans toutes les bases de la société. Ici, c'est le vent qui est le maître : il décide du lieu de décollage et d'atterrissage. Le survol des champs de lavande fin juin un grand moment. Comptez une bonne demi-journée, avec lever aux aurores.

Université Européenne des Saveurs et des Senteurs, couvent des Cordeliers ☎ 04 92 72 50 68, www.uess.fr. Lors des séances de l'Atelier du Parfumeur, on pourra composer son propre parfum ! Juil.-août le sam. matin ; le reste de l'année le jeu. soir. 50 €/pers.

ITINÉRAIRE 31
SISTERON ET LE VAL
DE DURANCE P. 299

HÉBERGEMENT

DABISSE

€€ ☂ **Chambres d'hôtes Les Trois Grains,** la Bastide blanche (au S des Mées) ☎ 04 92 34 33 25 et 06 60 25 20 13, www.lestroisgrains.net. Ouv. tte l'année. 3 ch. 70 € la ch. double, petit déj. inclus. Toute la façade de cette maison familiale est en galets de la Durance. Piscine et jardin. Jeux pour enfants et massages détente pour les parents.

LES MÉES

€ ☘ **Camping Les Olivettes,** Les Pourcelles (D4, à 11 km S des Mées, à 4 km d'Oraison) ☎ 04 92 34 18 97, www.campinglesolivettes.com. Ouv. mi-avr. à mi-oct. 29 empl., 5 mobil-homes et 1 caravane. Locations à partir de 340 € la sem. (caravane) et 490 € la sem. (mobil-home). Dans une oliveraie de 1,5 ha, cette aire naturelle se veut « éco-camping » : l'eau est ainsi chauffée grâce à capteurs solaires et il est suggéré de faire un tri sélectif des déchets. Piscine.

RESTAURANTS

CHÂTEAU-ARNOUX-SAINT-AUBAN

€ **Au Goût du Jour,** 14, av. du Général-de-Gaulle ☎ 04 92 64 48 48. Ouv. t.l.j. F. début janv. à mi-fév. Le bistrot d'un chef étoilé (pour La Bonne Étape à Château-Arnoux-Saint-Auban). On fera ses délices par exemple d'une épaule d'agneau de Sisteron à la sarriette du jardin. Menus à 18, 21 et 24 €. Menu enfants à 10 €.

LES MÉES

€€ ♥ **La Marmite du Pêcheur,** bd des Tilleuls ☎ 04 92 34 35 56. Ouv. t.l.j. sf mar. et mer. F. 2 sem. en janv. Dans un ancien pressoir à huile, au pied des Pénitents, c'est une cuisine pleine de trouvailles, proche du fooding®, qui s'amuse avec les formes, les couleurs et les textures. Menu à 20 € à midi et en sem., sinon menus à 35 et 50 €. Menu enfants à 15 €. &

SISTERON

€€ **Le Cours,** face à la cathédrale ☎ 04 92 61 00 50, www.hotel-lecours.com. Ouv. t.l.j. F. mi-nov. à début mars. Le restaurant est bien situé, dans le centre-ville de Sisteron. Une adresse fiable pour découvrir les pieds-et-paquets *(p. 38)* ou l'agneau de pays. Menus à 24,50 et 33 €. Formule du jour à 17,50 €. Menu enfants à 8 €. &

LOISIRS

CHÂTEAU-ARNOUX-SAINT-AUBAN

Base VTT du Val de Durance, rens. à l'office de tourisme ☎ 04 92 64 02 64 et 06 19 52 06 15, www.vtt-valdedurance.org. Ouv. tte l'année. Location VTT (10 € la demi-journée et 15 €/j.), prêt de casques, topoguides. 550 km de circuits, 22 au total, bleus, rouges et noirs.

SISTERON

🏇 **Parc Aventures Sisteron,** montée de la Citadelle ☎ 06 18 67 50 34, www.parcoursacrobatique.com. Ouv. juil.-août t.l.j. 11h-19h. F. sept.-juin. À partir de 4-5 ans (sf le rouge « très foncé », à partir de 14 ans). Entre 10 et 20 € selon âge et parcours. Durée : 2 h. Quatre parcours aux couleurs différentes, les trois premiers sur le côté S de la citadelle et le dernier sur le côté N. « Lianes volantes », « saut de Tarzan » et tyroliennes.

ITINÉRAIRE 32
LE PARC DU VERDON P. 304

HÉBERGEMENT

BAUDUEN

€€ ♥ **Hôtel-restaurant Les Cavalets,** route du barrage (entre Bauduen et le barrage) ☎ 04 98 10 62 40, www.hotel-restaurant-les-cavalets.com. F. déc.-janv. 29 ch dont 18 ont vue sur le lac. 76 à 87 €, la chambre côté lac, selon saison. Petit déj. 8 €. Le lac de Sainte-Croix est sous vos fenêtres : vue enchanteresse. Les chambres sont ensoleillées et la cuisine style Provence, classique, familiale. Seul bémol : le petit déjeuner, frugal pour le prix. Accès WiFi gratuit. &

MOUSTIERS-SAINTE-MARIE

€€€ **Hôtel La Ferme Rose,** rue de la Bourgade (à 1 km du centre-ville, sur la D952, dir. Sainte-Croix-du-Verdon) ☎ 04 92 75 75 75, www.lafermerose.com. Ouv. tte l'année. 12 ch. 80-150 € la ch. double. Petit déj. 11 €. Le propriétaire est un collectionneur invétéré : moulins à café, jouets, ventilateurs, etc. On découvre avec amusement ses objets, exposés dans les moindres recoins de l'hôtel dans un esprit broc. Le jardin et la piscine achèveront de vous séduire.

LA PALUD-SUR-VERDON

€€€€ **Hôtel des Gorges du Verdon,** route de La Maline ☎ 04 92 77 38 26, www.hotel-des-gorges-du-verdon.fr. Ouv. avr. à mi-oct. 27 ch. dont 3 suites pour 2 à 6 pers. À partir de 170 € € la ch. double (153 € en réservant tôt, sans possibilité de modification), petit déj. inclus. À 938 m d'altitude, il a le panorama pour lui. Si vous disposez d'une petite terrasse privative, c'est le rêve. Mais en période rouge (avr.-sept.), les prix atteignent des sommets. Piscine (chauffée), hammam et Spa. Court de tennis. Jardin. Accès Internet gratuit. &

ROUGON

€ **Camping municipal de Carajuan,** au bord du Verdon, 8 km E du village ☎ 04 92 83 70 94, www.rougon.fr. Ouv. mi-avr. à oct. 100 empl. Sur 4 ha ombragés, sa situation, près du Point Sublime, est magnifique. Jeux pour petits. Terrains de pétanque et de volley-ball. Des sorties d'observation des vautours sont organisées. Snack pour les petits creux.

RESTAURANTS

MOUSTIERS-SAINTE-MARIE

€ **La Grignotière,** accès par la rue Marcel-Provence ou par la rue de la Bourgade, presque en face du lavoir ☎ 04 92 74 69 12. Ouv. t.l.j. 11 h-15 h 45 et 18 h-22 h. F. mi-nov. à fév. Sous les oliviers, à l'écart des foules, un « pique-nique chic » selon la formule maison : salades mais à l'huile d'olive, glaces, etc.

€€ **La Treille Muscate,** pl. de l'Église ☎ 04 92 74 64 31, www. restaurant-latreillemuscate.com. Ouv. en été t.l.j. sf mer. ; le reste de l'année t.l.j. sf mer. soir et jeu. F. nov.-janv. Sous les platanes, une cuisine généreuse sur base provençale, qui a ses pieds-et-paquets (p. 38) « à la façon de mémé Antoinette ». Formule déj. à 20 €. Menus à 29 et 49 €. S'adapte pour les enfants.

SAINTE-CROIX-DU-VERDON

€€ ❤ **L'Olivier,** Village ☎ 04 92 77 87 95, www.l-olivier-restaurant. com. F. lun.-mar. hors saison. F. mi-nov. à mi-fév. Terrasse de poche sur le lac où un ancien de Ducasse élabore une cuisine pétillante. On déguste un étonnant menu truffe d'été. Formule déj. en sem. à 19 €. Menus de 29 à 47 €.

LOISIRS

LA PALUD-SUR-VERDON

Aqua Rando Aventures et Nature ☎ 04 92 77 30 43, www. aventuresetnature.com. 35 €/pers. À partir de 10 ans. Durée : une demi-journée. Le site du Verdon offre une randonnée aquatique sans difficultés, dans le couloir Samson. Sur 2 km, une entaille fantastique, sauts et toboggans à la clé.

ROUGON

Observation des vautours, Ligue pour la protection des oiseaux, 5, bd Saint-Michel, Castellane ☎ 04 92 83 69 55, www.voirlepiaf. fr. Rés. auprès de Vincent Roustand ☎ 06 26 47 50 00. La Ligue organise des sorties pour observer les vautours fauves dans les falaises de Rougon. En juil.-août les mar., mer. et ven. 9 h 30-12 h et 18 h-20 h 30. 20 pers. maximum. 10 €/pers. (gratuit moins de 10 ans).

SAINTE-CROIX-DU-VERDON

Promenades en bateau Lac-Loc, La Plage ☎ 04 92 77 77 62 et 06 72 70 69 95, lacloc@ymail.com. Location de bateaux à moteur électrique (25 €/h) pour 5 ou 7 pers., à la demi-journée et à la journée. Ça se pilote sans permis !

Montélimar

ARDÈCHE

Châteauneuf-de-Mazenc

Dieulefit

le Poët-Laval

DRÔME

Grignan

la Garde-Adhémar

Valréas

Nyons

Rém
Gorges de
l'Eygues

Saint-Paul-Trois-Châteaux

Richerenches

Buis-les-Baronnies

Saint-Restitut

Bollène

Vaison-la-Romaine

Séguret

GARD

Gigondas

Dentelles de Montmirail

Mont Ventoux

Orange

Beaumes-de-Venise

Monieu

Roquemaure

Carpentras

Pernes-les-Fontaines

Venasque

Châteauneuf-du-Pape

Tavel

VAUC

Rochefort-du-Gard

Île de la Barthelasse

Fontaine-de-Vaucluse

Sénanque

Gordes

Rous

Castillon-du-Gard

Villeneuve-lèz Avignon

Avignon

Pont du Gard

l'Isle-sur-la-Sorgue

Barbentane

Nîmes

Maillane

Cavaillon

Oppède-le-Vieux

Bo

Saint-Rémy-de-Provence

Parc naturel r
du Luber

les Baux-de-Provence

Chaîne des Alpilles

La

Fontvieille

Sil

Arles

Parc naturel régional de Camargue

Grande Crau

BOUCHES-DU-RHÔNE

Pays d'A

Salon-de-Provence

**Aix
Prove**

Marais du Vigueirat

Château d'Avignon

Étang de Vaccarès

la Capelière

Étang de Berre

Parc ornithologique de Pont-de-Gau

Phare de la Gacholle

Martigues

le Rove

l'E

Saintes-Maries-de-la-Mer

Salin-de-Giraud

Carro

Côte Bleue

Marse

Port-St-Louis-du-Rhône

Îles du Frioul

Domaine de la Palissade

Cap Croise

MER MÉDITERRANÉE

Les plus belles randonnées de la région

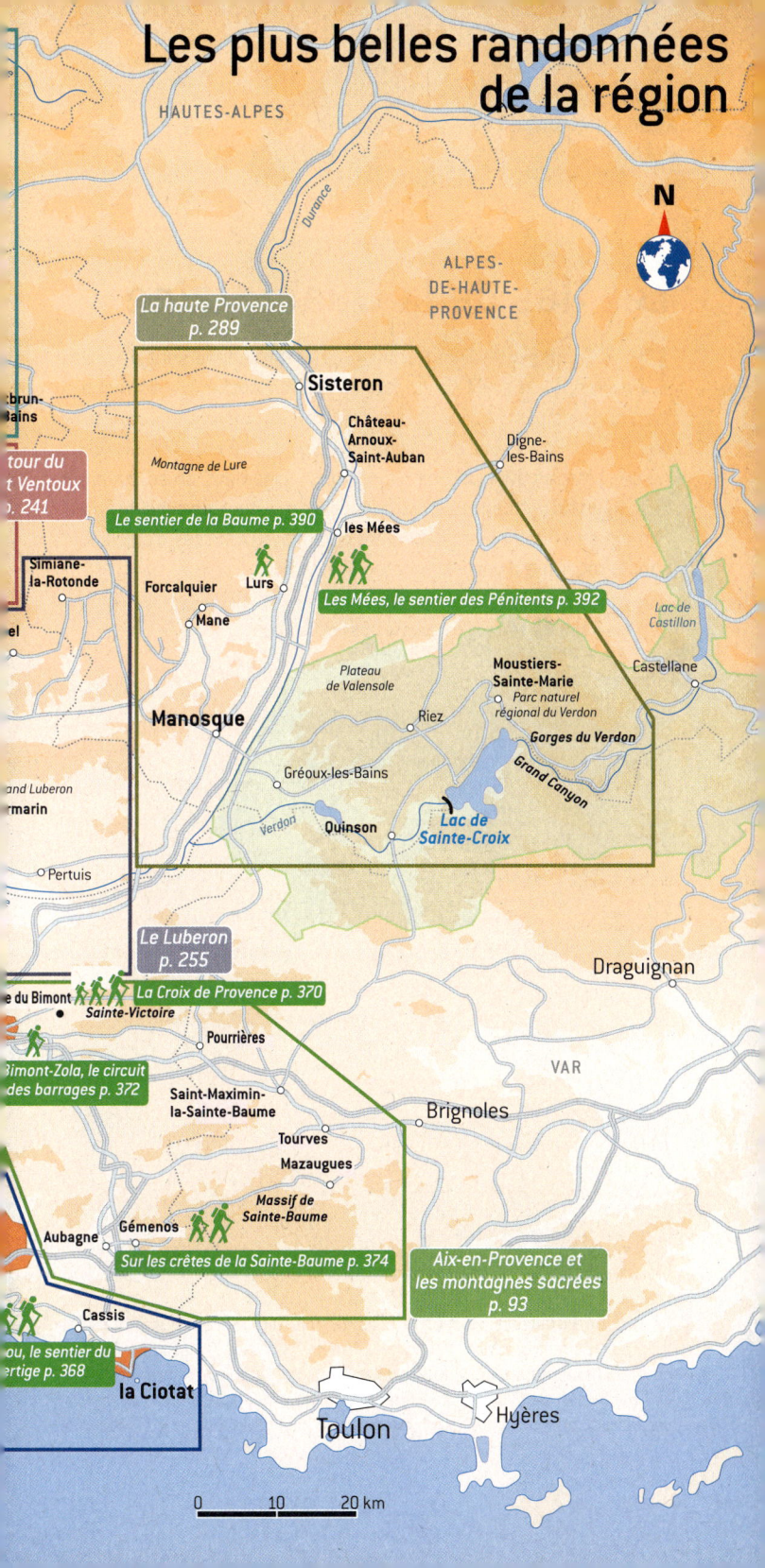

N

HAUTES-ALPES

Durance

ALPES-
DE-HAUTE-
PROVENCE

La haute Provence
p. 289

Sisteron

Château-
Arnoux-
Saint-Auban

Digne-
les-Bains

Montagne de Lure

cbrun-
ains

tour du
t Ventoux
p. 241

Le sentier de la Baume p. 390

les Mées

Simiane-
la-Rotonde

Forcalquier

Lurs

Mane

Les Mées, le sentier des Pénitents p. 392

Lac de
Castillon

el

Castellane

Plateau
de Valensole

Moustiers-
Sainte-Marie

Parc naturel
régional du Verdon

Manosque

Riez

Gorges du Verdon

Grand Canyon

Gréoux-les-Bains

and Luberon
rmarin

Verdon

Quinson

Lac de
Sainte-Croix

Pertuis

Le Luberon
p. 255

Draguignan

e du Bimont

La Croix de Provence p. 370

Sainte-Victoire

Pourrières

VAR

Bimont-Zola, le circuit
des barrages p. 372

Saint-Maximin-
la-Sainte-Baume

Brignoles

Tourves

Mazaugues

Massif de
Sainte-Baume

Aubagne

Gémenos

Sur les crêtes de la Sainte-Baume p. 374

Aix-en-Provence et
les montagnes sacrées
p. 93

Cassis

ou, le sentier du
ertige p. 368

la Ciotat

Toulon

Hyères

0   10   20 km

Randonnée
Les îles de la Quarantaine

Dans l'archipel du Frioul, Pomègues et Ratonneau sont deux îles pelées, où le soleil cogne fort en été et ricoche sur les rochers, blancs, calcaires. La Ville de Marseille en est devenue propriétaire en 1971. Et Port-Frioul, où vous débarquez, est né en 1974. Quelques restaurants, un petit port de plaisance… Sagement, on en est resté là. Aujourd'hui, protégées en tant que parc maritime des îles du Frioul, Pomègues et Ratonneau hébergent quelque 90 espèces d'oiseaux et sont le royaume d'une étonnante végétation.

➤ Itinéraire ❷ Marseille : sous les pavés, la plage, p. 72
8,5 km – 3 h à 4 h
Niveau : facile

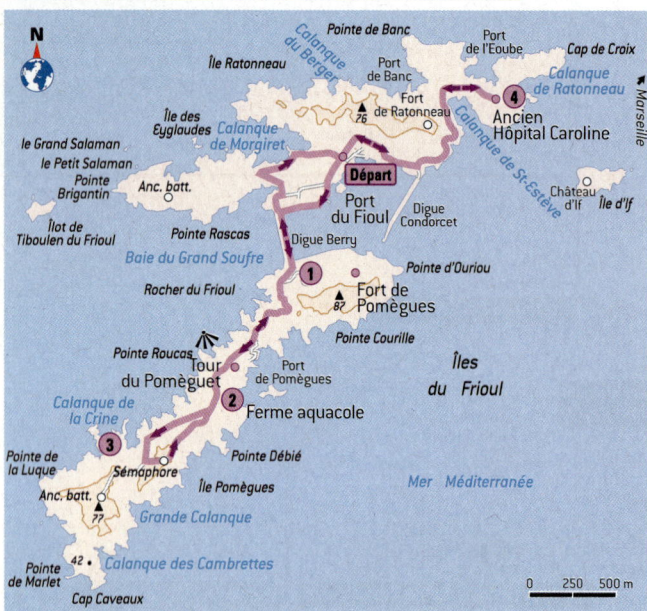

© Carte IGN : Marseille, Les Calanques, 3145 ET

1 **Le fort de Pomègues**. Au port, longez le quai d'Honneur. Digue Berry. Et allez droit sur Pomègues, l'île la plus longue (2,7 km). À g., au début, un embranchement part sur le fort de Pomègues. Sur le point culminant de l'île (87 m), le fort de Pomègues (1 km aller-retour), créé vers 1600, s'est reconverti en réémetteur de télévision (ne se visite pas). Plus loin, se dresse la tour du Pomèguet : cette citadelle, aux allures mauresques (1859-1860) fut conçue pour accueillir 40 hommes *(propriété privée, ne se visite pas)*.

2 **La ferme aquacole.** Un sentier (700 m env. après l'embranchement du fort) s'écarte de la piste principale pour descendre vers ce qui fut le premier port de quarantaine de Pomègues, où 35 bateaux pouvaient mouiller au début du XVIIIᵉ s. Tout en bas, des bâtiments et de curieuses cages immergées attirent l'attention. Il s'agit du premier élevage de poissons certifié bio en Méditerranée. Il fait vivre 4 personnes et écoule quelque 60 t de dorades et loups. Les poissons passent les deux tiers de leur vie sur le site, soit entre 18 et 36 mois *(vis. en sept. seulement tous les ven. avec l'Office de la mer, p. 319)*.

3 **La calanque de la Crine.** De la ferme aquacole, revenez sur la piste principale ; vous trouverez sur la dr. le sentier des Astragales *(ci-contre)* qui descend vers la calanque de la Crine (700 m env.). De crique en crique, les **goélands** leucophées, *gabians* en provençal, vous tiennent compagnie. Leur surpopulation, liée à l'existence des décharges à ciel ouvert, devient problématique. Mais l'archipel compte d'autres oiseaux marins, comme les puffins cendrés. Retour sur la crête via le Sémaphore *(ne se visite pas)*.

4 **Ratonneau et l'hôpital Caroline.** Revenez sur vos pas. À la digue Berry, allez tout droit. Prenez, au-delà de la plage du Grand Souffre, le sentier qui conduit à la calanque de Morgiret. Rejoignez la route goudronnée (200 m env.). Tournez à g. Là, vous avez le choix : soit vous restez sur le macadam, soit vous coupez par le fort de Ratonneau (pente raide et rocailleuse, mais vue magnifique). Les deux itinéraires rejoignent la calanque de Saint-Estève (plage de galets, buvette, sentier sous-marin pour admirer l'herbier de Posidonie, *p. 86*). Une dernière grimpette : c'est l'hôpital Caroline *(en restauration, vis. lors des Journées du patrimoine ☎ 04 91 01 58 70)*, destiné aux malades placés en quarantaine *(ci-contre)*. Son architecture pavillonnaire, aérée, conçue par Michel-Robert Penchaud, était à l'époque (1823-1828) très avant-gardiste.

Départ et arrivée : port du Frioul, après avoir pris la navette Frioul-If Express *(p. 73)*.
Carte IGN : Marseille, Les Calanques, 3145 ET.
Balisage : sentier de lecture du paysage (panneaux didactiques).
Temps de marche : 3 h à 4 h.
Distance : 8,5 km.
Dénivelé : 87 m.
Difficulté : aucune.
Accès : pas de restriction l'été.
Conseils : emportez crème solaire, maillot de bain et masque de plongée. Chiens en laisse. Cueillette et barbecue interdits. Ne sortez pas des sentiers balisés.

L'astragale de Marseille

Cette grosse plante épineuse, qui peut atteindre 1 m de haut, est emblématique des îles du Frioul, qui possèdent malgré leur aridité quelque 360 espèces végétales. « Relique » des dernières glaciations, cette légumineuse développe des épines pour se protéger des lapins et de la sécheresse. Ses fleurs blanches sont visibles même au bord de la piste (avril-mai).

Caroline chérie

En 1820, une épidémie de fièvre jaune incita les autorités de Marseille à créer dans les îles du Frioul un port de quarantaine. L'hôpital destiné à accueillir les malades placés en quarantaine fut baptisé de l'un des prénoms de la duchesse de Berry : Caroline. Explication : en 1820, l'assassinat du duc de Berry, un héritier potentiel de la Couronne, a suscité une énorme émotion. Au même titre que la naissance de son fils posthume, Henri, surnommé « l'enfant du miracle ».

Carnet de randonnées

Randonnée

Morgiou,
le sentier du vertige

À Morgiou, en tournant le dos aux cabanons de cet ancien village de pêcheurs, vous laisserez sur votre gauche l'escalier taillé dans la pierre, dit-on, pour Louis XIII en 1622. Vous emprunterez la rive droite, franchirez un petit passage acrobatique sur 2 à 3 m, puis gagnerez le sentier gravillonné qui rejoint le col du Renard (85 m). Vous vous engagez sur un **parcours de crête fabuleux**, qui surplombe la calanque de la Triperie, où la mer a noyé partiellement la **grotte Cosquer**, épargnant ses peintures, dont certaines ont 27 000 ans. Milieu aride, les calanques hébergent pourtant près de 900 espèces de plantes.

> Itinéraire **3** Les calanques, p. 78
> 5,5 km – 2 h 30 à 3 h
> Niveau : moyen FFRandonnée

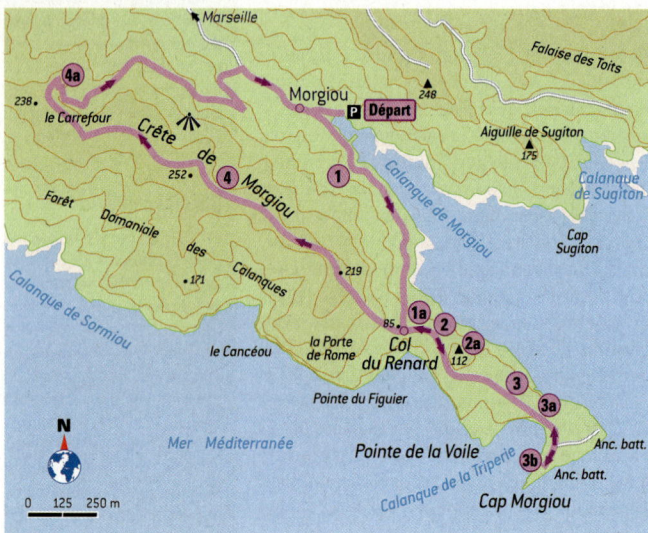

© Carte IGN : Marseille, Les Calanques, 3145 ET

1 **Vers le col du Renard**. Dépassés les derniers cabanons, qui n'ont plus rien à voir avec les « baraques » de pêcheurs d'autrefois *(p. 27)*, vous attaquez la montée sur le col du Renard **(1a)** (1 km depuis le départ, alt. 85 m). Au col, partez à g. sur la langue rocheuse qui s'avance dans la mer.

2 **Vers la cote 112**. Vous atteignez très vite (300 m env.) un **fortin en ruine (2a)**. Sur la pointe de Morgiou, il y a eu un premier fortin dès 1614. Perchées à 112 m, ces ruines-là sont du XIXe s., de l'époque Napoléon Bonaparte. En 1813, les Anglais prirent même position dans la place et jetèrent à la mer les huit canons qu'ils trouvèrent. Trois d'entre eux ont été retrouvés par des plongeurs !

3 **Vers le cap Morgiou**. Avancez-vous si le cœur vous en dit au droit **(3a)** de la **pointe de la Voile** (1 km aller-retour depuis le col du Renard). La grotte Cosquer est là, au pied de cette pointe. Au bout d'un boyau de 175 m de long, en partie noyé, la grotte abrite plusieurs dizaines d'œuvres peintes et gravées, qui appartiennent à deux époques. Il y a la série des « mains », 55 au total, et une autre séquence qui met en scène 142 animaux, des chevaux, des bouquetins, une antilope, un grand bison, voire une panthère et des pingouins. On peut poursuivre jusqu'au **cap Morgiou** (22 m) **(3b)**, au profil très caractéristique de bec d'oiseau. La vue mérite un triple A.

4 **Le parcours de crête**. Revenez au col du Renard **(1a)**. Continuez tout dr. sur le GR® 51-98 (balisage rouge et blanc). Entre ciel et mer, le parcours de crête est fantastique, et long (1,5 km). On ne se lasse pas du spectacle. Les falaises éperonnent la mer. Les bateaux font des ronds dans l'eau. Mais il est impératif, rappelons-le, de ne pas s'écarter du sentier. Question de sécurité. Question de protection de la flore. Les éboulis de Morgiou abritent la **sabline de Provence**, dite aussi l'**herbe à Gouffé**. Une plante rare et rase, qui développe de petites fleurs blanches en avril-mai. Au lieu-dit **Le Carrefour** (210 m, balisage au sol) **(4a)**, plongez sur la dr. (balisage rouge). Il vous reste 1,8 km env. pour rejoindre Morgiou et sa plage de sable.

Départ et arrivée : parking à Morgiou, hors saison.
Carte IGN : Marseille, Les Calanques, 3145 ET.
Topoguide® FFRP : *Les Calanques à pied®* (réf. P132).
Balisage : noir au départ, bleu vers le fortin de Morgiou, rouge et blanc du GR® 51-98 sur la crête, rouge pour terminer.
Temps de marche : 2 h 30 à 3 h.
Distance : 5,5 km.
Dénivelé : 252 m.
Difficulté : au départ, un passage un peu raide, qui effrayera peut-être davantage les parents que les enfants.
Accès : accès modulé l'été (☎ 0 811 20 13 13). Route fermée de 8 h à 19 h 30, les w.-e. de Pâques à déb. juin et ensuite t.l.j. jusqu'à fin sept. Porem

---

La grotte Cosquer

Elle est là, sous vos pieds, inaccessible, la grotte Cosquer, qui fut découverte en juillet 1991 par Henri Cosquer, directeur du centre de plongée de Cassis. Elle est en partie immergée dans la calanque de la Triperie, au pied de la pointe de la Voile. Son « ouverture » actuelle est à 37 m sous le niveau de la mer. Ce qui traduit une remontée des eaux depuis la dernière glaciation, il y a 10 000 ans. À l'époque, la « plage » devait se situer aux alentours du phare du Planier, à 13 km du Vieux-Port de Marseille. La grotte abrite plusieurs dizaines d'œuvres peintes et gravées – représentations de mains et d'animaux.

Carnet de randonnées

Randonnée

La Croix de Provence,
par le chemin des Venturiers

Visible à des kilomètres à la ronde, la Croix de Provence (946 m), qui paraît en équilibre sur la crête, est considérée par tous comme le sommet de Sainte-Victoire. Il n'en est rien : le pic des Mouches, plus à l'est (1 010,40 m), et plus encore le Bau des Vespres (1 010,60 m !) ont quelques hauteurs d'avance. Le GR® 9 qui y donne accès emprunte le tracé des pèlerins d'autrefois, les « Venturiers », qui se rendaient au mont Venture, ancien nom de Sainte-Victoire.

➤ Itinéraire ⑥ Sainte-Victoire, p. 102
15 km – 5 h
Niveau : difficile

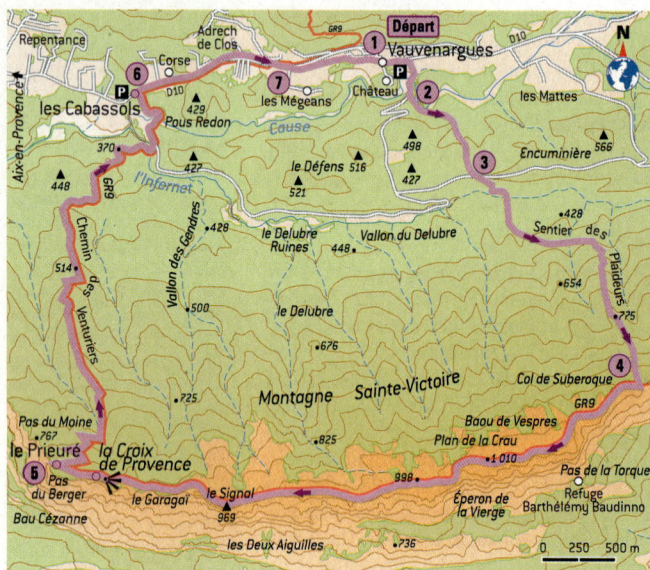

FFRandonnée

© Carte IGN : Montagne Sainte-Victoire, Aix-en-Provence, Gardanne, 3244 ET

1 De l'extrémité est du parking, suivez le chemin d'Encuminière. Écartez-vous à dr., franchissez le pont sur la Cause, poursuivez sur 100 m.

2 Avant une barrière, tournez à g. (tracé vert), traversez une aire de battage et engagez-vous dans les bois. Le sentier longe la Cause, monte progressivement, s'incline vers un vallon puis se redresse pour atteindre une piste.

3 Suivez-la à g. puis empruntez de suite à dr. le sentier des Plaideurs. Descendez en lacets jusqu'au fond du vallon de l'Infernet. Le sentier monte au sud puis progresse en balcon vers l'est pour piquer vers un vallonnement boisé. Reprenez la montée, le sentier se redresse parfois fortement; gravissez des rochers escarpés. Après un petit passage en balcon qui permet de profiter du panorama, grimpez sur une croupe et une partie rocheuse avant d'arriver au col de Suberoque.

4 Montez à dr. le long des falaises (vue sur la vallée de l'Arc) pour atteindre le plan de la Crau (1 010 m) et le bau de Vespres (1 011 m). Suivez les cairns vers l'ouest, au bord du plateau pierreux. Continuez en crête. Après un parcours en montagnes russes, le sentier passe près du trou du Garagaï, à la Croix de Provence puis au prieuré. Traversez le site et continuez sur 150 m.

5 Descendez par le sentier en lacets, il est bien aménagé dans la partie rocheuse. Plus bas, le chemin est bétonné dans les parties plus raides de la piste avec parfois quelques replats. Passez le gué de l'Infernet; 10 m après, vous atteindrez une barrière (jonction avec le tracé jaune). Longez les propriétés, franchissez le pont de la Cause et continuez jusqu'à la D10.

6 Longez-la à dr. en restant derrière la barrière de sécurité puis le bas-côté sur 100 m. Poursuivez par le chemin parallèle à la route puis par le « chemin de l'oratoire de Sainte-Victoire » jusqu'à Vauvenargues.

7 Traversez le village pour rejoindre le parking.

Départ et arrivée : parking à Vauvenargues, place Yvon-Gouirand, à dr. en bas du village. Bus de la ligne Aix-Vauvenargues : ligne 140 du réseau CPA, www.lepilote.com.

Carte IGN : Montagne Sainte-Victoire, Aix-en-Provence, Gardanne, 3244 ET.

Topoguide® FFRP : *Le Pays de la montagne Sainte-Victoire à pied®* (réf. P131).

Documentation : *Heurs et Malheurs du prieuré de Sainte-Victoire* par Jean Cathala (éd. Les Amis de Sainte-Victoire).

Balisage : rouge et blanc GR® 9.

Temps de marche : 5 h.

Distance : 15 km.

Dénivelé : 800 m.

Difficultés : sur le sentier de crête, surveillez les enfants. N'entreprenez pas la balade par temps humide (roches glissantes).

Un n° utile :

☎ 0 811 20 13 13 (météo incendie). Le sentier est inclus exceptionnellement dans une zone ZAPEF (Zones d'accueil du public en forêt) et donc ouvert toute la journée sous réserve des conditions météo.

Le pin d'Alep

Il tire son nom d'une ville du nord de la Syrie. Mais on le trouve sur tout le pourtour méditerranéen. On le reconnaît à son tronc gris — on le surnomme parfois le pin blanc —, à ses cônes pointus et à ses aiguilles fines et courtes.

Carnet de randonnées

Randonnée

Bimont-Zola, le circuit des barrages

Un siècle sépare la mise en eau du **barrage de Bimont** (xxᵉ s.) de celle du **barrage Zola** (xixᵉ s.). Installés dans les gorges de l'Infernet, sur la Cause, ils ont été conçus pour résoudre les problèmes d'approvisionnement en eau d'Aix-en-Provence. Les paysages sont grandioses, inaccessibles de la route, comme une apparition de la montagne Sainte-Victoire « posant » telle une star sur le barrage Zola. Les couleurs sont incroyables : bleu des lacs, rouge des marnes, vert des pinèdes.

➤ Itinéraire ⑥ Sainte-Victoire, p. 102
10 km – 3 h 20
Niveau : facile

FFRandonnée
les chemins, une richesse partagée

© Carte IGN : Montagne Sainte-Victoire, Aix-en-Provence, Gardanne, 3244 ET

1 Passez le portail de la Société du canal de Provence. À g., accès à une table d'orientation (vue sur le lac et panneaux d'information ; point d'eau) avant de suivre la crête du barrage (dans le vallon, à dr., entrée du canal de Doudon).

2 Après la barrière, le tracé rouge passe aux panneaux du Conseil général et à des aires aménagées, puis rejoint un tracé vert après une partie bétonnée.

3 Allez à dr. avec ces deux tracés rouge et vert (à dr., le canal de Doudon). Continuez sur un chemin de terre jusqu'à la partie bétonnée.

4 Peu avant la flèche SV104, le tracé vert part à dr. entre deux bornes. Montez jusqu'aux crêtes. Au banc en béton, descendez à dr. (vue à dr. sur le lac Zola). À la croupe d'une côte (borne d'observation), descendez sur le barrage Zola. Après sa crête et un pont, un tracé jaune vient de la dr. (à g., le canal de 7 km qui alimentait en eau la ville d'Aix).

5 À g., ces deux tracés descendent vers l'ancien canal qui part à dr. dans des barres rocheuses (à dr., l'aqueduc ; à la maison forestière de l'AEP, des tables et un panneau du Conseil général). Le chemin monte, franchit le canal (après un lacet, à dr., une curieuse tour de pierre où on peut aller par un sentier).

6 Par le tracé jaune à dr., gravissez la côte de terre rouge (notez une jolie petite borie). Ignorez les autres sentiers. Arrivé sur le plateau, vous atteindrez une barrière et une piste.

7 Suivez à dr. le pointillé jaune vers le nord, puis le nord-est (vue sur le lac du Bimont et la Croix de Provence ; en bas, le barrage Zola). Le chemin rétrécit ; après la citerne 236, descendez à dr. jusqu'au tracé jaune.

8 Suivez à g. le sentier qui serpente en balcon (vue sur les gorges de l'Infernet) puis jusqu'aux parkings du barrage de Bimont.

Départ et arrivée : parking du barrage de Bimont (à 8,5 km E d'Aix-en-Provence par la D10, après Saint-Marc-Jaumegarde, tournez à dr. sur la D10f).
Carte IGN : Montagne Sainte-Victoire, Aix-en-Provence, Gardanne, 3244 ET.
Topoguide® FFRP : *Le Pays de la montagne Sainte-Victoire à pied®* (réf. P131).
Balisage : rouge/vert/jaune.
Temps de marche : 3 h 20.
Distance : 10 km.
Dénivelé : 250 m.
Difficulté : aucune, mais la balade a un côté montagnes russes.
Variantes : 3 boucles VTT respectivement de 7,4 km, 8,3 km et 14 km démarrent du barrage de Bimont. Petite partie commune avec le sentier pédestre.
Un n° utile :
☎ 0 811 20 13 13 (météo incendie). Attention, l'accès peut être interdit l'été.

Le canal de Provence

Aujourd'hui, c'est le canal de Provence qui alimente, pour l'essentiel (95 %), le barrage de Bimont en captant les eaux du Verdon via une galerie souterraine. La Cause, au débit insignifiant, ne fournit plus que 5 % de l'eau de la retenue.

L'aigle de Bonelli

Vous reconnaîtrez l'aigle de Bonelli à son envergure moyenne (1,50 m et plus) et à ses ailes bordées de noir. La France ne compte plus que 29 couples (2009) d'*Hieraaetus fasciatus*. Ce rapace, qui vit en moyenne 15 ans, peut suivre la crête des falaises et plonger en piqué pour attraper ses proies.

Carnet de randonnées

Randonnée

Sur les crêtes de la Sainte-Baume

Devant vous : la Sainte-Baume, une muraille calcaire qui s'étire sur 12 km d'est en ouest, avec pour point culminant le Jouc de l'Aigle (1 148 m). L'ascension vous fait mettre vos pas dans ceux de bien des rois ou papes : le pape Clément V, le roi René, François Ier, entre autres. Vous découvrirez la **grotte** – *baumo* en provençal – qui abrita Marie-Madeleine et pousserez jusqu'au col du Saint-Pilon, d'où l'on rejoint la **chapelle du Saint-Pilon** par un fabuleux parcours de crête.

➤ Itinéraire **7** La Sainte-Baume, p. 108
6 km – 3 h
Niveau : moyen

FFRandonnée
les chemins, une richesse partagée

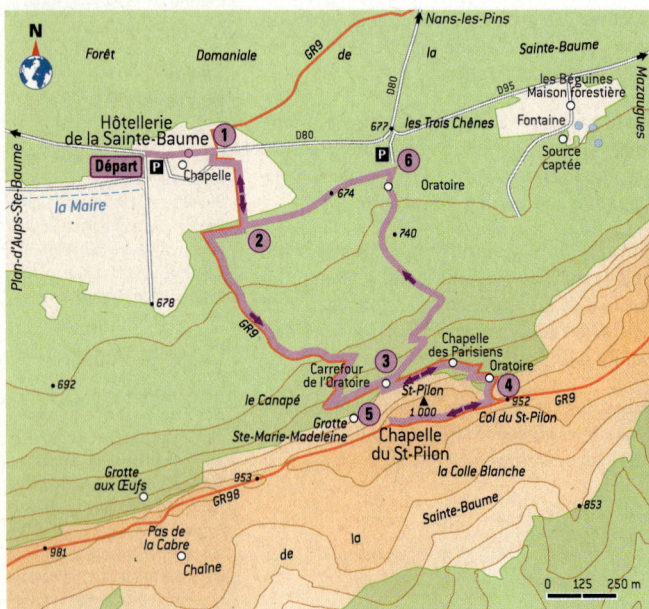

© Carte IGN : Signes, Tourves, Massif de la Sainte-Baume, 3345 OT

1 De l'hôtellerie, prenez après le bar, une allée séparant deux champs.

2 À l'orée de la forêt, allez en direction de la grotte et du chemin du Canapé (des marches ont été façonnées pour faciliter la progression des pèlerins).

3 Au carrefour de l'oratoire, prenez à dr. le chemin qui monte, puis le premier chemin à g. pour arriver à la grotte. Revenez ensuite par le même itinéraire à l'oratoire et suivez sur la dr. le GR® 9 jusqu'au col du Saint-Pilon.

4 Au col du Saint-Pilon, suivez à dr. un chemin rocailleux.

5 À la chapelle du Saint-Pilon (point de vue panoramique avec table d'orientation sur la plaine de Nans-les-Pins, la baie de La Ciotat, le massif de Sainte-Victoire et les contreforts des Alpes), redescendez par le même itinéraire.

3 Prenez à dr. le chemin des Roys, passez devant la fontaine de Nans (eau potable) et continuez la descente.

6 Avant la barrière d'un parking, empruntez le chemin de g. (dir. Hôtellerie).

2 Prenez l'allée sur la dr. pour revenir au parking.

Départ et arrivée : parking de l'Hôtellerie de la Sainte-Baume *(p. 328)*.
Carte IGN : Signes, Tourves, Massif de la Sainte-Baume, 3345 OT.
Topoguide® FFRP : *Le Var à pied®* (réf. D083).
Documentation : fiches des balades (gratuites) à l'Hôtellerie de la Sainte-Baume.
Balisage : jaune, fleur de lys (le chemin des Roys), rouge et blanc (GR® 98 et GR® 9), marron.
Temps de marche : 3 h.
Distance : 6 km.
Dénivelé : 331 m.
Difficultés : le vent sur la crête, les passages en lapiaz.
Accès : réservé l'été (☎ 04 89 96 43 43, zone 1).

Le portail de François Ier

Après Marignan, François Ier fit un premier pèlerinage à la grotte en 1516. Trouvant « l'église de la baume » dans un triste état, il ouvrit les cordons de la bourse royale pour la construction d'un portail. L'ouvrage fut confié à Jean Guiramand, un sculpteur renommé. Aujourd'hui, il orne l'entrée de la chapelle de l'Hôtellerie, tout en bas.

Une déesse de la fécondité

Le *Da Vinci Code* de Dan Brown, paru en 2003 (20 millions d'exemplaires !), puis le film en 2006 de Ron Howard ont replacé Marie-Madeleine sous les projecteurs. Pécheresse, femme libre, épouse de Jésus-Christ… On aura tout entendu. Plus sérieusement, le culte de Marie-Madeleine sur les flancs de la Sainte-Baume a pu prolonger le culte d'une déesse de la fécondité comme Artémis, déesse honorée dans la Massalia grecque.

Carnet de randonnées

Randonnée

Autour du moulin de Daudet

La balade vous emmène parfois dans un **paysage minéral**, battu par le mistral, où le soleil souligne la couleur crayeuse des Alpilles. Mais l'itinéraire proposé frôle et s'engage aussi dans la **belle forêt de Fontvieille** avec ses pins d'Alep (côté ouest) ou ses chênes kermès (côté est). En quelques kilomètres, enfin, il vous fait faire un **saut fantastique dans le temps**. Vous commencez par la Provence guillerette de Daudet, embrayez sur la Provincia colonisée par les Romains pour découvrir une meunerie industrielle, destinée à ravitailler Arles.

> ➤ Itinéraire **12** Tarascon et les Alpilles, p. 142
> 9 km – 3 à 4 h
> Niveau : facile

FFRandonnée
les chemins, une richesse partagée

© Carte IGN : Saint-Martin-de-Crau, Fontvieille, 3043 OT

1 **Les moulins.** Au château de Montauban, à la sortie du parking, prenez à g. Suivez le parcours Daudet. À l'ombre des pins pignons et des chênes verts, il y a 4 moulins, plus ou moins bien conservés. Le 1ᵉʳ, que vous croiserez sur la dr., est le **moulin Tissot** ou Avon (**1a**), qui a cessé de fonctionner en 1905 : c'est celui que Daudet aurait davantage fréquenté. En 2ᵉ position se présente le moulin Ramet (**1b**). Au 3ᵉ rang, sur la butte, se détache le moulin Saint-Pierre qui est le moulin de Daudet (**1c**) *(p. 146)*. Quant au moulin Sourdon (**1d**), il joue les francs-tireurs de l'autre côté de la route.

2 Au **moulin de Daudet**, rejoignez et suivez le balisage jaune. Tournez à g. (**2a**) en arrivant à un chemin grillagé. Prenez à dr. au prochain carrefour (**2b**) et redescendez sur la D33 au niveau d'un petit parking et suivez-la pendant 500 m env. (**2c**). Au parking suivant, remontez à g. (**2d**) dans la garrigue. Il vous faudra franchir un petit canal d'arrosage, le canal de la vallée des Baux (**2e**) et tournez à dr. quand vous arrivez sur la D82 (**2f**). Vestiges de l'aqueduc et meunerie de Barbegal sont de l'autre côté de la route, sur votre g.

3 L'aqueduc. Sous les Romains, ce sont les Alpilles qui ont servi de château d'eau à Arles. L'eau était captée à deux endroits : du côté d'Eygalières et au NE de Maussane *(p. 148)*. Il y avait deux aqueducs qui se rejoignaient au sud de Fontvieille où un double pont, long de 325 m, franchissait le vallon des Arcs.

4 La meunerie de Barbegal se trouve au S. de l'aqueduc. Construite au IIᵉ s., cette meunerie « industrielle », la plus importante et la mieux conservée du monde romain, pouvait produire 4,5 t de farine par jour. Au milieu des herbes sauvages, le site est en accès libre. Le plan de cette meunerie est au musée départemental Arles Antique *(p. 122)*.

5 Retour jusqu'au **canal d'arrosage**. Tournez à dr. (**2e**). Suivez le balisage bleu. Remontez direction N (**5a**), en laissant les chemins à dr. et à g. (**5b**), au niveau de la citerne enterrée. Arrivé aux carrières (**5c**), partez sur la g. en longeant le mur de clôture. Le terminus n'est pas loin quand vous arrivez à la rue Michelet, que vous laisserez pour prendre, sur la g., la route des Abeilles (dir. camping Les Pins, IMP Les Abeilles).

Départ et arrivée : parking du château de Montauban *(p. 146)*.
Carte IGN : Saint-Martin-de-Crau, Fontvieille, 3043 OT.
Topoguide® FFRP : *Les Bouches-du-Rhône à pied®* (réf. D013).
Balisage : parcours Daudet (office de tourisme) au départ, ensuite balisage bleu mis en place par le Club d'activités physiques fontvieillois ; circuit baptisé « Autour des Crottes d'Aubert », jaune aussi en partie (PR®).
Temps de marche : 3 à 4 h.
Distance : 9 km.
Dénivelé : 80 m.
Difficulté : aucune.

Alphonse Daudet (1840-1897)

Né à Nîmes, il fut répétiteur à Alès et secrétaire du duc de Morny. Mais aussi coureur de jupons. Il est mort des suites de la syphilis. Voilà qui cadre peu avec l'image scolaire de l'auteur du *Petit Chose*, des *Lettres de mon moulin*. Invité au château de Montauban par son cousin Louis Daudet, il a fait son premier séjour vers 1860 à Fontvieille. Et il y est revenu régulièrement pendant 30 ans. Nombre d'habitants du village sont devenus des personnages de ses contes ! Voir le site www.alphonsedaudet.org.

Comment reconnaître ?

Vous pouvez identifier un **chêne kermès** à ses feuilles coriaces bordées de dents épineuses ; il dépasse rarement 3 m. Le **pin d'Alep** *(p. 371)*, lui, peut grimper jusqu'à 20 m de haut ; ses aiguilles, groupées par deux, mesurent jusqu'à 10 cm.

Carnet de randonnées

Randonnée

Les Deux Vallons

Les Deux Vallons ou les Deux Trous ? On trouve cette balade familiale sous les deux appellations. Il y a bien… deux trous et deux vallons. D'une part le **vallon de Valrugues**, qui monte benoîtement à l'assaut du plateau de la Caume (394 m). Et d'autre part le **vallon de Saint-Clerg**, qui se faufile au pied du mont Gaussier (330 m). Allez ! Les images que vous rapporterez de cette balade sont somptueuses : Saint-Rémy-de-Provence surgissant dans les « lunettes » des rochers ou Glanum apparaissant au détour d'un virage comme un mirage dans la descente.

➤ Itinéraire ⓭ Saint-Rémy-de-Provence et la Montagnette, p. 152

8 km – 2 h 40

Niveau : facile

FFRandonnée
les chemins, une richesse partagée

les Antiques — Départ — ① — ②
Saint-Rémy-de-Provence
St-Paul-de-Mausole
③ •108
la Grosse Galine
St-Paul
Musée la Pyramide
Site antique de Glanum
•153
•166
Mussargue
•218
•207
Séraillet
•135
•181
•251
•210
Vallon de St-Clerg
Mont Gaussier •306
•320
Gaudre de Notre-Dame de Laval
•181
Gaudre de Valrugues
•359
Rocher des Deux Trous
Gavon
•212
⑥
•348
GR6
•236
⑤
④
les Baux-de-Provence
0   100   200 m

© Carte IGN : Tarascon, Saint-Rémy-de-Provence, chaîne des Alpilles, 3042 OT

1 Du parking, descendez légèrement sur Saint-Rémy et prenez à dr. l'allée de pins qui conduit à Saint-Paul de Mausole (panneaux « Promenade dans l'univers de Vincent Van Gogh »). Longez, par la dr., le mur d'enceinte du monastère.

2 Laissez, à dr., le chemin qui conduit au vallon de Saint-Clerg par lequel s'effectuera le retour et continuez sur la petite route goudronnée. Au bout de la route, empruntez à g. un chemin bordé de deux barrières de bois. Il conduit rapidement à un croisement où passe le GR® 6.

3 Suivez ce tracé en prenant à dr. Longez des propriétés, franchissez la barrière et pénétrez dans le vallon de Valrugue. Après plusieurs lacets, rejoignez la route goudronnée qui conduit au plateau de la Caume sur lequel trône une tour de télécommunications omniprésente dans la région.

4 Quittez le GR® 6 et suivez à dr. le balisage jaune pendant 200 m env. Engagez-vous sur une piste (partie non balisée) en courbe de niveau qui conduit au rocher des Deux Trous. Après avoir admiré le paysage à travers les trous de la roche, revenez sur ses pas jusqu'à la route de la Caume.

5 Reprenez le cheminement sur la route jusqu'à l'amorce du vallon de Saint-Clerg (première piste à dr. après celle des Deux Trous).

6 Descendez dans le vallon de Saint-Clerg (sentier botanique). Au bas du vallon, longez la clôture grillagée du site de Glanum, le Mas Saint-Paul sur la g., des anciennes carrières de pierres, à dr., et retrouvez la route du monastère. Tournez alors à g. et revenez au point de départ par l'itinéraire emprunté à l'aller.

Départ et arrivée : parking des Antiques au S de Saint-Rémy-de-Provence.
Carte IGN : Tarascon, Saint-Rémy-de-Provence, chaîne des Alpilles, 3042 OT.
Topoguide® FFRP : *Les Bouches-du-Rhône à pied®* (réf. D013).
Balisage : à la fois jaune et blanc/rouge (GR® 6).
Temps de marche : 2 h 40.
Distance : 8 km.
Dénivelé : 250 m.
Difficulté : aucune.
Variante : à VTT ou à cheval.

Une forteresse naturelle

De loin, on trouve au **mont Gaussier** (330 m) quelque ressemblance avec la silhouette d'un aigle aux ailes déployées (ou d'un lion couché pour d'autres !). Ce bastion calcaire est protégé de tous côtés par des falaises. Au sommet, on a retrouvé des vestiges d'un oppidum (village fortifié perché) salyen, qui verrouillait la voie des Alpilles. Le mont est redevenu une place forte au XIe s. avec une famille très proche des premiers comtes de Provence. C'est sur le mont Gaussier que Nostradamus *(p. 154)* fut initié à la connaissance des étoiles par son grand-père.

Carnet de randonnées

Randonnée

La descente du Gardon en canoë

La descente du Gardon au fil de l'eau ménage des vues superbes. Des **falaises bleutées**, truffées de grottes qui ont pu servir d'habitat préhistorique ou d'ermitage, des **plages secrètes**. Il y a mille choses à faire découvrir aux enfants dans ces **gorges classées « grand site »** : les guêpiers, des oiseaux en Technicolor® qui se nourrissent de guêpes et de frelons *(p. 50)*, les martins-pêcheurs ou les traces laissées par les castors. Choisissez le « grand » itinéraire, la partie entre Saint-Nicolas et la Baume étant la plus sauvage.

> ➤ Itinéraire **16** Le pont du Gard, p. 180
> 19 km – 1 journée
> Niveau : facile

1 **Départ : pont Saint-Nicolas** (où la navette vous emmène depuis Collias). La construction de ce pont (XIIIe s.), comme pour celui d'Avignon, fut confiée aux frères pontifes, un ordre constructeur qui dépendait des templiers. Tout proche, le prieuré de Saint-Nicolas-de-Campagnac les hébergea pendant les travaux. Par ses péages, ce pont, maillon essentiel sur la route qui reliait Uzès à Nîmes, était une source de revenus importante. Mais il fallait composer avec les crues du Gardon. Tel que vous le voyez, il semble parfaitement invraisemblable que l'eau puisse submerger le tablier, haut d'une vingtaine de mètres. Pourtant, ce fut encore le cas en septembre 2002.

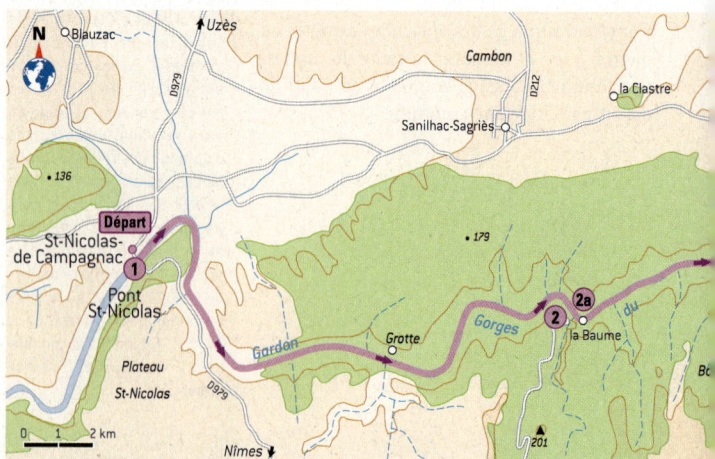

2 La Baume (en 1 h 30). Descendez du canoë pour mettre pied à terre. Aujourd'hui, avec ses moulins à eau en ruine, le site de la Baume a tout du hameau fantôme. Le lieu est chargé d'histoire. Il a eu ses ermites, comme saint Vérédème, dont une chapelle romane encastrée dans le rocher sur la rive g. pérennise le souvenir (2a). Cette chapelle est à l'entrée d'un vrai « tunnel » naturel, trouant la falaise et fermé à certaines périodes *(f. 15 nov.-15 mars et 1er mai-15 août)* pour ne pas déranger l'hibernation ou la reproduction d'espèces rares de chauves-souris, comme le murin de Capaccini.

3 Le secteur de « l'Œuf » (en 3 h 30). Ce rocher, sur la rive g., ressemble vraiment à un œuf ! Les Écollettes, un lieu-dit, sont l'un des quatre secteurs ouverts à l'escalade dans les gorges. Une petite via ferrata que vous pourrez emprunter.

4 Repassez devant la base de Collias. À 1 km env. du pont du Gard, passez au « large » du château de Saint-Privat *(propriété privée, p. 184)*. On ne voit que l'orangerie, le château se cachant derrière un parc aux arbres tricentenaires, ifs, cèdres, pins, et qui domine un jardin à la française avec ses magnolias.

5 Le pont du Gard (en 5 h). L'apothéose ! Glisser sous les arches de ce monument millénaire *(p. 182)* jusqu'à l'arrivée, aux portes de Remoulins, où la navette du retour vous attend.

Départ et arrivée : Collias (à 8 km O du pont du Gard par les D981, D112 et D3), berges du Gardon.
Cartes IGN : Uzès, 29410 / Remoulins-Pont du Gard, 2941E.
Documentation : un plan-guide, *Gardon, massif et gorges*, est vendu (3 €) par l'office de tourisme.
Balisage : aucun.
Temps sur l'eau : 5 h ou 2 h selon la version choisie. Retour à votre point de départ par navette. Comptez 1 journée.
Distance : 19 km du pont Saint-Nicolas au pont du Gard, ou 8 km, de Collias au pont du Gard.
Dénivelé : 25 m.
Difficulté : aucune.
Accès : entre mars et octobre. Impératif de savoir nager. Si Collias-pont du Gard peut s'effectuer toute l'année, Saint-Nicolas-pont du Gard ne se fait qu'au printemps, de mars à juin. En revanche, l'été, on peut « remonter » le Gardon de Collias à la Baume. Le camping est interdit.

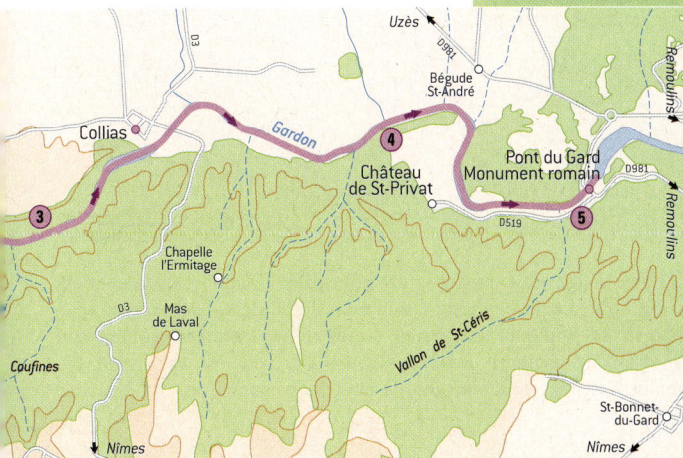

© Cartes IGN : Uzès, 29410 / Remoulins-Pont du Gard, 2941E

Carnet de randonnées

Randonnée

Les dentelles de Montmirail

L a balade permet d'approcher les dentelles de Montmirail, massif de falaises calcaires culminant à 734 m d'altitude et émergeant au milieu des buis, des chênes pubescents et des pins sylvestres. Le col du Cayron où se retrouvent les fans de varappe, le rocher du Turc et le rocher du Midi sont vos étapes. Vous jouirez en route d'un **panorama magnifique** sur le mont Ventoux et la vallée du Rhône.

> ➤ Itinéraire **19** Vaison-la-Romaine et les dentelles de Montmirail, p. 205
> 6 km – 2 h 30
> Niveau : moyen

FFRandonnée
les chemins, une richesse partagée

© Carte IGN : Carpentras, Vaison-la-Romaine, dentelles de Montmirail, 3040 ET

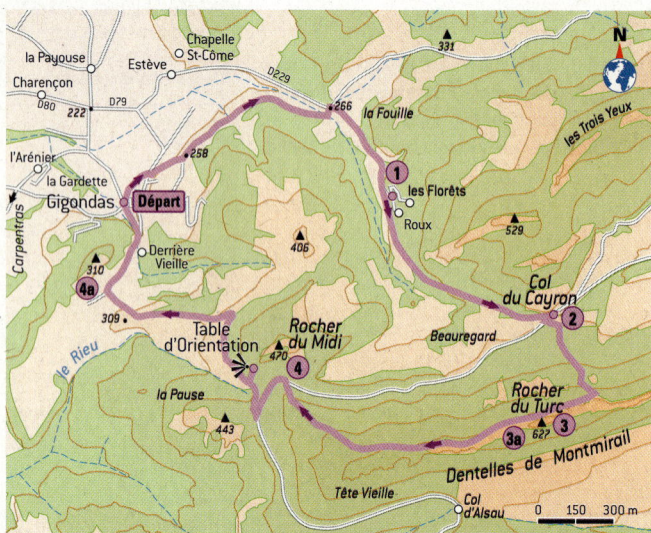

1 De l'office de tourisme, prenez la rue principale (à l'opposé de la mairie), tournez à dr. devant l'épicerie-bar-maison de la presse. Partez ensuite à g. (sur la voie indiquée sans issue), suivez ce petit sentier bucolique sur 1 km avant de rejoindre la D229f. Prenez à dr., dir. col du Cayron. En montant, vous passerez non loin de l'hôtel des Florêts. Au XIXᵉ s., le site a accueilli un petit établissement thermal. Les propriétés de la source des Florêts, plus connue sous le nom de « petites eaux de Vacqueyras », étaient identiques à celles de l'une des sources de Vacqueyras-Montmirail *(p. 211)*. Toutes deux étaient sulfureuses, recommandées surtout en bains pour combattre les rhumatismes et certaines maladies de la peau.

2 Env. 1,3 km plus loin après la bifurcation, vous arrivez au parking du **col du Cayron** (alt. 394 m), rendez-vous des grimpeurs de tout niveau. À deux pas, les bleus ont leur rocher-école (30 m de hauteur), orienté S, pour faire leurs premières armes. Vous vous trouvez alors au pied des Dentelles, avec des rochers effilés comme des lames ou des crocs, dont la base est noyée dans la végétation. Attaquez l'ascension (fléchage et balisage points bleus) par un vrai sentier de chèvre. Attention, la pente est forte et rocailleuse. Arrivé sur la crête (beau point de vue dégagé), continuez sur la dr. (points bleus toujours).

Au choix : si vous avez de jeunes enfants, opter pour le Belvédère, à 1,2 km via la route forestière.

3 Au milieu des blocs, suivez le sentier rocailleux de crête (mais à l'abri du vide), où des brèches et des lucarnes ménagent des échappées splendides. Attention : ne pas chercher à pénétrer dans la « Chambre du Turc », logée à l'intérieur du rocher du Turc **(3a)** car grimper au sommet du rocher via cette excavation exige un peu de varappe, beaucoup d'agilité et de prudence.

4 Pour arriver à la table d'orientation et à l'aire de pique-nique du **rocher du Midi**, prenez à dr. les escaliers matérialisés par des rondins ou des pierres. Panorama sur le mont Ventoux, la vallée du Rhône, Gigondas… Revenez sur vos pas, et redescendez sur Gigondas (balisage points bleus). Rejoignez le goudron au bout de 1 km env. **(4a)**. Tournez à dr. pour regagner le parking.

Départ et arrivée : parking de l'office de tourisme, pl. du Portail, Gigondas.
Carte IGN : Carpentras, Vaison-la-Romaine, Dentelles de Montmirail, 3040 ET.
Documentation : *Chemins et Sentiers du massif des Dentelles sur la commune de Gigondas* (2,50 €, à l'office de tourisme).
Balisage : jaune/rouge GRP® Tour des dentelles de Montmirail ; points bleus essentiellement.
Temps de marche : 2 h 30.
Distance : 6 km.
Dénivelé : 195 m.
Difficulté : au passage sur la crête (1,5 km), surveillez les enfants. Si vous voulez éviter ce passage, prenez la variante.
Accès : l'été, le massif peut être fermé en raison des risques d'incendie (☎ 04 88 17 80 00).
Variante : du col du Cayron, partir sur le Belvédère (plus court) par la RF (route forestière) 30.

Dans la dentelle

Les dentelles de Montmirail sont constituées de trois arêtes parallèles : la **Grande Montagne** plus au nord avec la crête de Saint-Amand, les **Dentelles sarrasines** au milieu, le **Grand Montmirail** au sud, avec Le Clapis. Les Dentelles se trouvent sur la « faille de Nîmes », qui s'étire des Pyrénées au Vercors. Cette fracture dans l'écorce terrestre, intervenue il y a 30 millions d'années, explique la remontée en surface des sédiments calcaires, en lames redressées à la verticale.

Un grand lézard

À la belle saison, vous apercevrez le lézard ocellé, qui se chauffe sur la roche des Dentelles. Très coloré, vert-jaune, bleu, c'est le plus grand lézard d'Europe (40 à 60 cm !).

Carnet de randonnées

Randonnée

Le rocher Saint-Julien

Dominant Buis-les-Baronnies, le rocher Saint-Julien est un peu « le petit frère » des dentelles de Montmirail. Sans en avoir le côté spectaculaire. Mais il fait partie de la vie buxoise… Depuis toujours, c'est un lieu de promenade pour les moins sportifs, qui flânent, nez au vent. L'air embaume la sauge, le thym, le chèvrefeuille, la lavande sauvage… et, bien sûr, le tilleul. Un tilleul qui ne se vend plus. Cet arbre, qui avait remplacé la vigne attaquée par le phylloxéra, la garance détrônée par les colorants artificiels et l'élevage des vers à soie sévèrement concurrencé par l'industrie, est aujourd'hui à son tour supplanté par l'abricotier et l'olivier. Mais le tilleul, qui pourrait vivre mille ans, a l'éternité pour lui… Les grimpeurs, eux, sont dans l'instant. Ils jonglent avec les grattons, dansent sur les parois. Il y a quand même du spectacle au menu de cette balade familiale, en grande partie ombragée, avec vue sur le Ventoux.

➤ Itinéraire ㉒ Les Baronnies méridionales, p. 227
11 km – 3 h 15
Niveau : facile

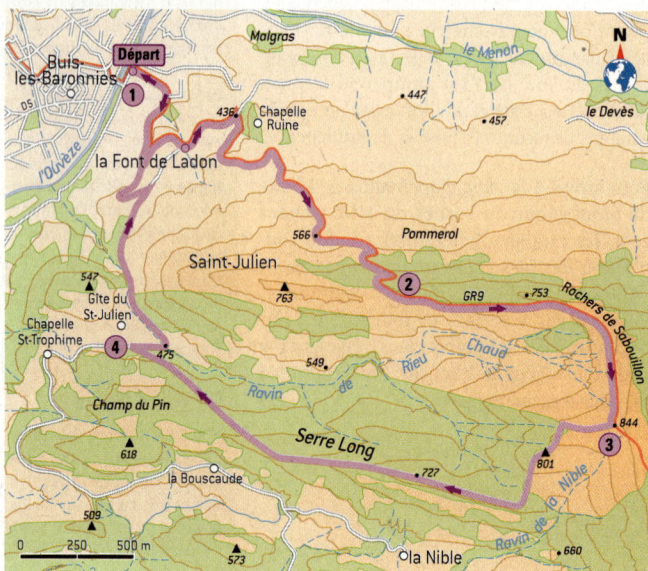

FF Randonnée
les chemins, une richesse partagée

© Carte IGN : Mont Ventoux, 3140 ET

1 Derrière le syndicat d'initiative, passez le pont sur l'Ouvèze et dirigez-vous à g. vers la piscine. Montez par la route au-dessus de Buis (oliviers, abricotiers, tilleuls…). Au croisement de la Font de Ladon (alt. 414 m), tournez à g., puis à Pin d'Aïs (alt. 436 m), prenez le chemin à dr. Continuez par le sentier caillouteux qui s'élève sur le versant nord du Saint-Julien et mène sur la crête, au col du Rocher-Saint-Julien.

2 Au col, continuez vers la g. (vers l'E). Suivez le sentier qui monte dans une garrigue rocheuse vers les rochers de Sabouillon et traversez la pente à leur base en vous dirigeant plein S sur une crête boisée.

3 Au replat de Sabouillon (alt. 844 m ; vue sur la vallée de l'Ouvèze et le mont Ventoux), quittez le GR®9 et prenez à dr. le sentier qui suit la crête. Obliquez à g. pour rejoindre la crête boisée (pins d'Alep) de Serre-Long et parcourez-la par un chemin bien marqué. Descendez au nord-ouest pour déboucher sur la route, face au gîte de Saint-Trophime.

Chapelle de Saint-Trophime à 400 m, à g., par la route.

4 Tournez à dr. sur la route. Passez les petites gorges rocheuses jusqu'à un banc vert sous un tilleul (alt. 200 m après les gorges). Sous le banc, prenez à g. un sentier qui plonge dans la végétation, rejoint plus bas la route, puis ramène à Buis-les-Baronnies.

Départ et arrivée : parking grande place près du syndicat d'initiative de Buis-les-Baronnies.
Carte IGN : Mont Ventoux, 3140 ET.
Topoguide® FFRP : *La Drôme à pied®* (réf. D026).
Balisage : blanc/rouge GR® 9, triangles jaunes (Conseil général).
Temps de marche : 3 h 15.
Distance : 11 km.
Dénivelé : 470 m.
Difficulté : aucune.
Variante : une version raccourcie (9 km) par le ravin de Rieu-Chaud peu après la cote 844.
Hébergement-restauration ou pique-nique : gîte du Saint-Julien, Saint-Trophime, Buis-les-Baronnies, ☎ 04 75 28 05 64, www. gitedusaintjulien.com. Dortoirs et chambres individuelles. Panier casse-croûte sur demande pour les résidents. Le visiteur de passage peut acheter confitures, olives, nectar d'abricot, miels et fruits frais.

L'arbre de lumière

Un temps, les Baronnies ont produit 90 % du **tilleul** national (120 à 150 t). Aujourd'hui, cette production est en perte de vitesse. Le tilleul des Baronnies est de l'espèce *Tilia platyphyllos*, à larges feuilles, avec deux à cinq fleurs par bractée. Une sélection a poussé en avant une variété clonale, le **bénivay**, du nom d'un village, Bénivay-Ollon, à 12 km O de Buis-les-Baronnies. En juin, les tilleuls « abandonnés » que vous croiserez sur cet itinéraire continuent à distiller une odeur sucrée, suave, presque entêtante. Leurs fleurs jaunes, jaune paille, jaune tilleul, jaune ambré, dansent dans le feuillage. On comprend que le tilleul soit surnommé « l'arbre de lumière » ou encore « l'arbre à miel ».

Carnet de randonnées

Randonnée

Le sentier de Saint-Hubert

La balade n'offre pas de paysages somptueux mais vous emmène dans le **quotidien d'ancêtres** dont les préoccupations nous paraissent à des années-lumière des nôtres. On s'y défendait contre la peste, au XVIIIᵉ s., par une sorte de « **muraille de Chine** », aiguiers et citernes paraient à la pénurie d'eau et la fabrication de charbon de bois représentait une activité économique non négligeable. Dans cette randonnée, sans grand dénivelé, en partie ombragée, on peut se laisser porter par tous les **parfums de la garrigue,** exacerbés par le moindre rayon de soleil : thym, romarin…

➤ Itinéraire 25 Sault et les gorges de la Nesque, p. 250
5 km – 2 h 30
Niveau : facile

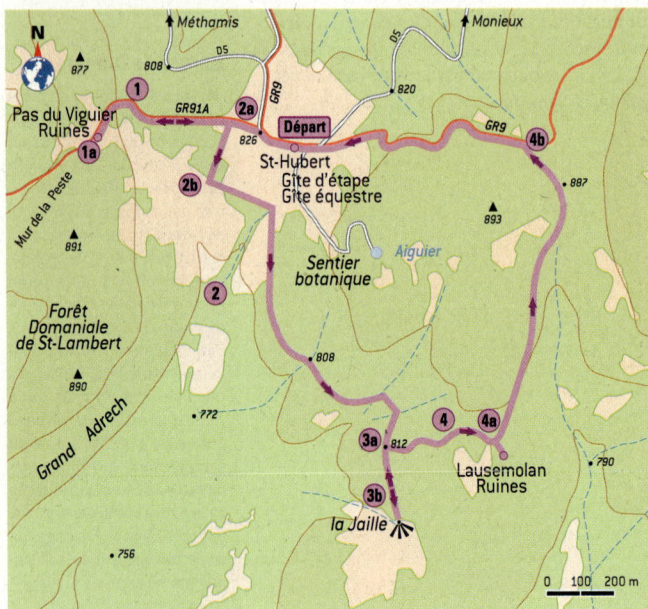

FFRandonnée
les chemins, une richesse partagée

© Carte IGN : Mont Ventoux, 3140 ET

1 Pour se diriger vers **le mur de la Peste**, prenez le sentier dans le virage, à g. de la route, dos tourné à Monieux (balisage rouge et blanc GR® 91A). Grimper pendant 600 m env. depuis la route jusqu'au **Pas du Viguier (1a)** (alt. 863 m) pour buter sur les ruines du fameux mur de la Peste ou « **Ligne** ».

2 Pour atteindre **le sentier botanique**, redescendez vers la route, pour tourner au croisement à dr. **(2a)** dir. Grand Adrech. À 200 m, tournez à g. **(2b)** pour suivre le sentier botanique. Chaque plante est identifiée : le genêt d'Espagne, le chèvrefeuille d'Étrurie, le cade (ou genévrier oxycèdre), etc. C'est un **paysage de garrigue typique**, où dominent, parmi quelques chênes et pins, des plantes herbacées et des arbrisseaux, bien adaptés à ce sol pauvre et caillouteux.

3 En direction de **l'aiguier de la Jaille**, vous trouverez aussi des traces de **charbonnières**, où le sol reste sombre. Jusqu'à la Seconde Guerre mondiale, on a transformé sur place les chênes coupés en charbon, par une combustion très lente, en absence d'oxygène. Empilées en meules, les bûches, recouvertes de terre, se consumaient pendant 1 à 2 semaines. L'emploi de « fours métalliques » accélérait nettement le processus (2 jours).

Vous raterez peut-être la pancarte signalant l'alisier torminal, qui est une variété de sorbier. À ce niveau **(3a)**, une flèche verte vous indique de tourner à g. Ne vous inquiétez pas : vous ferez demi-tour à l'**aiguier de la Jaille** *(ci-contre)* **(3b)**. Très bien conservé avec son abreuvoir en bois, il dispose d'une vue magnifique sur le Ventoux.

4 De là, revenez sur vos pas pour prendre le sentier qui, cette fois, est à votre dr. **(3a)**. Le sentier botanique retrouvé vous emmène jusqu'aux ruines de **la ferme de Lausemolan (4a)**. Entourée d'une enceinte, elle était conçue pour que ses habitants vivent en quasi-autarcie : potager, aiguier dans le potager, bergerie, écurie, fenil.

De la ferme, Saint-Hubert est indiqué à 1,6 km. À 900 m env. **(4b)**, récupérer le GR® 9 (balisage rouge et blanc) et partir sur la g. pour revenir au point de départ.

Départ et arrivée : sur la D5, au gîte d'étape et gîte équestre Saint-Hubert, à 8 km SO de Monieux. Parking de part et d'autre de la route (gratuit).
Carte IGN : Mont Ventoux, 3140 ET.
Topoguide® FFRP : *Tour du Luberon et du Ventoux®* (réf. 905).
Balisage : rouge et blanc GR® 91A et GR® 9 ; vert spécifique au sentier. Panneaux didactiques.
Temps de marche : 2 h 30.
Distance : 5 km.
Dénivelé : 75 m.
Difficulté : aucune.
Accès : interdit les jours de fort mistral (rens. ☎ 04 88 17 80 00).

La « Ligne »

Le bacille de la peste débarque en mai 1720 à Marseille, via le *Grand-Saint-Antoine*, un bateau qui vient de Syrie. Il va tuer 220 000 personnes. En 1721, Avignon et le comtat Venaissin entreprennent pour se protéger de construire la « muraille de la Ligne », à travers le plateau de Vaucluse, entre Luberon et Ventoux, depuis Cabrières-d'Avignon jusqu'aux environs de Monieux. Des soldats montent la garde. Le bacille ne doit pas passer ! Le mur sera abandonné en 1723.

Les aiguiers

Dans ce pays calcaire, où l'eau disparaît, les bergers ont construit des aiguiers (de *aigo*, eau en provençal) pour recueillir les eaux de pluie. Parfois simple bassin à ciel ouvert alimenté par des rigoles, l'aiguier peut être couvert, afin de limiter l'évaporation et de préserver la pureté de l'eau. Un œil exercé ne peut pas les confondre avec une borie d'habitation *(p. 280)* : les pierres sont tournées vers l'intérieur pour collecter le précieux liquide.

Carnet de randonnées

Randonnée

Robion, le sentier des Rapaces

Dans un paysage accidenté et sauvage, cette balade a un **goût d'aventure**, dans laquelle vous n'embarquerez pas de très jeunes enfants. Il y a du « gaz » – du vide. Parfois, le sentier se faufile à flanc de falaise en corniche, en balcon, offrant une vue plongeante magnifique sur toute la plaine du comtat Venaissin. On entre dans le **royaume des rapaces**, même si ce royaume se réduit aujourd'hui comme peau de chagrin. Dans nos sociétés aseptisées, le vautour percnoptère, qui hantait les parcours de transhumance, devient une espèce en danger, faute de trouver son comptant de cadavres dans la nature. Sans parler des collisions mortelles avec le réseau EDF…

➤ Itinéraire ㉗ Le Petit Luberon, p. 265
5 km – 2 h 30
Niveau : difficile

FFRandonnée
les chemins, une richesse partagée

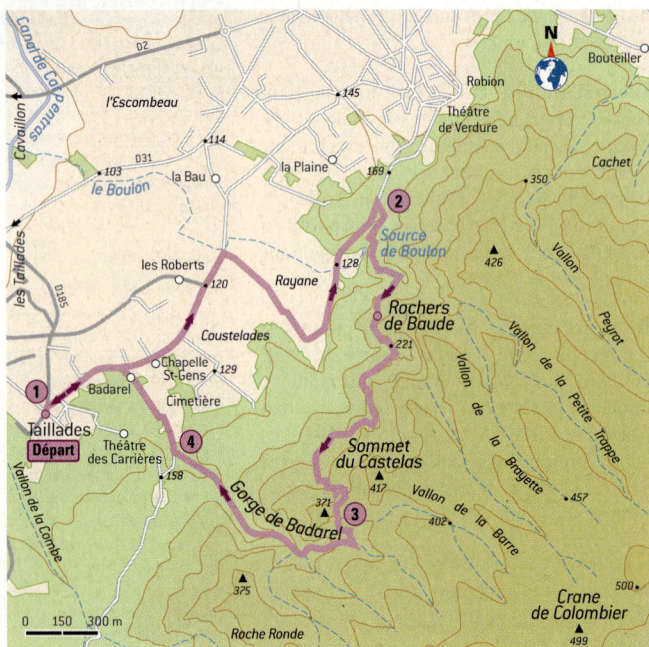

© Carte IGN : Cavaillon, Fontaine-de-Vaucluse, Parc naturel régional du Luberon, 3142 OT

1 Du parking, prenez à g. le chemin du Luberon vers la chapelle Saint-Gens. Après la chapelle et la rue du stade, prenez à dr. le chemin de Boulon. À hauteur de la grande clairière, prenez à g. une petite route.

2 En haut du raidillon, prenez à dr. le sentier qui se dirige vers le S et traverse des sites rocheux impressionnants. Le passage en corniche monte en utilisant les strates de la roche calcaire. Après le cirque de Boulon, on aborde les rochers de Baude, falaises transpercées de trous et cavités de toutes tailles servant de refuges à quelques rapaces comme le hibou grand duc, aux corvidés comme le grand corbeau ou le choucas, qui y nichent en colonies importantes, sans oublier l'hirondelle des rochers et le martinet alpin. Les dernières grandes falaises passées, le sentier longe un vaste abri sous roche. Il a été utilisé à l'époque préhistorique. On atteint rapidement la brèche du Castellas, passage étroit surplombant le vallon de Badarel. Le promontoire du Castellas, qui domine les lieux, est sans doute, comme son nom l'indique, un ancien oppidum.

3 L'itinéraire descend vers le vallon de Badarel, la descente est pentue et rocailleuse (petite échelle). On rencontre l'éphédra, plante arbustive rare et protégée, qui ressemble à un genêt. La végétation est rare dans ce canyon où le mistral s'engouffre avec force.

4 À la hauteur de la barrière métallique, suivez tout droit le chemin qui ramène au village.

Départ et arrivée : parking place de la mairie des Taillades.
Carte IGN : Cavaillon, Fontaine-de-Vaucluse, Parc naturel régional du Luberon, 3142 OT.
Topoguide® FFRP : *Parc naturel régional du Luberon®* (réf. PN01).
Balisage : trait jaune.
Temps de marche : 2 h 30.
Distance : 5 km.
Dénivelé : 230 m.
Difficultés : la longue vire dans la falaise ; un passage en ressaut sur 1,80 m (rampes et échelons). N'entreprenez pas cette randonnée par temps pluvieux (roches glissantes).
Accès : modulé l'été suivant les risques d'incendie. (☎ 04 88 17 80 00).

Le retour du vautour

En 2011, le Sud-Est de la France comptait 22 couples de vautours percnoptères. Plus petit que les autres vautours, reconnaissable à ses ailes surlignées de noir et à sa tête ébouriffée, ce rapace apparaît dans nos falaises fin février-début mars. Il repart fin août-début septembre pour prendre ses quartiers d'hiver en Afrique (Mali et Mauritanie principalement). L'oiseau est un charognard, mais il peut faire son ordinaire d'animaux vivants comme rongeurs, serpents ou insectes. Le plan de « sauvetage » consiste à créer des « aires de nourrissage » (placettes d'alimentation, charniers), tout en assurant la tranquillité des sites de reproduction.

Carnet de randonnées

Randonnée

Le sentier de la Baume

Tout autour de Lurs, ce petit coin de Provence paraît tout droit sorti d'un poème de Virgile. L'air embaume le thym et les oliviers étalent leur ombre comme « une mousseline », la citation est de Jean Giono, un amoureux de Lurs. Des bergers mènent encore leurs chèvres sur le plateau de Ganagobie. Cette balade ménage aussi des **points de vue exceptionnels**, que ce soit sur la montagne de Lure, souvent drapée dans une brume bleutée, ou sur la vallée de la Durance en contrebas, dominée par le plateau de Valensole, lui-même chapeauté par les pointes de Cousson.

> Itinéraire **30** Le pays de Forcalquier, p. 290
> 6 km aller-retour – 2 h 30
> Niveau : facile
>
> FFRandonnée
> *les chemins, une richesse partagée*

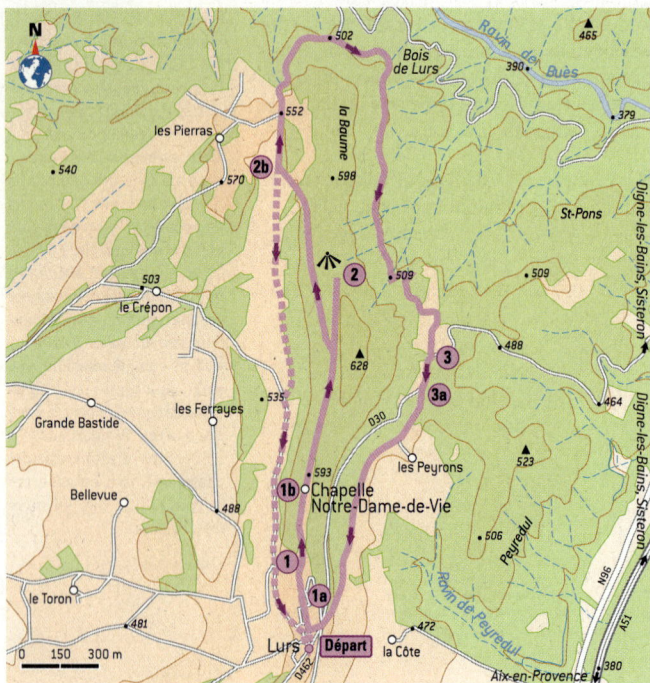

© Cartes IGN : Manosque, Forcalquier, Parc naturel régional du Luberon, 3342 OT / Montagne de Lure, Les Mées, Château-Arnoux, 3341 OT / Digne-les-Bains, Sisteron / Digne-les-Bains, Sisteron

1 La promenade des Évêques. Prenez à g. de la poste la ruelle qui monte et passe sous la tour de l'Horloge (1861), coiffée de son campanile. C'est la traverse de l'Église. Continuez tout dr. jusqu'à l'ancien château des princes-évêques de Lurs (sur la dr.). La promenade commence là, au « château » (**1a**), méconnaissable, transformé pour partie en belle bastide, mais ayant néanmoins conservé les bases d'une tour carolingienne *(ne se visite pas)*. Passé le château, le chemin est bordé sur la dr. par un chapelet d'oratoires du Rosaire, 15 au total (1864), dont les peintures sur bois d'origine ont laissé place à des bas-reliefs évoquant la vie du Christ. Jean Giono a souvent arpenté ce chemin, en compagnie de son ami Maximilien Vox. La promenade aboutit à la chapelle Notre-Dame-de-Vie *(ouv. 15 août et Journées du patrimoine)*, reconstruite en 1662 (**1b**). Son péristyle à colonnes, un ajout du XIXᵉ s., lui donne des allures de temple grec.

2 La crête. À g. de la chapelle, le sentier balisé se poursuit dans les bois de chênes verts (ou yeuses). À moins d'1 km, au croisement marqué par un cairn (tas de cailloux), un sentier sur la dr. vous emmène sur la crête en 300 m env. Vous avez de là un beau **point de vue** sur toute la vallée de la Durance, où la rivière divague dans un lit qui paraît trop grand pour elle, et sur le plateau de Ganagobie. Attention aux enfants : la dalle rocheuse n'a pas de garde-fou.

Revenez sur vos pas : le sentier « plonge » en sous-bois jusqu'à une clairière, où vous rejoignez un chemin de terre. À g. (**2a**), vous retournez sur Lurs (option 4 km). À dr., vous continuez sur le bois de Lurs.

3 Pins d'Alep et oliviers. Le chemin commence par contourner le plateau, à flanc de Baume, pendant plus d'1 km dans un bois où les pins d'Alep *(p. 371)* dominent. Puis vous débouchez sur la D30, petite départementale qui relie Lurs au monastère de Ganagobie *(p. 298)* en passant par la Grand'Terre, où l'affaire Dominici éclata en 1952 *(ci-contre)*. Cette fois, quelques oliviers vous font escorte presque jusqu'au village.

Revenez sur la route pendant 100 m, avant de partir à g. (**3a**) sur Les Peyrons, dont vous laisserez la ferme sur votre g.

Départ et arrivée : pl. de la Fontaine à Lurs (près de la poste).
Cartes IGN : Manosque, Forcalquier, Parc naturel régional du Luberon, 3342 OT / Montagne de Lure, Les Mées, Château-Arnoux, 3341 OT.
Topoguide® FFRP : *Parc naturel régional du Luberon à pied®* (réf. PN01).
Balisage : rouge/blanc du GR® 653D (Saint-Jacques-de-Compostelle), jaune.
Temps de marche : 2 h 30.
Distance : 6 km.
Dénivelé : 140 m.
Difficulté : le passage sur la crête pour admirer le point de vue.
Variante : une version raccourcie (4 km).
Accès : réservé l'été (☎ 0 892 68 02 04, zone 1).

L'affaire Dominici

À partir de 1952, l'Affaire passionna la France entière. Oui ou non, Gaston Dominici, 75 ans au moment des faits, avait-il assassiné la famille Drummond ? Cette famille de touristes anglais avait eu le malheur de s'installer en camping sauvage près de la Durance et de sa ferme, la Grand'Terre, à Lurs. Jean Giono a assisté au procès de Digne, décrit le patriarche en « roi barbare ». Condamné à mort, le vieil homme sera gracié par le président de la République, René Coty, en 1957.

La via Domitia

Reliant Rome aux provinces d'Espagne, la via Domitia, créée par le consul Cneus Domitius Ahenobarbus, longeait la Durance, pour faire la liaison Apt-Sisteron (Apta Julia/Segustero). Le pont sur la route entre Lurs et Ganagobie, qui enjambe le Buès, un torrent, est daté du IIᵉ s.

Carnet de randonnées

Randonnée

Les Mées,
le sentier des Pénitents

Les rochers des Mées évoquent une **procession de moines**, pétrifiés pour l'éternité. La formation géologique de ces « géants » en poudingue ne doit rien aux faiblesses humaines. En revanche, les dégâts causés par les **eaux de la Combe**, dont la chronique se fait écho au XVIIIᵉ s., ont pour origine l'imprévoyance des hommes. La balade, féerique, se fera au printemps ou en automne. Mais on se gardera avec des enfants de se percher sur les épaules des « Pénitents ».

> ➤ Itinéraire **31** Sisteron et le val de Durance, p. 299
> 4 km aller-retour – 2 h
> Niveau : moyen

FFRandonnée
les chemins, une richesse partagée

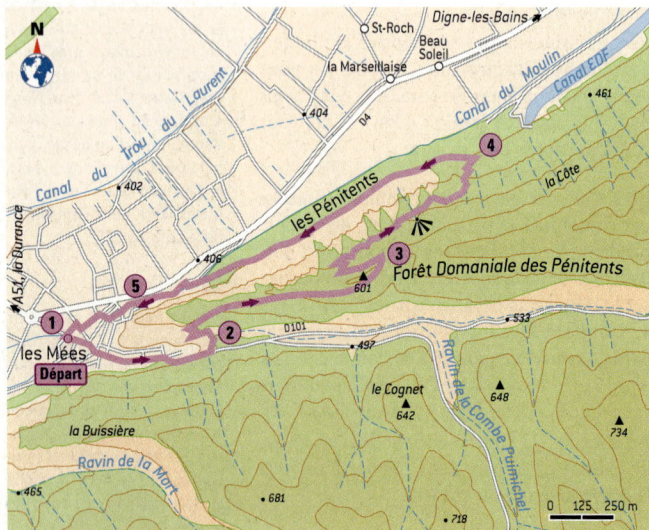

© Carte IGN : Montagne de Lure, Les Mées, Château-Arnoux, 3341 OT

1 **Les crues de la Combe.** De la place de la République, prenez la rue Clovis-Picon jusqu'au camping, longez-le à dr. sur la D101. Autrefois, la pittoresque rue Clovis-Picon était transformée au moindre orage en vrai torrent par les eaux du ravin de la Combe. Aux croisements, certaines maisons comportent des encoches et des rainures, dans lesquelles on glissait des planches afin que l'eau n'inonde pas les rues voisines !

2 **Le barrage et la galerie de la Mine.** À l'extrémité du terrain de camping, quittez la D101 et descendez à g. Traversez le ravin de la Combe en cheminant sur le faîte du mur-barrage. En contrebas, vous remarquerez à dr. du barrage l'ouverture d'un tunnel de 2 à 3 m de diamètre. Il s'agit la galerie de la Mine (*mine* signifiant galerie horizontale en provençal), où vous pouvez vous aventurer si vous possédez une lampe de poche. Ce tunnel a été percé entre 1782 et 1784, pour dévier vers la Durance les eaux de la Combe. Projet fou, qui n'a pas résolu le problème des crues. La vraie solution résida dans le reboisement de la montagne, ce qui sera fait à la fin du XIXᵉ s.

3 **La forêt domaniale des Pénitents.** Au bout du mur-barrage, commence sur la g. le sentier. Il s'élève dans le poudingue (*ci-contre*) et sous les pins d'Alep d'abord en effectuant trois lacets, puis en traversée sur la dr. Débouchez en crête au niveau d'un petit col. Le sentier s'y divise. Vous prendrez à g. pour littéralement cheminer sur le dos des Pénitents, avec de belles échappées sur la plaine de la Durance. En route, vous passerez devant la stèle de Jean Millet, créateur de l'itinéraire. Attention, dans la dernière partie, la descente peut être acrobatique (il manque quelques marches dans l'escalier en rondins).

4 **Retour sur le plat.** Tournez à g. pour rejoindre Les Mées. Ce n'est plus qu'une petite balade de santé. Plat, l'itinéraire passe au pied des rochers.

5 **Point de départ.** Pour regagner la place de la République, tournez à g. Marchez en direction du campanile de l'église Notre-Dame-de-l'Olivier. On arrive à une patte d'oie. Descendez par la rue du Moulin, poursuivez dans la rue Notre-Dame, puis à dr. dans celle du Pavillon. Tournez à g. dans la rue André-Lagier. Gagnez ainsi la place de la République.

Départ et arrivée : pl. de la République aux Mées. Parking.
Carte IGN : Montagne de Lure, Les Mées, Château-Arnoux, 3341 OT.
Topoguide® FFRP : *Les Alpes de Haute Provence à pied®* (réf. D004).
Documentation : vous pouvez télécharger le circuit sur www.lesmees04.com/rando1.htm. Le plan est aussi sur le parking ou à l'office de tourisme.
Balisage : jaune PR®.
Temps de marche : 2 h.
Distance : 4 km.
Dénivelé : 180 m.
Difficultés : passages raides, soyez bien chaussé. Galerie de la Mine : lampe nécessaire. Chemin glissant par temps humide.
Accès : réservé l'été (☎ 0 892 68 02 04, zone 1) en fonction des risques d'incendie.

Le poudingue

Le poudingue, dont sont faits les « Pénitents », est un conglomérat de galets, arrachés des Alpes, cimentés par un grès très dur. L'opération s'est achevée dans un vaste delta il y a 2 ou 3 millions d'années. Depuis, l'érosion a affouillé ce poudingue, dont l'enveloppe reste friable, attention.

Le chevalier et les sept captives

Sur fond de raids sarrasins au haut Moyen Âge, la légende parle de sept belles « Mauresques », capturées par le seigneur des Mées, Rimbaud. Celui-ci dut se résigner à les « livrer » aux autorités d'Arles. Il y eut beaucoup de monde pour regarder passer le convoi, dont les moines de Paillerols et de Saint-Michel. Et c'est saint Donat, l'ermite de Lure, posté de l'autre côté de la rivière, qui aurait pétrifié tous ces moines concupiscents.

Carnet de randonnées

Index

index

NE GARDEZ
QUE
L'ESSENTIEL !

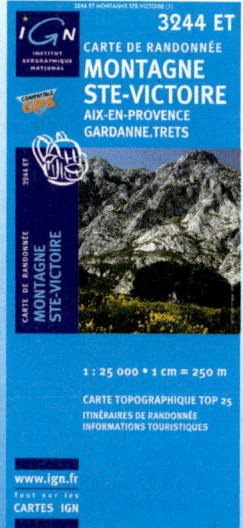

IGN
INSTITUT NATIONAL
DE L'INFORMATION
GÉOGRAPHIQUE
ET FORESTIÈRE

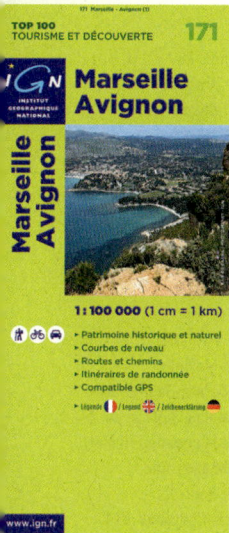

3244 ET
CARTE DE RANDONNÉE
MONTAGNE
STE-VICTOIRE
AIX-EN-PROVENCE
GARDANNE.TRETS

1 : 25 000 • 1 cm = 250 m

CARTE TOPOGRAPHIQUE TOP 25
ITINÉRAIRES DE RANDONNÉE
INFORMATIONS TOURISTIQUES

www.ign.fr
Tout sur les
CARTES IGN

TOP 100
TOURISME ET DÉCOUVERTE   171

**Marseille
Avignon**

1 : 100 000 (1 cm = 1 km)

▸ Patrimoine historique et naturel
▸ Courbes de niveau
▸ Routes et chemins
▸ Itinéraires de randonnée
▸ Compatible GPS

▸ Légende / Legend / Zeichenerklärung

www.ign.fr

RANDONNÉE
OU
DÉCOUVERTE
L Y A TOUJOURS UNE
CARTE IGN QUI
VOUS CORRESPOND

www.ign.fr

index

Index hébergement

index

Index restaurants et pauses

index

Index loisirs

index

Direction : Nathalie Pujo - **Direction éditoriale** : Cécile Petiau - **Responsable de collection** : Marie-Caroline Dufayet - **Responsable collection France** : Julie Wood - **Lecture-correction** : Agnès Jeanjean - **Informatique éditoriale** : Lionel Barth - **Conception de la maquette intérieure** : conception David Cosson/Dazibaocom.com - **Mise en pages PAO** : Chrystel Arnould - **Cartographie** : Frédéric Clémençon, Aurélie Huot. **Fabrication** : Caroline Le Page - **Couverture** : conception : npeg.fr; réalisation : Susan Pak Poy.

Le suivi éditorial de ce guide a été réalisé par Mélanie Cornière.

L'éditeur remercie pour son aide précieuse Ludovic Frit de la Fédération Française de la Randonnée Pédestre.

Les itinéraires reproduits dans ce guide dans le carnet de randonnées (p. 364) sont de : © Fédération Française de la Randonnée Pédestre.
Les dénominations GR®, GPR® ou PR® constituent des marques déposées dont les droits exclusifs appartiennent à la Fédération.

Les cartes des pages du carnet de randonnées (p. 364) sont de : © IGN-France 2012. Les données ou cartes IGN contenues dans ce guide sont issues des dernières éditions IGN dont les millésimes peuvent être différents. www.ign.fr, licence d'exploitation n° 9610.

Contact publicité : Valérie Habert, vhabert@hachette-livre.fr.
Le contenu des annonces publicitaires insérées dans ce guide n'engage en rien la responsabilité de l'éditeur.

Conformément à une jurisprudence constante (Toulouse, 14-01-1887), les erreurs ou omissions involontaires qui auraient pu subsister dans ce guide, malgré nos soins et les contrôles de l'équipe de rédaction, ne sauraient engager la responsabilité de l'éditeur.

Pour nous écrire :
Hachette Tourisme, 43, quai de Grenelle, 75905 Paris Cedex 15
< evasion@hachette-livre.fr >

L'auteur remercie Valérie Biset (comité départemental du tourisme de Vaucluse), Isabelle Cambos (Gîtes de la Drôme), Sabine Canonica (comité régional de tourisme PACA), Anne-Catherine Chareyre et Marie-Christine Fustier (comité départemental du tourisme de la Drôme), Guy Crouzet pour ses recherches, Martine di Ciccio (office de tourisme Luberon-Pays d'Apt), Marion Fabre (office du tourisme de Marseille), Martine Favras (office du tourisme de Forcalquier), Christine Francia (office du tourisme de Cassis), Daniel Gilles (parc naturel régional du Luberon), Murielle et Bruno Giovansili (Attrap'Rêves), Sylvie Joly (palais des Papes en Avignon), Marie Lansonneur et Marion Nicoletti (comité départemental de tourisme des Bouches-du-Rhône), Isabelle et Édouard Loubet (La Bastide de Capelongue à Bonnieux), Claire Novi (office de tourisme des Baux-de-Provence), Françoise Mosse (marais du Vigueirat), Domnine Reynert (site du pont du Gard), Valérie Toche (comité régional de tourisme PACA). Et tous ceux et celles qui ont pu lui apporter à un moment ou un autre leur aide.

Imprimé sur Cocoon Silk FSC recyclé 250 100 % recyclé
et Eural Premium 70 g 100 % recyclé.

Imprimé en Espagne par Industria Grafica Cayfosa
Achevé d'imprimer Mai 2012
Dépôt légal Mai 2012 – Collection n° 26 – Éditions n° 01
ISBN : 978-2-01-245265-7 – 24-5265-4

À nos lecteurs

Ces pages vous appartiennent.
Notez-y vos remarques, vos découvertes,
vos bonnes adresses. Et ne manquez pas
de nous en informer à votre retour.

Hachette Tourisme
Guide Évasion – Courrier des lecteurs
43, quai de Grenelle - 75905 Paris Cedex 15
evasion@hachette-livre.fr

Rendez-vous également sur la page Facebook Guide Evasion
et sur www.guide-evasion.fr